THE HISTORY OF DUELLI

西方决斗史

【英】约翰·基甸·米林根（John G. Millingen）◎著
荀 峥◎译

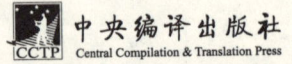
中央编译出版社
Central Compilation & Translation Press

前 言

"在一个高度文明的社会中,一次侮辱会被认为是严重的伤害,因而必须受到憎恨,或者甚至必须为此进行一次决斗。人们公认忍受这种侮辱而不进行决斗的成员,必须被逐出他们的社群。"

——塞缪尔·约翰逊(Samuel Johnson,18世纪英国作家,批评家)

西风东渐以来,中西方文化比较始终是一个热议的话题。在衰颓的国势面前,一些先觉者痛感中国传统文化和国民性中之积弊。言辞之沉痛莫过于陈独秀在《东西民族根本思想之差异》中所做的剖析。其文首称:"西洋民族以战争为本位,东洋民族以安息为本位。儒者不尚力争,何况于战?老氏之教,不尚贤,使民不争。以任兵为不祥之器。故中土自西汉以来,黩武穷兵,国之大戒。佛徒去杀,益堕健斗之风。……若西洋诸民族,好战健斗,根诸天性,成为风俗。自古宗教之战,政治之战,商业之战,欧罗巴之全部文明史无一字非鲜血所书。英吉利人以鲜血取得世界之霸权,德意志人以鲜血造成今日之荣誉,若比利时,若塞尔维亚,以小抗大,以鲜血争自由,吾料其人之国终不沦亡。其力抗艰难之气骨,东洋民族或目为狂易,但能肖其万一,爱平和尚安息雍容文雅之劣等东洋民族,何至处于今日之被征服地位?西洋民族性恶侮辱宁斗死,东洋民族性恶斗死宁忍辱。民族而具如斯卑劣无耻之根性,尚有何等颜面,高谈礼教文明而不羞愧?"

其次为:"西洋民族以个人为本位。东洋民族以家族为本位。""西洋民族以法治为本位。以实利为本位。东洋民族以感情为本位。以虚文为本位。"在西方的各种文化风俗中，最能够生动反映这三个特点的，莫过于近代盛行于西方上流社会中的决斗现象了。陈独秀所说"西洋民族恶侮辱宁斗死"实际上指的就是这种风俗。

按照维基百科的解释，决斗是根据事先双方同意的规则，由两个个人使用相应的武器进行的战斗。决斗起源于欧洲中世纪的骑士制度，17世纪之后广泛盛行于西方上流社会成员之中。15世纪末从西班牙开始，决斗用的剑（rapier，一种轻巧细长的剑）就开始变成整个欧洲贵族服饰的标准配饰。除本书主要描述的英国和法国，在神圣罗马帝国的学生当中也是如此。争吵和剑斗成了近代德语地区学生的例行活动。随着贵族政治和军事技术的发展，有严格规则的决斗被引入了学术界。这种发展的信念基础，就是成为一个学生，意味着与其他的人群应当有所不同。学生穿着特别的衣服，有特别的庆典，唱学生歌曲，同时也进行着决斗。这一时期德国学生生活相当不安全，尤其是在16至17世纪宗教改革战争和三十年战争（1618 – 1648）中。在大学生涯中进行10到30次决斗绝非罕见。学生社团甚至要求申请者至少进行一次用开刃剑进行的决斗。

从17世纪早期起，决斗在欧洲通常已被法律禁止，但是微妙的是，它却被社会广泛接受和认可。只要决斗是公平的，参与者往往不会被司法追究。即使受到追究，也往往因为西方法制的陪审团制度而被判决无罪。法治与社会舆论通过这种制度化安排，在几百年的时间里保持着奇妙的平衡。

决斗制度遗风流俗，至今犹在。在本书所述时段之后，决斗甚至延续至现代西方社会。

在美国，1777年5月16日，《独立宣言》的签字者之一巴顿·昆内特（Button Gwinnett）和他的政治对手拉克伦·麦金托什（Lachlan McIntosh）进行了决斗。两人都受了伤，昆内特三天后死亡。

1820年3月22日，美国著名的海军英雄斯蒂芬·迪凯特（Stephen Decatur），在决斗中被自己的同事詹姆斯·巴伦（James Barron）杀死了。

1842年9月22日，当时的伊利诺伊州立法会议员，未来的总统亚伯拉罕·林肯，接受了州审计官詹姆斯·希尔兹（James Shields）的挑战。林肯当时在报纸上发表文章嘲讽希尔兹，希尔兹提出了挑战。在决斗场上，双方的助手进行调解并达成了和解，前提是林肯表示那篇文章不是他写的。

1798年至南北战争之前，美国海军在决斗中损失的军官数量相当于在战斗中损失军官数的三分之二。今天美国《军事审判统一法典》第114条仍然规定：武装力量成员进行决斗是一种军事罪行。

目前美国有二十个州，包括哥伦比亚特区和波多黎各，有专门的法律禁止决斗。在其他州，根据关于攻击和谋杀的法律，决斗也属非法。

法国最后一次决斗发生在1967年。国会议员加斯通·狄福利（Gaston Deferre）侮辱了雷·瑞比利（René Ribière），后者提出用剑进行决斗。瑞比利在决斗中失败，受了两处伤，不过似无大碍。

1921年在意大利的罗马，当时还是一个编辑的本尼托·墨索里尼在决斗中用剑重伤了弗兰西斯科·希克迪（Francisco Ciccotti）。这次决斗持续了一小时一刻钟，因为希克迪受伤后无力继续才告终。

决斗在俄罗斯的作家、诗人和政治家中也是非常流行的。诗人亚历山大·普希金死于与连襟丹特士（Georges d'Anthès）的决斗之前，曾卷入29次决斗，对手全都赫赫有名，包括费奥多尔·托尔斯泰伯爵（本书中有记述），尼古拉·雷平亲王（Nikolay Repnin）。

1841年，诗人莱蒙托夫因为一件琐事，在决斗中被尼古拉·马提诺夫（Nikolai Martynov）杀死了。此前一年，他刚刚与法国驻俄国大使的儿子德巴兰特（De Barante）进行过决斗。

在南美洲的秘鲁，迟至20世纪上半叶，还发生了几次备受瞩目的政治家之间的决斗。1957年，费尔南多·贝朗德·特里（Fernando Belaúnde Terry）进行了一次决斗。后来他担任过秘鲁总统。

乌拉圭于1920年规定决斗非法。但是当年，前总统何塞·巴特列·奥多涅斯（José Batlley Ordóñez）就在一次用手枪进行的正式决斗中杀死了报纸编辑华盛顿·贝尔特兰（Washington Beltran）。2002年，秘鲁国会议员艾提尔·拉莫斯（Eittel Ramos）声称受到副总统戴维·韦斯曼（David Waisman）的侮辱，向他提出了用手枪决斗的挑战。

1952年，智利参议员、后来的总统萨尔瓦多·阿连德（Salvador Allende，智利著名的左翼总统，1973年死于右翼军人皮诺切特领导的军事政变）受到同事劳尔·瑞特格（Raúl Rettig，此人后来领导一个委员会调查1973年至1990年间右翼军人统治期间智利侵犯人权的情况）的挑战。他们同意用手枪各开一枪，但是却都向天空进行了射击。此时决斗在智利已经是非法的了。

迟至1985年，加拿大刑法中仍有针对决斗的专门条款：

71条：任何人（a）提出决斗或试图以任何方式激怒别人进行决斗，（b）试图激怒一个人使他向另一个人提出挑战进行决斗，或者（c）接受决斗的挑战，都是应该提起公诉的罪行，可以判处两年以下监禁。

决斗的盛行使西方上流社会成员在近代熟练掌握基本的军事技能，"好战健斗，根诸天性，成为风俗"。而近代中国的统治阶层文武分途，崇文贱武，以至如李鸿章所说："士大夫沉浸于章句小楷之积习，武夫悍卒又多粗蠢而不加细心，以致用非所学，学非所用。"这不能不说是近代中国迭遭外侮的一个重要原因。

此外，与我们通常的看法不同，决斗的目的主要不是杀死对手，而是通过向社会展示自己勇于面对生命危险以恢复个人的名誉。这种制度的核心是荣誉的观念，是一种高度仪式化的社会风俗。决斗制度强调个人在自己的名誉受到伤害而又无法寻求法律的保护时，诉诸个人力量维护名誉的权利。这正是"西洋民族以个人为本位"的一种生动诠释。今天美国三亿人口中有两亿以上的私人枪支。一个枪支拥有者不必依靠任何其他人、机构和社群。面对学者，枪支爱好者直言枪支对他们意味着自由、个人主义和独立、权利和责任。"我喜欢手枪因为它们是属于我们文化的武器。如果在千年以前我会喜欢弓箭和战斧……我喜欢自己照顾自己的那种能力，喜欢独立。"学者说："被描述为'美国式强硬'的价值观和行为模式在美国当代文化中有非常华丽和夸张的表现。'强硬'包含了一些列特征，如自我依赖、心理和生理的强健、准备采取行动等，这些在美国文化和社会规则中都非常明显。"[①] 这种个人主义和权利责任意识的张扬，从文化本质上讲可以说是决斗文化的一种传承，它与美国文化的强势是有直接联系的。

决斗制度维系着西方上流社会"荣誉是第二生命"的原则。在很多决斗者看来，荣誉的价值甚至超过生命。对荣誉的吹毛求疵形成了巨大的社会压力，以至于"拒绝决斗比接受挑战更需要勇气"。不无讽刺的是，在近代中国屈辱史的开端处，龚自珍却在痛陈："士皆知有耻，则国家永无耻矣；士不知耻，为国之大耻。历览近代之士，自其敷奏之日，始进之年，而耻已存者寡

---

① Shooters: Myths and Realities of America's Gun Cultures. Written by Abigail A. Kohn, Oxford University Press. Page 71, 104.

前　言

矣！官益久，则气愈偷；望愈崇，则诌愈固；地益近，则媚亦益工。至身为三公，为六卿，非不崇高也，而其于古者大臣巍然岸然师傅自处之风，匪但目未觌，耳未闻，梦寐亦未之及。臣节之盛，扫地尺矣。非由他，由于无以作朝廷之气故也。"

其实岂止晚清，当年鸿沟对垒，项王谓汉王曰："天下匈匈数岁者，徒以吾两人耳，愿与汉王挑战决雌雄，毋徒苦天下之民父子为也。"汉王笑谢曰："吾宁斗智，不能斗力。"刘邦一语，已开中国政坛"厚黑"风气。较之欧洲贵族与君主抗礼，相去何啻千里。"士皆知有耻，则国家永无耻矣。"西方文化几百年来的强势与决斗这种文化风俗，恰是明证。

当前中国社会公德与官德日益成为社会关注焦点。西方社会公德现状常常被引为比较对象。认识包括决斗在内的西方文化现象，不失为这种比较的一扇窗口。本书作者对决斗是持反对立场的，译者却觉得西方的决斗文化反衬出中国传统文化的一些严重缺失。这似乎也反映出中西方文化在"取其精华，去其糟粕"时由于立场和境遇的不同，认识各自文化的糟粕与精华时一种有趣的反差。译者选译一本1841年出版的旧书，一方面是考虑到版权问题，更重要的是本书作者身处决斗仍然盛行的时代，对决斗的观察比当代学者可能更加感性。本书下卷记述了大量决斗的个案，似嫌累赘，但是正如作者所说："由于决斗的历史可能被视为那个时代的行为方式和主导观念的一面镜子，所以这些事情，不管多么没有意义，都具有重要性。"

本书原名是《决斗史》，但是鉴于全书主要内容是西方决斗的论述，而且决斗也只是在西方才成为一种制度化的习俗，所以译者将书名改为了《西方决斗史》。另需说明的是，文中注释除注明"原注"外，皆为译者所注。

本书写作时间较久远，作者行文颇尚曲奥华丽。译者并非英语专业出身，翻译本书难免错谬，敬请识者原谅。所以不揣浅陋，献此拙译，实在是深感百多年来国人在很多方面对西方文化的认识，仍然未登堂奥。译者而立之后，稍读外文原著，对西方文化的原有看法常遭颠覆。国民党老右派吴稚晖曾经对罗家伦说："中国要好好的有三万种书译出来，方才像个国家。"信哉斯言！

译　者
2012.1

第一卷

第一章　序　言 …………………………………………… 3
第二章　古代的决斗 ……………………………………… 7
第三章　决斗的起源 ……………………………………… 16
第四章　著名的司法决斗 ………………………………… 29
第五章　骑士和决斗制度 ………………………………… 44
第六章　法国的决斗 ……………………………………… 61
第七章　十六世纪法国的决斗 …………………………… 69
第八章　十七世纪的法国 ………………………………… 80
第九章　路易十三时期的决斗 …………………………… 86
第十章　路易十四时期的决斗 …………………………… 98
第十一章　十八世纪法国的决斗 ………………………… 118
第十二章　路易十六时期的决斗 ………………………… 130
第十三章　十九世纪法国的决斗 ………………………… 151
第十四章　法国妇女之间的决斗 ………………………… 168
第十五章　法国确立的决斗法规 ………………………… 172
第十六章　法国人对助手的性质和责任以及决斗的
　　　　　 实用性的看法 ………………………………… 183

第十七章　意大利的决斗 …………………… 188
第十八章　西班牙的决斗 …………………… 203
第十九章　德国和北欧的决斗 ……………… 208
第二十章　比利时和荷兰的决斗 …………… 223
第二十一章　美国的决斗 …………………… 228
第二十二章　东方国家的决斗 ……………… 244

第二卷

第二十三章　**大不列颠和爱尔兰的决斗** …………… 251
　第一节　英国关于决斗的法律 …………………… 251
　第二节　詹姆士一世统治时期的决斗 …………… 256
　第三节　一份手稿记叙的决斗 …………………… 259
　第四节　莫汉田爵的阴谋 ………………………… 264
　第五节　三次性质不同的决斗 …………………… 273
　第六节　淫荡和贿赂公行的时代 ………………… 278
第二十四章　**乔治三世时期的决斗** ………………… 302
　第一节　乔治三世时期对决斗的一般观念 ……… 302
　第二节　形形色色的决斗事件 …………………… 306
第二十五章　**1820年至1840年间的决斗** ………… 383
　第一节　发生于各地的决斗事件 ………………… 383
　第二节　围绕卡迪根伯爵审判案的辩论 ………… 442

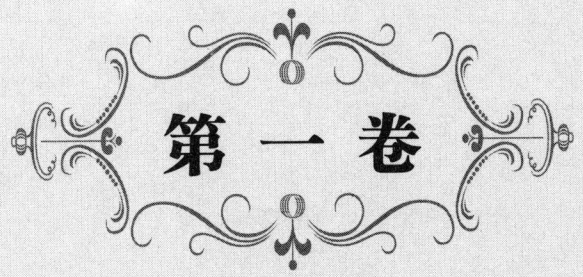

第一卷

第一章 序 言

当我们平静地研读决斗的编年史时，发现眼前这个具有虚假的完美理性，并且以它自我吹嘘的高度文明为傲的社会仍然继续着这种实践，我们只能感到惊讶。

由于其无节制的野蛮残忍，对古代决斗和个人格斗——它们事实上只比得到许可的谋杀略好些——的详细描写可能是令人厌恶的，但是要从非常形象而且罗曼蒂克的决斗史上去除那种欺骗性的引人外表，任何方法都不如对决斗进行研究更加有效，包括研究它的发展，以及当它不再那么时髦或者不再为上流社会诉诸为解决纷争的手段时，这种行为的相对减少。

决斗的缘起的确应该让我们为它的持久性感到愧窘。它起源于中世纪那最黑暗的野蛮时代。在那些帝国的废墟上，使之前的那个古典时代名垂千古的光荣、艺术、科学和优雅的造诣几乎荡然无存。作为世俗的荣光和人类声名的虚妄性质的恐怖记录，只有支离破碎的废墟和传统留了下来。

罗马尚武和独立的精神熄灭了。锡巴里斯人①的奢华生活取代了金戈铁马的日子。文明因为过度的精致腐化了，变得纤柔娇弱。他们建起了宫殿，却放弃了抵御入侵的壁垒。弱点被敌人发现，被试探，最后被击破。蜂拥而至

---

① 锡巴里斯（Sybaris），古希腊的一个城市，位于意大利塔兰托湾西部海岸上。公元6世纪城市极度富有，以至于锡巴里斯人成了奢华和享受的代名词。当时这座城市可能发明了世界上最早的城市照明系统，并且提出了知识产权的概念。据说城市里的厨师可以对自己创制的招牌菜享有一年的专利权。18世纪英国作家、批评家塞缪尔·约翰逊的英语词典中提到一位锡巴里斯人睡在一张铺满玫瑰花瓣的床上，因为一片花瓣折了起来竟然无法入睡。关于锡巴里斯人最广为流传的一则轶事说他们的骑兵训练自己的马匹和着管乐起舞，结果敌人用音乐击败了锡巴里斯人的骑兵并征服了他们。

的野蛮人蹂躏了曾经雄伟的帝国版图，如洪流般吞噬了他们面前的一切。饥荒和瘟疫踵入侵的野蛮人而至。所有帝国的政策为之竭心尽力以创建的制度都被推翻。此后的几个世纪中，法律、司法和理性几乎无迹可寻。用刀剑主持的正义是唯一被承认的权威。中世纪的封建制度把人类分为领主和奴隶。骚乱、压制和掠夺被称为统治。宗教变成了伪君子的实用面具，被限制在对外在仪轨的遵循上。人们坚信嗜血的功绩可以取悦上帝。

在这个黑暗时期，神裁法①、决斗和单人格斗取得了极致的优势。人们被野蛮化后又被驱入这样一个时代，考虑到这个时代的状态，神裁法与决斗被认为是决断分歧最明智和公正的方式不可能让我们感到惊奇。罗伯逊（何人不详）恰如其分的文字最好地描述了这个时代："对于人类来说，抵御伤害、报复不公正的对待和培育友谊一样自然。而且，既然社会保持在它最简单的状态中，前者就被认为是和后者一样不可剥夺的权利。在这种社会中，人们不认为他们有权利只为自己的冤屈寻求补偿。如果有人伤害那些与他们有联系或者其名誉为他们所关心的人，他们便被触怒而且会尽速予以报复。无论蛮族人对政治联合体的原则理解得多么不完美，他们能热切地体会到社会性友爱的情感和从血缘纽带而来的义务感。当伤害和冒犯施加到他的家庭或部族时，他们会怒火中烧，会怀着最刻毒的怨恨追踪施加伤害和侮辱的人。他认为期盼用自己以外任何人的手获取补偿是胆怯的，让别人决定什么样的补偿和报复可以让自己满意是丢脸的。"

这里我们发现了决斗行为令人遗憾的根基，那就是，即使是处于一种有所进步的文明状态中的人类，仍然沉迷于可耻的报复行为。在这一点上，他们与野蛮人并无多大区别。

让我们从骑士制度的浪漫时代身上剥去他们炫丽诱人、如梦似幻的华丽甲胄和服饰——包括充斥着赞颂这个时代壮伟和美好的祝酒辞的宴会大厅，游吟诗人歌颂那个时代的引人之处的多情旋律，骑士们为了博取他们堂吉诃德式虔诚所偏爱的情人的青睐而进行的武艺竞赛——我们将看到什么？最黑暗的死亡中隐藏的背信弃义和暴行——放浪形骸、沉湎声色这些人类令人厌

---

① 在后面的几页里我将叙述几桩神裁法的案例，因为尽管神裁法不被认为属于决斗的范围，但两种实践在起源上都一样野蛮，在实践中都一样荒谬。决斗事实上构成了神裁法体制的一个部分。在神裁法中人们吁请上帝的判断来保卫无辜者。——原注

恶的本性——隐匿在最迷人的德行外表下由病态的想象包裹的罪恶——一副凶手的嘴脸却由美人的手为之戴上了桂冠，而不是落到侩子手的利斧之下。

巴尔扎克说得对：为了一个承诺我们会走到世界的尽头去。如果我们能清楚地界定某些词句，让社会接受由理智的推理得出的结论，而不是让社会接受时髦和成见造成的定义，我们会更加幸福到什么地步啊！所以我们应该知道这些词的真正含义："自由、光荣、荣誉、爱、勇气。"它们目前是一些空幻的崇拜对象，在它们的圣殿里无谓地流淌了多少鲜血！同时，由于人类理智一种奇怪的误入歧途，我们竟然认为为了报仇雪耻、恢复名誉应该不惜去冒可能使自己的痛苦加剧、让自己珍爱的所有人遭遇不幸的风险。

要对这个问题做更加详细的阐述，可能需要更进一步的考察。在下面我记录了各个时代、各个国家最著名的决斗事件。阅读这些材料时，我们可能会因为其中的残暴程度浑身战栗，也会因为我们目前的时代更加文明而欣慰，但是认真的反思使我们明白我们的欣慰是错误的：罪恶的事业和影响在一成不变地延续着——其行为同从前一样轻佻，其影响一样可耻而迹近犯罪。决斗的历史不仅能在相当程度上解释时代的历史，还能切实地用例证阐明向更人道主义的状态演进过程中处于不同阶段的社会的礼貌和风俗，同时我们将看到允许或劝阻这种行为有什么作用。在决斗史中，通过观察人类邪恶激情的发展和偶尔展现出来的自我改善的品质，我们看到人的历史。

决斗的历史是一面血污的镜子，我们必须抹去上面各个时代凝结的血迹去深思隐藏其中的真理，去体会我们人类是一种多么可悲的生物！——我们不时成为虚荣和骄傲踢来踢去的皮球、野心和伪善的工具，却总是虚妄的追求、梦想的欢乐的牺牲品。尘世间的壮丽浮华和它所有诱人的地方——名誉和荣耀——都在提醒渴望军旅生涯的虚荣自负的年轻人去穿上让人眼花缭乱的制服，人前夸耀。

你看，他这会儿正在一列耀眼夺目的军人行列之中，但是很快，唉，他已经被遗弃，独自躺在战场上了，也许受伤昏过去了。没有一滴水可以濡湿他火烧般的嘴唇，没有友好的手臂把他从地上扶起。想着远离的家门，想着那些再也无法见到的朋友，他凝视着自己撕裂的制服上的刺绣！梦想已经灰飞烟灭！悲哀的现实正引领他走向绝望！

因为决斗是从法国引入不列颠群岛的，我将首先介绍决斗在法国各个王朝的历史，然后越来越多地引入对决斗从革命时代到目前的历史的探讨。我将回溯欧洲其他国家单人格斗的发展过程，最后再阐明这种蒙昧野蛮行径可诅咒的残余物在我们自己国家（英国）不同时期里的兴盛。

这样一部编年史的价值也许是可疑的，因为其中到处都是骇人听闻的事迹，暴乱血腥的场面，另一方面，书中的描述却会引发一个明显的问题：如果人们认为书中同时记述的高尚的行为会在年轻人的心中引起值得赞许的模仿，激发慷慨大度的气概和情有可原的雄心，那么这本描述决斗这样一种可以称之为可敬的失常越轨行为的编年史还能让读者对决斗产生客观公正的看法吗？长时间来如此多的雄辩人士在讨论和鼓吹这种行为（就像我们将在这本书了另一个部分看到的），同时又有许多像前者一样雄辩和权威的人士在谴责它。毫无疑问阅读新门①的记事簿几乎或者绝对不能吓阻一个年轻的新人继续破坏法律，进行决斗，但是对这种行为的荒谬性进行论述（绝大多数决斗行为的起因都可以被如此认为），可能会比描述这种行为的血腥恐怖更加有作用些。偏见的力量是如此巨大，以至于对一个人的奚落比对他不无道理的傲慢更让他恐惧。尘世中人宁可被指控谋杀也不愿意接受可耻的胆怯的标记。

禁止决斗的困难程度得到人们最广泛的公认，所以决斗被认为是一种无法避免的罪恶。许多经验丰富的，尤其是法国的决斗参与者都曾经尝试用最可能使决斗不那么致命，或者能让决斗者的机会更加平等的规则来使决斗的危害缓和些。那些决斗者不得不服从在反复无常的社会习俗的压力下进行决斗。在下文里可以看到数种这类决斗规则，如果可以说它们是某种规则的话。对这些规范的遵守，可以阻止许多致命的突发决斗。而且如果这种情况发生了，遵守这些规则也能避免许多流血和丧命的发生。

---

① 新门（Newgate），位于伦敦新门街西段的一座城门。这座城门可以追溯到罗马时代。至少从12世纪起就被用作监狱，关押债务人和重罪犯。1902年废弃。

第二章 古代的决斗

无论勃兰托美①和其他作者怎么看,明显的事实是决斗这种习惯在古代是不为人所知的。历史的确记载了一些勇士的单人格斗。他们在两军阵前把对方召唤出来单打独斗;历史也记载了各种由卓越的战士组成的小队进行的战斗,它们在指定的仲裁者面前维护了本民族的荣誉。所以我们能看到阿喀琉斯与赫克托耳②、图尔努斯和埃涅阿斯③的战斗,还有厄忒俄克勒斯和他弟弟的七个同伴的故事。④

在罗马人的编年史中我们读到贺拉提乌斯三兄弟和库里阿提乌斯三兄弟

---

① 勃兰托美,皮埃尔·德·波戴尔 [Pierre de Bourdeille, seigneur (and abbé) de Brantô. me, 1540—1614 年],法国历史学家,战士和传记作者。他曾周游欧洲各国,在苏格兰玛丽女王、英格兰伊利莎白一世等君主的宫廷中生活。著作以放肆地描绘宫廷糜烂的性生活著称。
② 阿基里斯(Achilles),或译阿喀琉斯,特洛伊战争中希腊最著名的英雄。赫克托耳(Hector),被阿基里斯杀死的特洛伊 50 个王子之首的著名英雄。见荷马史诗《伊利亚特》。
③ 埃涅阿斯(Aeneas),维吉尔史诗《埃涅阿斯纪》中的特洛伊王子和英雄;在特洛伊城沦陷后,携带幼子、背负父亲,逃出被大火吞灭的家园,最后到达了意大利南部。为了和鲁图利国王图尔努斯(Turnus)争夺拉丁人的国王拉丁努斯的女儿拉维尼亚,埃涅阿斯和他进行决斗并杀死了对方。埃涅阿斯的后裔稍后建立了罗马城。
④ 厄忒俄克勒斯(Eteocles),是希腊神话中著名的弑父英雄,底比斯(或译忒拜)国王俄狄浦斯的儿子。起初,厄忒俄克勒斯和哥哥波吕尼克斯说定轮流执政。厄忒俄克勒斯先登上王位,但到了该让兄弟执政时,他拒绝交权并驱逐了波吕尼克斯。俄狄浦斯听说两个儿子为了争夺王位而兄弟相残,曾对厄忒俄克勒斯说:"你无法毁灭你父亲的城市,你和你弟弟必然会躺在你们自己的血泊之中。"波吕尼克斯在岳父阿尔戈斯王阿德拉斯托斯的帮助下带领七个著名的英雄攻打底比斯,最后与弟弟进行决斗。决斗中厄忒俄克勒斯刺中了波吕尼克斯的腹部,以为取得了胜利,在弯腰拣拾弟弟的武器时被垂死的波吕尼克斯一剑刺死。兄弟双亡后,俄狄浦斯的家族几乎绝灭。古希腊剧作家埃斯库罗斯据此创作了悲剧《七雄攻忒拜》。

之间的战斗。① 还有曼里努斯、瓦列利乌斯·科尔维努斯、塞尔吉乌斯和马塞勒斯的战斗故事。② 希腊的历史则记录了米提利那的庇塔库斯和雅典将军普律农的战斗。③ 在后一战例中，庇塔库斯，希腊七贤之一，表现出了"勇气中要紧的是谨慎"之智慧。他在盾牌下面藏了一张网，用这张网使对手成了他的勇气和机智非常容易的俘获物。

在古代的确存在将摔跤选手的勇气和机敏放在自由搏击④中加以考验的习惯。参加格斗的人被要求在战斗前展示自己数日，还要经受严苛的检查。奴隶和罪犯以及与之有瓜葛的人都被禁止参加这种格斗。挑选格斗者是通过抓阄的方式进行的。不同的球被放进一个盒子，每个球都被标注上一个字母。摸到两个有同一字母的球的人配对厮杀，直到其中一个人竖起手指表示投降为止。竞赛的奖品由裁判判定归属。一些化了妆的妇女设法混迹裁判当中，以便把象征胜利的棕榈叶颁发给自己喜爱的选手。结果此后规定裁判必须赤身裸体地坐在胜利花环的后面。

许多这一类的格斗都是致命的，气氛非常凶残。

最初当事者用拳头互斗，后来引入了用石头、铁或一些硬物制成的球。再后来人们穿上了凯斯特斯（cAEstus）——一种用镶缀着铁制或铜制的钉子、小球的厚皮革制成的很重的手套或者护手——致命的结局因此更加常见

---

① 根据罗马历史学家李维的说法，贺拉提乌斯三兄弟是罗马的三胞胎。在国王奥斯蒂吕斯统治时期（约公元前672—642年）的一场罗马与亚伯隆加（意大利罗马东南古城）的战争中，双方同意战争的结果将取决于贺拉提乌斯三兄弟和亚伯隆加三胞胎库里阿提乌斯三兄弟的一场决斗。战斗中库里提乌斯三兄弟受了伤，贺拉提乌斯三兄弟中两人战死了。剩下一人假装逃跑，趁库里提乌斯三兄弟追击时利用他们的伤势，逐一杀死了对方。当贺拉提乌斯三兄弟中仅剩的一人回去领取战利品时，他们的姐姐悲痛地哭喊着，因为她认出死去的库里阿提乌斯兄弟中有一个是和她订了婚的青年。于是贺拉提乌斯杀死了自己的姐姐，宣称"应该这样消灭任何一个哀悼敌人的罗马妇女"。
② 曼里努斯（Manlius），瓦列利乌斯·科尔维努斯（Valerius Corvinus）、塞尔吉乌斯（Sergius）、马塞勒斯（Marcellus），都是罗马著名家族。见李维《罗马史》。
③ 庇塔库斯（Pittacus），希腊米提利那城邦的将军，与雅典的梭伦和米利都的泰勒斯同为希腊七贤之一。在与雅典的战争中，他提出与雅典将军普律农（Phrynon）决斗决定战争的胜负并杀死了对方。
④ 自由搏击（Pankration 或 pancrations），是公元前648年引入希腊奥林匹克运动会的一种武术。它是拳击和摔角的一种混合体，没有任何规则。它在希腊奥运会上存在了近千年。Pankration是斯巴达的重装步兵和亚历山大的密集方阵战士需要学习的重要军事技术。斯巴达战士学习这种古代的拳击技巧，唯一的目的是在战场上杀敌，所以，当时不允许斯巴达战士参与有其他希腊人参与的这种比赛。

了。塞西亚人①阿拉查西斯钦佩地注意到②，一方面希腊人通过他们的法律惩治所有暴力和伤害罪行，另一方面，又是那么地尊敬和鼓励这种运动。埃利亚努斯③提到一位来自克洛顿④的拳击手，他在走向裁判去领取胜利的花冠时倒地而亡。作者还提到另一位拳击家。他被对手一记重击打掉了所有牙齿。为了掩饰伤情以免刺激对手更加兴奋，他把被打落的牙齿和血水一起吞了下去。鲍桑尼亚⑤讲述了几件最突出的例子。一个叫阿拉其翁的男子曾经两次在奥林匹克运动会上戴上花冠。除了一名对手，所有列入名单与他比赛的人都被他战胜了。但是最后的这个对手狂暴地冲向他，用脚缠住了他，手紧紧勾住他的脖子，最后把他扼死了。不过，阿拉其翁死之前，生生地掰掉了对手的一个脚趾，剧痛使对手当场死亡。裁判决定给阿拉其翁的尸体戴上了用棕榈叶编织的花冠。另外，有两名叫克里格斯和达莫克西努斯的格斗士，战至筋疲力尽仍不分高下。两人同意双方各自在同一部位给对方一击以定输赢，也即第一个击打对方的人必须经受对方在同一部位的回击。经过抽签，克里格斯先在对手脸上猛击了一拳，几乎把对手打得晕倒。结果达莫克西努斯违背了约定，从肋部下方抱住了克里格斯，用指甲把他的肠子都撕扯出来了。胜利的花冠授予了克里格斯，他的奸诈对手被流放了。在这类格斗中，杀人被判定为既非犯罪亦不受惩罚。现代拳击运动比这种运动的一种延续走的稍远了一点，而这种运动不太可能被称为构成了决斗。因为在决斗中至少人们认为挑战者已经受到了个人伤害。

我很快会谈到，在现代我们知道有妇女参与决斗，但是如果我们如此重视拳击家的技艺，则似乎古代的妇女为我们提供了一个更令人欣悦的先例。罗马的妇女不仅出席观赏以赞助这类消遣娱乐，而且自己也常常进入运动员

---

① 塞西亚人（Scythian，或译斯基台人），希腊人对东欧大草原上波斯游牧民族的称呼，后来欧洲人以此称呼生活在中亚、东欧和乌克兰类似波斯民族的各民族。

② 阿拉查西斯（Anacharsis），黑海北岸的塞西亚人。公元前6世纪他前往雅典，与梭伦为友，成为希腊犬儒学派的先驱。他是第一个得到雅典公民权的外邦人。他听说梭伦曾为雅典立法时说："法律是一张蜘蛛网，能捕住小虫，却抵御不了大家伙。"据说他返回家乡后因为希腊式的生活方式被自己的兄弟杀害。

③ 克劳迪亚斯·埃利亚努斯（Ælian 即 Claudius Aelianus，约175—235），希腊化的罗马作家，著有《历史杂文集》。

④ 克洛顿（Croton），意大利南部爱奥尼亚海边卡拉布利亚区（Calabria）的一个城市。

⑤ 鲍桑尼亚（Pausanias），公元2世纪的希腊旅行家，著有《希腊志》。

的名单。据塔西佗说，有资质的妇女的确是参与的。埃纽斯①（在他的第六篇讽刺诗中）和斯泰提乌斯②都注意到这种情况。

她们没有像考科伯恩③耸人听闻地宣称的"完全赤裸"着格斗，但是的确像萨姆尼人④那样，只穿一件计算好的防护罩来保护胸部和肩膀。防护罩朝臀部方向变得越来越窄，穿用起来可以更加便利。

不仅妇女被认可成为角斗士，侏儒也可以相互较量。如果我们今天看到更加现代的贵族和骑士把毁灭变成一种消遣，他们也可以举出古人的例子来。

尽管角斗士通常都是奴隶和战俘，自由民和有地位的人也提出了公然地摧毁同侪的要求。庄重的元老院议员为了博得皇帝的欢心，也走下了竞技场。奥古斯都被迫命令不许元老院议员成为角斗士，很快又对骑士阶层下达了同样的禁令。这些禁令很少受到尊重，因为我们发现尼禄曾经一次就展示了四百名元老院议员和六百名骑士阶层的角斗士。正是在他和多米提安⑤统治时期，妇女开始分享这种娱乐。然而，不管是作为一种消遣还是欲望的满足，我们都不能在这种野蛮的活动中找到决斗的痕迹。而且，妇女在这种活动中不是取得了为争执打斗的权利，而是用这种方式维护了她们独立的权利。

在比较近代的编年史中我们读到各个国家具有相似性质的冲突。比如英国人和法国人在竞争优势时发生的三十人之战。法国普洛埃梅勒⑥地方的英国卫戍部队司令理查德·班布鲁赫急切地想为他的战友——在欧雷⑦地方被杀的托马斯·达格尼报仇。他蹂躏了周围的法国乡村，把所有角落都变成了荒芜

---

① 迪赛姆斯·埃纽斯·埃夫诺里斯（Decimus Iunius Iuvenalis），英语文献称朱文纳尔（Juvenal）。活跃于公元1世纪至2世纪早期的古罗马诗人，写过戏剧和4至6卷讽刺诗。
② 普布利乌斯·帕皮尼乌斯·斯泰提乌斯（Publius Papinius Statius，约45—96），拉丁文学白银时代著名的抒情诗人。著有史诗《忒拜》、《即兴诗集》和以希腊英雄阿喀琉斯为题材的《阿基里德》。
③ 考科伯恩（Cockburn），苏格兰一个著名家族，具体指何人不详。
④ 萨姆尼人（Samnite），古代意大利中部萨姆尼王国人。公元前4世纪萨姆尼王国被罗马击败后在罗马出现了一种萨姆尼战士装束的角斗士，也被称为萨姆尼人。在罗马共和国时期非常流行。
⑤ 图密善或译多米提安（Domitian），罗马第11代皇帝，公元81至96年在位。
⑥ 普洛埃梅勒（Ploërmel），法国西北部布列塔尼地区莫尔比昂省城市。1351年，在布列塔尼王位继承战争中，大约各三十名英国和法国的骑士在城门口为了展现英勇和抓获对手勒索赎金，进行了一场混战。法国骑士几乎杀死或俘获了所有英国骑士，史称"三十人之战"。
⑦ 欧雷（Auray），莫尔比昂省另一地方。

的的废墟，而且不加区分地杀死商人、工匠和劳动人口。布列塔尼的绅士德·布曼诺伊要求会面并得到英国人的同意。布曼诺伊在会见时谴责班布鲁赫的行径，指责他攻击没有武装而无助的人，发动一场残忍而邪恶的战争。英国人的首领认为这种指责侮辱了自己。他傲慢地回答说，对布曼诺伊和他的随从来说，把自己和英国人相比是很不合适的。布曼诺伊立刻发出挑战，要求用武器来检验这一问题。要求被欣然接受了，地点选在普洛埃梅勒和若斯兰之间的某棵古老的橡树下。在指定的日子，三十名战士出现在各自的阵营一边，这个地区所有的贵族都涌到现场观看这场冲突。

发出开始的信号之前，班布鲁赫似乎有些犹豫。他觉得这场战斗如果不得到他的领主同意将是不合法的，因而请求延期到自己得到许可再进行。顽固的布列塔尼人没有接受这个建议，坚持立即确定谁更棒，更受最美丽的女性——德·布洛瓦女伯爵，布曼诺伊的意中人——垂青。

这场战斗是不顾一切的。法国的编年史家说几乎所有英国人都被杀死，受伤的英国人被胜利者遣返。班布鲁赫在正要攻击布曼诺伊时被阿兰·德·凯伦瑞奇杀死了。后者受了非常严重的伤。当布曼诺伊要水喝时，他的同伴之一——德·提特尼阿克大人慷慨地表示可以用他的血来止住布曼诺伊不合时宜的干渴。①

1404 年，在塞恩同②的蒙坦德城堡前面，七个法国骑士和七个英国骑士之间发生了另一次同样性质的战斗。查理七世任命阿诺德·古勒姆·德·巴巴查斯指挥法国人对抗斯盖尔斯伯爵指挥的英国人。

战斗在两军阵前进行。法国的简·德·哈皮德尔和英国的拉特兰伯爵被各自的君主指定为仲裁者。同样，根据法国编年史家莫里③的记述，法国人是胜利者。巴巴查斯被授予"无畏和无瑕的骑士"的头衔，被允许佩戴纹章上少一条纹饰的鸢尾④。查理七世甚至颁令给予他墓葬方面的荣誉。他可以由自己人埋葬在圣丹尼斯教堂。

---

① 根据其他的记述，似乎在同一场战斗中只有五名骑士被杀，四名英国人和一名布列塔尼人。罗伯特·诺斯先生和休·卡尔弗利爵士都是这件事的当事人——原注
② 塞恩同（Saintonge），法国滨海夏朗德省的一个地区。
③ 路易斯·莫里（Louis Moréri, 1643—1680），法国百科全书编撰者。
④ 指百合花或鸢尾形状的纹章（fleur de lis），是欧洲许多国家尤其是法国王室的纹章。

在不同的历史时期我们都看到君主们相互挑战，但都为自己保留了接受或者拒绝战斗的选择权利。因而，当查理五世①谴责弗朗西斯一世违反了所有他对自己做出的承诺，从而破坏了他的王室誓言时，弗朗西斯一世认为自己受到了侮辱。因为这些庄严的誓言都是作为后者的俘虏为了获得自由做出的。其中包括割让勃艮第。他很快就以这些誓言是在精神压力下做出的为托词，违背了这些诺言。随后的战争中，法国战俘也引用相似的理由为他们一而再再而三地违背誓言辩解。

法国1376年以前的
王室纹章上面的图案
是鸢尾

法国国王的挑战是如此古怪和夸夸其谈，对于一个刚刚破坏了关于荣誉的所有原则的人是如此的不适宜，以至于值得翻译一下："我，弗朗西斯一世，以上帝的名义，法国国王，对你，同样以上帝的名义，西班牙国王坚持——如果你指控我对一个过于重视自己名誉的绅士做出了不适宜的行为，那么我告诉你，就像你的喉咙过去经常做的和将来会做的那样，你在撒谎。我们决心誓死捍卫我们的荣誉。在你那样宣称之后，我们强烈要求，在任何一个你曾经说过或者写过任何有损我们荣誉的话的地方进行决斗。任何延迟都将可耻地归因于你，只有你迎接这一挑战才能结束进一步的相关信件往来。"

查理五世接受了挑战，而且派了一个传令兵带去了保证书以指定时间和地点。法国国王在卢浮宫大厅里当着整个宫廷和外国使节的面接受了这一信件。说来奇怪，他在行使君主权力时，不允许来人开口，从而胆怯地回避了他自己如此厚颜无耻地挑起的决斗。

使这种吹牛皮的行径比荒谬可笑更糟糕的是，当时弗朗西斯因为放弃佛兰德斯和阿图瓦②正在向教皇克莱门特七世请求赦免。他本应坚守这一誓言，

---

① 神圣罗马帝国皇帝查理五世（Charles V，1500—1558、1519—1556年在位），哈布斯堡王朝最伟大的君主。他是西班牙国王（称卡洛斯一世）、德国国王（称卡尔五世）、意大利国王（称卡洛五世）、荷兰国王（称卡雷尔五世）。他曾经资助麦哲伦环球航行，在与法国的战争中生俘法国国王弗朗西斯一世。他致力于在欧洲反对新教，维护天主教的事业。

② 阿图瓦（Artois），法国北部历史地理区和旧省。

更别提他还没有因为违背庄严的承诺，拒绝放弃勃艮第而向教皇请求同样的赦免呢。伏尔泰恰如其分地说起这种大言不惭："Tant d'appareil n'aboutit qu'au ridicule, don't le tróne méme ne garantit pas les hommes." "所有这些虚张声势唯一的结果就是荒谬可笑，即使王座也不能保证一个人成为男子汉。"

这种诉诸武力的方式在古代和现代都时常被拒绝。米提鲁斯在西班牙拒绝了赛多留的挑战。① 安提柯二世被皮鲁斯拒绝了；② 条顿人的首领要求马留斯用身体的对抗考验他的勇气，马留斯传话给说他说，如果他厌倦了自己的生命，最好把自己吊死。③

我们的爱德华三世也向菲利普·德·瓦卢瓦提出过类似的挑战，④ 既可以是个人的格斗，也可以是一百人与一百人的战斗。当后者拒绝挑战，声称封臣不应该与封君对抗时，爱德华立刻以吉耶纳公爵的名义向后者行了效忠礼。⑤ 然而随后，当爱德华的军队胜利时，菲利普表示了接受挑战的愿望。轮到胜利的君主表态时，他非常明智地婉拒了这一愿望，拒绝把自己已经赢得的胜利拿去作一场胜负难料的单人决斗的赌注。对于爱德华的前一种挑战，菲利普回答说，他只以个人来冒险，而非法国和法国的王冠，但是如果后者愿意增加赌注，把英格兰置于这一冒险之中，他非常愿意接受这样的挑战。休谟⑥非常公正地说："显而易见，这种相互的虚张声势只是为了向观众炫耀。

---

① 昆塔斯·米提鲁斯（Quintus Caecilius Metellus Pius，约公元前130或127－63），罗马将军。公元前80至72年，罗马反对独裁者苏拉的马略派力量在西班牙发动抵抗，领导者为赛多留（sertorius）。米提鲁斯是前往镇压的罗马军队指挥官。
② 安提柯二世（Antigonus II Gonatas），亚历山大帝国瓦解后的马其顿安提柯王朝国王贡纳塔斯（公元前283—239年在位）。皮鲁斯（Pyrrhus），同时代的伊皮鲁斯国王，安提柯二世的劲敌。
③ 盖乌斯·马留斯（Gaius Marius，公元前157—86），罗马执政官和将军。公元前113至101年，罗马与北方的森布里人和条顿人爆发森布里战争，罗马连遭败绩。危急关头，罗马史无前例地选举朱古达战争中的英雄马留斯从公元前104年起连任五年执政官，指挥与森布里人和条顿人的战争。他在公元前101年击败了森布里人和条顿人。
④ 英国国王爱德华三世（Edward III，1312—1377）。菲利普·德·瓦卢瓦（Philip de Valois）即法国国王菲利普六世（1328—1350年在位）。他们是英法百年战争期间的对手。
⑤ 吉耶纳（Guienne），法国西南部旧省名。欧洲中世纪等级制的封建制度犬牙交错，国王往往在许多国家拥有领地，作为那里的公爵、伯爵等封建诸侯，他们对当地的国王是封臣。但是对方往往又在自己的国内拥有领地，是自己的封臣。菲利普六世同时也是安茹公爵，而安茹当时是英王的领地。英王同时领有法国吉耶纳公爵的领地，也是一样的情况。
⑥ 大卫·休谟（David Hume，1711—1776），苏格兰著名历史学家、哲学家。

两位国王都很狡猾,不会真的考虑去贯彻他们伪装出来的决心。"

丹麦的克里斯蒂安四世回复瑞典查理九世①的挑战时,强烈建议对方服用一剂黑黎芦(藜芦属植物,有毒);查理·古斯塔夫在和丹麦的弗雷德里克三世处于相似处境时只是简单地回答说,他只在棋逢对手时才进行战斗。② 在我们的时代,瑞典国王古斯塔夫四世向拿破仑挑战。据说他从法国皇帝那里得到的唯一答复是,皇帝会派一名剑术大师为全权代表,他可以与这位高手商讨相关事宜。

就像我前面谈到的,不管古代人对所谓的荣誉感和责任感是多么敏感和苛求,古人并不知道何谓决斗。被欺骗、被殴打、受到最诽谤性的辱骂并不被认为是一个人品质的污点,也不要求诉诸武力以证明那种古老的说法:"死人总是有错误的一方。"当优利比亚戴斯向提米斯托克利举起手杖时,③ 年青的英雄只是回答:"打吧,但是听我说!"尽管被打坏了一只眼睛,莱克格斯④也并不认为必须报复阿尔坎德(一个斯巴达年轻人)对他的痛击。

凯撒也没有因为小加图⑤在元老院里对自己的堆积如山的奚落而和他算账。阿古利巴⑥,奥古斯都最勇敢的统帅之一,也容忍了西塞罗的儿子把一个杯子扔在自己头上。这种粗鲁的风俗似乎在他们的欢宴上非常盛行。

凯撒提到他的两个百夫长,这两个人从来意见不一。他们决定冲进敌人的行列以考验各自的勇猛(而不是决斗)。有人建议索福克勒斯控告一个殴辱他的人时,他平静地回答:"如果一头驴子踢了我,你会建议我诉诸法律吗?"确实,罗马法明确规定殴打并不损害名誉。

---

① 克里斯蒂安四世(Christian IV,1577—1648),丹麦和挪威国王(1588—1648),在位59年,是丹麦历史上最受欢迎和有雄心伟业的君主,进行了很多改革。查理或卡尔九世(Charles IX of Sweden also Carl,Swedish:Karl IX,1550—1611),瑞典国王。
② 瑞典国王查尔斯·古斯塔夫十世(Charles X Gustav),1654—1660年在位;丹麦国王弗雷德里克三世(Frederick III),1648—1670年在位。
③ 优利比亚戴斯(Eurybiades),公元前五世纪希波战争时期斯巴达海军将领。提米斯托克利(Themistocles,公元前524—459),雅典将军和政治家。他们在阿提米西安海战中发生了意见分歧。
④ 莱克格斯或来库古(Lycurgus),9世纪斯巴达著名的立法者,被认为是斯巴达法典的创立者。
⑤ 马库斯·珀西乌斯·加图(Marcus Porcius Cato,公元前95—46),罗马斯多噶派哲学家、政治家,老加图的曾孙,称为"小加图"。
⑥ 阿古利巴(Agrippa,约公元前63—公元前12)是罗马皇帝奥古斯都的密友、女婿和著名将领。

个人对战的鼓吹者走得如此之远以至于坚持认为决斗在《圣经》中即有记载，他们认为亚伯的被谋杀和大卫与哥利亚的战斗就属此类。他们也把罗马角斗士之间的战斗比之于决斗，这是对这一问题最荒谬的观点，因为那些罗马人残忍性情的牺牲品之间并无个人仇恨。苏利①在他的论文集中公正地评述说："决斗者复活了角斗士们不道德的职业，而且使他们自己比那些不幸背负角斗士之名的可怜人更加可鄙和可憎。"

---

① 马克西米连·德·贝桑（Maximilien de Béthune, first Duke of Sully），第一世苏利公爵（1560—1641），法国首相，坚定的胡格诺派新教徒，亨利四世的重臣。在他的辅佐下，法国国库充足，工农业兴盛。

第三章　决斗的起源

既然在古代的记述中找不到决斗的源头，我们就必须在更近的时代寻找它的起源。我们将发现，决斗是从禽兽般的勇气和对最易受骗和最不体面的本性的盲目信仰的结合中发端的。在那些野蛮的时代，当个人的勇气和技艺被认为是公共性和个人性评价中最重要的特征时，最强壮的人注定是统治者。

宗教信仰和爱，人类最有力的两种支撑，很快就被联系起来为最没有节制的残忍的犯罪行为提供根据。胜利的棕榈叶被认为应该由神和妇女捧在每一位战士的头上：一种正义的事业只能用剑来维护，真正的爱只能用长矛证明。

历史学家塔西佗对这种野蛮的北方民族的勇气作了充分的描述。他们的坚定信念是，任何公共的和私人的争执只能用个人战斗来解决。当我们考虑到这些后来在整个欧洲泛滥的野蛮和迷信的游牧部落时，个人诉诸武力的习惯很容易从他们5世纪的入侵（急速增加）来寻找根源。那时为了寻找更加宜人的气候、更加肥沃的土地以展示他们压倒性的力量，数不清的部落从北方古老阴暗的森林中倾泻而出。

盎格鲁撒克逊人淹没了不列颠群岛；伦巴德人、苏比人、汪达尔人、东哥特人和西哥特人①在意大利、西班牙、葡萄牙和萨尔马提亚建立了他们强有力的统治。② 这些野蛮人建立了遍布一切的黩武主义精神，成为决斗的根源，

---

① 伦巴德人（Lombard），苏比人（Suevi 或 Suebi），汪达尔人（Vandal），都是日耳曼蛮族的部落。他们入侵并最终摧毁了罗马帝国。
② 正如罗伯逊（何人不详）的观察："精神的力量，一种个人尊严的情感，冒险事业上的进取心，对死刑无法克制的固执，对危险和死亡的蔑视是所有未开化民族的典型的德行。"——原注

决斗也是它最早的产物。在他们的统治下只有两个社会阶层被承认——强者和弱者，领主和乡巴佬。战士和好战的牧师进行着专制的统治，所有知识和智力方面的进步都被认为有碍于他们强大的权力，所有他们建立的制度都和他们的无知与残忍相协调。①

为了给他们的法令以更强的道德力量，它们披上了神法的圣洁外衣。剑被认为是裁判正义与邪恶的唯一方式。任何由教士们用他们的钟铃、书籍和烛台打上了烙印、被认为在上帝的眼中可憎的事物，都注定了在世间的毁灭——人们在所有应该由理智进行判断的事务上陷入无动于衷的愚蠢的深渊中，或者被迷信的恐惧造就的漩涡卷起，轻率地一头冲向前去。除去这专制的鬼火，人们再没有其他的东西引领自己了。

所有这些野蛮的种族除了蛮力外，不知道以任何其他的方式解决纷争。塔西佗告诉我们，当一个日耳曼部落预谋与相邻部落的一场战争时，他们尽力抓一名战俘，让战俘与自己部落的一名战士格斗，以此预测自己胜利的机会。普鲁塔克告诉我们，亚历山大在开始攻击大流士之前也采用了同样的方法。②

罗马人竭尽全力想使森布里人和条顿人开化，但却是徒劳。瓦卢斯试图在他们中间进行仲裁，终止他们之间血腥的世仇，也属徒劳。③ 如果有时他们好像对瓦卢斯的提议让步了，那也只是为了隐藏他们为正在策划的破坏性暴乱所做的准备。

---

① 对于装饰着从前那个文雅时代的文化，这些蛮族一无所知。不过他们向文明进化的过程中，不管怎样缓慢和粗鲁拙劣，还是逐渐地失去了所有在野蛮人中可以发现的德行。他们以君王的轻蔑态度看待文学，利乌特普兰德（Liutprandus，712 至 744 年的伦巴德国王。728 年他在苏特里向教皇格里高利二世捐赠了一些领土，成为意大利教皇国的开端）说："当我们要用最不名誉的、侮辱性的称呼标示一个敌人时，我们就管他叫罗马人。"他们对这个称呼的说明是：倾向于腐化、衰弱和在精神上气馁的，已经习惯于在棍棒下战栗的，绝不敢用无畏的眼神仰视刀剑的人。——原注

② 当公众的战争被用以解决国家和部落间的战争时，人们认为私人间的战斗是解决个人纠纷的合适方式。在这种私人对抗中，双方当事人的家族都有义务在争执中支持自己人，或者在争执中丧失所有权利和特权。由于根深蒂固的内部分歧，人们很容易相信，这种战争应该以尽可能精心策划的残忍的报复行为来展开。——原注

③ 普布利乌斯·昆西提留斯·瓦卢斯（Publius Quinctilius Varus），罗马皇帝屋大维治下的政治家和将军。公元 9 年他在条顿堡森林战役中阵亡，麾下三个罗马军团全军覆没。据说屋大维听到消息后曾多次悲痛地高呼："瓦卢斯，把军团带回来！"

这些人从来只会聚合在战斗队列中，不在乎战争的目的是公共的还是私人的。他们中间的任何纷争都会自然地导致迅速诉诸武力。迷信诱使他们相信上帝会庇护无辜的人，于是"神裁法"便由此建立起来。在神裁法中，原告应该努力证明他的主张，被告则要为自己的无辜进行辩护，而为此进行的战斗因之被称为神的审判（神裁）。①

　　这种神裁法最早是由勃艮第国王贡多巴德501年的法律确立的。② 国王坚信自己的许多臣民被贪欲腐蚀而经受着折磨，或者被自己的顽固裹挟，以至于发誓证明他们并不知道的事，或者明知是虚假的事。为了终止这种可耻的行径，法令规定：当两个勃艮第人发生争执，如果被告发誓他对别人主张的权利并无亏欠或义务，或者对于他被控告的罪行是无辜的，而原告对此无法接受，原告可以宣布自己准备手握宝剑，维护他坚持的事实。如果被告不肯默认对方的坚持，那么原被告双方用剑来解决纷争就是合法的。对于双方的证人也同样如此。每个人都必须准备好用他的剑来捍卫他证明的事实，也准备好让自己听从上帝的判断。

　　让这个据说文明的世界羞耻的是，这种野蛮和荒谬的法令今天依然在某种程度上具有效力！

　　这种神裁法决斗的残忍和令人厌恶的程度是一模一样的。为了证明自己指控的罪行，原告通过递给对方手套（指挑战），让对方接受神裁，而使自己的身体面临危险。对方也必须接受挑战，否则就等于承认自己对于被指控的罪行是应受谴责的。如果指控的罪行应判死刑，那么在马背上或者徒步的格斗就要至死方休。如果罪行只当受监禁，则当一方迫使另一方屈服，或者使对方不能再进行自卫时，战斗就完成了。被告有权挑选一位战士代表自己进行战斗，原告则必须亲自参加；双方使用同样的武器，妇女和十三岁以下的

---

① 这种导致对所有权力和臣属关系的蔑视的蛮力最著名的例子发生在法兰克国王克洛维的历史中。他的战士洗劫了一个教堂，劫取了各种很有价值的圣器。主教派了一个代表团到王子克洛维那里去恳求归还一个珍贵而神圣的花瓶。克洛维回答说，等战利品分好份，如果那个花瓶经过抽签落到他手里，会被立即归还。到达苏瓦松后，王子请求大家帮自己一个忙，他只要求那只花瓶作自己的一份战利品，希望大家同意。所有人好像都愿意同意这一要求，但是一个暴烈的战士用他的战斧砸碎了花瓶，雷鸣般地叫喊说："除了抽签抽到的东西，你什么也得不到！"很少有人怀疑，如果克洛维当时坚持，战斧将会落到他的头上。——原注

② 贡多巴德（Gundobad），勃艮第国王，473—516年在位。

男孩不允许观看战斗。

　　牧师和群众默默地祈祷胜利归于无罪的一方。如果是生死格斗，旁边会准备一具棺材以装运被杀死的一方的尸体。任何人不许哭喊、尖叫或发出任何噪音或信号。时至今日，在苏维亚（何处不详）的市政厅里（这是指定进行司法决斗的地方），仍被非常重视的一件事就是在裁判旁边站立的刽子手，他时刻准备着砍掉触犯这一规定的任何人的右手和左脚。

　　受伤的一方如果真的屈服了，那么他的生死就取决于另一方的慈悲心。如果被对方杀死，他会被体面地埋葬，杀死他的那一方将赢得较以前更好的名誉。但是如果一方失败而又保留了生命，他将被裁判宣布丧失提出诚实的指控的能力，而且今后再不许骑马和佩戴武器。

　　后来的日子里，勃艮第人忠实地遵守这一制度。同样受勃艮第公爵统治的佛兰德尔公民也习惯于用多少相似的方式解决争端。那些对手模仿古代的运动员，用牛油或猪油涂抹身体，把手沾上灰烬，嘴里塞满蜂蜜或糖，手持一个小圆盾和棍棒开始战斗，直至一方被杀死——失败者如果活下来则因为他引起的麻烦而被吊死。

　　随着文明的进步，妇女被允许旁观这种活动。勃兰托美讲述了一次奇怪的决斗。在亨利二世（法国国王，1547—1559年在位）的加冕礼上，一位格斯男爵和一位德·佛迪乐斯领主之间爆发了一场争执，他们要求一片场地以决纠纷。但是，国王发誓在他心爱的德·拉·查斯特纳瑞死后（见第四章查斯特纳瑞与札纳克的决斗），他决不允许任何决斗。于是两人在德·布隆先生的封地色当会面。

　　所有准备工作完成以后，德·佛迪乐斯先生点了一堆火，树起了一个绞架，打算把对手的尸体吊在上面。他们都有赞助者一起出席。男爵用一种称为"艾佩巴塔德"的古怪武器武装起来。① 一个狡猾的牧师向他传授了这种武器的使用方法。战斗开始后，佛迪乐斯用剑刺中了男爵的大腿，造成了一个很大的伤口，血流得很厉害。佛迪乐斯于是丢掉了剑，一场摔跤比赛接着进行。男爵对摔跤很在行，一个布列塔尼的随军牧师、枢机主教德·伦尼克特

---

① "艾佩巴塔德"（"épée bâtarde"），法国的一种剑。最初指"不规则"或"不知起源"的一种剑型，16世纪中叶有时也指长剑。长剑是专为双手使用设计一种剑，中世纪晚期和文艺复兴时期盛行。

教授过他。尽管由于大量流血，男爵每一刻都在变得更加虚弱，但是双方都在猛烈地痛击对方，直到旁边一个脚手架伴着巨大的爆裂声突然倒塌。那上面聚集了大量赶来观看的妇女和年长的绅士，肢体受伤的妇女大声哭喊尖叫，更增加了现场的喧嚣。旁观的人已经不知道他们应该先帮助谁了。是交战的双方吗？他们还趴在地上，相互挥拳猛击；还是受惊的妇女？男爵的亲戚和朋友认识到他已经变得更加虚弱了，于是冲他大吼："往他眼睛和嘴里扔沙子、沙子——往他嘴里、眼睛里！"如果不是脚手架倒塌引起的骚乱，他们是不敢这样叫喊的。因为旁观者是不允许说话、走动甚至擤鼻涕的。男爵领会了暗示，一点儿也没有耽误，抓起一把沙子塞进了对手的眼睛和嘴里。后者在观众的大叫声中投降了。观众中有人赞成也有人谴责这种战术。男爵的朋友坚持认为对手已经投降，对方的随行人员却坚决否认。要不是现场裁判德·布隆先生，双方的亲友几乎要动手互殴了。

　　这些野蛮的神裁决斗安排起来非常一本正经：像上述的决斗一样，场地经过挑选；一堆大火被点起来，一个绞刑架被竖起来用来处置失败者；为当事双方准备了两个罩成黑色的座椅。双方坐在上面接受一些警告，以使他们的行为接受某种约束。比如以《圣经》四福音书作者马太、马可、路加和约翰之一的名义发誓他们没有求助于任何巫术、魔法或咒语。当事人可以挑选被称为赞助者或者教父的助手。最初助手的职责只是警惕地捍卫他们事主应有的权利和待遇，但是后来他们开始负有支持和为他们的斗士报仇的义务了。这种惯例源于1578年亨利三世时期的米尼翁①决斗事件，是从意大利引入的。

　　这些准备工作完成后，斗士们要请求上帝、圣母玛利亚，和所有的圣徒

---

① 米尼翁（Mignons），法语"亲爱的"或"娇美的"。法国宗教战争时期辩论家使用的一个词汇，后来巴黎的民众用它指代法王亨利三世的宠臣。米尼翁是一些轻浮和时尚的年轻人。公众指责他们从事变态的性行为，针对他们的谣言是导致法国瓦卢瓦王朝覆灭的一个原因。米尼翁决斗事件：1578年4月27日，法王亨利三世的三个亲信雅克·德·凯吕斯、路易斯·德·莫继伦、让·德阿克斯和吉斯公爵的三个党徒查尔斯·德·巴尔扎克、瑞波拉克、乔治·德·西姆伯格决定重演贺拉提乌斯三兄弟和库里阿提乌斯三兄弟的决斗（见第二章）。莫继伦和西姆伯格当场被杀；瑞波拉克第二天中午伤重死亡；德阿克斯头部受伤，六周后渐愈；凯吕斯受了十九处伤，痛苦挣扎了33天后死去；只有巴尔扎克只擦伤了手臂。

第三章 决斗的起源

尤其是圣乔治骑士①来见证他们的目标是正义的，而且他们要坚持这一目标。双方事先都参加了群众性的庆祝活动，其形式今天还可以在某些古老的弥撒用书里找到。书中称这种庆典为决斗前弥撒。接着，场地、风向和阳光的优势被公平地分配。通常还会同时分发蜜饯和一种李子制成的蜜饯，然后测量决斗者的武器。当他们选好场地后，现场负责执仪的人会大喊："战士们来了！格斗中任何人不得说话、咳嗽、吐口水、打喷嚏、擤鼻涕。简言之，不得做任何可能打扰决斗者的事或者与决斗者交换事先预定的暗号和建议。"

这种战斗中允许的武器是一把双刃的直剑，一块胸甲，一个小圆盾。如果决斗者骑马则是一支长矛。只有乡巴佬可以使用棍棒解决纷争。

圣路易统治时期（1283年——原注）②，这种决斗只在双方事主之间进行，但是允许在一方当事人和另一方的一名证人之间进行，在这种情况下如果这名证人被打败了，那他的证词也就被视为伪证。

指控的范围可以因此进一步发展。对于被告，如果被证明是有罪的，有时他可以指称法官在坚持一个谎言，在这种情况下法官有义务拿起剑给被告一个洗雪罪名的机会（接受与被告进行决斗）。

否认指控的表达方式很生动而富于感情："你在说谎，我准备保护自己的身体，与你对抗。几个小时内你会成为一具尸体和一个懦夫：这就是我的挑战。"这么说着，上诉的人会跪下，向指控自己的人呈上手套或者别的某种象征挑战的东西。

这种上诉的权利只有在仲裁者不是被告的领主和宗主时才被赋予被告。只有在这种情况下，对仲裁者的判断和他代代相承的明智贤达的怀疑才不会被认为是一种重罪。如果仲裁者是自己的领主或宗主，那么就像拉封丹③所说："在你，我的主公和我这乡巴佬之间，只有上帝才能审判。"

---

① 圣乔治（Saint George，约275/281—303）。根据传统，圣乔治是来自叙利亚巴勒斯坦的罗马战士、皇帝戴克里先的神父。他被认为是最著名的军人圣徒，后来被奉为殉道者，是天主教、英国国教、东正教都尊崇的圣徒。圣乔治屠龙的传说使他变得众所周知，他还是能够治疗各种疾病的十四圣助者之一。

② 路易九世（Louis IX，1214—1270），常被称为圣路易（Saint Louis），法国国王（1226—1270）。这里作者原注1283年可能有误。

③ 让·德·拉封丹（Jean de la Fontaine，1621—1695），是法国古典文学的代表作家之一，著名的寓言诗人。他的作品经后人整理为《拉·封丹寓言》。

有些情况下，如果当事人的身体无力进行决斗，或者涉及的是妇女或神职人员，则允许由代理人代理决斗。被称为（决斗当事人）支持者的亡命徒经常被雇佣来。这是一种更加危险的交易，因为他们如果被击败了，会被砍去右手。这样做也许是为了激励他们在代表当事人决斗时更加热诚地投入或者更加敏捷灵巧。决斗本主的情况会因此更加令人痛苦。因为，当他们的代理者进行格斗时，他们却被挡在竞技场外，脖子上环绕着绳索。一旦他们中一方的代理人被击败，决斗的本主会被立刻绞死，尽管有时他们会被赦免绞刑而代之以斩首。

一个绅士可以向一个农奴提出决斗，而农奴则没有丝毫权利向比他地位高的人要求决斗以报仇雪耻。因而他只能请求一次用烙铁、沸水或冷水进行的神裁。这种神裁以下面的方式进行：

在用烙铁进行神裁时，要为自己辩护的人必须在一定的时间内，用手捧着一只烧热的铁板。然后包扎他的手，在绷带上贴上封条。三天后，拆开绷带后手上如果有明显的灼伤，则他的自我辩护失败。好像一些手上有硬茧或者耐烫的代理人常常为此被找来。①

用水进行神裁时，会命令被告从装满沸水的容器中取出一个神圣的戒指。在用冷水进行神裁时，要经受苦难的人被捆住手脚扔进一个池塘，如果他不下沉，他的罪行就是显著的；因为水事先经过一个牧师用拉丁语祝福，它拒绝接受那个受难的人就是那人不虔诚和他的罪行令人信服的证据。

还有另一种测试罪行的办法，称为十字的神裁。被捕者发誓宣称自己的无辜，然后要求审判。两根一模一样的棍子被树立起来，其中一根被刻上十字记号。然后将两棍子用羊毛包裹起来，放置在祭坛的圣迹上。经过适当的祈祷，由一个牧师拿起其中一根，如果上面有十字记号，被告就被宣布无罪。

在民事案件中会使用另一种十字神裁法。法官、当事人和所有相关的人都聚集在教堂里，当事人各选取一名尽可能年轻强壮的牧师为自己在审判中的代表。这些代理人被安排在一些著名的十字架两边，然后，发出信号，他们立刻伸直臂膀，用身体摆成一个十字架。在圣事进行的过程中，

---

① 有时会在不等的距离上纵向摆放九个烧得红彤彤的犁头，被告必须赤足而且蒙着眼睛走过去。——原注

他们一直保持这种痛苦的姿势。哪一方的代表先垂下臂膀，哪一方的当事人就败诉。

在查理曼大帝统治时期，这种神裁法被用来处理因儿童的原因引发的诉讼。而在路易一世时期（查理曼唯一活到成年的儿子）①，这种方式限制在与教会事务有关的争讼中。

奇怪的是，目前不同的国家仍然在实践相似的神裁方法，而他们根本不可能对古代的那些荒唐事有任何了解。在暹罗，刑事和民事案件的当事人被要求吞服某种药丸，首先被感染的一方被宣布有罪。在西藏，盛满沸水的容器里会放入一对相同的东西，只是一个黑色一个白色。原告和被告要从其中捞出一个。运气好捞到白色那只的一方被宣布无罪。但是双方都会被严重烫伤而在余生中变成残废。

在印度，神裁法似乎是一种古老的做法，而且以九种方式延续至今：1，用平衡的方式；2，用火；3，用水；4，用毒药；5，用科萨，或者某种偶像曾经在其中清洗过的水；6，用稻米；7，用沸水；8，用红热的铁；9，用象征的方法。

1. 使用平衡方式的神裁是这样进行的：一个天平的横梁被调整好，绑好绳索，刻度被调整到完全平衡。被告和一个梵文学者——一个能唱颂吠陀的婆罗门学者斋戒一整天。被告在圣水中洗浴之后，在火里呈献祭品，然后祭神。被告接着被仔细称重。他从天平上下来以后，学者在神像前拜伏，念某种与印度教圣书②一致的咒语，然后把控告的罪行写在纸片上，固定在被告的头上。六分钟后重新称量被告的体重，如果他比先前重了，就被认为有罪；

---

① 和蔼的路易（Louis le Debonnaire），即虔诚者路易，或称路易一世，法兰克国王，神圣罗马皇帝（814—840年在位）。817年，路易将查理曼帝国分而治之，长子罗退耳为意大利国王兼共同皇帝（Co-Emperor），次子丕平为阿基坦（法国南部）国王，三子日耳曼人路易（路易二世）为巴伐利亚国王，这就是著名的"路易分土"。823年，其幼子"秃头"查理出生，路易想再给查理也分一块土地，此举引发了内战，三个儿子联合起来反对他们的父亲。833年，三个儿子在教皇格里高利四世的支持下，囚禁了路易和秃头查理。直至835年，路易才得以复位。838年阿基坦的丕平去世，两个年长的儿子同意秃头查理继承阿基坦王位。但阿基坦贵族却选择了丕平的儿子丕平二世，于是内战再次爆发。840年路易去世，843年，内战各方签订了对于欧洲版图具有决定意义的凡尔登条约，三分帝国。三个封国后来成为法国、德国和意大利的雏形。

② 梵文中指一般规律（Sastra），通常用作学科或专门技术词汇的后缀。在佛教中指对佛经的评注性权威著作，也指印度教的圣书。

如果轻了，则无辜。如果完全相同，则如《米塔沙拉》中记载的①，他必须在重量肯定会有所不同的时候被第三次称量。如果精心调整好的平衡破坏了，就会被认为是罪行受到诅咒的证据。

2. 在用火的神裁法中，要在地上挖一个九个手掌长、两个手掌宽、一个手掌深度的土坑，在里面用皮帕（旁遮普语"神圣的无花果"的音译）木在里面点一堆火。被告必须赤足从里面走过，如果没有受伤，则证明他无罪。

3. 在用水进行的神裁中，被告必须站在一定深度的水中，水可以是流动的也可以是停滞的，深度应该可以到被告身体中部。要注意水中不能有饥饿的动物，动物还不能被太大的风吹得移动起来。接着一位婆罗门手里拿一个棍子走进水中，站在被告身边。一个战士在地上用一把藤制的弓射三支箭，派另一个人去捡起射得最远的那支箭。当他举起那支箭时，第三个人接到命令，从水池边缘开始跑过去。同时，水中的被告必须抓住脚或者婆罗门手中的棍子，立刻潜进水里并保持这一姿势直到两名被派去取箭的人返回。如果他在箭被取回之前起身出水，人们就认为他的罪行被充分证明了。有一种变异的用水的神裁法在马拉巴尔地区流行。一个罪大恶极的罪犯必须身上绑着鳄鱼游过一条大河，如果他毫发无伤地逃脱，自然被认为无罪。

4. 用毒药的神裁有两种方式。在第一种方式里，婆罗门学者要念霍纳（horna，一种经文或咒语），被告要洗浴。然后把两片半瑞提斯（瑞提斯，rettis，印度语音译，何物不详）或者七巴利肯（巴利肯，古时一种长度单位，等于1/3英寸）维斯哈那噶（印度语音译，一种有毒的植物根茎），或者七巴利肯山克西亚（印度语音译，何物不详），或者白色的砒霜和八马哈什（马哈什，marhas，印度重量单位音译）澄清过的黄油混合在一起，被告必须从婆罗门学者手里吃下这混合物。如果毒物没有作用，则被告被宣告为无辜。

在第二种方式里，一条被称为那噶的蒙着的蛇被扔进一个泥土制的深罐子。然后再往里面扔一个戒指、硬币或者印章。被告必须取出这些东西，如

---

① 《米塔沙拉》（Mitacshera 或 Mitāksarā），印度教圣书，是《亚纳瓦克亚传承》（Yajnavalkya Smriti）的一本法律评注，大约写于11至12世纪早期。其中最著名的内容是种姓继承制度。它被认为是英国人开始统治印度后印度法的主要权威著作之一。

果毒蛇咬了他，他就会被宣布为有罪。

5. 在称为科萨的神裁中，太阳神、提毗（梵语中"女神"的意思）和其他神的偶像会在水里清洗。被告必须喝三口这种水。如果十四天内他没有生病或不适，他就被认为是无辜的。

6. 在指控偷窃时常常使用稻米进行神裁。一些干燥的稻米会用被称为沙尔格拉姆的神圣的石头称量，或者对这些稻米念诵某种斯洛卡斯（slocas，印度语音译，应为某种经文）。称量之后被怀疑的人被命令咀嚼一定量的这种稻米。咀嚼之后，应该立刻把稻米吐出来，吐在皮帕（神圣的无花果）树叶上。如果手边没有皮帕木，就吐在布赫亚帕特雷（B'hurjia patra，印度语音译，应为另一种树叶）上面，或者吐在一片从尼泊尔或者克什米尔来的树皮上。如果某个人吐出的稻米是干的或者有血污，他就被认为有罪。

7. 在用热油进行的神裁中，指定的地点要清扫并且用奶牛的粪便擦拭地面。第二天日出时，婆罗门圣者要崇拜象头神，或者印度的两面神（雅努斯，罗马的两面神），呈献祭品，对其他神祇进行崇拜。一切都要按照印度教的圣书行事。然后，在念完规定的咒语后，圣者会放置一个被盖着的盘子，可以是金制、银制、铜制、铁制或者是泥土做的。盘子为十六指宽、四指深。然后向盘子里扔进一锡厄（锡厄，印度重量及液量单位，约等于2.057磅）或者八十锡卡（sicca，印度的重量单位）澄炼过的黄油或者色拉姆兹（seramurz，何物不详）的油。接下来将一只金制或者银制、铁制的戒指用水清洗过以后，扔进油里，然后加热。当油烧到很热时，放一片皮珀拉（pippela，印度语音译，何物不详）或者比尔那（bilna，印度语音译，何物不详）的新鲜叶子进去。当叶子燃烧起来时，就知道油已经足够热了。说一声"米特拉"后，人们就命令被告取出戒指。如果被告没有被烫伤就取出了戒指或者手上没有出现水泡，就认为被告无罪。

8. 用铁进行神裁时，把烧红的铁球或者矛尖放在被告的手里。

9. 为了用达摩安琪进行神裁，把一个银制的正义守护神——达摩的神像和一个邪恶的守护神阿德卡玛的泥制或铁制神像放入一个陶制大广口瓶。如果被告从中取出了银制的神像则被宣告无罪，如果拿到铁质的或泥质的神像则相反。

在这种神裁的另一种方式里，神像的衣服被涂上白色或者黑色，前者被称为达摩，后者是阿德卡玛。两个神像各自用奶牛的粪便包裹起来，扔进一个大广口瓶，事先不让被告看见。被告必须从广口瓶里取出一个神像，神像所穿衣服的颜色决定被告被无罪开释还是被宣告有罪。

据说在格陵兰解决纷争有一种奇怪而诗意的方式。当事的双方必须在公众面前用歌唱的方式对对方进行讽刺性的攻击。被大家认为最刻毒或者最能激起欢笑的表现，被认为对分辨是非具有决定性的作用。

神裁这种实践可以追溯到最遥远的古代。

在西西里岛上，靠近帕里斯①神庙的地方，有两个有硫磺质水的池塘。据说从诸神诞生之日起就开始喷涌。有争执要解决的人就在池边发出最庄严的誓言。这些誓言被记录下来并投入神秘的池水。如果它们在水面上漂，就证明无辜。而被证明做了伪证的一方会立刻以某种神奇的方式遭受惩罚。如果双方的誓词都保持漂浮，神谕悬而未决，帕里斯的神坛就会不断被活人献祭污染。

在犹太人中，被指控通奸的妇女必须喝下混合了灰烬的水。格老秀斯曾提到在比希尼亚（Bithynia，小亚细亚西北一古国，在今土耳其境内。最先由色雷斯人居住，在公元前1世纪末并入罗马帝国）、撒丁尼亚（撒丁岛）和其他国家发生的用水进行的神裁。

这些神裁被归类为"上帝的裁决"和"平日的涤罪"（原文为拉丁语）。

我们看到的最早用火进行神裁来证明清白的事件，是4世纪欧坦②的主教辛普利西斯的事件。

故事涉及的这位教长在被提拔到主教的显职之前，娶过一位妻子。他有些盲目地溺爱着这个妻子。后者在他的教职提升之后拒绝离开他，继续和他住在同一个房间。妻子坚定不移的爱情至少在名誉上使辛普利西斯的圣洁受到了相当大的伤害。有谣言说这位圣洁的人尽管已成主教，却违背教法，坚持要品尝婚姻的甜蜜。为了驱散谣言，这位妻子在很多的一群民众面前，拿起相当数量正在燃烧的煤块，放在自己的胸口上，却丝毫没有伤害到皮肉和

---

① 帕里斯（Palici），希腊和罗马神话中一对源于西西里岛的阴间的神灵，对他们的崇拜在西西里帕拉戈尼亚平原，围绕三个小湖的一个地区最盛行。
② 欧坦（Autun），法国一地名。

身上的衣服。不用说这足够证明他丈夫的清白了。5世纪时，圣布赖斯①在相似的境况下也经历了同样的考验。

洛林国王罗退耳②曾经求助于用沸水进行的神裁。他的妻子勃艮第一个公爵的女儿提奥伯格被指控与她的兄长——一个僧侣和助祭乱伦，为此他寻求与妻子离婚以便与情妇瓦尔拉德结婚。一位将军立刻代理可怜的王后进行了神裁，并且从沸水从取出了一枚祝福过的戒指，从而证明了王后的清白。但是顽固而冷酷的国王发誓说妻子的代理人在神裁中求助于魔法和奸诈，拥有某种神秘的力量使他免受沸水的伤害。其他人没有那么狐疑；王后的清白被宣布已经得到了神圣裁决的确认，然而似乎王后却向她的忏悔神父承认了自己的罪行。在神裁的结果和她本人对罪过的坦白之间作判断，成了一件很棘手的事。

于是案件被恰当地呈交给两个宗教委员会，委员会后来宣布两人离婚。但是，教皇尼古拉斯一世肯定比任何世俗的权威对这类事务更加了解，他取消了宗教委员会的决定，而且将科隆大主教高迪尔逐出教会，开除教籍，因为他轻率地拥护两人离婚的裁决。桀骜的科隆大主教后来的行动证明了他的罪恶行径。他指责教皇的决定说："尽管我们的宗座、人民称为教皇的你认为把我们驱出教会是正当的，但是我们藐视你的胡说八道。"后来，他居然自以为是地认为自己可以确定自己神圣地位，又补充说："让我告诉你，我们不会接受你邪恶的判决——我们蔑视它。我们要把你从我们的教会里扔出去。你作出一派看不起我们这些主教和同胞的样子，我们都会对把你从我们的教会扔出去感到非常的满意。"

这个傲慢的声明由主教的一个兄弟手握宝剑带往罗马，放在传统认为埋葬了圣彼得遗物的坟墓前。不过，当时教皇已经由阿德里安二世继承了。强硬的主教最后还是认为向梵蒂冈的权威低头比较谨慎。

因此，尽管自己的兄弟在圣彼得的墓前有一番豪言壮语，主教还是给教会的主人写了下面这封非常礼貌和恭敬的信：

"我在上帝和所有圣徒，更重要的是在你，我的主人，阿德里安，教皇和

---

① 圣布赖斯（St. Brice，约370—444），法国图尔市第四任主教。一个修女在他家中生下了一个孩子，为了澄清谣言，他用大衣兜着一块烧着的煤块走到前任主教马丁的墓上，以证自己的清白。
② 罗退耳二世（Lothair II，835—869），法兰克皇帝罗退耳一世之子，洛林国王。

所有服从您的权威和无所不在的上帝的主教们面前郑重声明，我将谦卑地服从教皇尼古拉斯对我逐出教会和解除圣职的决定，云云。"

感到满意的阿德里安毫不犹豫地宣布将罗退耳的第二任妻子逐出教门，命令他立刻接回他的前配偶。当然，整个欧洲都处于一种骚动的状态中。神圣罗马帝国的皇帝、罗退耳的叔父路易二世参加进来反对教皇，威胁入侵意大利。整个意大利都进入了戒备状态。王后提奥伯格启程赶往罗马。她的对手、罗退耳的前情人和第二任妻子瓦尔拉德也动身了。但是瓦尔拉德的良知使她没有完成旅程。她被教会驱逐的丈夫也被迫与罗马修补关系，以取得教皇的赦免；不是出于对教皇神圣性的认识，而是出于对他叔父绰号秃头路易的皇帝的畏惧。此时皇帝已经转而支持教皇的事业了，威胁要处死侄儿，剥夺他对洛林的王权。

教皇似乎是个非常挑剔而谨小慎微的人，尽管罗退耳已经做出了卑贱的哀肯，却不肯接受罗退耳重回教会的怀抱。直到洛林国王非常虔诚地向他发誓，既然前教皇尼古拉斯认为命令他不得与瓦尔拉德继续保持任何联系是恰当的，则他将在任何意义，无论文字还是精神上服从这一禁令，阿德里安才恢复了他的教籍。国王遵守了誓言，而且很快就去世了。历史学家都认为，而且也几乎不可能有人会怀疑他的死就是他作伪证的惩罚。罗退耳的追随者和他发了同样的伪誓，他们在同一年死去，让天谴的看法更站得住脚了。（尽管他们在这件微妙的事情上是怎样得到令自己相信的信息而发出伪誓这个问题多少有些让人感到好奇。）

第四章 著名的司法决斗

　　古代的编年史为我们记录了几桩历史上比较罕见的决斗。这些决斗都是为了用武器决断一个案件的是非，或者用剑来维护口头声称的东西。

　　1371 年发生在麦克尔和蒙达尔纪的一条狗之间的决斗，被人们如此频繁地、戏剧化地谈及，以至于我们不得不复述一下。① 查理五世出席了在巴黎圣母院岛②上进行的决斗。麦克尔被奥布雷·德·蒙特迪迪忠实的代理人（他的狗）击败并适时地绞死了。蒙福孔③根据蒙达尔纪城堡里保存的一幅画，在他博学的著作里用一张雕版画描绘了这一事件。

　　590 年，勃艮第国王冈特兰④在孚日山脉里的王家森林打猎时，发现了一只非法狩猎者杀死的雄鹿的残余。狩猎地管理人指控国王的管家齐恩顿，而他坚决拒绝指控。国王立即命令两人决斗。管家的一个侄子代理决斗。在决斗中，狩猎地管理人被管家的侄儿用长矛在脚上刺穿了一个伤口。严重的伤势使管理人从马上摔落下来。当管家的侄子冲上来要杀死他时，他抽出一把

---

① 蒙达尔纪（Montargis，法国中北部卢瓦雷省地名）的狗：这是法国戏剧和文学中一个著名的故事，源于 14 世纪的一个传说。据说 1371 年，法国国王查理五世喜爱的一位骑士奥布雷·德·蒙特迪迪（Aubry de Montdidier）被罗伯特·麦克尔（Robert Macaire）在彭迪森林杀害。奥布雷的狗是唯一的目击者。它对麦克尔的凶态把嫌疑指向了麦克尔。国王认为让这条狗与麦克尔决斗符合天意。狗战胜了麦克尔，他承认了罪行并被绞死了。法国著名作家蒙田的文集对这个故事的描述是最为人们熟知的版本。
② 巴黎圣母院岛（Isle Notre Dame），也叫圣路易斯岛（以法王路易九世的名字命名）。圣母院岛是塞纳河里的两个自然岛之一，有桥与两岸相连。旧时这个岛是让准备交易的牲畜吃草的地方。现在则是喧闹的巴黎一处幽静的休闲场所。
③ 伯纳德·德·蒙福孔（Bernard de Montfaucon，1655—1741），法国本笃会修士，古文字学奠基人，也被认为是现代考古学创始人之一。
④ 圣冈特兰（Saint Guntram，约 532—592），勃艮第国王，561 年至 592 年在位。

刀子劈开了对方的腹部。两名决斗者都陈尸在决斗场上。齐恩顿竭力寻求圣马塞尔教堂的庇护，但是国王冈特兰命令逮捕并且用石头砸死了他。

维克托·让·亚当（Victor Jean Adam）描绘的这次司法决斗

626年发生了一次罕见的司法决斗。伦巴第国王拉瓦尔德的王后冈德博格①因为美丽和无可挑剔的贞操而受到广泛的赞誉。有一次她觉得应该从她的宫廷驱逐一名喜欢制造流言蜚语的侍随阿德鲁尔福，阿德鲁尔福似乎曾经向王后提出过一些卑鄙的建议。

阿德鲁尔福立刻在报复欲的痉挛中急急地赶到国王那里，告发说国王的共枕之人陷入了一场毒害国王的密谋，为的是与前情人弗留利公爵塔森结合。愤怒的拉瓦尔德没有再多加询问就从自己身边驱逐了被控的王后，把她监禁在一个城堡里，尽管她几乎和法兰克王国历代国王有亲属关系。法国国王克洛塔尔②的一位密使为王后遭受的待遇愤愤不平，派使者要求国王拉瓦尔德下令进行司法决斗。国王命令阿德鲁尔福准备与不幸的王后的一名表兄弟进行决斗。

王后的堂兄叫皮钦，他在决斗中割断了阿德鲁尔福的喉咙。王后的清白不仅在国王面前得到证明，而且整个勃艮第所有关于她的流言蜚语都被澄清了。由于这次决斗令人满意而受到赞许的结果，668年伦巴第国王格林莫尔德

---

① 拉瓦尔德（Rharvald，维基百科作 Arioald，阿里奥德），意大利伦巴第国王，626—636年在位。
② 克洛塔尔二世（Chlothar II，584—629），纽斯特里亚国王，613至629年为法兰克国王。

一世①对法律作出了一些修改，使相似处境下的妇女有权利选择自己的决斗代理人。

勃兰托美讲述了另一桩相似的决斗。加斯通伯爵英吉尔格瑞斯一天早晨被发现死在他妻子身旁。伯爵的一个亲戚贡特兰不仅指控他的妻子谋杀而且指控她通奸，并且亲自证明这些指控。没有人站出来保护痛苦的伯爵夫人。年轻的安茹伯爵英吉尔格瑞斯②挺身而出。他是夫人的教子，他的名字就是伯爵夫人用丈夫的名字赐予的。安茹伯爵只有十四岁。就像凯鲁比诺热切地希望保护女伯爵罗西娜一样希望保护自己的教母。③ 他非常恰当而虔诚地来到大众面前，为自己请求上帝的保护，向民众施舍钱物，佩戴了十字架形状的标志以保护自己。他冲上竞技场时发现对方已经准备好对付自己了。

伯爵夫人对双方发誓之后，决斗者立刻向对方冲去。贡特兰的攻击如此凶猛，以至于他的长矛刺进对手的胸甲时折断了。对面的年轻英雄受此鼓舞，立刻将自己的长矛刺进的敌人的身体。胜利者迅速跳下战马，非常敏捷地从造谣中伤者的身体上割下了他的头，然后将它放到了他的女君主脚下。毋庸赘言，女伯爵的清白得到了证明，她怜爱地拥抱了自己的解放者。安茹伯爵在后来的日子里，地位和财产都被提升到很高的位置。不仅决斗的规则经常是由神职人员拟定的，而且神职人员本人也并不总是被免于司法决斗的义务。所以我们会在由路易斯·勒格罗斯批准的圣莫尔德佛斯修道院的章程里看到他们拥有参加战斗以证明誓言的权利。

在圣波廷修道院④的编年史里记载，在靠近黑斯汀⑤的考蒙特村里的圣波廷修道院长必须在战场上捍卫某些权利。院长没能亲自进行决斗，但是从修道院飞来两只雪白的鸽子在决斗场上展翅盘旋。修道院的决斗代理人被这圣迹鼓舞，冲向对手，给了他毫无怜悯的一棍，从而证明了修道院的权利。法

---

① 结合第十七章内容，这里原文提到的"Grunvalt"有误，应为伦巴第国王格林莫尔德一世（Grimoald I, 662—671 年在位）。
② 英吉尔格或英吉尔格瑞斯（Ingelger or Ingelgarius），死于 888 年，是一位法兰克贵族和军事家。后来成为安茹伯爵。
③ 《费加罗的婚礼》中的人物。凯鲁比诺是伯爵的侍从，到处播撒情种的年轻人。罗西娜是伯爵夫人。
④ 圣波廷修道院（St Bertin abbey），在法国加来海峡省俄梅珥（Omer）地方，现在仅余残迹。
⑤ 黑斯汀（Hesdin），法国加来海峡省一地方。

国昂热的主教吉奥夫罗·杜·马恩也曾以相似的方式命令他的一些僧侣用决斗确定他们对十一税的权利。

用火和水进行的神裁并不总是具有决定性的作用。因为我们发现，1103年，有一个米兰的教士留特普兰德控告他的大主教买卖圣职。为了证明自己的指控，他走过了一个火堆，他的奇技让所有人目瞪口呆。但是，被告是一个显赫的高级教士，教皇赦免了他，而且很恰当地放逐了那个僭越的控告人。事实上，如果严格地按照司法程序行事，他应该作为巫师被活活烧死。

我们的征服者威廉不允许教士没有他们教区主教的正当许可就参加决斗："如果教士没有得到主教的许可就参加决斗"云云……（原文如此）

我们有丰富的材料可以证明，教士常常是内行的击剑大师。随军牧师尤其因为击剑技艺而著名。

1085年，一次非凡的决斗发生在西班牙的托莱多。决斗的目的是确定在群众性的节庆中是使用姆扎拉比克仪式①还是罗马仪式。为决斗挑选了两名代理人。姆扎拉比克仪式派的骑士唐·鲁伊兹·德·马斯坦扎把对手打下马并杀死了。但是卡斯提尔国王阿方索六世的（1072—1109年在位）王后偏爱用火进行决斗，坚持用这种方式。让决斗胜利者经受火刑违背骑士的法律，因此只好将描述两种仪轨的文件丢进大火里来进行神裁。好像两份文件都被大火吞噬了，国王因而决定在某些教堂和小礼拜堂可以向祈祷者推荐姆扎拉比克派仪式，而在另一些教堂可以遵循罗马仪式。结果，至今还能在西班牙的托莱多大教堂看到具有纪念碑意义的姆扎拉比克派小礼拜堂。

不仅有教士下命令进行的司法决斗，文件中还记载了一些案例，这些案例中的诉讼甚至是由法国的议会提出的。在菲利普·德·瓦卢瓦②统治下，国会命令两个骑士——都彭和弗农决斗，努力切断对方的喉咙。后者断定前者对他的领主施以魔法。同样是这个博学的机构还曾命令一个叫卡洛的人与另一个叫勒克里的人决斗，以证明后者对前者的妻子施行了暴力，直到这种证明让公众满意。卡洛肯定是正义的，因为勒克里被杀死了。但是根据议会主

---

① 姆扎拉比克仪式（Muzarabic Ritual），是开始于7世纪的一种罗马天主教教仪。主要在前罗马西班牙行省受穆斯林摩尔人统治的基督徒中使用。
② 菲利普·德·瓦卢瓦（PhilipdeValois），即法兰克国王菲利普六世，1328年至1350年在位。

席何诺特的说法，后者是无辜的，因为卡洛临死前在床上忏悔了自己的错误指控。在另一个案件中，一个名叫简·皮卡特的骑士被指控与自己的女儿乱伦，因而被命令与女儿的丈夫决斗。

经常发生的决斗使一些君主颁布了一些法令。1041年，一项被称为"救世主休战协定"的法令得以颁布。其中规定星期三到星期一禁止决斗。这些日子因为救世主的殉难而变得神圣。1167年，国王下令禁止为任何不超过两个半便士的权利主张寻求决斗。1256年，通奸行径被引入不得提起决斗的范围；1324年，又规定在强奸和毒害的案件中不得进行决斗。

1145年，法国布尔日的行政长官被命令向所有不服从他的人提出决斗挑战。亨利二世①统治时期发生在札纳克和查斯特纳瑞之间著名的司法决斗（他们的决斗应该可以被认为是司法决斗），发生时的环境是如此奇特，以至于这次决斗被考科伯恩（Cockburn，苏格兰姓氏，具体何人不详）的古代编年史详细记载了下来，为我们做了下面这些非常有趣的描述。这些叙述也可以说是对那个侠义风范的时代最兽性的描写了。

决斗的当事人是查斯特纳瑞男爵和札纳克男爵。他们是邻居和父系亲属。查斯特纳瑞男爵对弗朗西斯一世②说札纳克男爵与她的岳母有不合法的亲近关系，从而得到他的岳母的丰厚供养。国王非常宠爱札纳克，于是将这些话告诉了札纳克男爵。对此札纳克回答说对方在撒谎。查斯特纳瑞不仅坚持他说的话，而且补充说札纳克曾经数次对他承认过这些。札纳克诚挚地恳请国王允许用决斗证明自己。弗朗西斯开始同意了，后来又收回了自己的允准。

弗朗西斯一世一去世，札纳克就对他的继任者亨利二世提出了最诚挚的请求。亨利二世根据他的顾问们的意见，不仅允许了决斗，而且指定圣日耳曼昂莱③为决斗地点。1547年7月10日，国王、国王的整个宫廷、王室总

---

① 亨利二世，法国国王，1547—1559年在位。查斯特纳瑞（Françoisde Vivonne de la Châtaigneraie）是当时最著名的剑客。札纳克（Guy Chabot de Jarnac）和他的决斗在法国终止了司法决斗制度。
② 弗朗西斯一世，法国国王，1515至1547年在位。
③ 圣日耳曼昂莱（St. Germain – en – laye），位于巴黎西郊。

管、舰队司令和元帅们都来到决斗场。决斗双方由一些朋友和号手陪同，被引至国王面前。他们首先发誓，然后被领到各自的几个大帐篷里穿戴盔甲。

双方各有一个助手和知交在对方的帐篷里监视。据说札纳克刚刚从一场疾病中恢复，他曾对一个朋友耳语说，如果他不能确信自己行为的正当性，就会担心自己可能表现得像个懦夫。当所有通常的准备工作完成后，国王的号角把双方召到了决斗场上，传令兵命令双方开始用战斗了结争执。人们看到查斯特纳瑞以某种傲慢的态度勇敢地面对了这次决斗，但是札纳克却是谨慎而谦恭的。

札纳克与查斯特纳瑞的决斗

双方都尽力攻击对手并都遭受了一些击打和轻伤。当查斯特纳瑞向札纳克冲击时，札纳克击中了查斯特纳瑞，在他的左大腿上刺开了一个伤口。不久，札纳克再次击中对方，又割开了对方右边的大腿。①

查斯特纳瑞被这一剑刺倒在地。札纳克走上前告诉查斯特纳瑞，他的生命现在取决于他自己的选择。如果他愿意承认对方的名誉，承认他对上帝和国王的冒犯，就可以拯救自己的生命。查斯特纳瑞没有回答。札纳克转向国王，跪下向国王祈求：如果国王现在认为他是一个有名誉的人他会非常高兴。

---

① 剑的这种击刺至今还被称为札纳克的妙击。——原注

第四章 著名的司法决斗

而且，目睹自己的名誉得到恢复，札纳克愿意保留对手的生命，作为献给国王的一份礼物，希望国王原谅他的罪过，不再深责他和他由于年轻而做出的轻率举动。但是国王没有回答，拒绝了他的要求。[①]

札纳克又转向他的对手，发现他仍然躺在地上，于是举起双手，抬头向天空说道："主啊，我不值得您这样眷顾。不要这样抬举我，赞美上帝吧！"说完这些，他又去请求查斯特纳瑞承认自己的过错。然而后者却跪起身来，握着剑和圆盾，向札纳克冲过来。

札纳克告诉对方，如果他继续坚持一定会被杀死的，查斯特纳瑞却吩咐他就这样做吧。札纳克没有伤害对手，转而向国王再一次痛切陈词要求国王饶恕查斯特纳瑞的生命。国王甚至没有做出礼貌性的答复。

札纳克不得不又转向对手。他已经四肢伸展着躺在那里了，剑已经从他手里掉落了，匕首也从刀鞘里滑落出来。札纳克用老友和伙伴的语调恳求查斯特纳瑞记住他的造物主，让两人重新成为朋友。

查斯特纳瑞试图坐起来，但是完全没有懊悔和屈服的意思。札纳克不得不拿走他的剑和匕首，放在国王的脚前，再一次哀求国王为了查斯特纳瑞的生命，介入并调停双方。这次请求最终在顾问们的劝说下被国王接受了。他派了一些重要的官员到查斯特纳瑞那里去，同时派了外科医生去挽救他的生命，但是查斯特纳瑞拒绝让医生给自己清创包扎，因为耻辱已经让他厌倦生命了，不久他就因流血过多死去了。有人报告国王，按照传统，应该为札纳克举行庆祝胜利的仪式。札纳克坚决拒绝。他说他只希望恢复自己的名誉，对炫耀和虚荣没有兴趣。虽然国王更加宠爱查斯特纳瑞，但是却因为札纳克的话而赞誉他：战斗中像凯撒，言谈却像亚里士多德。

那位可怜的女士、札纳克的岳母的名誉也悬于这次决斗。在整个决斗的过程里，她都在圣克劳德[②]斋戒和祈祷，焦急地期待自己的清白得到澄清。

[①] 编年史家引述的札纳克的陈述如此诚挚，溢于言表。原文是："Sire je vous le donne – prenez – le pour Dieu！et l'amour que vous l'avez nourri."（陛下，以上帝的名义，请您接收并处置他的生命吧！也请接收我对您赐予我的恩荣的感激。）浪漫的国王对这样的哀恳居然充耳不闻！——原注

[②] 圣克劳德（St. Cloud），位于巴黎市郊。

查斯特纳瑞在当时被认为是法国第一击剑高手,但是在这件事里他却表现得非同寻常的自负和残忍。勃兰托美是查斯特纳瑞的侄子,他想阐明在决斗中有犯规的行为,札纳克穿了一件无缝的臂铠,这意味着圆盾会被握得更牢。与此同时,查斯特纳瑞的右臂因为在皮埃蒙特的考尼斯受了伤仍然不大使得上劲。但是,人们认为这个不幸的二十八岁的年轻人是如此精于击剑和搏斗,以至于这次致命决斗的结果传开之后,他的一些支持者坚决不相信他会败死在任何一个对手之下。他们说查斯特纳瑞在肉搏中太了不起了,札纳克为了避免与他肉搏,坚持要求每个人佩戴两柄匕首,所以才会有这种结果。因为这种争吵,甚至又发生了几次决斗。

通过进行惩罚,国王展现了王室的愿望:不再允许决斗。尽管后来由于一名禁卫军的上尉潘尼尔指控阿尔伯特·德·吕格尼斯有叛国行为,查理九世①曾经允许两人进行决斗,但是查斯特纳瑞和札纳克的决斗可以被认为是法国记录在案的最后一次司法决斗。

在樊尚②的森林里,阿尔伯特和潘尼尔的决斗是在国王和他的随从面前进行的。潘尼尔在对手的头上狠刺了一剑。阿尔伯特跪倒在地以后,他的助手疾奔过来施救。但是阿尔伯特却设法使自己清醒过来,给了对手致命一击,刺穿了对手的身体。

这可不是唯一的一次查理九世这位软弱而又凶残的君主用别人的剑摆脱了自己的敌人。他曾经雇了一个著名的叫毛格瑞的亡命之徒为自己杀人,这人因此被称为国王的杀手。众所周知,查理九世曾经指使维勒坤在打猎时故意和安茹公爵(查理九世之弟,后来的亨利三世③)的宠臣和心腹利格尼若勒斯争吵,最后杀死了对方。

当决斗在法国和欧洲大陆其他地区如此盛行时,英国也不能免于这种残酷和迷信的场景。只是在我国的亨利三世④统治下的1219年,神裁法或者叫"欧德里"的这种做法才被禁止。关于亨利三世这样做的理由有一种说法,尽

---

① 查理九世,法国国王,1560至1574年在位。查理九世受其野心勃勃的母亲凯瑟琳·德·美第奇控制,是一位软弱的国王。
② 樊尚(Vincennes),位于巴黎东郊马恩河谷省。
③ 法国国王亨利三世,1574至1589年在位。
④ 英格兰国王亨利三世,1216年到1272年在位。他在位时期英国开始出现议会的雏形。

管受到一些历史学家怀疑，但是由于那个时代野蛮的传统，更有理由加以相信。这种说法就是忏悔者爱德华①确实曾经迫使他的母亲、孀居的皇后艾玛投身一次用烧过的犁头进行的神裁。指控说她参与了谋杀忏悔者爱德华的弟弟、她的亲生儿子阿尔佛雷德，另外还与温切斯特主教通奸。主教很机智地拒绝参加这样的神裁。他拿出了一封教皇斯蒂芬六世887年写给美因兹大主教的信，教皇在其中禁止这种做法。

尽管在格洛斯特②附近发生于（英国国王）埃德蒙·爱恩赛德和（丹麦国王）卡努特之间的决斗被载入了编年史，③但是这次决斗似乎只是一个富有传奇色彩的传说。编年史上说："埃德蒙有身材和力量上的优势，但是卡努特举止优雅，行动敏捷。在两国军队面前进行的决斗漫长而且结果难料。当丹麦人开始落于下风时，他提出了一项温和的和解办法。卡努特对埃德蒙说：'勇敢的王子，我们战斗了这么久难道还不足以证明我们的勇气吗？让我们展示一下我们克制的品德吧。既然我们平等地分享了今天的阳光和荣耀，就让我们离开战场分享这个王国吧。'"虽然有理由相信两者确实进行过决斗，但是上述的内容肯定是一种浪漫的虚构。关于这场战斗还有另一种同样充满侠义气概的描述。据说丹麦人一方一个叫艾德威的勇士砍掉了英国人方面一个叫奥斯莫的人的头，后者长得很像埃德蒙国王。艾得威把奥斯莫的头挑在矛尖上，向英国人大声喊叫说他们的国王完蛋了。埃德蒙看见自己的部队惊慌失措，于是摘掉头盔证明那只是一个谎言。对这种说法我们恐怕也只能同样保持审慎的态度。更有可能的情况是，双方都被自己的贵族和战士逼迫达成一项温和的协议，根据协议，卡努特为自己保留英格兰的北部，埃德蒙得到南部。

---

① 忏悔者爱德华是英国盎格鲁-撒克逊人创立的威塞克斯王国君主（1042年至1066年在位），因为对基督教信仰有无比的虔诚，被称作"忏悔者"。由于他死后无嗣，诺曼底公爵征服者威廉征服了英国。
② 格洛斯特（Gloucester），英国格洛斯特郡的首府，在伦敦西北偏西的塞文河上。
③ 爱德蒙·艾恩赛德，即爱德蒙二世。英国威塞克斯王朝在丹麦人统治前的最后一代国王，1016年即位后积极进行反对丹麦人的战争。同年9月他和丹麦人的国王卡努特大帝达成协议，谁死亡其领土即割让给另一方。当时爱德蒙控制泰晤士河以南，卡努特控制泰晤士河以北。达成协议后的一周内，爱德蒙二世神秘死去，领土被割让给卡努特大帝，后者成为全英国的国王。

有人，包括塞尔登①，怀疑这场充满敌意的决斗的真实性。他们坚持认为诺曼人入侵之前在英格兰不存在决斗。据说当时征服者威廉派了某个僧侣做信使到英格兰国王哈罗德②那里，要求双方都放弃对英国王位的争夺，把这一争议交给教皇仲裁。否则威廉表示愿意与哈罗德单人决斗。对此哈罗德答复说："战争之神很快就会在战场上裁决我们之间的争执。"

有观察者认为，如果当时在这种情况下的决斗是盛行的，那么英国人的首领，根据后来对荣誉的原则的理解，是不能拒绝威廉的挑战的。因此，无疑，当时决斗只是在法国的诺曼底和一些省份流行（在英国并不普遍）。而且，通过单人格斗来维护权利的决斗在诺曼人入侵时之所以能被引入英格兰，是因为在国王的加冕礼上新出现了"国王的捍卫者"这一角色。他会轻蔑地扔下他的铁护手，宣布已准备好应对任何胆敢觊觎王冠者的挑战。这顶王冠最初指的是诺曼底公国。

尽管盎格鲁-萨克逊人制定了法律禁止私人之间的争执和报复性的暴力，但是事实上在诺曼底人征服之前，英格兰历史上并没有决斗和神裁的记载。

阿尔佛雷德③的法律规定，如果某个人知道自己的挑衅者在对自己造成某种伤害后，决心呆在他的房子里或者自己的土地上，则他在为自己所受到的伤害要求赔偿之前不得攻击挑衅者。如果受伤害的人强大到可以攻击对方的房子，他可以在七天内这样做。这段时间里如果侵害者愿意投降并交出武器，则受侵害的一方可以扣留他三十天，然后就必须安全地将他交还给他的亲属而满足于相应的赔偿。如果对方拒绝交出武器，则对他进行攻击就是合法的。奴隶可以参加主人的争斗，父亲也可以参加儿子与别人的战斗，但是任何人不得参与与其领主的战斗。

---

① 约翰·塞尔登（John Selden，1584—1654），英国古代法和宪法及犹太法学者。1644年约翰·密尔顿（John Milton）曾称他为"这片土地上著名人物中最博学的人"。
② 哈罗德二世（Harold Godwinson），盎格鲁-萨克逊人创立的威塞克斯王朝最后一位国王。1066年诺曼底公爵威廉入侵英国时阵亡。
③ Alfred the Great，阿尔弗雷德大帝。威塞克斯王国（Wessex）国王，871至899年在位。阿尔弗雷德领导了抵抗丹麦人和诺曼人入侵的斗争。他制定了《阿尔弗雷德法典》，这部法典将历代盎格鲁-撒克逊王国法律加以整理汇编，后来成为英国习惯法的基础。自阿尔雷德开始，其子孙连续五位都是尚武的国王，打败了不断入侵的北欧人，使撒克逊人的统治在英格兰全面复兴。他是欧洲中世纪最杰出的君主之一，被尊称为"英国国父"。

第四章 著名的司法决斗

国王埃德蒙一世①在他的法律前言中进一步提到了私斗的各种形式,制定了各种条款来制止这种邪恶的行为,并且为失去生命的损失制定了某种赔偿的标准。当时并没有区分故意杀人和过失杀人。

每个头颅都有价钱,从国王的开始,它价值3万斯莱姆沙斯(thrimsas,英国古代货币单位),据估计大约值1300英镑。一个下等自由民或者一个农夫值266斯莱姆沙斯。在这张表上,一个大主教的命价比一个国王高得多。

所有的身体伤害和名誉损失都定了价格。头发下面一英寸长的伤口值1先令;面部相同长度的伤口值两先令;失去一只耳朵值30先令。根据埃塞尔伯特②非同寻常的法律,任何与他人妻子通奸的人都有义务为后者再买一个妻子。

这种对罪行的补偿在古代似乎是广泛存在的。布兰克斯通③告诉我们,在爱尔兰,根据布瑞亨法(Brehon law,古代爱尔兰法),一个谋杀者必须给被害者活下来的亲属一份赔偿,称为艾维阿克(Eviach)。在荷马史诗里我们看到特洛伊战争期间也有这种情况。内斯特(特洛伊战争中希腊的贤明长老)在对阿喀琉斯的讲话中说:

> 如果作为补赎,兄长为弟弟的行为流了血④,
> 我们就宽恕这行为;
> 死者的儿子也会原谅凶手,
> 因为这流血的代价先已付出,
> 凶手可以活下去。

在《伊利亚特》的第18章里描写阿喀琉斯的盾牌时又写道:

> 广场上聚集着无数的人,
> 争论的问题是一个城市居民的被杀,

---

① 埃德蒙一世(Edmund I),威塞克斯国王,939至946年在位。
② 埃塞尔伯特(Æthelberht),威塞克斯国王,860—866在位。
③ 威廉·布兰克斯通(William Blackstone,1723—1780)英格兰法官、法学家。著有《英格兰法评注》四卷本,至今仍是关于英格兰普通法及其原则的重要论著。
④ 特洛伊战争因赫克托耳的弟弟帕里斯勾引斯巴达国王的妻子海伦而起。战争中阿喀琉斯杀死了赫克托耳,所以说哥哥为弟弟流了血。

一个人争辩说罚款已经付清，

　　另一人否认并且要求公众和法律来决定合理的数额。

　　这部法典关于赔偿的部分里最奇怪的是衡量证人证词的价值的方法：一个生命值120先令的人的证言可以与六个劳工的证言相当，后者每个人的生命估值为20先令。所以前者的誓言被认为可以抵消后面六个人的全部誓言。

　　这些法律来自日耳曼人的法律，除了弗里西人（德国西部海岸和荷兰的一个日耳曼部落）。这些法律都试图阻止人们进行血腥复仇的自然冲动。我们发现，如果一个人称另一个人为佩尔（pare，含义不详），或者指责别人在战场上弄丢了自己的盾牌，他会被课以一笔沉重的罚款。根据伦巴德人的法律，如果一个人称另一个人阿嘎（arga，一无是处的人），对方有权利立刻用武器要求赔偿。

　　这种赔偿或罚款被称为佛雷德姆（fredum）。英格兰采纳了一种与记述中在法国和欧洲大陆其他国家存在的神裁法相似的制度。其中一种在法国被认为不虔诚而加以禁止的神裁法形式，在我们中间长时间流行——十字架神裁法。

　　为被告辩护的人必须是自由人或者被告的亲属、邻居。他们用誓言确认他们坚称的内容。在一些案件里似乎要求同时要有不少于三百名辅助的证人。能漠视事实的人并不会被誓言的庄重吓退，结果免罚宣誓制度（古代一种判案方法，其中被告人可以找11个人以宣誓的方式证明他的无辜）充满了让人无法容忍的不公正。人们转而认为，诉诸上帝以确定罪恶与无辜更加奏效。

　　用烙铁和水进行的神裁在英国和前面谈到的方法相似。除了这些神裁法，就是用神圣的面包和干酪，或者叫寇斯内德式（Corsned）神裁。这种神裁没有什么危险和不便，所以通常神职人员在被控有罪时，会要求并采用这种方式。这种神裁用下面的方式进行：人们对一片大麦面包和一片干酪举行圣礼使（圣餐中的面包和酒）神圣化，并且举行祈祷。如果被控的神职人员有罪，祈求上帝派天使加百列扼住他的咽喉，让他无法吞咽神圣的面包和干酪。

　　这种神裁是终审性质的。被告走向圣坛，取食试罪用的食物。如果他自如地咽下了食物，则被宣告无罪。如果相反（我们可能会认为这是很少会发生的情况），则被宣布有罪。我们的历史学家声称，在英王忏悔者爱德华统治

第四章 著名的司法决斗

时期,肯特的戈德温伯爵发誓否认与国王的兄长之死有关,最后诉诸十字架神裁。①"只用一小口就证明了他的伪证。"(原文为拉丁文)这"一小口"堵住了喉咙噎死了他。

在解决不和与世仇时,人们是否觉得金钱赔偿比敌人的血更令人满意,这是很难确定的问题。但是无论如何,在前面间接提到的时期里,决斗在英国不像在欧洲大陆那样频繁是肯定的。美味的食品、好马似乎被认为和现金是一样的。我们在历史记载中发现,一个妇女为了在监狱里和她的丈夫共度一晚而给了她的领主两百只肥母鸡,其中一百只还是赊账的。而另一个不幸的家伙给了他的领主五匹乘用马,以使国王对他妻子的一次失礼举动保持沉默。但是,决斗制度一旦在英国确立,似乎就比在其他国家盛行了更长的时间。

1096年,威廉伯爵②被控参与了哥德弗洛伊·贝纳德主使的针对威廉·卢夫斯(即英格兰国王威廉二世)的阴谋,被卷入了一次在索尔兹伯里(英格兰南部一城市,位于南安普敦西北)进行的决斗。在国王和整个宫廷人员面前,不幸的伯爵被击败了。他的两个眼珠被挖了出来,然后立刻被命令处以阉割之刑。同时他的侍从被鞭打,然后绞死了。哥德弗洛伊走到国王和众人面前,扔过割下来的眼珠和睾丸。威廉伯爵的侍从、他姑姑的儿子威利尔默·德·阿尔德日在鞭打三遍之后也被绞死了。

在亨利二世③对威尔士的入侵中,世袭王旗护卫官亨利·德·埃塞克斯被他的亲戚罗伯特·德·蒙特福特指控犯有重罪,说他在战场上丢弃王旗逃跑,大喊国王已经阵亡。他们双方在雷丁修道院决斗,埃塞克斯失败后奄奄一息,被留在决斗场上等死。然而,当人们准备将他埋葬在修道院时,修士们在他身上发现了生命的迹象。人们没有按习惯绞死他,修道院的教友们帮他恢复了健康。但是,由于他在道义上已经被认为死亡了,所以他在神圣的修道院

---

① 关于肯特伯爵戈德温(Godwin Earl of Kent,990—1053)死于神裁法的传说是后来在诺曼人的教会宣道书中出现的,此前的文献认为他死于某种急病,可能是中风。
② 尤伯爵威廉二世(William II, Count of Eu)。1095年他参与了针对英国国王威廉二世(1087—1100年在位)的叛乱阴谋,事发后被判决与前约克郡郡长哥德弗洛伊(Godefroi Baynard)进行神裁法决斗。哥德弗洛伊并不是叛乱参加者,本书这里有误。
③ 亨利二世(Henry II),英国国王,1154—1189年在位。

里了却了余生。①

从征服者威廉到亨利二世，单人的决斗是判断正义与否唯一体面的方式，直到后来的君主建立起大巡回法庭和陪审团审判制度。

当一份权利令状中的不动产占有人请求普通程序，而且提出以助手参加决斗来决定诉讼时，法庭就会选择一块包括决斗场在内 60 英尺见方的广场来进行决斗。旁边会树立起法庭来容纳穿着猩红色法官袍的民事诉讼法官。同时会为了解法律的警士们也准备一块有围栏的座位。日出之前，当法官就坐以后，向双方当事人和双方助手宣布开庭。进行决斗的助手们由两名骑士引导进来。他们穿着盔甲外套、系带的凉鞋；膝盖以下赤裸，光头，手臂肘部以下赤裸。允许的武器是短棍，或者一厄尔（英国旧时丈量布匹的单位，合 45 英寸）长的棍棒，和一个四角的小圆盾。在这种民事决斗中，由于武器的原因很少出现死亡现象。但是在军事法庭里，当事人使用剑或长矛决斗。

决斗助手全副武装到达专门的决斗场或者决斗的地方时，权利拥有人的助手会握住对手的手发誓说，争讼的不动产权不是原告的权利，原告的助手当然发相反的誓言。然后大家一起发誓摒弃巫术和魔法，誓言是这样的：

> 尔等法官听了，我没有吃、喝（任何施魔法巫术的东西），也没有在自己身上用任何骨头、石头和草——没有魔法，没有巫术没有魔力。这些只会贬损上帝的法律，提升魔鬼的法律。所以上帝和他的圣徒们，帮助我吧！

然后，决斗开始。决斗者必须战至晚星出现。如果权利所有人的助手能坚持到这时，则权利所有人胜诉。失败者被宣布为懦夫——这是制度至关重要的一种堕落。因为当一个决斗助手一旦承认自己是"懦夫"，或者一个渴望慈悲的人，他就不再是一个自由人——一个自由的而且拥有法律权利的人了。而且，如果被证明作了伪证，他也就不再有资格成为陪审员，或者在任何意义上有资格被信任和尊重了。

因为重罪上诉时，当事人必须亲自参加决斗，除非当事人是妇女、牧师，或者婴儿，或者年逾六十、跛足、盲目等。在所有这些情况中，当事人都要

---

① 事件发生在 1163 年。雷丁修道院（Reading Abbey）位于伯克郡雷丁市，已废弃。

相互辩论，把自己的命运交给国家决定。不得向王国的贵族挑战，以迫使他们发起决斗，也不能挑动伦敦市民进行决斗。在伦敦市的宪章中明确规定了决斗与伦敦市民的教育和职业性质不符而有害。

在民事案件的决斗裁判中，这时是禁止诉诸上帝的裁决这种神秘的吁求的（指不允许纯粹的神裁），而且骑士制度也给单人决斗带来了完全不同的特色。

第五章 骑士和决斗制度

错误的宗教观念不再能够主宰战争和流血的事务了,牧师们发现,他们逐渐失去了用简单的命令控制那些难以驾驭的人们的能力了。对那些能用武器支持教会的人施加的影响,必须具有更加恒久和有效的特质。教会可以依赖的是年轻人未来的勇气和活力。他们现在被征召进了一种体制化的团体。他们尽可能迅速地学会使用武器,而武器的使用现在变成了宗教性的仪式。等到他们能穿上盔甲时,他们会被白色的甲胄包裹,就像宗教的皈依者。如司各特①恰当的评述:"骑士制度的外衣被弄得尽可能与神圣的教会的组织和管理相似。"

宗教和军事的热诚相结合仍然不足以让人们盲目地用生命去冒险时,艺术和无所不能的女性的力量也被运用起来了。

勇毅和高尚现在主宰了军事行为。用孟德斯鸠的话说,不是爱,而是轻佻的、神经质的和持久的错误观念主宰了武器。

天才的作家 C. 莫尔(何人不详)曾经这样描述骑士法律和骑士风俗的起源:"战争和单人决斗仍然是人们灵魂中占支配地位的激情。试图对他们钟爱的凶残想法进行任何改善,都会遭遇他们最极端的蔑视和愤慨。然而,其中一些思想比较开明的人,极力想把这种勇气的迸发和军事暴力引向对它本身的克制和对它自身滥用的矫正上去。他们自己组织起军事性的社团来救济受到伤害的无辜者,抚慰所有的压迫和冤抑,保护弱者和不能自卫的人尤其是

---

① 瓦尔特·司各特(Walter Scott,1771—1832),英国著名的历史小说家和诗人。他的作品包括《威弗利》和《艾凡赫》。

妇女；制止虐待，推进公用事业和公共安全的改进。但是，按照当时强有力的偏见，所有这些目标都取决于剑和个人英勇的技艺。这就是骑士制度和骑士侠义精神的源流。"

为了人类的光荣，如果骑士制度建基在博爱的基础上，那么无论它在推进其目标的过程中使用的手段多么粗暴，骑士的侠义行为的确是令人向往的：带着自豪、浮华和各种情况的骑士制度更可能是文明进步的产物。

当爱和宗教联系在一起，在武士骄傲的头盔上闪耀着光环，骑士精神把它的支持者从碍手碍脚的司法体制中解脱了出来。尽管骑士们充满敌意的对抗不太会被认为是寻求上帝裁决的神裁，但是，从个人的技能和在战争、爱情中的优越地位而来的声名中，滋长了虚荣和自负。这种自负使战士们不再关注当初创设这一制度时赋予这种制度的那些美好而精致的情感了。

的确，社会中的谦恭和不断增长的优雅被添加到宗教热诚和盲目的迷信中，这种结合使从前的残忍留下的遗痕更加温和了，把勇气和人道主义结合起来，把宁谧谦恭的品质尽可能地引入了战斗的场景中。

我们很容易地联想到这些都是妇女与骑士制度的各个方面联系起来导致的结果。教育变得更加文雅。在授予骑士爵位之前，候选人经历了见习骑士和扈从的阶段。① 先是贵妇的追随者、盲目的爱慕者和奴隶，然后成为狩猎场或者战场上领主的随从。

随着文明的进步，野蛮民族残忍的风俗必然变得越来越声名狼藉。战争，作为过去保卫个人和财产的必需品，现在成为一种可敬的职业了。

尽管我们和司各特一样承认骑士制度的信念是高尚和热诚的，但是我们必须认识到，最著名的骑士行为中许多兴奋和狂热的举动简直就是心智的越轨和失常。这些行为让那些英雄般的战士更有资格进疯人院而不是国王的宫廷。不管骑士的行为看上去多么光荣，我想我们可以认为那些可以追溯到骑

---

① 见习骑士（page）和扈从（squire）是骑士制度的一部分。贵族或王室子弟一般7岁即前往另一个贵族家庭担任一位骑士的见习骑士。他们为自己的主人传递信件、服侍生活甚至做清洁工作。主人往往对他们进行决斗的训练直至他们年满14岁。这时见习骑士可能升为扈从，21岁时可能也会成为骑士。贵族子弟互为见习骑士和扈从，可以增强他们家族之间的联系，在他们成年后成为一种政治上的相互支持。

士制度的许多现代的、令人尊重的风俗中，有许多更应该归因于人类理性的逐渐进步，而不是骑士侠义行为的嬉闹，不管这些行为在理论上多么具有荣誉感。没人能否认堂吉诃德关于荣誉的想法是正确的，也是一丝不苟的。不幸的是，浪漫情调竟然如此地扭曲了人类的行为，以至于在那些本应该为了人类的荣誉而隐匿在永恒的历史迷雾中的行径上竟然闪耀起了光彩。这必须归咎于一些致命的幻觉。至今为止，荣誉这个空幻的词汇竟然驱使那些社会偏见的狂热追随者和奴隶们投身于罪恶的行径，而且让自己的法律和原则受到普罗克汝斯忒斯式的所谓"世界性的"观念的支配。①

骑士制度出现之前，为了个体的自我保护，战争成了必需。但是骑士的地位却使战争成了时髦的技艺。真实的伤害不可能每天发生，于是矫揉造作的冤屈和不平就被人为的创造出来，用语言和文字进行的相互攻击和马上比武就成为日常持续的体育运动了。

波旁公爵约翰②，毫无疑问是被倦怠和无聊弄得受不了了。他提出和十六个骑士渡海去英国，只是为了避免懈怠，同时也使自己配得上情人的宠爱。很明显这种被称为高尚的风俗，大大增加了决斗的数量而不是限制了决斗的残暴性质。而且，通过把决斗描绘成一种有教养的举动，骑士制度把野蛮时代的一种可憎的传家宝传递给了后人。

骑士们不仅应该为自己决斗，而且还有义务支持其他人的争斗。任何时候，只要能有一场"好的争论"，骑士就必须自愿参加战斗。

正是由于紧随诺曼底征服者而来的骑士制度，英格兰经历了它的第一次退化。骑士制度把意大利淹没在了血泊中，把西班牙变成了一个残忍疯狂的笑柄。疯狂的十字军不顾一切的胡闹，是天主教会放任的偏执狂的行径。司各特真实地描述说："与那个时代和秩序相应的精神，倾向于使那些骑士制度的信仰者的热诚变得凶残、强烈和偏狭。"一个权威人士说："如果一个异教徒在一个传教士面前攻击基督教信仰的信条，他应该遇到的是争论和反驳。

---

① 普罗克汝斯忒斯（Procrustes），希腊神话中一个凶残的铁匠和恶棍。他把人的身体拉长或者砍掉他们的腿脚以便让他们的身长适合一张铁床的长度。后来普罗克汝斯忒斯意指武断地篡改事物以使之符合一个专横的标准。
② 法国历史上有两位波旁公爵约翰。波旁公爵约翰一世（John I，1381—1434）和约翰二世约翰·德·波旁（John de Bourbon，1426—1488）。约翰二世因为在从法国驱除英国势力的斗争中的作用赢得了"好人约翰"和"英国人的鞭子"的称号。此处指何人不详。

但是一个骑士除了把他 6 英寸长的弯刀刺进异教徒该诅咒的身体里去，不会向异教徒提出任何捍卫信仰的理由。"对阿尔比派清教徒的大屠杀就是这个制度引以自豪的成果之一。① 在受到迷信和僧侣权谋的贬损的同时，骑士身份变成了任何宗教和军事野心的工具。人们看见天国的手在指引闪光的刀剑，圣徒们的身影在战场上盘旋。

傅华萨②告诉我们，有一只恶狗，每逢异教徒接近基督徒的营地就狂吠不已。结果整个基督徒的军队都管他叫"我们女士的狗"。如果这是从骑士制度滋生的公众性的邪恶，那么骑士制度对社会还会有多少可怕的影响啊！弗朗西斯一世对诺言的尊重肯定和便宜行事所要求的程度是一样的。我们竟然发现他曾经规定了一条荣誉的原则，至今仍然盛行。那就是：除了出身卑贱家伙的谎言，任何谎言只要有补偿都可以忍受！为了避免任何可能的失误，谎言被分成 32 种，都规定了相应的赔偿。在下面的一章我会努力向大家展示绝大多数为了限制决斗而颁布的法令，事实上都导致了决斗的增加。决斗制度的逐渐消亡只能归因于理性的影响。在这种影响发挥作用之前，荣誉的规范会使所有的法律失效。

没有什么比惋惜"骑士制度的光荣时代"更荒谬的了。的确，没有什么东西能比骑士制度的理论基础更美好和值得赞誉。但是一个立法机构可以明智地坐下来，并且设法使关于荣誉的一套乌托邦式的规范变得具体可行，而不是期待战士们会仅仅为了保卫无辜的人拔出他们的剑。即使在罗曼蒂克的传奇里，这也是一个太荒谬可笑的念头，不能沉迷其中。

骑士制度的确切起源已经难以查考。一些历史学家认为，骑士制度是由

---

① 中世纪西欧反对正统基督教的一个派别，是纯洁派的一支，因 12～13 世纪流行于法国南部图卢兹的阿尔比城而得名。阿尔比派信仰宇宙间有善恶两神，善神创造灵魂，恶神创造肉身，灵魂受肉身束缚，两神不断进行斗争；地上的一切都是魔鬼的产物。阿尔比派否认正统天主教的三位一体、圣礼和炼狱等说法，把教皇斥为魔鬼，宣称要打倒罗马教会，因此被教会定为异端。从 1209 年至 1229 年，教皇和法国国王英诺森三世组织十字军镇压阿尔比派，法国南部经济遭到很大破坏。在十字军的镇压下，阿尔比派转入地下，14 世纪逐渐消亡。
② 一般翻译成让·傅华萨或夫瓦沙、佛罗萨尔特（Jean Froessart, 1337—1405），法国中世纪著名编年史家、神父，著有《编年史》。其著作区别于当时盛行的基督教史学，用了大量的篇幅和生动的笔触记述了 1326—1400 年间骑士时代的西欧社会风情和骑士们行侠仗义、英勇无畏的事迹，以及百年战争的场面。他的著作是关于英法百年战争前半部最重要的史料来源。

于德国国王"捕鸟者"亨利一世①对扩张领土的痴迷而在 936 年出现的。其他人则把这种制度归因于 1066 年去世的普瑞尤利的领主杰弗里（Geoffrey de Preuilly）。但是他似乎只是由于收集和出版关于马上比武的规则而出名的。历史书记载了一次早在 858 年发生的骑士集会。这次集会发生在斯特拉斯堡，秃头查理和他哥哥、德国的路易斯之间。在法国，骑士制度在 1136 年基本确立；在西班牙和英国是 1140 年。

规范骑士马上比武的规则是奇特的。这些规则表明，运用武器的技艺被认为是美德和勇气的证明。根据骑士制度，马上比武的规则如下：

1. 任何人如果有反对神圣基督信仰的行为和言辞，都被排除在马上比武之外；如果这样的人想要擅作主张，以自己的家庭地位和古老的高贵身份为由，把自己塞进骑士的比武活动，他都应该被痛打并轰出去。这第一条是皇帝亨利一世本人亲自提议的。②

2. 如果任何人，不管出身多么高贵，有反对罗马帝国或者神圣的罗马帝国皇帝的言行，都不得被允许参加武士比武，而应在武士的集会上被公开惩罚。——这一条是巴勒斯坦国王康拉德提议的。

3. 如果任何人曾经背叛或抛弃他的领主或主人，或者曾经引起军队中的兵变、骚乱和可耻的逃跑；或者曾经压迫和不公正地杀害他的臣民或封臣，或者其他无辜的人，他都应该被公开的惩罚。——法兰克尼亚（中世纪早期德意志五大公国）公爵。

4. 任何人如果曾经暴力侵害过处女或压迫过寡妇，或者曾经用言辞或行为侵害和损害过任何妇女的名誉，当他出现在公开比武的现场时，应该羞辱和惩罚他。——苏比（Suevia）公爵。

5. 任何人如果曾经犯过伪证罪，或者伪造过字迹或印章，或者因任何丑

---

① 捕鸟者亨利一世（Henry I the Fowler, 876—936），919 年至 936 年为德国国王。作为萨克森王朝第一代国王，他通常被认为是中世纪德国的奠基人，此前德国仍被称为东法兰西。据称他被选为国王的消息送到时，他正在弄捕鸟的网具，所以得到了"捕鸟者"的绰号。
② 皇帝（Emperor）这个称号在中世纪欧洲只属于德国的神圣罗马帝国。962 年，德国的奥托一世在罗马加冕为"罗马帝国皇帝"；1155 年，德皇腓特烈一世加冕时又加上了"神圣"的字样。这是一个日耳曼人的"罗马帝国"。德国的捕鸟者亨利一世是德国国王，当时还没有皇帝的称号。第一位称亨利的神圣罗马帝国皇帝是亨利二世（1014 年至 1024 年为罗马帝国皇帝）。本书此处可能有误。

行而撒谎，都被认为不配马上比武的荣耀。如果他参加了，就不能容忍他不受一些惩罚而离开。——巴伐利亚公爵。

6. 任何人如果曾经秘密或公开杀死自己的妻子，或者曾经建议、帮助杀死他的领主，就应该被阻止在骑士比武之外，应该对他执行马上比武的法律。

7. 任何人如果曾经犯过亵渎神灵的罪过，比如盗窃教会的财物，扣留属于教会的财物，作为监护人不公正地对待寡妇和儿童，都应该被禁阻在比武之外，而且加以惩罚。

8. 任何人如果固执与另一个人不合理的世仇，不将其提交法庭或者一次公平的决斗来解决，而是侵袭对方的土地，焚烧和毁坏它，夺走对方的物品，尤其是如果他摧毁对方的谷物，从而导致食物的匮乏或者饥荒——如果他出现在比武大会上，就应该处死他。

9. 任何人如果对任何一省、一城或其他领地加征新税或新的不合理负担而没有征得皇帝的同意，因而压迫了他的臣民，导致与外地人的贸易和商业活动被阻碍，都应该惩罚他。

10. 任何人如果犯了通奸的罪行，应当受到惩罚。

11. 如果任何人不以他合法的租金和收入为基础恰当地生活，却用买卖活动玷污他的尊严，使用卑鄙和肮脏的手段损害他的邻居和压迫他的承租人，就应该责打他。

12. 任何人如果不能从父系和母系两方面证明自己向上四代的贵族血统，就不能拥有参加马上比武的荣誉。——最后的两条是皇帝的大臣菲利普建议的。

这些条例是对那时贵族的习惯和活动很好的说明，也是那个时代非常鲜活的图景。当时有资格走上竞技场的人的确是相当少的。

尽管这种活动在最初的阶段使用的是比较钝的武器，但致命的事故仍然经常发生。据说一位土耳其大使曾经出席查理七世①宫廷中举行的一次骑士比武。他目睹几个骑士被杀和受伤之后惊呼："如果他们是认真的，那这伤亡太

---

① 欧洲史上重要的查理七世有两位：法国瓦卢瓦王朝国王查理七世（Charles VII le Victorieux），又称胜利者查理或忠于职守的查理。1422 年—1461 年在位。他被普遍认为是一个胆小、懦弱又愚蠢的人，他出卖了圣女贞德，但最后打赢百年战争，为法国在接下来几个世纪的强盛奠定了基础。神圣罗马帝国皇帝查理七世（Karl VII，原名为卡尔·阿尔布雷希特，Karl Albrecht），维特尔斯巴赫王朝的巴伐利亚选侯（1726 年—1745 年在位）和神圣罗马帝国皇帝（1742 年—1745 年在位）。

少了；但是如果他们只是开开玩笑，那这伤亡可太过分了。"

这些经常出现的玩笑式的事故，使僧侣们设法禁止马上比武。兰斯（法国东北部城市）的城市委员会在1148年颁布了一项宗教法规，命令基督教墓地不得接受死于这种场合的尸体。

然而，1274年，我们的爱德华一世①在路过夏隆（Chalons，法国有多处地方叫这个名字）时受到夏隆伯爵的挑战，与法国骑士进行了一次马上枪术比赛。结果英国人的胜利太大了，法国人被自己的严重失利弄得发了疯，对爱德华一世的扈从发动了一次很厉害的攻击。当时毫无意义地流了如此多的血，以至于这次比武后来被称为"夏隆的微型战争"。

我们发现，1209年菲利普·奥古斯都②曾经迫使他的两个儿子——路易斯和菲利普发誓拒绝参加这类比武；1385年（原文如此）弗朗西斯一世在阿德尔和吉纳的比武后也下令禁止这类比试；③ 1559年法王亨利二世死于一场致命的比武导致的眼球重伤。杀死他的比武对手是他的卫队队长蒙哥马利伯爵④。当时正在举行亨利二世长女与西班牙国王菲利普的婚礼。为了向这场婚礼致敬，举行了盛大的舞会、化妆舞会和投掷长矛的活动。亨利二世也想走进竞技场。他交给蒙哥马利一只长矛，让他和自己比武。队长起初非常明智地婉拒了这份荣誉，但是，国王再三要求，蒙哥马利很不情愿地服从了国王的命令。击刺赛场在圣安托万街。队长在比赛中故意而且礼貌地将自己的长矛在国王的胸甲上刺断了。不幸的是，长矛的一块裂片飞进了国王的眼睛，

---

① 爱德华一世（Edward I），英格兰国王（1272年—1307年在位），亨利三世之子。又称"长腿爱德华"（Long Shank）、"苏格兰之锤"（因他对苏格兰人民的镇压）或"残忍的爱德华"，金雀花王朝最重要的代表人物之一。他奉行的内外政策都十分积极，使英格兰成为当时欧洲的重要大国。电影《勇敢的心》就反映了爱德华一世对英格兰的残酷政策。
② 菲利普二世（Philip II Augustus），法国加佩王朝国王（1180—1223年在位），在位时期成功地拓展了法国的疆域，是中世纪最成功的法国国王之一。
③ 1520年6月7日至24日，英国国王亨利八世和法国国王弗朗西斯一世为了增进双方的友谊，在加来附近的吉纳（Guînes）和阿德尔（Ardres）之间举行了一次会见。双方竞尚奢华，大事铺张，举办了无数马上比武、音乐会、宴会和游戏活动。英国国王为自己建了一处临时搭建的宫殿，占地达一万平方米，装饰了大量石料、玻璃，用布料做的围墙绘满金色等颜色的图案。所以这片地方后来被称为"金色布料之地"。原文所说1385年疑有误。
④ 蒙哥马利伯爵，加布里埃尔（Gabriel, comte de Montgomery, 1530—1574），法国国王亨利二世的苏格兰卫队队长。亨利在临终之际赦免了蒙哥马利的一切罪责。但是蒙哥马利感觉失去了宫廷的宠幸，退回自己的采邑埋头研究宗教，后来皈依了新教，成了当时天主教政权的敌人。

刺穿了眼球。国王在巨大的痛苦中盘桓了一个月之后死去了。死前他下令禁止所有类似的活动。①

为了勾勒出这种致命活动的标志性的残忍特征，还有这种活动所谓最重要的意义所具有的那种荒谬性质，我们不得不详细描述一下在费拉拉发生在两个西班牙人之间的一场比武。

这两位英雄向总督德·内穆尔先生要一块"地方"。② 费拉拉的女公爵当然非常渴望出席这场竞赛。据勃兰托美说，女公爵说着动人的华丽的语言，从精神和肉体上讲都是基督教世界最美丽和有才艺的女性。所以很自然，总督深深地迷恋着她，穿着和她一样颜色的衣服（据信颜色肯定很阴暗）（这句话双关，也可以是追求她的意思），黑色或者灰色。

竞赛者开始交战，其中一个受了致命的伤，流血太多使他瘫倒在了场上。他的对手按照骑士制度崇高的风俗冲过来，用剑直指他的喉咙。在旁观战的谦恭而仁慈、美丽又善良的女公爵，紧扣十指，哀求总督把两人分开。总督的回答对于一位骑士来说相当没有礼貌："女士，您应该相信，我愿意做这世界上的任何事情来使您相信我对您的热忱。但是对这件事，我无能为力。我既不能违反战斗的法律，也不能剥夺胜利者用自己的生命冒险而取得的奖品，

---

① 当时的神学作家对这场事故作了非常奇异的描述，考科伯恩是这样概述的："对这场事故还有另一种记述。不仅当时的新教徒，甚至一些温和的罗马天主教徒也这样写，而且这种说法还使一些温和的天主教徒皈依了新教。这种记述称亨利二世在洛林枢机主教的劝说下，开始对新教徒进行残酷的迫害。据说国王当时说他要用将要被烧死的新教徒的尸灰堆起一座法国境内最高的山峰。在说这话的前一两天，蒙特默伦西伯爵弗朗索瓦（François de Montmorency，1530—1579）接到大臣奥利弗传达的命令，逮捕了十一名著名的国王的顾问和议员，并且将他们押至巴士底狱监禁，因为怀疑他们倾向于新教的教义。由于这些暴行，人们相信国王将遭受显而易见的而且公正的来自上帝的判决，上帝将为他的仆人们的血和打算对其他人施加的虐待进行报复。国王的生命将会在逮捕那些无辜者的同一只手中断送掉，而且就在关押他们的巴士底狱的对面。他会在自己命令逮捕那些人的同一时刻也就是十二点到一点之间死去。图阿奴斯（Jacques Auguste de Thou，雅各·奥古斯特·德·饶，常称图阿奴斯，Thuanus，1553—1617。法国历史学家、巴黎高等法院主席）记述道：有消息散播出来说，国王曾经指着巴士底狱对那些去抬他的人说：他恐怕是对那些无辜的人做了不公正的事。洛林枢机主教愤怒地制止了他，告诉他这种想法是从一种邪恶的精神中产生的。值得一提的还有，蒙特默伦西伯爵后来在公众面前在巴黎被打掉了脑袋。他被宣告犯了叛国罪，因为他加入了康德王子一党反对王后和摄政。——原注
② 加斯通·德·富瓦，内穆尔公爵（Gaston de Foix, Duc de Nemours, 1489—1512），也被称为意大利的霹雳。法国军事领袖，他指挥法国军队在意大利康布雷联盟战争中取得了非常辉煌的成就，因而成名。

那样既非正直也不合情理。"

不过，倒地者的助手这时走上前向名叫阿兹维多的胜利者请求发言。他断言，以他对他朋友的品行的了解，倒在地上的圣·克洛伊科斯宁可死一千次也不会承认失败并投降，也绝不可能公开向对手屈服。阿兹维多对这番话表示满意然后离开了。当时号角高奏，场面非常壮丽而且荣耀。圣·克洛伊科斯的伤得到了包扎，然后带着武器被抬着离开了竞技场。阿兹维多很快就想起对手的武器是自己应得的战利品，立刻派了一名信使去索取。但是要求被拒绝了，这件事被提交给总督督德·内穆尔决定。总督马上命令把圣·克洛伊科斯的武器交给胜利者。如果圣·克洛伊科斯拒绝这样做，那么他的伤口包扎必须去掉以恢复原状，他应该被重新送回竞技场。在他的助手为了挽救他的生命进行干预前，他是什么样，现在就应该被置于相同的境况里。无论如何，他的助手还不至于愚蠢地继续拒绝这要求。

勃兰托美记述说，因为这场比武是生死决斗，剑和匕首是由墨西拿（意大利西西里岛东北岸港市）的行政长官亲自交到双方手中的，所以，阿兹维多应该对那个助手而非真正的对手表示屈服的发言满意到什么程度，是值得商榷的。

历史上有一次决斗发生在德·贝亚德和一个西班牙人唐·阿隆索·德·索托马约尔之间。后者是前者的俘虏，但是却对前者百般羞辱。贝亚德于是提出决斗以雪耻，他不介意是徒步还是在马上进行。双方确定了日期，贝亚德如期现身，骑着一匹精神饱满的战马，穿着象征谦逊的白色盔甲。

轮到西班牙人挑选决斗的武器时，西班牙人选择了徒步决斗。表面的理由是他不像对手那样是一个好骑手，实际上是因为他已经听说法国骑士正经受着断断续续的热病的折磨，而他已经有两年多没有得过这种病了。因为贝亚德的身体不适，他的助手和朋友德·拉帕里斯先生强烈建议他坚持选择马上决斗。贝亚德拒绝了朋友的意见，因为他不希望对手有理由指控自己给一场公平的决斗制造困难。双方用几块摆放得不是很认真的石头标出了选定的场地。贝亚德拿到自己的武器之后，俯卧在地，伸展四肢作了一次感情炽烈的祷告，他身旁的所有人都跪在地上加入了祈祷。他起身后划了一个十字，然后就像迈入舞池开始舞蹈一样精神焕发地开始攻击对手。

西班牙人也走上前来，平静地问："贝亚德先生，您想要从我这里得到什么?"贝亚德回答:"我要捍卫我的荣誉。"然后立刻开始攻击。战斗很猛烈,双方都展现了高超的技艺。最后,贝亚德通过一次佯攻,狠狠地刺中了对方的喉咙。尽管有护喉的保护,仍然刺入有四指深。受伤的西班牙人抓住对手继续搏斗,两人都滚到了地上。贝亚德抽出短剑刺进了对手的鼻孔,大声喊叫:"阿隆索先生,投降,要不然你就是个死人了!"这话好像毫无作用。西班牙人的助手唐·迭戈·德·贵农尼斯喊了起来,"贝亚德先生,他已经死了,你赢了。"编年史家说,如果贝亚德留下了对手的生命,会被授予十万顶桂冠,但是,事实却是,贝亚德跪下,亲吻了地面三次,然后拖着死去的敌人走出了场地,对死者的助手说:"唐迭戈先生,我做的够了吗?"对方凄惨地回答:"为了西班牙的荣誉,您做的已经太多了!"虽然贝亚德有权对对手的尸体为所欲为,但是他慷慨地把它作为礼物还给了对方。勃兰托美高度赞扬了贝亚德的这个举动。勃兰托美还说,很难确定是哪个举动给了贝亚德更多的荣誉。是他没有可耻地拽着死者的一条腿或者一只手,像拖一条死狗那样把他拖出决斗场呢,还是在自己受疟疾折磨时还屈尊接受决斗呢?因为当时(这群健壮的狗!这帮顽固的野兽——原文如此)并不认为一场热病是拒绝决斗的充分理由。

当战斗成为一种时髦,因而成为必需的时候,考虑一件事是否对自己构成侮辱,使自己受到冒犯的时候就不能太拘泥了。任何原因,无论多么琐屑,都可以为一次决斗提供足够的理由,并且要求用鲜血来抹去自己认为的矫揉造作的荣誉感上面所谓的污迹。为了这个生死攸关的目的,如果不能用公平的手段获得鲜血,暗杀就成了被冒犯者维护尊严的一种手段了,人们不认为暗杀的手段与所谓的荣誉法则不相容。

于是,我们就看到一个法国伯爵在教堂的走廊里刺穿了另一个人的身体,而那人当时正在向他献上一些圣水。两个出生高贵、值得尊敬的人在教堂里为了谁有权坐更高贵的座位,或者谁有权先使用香炉,而在祭坛前大战。

在妇人们谄媚的赞助下举行的长矛格斗和马上比武,是真实战斗的简单模拟,用以训练年轻人习惯使用武器。让他们在任何对于野心、狂热和爱情合适的时候能更勤勉地和熟练地施行谋杀。

德·贝尔·克赛恩夫人对年轻的小让·德·塞恩特的训令,最好地反映了妇人们对她们的爱慕者的期许。司各特恰如其分地用下面这些古怪有趣而又确切的文字翻译了这个训令：

> 克赛恩夫人看着塞恩特，当时他还是宫廷的一名荣誉见习骑士，要求他说出自己的爱归属的女士的名字。可怜的男孩无奈地回答说，他爱的女性首先是他的母亲，其次是他的姐姐杰奎琳。
>
> 好奇的女士自然有理由不满足于这样简单的回答。她追问道："我们不是谈论对母亲和姐妹的爱，我想要知道的是你因为两性之爱而欢喜的人是谁。"
>
> 对于骑士制度和爱情的秘密，见习骑士还一无所知。结果倒霉的小骑士只好回答："老实说，夫人，我对谁都没有这种情爱。"
>
> "哈，虚伪的先生，而且还是一个骑士准则的背叛者！"夫人说："你竟敢说你谁也不爱？我们完全可以从你这种话里感觉到你的虚伪和胆怯。如果都像你一样，那么兰斯洛特（亚瑟王传说中的一位圆桌骑士，他与王后格温娜维尔的恋情导致了他与亚瑟王之间的战争）、高文（亚瑟王传奇中亚瑟王的一个侄子，圆桌骑士之一）、崔斯坦、礼貌的杰荣，还有其他的那些圆桌骑士，他们的无匹的英勇和伟大的成就从何而来？潘图斯（Panthus，何人不详）和这个国家如此多的勇敢的骑士，他们的英勇和伟大成就又从何而来？只要我有时间，这样的名字我可要说不少呢。我所知道的那些无比高贵和著名的人物，如果他们不渴望永葆他们情人的宠爱和仰慕，让他们意气风发的成功时刻怎么可能出现？没有那些情感作他们全力以赴和勇敢行为的动力之源，他们只会寂寂无闻。胆小鬼，你现在还敢说你不爱慕任何人，而且也不渴望爱慕任何人吗？所以说，你有一颗虚伪的心。"
>
> 为了避免如此难堪的指责，单纯的小骑士只好回答说玛莎琳·德·库西，一个十岁的小女孩是他的夫人和恋人。在小骑士的回答引起的愉悦中沉浸了一阵子后，克赛恩夫人继续指导小骑士怎样更加有利地安排自己的情感。
>
> "玛莎琳"，夫人说，"是个好女孩，而且门第高贵，比您的世系更好。但是，从这样一个选择中您能得到什么好处、什么利益、什么荣誉、什么优势、什么安慰、什么帮助、什么建议来使您在骑士制度中地位上

升呢？先生，您应该挑选一位血统高贵、有能力在您需要的时候给您提出忠告和帮助的女士。你应该忠实地为她服务，忠诚地爱她，那样她肯定会无法抗拒地承认您对她真实可敬的爱慕。相信我，无论多么残忍傲慢的女人，经过你长久的忠诚的服侍，也必然会承认您的忠实情感，而且用某种程度的怜悯、同情和仁慈对你进行回报的。这样您就能被赞誉为一位值得尊敬的武士。在您这样行事之前，我可不会为您和您的成就而奖赏您。"

接下来夫人又用相当的篇幅向小骑士阐述了七宗不可饶恕的大罪和一个多情的武士应该如何避免这些罪行。不过，夫人在布道中谆谆教诲的仍然是武士对自己服侍的女士，也是他因为恋情而深爱的女士的忠诚和保守秘密的好处。

夫人引述古代的基督教经文和教会之父（圣彼得）、古代哲学家的话来帮助自己证明，真诚和忠实的爱人是绝对不会堕入傲慢、愤怒、嫉妒、懒惰和贪吃的罪恶之中的。他的忠诚会保证和帮助他抵御这些罪恶。不仅如此，她谈到的那种情爱的烈焰在本质上是如此的纯洁，所以她坚持认为这种爱恋与第七宗罪——床第之事和淫乱根本不能相容，虽然两者似乎非常接近（这里谈到了基督教所称的七宗罪。夫人前面谈到了五种罪，她似乎把贪吃和贪婪弄混了，漏掉了贪婪。所以这里的第七宗罪是情欲——译者）。据她所讲，不诚实的思想和行动即使至细至微，亦足以使武士般的爱人丧失他的恋人的垂青。不过，人类因无法克制而犯的罪行中，她花了最多时间加以抨击的却是出没于公开的淫行之所。

对于这种谴责，她保留了对某种性爱的例外（在对历史事件的阐释中，她非常随意地使用了这种回避谴责的方式）。经过长时间的服务之后，忠实的武士获得了他恋爱的女士的仁慈的恩惠，在任何法律、荣誉和保密的原则下，这种性爱都很可能在两者之间发生。

为了激励塞恩特的雄心，诱导他把他的激情放在一位出身、家世和情操更加高贵的女士身上，克赛恩夫人对他最后的鼓励也值得引述。因为这番话反映出骑士制度的一个特权就是消除阶层的障碍，激励骑士的希望，让这些从祖上只得到武器和勇气的人能在一位出身高贵的公主般的女士面前像一个裁缝一样，即使身份卑微，也要努力追求地位的上升。

可怜的塞恩特听完这长得近乎不仁的说教之后问道:"这怎么可能?找到一位如您所描述的女士,接受像我这样一个人的效劳,并回报我的热情?"

"为什么您找不到呢?"女导师反问道。"您不是出身名门吗?您不是一位美好而有礼貌的年轻人吗?您没有眼睛去看她,没有耳朵去听她,没有口舌去向她申说您的目标,没有手去为她效劳,没有脚去按照她的命令移动,没有身体和心去忠诚地履行她的要求吗?既然您有所有这些,您还能有什么犹疑而不能置身于为无论什么样的某位女士效劳的冒险事业呢?

这些概述描绘了骑士制度的真正精神,和那个时代的礼仪。有许多现代的女士对那个时代的逝去仍然深表惋惜。

就像我已经陈述的,好斗的年轻人在某种程度上使自己从僧侣的控制下解放出来了,虽然他们总是准备着而且愿意按照教士的命令投入战斗。但是,谈到教士阶层的声誉,必须承认,尽管这个群体中的许多个人可能和任何暴躁的普通人一样喜欢战斗的乐趣,但是教士们的确如他们在那个时代的残暴中确立他们的权威一样,极尽全力去调和限制了那个时代的残暴。很难确定他们的这种努力主要是因为人道主义的动机影响,还是因为与敌对的世俗力量竞争的缘故。

贵族的世俗力量非常强大,而且在某种程度上独立于王权之外。何诺特主席①告诉我们,在法兰克王国的第一阶段和第二阶段的相当可观的时期里,②公爵和伯爵们以地区长官的身份,在他们的管辖范围内履行所有国王的职能,授予所有军事上的职务,通过领主审判审理所有百年申诉(中世纪领主的臣民每百年有权利就封建义务提出的申诉),或者君主任命的法官的上诉,尽管是以国王的名义。

那个时期除了王室的司法权威,不可能有任何其他的司法,所以这些公

---

① 查尔斯·让·弗朗西斯·何诺特(Charles Jean François Hénault, 1685—1770),法国历史学家,曾任宫廷咨询委员会主席。
② 何诺特提出的一种说法,认为克洛维创立的法兰克墨洛温王朝为第一时期;矮子丕平(751—768年为法国国王)创立的加洛林王朝为第二时期。

第五章 骑士和决斗制度

爵和伯爵们利用王室统治的软弱，把他们的职务变成了世袭的权利和家传的财产，世代保持了他们的权威。在地方上，所有王室权利的痕迹都消失了。有个例外就是当公爵和伯爵休·加佩①登上王位的时候，他的领主权被添加进了他的王权。

法官们自己就是一些蛮横的战士，完全不理会任何法理学的理论，除了诉诸武力不知道任何其他解决纷争的方法。面对这样一个专断的法庭，决定争执最便捷的方法当然就是让诉讼的当事人用战斗确定结果。

对封建制度唯一的制约就是教士的影响。当时的教士分为不受宗教法令约束的教士和受到教规约束的教士两类。② 前者在几个主教辖区和教区中担任职务，后者居住在宗教场所并受教规约束。

"教会憎恶流血"是教会的古老格言。当他们判处成千的人被拷打和死刑时，他们把犯人交给不受宗教法令约束的教士去执行判决并认为这是在遵行人道主义的规则。

而且，当剑的司法（贵族主导的司法）插手应由祭坛（教会）主导的司法事务时，常常是高级教士站出来强有力地抗议司法决斗及其滥用。

这其中包括图尔市的格里高利③、阿维图斯和安格巴德。④ 各种委员会都曾对这种行为发出逐出教门的惩戒。例如 855 年的瓦朗斯宗教大会（Valence，法国的一个地名），994 年的里摩日（法中西部城市）宗教大会，甚至迟至 1563 年的特伦特（Trent）宗教大会。其中还包括几位教皇比如尼古拉斯一世、亚历山大三世、塞莱斯廷三世和朱利叶斯二世，他们都曾经宣布将所有允许在自己领土里进行决斗的君主逐出教门。我们还看到，查理九世为了抗

---

① 休·加佩（Hugh Capet, 939—996），987 年被选为法兰克王国国王，取代加洛林王朝创立了加佩王朝。
② 不受修道院誓约约束的，尤其是不受宗教法令约束的教职人员称为"secular"（英语"世俗的"、"牧师"），一般用于牧师；属于一个教派并受其教规约束的教职人员称为"regular"（"合格的，有规律的"）。
③ 图尔（Tours）位于卢瓦尔河畔，距巴黎 220 公里。图尔的圣格里高利（Saint Gregory of Tours, 538—594）是罗马帝国治下的高卢地区的一位历史学家和图尔的主教，著有《法兰克历史》。
④ 阿维图斯（Avitus Eparchius Avitus），455 至 456 年为西罗马帝国皇帝。在叛乱中失败后退位为皮亚琴察主教。安格巴德（Agobard of Lyon, 775—840），一位西班牙人出身的法国里昂大主教。在法国加洛林王朝文艺兴盛时期，他是著名作家。作品涉及关于偶像破坏者的争论和西班牙嗣子说（相信耶稣是上帝的义子的一种宗教学说）等问题。他最为人所知的观点是对犹太人对法兰克王国宗教和政治影响的批评。

议教皇的这种干涉，在1564年的一份法令中为自己保留了在自己认为合适的时候授权进行决斗的权利。

我在前面已经提到，受赐于教会的这种干预，欧洲才得到和平的上帝休战法令。这项法令被称为 Treuga Dei（拉丁语：同意）。1041年，随着这项法令在欧洲的普及，法国鲁西荣①地方图卢兹的一个委员会正式发布了这项法令。这项著名的法令明确规定，在所有的节庆日和每周三的晚上到星期一的早晨，任何争执都不应该导致流血。这项法令非常明智，它提供了一周中完整的三天给被伤害或冒犯的人来平静地思考他们受到的所谓伤害的性质，或者报复性举动可能带来的好处。

看上去，贵族对上帝休战令或者任何其他试图限制他们难以驾驭的狂热情绪的休战协定都很少介意。但是一个更有力的因素把他们的注意力从他们个人之间的决斗引向了另一个方向，从而为11和12世纪标志性的道德上的革命做了准备。我当然已经提到过十字军东征了。用安娜·科穆宁②的话说，整个欧洲似乎都从根基上被撕裂了，而且准备把自己砸在亚洲身上。据当时的作者说，有六百万狂热者冲进了这场圣战。1096年，在戈德弗鲁瓦·德·布荣③的指挥下，一支大约十万人的军队冲向了巴勒斯坦。组成这支军队的人大多数在各自的国家都有足够显赫的出身和教育背景，以至于可以不失优雅地相互割开各自的喉咙（指参加决斗）。当时他们都出于爱国，让各自的国家摆脱了自己的存在。这支大军后面很快又跟上了来自欧洲各地的贵族，考虑到参加十字军可能在现世和来世带来的好处，我们不会对这种热情感到吃惊。十字军参加者被豁免了所有因债务而来的起诉，以及所有因此而应偿付的利息。他们被免除了税收，他们立刻被置于圣彼得（指教会）的保护之下。所有让十字军战士焦躁、困惑或者妨碍他们的言辞、行为和想法都被诅咒，而

---

① 鲁西荣（Roussillon），法国南部与西班牙和地中海接界的一个历史地区。古伊比利亚人最初在此定居，公元前121年该地区开始成为古罗马高卢的一部分，后来多次易手，最终成为西班牙人的领地，签订比利牛斯条约（1659年）后转交给法国。图卢兹属于这一地区。
② 安娜·科穆宁（Anna Komnene，1083—1153），拜占庭帝国科穆宁王朝阿里克塞一世（Alexios I，1081—1118年在位）皇帝的公主和学者，著有关于他父亲王朝的历史著作。
③ 戈德弗鲁瓦·德·布荣（Godfrey of Bouillon，约1060—1100年），是一位法兰克人骑士。1096年开始领导第一次十字军东征。1099年十字军成功占领圣地耶路撒冷之后，成为十字军建立的耶路撒冷王国的第一任统治者。他拒绝自称耶路撒冷国王，因为他认为圣地国王的称号应该属于上帝。

且这种诅咒不可撤销。对于他们从前和现在的所有罪恶，他们都获得了充分的赦免，而且对于将来的罪行也获得了免疫力。天堂的门对他们敞开，除了参加这次远征，拯救没有任何其他的条件。十字军还导致了财产占有的重大变化。为了装备自己，许多冒险者以最低的价格卖掉了自己的土地和祖产。许多贵族在远征中死亡，留下的采邑没有继承者，从而增加了王座的税收和实力。

这项光荣的事业因此成了对封建制度的重重一击。当一些冒险者回到家园时，他们因为痛苦和不幸而得到了矫正。他们不幸的臣仆对好日子有了晨曦初现般的希望。这些游荡者游历了更加文明的地方，带回了关于公正、人道和进步的一些微弱的观念。

12世纪发生的另一件事也大大地促进了人类精神的进步。1137年，当皇帝的军队洗劫阿马尔菲①的时候，一群恶棍在一个废墟上发现了一本古书，书中的插图吸引了他们的注意力。皇帝发现这本书就是查士丁尼法典，并宣布这本新奇之物是他的战利品。皇帝把这件珍贵的战利品献给了比萨，因此被成为"比萨的法典"。后来它被佛罗伦萨夺去，又被称为佛罗伦萨法典。这个偶然的发现造就了欧洲的一个崭新时代。它向使用残忍武力的野蛮人展示了除了剑尖和矛尖的对抗还有别的辩论的方式。谋杀这种僭取了司法的席位达六百年以上的东西，应该让位于辩论和利益的影响。

民法学校开办了，而且取代了竞技场上的练习。尽管教士们为了捍卫他们宗教性的权威体制从梵蒂冈发出严厉的开除教籍的威胁，但是对罗马法的研究还是代替了对伦巴德法典的研究。英格兰的神职人员，像他们的前辈德鲁伊教团成员一样②，全神贯注于学术的每个分支。他们争分夺秒，力争熟练掌握从前代流传下来、被称为普通法的古代格言和习俗。因此，马姆斯伯里的威廉③在诺曼人征服之后不久就宣称，法官由神圣的等级中产生（即僧侣）

---

① 阿马尔菲（Amalfi），意大利坎帕尼亚地区一城镇，在那不勒斯以南35公里。当时神圣罗马帝国皇帝罗退耳支持教皇英诺森二世和西西里的罗杰二世支持的法国伪教皇进行斗争，占领了阿马尔菲。
② 德鲁伊德（Druid），德鲁伊教团的成员。在铁器时代的西欧，基督教还没有传布开来。在不列颠、爱尔兰和高卢等地区，德鲁伊德是当地宗教的教士和祭司性质的一个阶层。由于他们没有留下任何文字记录，今天对他们所知甚少，仅有的了解是从希腊和罗马作者对他们的描述中获得的。
③ 马姆斯伯里的威廉（William of Malmesbury，约1095/96—约1143年），12世纪最重要的英国历史学家。

(原文为拉丁语),所有的低级官员都由低级的神职人员填补,后来他们的继承者至今仍被称为职员。①

这样我们看到有两个历史事件,十字军东征和民法的引入,终于限制了灾难性的决斗和用剑仲裁纷争这种做法的滥用。未来还在对于向更人性化的社会发展具有更大重要性的两个事件中孕育——即东罗马帝国的崩溃和印刷术的发明。第一个事件使文明的重任又必须依赖西方世界;印刷术这个上帝的恩赐使人类开始为自己思考。

我们也因此认识到,决斗的进步,它更低的发生频率,很大程度上有赖于社会的情状和政府的性质:按照年代的顺序考察决斗在各国历史上的发展后,我们可以获得许多信息,既有关于这种野蛮风俗盛行的情况,也有不同国家政府致力于抑制或者至少在限制它的滥用方面的成功的情况。

浏览许多决斗事件的细节之后(其中一些可能是冗长乏味的,但是所有的这些事件都反映了时代的风貌),我们可以瞥见这些决斗发生于其中的那些民众的文明和宗教状况。从这种观察中获取的推论的重要性,也许比它们初看上去所具有的要更大。

---

① 英语职员一词(clerk)在古代即神职人员的意思。

第六章　法国的决斗

法国可以被认为是决斗的典型的、出类拔萃的土壤。就像我们已经看到的，诺曼底公国时期，决斗从法国被引入了不列颠群岛。

如果我们要把决斗在英国的出现归功于我们的邻居，那我们也得把各种决斗的规则与条例归功于他们。这些规则是为了尽可能地使胜利的机会得到平均分配，阻止不公平的优势被一方获得从而对另一方造成伤害。在这些各式各样的文件中，可能勃兰托美提出的规则被认为是最不寻常的。

他说的第一件事就是："任何时候都不应该让一个异教徒担任助手或者证人。让一个不信基督的人目睹基督徒流血是不适宜的。这会让异教徒欢喜。让这样一个卑贱的人拥有这种可敬的消遣更加令人憎恶。"

"必须仔细地检查和探摸决斗者的身体，确保他们没有随身携带特别的药剂、魔法用具和符咒。在这种场合允许穿戴我们的洛雷托夫人（圣母玛利亚）的一些遗物。① 但是如果双方当事人并不是都有这种东西时该怎样处理，没有明确规定，因为不能允许一方对另一方拥有任何优势。

细究礼节是没有意义的：走进决斗场的人必须下定决心，要么胜利要么死亡。不过，最重要的是，绝不要投降，因为胜利者可以按他认为适宜的方法处理战败者。拖着他绕场而行，吊死他，烧死他，留着他作

---

① 意大利东北部的洛雷托（Loreto）著名的圣殿（holy house）里据说保存着圣母玛利亚老家的三面墙壁，圣母玛利亚曾在这三面墙壁所围成的小房屋中生活。这座圣殿直属罗马圣座管辖，教宗派有代表常驻这里。因此，洛雷托城有圣母之城的称呼，有时人们也用"洛雷托夫人"（Lady Of Loretto）指称圣母玛利亚。

为俘虏，简言之，随心所欲地对待战败者。丹麦人和伦巴德人用这种方式模仿了阿喀琉斯。阿喀琉斯和赫克托耳决斗之后，把后者的尸体拖在他胜利的战车后面，围绕特洛伊的城墙巡行了三周。

每一个英勇的骑士都必须保卫女士的名誉，无论女士们是否曾经丧失过名誉——如果我们可以说一位温柔的女士可能会因为对她的追随者或者爱慕者的仁慈而失去名誉的话（指与其情人发生关系）。一个战士只要实际服务两年，而且已经从他的团队退出，就可以和他的队长决斗。"

"父亲如果指控儿子某项可能导致儿子丧失名誉的罪行，儿子可以要求用决斗洗刷耻辱，因为父亲侮辱儿子造成的伤害，已经超过了父亲给予儿子生命的恩惠。"

尽管勃兰托美很有权威，但是战士挑战他的队长的权利是个存有疑问的事。拉布劳迪瑞和巴斯纳吉还有阿尔西亚托曾经非常详尽地探讨过这个问题。[①] 阿尔西亚托的结论是：这种决斗只有在双方都已经解职的情况下才可以容忍。这位博学的作者还认为，你不能接受一个私生子的挑战，所以他强烈建议所有的贵族都应该使自己的儿子合法化，以便他们能够拥有骑士的荣誉和决斗的资格。他进一步宣称，所有来自平民（原文为法语）、普通公民，或者买卖人的挑战都应该被认为是无效的。

勃兰托美的论述中有一部分是特别针对当代法国的，内容涉及多种多样的荣誉勋章和法国的各种别在纽扣孔上的徽章。这些东西得来容易，所以勃兰托美认为它们带来的荣誉并不能使佩戴者有资格与一位绅士决斗。他说："如果这样的人也要留心，一个人就不可能进行真正的决斗了。这些人的数量从各方面猛增，一眼望去几乎都是佩戴圣米迦勒勋章和圣灵勋章的人。[②] 内战

---

① 路易斯·德·拉·布劳迪瑞（Louise de La Béraudière du Rouhet），法王亨利三世的情人。巴斯纳吉（Jacques Basnage De Beauval，1653—1723），著名新教徒神学家，传道士，语言学家和作家。著有教会改革史和犹太史。安德里亚·阿尔西亚托（Andrea Alciato，1492—1550），意大利法学家和作家，被认为是法国人道主义法学奠基者。1531年他出版了一本拉丁语文集，配以木雕插图，创造了寓意画册这种书籍形式，当时风靡欧洲。
② 圣米迦勒（The order of St. Michael）是法国一种骑士等级。1469年法王路易十一为了争取法国大封建主的效忠，对抗自己最大的对手勃艮第公爵"好人"菲利普设立的金羊毛勋章，设立了这个圣米迦勒勋章。圣米迦勒勋章是当时最高的骑士等级，最初颁发对象只有三十几人，包括国王本人。在法国宗教战争期间，该勋章大量颁发以至于亨利三世时在世的勋章得主达到了七百余人。有鉴于此，亨利三世1578年创立了圣灵勋章（the order of the Saint Esprit）。

时期这些勋章被如此滥发，战争中获胜并拥有追随者已经算不上勇气和功绩的奖赏了。"

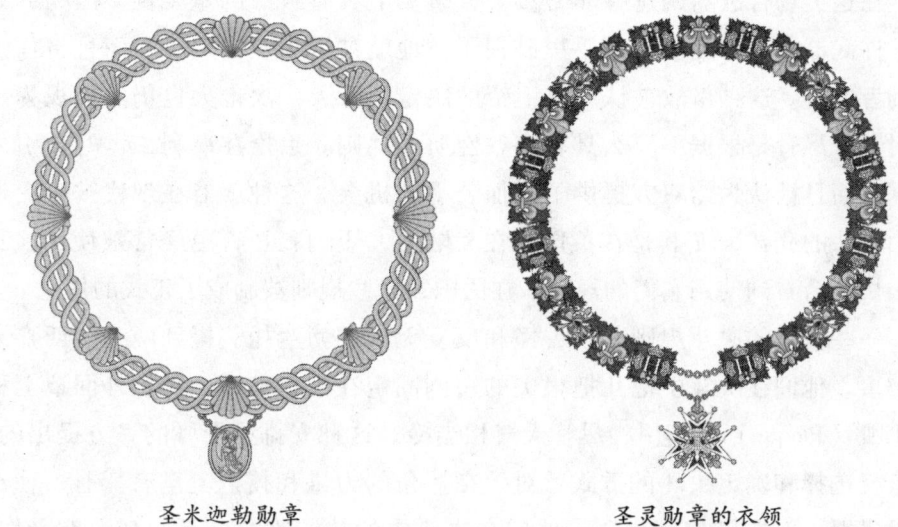

圣米迦勒勋章　　　　　　　　圣灵勋章的衣领

　　撕去别人的勋章甚至触摸它，都被认为是不可原谅的侮辱。在更加晚近的时代，我们还看到这些荣誉的象征被赋予尊重的一个例子。1833年，为波兰服务的加洛伊斯上校觉得自己被内斯特·洛克普兰主办的《费加罗》报上的一篇文章冒犯了，所以在见到他时撕掉了对方的军团荣誉绶带。双方在缪顿①的森林中会面。决斗中洛克普兰受了三处伤，加洛伊斯的膝盖受了一处伤。加洛伊斯的两位助手甩掉大衣，向洛克普兰的助手挑战，对方明智地婉拒参与战斗。加洛伊斯一方的一位成员坚持向洛克普兰的朋友利昂·毕叶先生挑战。他与毕叶关系密切，为了强调自己的请求，他客气地要求允许他摘掉毕叶先生大衣上的军团荣誉绶带，以克服自己对于向好朋友挑战明显的厌恶感情。他还补充说，自己对毕叶先生抱有如此的友爱和尊敬，除了这种方式他不愿意用任何别的方式冒犯他。对这样彬彬有礼的请求是无法拒绝的。

　　妇女的敬慕者穿戴着不同颜色、打了结的绶带以代表不同的女士，这也被称为一种侠义之举。这些绶带也是同样神圣的。在那个洋溢着武士精神的日子里，一个热切盼望战斗的勇士会竭尽全力寻找某个胆敢染指这种象征爱

---

①　缪顿（Meudon），巴黎西南郊城镇。

慕的绶带的亡命之徒。今天在爱尔兰的许多狂野的地区，一个好斗的暴徒还会把自己的夹克拖在身后，然后和敢于触碰它的地痞流氓打斗致死。

在这类场合武器的选择非常重要，事实上具有致命的重要性。因为，如果一件武器在一方当事人的手里破损了，他就被视为被击败了，而且将任由胜利者处置。这种事故被认为是上帝的决定。今天一次走火也仍然被视为一次射击，尽管是根据不那么具有宗教性质的原则。手枪在亨利二世时被引入英国，而且被认为给双方提供了更加公平的机会。这种武器在现代被广泛选定为决斗的武器，尤其是在英国。在大陆上，短剑和匕首更经常被使用。我们很快就会看到使用它们的规则，在法国，这些规则被制成了正式的规范。

一些古代的决斗规则非常古怪和反复无常。勃兰托美提到两个科西嘉人的故事。他们在决斗中把几把很尖的短剑固定在头盔前面，衬衫外面罩上称为雅凯（Jacque）的盔甲，尽管天气相当冷。这种安排是受辱的一方提出的，他有权选择和确定决斗的方式。对手在摔角的力量和技艺上享有盛誉，让他非常恐惧。双方都使用短剑，他们在决斗中的技艺难分高下，都没有受伤。最后他们冲向对方，开始摔角。这时头盔上的短剑开始发挥作用了，每一把都刺进了对方的脸、脖子和手臂。血从每个伤口流出来，流得太多只好把他们双方分开了。其中一个只活了一个月，另一个差一点在忧郁和厌倦中死去。因为他们这时已经成了朋友，都希望当初一起在决斗中死去。[1]

尽管有人对武器做出这种勇武的选择，决斗中武器的挑选和决斗的安排似乎还是经常会成为争取时间、制造麻烦和糜费的托词。勃兰托美提到，在札纳克和查斯特纳瑞的致命决斗中，前者提出了不下三十种不同的武器，既有马上使用的也有徒步使用的。札纳克还指定了特别的马：西班牙马、土耳其马、巴伯马[2]。附带不同种类的马鞍。结果，如果不是查斯特纳瑞的叔父是个有相当经济实力的人，而且还得到他的王室主人的帮助，他几乎无法坚持自己的挑战。他接受这些要求时，很客观地评论说："这个人不仅想和我的勇

---

[1] 一个年轻的战士采用了一种更加天才的决斗方式。这个战士身材矮小，被一个强健的加斯科涅人侮辱了。他坚持决斗时双方带一个铁制的衣领，衣领竖起的边缘要像剃刀一样锋利而且带尖。双方都不能穿盔甲，身体和四肢要暴露在彼此的剑下。用这个发明，小个子可以毫无危险地仰视对手，而高个子低头看对手时却必然被衣领上锋利的边缘割伤，结果他很快被小个子对手刺穿了身体。——原注

[2] 巴伯马（Barbs）是一种摩尔人由北非传入西班牙的马种，类似阿拉伯马，以速度和耐力著称。

气决斗，还想和我的钱袋决斗。"

这种由被侮辱者挑选武器和确定决斗方式的特权不管多么任性，仍然提供了相当的好处。因为击剑术教人许多秘密的窍门，这些知识给了击剑术的教师巨大的声誉。这些指点是如此的机密，不仅学生们庄严发誓决不泄露这些神秘的技术，而且它们只在私密的地方被教授。事前要检查房间的每个地方、家具，甚至墙，以确保没有第三个人躲藏其中看到这种性命攸关的课程。直到今天，在法国这种削术和刺术还被称为大师的妙击，下层人民则称之为危险狡诈（原文为法语）的妙击。

一个骑士有一个不同寻常的记录。这位骑士被一成不变地教导要击刺心脏的部位。他在决斗中坚持双方穿一套盔甲，在心脏部位的胸甲上要留一个手掌宽度的空挡。结果，当然，对手立刻一命呜呼了。

军械匠人的"狡猾"也经常被用来获取不公平的优势。米兰一个技艺精良的工匠的钢铁退火技术达到如此完美的地步，结果他制作的剑是否坚韧完全视乎使用者的使用方法。在一个没经验的人手里，这些武器会化为碎片；而在一个老练的战士手中，它们就和最可靠的托莱多刀剑一样值得信赖。①

这些勇敢的骑士对于不平等的情况也并不非常挑剔。曾经有两个法国绅士——拉维拉特和德·萨利格尼男爵，与两个加斯科涅人——梅尔克勒姆和埃斯佩萨特决斗。梅尔克勒姆很快杀死了自己的对手萨利格尼。他发现自己的同伴埃斯佩萨特已经用了很长时间对付拉维拉特，就过去帮忙。当拉维拉特发现自己不公平地被两个对手夹攻时，他对这种没有信义的行为提出了抗议。梅尔克勒姆非常冷酷地回答说："我已经杀了自己的对手，如果你杀了你的对手，你就有机会杀了我。所以，来吧。"

不过，有一些英雄对荣誉的意义看得更加认真。在勃兰托美的书里，我们看到两个关系亲密的皮埃蒙特官员到野外进行决斗。其中一人受了伤，当时大家认为那可能致命。他的对手没有继续杀死他，而是帮助他离开场地，想把他送到外科医生那里。伤者却大叫："不要让你的慷慨之举只做到一半！——让人们说我在倒下前甚至没有伤到对手。所以求你了，包扎一下你的手让它看上去像受了伤一样，好让大家说我在死前刺伤了对手。"他的对手

---

① 西班牙的托莱多（Toledan）铸造的刀剑当时驰誉欧洲。

慷慨地答应了这个要求，把一条绷带沾上了伤者的血，缠在自己胳膊上，向大家展示自己在勇敢的对手受致命伤前已经受伤。然而那伤势并没有要命，于是由感激之情增进了的持久友谊，在双方之间一直持续了下去。

历史记录了许多这类不同寻常的决斗和会导致致命结果的反复无常的武装行动。谈到不同时代的时代特色时，所有这些事件都会被引述，它们还能被用来说明现存政府的脆弱的或者是残暴的影响。

叙述15世纪和16世纪决斗在法国的发展时，要全面地展示这个国家的状况，最好的办法就是引述晚近一位智慧的作者侃佩格纽勒斯①的论述：

"我发现十五与十六世纪之间的差别与十七和十八世纪之间可以观察到的差别没有什么不同，这些时期据我看来对于任何进步都并非有利。我们可以发现路易十一（1461—1483在位）比查理九世（1560—1574在位）更可取；查理八世（1483—1498在位）比亨利二世（1547—1559在位）更卓越；弗朗西斯一世（1515—1547在位）不会让我们忘记路易十二（1498—1515在位）。较之亨利三世（1574—1589在位）时期悲惨的国内战争，法国在查理七世（1422—1461在位）治下的辉煌发展会让我们觉得安慰。我觉得不需要在亨利四世（1589—1610在位）、路易十四（1643—1715在位）的统治时期和路易十五（1715—1774在位）的摄政和统治时期之间进行比较就可以证明前述的第二个论点。同样明显的是，一个世纪的前半部分常常比后半部分更值得重视，说明在文明的发展过程中存在进步和反动的交错，时代的激荡和深涧是遵循同样的规律的。"

"查理七世时，贵族们深深地卷入与英国进行的国家间的竞争，这让他们忙于个人间的决斗。贵族们在这场竞争中做出巨大的牺牲，耗尽了人力和财富。人民一无所获，只有王权收获了事态可能导致的全部利益，因为我们可以把常备军和常税的建立追溯到这个时期。常税是非法征收的，没有获得（法国大革命前的）议会的批准。"

"路易十一的政府采取的政策很好地说明了贵族被削弱到了怎样贫困和沮丧的地步。这个残酷的君主把他的专制权利建筑在死刑上，摧残了

---

① 侃佩格纽勒斯（Thorel de Campigneulles, 1737—1809），法国作家，《憨第德》第二部可能的作者之一。《憨第德》是伏尔泰的著名小说，出版于1759年。《憨第德》第二部于次年出版。

法国的贵族。曾经为了保卫祖国而在战场上抛洒的鲜血现在在断头台上奔流。没有剩下多少人来使决斗场兴旺了。"

"这些因素结合在一起给了决斗制度重重一击。鼓吹这种行为具有合理性的社会偏见和鼓吹着贵族统治制度的社会偏见,每天都在变得更加脆弱,这也说明了这两种偏见的一致性。"

"法国一直被认为是向欧洲输出时尚的国家。但是我们与其他国家的这种交流并非总是有利于我国,因为在我们向邻居提供某些有价值的东西时,换回来的却是可悲的对等物。司法决斗被引入我国首先要归因于德国;然后我们又从意大利学到了继司法决斗而起的决斗这种实践。"

"当这种道德上的腐化在查理七世、路易十二和弗兰西斯一世的十字军东征中广泛传布的时候,一种可悲的身体上的污染也从西班牙传到了我国。决斗很少跨越阿尔卑斯山,它在意大利人中也逐渐消失,长剑也被一种短匕首(stiletto)代替了。"

"我们必须谈到查理八世时期对意大利的一些远征。他们对我们的军队和礼仪具有毁灭性的影响。我们年轻人的热情激起了君主远征异国的热望。1494 年他迅速地征服了那不勒斯,但是胜利的果实丢失得同样迅速。当时哥特人和伦巴德人的一个传统——决斗——经过西班牙人的骑士幻想修正或者说夸张之后,在意大利非常流行。"

"尽管路易十二后期在自己先王留下的土地上竭力反对相似的行动,但是他却渴望加强瓦伦丁家族在米兰公国的权利,所以继续发动对意大利新的入侵。在他 1499 至 1515 年的统治期里,不断发生的决斗削弱了补充军队的贵族阶层。这些决斗都是军队的统帅内穆尔公爵(见第五章注释)批准的,而且公爵这位杰出的勇士本人也亲身投入了这股时尚的洪流。"

"弗兰西斯一世继续发动意大利战争。如我们所见,他还曾向皇帝查理发出大言不惭的挑战。尽管双方都没有严肃的意图将嘘声恫吓的威胁付诸实际,但是这是一个例证而且被许多显赫的宫廷中人热切仿效。"

"在他统治时期,手枪被引入法国而且成了全国各地滋生的匪徒们所持短剑很合适的辅助品。威利修道院的文献这样描述国家的状况:'我们的军队在意大利驻扎了超过十五年,我们和他们的交往在很多方面改变了国家的特性。沉湎于复仇的人不再那么计较方式了。暗杀和谋杀每天都在变得更频繁。人们认为在路上等候敌人或者在他的居处攻击他已经不够了,就在街角或者开阔的广场上,公职人员就在公民同胞面前,倒在刺客的攻击下。准备好的驿马可以让凶手逃脱,罪行始终得不到惩罚。'"

"查理十世是最后一位批准决斗的法国君主,他还亲自出席了这次决斗。他也是第一位下令禁止决斗的君主。1566年他的禁止决斗的法令是值得赞许的。他在其中命令所有纠纷都必须交给法国的治安官和司仪官处理,尤其是存有谎言的案例。"

"亨利三世是最后一个参加马上比武的国王,当时是和他的兄长查理九世。亨利三世也颁布了一些涉及杀人犯和刺客的非常严厉的法令。但是由于他缺乏能力,这些人比任何时期都更加胆大包天和难以受到惩罚。他们把整个国家变成了一个凶手。如果这个君主后来想要抑制决斗,那只是出于他对自己那些不值得称道的心爱的人的关爱,他也觉察到了贵族队伍的损失。亨利没有能力为那些人报仇,他们悲剧性的结局只是导致对亨利的忧伤情绪散布的种种无礼而新鲜的流言蜚语。一个决斗家德奥比格尼①称亨利三世是世界上最好的君主。勃兰托美则说他太好了,不可能进行严厉的惩罚,他太爱他的贵族了。"

"决斗的热病在长期的国内宗教战争期间没有被削弱。内战和为了在外国面前保卫国家的荣誉进行的战争有很大的不同。对外战争爆发时,决斗平息了,一种关注成了主流:我们的血应该为自家的国家保存起来,决斗应该停止。但是在一场不虔诚的冲突里,公民们武装起来相互对抗,所有邪恶的激情都成了脱缰野马。没有法律,没有限制能抑制它们。所有的东西都变成了武器。人们不再战斗,而是杀戮。被长剑放过的人注定了要上断头台。十六世纪的大动荡中,凶手们利用一切可能的方式。每一种破坏性的工具都被应用。匕首对抗着长剑。就像我们把决斗归因于意大利,一个来自意大利美第奇家族的法国王后②带来了另一个礼物——暗杀。"

---

① 提奥多尔·阿格里帕·德奥比格尼(Théodore – Agrippa d'Aubigné,1552—1630),法国诗人、战士、传道者和编年史作家,著有《悲歌集》(Les Tragiques)。
② 指凯瑟琳·德·美第奇(1519—1589),法国王后。她是瓦卢瓦王朝国王亨利二世的妻子和随后三个国王弗朗索瓦二世、查理九世和亨利三世的母亲。

第七章　十六世纪法国的决斗

就像我们在前面看到的,决斗是在弗朗西斯一世统治时期开始在法国和他驻扎在国外的军队中盛行起来的。在人民认识到他们自己的重要性之前,国王对宫廷的影响、宫廷对国家的影响是最强大的。我们知道,本来全法国都认为土豆只合适作猪饲料,但是在路易十四把一束土豆花别在纽扣孔上在宫廷里出现过之后,土豆进入了时尚的行列,从此被普遍食用了。

尽管理性的人群能充分理解弗朗西斯对查理提出的挑战那种虚张声势的性质,但是它却对全民族产生了震撼人心的影响。如果一个国王都认为必须出于荣誉的缘故为自己遭受的说谎指控提出挑战,那么对他的臣民来说,对于可能让骑士的荣誉这个幽灵产生不快的任何最轻微的冲突拔剑而起,应该是多么迫切的要求啊!何况,还有广泛的传闻说,这位国王有一次认为自己被萨克森伯爵冒犯了,所以在出访对方的宫廷时,弗朗西斯在一次狩猎中把萨克森伯爵叫到一旁,提议进行一次单人决斗。当时没有任何人在旁见证,这很可能危及国王的安全。萨克森伯爵明智地婉拒了建议。宫廷的谄媚者当然都证实了这个传闻。

弗朗西斯一世虽然不仅容忍而且批准决斗,但是他对于批准进行决斗的权利却是非常珍视的。没有他的同意就发出决斗的挑战会让他非常不快。因此有一段时间德·塞普希尔不得不避免出现在卢浮宫,因为他擅作主张,通过古尔东子爵向德奥多因致意,知会对方说自己会到圣保罗教堂听弥撒。如果德奥多因同时出席,他们可以在圣安托万城堡①旁边的乡间散个步(这是在

---

① 圣安托万城堡(The porte Saint-Antoine),是巴黎的城门,有同名的两个城门,都已经毁弃。最著名的是巴士底狱防守的一个圣安托万城堡,位于今天巴黎第三区。

委婉地提出挑战)。这个朝代的一些决斗也可以视作司法决斗,因为他们都在国王面前进行,而国王自视为仲裁者。

弗朗西斯的王朝是一个充满勇气和乐趣的王朝。当时不乏这样的女性:她们把宫廷的放浪和决斗的凶残视为侠义情怀的结果、一种高尚的行为。①

必须承认,我在检视这个朝代的编年史时,除了对伦理和礼节的粗暴践踏,肆意挥霍人类的鲜血,我看不到任何值得注意的事。

弗朗西斯可悲的继承者亨利二世的王朝是以札纳克和查斯特纳瑞之间不体面的决斗开场的,这次决斗我已经在前面叙述过了。国王的缺乏能力鼓励了决斗。皇族纷纷效仿那

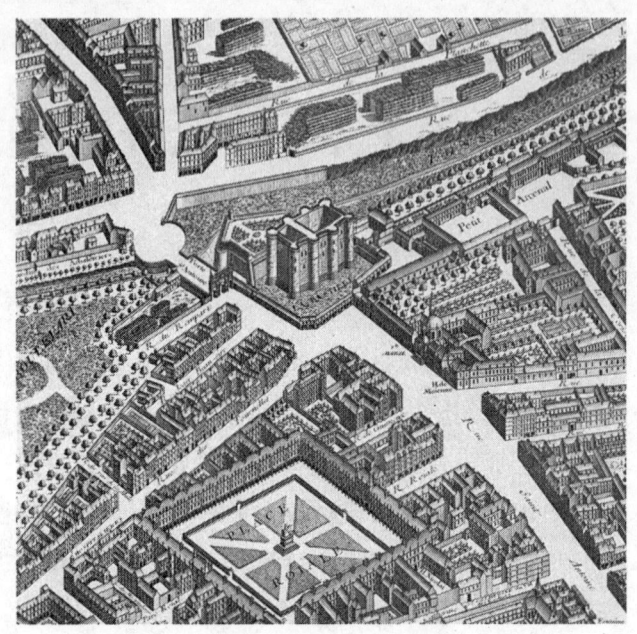

图中心由八个碉楼和城墙组成的建筑即巴士底狱,
旁边路上的城门即圣安托万城堡
(引自1739年的巴黎地图)

---

① 在布莱辛顿女士的《意大利的游手好闲者》中谈到尼斯时,我们看到这样的女性的评论:"在尼斯一个大理石十字架标示了弗朗西斯一世、查理五世和教皇保罗三世举行会面的地方。当我站在那个地方时,脑海里会浮现那三位伟人的形象。我发现你我的思绪会更多地倾向于停留在那位武士般的法国君王身上,而不是那位阴郁的西班牙战士。这位战士把王座变成了修道院。他自己或许已经变成了一位牧师,因为正是他建立了宗教裁判所。我相信,所有的妇女都会更有兴趣回忆古代法国的两位君主,而不是任何他们的同时代人。我指的是亨利四世和弗朗西斯一世。他们都有非凡的勇敢和殷勤礼貌的举止,这对女士有着特殊的吸引力。有人指控他们软弱,但是这种软弱正是妇女特别愿意原谅的那种。如果这种缺点出现在他们的丈夫和追求者的身上当然就另当别论了。"——原注
玛格丽特·加德纳(Marguerite Gardiner, Countess of Blessington),布莱辛顿伯爵夫人(1789—1849),是一位爱尔兰女作家。她与诗人拜伦有交往,著有《意大利闲人录》、《法国闲人录》和《拜伦访谈录》。

两位将军。我发现波旁公爵①的兄弟查理亲王曾经和科利格尼海军上将的兄弟德安德罗特在一次狩猎的聚会上进行决斗。②

这个时期,一个叫查特纽夫的年轻人和他的监护人拉切什内、一个八十岁的老人之间发生过一次决斗,地点是在鲁维埃岛③。决斗的事由是涉及年轻人财产的一场诉讼。他质问老者对自己使用了不敬的话语这一传闻是否属实,老者用绅士的语言坚决予以否认。这已经让年轻人心满意足了,但是老者却不愿善罢甘休了。

他对年轻人说:"你也许满意了,我可没有。既然你麻烦我到了这里,我们

布莱辛顿夫人(英国摄政时期最出名的肖像画家托马斯·劳伦斯爵士绘于1822年)

必须较量。要是赏脸聚集到河两岸来关注我们的人群发现我们只是谈话而非战斗,他们会说什么?事关我们的荣誉,所以让我们开始把。"双方都用剑和匕首武装着。决斗中拉切什内惊叫起来:"Ah! paillard! tu es cuirasse!"(法语)翻译成今天的句子就是:"你这个可耻的人!你穿了胸甲!""Ah! je faurai bien autrement!"即"你可以用另一种方式受到惩罚的"!然后立刻向年轻人的脸和喉咙砍刺过去。这一点没有使年轻的决斗者着慌,他镇静地刺穿了老人的身体。

下面这个冒险的实例则说明,那些勇敢时代的年轻人在自己不像查特纽夫那样成功时,并不那么拘泥礼节。

---

① 路易斯·德·波旁(Louis de Bourbon, 1513—1582),蒙特潘西尔伯爵。查理·德·波旁(Charles de Bourbon, 1515—1565),前者的弟弟,拉罗什苏杨亲王。
② 加斯帕德·德·科利格尼(Gaspard de Coligny, 1519—1572),法国贵族,海军上将。16 世纪法国新教派胡格诺派的重要领袖。1572 年他遇刺身亡成为法国宗教战争期间天主教徒对胡格诺派新教徒进行的圣巴托罗缪之夜大屠杀的导火索。
③ 鲁维埃岛(Isle Louvier),法国巴黎塞纳河中一小岛。1847 年它与河岸之间的水道被填平成为河岸的一部分。

国王亨利二世有一次由圣安德烈元帅①的一个侄子陪同，在樊尚的森林猎雄鹿。这个年轻人挑起了一场与一位年长的绅士马塔斯的争执。于是双方来到了森林里一处偏僻的地方进行决斗。年轻人刚开始防御，马塔斯就把他的剑从他手里打掉，解除了他的武装，从而给年轻人上了一堂很有教益的剑术课。同时对他说："为了你的将来，年轻人，学会握住你的剑，而且，别找像我这样的人决斗！捡起你的剑，离开这儿，我原谅你了。"马塔斯一边这样说，一边上马。而他的对手从地上捡起剑时，却认为他现在能用这把剑做的最有用的事，就是摆脱眼前这个见证了自己耻辱的棘手的对手。他从背后刺中了马塔斯，把尸体留在那里离开了。编年史家补充说："没人注意这件事，因为年轻人是圣安德烈元帅的侄子，而马塔斯只是德·瓦伦蒂诺夫人（即著名的戴安娜·德·普瓦捷夫人）的亲戚。而德·瓦伦蒂诺夫人在亨利二世死后，在宫廷里已经完全失势了。"②不仅如此，甚至还有人责备可怜的马塔斯非难一位情绪激烈而可敬的年轻人。

持这种观点的一位编年史家说："一个年长的夸夸其谈的剑术家滥用自己的好运气，奚落一位尚未成熟的年轻人，这是不对的。——天可怜见！（原文为法语）"天可怜见！

没什么事能比这些不顾一切的人在这种场合表现出来的沉着冷静更过分。勃兰托美提到一次决斗，一方是一个诺曼底绅士，另一方是一个叫德·瑞弗格的年轻骑士。他们不想有目击者，所以坐船到一个叫宫殿岛的岛上去决斗。当他们发现一些人驾船跟在他们后面时，他们跳上了岸。其中一个人叫道："让我们快点吧。他们要来分开我们了。"他们一边这样说，一边开始攻击对方。四个回合之后，他们都死了。勃兰托美还提到一个德金萨克地方的领主，他一直渴望同时对敌两个对手。当人们提到这种想法的荒谬时，他只是回答："为什么不？历史上有的是这种事。而且，我的天啊！我已经决心要让自己的名字被记住了。"

---

① 雅克·德·阿尔本（Jacques d'Albon, Seigneur de Saint Andre），圣安德烈领主，法国元帅（约1505—1562）。

② 戴安娜·德·普瓦捷夫人（Diane de Poitiers, 1499—1566），法国国王亨利二世的情妇。亨利二世死于与蒙哥马利的决斗时（见前第五章），他的长矛上挂的是代表他的情妇普瓦捷夫人的旗帜，而不是自己的王后的旗帜。普瓦捷夫人因此声名狼藉。

第七章　十六世纪法国的决斗

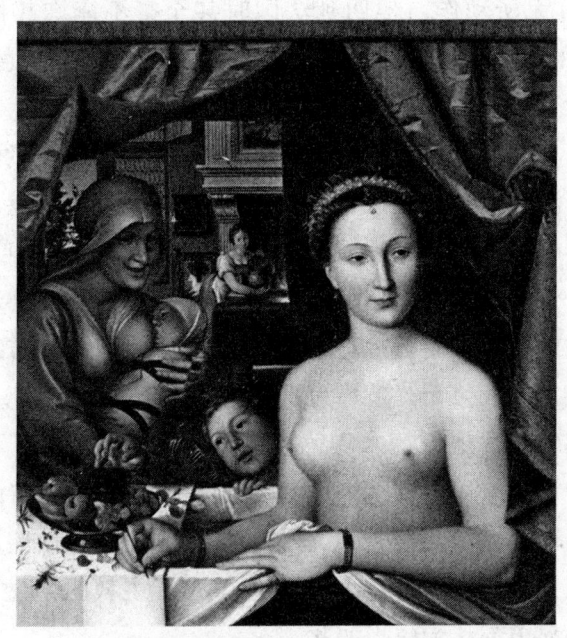

戴安娜·德·普瓦捷夫人
弗朗索瓦·克卢埃（François Clouet）绘

下面这个著名的杀手被勃兰托美称为法国的模范人物，他的冒险经历可以为我们提供对那个辉煌时代的一个映像。

德·维托科斯男爵杜普拉特是首相杜普拉特的儿子，早年就表现出无畏的勇气。① 他与武器相伴的生涯开始于杀死年轻的德·索佩兹男爵。当时他和索佩兹在晚宴上争吵起来，索佩兹向他扔了一个烛台，打破了他的头。

维托科斯在去图卢兹的路上拦击了索佩兹，杀死他之后，穿着女人的衣服逃脱了。他下一个功业是谋杀了一个叫高涅留的绅士，为了报复对方杀死了他的弟弟、一个十五岁的少年。这次有个叫布锡考特的年轻贵族陪着他。他们赶上受害人时，受害人正在圣丹尼斯②附近匆忙地旅行。这事之后，维托科斯逃到了意大利，因为高涅留是国王的宠臣。但是他不可能

---

① 杜普拉特，德·维托科斯男爵（Duprat, Baron De Vitaux），其父安托万·杜普拉特（Antoine Duprat, 1463—1535）1515 年起为法国首相。有历史学家称其为法国历史上仅次于黎塞留的重要大臣。
② 圣丹尼斯（St. Denis），巴黎北郊一地区。

长时间流亡而且无所动作。他回到法国时甚至毫不掩饰其目的是要报复自己另一个兄弟的死亡。他的这个兄弟被他的一个亲戚德米陶德男爵杀死了。

这位男爵是奥弗涅①的一个诸侯，当时被召往查理九世的宫廷，去担任波兰使节的翻译。波兰的使者是来向国王的兄弟安茹公爵敬献波兰王冠的。德米陶德男爵没有想到维托科斯会在巴黎，所以他没有带警卫。维托科斯把胡子留得相当长，化妆成了一个律师，寻找所有机会试图使德米陶德男爵吓一跳。他躲在奥古斯丁码头附近一处隐秘的居所里，身边是布锡考特和他的一个兄弟。两个人都胆大包天，被称为维托科斯的狮子。

这些了不起的家伙遇见德米陶德男爵之后，立刻杀死了他。但是在防卫的时候，德米陶德击伤了布锡考特。逃跑的路上，布锡考特跟不上另外两个刺客了，不得不留在一家理发店处理伤势。循着他留在逃跑路上的血迹，巴黎十二区长联盟的弓箭手抓住了他，把他关进了主教的城堡，准备处死，因为国王和国王的兄弟都认为应当如此。

恰巧，波兰使节们下榻在这个囚犯的哥哥、巴黎一个区长的家里。区长哀求使者请求国王和他的兄弟们饶恕犯人的生命。波兰使者在德·饶主席的支持下②，用拉丁语做了一篇长篇大论。不管国王是否听懂了这番宏论，他们还是成功地获得了国王的首肯。结果没多久，布锡考特就出现在宫廷里，好像从前一样，快乐而且无忧无虑。

这件事只能鼓励很快就返回了巴黎的英雄。据编年史家说，杜普拉特又以无法置信的胆大妄为态度杀死了国王的宠臣路易斯·德·伽特。据信后者曾经反对赦免他。维托科斯和七八个同伴闯进他家里，在床上杀死了他。为此他们使用了"一把非常短和锋利的剑，在这种场合，据说比一把长剑更可取"。历史学家补充说："这个举动被看成是非常果决和自信的行动。"人们也许会期待这样一个暴徒会死在绞架上，但是他得

---

① 奥弗涅（Auvergne），法国的一个伯爵领地，今天法国中南部的奥弗涅省包括一些历史上并不属于奥弗涅地区的地方。
② 雅各·奥古斯特·德·饶（Jacques Auguste de Thou，1553—1617），常称图阿奴斯（Thuanus），法国历史学家，巴黎高等法院主席。见第五章注释。

到了阿朗松公爵的保护①，被置于王后玛格丽特的庇护之下，非常受王后的宠爱。

最终，八年前他杀死的德米陶德男爵的兄弟、另一个德米陶德男爵找他决斗。虽然有人认为德米陶德在外衣下面穿了一块涂成肉色的薄薄的胸甲，但是双方都经过了符合程序的检查。不过，维托科斯的剑尖确实是在胸甲或者对手的肋骨上折断了，结果，他发现他的冲刺都毫无作用，不得不求助于挥砍。对手用四次漂亮的击刺杀死了他，甚至没有礼貌性地"提出饶恕他的生命"。历史学家继续说："就这样，法国的楷模、英雄死去了。他在西班牙、德国、波兰和英国都受到同样的景仰。来到法国宫廷的外国人最期待见到的人就是他：他身材矮小，但是勇气无以伦比。他的敌人谎称他杀死对手的手段'不规矩'，使用了各种诡计。"勃兰托美说："在这个问题上，按照一些伟大的领袖，甚至意大利人的意见（他们是这个世界上最了不起的复仇者），计谋应该由计谋来对抗，这丝毫不损及荣誉。"他补充说："对他我已经说得足够了，我想我应该使他名垂千古，既因为他的德行，也因为我和他之间忠实的友谊。"

最让亨利三世伤心的决斗发生在他钟爱的小伙子凯吕斯和德恩特拉格斯之间。他们俩因为宫廷里一些美丽的女性失和。瑞贝拉克和一个年轻的德国人肖姆伯格是德恩特拉格斯的助手。马格林和利法瑞特是凯吕斯的助手。他们约在巴士底狱圣安托万门前的壁垒附近见面。除了三四个穷人，没有人出现在那里见证这些了不起的人物的气概。

决斗的主角开始战斗之后，瑞贝拉克对马格林说："我觉得我们最好还是设法让他们和解，而不是看着他们杀死对方。"对这个不合时宜的建议，马格林回答说："先生，我是来行使权利的，不是来穿珠子的。""向谁行使权利？"瑞贝拉克天真地问，"既然你和这场争吵无关，那您向谁要求正义呢？""向您，肯定的。"马格林简洁地回答。于是瑞贝拉克说："如果一定要这样，那让我们祈祷吧。"这样说着，他就跪下，将自己的剑和匕首放下，而且把他们的柄摆成十字型，然后开始认真地祈祷。但是马格林觉得他赞颂上帝的祈

---

① 弗兰索瓦·约瑟夫·德·洛林（François Joseph de Lorraine，1670—1675），吉斯公爵、阿朗松公爵和昂古莱姆公爵。

祷词太冗长了，他亵渎地发着誓，告诉瑞贝拉克"他已经祈祷够了"。双方立刻猛烈地相互攻击，最终都倒地而亡。

另一个助手肖姆伯格目睹这个插曲，非常礼貌地对利法瑞特说："这些绅士正在战斗，我们该做些什么呢？"对方回答说："我们最好是为各自的荣誉而战斗。"于是德国人肖姆伯格毫不犹豫地砍破了对方的面颊。利法瑞特刺中了他的胸口向他致意。这一剑把肖姆伯格变成了一具尸体，和马格林做了伴。瑞贝拉克被人从决斗场上弄走了，第二天伤重不治。德恩特拉格斯尽管受了重伤，还是逃脱了。凯吕斯躺在弥留的床上，痛苦地抱怨他的对手在长剑之外还有一把匕首。自己为了用手挡开对手的长剑，被他的匕首刺伤了好几处。他还说，自己对德恩特拉格斯说过："你有一把匕首，我却没有。"对方只是说："对你来说太糟了。你可不应该笨到把它忘在家里呀。"

勃兰托美评论说，从骑士的优雅这个角度来说，他不清楚德恩特拉格斯是否应该放下自己的匕首。两年后利法瑞特在另一场决斗中被杀。他的侍从看到他倒下，抓起他的剑杀死了他的对手——德·皮尼侯爵的儿子。① 国王对凯吕斯的死非常痛心，下令将他埋葬在另一个自己钟爱的年轻人赛因科特·麦格林旁边。后者被吉斯公爵在卢浮宫门口暗杀了。

助手相互决斗的风俗，似乎是由这些王室宠爱的年轻人肇始的，他们无疑是在彼此竞争国王的宠幸。在这些谋杀般的竞赛中，最著名、最精彩的选手是布斯·德·安博瓦兹。② 这

路易斯·德·克勒门特，德·布斯·德安博瓦兹领主（1549—1579）

---

① 皮尼（Piennes），法国东北部摩泽尔省一地方。
② 路易斯·德·克勒门特（Louis de Clermont, seigneur de Bussy d'Amboise），德·布斯·德安博瓦兹领主（1549—1579），法国国王亨利三世宫廷中的一名贵族，剑客，花花公子和双性恋者。他是前文提到的米尼翁之一。

第七章 十六世纪法国的决斗

个人是圣巴托罗缪之夜的主要参与者之一。在那场大屠杀中，他暗杀了他唯一的近亲——安托万·德·克勒门特，当时他正和这位亲戚打官司。毫无疑问，这件事的动机比后来他向一个叫圣法尔的绅士挑战的动机来得更有价值。圣法尔在衣服的某个地方上绣了一个"X"，布斯坚持说那是一个"Y"。

于是就发生了一次六人对六人的的决斗。人们很难相信勇敢的柯瑞伦①会用自己的生命在这样一个致命的杀手那里冒险。但是据记载，当他和布斯在圣奥诺瑞街（Rue st. Honore，巴黎古时的一条街道）遇见时，布斯向他询问时间，柯瑞伦却拔出剑，回答："现在是你丧命的时刻！"幸好他们被人拉开了。布斯和玛格丽特王后的密谋众所周知。在同一时刻他还向人炫耀自己得到了德·蒙特梭利伯爵夫人的青睐，她的丈夫是谋杀

梅莎丽娜和她的儿子布列塔尼库斯

德·阿朗松公爵的主谋。布斯还给国王写了一封信，信里说他在自己的陷阱里抓住了德·蒙特梭利伯爵的一只鹿（暗示勾引了伯爵的妻子）。信被展示给了国王亨利三世，国王友好地把信放进了那位丈夫的手里。谋杀的大师可不认为冒险向布斯寻求报复是什么好主意，不过他逼迫自己不忠的伴侣告诉她的情夫一个约会地点。在那里等待他的不是情人的拥抱，而是雇佣来的杀手的短剑。

国王亨利三世本人的遇刺身亡，为那个时代的风貌和朝臣的不计后果提供了非同一般的例证。王室家庭的一个年轻人艾尔·马瑞福克斯决心不在国王死后苟存。他祈求说有没有人能帮他一个忙，和他决斗，给他一个像样的机会被人杀死。幸运的是另一个叫马若勒斯的朝臣把他置于自己剑下，几个回合之后，满足了他的愿望。

---

① 德·柯瑞伦（Louis des Balbes de Berton de Crillon，约1541—1615），法国将军，亨利四世曾称他为"勇士中的勇士"。他在法国国内镇压胡格诺教派的战争中屡立战功，后来曾作为马耳他军官抵御土耳其人，帮助亨利四世进攻巴黎。

这就是历史学家所说的"美好的古代"。这个时代就像后来一位作者所说的,是梅莎丽娜①的淫欲和尼禄的残暴、赫利奥盖巴勒斯②的贪食的结合体。智慧和粗鄙下流的言辞以及暗杀杂糅在一起。当人们向弥留之际的凯瑟琳·德·美第奇报告吉斯公爵和枢机主教亨利一世③被谋杀的消息时,她(对亨利三世)说:"割得很好,我的儿子,但是你现在的工作是必须把它们缝上。"

---

① 瓦莱里亚·梅莎丽娜(Valeria Messalina,约17/20—48),罗马皇帝克劳迪乌斯的第三任妻子,皇帝尼禄的父系表姐妹,皇帝卡里古拉的第二个表姐妹,皇帝奥古斯都的侄孙女。根据塔西佗等人的说法,梅莎丽娜极度荒淫可耻而且残忍贪婪。老普林尼的《自然史》第十卷提到她和一个妓女进行终夜的性交竞赛,持续24小时之后梅莎丽娜以25个性伴的成绩获胜。她后来和情夫盖乌斯·西利乌斯(Gaius Silius)密谋弑夫,被克劳迪乌斯命令斩首。临刑时她的母亲对她说:"你的生命已经结束,仅剩的事情就是体面的死亡。"但是她却哭泣并抱怨起来。她的丈夫听到死讯时正在宴会上,他面无表情地要求给自己添点酒。第二年克劳迪乌斯收养了第四任妻子的儿子卢修斯·多米提乌斯·阿赫诺巴尔布斯(Lucius Domitius Ahenobarbus),也就是后来的暴君尼禄。

② 赫利奥盖巴勒斯(Heliogabalus),罗马皇帝(218—222年)。他本来是罗马太阳神崇拜宗教的牧师,在其堂兄卡拉卡拉(217年)被谋杀后登上皇帝宝座。其人性情偏执狂热,把自己的宗教强加在罗马人民头上,后引发暴动而丧生。他的性取向也非常可疑。他曾娶过五个妻子,却在公开仪式上和一个男人结婚。他在皇宫里设立房间供自己在描眉剃发之后像妓女一样卖淫,所以成为历史学家笔下荒淫无耻的代名词。

③ 吉斯家族(Guise),法国著名的贵族世家,其成员出任吉斯公爵和吉斯枢机主教,封爵有几代。吉斯家族源出洛林公爵家族的旁系,16世纪—17世纪时归附于法国。在法王弗朗西斯一世时代,该家族地位大大提高并逐渐控制了法国北部与东部诸省。家族始祖克洛德·德·洛林(Claude of Lorraine,1496—1550)是洛林公爵勒内二世的次子,1528年受封为第一代吉斯公爵。克洛德之子弗朗索瓦·德·洛林(Francis)是杰出的军事指挥官,1558年他从英国手里为法国夺回了加来,赢得了"伟大的吉斯公爵"的称呼。他曾在弗朗西斯二世时代干预朝政,并为查理九世时执政的三巨头之一,1563年死于刺杀。弗朗索瓦参与策划了圣巴托罗缪之夜的大屠杀,从他开始吉斯家族积极卷入法国宗教战争,并充任天主教方面的领袖。弗朗索瓦之妹玛丽·德·吉斯与苏格兰国王詹姆斯五世结婚,她是苏格兰女王玛丽·斯图亚特的母亲。吉斯家族安排了玛丽·斯图亚特与弗朗西斯二世的短暂婚姻;玛丽·斯图亚特后来被英格兰女王伊丽莎白女王一世处死。弗朗索瓦·德·洛林之子吉斯公爵亨利一世(1550—1588,绰号"刀疤脸")领导天主教联盟,与亨利三世竞争法国王位,在布洛瓦的王室城堡被法国国王亨利三世的保镖刺杀。亨利一世遇刺引起的民愤使亨利三世和他当时的同盟者纳瓦尔的亨利即后来的法王亨利四世被迫逃出巴黎避难。亨利三世第二年被天主教联盟的刺客刺杀。据说亨利一世遇刺后,有人对亨利三世说:"吉斯公爵亨利一世使每一个婚礼都生机勃勃。他是每一次洗礼上的教父,出席每一次葬礼。他优雅、人道、慷慨。他使每个人荣耀,却从不贬低任何人。一句话,他是人民感情上的国王,就像陛下是法律上的国王一样。"亨利一世德·洛林死后,吉斯家族迅速没落。亨利之弟马耶讷公爵夏尔臣服于波旁家族的亨利四世,并阻挠亨利之子第四代吉斯公爵查尔斯·德·洛林(Charles de Lorraine,1571—1640)夺取王位的计划。在查尔斯·德·洛林时代,吉斯家族在与首相黎塞留的斗争中失去了大部分政治力量。此后吉斯家族不再在法国政坛发挥重大影响。1688年,吉斯家族绝嗣。

第七章 十六世纪法国的决斗

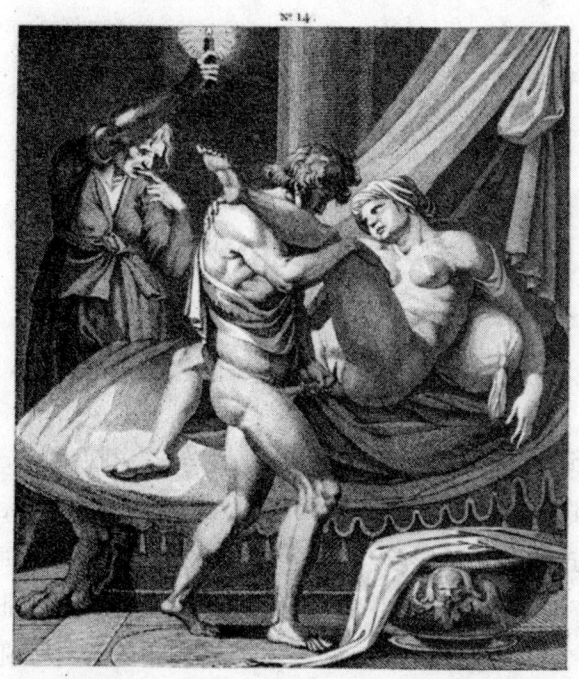

阿戈斯蒂诺·卡拉奇（Agostino Carracci）十六世纪晚期木刻画，描绘梅莎丽娜卖淫的场面。根据朱文纳尔的第六本讽刺诗，梅莎丽娜在一家妓院里以莉西斯卡或"狼女孩"的假名卖淫

第八章　十七世纪的法国

我们现在来到了法国历史上最光荣的王朝——亨利四世的王朝。① 但是法国向人们表明，国王个人的品德只能对一个已经被先前反复无常的暴政和内战腐化了的民族产生很小的影响。有人真实地说道："不是前面冠以大帝之名的亨利，而是拉韦拉克代表了那个时代的特性。"② 还有一个非同寻常的事实就是，亨利这个名字似乎对于法国君主来说是致命的。对亨利四世这位据说受到爱戴的君主萌动了无数次刺杀的企图。

亨利四世徒劳地针对决斗发出了最积极的限制性法令。他的命令被忽视，他的人道主义的意图也无一例外地归于无用。从他1589年即位到1607年，据统计有超过四千名绅士在"事关荣誉的事件"③ 中丧命。

我们还在1606年8月8日的一份杂志上看到下面这段文字："上周在巴黎有四起暗杀和三次决斗，没人注意这些事件。"这些血腥决斗令人绝望到这样的地步，整个家庭都被摧毁。在鸠勒斯和德维斯两人之间，我们可以看到这一点。鸠勒斯引诱了后者的妻子。德维斯接受了他的挑战，但是只是为了引诱他走进自己的伏击地点并企图谋杀他。鸠勒斯虽然背部受伤，还是幸运地逃脱了。在萨伏伊军队里服务一段时间以后，他又找到了德维斯，德维斯

---

① 亨利四世（1553—1610，法国国王，1589—1610年），也被称为亨利大帝（Henri le Grand）或纳瓦尔的亨利（Henri de Navarre）。1589年加冕为法国国王，开始了波旁王朝。他是法国封建史上最伟大的君主。
② 弗朗索瓦·拉韦拉克（François Ravaillac，1578—1610），法国昂古莱姆宫廷的仆人和家庭教师，狂热的天主教徒。因为不满亨利四世对新教的宽容政策，1610年刺杀了亨利四世。经过残酷的刑讯，他被四马分尸处死。
③ 原文为"affairs of honour"，直译为"事关荣誉的事务"，中世纪几乎就是决斗的代名词。

却向他开了一枪，然后逃走了。国王听说这件事后，从军队里开除了德维斯，批准鸠勒斯"以他认为恰当的任何方式攻击德维斯，夺取他的财产和房屋。在任何发现他的地方逮捕他。"不过，人们设法促成了一次和解，德维斯姐姐的手成了和解的信物（作为和解的保证，德维斯的姐姐应该嫁给鸠勒斯）。但是一心想报仇的鸠勒斯却设法勾引了那位女士，然后又拒绝迎娶他。她的哥哥很快埋伏并杀死鸠勒斯报了仇，但是鸠勒斯的一个亲戚找了一个叫德奥比格南克的人，用步枪射杀了他。最后，这个姑娘成了两个家庭唯一的幸存者。这个例子说明了在那个威名远播的王朝里科西嘉家族世仇残杀的情形。

我们可以将这种邪恶行径恰当地归因于国王亨利四世的骑士侠义观念，他本人就公然蔑视自己明智的法令而行动。他的一个朋友杜普莱西斯·莫奈①抱怨自己被人侮辱。亨利在给他的信中说："听到你被人侮辱的事情我非常痛心，作为你的国王和朋友我深感同情。以法国第一人的资格，我要求看到正义被伸张，既为了你也为了我。而且只要我是法国位处第二的人，你都会看到我准备好为你拔出我的剑，最愉快地把自己的生命置于你的指派之下。"看到这样一位君主倒在刺客剑下，我们怎么会感到惊奇呢？

1594年11月，吉斯公爵亨利一世·德·洛林最年长的儿子②挑起了一场同圣波尔伯爵的争吵，在兰斯（法国东北部城市）的街道上刺穿了他。然而，两年后，国王却恰恰任命了这个人做普罗旺斯省长。

性情最残暴的恶棍，在这个受人欣赏的亨利四世的王朝却受到尊重，声名远播。其中一个叫拉加德·瓦卢瓦的人因为他的兽性成了名人。另一个叫巴扎内兹的恶棍酷爱无事生非。他想在拉加德身上一试身手，所以送给他一顶用羽毛装饰的帽子，附信说他如果带上这顶帽子会有生命危险。拉加德立刻戴上这顶帽子，出去寻找巴扎内兹；后者正沿着同一条路来找他。最后，他们遇见了，一番客气之后就开始决斗。拉加德一剑刺在了巴扎内兹的额头上，但是，那脑袋比钢铁还坚硬。剑在头盖骨上折弯了。不过他的下一剑就幸运多了，刺穿了对手的身体。与此同时他大喊："这是为了那顶帽子！"接

---

① 菲利普·德·莫奈（Philippe de Mornay, 1549—1623），杜普莱西斯·马里的领主（seigneur du Plessis Marly），经常称为杜普莱西斯·莫奈，法国新教徒作家。
② 查尔斯·德·洛林，第四世吉斯公爵（Charles de Lorraine, 4th Duke of Guise, 1571—1640），吉斯公爵亨利一世·德·洛林的儿子。

着又是漂亮的一剑,"这是为了那上面的羽毛!"他觉得这个交易还不够,又给了对手第三剑,同时大喊:"这是为了帽子上的结!"在这番礼貌的谈话中,看到对手的血从几处伤口汩汩而出,拉加德恭维对手的帽子非常雅致。被激怒的巴扎内兹冲向他,把他摔倒在地上,用匕首刺中了他的咽喉,在他的脖子、胸口和腹部疯狂地刺了十四下。他每刺一下,那个可怜的家伙都吼叫一声祈求慈悲的话,而巴扎内兹只是在每一次刺击时回答:"不!不!不!"不过,战斗中,衰竭的拉加德也没有闲着。他咬掉了对手的一部分下颚,用剑柄圆头击碎了对手的头骨,而且只是在"失去生命的时候才丧失了勇气"。事件中,双方的助手也在以战斗自娱,直到其中一个人为了荣誉倒地身亡。这个拉加德在书信中的简洁风格和他口头的雄辩似乎有异曲同工之妙。下面的内容是他写给一个他决心要杀死的人的:"我把您的房子变成了灰烬;我玷污了您的妻子;我吊死了您的孩子;我现在终于有幸成为您的死敌了。——拉加德"

我们已经说过亨利四世时期有四千名绅士死于单人决斗。根据德奥比格尼的记述,这位国王还赦免了一万四千次决斗。他明智的大臣苏利(见第二章注释)徒劳地施展自己的影响希望限制这种可诅咒的行为。下面这段苏利自传的摘录对那个时代提供了一个令人震惊的描述:

由于苏利的反复抗议,亨利四世颁布了各种禁止性的法令,将决斗者定为犯(对君主、元首等的)冒犯罪、大逆不道罪、欺君罪、叛逆罪,处以死刑。1602年的布洛瓦①法令不仅宣告决斗中的挑战者和接受挑战者有罪,而且规定助手也有罪。对他们将处以死刑并没收财产。但是后来又规定所有受冒犯的一方应当将案件提交本省的省长,以便交给治安官和执法官处理。这是司法处理与"荣誉"相关问题的起源。这种做法可以部分地溯源到查理九世时期1566年的一份法令。但是这种做法只是到了路易十四时才得以具体化。

法国大臣贝利韦尔②坚持认为,除非国王停止干涉,否则决斗不会停止。

---

① 布洛瓦(Blois),法国中部卢瓦尔·谢尔省省会。
② 德·贝利韦尔(Pomponne de Bellièvre,1529—1607),法国政治家,首相(1599—1605)。他忠心耿耿、直言敢谏。他的名言是:"如果国王们是好人,那么我们必须维护他们;如果他们是坏人,我们必须忍受他们。上帝派一个或另一个国王来是为了惩罚或者安抚他的人民的。"

第八章 十七世纪的法国

贝利韦尔认识到，如果人们看到不论决斗的具体情况如何，唯一的结果将是死亡，决斗的热心者就会退缩。所以如果让他处理，他会拒绝赦免任何招惹是非的人从而马上让这种事告终。

在皮埃蒙特①指挥军队的迈尔菲斯亲王②就采取了这种政策。他迫使挑战者和肇事者在没有扶手和栏杆的桥上决斗，派人守卫桥的两端。结果决斗者要么被人刺穿身体，要么淹死。

尽管有严厉的规定，但是所有这些法令似乎都不为人们重视，或者很少甚至完全没有得到执行。就像现在由国会通过的法律一样，其中实在是有太多的保留条款和漏洞了。可以清楚地看到，人们很容易从中找出漏洞。③

德·贝利韦尔（1529—1607）

例如，一方面，决斗被谴责为宗教上的不虔诚和不名誉的事；另一方面又规定受到冒犯的人有权通过执法官向国王请求允许进行决斗。另一条规定："一个没有足够理由，所以无法要求决斗的人将被可耻地驳回。"但是在记录中这条法律连一个案例也找不出。

德奥比格尼观察到："因为国王从来没有允许任何申请者的决斗请求，而且经常拒绝这样做，很明显提出申请毫无用处，所以当事人根本就不诉诸权威就走向决斗场。然后，因为王室的仁慈得到赦免，很少有例外发生。"苏利就这个问题写道："国王很容易就赦免决斗导致了决斗的增加。然后这种致命的例子遍及了法庭、市镇和这个王国。"

---

① 皮埃蒙特，意大利西北一历史地区，与法国和瑞士接壤。
② 让·卡拉西奥里（Jean Caraccioli, Prince of Melphes, 1480—1550），迈尔菲斯亲王，法国元帅。
③ 原文为"drive a coach‐and‐four through"，原意是：驾驶一辆四轮马车通过，指能够找出漏洞；挑剔其文字上的严重错误以打击（某一法规等）；钻空子，逃避法律、协定、条约、规章等。

蒙田就这个问题说①，他完全相信："如果三个法国人被放逐到利比亚的荒漠里，他们用不了一个月就会发生争吵和决斗。"罗兹岛②的主教哈杜因·德·皮尔菲克斯在他的《亨利四世的一生》中写到："决斗的疯狂如此深入地摄取了贵族的灵魂，以致于和平时期他们在相互的手里流的血比战场上敌人攫取的更多。"

米歇尔·德·蒙田（1533—1592）

谢瓦利埃在他的著作《逝者的魂魄》中说③：仅在利穆赞一个省，六到七个月的时间里就有120名绅士被杀。

然而这个帝国是如此的固执成见，风尚又是如此的堕落腐化，以至于苏利坦率地承认，因为国王批准决斗时的轻率，他几乎和国王争吵起来。结果亨利四世简单地回答说，他应该因为自己竟敢在宫廷里僭越国王的权利而掉脑袋。如果不是一些宫廷里的女士介入，苏利很可能会为此蒙羞。

事实上，这些法令像许多其他控制犯罪的法律一样，立法的目的被严苛的规定破坏了。这些法令的严酷性使得执行这些法律会和试图惩罚的罪行一样凶残。无论它们在理论上多么值得称道，都难以付诸实践。或者说正是它们在理论上的优越性使之丧失了可行性。苏利客观地说："这些法令采取的方法过分严苛，给他们的执行造成了最主要的障碍。经常是其中规定的惩处产生的巨大压力，使人们不可能申请批准决斗。"苏利制止决斗的努力是值得赞许的，但是失败了。而且我们发现，比苏利位高权重得多的黎塞留试图压制傲慢和难以驾驭的法国贵族时，也没有取得太大的成功。

在这个血腥的场景里，可以让人感到些许欣慰的是，仍然有一些个人敢

---

① 米歇尔·德·蒙田（Lord Michel Eyquem de Montaigne，1533—1592），文艺复兴中最有影响的法国文学家、人文主义思想家，现代怀疑主义之父。主要作品有《蒙田随笔全集》。他对笛卡尔、帕斯卡、卢梭、艾默生、尼采、茨威格都有很大影响，甚至对莎士比亚也有影响。

② 罗兹岛（Rhodes），希腊东南端佐泽卡尼索斯群岛中最大的岛屿。

③ 纪尧姆·德·谢瓦利埃（Guillaume de Chevalier），生平不详，与人合著《逝者的魂魄》（Les Ombres des Defunts）。

于蔑视公众舆论的偏见，尊重上帝和人类的法律，坚决地拒绝决斗。历史记录了一个叫德·瑞利先生的年轻军官，他在任何情况下都能抵制诱使他参加决斗的企图。他曾经遭受别人严重的侮辱，但他把事情提交给自己的将军们处理。上司做出了对他有利的裁决。但他的对手坚持要求与他决斗，派人送来了挑战信。德·瑞利告诉来送信的仆人，写信来的人有严重的过失，对此他已经获得了公义和理性所能要求的所有补偿，所以不会接受决斗的要求。但是那个人一再强烈地要求决斗，说了一些非常傲慢和惹人恼怒的话。德·瑞利只是回答："他不能接受挑战，因为上帝和国王都禁止决斗。他不害怕侮辱自己的那个人，但是敬畏上帝，惧怕冒犯上帝。他会向往常一样每天到户外去，到任何职务要求他去的地方。如果有人攻击他，他会让那些人后悔的。"

　　他的对手没有办法把他拉进决斗场，就和自己的助手去找他。他们发现德·瑞利时，虽然他身边只有仆人，他们还是攻击了他。但是攻击者本人和他的助手都被德·瑞利打成了重伤。在仆人的帮助下，德·瑞利把他们带回了自己的住所，为他们包扎了伤口，用一些葡萄酒帮助他们恢复了体力。然后，归还了他们的剑，释放了他们。德·瑞利还向他们保证，自己绝不会到处吹嘘而危及他们的名誉，也不会向别人谈及这件事，即使是对当时在场的仆人。

第九章　路易十三时期的决斗[①]

在这个君主的时代，或者说在大臣代行了君主权的情况下，个人决斗以较之从前更加凶猛的方式进行着。其中一些决斗的环境使他们即荒谬又凶残。我们看到有一次两个决斗者竟在一个大桶里用刀子决斗。另一次两个贵族相互抓住左手用匕首决斗。1613年的1月16日因为德鲁兹男爵和他儿子的死而出了名。这一天他们被吉斯公爵查尔斯·德·洛林杀死了。[②]

男爵和德吉斯在圣奥诺雷街相遇，双方就已故的德·吉斯（指吉斯公爵亨利一世，即"刀疤脸"。见前第八章注）发生了口角。老吉斯是被亨利三世下令在布洛瓦刺杀的。当时男爵步行，吉斯骑着马。吉斯立刻就被口角激起了怒火，要求男爵拔出武器来。老先生几乎无法相信吉斯是认真的，不过还是拔出剑来自卫。他年纪大了，多年没有参加过决斗了，而对手却是一个年轻人，处于生命中最有活力的阶段，而且还因精通剑术而闻名。吉斯的第一剑就致命地穿透了老者的身体。老人踉跄地走到附近一个鞋匠的店铺就倒地身亡了。吉斯平静地上马，带着极度漠然的神情离开了。

故去的老人有一个与吉斯年纪相仿的儿子，听到父亲的噩耗，立刻下决

---

① 路易十三（Louis XIII, 1601—1643），法国波旁王朝国王（1610年—1643年在位）。幼年由其母玛丽·德·美第奇摄政，亲自执政后主要依赖红衣主教黎塞留的辅佐，开始了法国的专制统治。

② 这里原文为谢瓦利埃·德·吉斯（Chevalier de Guise），但是作者似乎把吉斯家族的谱系弄混了。根据下文，这个吉斯公爵1640年死于意大利，应该是第四代吉斯公爵查尔斯·德·洛林（Charles de Lorraine, 1571—1640）。历史上没有谢瓦利埃·德·吉斯（Chevalier de Guise），只有第一代吉斯公爵克洛德·德·洛林（Claude of Lorraine, 1496—1550）的另一支后裔哈考特伯爵（count of Harcourt）族系中有一位菲利普·谢瓦利埃·德·洛林（Philippe, Chevalier de Lorraine, 1643—1702），但此时尚未出世。

第九章 路易十三时期的决斗

心复仇。他很清楚,由于吉斯的高贵门第和职务,如果吉斯倒下了,欧洲不会有什么地方能为自己提供逃避追诉的避难所。但是为了这样一个正义的行动,他愿意冒任何风险。他不敢接近那个骄傲的贵族下榻的旅馆,只好派侍从送去了一封挑战信,信中用下面这样恭敬的语言表达说:"没有人,我的阁下,能比您更加有力地见证我的悲痛之正义的缘由了;因此我热切的期待,希望您赐我荣耀,手握宝剑与我相见。我恳求您原谅我表达这一意愿时心中的怨愤,并给我为父亲报仇雪耻的机会。我对您众所周知的勇气的敬畏使我相信您不会以您崇高的地位为辞推托与我见面,那会极大地伤害您的名誉。送这封信来的绅士会指引您到我等候您的地点。我会在那里备一匹好马和两柄剑供您挑选。如果您愿意,我也会从命赶赴您指定的任何地方。"

战斗在马上进行,经过一番不顾一切的搏斗,杀死父亲的凶手同样夺走了儿子的生命。他们决斗时,他们的助手也打伤了对方的助手。记述了这次决斗细节的德奥比格尼补充说:"如果这个年轻人的胜利像他的先辈一样是为了进军巴勒斯坦的事业而取得的,会更加让上帝满意的。"

这个德·吉斯是洛林的德·亨利(应为查尔斯·德·洛林)①,吉斯公爵克洛德的孙子②。克洛德有"伟大的"的头衔,战死于奥尔良的围困战中。③ 查尔斯的父亲因为脸上的一条很深的疤痕,绰号"刀疤脸",后在布

第二代吉斯公爵弗朗索瓦·德·洛林(Francis,1496—1550)

---

① 作者原文说这个德·吉斯是洛林的德·亨利(Henri de Lorraine,1601—1666),再次弄混了人名。洛林的德·亨利是前页注释所说的第一代吉斯公爵克洛德·德·洛林(Claude of Lorraine,1496—1550)的另一支后裔哈考特伯爵(count of Harcourt)族系中菲利普·谢瓦利埃·德·洛林的父亲,此时年仅12岁,不可能是这里所说的决斗者。根据文中所述的情况,这里应该指的是"刀疤脸"吉斯公爵亨利一世的儿子、第四代吉斯公爵查尔斯·德·洛林(Charles de Lorraine,1571—1640)。路易十三的母亲玛丽·德·美第奇与黎塞留争权,查尔斯参加了美第奇的后党,失败后逃亡意大利受美第奇家族保护。1640年死于意大利。

② 查尔斯·德·洛林是克洛德的重孙。

③ 这里作者又错了。围困奥尔良时,被胡格诺教派刺杀的是克洛德的儿子弗朗索瓦·德·洛林(Francis)。1558年他因为从英国手里为法国夺回了加来,赢得了"伟大的吉斯公爵"的称呼。

洛瓦被暗杀（即弗朗索瓦的儿子吉斯公爵亨利一世）。他们都被视为关于决斗学问的大学者。他们的意见和决定都被视为决斗的法律。

第三代吉斯公爵亨利一世
（1550—1588，绰号"刀疤脸"）

第四代吉斯公爵查尔斯·德·洛林
（Charles de Lorraine, 1571—1640）

这个德·吉斯后来被黎塞留驱逐到了意大利，1640年死在那里。他的儿子——亨利·德·洛林①，同样因为到处留情的冒险经历和作为骑士的伟大成就而闻名。他后来被黎塞留作为苏瓦松伯爵阴谋的从犯被送上了法庭。② 这时他已经逃往意大利，所以因为藐视法庭被缺席判处死刑。他很快返回了法国，因为我们发现，它是1662年一次著名的比武竞技大会的参加者。此前他还在一次决斗中杀死了科利格尼伯爵。伯爵的祖父是死于圣巴托罗缪之夜的著名的科利格尼将军（见第七章注释）。亨利·德·洛林1664年去世，让这个社会终于摆脱了狂暴嗜血的德吉斯家族。

"刀疤脸"还有第三个儿子——路易·德·洛林。他是枢机主教和兰斯大

---

① 亨利二世，德·洛林，第五世吉斯公爵（Henry II de Lorraine, 5th Duke of Guise 1614—1664），查尔斯的次子，文学家高乃依的赞助人。
② 路易十三的侄子苏瓦松伯爵路易·德·波旁（Louis de Bourbon, Count of Soissons, 1604—1641）阴谋刺杀黎塞留，1636年阴谋败露。

主教。他也是这个亡命家族血统的无愧子孙。人们经常看到他脱下教士的法衣，穿上甲胄和头盔。在国王远征普瓦图时，他在国王的军队里参加战斗。在进攻圣·让·德安捷利①之后死去了。这个"战斗的教会"里值得尊敬的人和德·内佛尔公爵有法律诉讼，他曾想用剑来解决纠纷。

德奥比格尼是路易十三宫廷的一位绅士，他为我们记述了许多他那个时代的决斗。他用下面的话恳求国王取消所有限制决斗的法令，允许这种行为："陛下，在您的王国里，在高贵品质与法律之间，正在进行一场伟大的审判。只有您有权做出决断。您的贵族们坚持认为，一个荣誉被玷污的绅士可以用剑为自己洗冤雪耻，或者在剑下丧失生命。然而法律却宣布拔出剑的绅士都会丢掉生命，这会消磨他们的勇气。我们要么在保持了他们的荣誉的假象下，看着他们在精神上衰弱下去，听不到（发自内心非遵守不可的）指令，要么试图像那些没有受过良好教育、地位低下的人一样，用笔去捍卫荣誉，在地位卑贱的官员面前争论使用武器的权利。作为现世最高贵的贵族的首长，我相信陛下不会在其中看到什么益处。"提倡捍卫荣誉的权利，总结起来就是恳求国王允许决斗在一些特定的场合进行，国王本人出席，从而减少决斗发生的次数。他补充说："那样公众就不会被卷进争吵和诉讼，空耗鲜血和财产，就可以摆脱这两个怪物了。而且在国王面前决斗，展示他们为您效忠的胆量和个人的勇气，会让他们感到骄傲的。"

尽管有这些争论，针对决斗的限制性法令在这个王朝仍然被颁布出来。特别是 1626 年的一份法令，禁止对决斗的行为请求宽恕，禁止任何对决斗的罪犯有利的游说。像他的前任亨利四世一样，路易十三甚至宣布，来自王后的这种请托也是犯罪，虽然他称自己的王后为"非常珍惜与心爱的伴侣"（原文为法语）。他还进一步在上帝面前断然宣布，他绝不会应许针对他的法令的任何豁免。尽管有这样圣洁的宣示，我们还是发现，"由于他深爱的姐姐，大不列颠的王后在她的婚礼上最恳切的请求"，路易十三曾经给予决斗者一次特赦。

决斗在这个王朝肯定是频繁发生的，因为切伯里男爵赫伯特②——当时我

---

① 圣·让·德安捷利（Saint-Jean-d'Angély），位于法国西南部滨海夏朗德省。
② 爱德华·赫伯特（Edward Herbert, 1st Baron Herbert of Chirbury），第一代切伯里男爵（1583—1648）。英国外交家、历史学家、诗人和宗教哲学家。

们驻法国的大使称，不会有哪个法国人会认为一个从未在决斗中杀死过人的人值得关注。

这个骑士风范的贵族为了向我们表明决斗在法国的流行程度，和决斗者获得的尊敬，讲述了一个叫门诺的人的事情。这个人盼望与迪桑科先生的一个侄女结婚，这个侄女据信将成为迪桑科的女继承人。迪桑科先生于是这样回答他："朋友，现在还不是结婚的时候。我告诉你，如果你是个勇敢的人应该做些什么。你必须在决斗里先杀死两个或者三个人，然后结婚，生两三个孩子。这样世界就不会因为你得到或者失去什么了。"迪桑科先生不仅是这个奇异忠告的作者，而且至少针对这句话的前半部分是一个身体力行者。他生命中的一笔财富，就是进行过三次或者四次英勇的决斗。

赫伯特谈到的另一桩轶事反映了妇女对决斗者的看法。"舞会所有的准备都作好了，每个人都在合适的地方。我站在王后的身边，期待着舞蹈者的到来。有一个人在敲门，对于一个非常文雅的人来说，这种敲门声音似乎太响了一点。当他进来时，我记得夫人们中间顿时有一阵窃窃私语，都在说：'是巴拉盖（Balaguy，何人不详）先生！'我还看到女士和先生们一个接一个地邀请他坐在自己身边。甚至当他陪伴一位女士片刻后，另一个人会说：'您已经享有这位先生的陪伴足够时间了，现在应该让我分享这份荣幸了。'这种显得粗鲁的礼数让我吃惊，也让我更加惶惑。这位先生最多也只能被认为稍显英俊而已。他的头发修剪得很短，已经灰了一半。他的紧身上衣，简直就是麻袋片，近乎切割着他的皮肤。他的马裤就是普普通通的灰色衣料。从几个旁边站着的人那里我得知，他是这个世界上最豪侠的人之一，在决斗中杀死过八个或者九个人，所以女士们如此看重他。"法国妇女的风格就是珍视勇敢的男士。她们重视男人能够维护自己的荣誉胜过其他任何事情。

尽管这种不计后果的决斗热情在法国风靡，赫伯特男爵似乎还是发现了把多种多样的贵族引向角斗场时的些许困难。下面这番记述对此给予了很好的描述。

"有一天德文塔多公爵夫人的一个女儿从城堡走到草地上散步。她大约十岁或者十一岁大。我和各种各样的法国绅士陪侍着她和跟随她的一些贵妇人。这位小姑娘的头上戴着缎带扎的结。一个法国绅士突然抢走并把它固定在了自己的帽檐上。年轻的女士受了冒犯,要求他归还缎带。那人拒绝,于是女士转向我说:'先生,我请求您从那位先生那里要回我的缎带。'于是我向那人走去,把帽子拿在手里,礼貌地请求他给我这个荣幸,让我能把缎带或者花束带给女士。但是他粗鲁地回答说:'你认为我拒绝了她,还会还给你?'我于是答道:'我不这样认为。所以先生,我会强迫您把它还给我!'于是我带上帽子,走过去抓他。他跑掉了。在草地上追了他很长一段时间之后,他发现我快要追上他了,于是突然转身,跑向那位年轻的女士,几乎在我抓住他胳膊的同时把缎带放在了她手里。我对女士说:'是我把它交给您的。'她却回答:'请原谅,是他交给我的。'我又说:'女士,我不会反驳您。但是,如果他胆敢说不是我迫使他交还给您的,我就要和他决斗。'那位法国绅士当时没有说什么,然后我们送女士返回了城堡。第二天我再次请求奥勒利安·汤恩森德先生①告诉那位法国骑士,他必须承认是我迫使他归还了缎带,否则我就要求决斗。但是,奥勒利安先生看出那个人不想接受挑战,借故走开了。于是,我就一直跟着他。结果一些治安官属下的绅士注意到了我们。他们认识那位法国绅士,所以派人向那位法国绅士核实了他确实鲁莽地从他的孙女头上抢走了缎带,而后他们吩咐他离开了自己的这所房子。这就是我所听到的关于那位先生的情况。我对他采取那种态度,因为我认为自己有义务遵守我被封为巴斯骑士时的誓言。"②

我们的英雄似乎是女性头饰和缎带非常好斗热心的保护者,因为他还提到过同样情况下的另一次争执。

这次,一个苏格兰绅士"在安妮女王③位于格林威治的卧室后面的一间密

---

① 奥勒利安·汤恩森德(Aurelian Townshend,1583—1643),英国诗人和剧作家。艾略特曾经称赞过他的诗歌的乐感。
② 巴斯勋位(Order of the Bath),是英王乔治一世 1725 年根据中世纪册封骑士的仪式创立的一种骑士勋位,存在至今。巴斯是英语"沐浴"的音译,因为中世纪授予骑士的仪式包括沐浴以示纯洁心灵,所以称为巴斯勋位。获得这种勋位的骑士为巴斯骑士(Knights of the Bath)。
③ 安妮女王(Anne of Great Britain,1665—1714),1702 年即位为英格兰、苏格兰和爱尔兰国王。在位时通过《合并法案》,使苏格兰和英格兰联合,奠定了大英帝国的基础。她是英国斯图亚特王朝末代国王。

室里，用差不多的方式抢走了荣誉侍女①米德尔顿夫人的一条缎带。夫人也请求我去帮她要回来。我像上一次一样走到那位先生那里礼貌地要求他归还。他拒绝了，就像那个法国绅士做的那样。当同伴赶来把我们分开时，我正抓住他的脖子几乎将他摔倒。我仍然提出和他决斗，而且赶到了自己指定的海德公园旁的地点。但是这一次决斗还是因为上议院议员的命令而被阻止了。这件事再无下文。"

尽管赫伯特时常与人发生争执，而且几乎是断然地挑起这些争执，但是据这位阁下自己说："尽管我生活在基督徒世界最伟大的国王的军队和宫廷里，但是我从未因为自家的缘故和任何人争吵。所以，虽然我的天性有时是暴躁易怒和鲁莽的，但是除非环境所迫，否则我从未与任何人争吵，而是我的朋友们经常使我冒生命的风险。没有哪一次我是仅仅因为自己的缘故拔出剑来的。"

很难把他的这番话和他故意挑起的与巴拉盖先生的一次纠纷统一起来。在前面，赫伯特已经谈到过这个在女士中非常出名的人。他说："我去向虚张声势的巴拉盖先生致意。我对他说我知道他是一个多么勇敢的人。既然上一次当我和他在一个战壕里的时候他曾经考验了我的勇气，那么我也要考验一下他了。我说听说他有一位美丽的情妇，他戴的围巾就是她的礼物。我要坚持说我的情人胜过他的爱人，我愿意为她做的事绝不会比他能为他的情人做的少，或者比任何其他人会为他们的情人做的少。"②

巴拉盖非常聪明地婉拒了这次决斗，他说了一句迹近鄙俗的玩笑话。对此赫伯特回答说："他说话像个淫棍，而不是一个骑士！"很奇怪，事情就此打住了。我们不可能怀疑巴拉盖的勇气。合理的推断只能是，赫伯特勋爵被法国的宫廷视为一位心智癫狂的侠客。在那个小女孩的头结的事情上，毫无疑问，那位法国骑士是她最亲爱的人，她只是在闹脾气的时候才把赫伯特扯了进去。而那位法国先生明智地把整件事都看成了一次孩子气的玩笑。

---

① 荣誉侍女（maid of honour），是英国女王高级侍女的一种头衔，据说是法国布列塔尼女公爵安妮（1477—1514，法国国王查理八世和路易十二的王后）创立的。
② 这样的话，在绅士之间已经可以引起一场决斗了。

第九章 路易十三时期的决斗

这个赫伯特阁下堂吉诃德式的性情，在围攻里兹①之役后得到了充分的表现。当时从西班牙军队里走来一个号手，带来一份来自一个西班牙骑士的挑战，声称如果有哪位骑士愿意为他的恋人进行一次决斗，他愿意奉陪并可以保证一块场地。我们的阁下是唯一一个接受挑战的疯子。当时奥兰治亲王②对他提出了非常有益的忠告。赫伯特记述说："于是亲王殿下仔细地瞧着我说，他是一个老兵了。他见过两种人常常发出这种挑战。其中一种人此前曾经在敌人面前丢失过部分荣誉，想要在单人决斗中加以挽回。另一种人这样做只是想看看在我们的军队里是否有人会受此影响而让自己接受这种考验。但是如果需要有一个人来接受这个人的挑战，那么亲王不知道除了我他更愿意将自己军队的荣誉放在何人身上。于是，经亲王殿下允准，我派了一个号手到西班牙军队里去。这时从西班牙斯皮诺拉将军③那里来了一名号手，对我们说，前述的挑战没有将军的批准，所以将军不会允许这场决斗。"

这可无法让我们的骑士满足。他立刻动身前往西班牙军营去找那位挑战者。赫伯特在斯皮诺拉将军那里得到了非常诚挚的接待，不仅没有决斗，访问反而以一场欢庆的晚宴告终。

在我们的骑士和西班牙将军之间有一场非常能反映时代特色的谈话："弗朗西斯科维尔爵士死于谁手?"④ 对此赫伯特回答："与我们无关。"当斯皮诺拉说"你们的确不失公正"时，赫伯特补充说："那位勇敢的将军，弗朗西斯科维尔爵士的确是死于和平时期，不是死于战争中的。"然后他离开了尊贵的东道主。离开时他请求：如果将军领导一次十字军，请允许他参加与异教徒的战斗，到时他将是第一个死于四角箭（一种箭头呈四棱锥型的箭）的人。

---

① 里兹（Rees），德国被莱茵韦斯特法利亚州地名。
② 奥兰治亲王莫里斯（Maurice of Nassau, Prince of Orange），也称拿骚的莫里斯（1567—1625），是1585至1609年荷兰独立战争最后阶段荷兰军队的领导者，著名军事家。
③ 斯皮诺拉侯爵（Ambrogio di Filippo Spinola, 1569—1630），西班牙名将，出身于意大利的城邦热那亚共和国一个显赫的家族。在1602年西班牙反对荷兰争取独立的战争中，他是西班牙军队领导者，奥兰治亲王莫里斯的战场对手。
④ 弗朗西斯维尔（Francis Vere, 1560—1609），英国将军。1585至1603年他率领英国军队支持奥兰治亲王莫里斯领导的荷兰独立战争。他帮助莫里斯取得了纽波特战役大捷，被认为是当时最伟大的英国将领。1609年死于英国。关于他的死可能当时有些谣言。

似乎有一次，一个法国人——广受喜爱的吕伊纳公爵①的确表现得比我们的同胞缺乏气概。由于一些误传的消息，赫伯特被召回了。吕伊纳公爵设法让自己的兄弟乔恩公爵担任了法国派往英国的特派大使，到英国来就赫伯特在法国的行为提出抗议。跟着他的是一串军官，"每个都曾经杀死过决斗的对手"。质询的结果有利于赫伯特。于是他跪在国王詹姆士面前，当着白金汉公爵的面，要求如果不能派出皇家传令官，起码派一个信使到吕伊纳公爵那里，告诉对方他对整个事件做了一个虚假的陈述，自己要求一次决斗雪耻的机会。国王回答说："他会考虑的。"但是吕伊纳公爵不久就死了，而赫伯特又被派回了法国。

　　我们很容易就能想到，黎塞留是不会让这些禁止决斗的法律发挥效用的，虽然很明显它们是人道的。因为决斗直接或者间接地对他高深莫测的野心产生了实质性的帮助。有一些杰出的受难者，像琴科·马尔斯侯爵②、德·饶（见第五章注释）和蒙特默伦西伯爵③，当黎塞留无法将他们送上绞架时，他就搜罗这些贵族触犯那些无用的法律的罪行（无论是真实的还是虚构的）。于是我们看到，1626年，塔列朗家族年轻的查莱斯亲王④在一场决斗中杀死了斯科姆伯格的孙子庞特·吉伯特伯爵。查莱斯马上就被逮捕了。但他是国王的哥哥奥尔良公爵加斯东的宠臣，而且还是著名的谢弗勒兹公爵夫人⑤的情

---

① 查尔斯·德·艾伯特，吕伊纳公爵（Charles d'Albert, Duke of Luynes, 1578—1621），法王路易十三的宠臣。他帮助路易十三在1617年刺杀了太后美第奇的亲信孔契尼，然后被任命为元帅执掌朝政。
② 亨利·科菲尔·德·鲁斯（Henri Coiffier de Ruzé, Marquis de Cinq‑Mars, 1620—1642），琴科·马尔斯侯爵，路易十三的宠臣。黎塞留把他介绍给路易十三，希望他成为路易十三的男宠，而且似乎成功了。但是他领导了所有试图推翻黎塞留的阴谋中最近于成功的一次，失败后被黎塞留斩首。路易十三对他的死无动于衷，只是说："我很想看看他现在在断头台上的鬼面孔。"
③ 弗朗索瓦·德·蒙特莫伦西－波特维尔（François de Montmorency‑Bouteville, 1600—1627），亨利四世时法国海军中将。
④ 亨利·德·塔列朗，查莱斯亲王（Henri de Talleyrand‑Périgord, comte de Chalais, 1599—1626），路易十三的宠臣。
⑤ 玛丽·德·罗翰，谢弗勒兹伯爵夫人（Marie de Rohan, 1600—1679），吕伊纳公爵查尔斯·德·艾伯特的妻子。吕伊纳把她介绍进了路易十三的宫廷，成为国王和王后的亲信。吕伊纳公爵死后，她改嫁谢弗勒兹公爵。因为怂恿怀孕的王后参加一次喧闹的游戏导致流产，她失去了宫廷的宠爱。为了夺回在宫廷中的地位，她后来成了17世纪上半叶法国宫廷所有政治阴谋的中心人物。

人。于是枢机主教的猎物暂时被剥夺了。直到1626年他被控参与反对国王的阴谋，才被判处死刑，并且当天就执行了。这种司法谋杀伴随着非常险恶的场境。执行时找不到侩子手，最后有两个恶棍在赦免他们罪行的条件下才愿意执行这项令人憎恶的职责。他们行刑的方式非常可怕，那个不幸的青年贵族被斧子砍了三十下，头才脱离身体。

　　后来的历史还记录了枢机主教另一桩毫无怜悯心的举动。当时一位最著名的决斗者蒙特莫伦西伯爵还有一个更出名的名字"波特维尔"（boutteville，法国一地名）。每当这个贵族听说有人有勇敢的声名时，他就径直走到那人面前，平静地说："我知道，先生，您是勇敢的。我希望能让您证明这一点。您的武器是什么？"每天早上，在他下榻的旅馆的大厅里，都聚满了号称"法国的金色青年"的人。这些人在那里练习击剑和各种武器。那里摆满了各种奢华的点心。这伙亡命之徒的肆意横行使得政府不得不发布一项特别的法令让他们有所克制。但是蒙特莫伦西胆大妄为，竟然在一个复活节的星期日，迫使庞特·吉伯特伯爵放弃了祈祷和他决斗。他还因为杀死德·波特侯爵和德·特里格尼伯爵而受到谴责。没过多久，他又和德·拉·弗雷蒂男爵决斗。决斗中他的助手被杀了，他不得不离开了巴黎。他跑到布鲁塞尔去会另一个对手——德贝弗伦侯爵。侯爵是特里格尼伯爵的亲戚，急切地希望为了特里格尼伯爵的死向波特维尔寻仇。国王听到这件事，立刻写信给当时统治低地国家（荷兰、比利时、卢森堡等国家）的女大公，想阻止这件事。国王还要求斯皮诺拉侯爵调解他们的纠纷。

　　出于这个目的，斯皮诺拉邀请两人参加一次盛大的宴会，让他们相互拥抱，在无数的赴宴者面前，发誓永远友好，彻底原谅所有过去的伤害。尽管有这样庄严地誓言，德贝弗伦侯爵离开这所房子时，却对波特维尔耳语道："在用剑和他相会之前，他绝不善罢甘休。"（原文就这样在引号中使用了第三人称）波特维尔拒绝与他决斗，理由是他已经郑重承诺，在女大公的领土上绝不采取任何出于仇恨的举动。但是他恳求女大公写信给路易十三，希望国王允许他返回法国。国王回答说："他能做的就是，出于对女大公的热爱，可以允许波特维尔呆在法国，不对他进行进一步的追诉。但是不会允许他出现在宫廷里。"

　　德贝弗伦侯爵返回了巴黎，写了不下八封信给波特维尔，要求对方到法国与他决斗。波特维尔一返回法国，德贝弗伦侯爵就提议进行一次没有助手的决斗。但是波特维尔表示："如果不是他的两个朋友表达了希望恭逢盛事的希望，他不会反对这样的安排。现在他必须满足他们的要求，否则他们会失望的。"接下来的5月12日下午被定为决斗的日期，地点在德孚日广场——首都最知名的公共场所。①

波特维尔宣称他"要在阳光下战斗"。这种要求此前还有一个例子。著名的决斗者路易斯·德·克勒门特（德·布斯·德安博瓦兹领主，见本书第七章注释）曾被人要求在晚上决斗，他回答说："他不会屈尊俯就在星星面前展示自己的勇气，甚至在月亮下面也不行。因为它们不能恰当地考量或者欣赏他的技艺。模糊的夜晚只配掩护黑暗中的举动。"他还建议双方带上挖坑的人给各自挖掘坟墓。好像在这种场合盛行着各种古怪的想法。勃兰托美提到有一个人建议双方在一个冬天的夜晚穿衬衫决斗。对方回答说：

弗朗索瓦·德·蒙特莫伦西－波特维尔
（François de Montmorency – Bouteville, 1600—1627）

"我可不会让自己暴露在外面感冒，或者让自己在冷风里荡涤灵魂。他害怕这些比害怕对方的勇气还要厉害。"（原文如此）

我们的当事人见了面，带了四个助手。助手中有一个人为此刚刚离开他的病床。战斗用剑和匕首开始了。决斗的主角后来都丢弃了长剑，抓住了对方的衣领，用匕首格斗。他们扼住对方的喉咙，相互请求宽恕。而与此同时，助手中的一个，著名的德安博瓦兹领主路易斯·德·克勒门特被致命地刺穿了咽喉。②

---

① 德孚日广场（Place des Vosges）是法国巴黎最早规划的广场，跨越巴黎第三和第四区。旧名Place Royale。

② 另一种说法是，波特维尔与德安博瓦兹进行决斗并杀死了他，而德贝弗伦伯爵是决斗的助手。

另一个助手拉波特也被抬出了战场。决斗的两个主角若无其事地到一个理发店吃了午饭。看着拉波特的伤被包扎好之后,他们各自上马,离开了巴黎。德安博瓦兹刚好来的及在自己的身上划了十字,然后死在一个可敬的修士怀抱里。

逃亡者平静地离开了法国,但是却被死去的德安博瓦兹的姐姐派去的探子认了出来。波特维尔吃了一顿丰盛的晚饭,然后去就寝的时候被逮捕了。他被送到了巴士底狱。21日,他被判处死刑,第二天在德格雷夫广场①执行了。行刑时盛况空前,南特的主教亲自出席。波特维尔像托马斯·莫尔②一样,非常关心他的胡子,希望保护好他的小胡子,不要让侩子手给毁了。尊敬的主教说:"噢,我的孩子,你不应该再住心尘世的俗事了!你还记挂着生命吗?""我只想着我的小胡子!——法国最漂亮的小胡子。"忏悔者回答说。

---

① 德格雷夫广场(De Greve,)位于巴黎第四区,1802年后改名市政厅广场(Place de l'Hô. tel‐de‐Ville)。

② 托马斯·莫尔(St. Thomas More 又作 Sir Thomas More,1478—1535),1529年为英国大法官。欧洲早期空想社会主义学说的创始人、才华横溢的人文主义学者和阅历丰富的政治家,以其名著《乌托邦》而名垂史册。因为反对亨利八世离婚和宣布英国国王为英国国教领袖,他被判叛国罪。据说他在断头台上对侩子手说,他的胡子没有犯罪,不应该被斧子伤害,而且还精心打理自己的胡子以免遭砍斫。

第十章　路易十四时期的决斗

一位最近的作者对于路易十四时代的决斗抱有如下的看法，而引述这种看法，是我开始目前这一章最好的方法了：①

"黎塞留的专制统治导致了路易十四的独裁政体。这成了后来自然而然发生的一切的强有力的前奏。大臣的专制主义成了向帝王的绝对权力过渡的一个时期。当民主的平等还没有成熟到足以填补其空白时，古代封建主义的自由已经被君主制的大镰刀瞄准了。两种影响之间的空白期成了专制君王失控和无限的权威广阔而肥沃的土壤。这位专制帝王的名字的威名绰绰有余，足以用最辉煌的声威填补这个间隔。在这个人对我们古老的权力和自由的领域进行的侵蚀中，诞生了个人主义。这种个人主义在路易十五时期的那种骄奢淫逸的昏睡中得到了充分发展的机会，

最终，铺垫了在他继承者的虚弱王权下通向民主最后胜利的道路。"

黎塞留死了。已经无法成为王权的对抗力量的贵族，变成了王权的装饰品。他们保留下来的荣耀，就和那些围绕在罗马征服者的凯旋战车旁的被俘君主们身上发出的光焰差不多了。这些贵族就像当年那些被俘的君主们一样，他们注视着身后的一群群奴隶，对自己的处境好像也就满意了。胜利的君主骄傲地蔑视他们，但是他没有预见到，当历史的机

---

① 路易·迪厄多内·波旁（Louis - Dieudonné, 1638—1715），路易十四，自号太阳王，是法国波旁王朝著名的国王，纳瓦拉国王，巴塞罗那伯爵，1643—1715 年在位。是法王路易十三的长子，出生于法国圣日耳曼昂莱，王弟奥尔良公爵菲利普则于 1640 年出生。他的母亲奥地利的安娜摄政，直到 1661 年红衣主教马萨林死后，他才真正开始亲政。他的执政期是欧洲君主专制的典型时期。

第十章 路易十四时期的决斗

遇落到这些奴隶身上时,他们将挣脱锁链,把贵族和君主的废墟都踩在脚下。

路易十四,在他好战政策的间隙,非常清楚他能从这种贵族政治中获取的好处,这些贵族已经被他的前人大大地驱散了。路易十四抓紧所有时间收集他们流着血的残余。在他的手里,贵族被重塑成了纯粹的军事性组织。他要求他们去恢复法国天然的疆界。当年查理七世(见本书第五章注释)曾经用同样的方式去解放这个国家。模仿着可以追溯到征服高卢人时期出现的日耳曼人的军国主义,现在重新建立起了一种贵族的军国主义,它最终导致了现代的平民的军国主义。"①

路易十四的未成年时期里有一些标志性的困难时期。在这些时期里,在某种程度上被黎塞留压制的决斗,带着崭新的活力重新活跃起来。投石党②的骚乱给决斗提供了明确的目标和特色,自然增加了这些每日发生的充满敌意的血腥决斗。路易十四迫切希望为了更高贵的事业保护好他臣民的鲜血,他

---

① 引自 Fougeroux de Campigneulles 著:《古代和现代的决斗史》(*Histoire des duels anciens et modernes*),巴黎 1835 年出版。——原注

② 投石党运动,也称福隆德运动,是 17 世纪中叶在法国发生的反对专制王权的政治运动。福隆德是投石机 Fronde 的音译。17 世纪初,法国巴黎市政府禁止使用这种武器,违者入狱。故"福隆德"一词也含有反抗政府的意思。运动可分两个时期:前期为 1648—1649 年高等法院福隆德运动;后期为 1650—1653 年亲王福隆德运动。1643 年法王路易十四登基时只有 5 岁,由太后奥地利的安娜任摄政女王。她的宠臣红衣主教马萨林任首相,他是法国的实际统治者。当时,30 年战争即将结束。马萨林为了应付战争的需要,打算向巴黎的中产阶级和高等法院法官榨取财物,1648 年 4 月宫廷颁发敕令,停发 4 年各地高等法院法官俸禄,矛盾终于激化起来。1648 年 5 月,巴黎高等法院联合各地法院,以整肃政府弊端为名,提出 27 条建议,要求撤回国王派往各地的监察官,厉行财政改革,保障人身自由。太后与马萨林下令逮捕领导运动的 P. 布鲁塞尔等 3 人,这一暴行立即引起人民的愤怒。1648 年 8 月 26 日,巴黎爆发了人民武装起义。起义者一夜之间就筑起了 1200 个街垒,他们用"福隆德"射击马萨林拥护者的住宅。在外省也爆发了反政府的起义。国王路易十四出走,派孔德亲王统率大军包围巴黎。由于贵族和资产阶级畏惧人民起义的扩大,又恰逢英国国王查理一世被处决的消息让贵族和资产阶级深为震骇,遂与国王妥协,起义的巴黎人民和王军战斗三个多月,终于失败。是年 10 月 21 日,法王路易十四返回巴黎。这就是法国历史上第一次"福隆德"运动。

第一次"福隆德"运动后,孔德亲王因谋取马萨林的职位未成,便联合对宫廷不满的孔蒂、P. 德贡迪、隆格维尔夫人等亲王显贵,密谋推翻马萨林政府。1650 年 1 月,马萨林拘捕孔德,亲王的拥护者在外省暴动,教士亦与贵族联合,对抗宫廷。1651 年 3 月他们要求召开三级会议。孔德获释后同西班牙结盟与王军激战,太后、国王和马萨林再次逃离首都。亲王福隆德运动因缺乏民众支持,内部争权夺利,被马萨林分化瓦解。1653 年运动被平息。这就是法国历史上第二次"福隆德"运动。

用一切手段抑制这种邪恶。在他的朝代里，颁布了不下十项法令限制这种暴行。这些法令千篇一律地推崇和平和和睦，严词谴责挑衅者造成的破坏。这些法令的陈词滥调是如此的冗长，其中最著名的一份法令竟然有不下四十个条款和规定。这些法令的精神可以从下面这篇1643年法令的前言里清楚地加以判断。

"就我们的内心而言，再没有什么事比保护好我们的贵族更重要了。他们的勇气无愧地享誉世界，广受敬畏。只有一种骇人听闻的狂暴的不法行为能加以玷污。我们每天都在全心全意地向上帝祈祷，祈求他能屈尊睁开眼睛赐福我们，驱散那些可憎的对于一种虚伪的荣誉的渴求，这种渴求激起了那些可恶的幻觉。在我们做了这些之后，现在我们决定……"等等。

在这份法令中，我们清楚地看到国王最渴望的是保护好他最有影响也最卓越的追随者的声名和服务国家的能力。国王不希望他们的血在平民的手里被糟塌。但是，这种期望并不总是能被满足，所以我们在1651年的一份法令中发现了下面这样的条款："一些并非出身高贵，而且从未服过兵役的人，竟然傲慢到向拒绝为他们提供报仇机会的绅士提出挑战，而绅士们以他们的出身为由，正当地加以拒绝。结果这些人就挑唆和这些绅士地位相当的人去反对他们，从而在一些时候导致谋杀。这种行径由于其卑鄙的目的尤其令人憎恶。

鉴于这种情况，朕决心而且命令，在这种情况下的挑战和决斗，尤其是造成了严重伤亡的时候，地位和出身卑贱的公民，将被指控制造和搅动混乱。他们将被毫不犹豫地绞死或者扼杀，不许赦免。所有他们的私有财产等等都将被没收；而且朕允许我的法官按照他们可能认为适宜的任何方式，处置这些没收的财产，允许把这些财产授予所有提供关于这些罪行的充足消息的人作为奖励。因为在一桩非常应该加以惩治的罪行的进行过程中，应该诱导每一个人进行恰当的揭发。"

不过，这些禁令似乎并没有产生人们因为它们的严厉性质而希望发生的那种结果。因为1679年颁布的著名的《决斗法》废止了对所有决斗主要当事人、助手和第三人的死刑惩罚，代之以没收他们或多或少的一部分财产给王室。他们将被剥夺贵族的标志，他们的盾形纹章会被破坏，被抹黑，被公共执行人打碎。那些死于决斗的人将被控以抗命、藐视法庭。他们的尸体被放在一辆囚车里，埋进为骚乱者准备的普通墓穴里，不能享有基督徒的葬礼。只是一次决斗的挑战就会遭到驱逐的惩罚，提出挑战的人将被没收一半财产。对于那些传递信息的人，在这种场合随伺主人的仆人和根据以前的法律应该绞死的人，这部法律仁慈地宣布只对他们判处鞭刑，在他们身上烙上王室的百合花徽章。历史学家认为，这部法律一般说来在后来的案例中得到了严格的实行。

关注赔偿和报复行为的法庭进行其他的惩罚：一个侮辱别人的律师将受到严厉的惩罚；撒谎，用手或者棍子打人会使行为人遭到监禁。解除监禁时还必须向对方做出充分的道歉；被伤害的一方有时还被允许对肇事者施以同样的伤害作为惩罚。

出于这一目的，设立了荣誉法庭。[①] 法国的元帅们担任它的最高法官。经过相应的调查，法庭可以命令根据案件的需要，考虑到挑衅的性质，对罪犯除了判处监禁外，还可以罚款，或者驱逐。在有的情况下，可以向藐视法庭的罪犯家里派出警卫，把罪犯禁制在家中相当长的一个时期。尽管由法国元帅组成的荣誉法庭的建立被归因于路易十四，但是一项相近的法律1566年就由查理九世颁布了。

理论上，没有什么比这些法令更值得赞许了。伴随这些法令在整个国家出现的热情，和人们面对任何革新的热情没什么两样。英国皇家学会甚至给一位作者颁发了奖章，因为他就决斗的废除创作了一篇成功的诗歌。但是实际上，法令远没有实现它让人期许的目标。关于荣誉的成见和错误观点已经盛行太久，不会被轻易根除。人们的激情使他们寻找一切可能规避这些明智而人道的法律。

可以很容易地加以预见，当荣誉法庭的新奇感不再吸引民众时，这些法官们就逐渐松懈了。因为他们自己就是战士，对于荣誉的那些俗见，他们自己就很在意。他们很年轻时就认为用武器报仇雪耻是义不容辞的。还必须看到，国王陛下本人就是一位好战的君主，他早年就已经接受了类似的观点。

[①] 荣誉法庭（courts of honour）在英国也称"骑士法庭"，是由理查德二世颁布法令建立的，由宫廷典礼大臣主持。英国的荣誉法庭有权审理涉及契约、冲突和家族纹章等方面的事务，但与法国不同，它无权通过罚款和监禁方式执行判决。该法庭已很少使用，但直到1954年仍进行过审判。

正如我们清楚地观察到的，一方面他对决斗发出严厉的王室的诅咒，另一方面他却向击剑大师颁发特许状，允许他们练习技艺。朝臣们很清楚，如果他们在国内法的支持下，让自己不去怨恨那些侮辱，社会的法则会给他们贴上懦夫的标签，而国王则会在宫廷里和营地里收回对他们的赞许神情。同时我们也无法对制止决斗所遇到的困难感到吃惊。国内战争和宗教冲突总是在不断地煽动决斗。

宗教人员和他们的追随者之中弥漫的仇恨，导致宗教信徒的队伍不仅经常在街道上用最恶毒的语言相互谩骂，他们甚至在巴黎圣母院和圣礼拜堂①里面用十字架、旗帜和香炉相互攻击，相互投掷祈祷书和弥撒书。布瓦洛②曾经把这种战斗滑稽地描述为"经台吟"。

路易十三在巴黎圣母院教

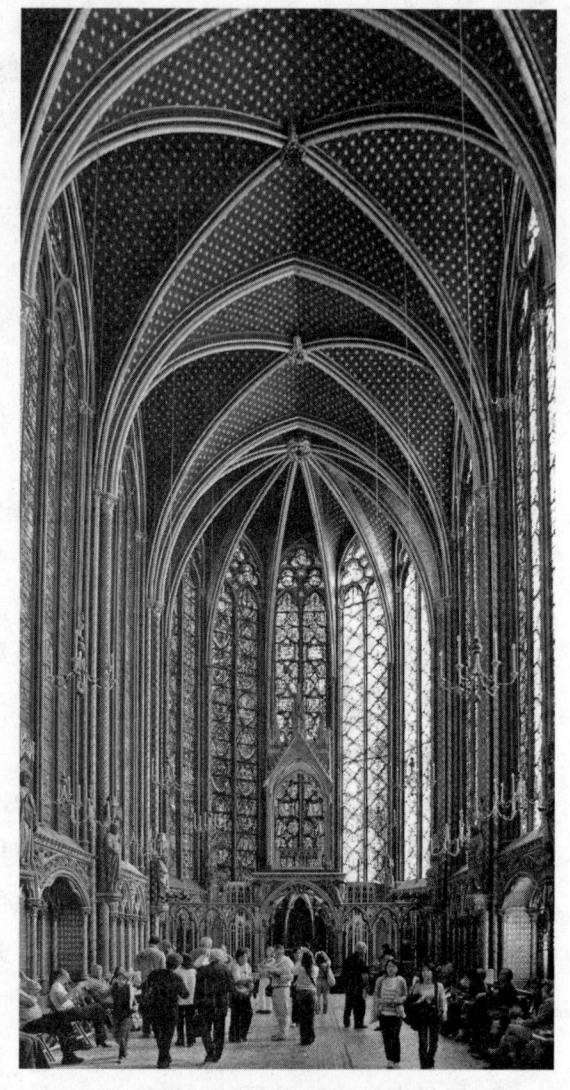

巴黎圣礼拜堂

---

① 圣礼拜堂（La Sainte - Chapelle），法国巴黎市西堤岛上的一座哥德式礼拜堂。路易九世下令兴建，于1242年至1248年间修建而成。建造的目的在于保存耶稣受难时的圣物，如受难时所戴的荆冠、受难的十字架碎片等。其中购得荆冠之价钱，比修建圣礼拜堂的花费更为昂贵。教堂的彩色玻璃窗最富盛名。
② 尼古拉·布瓦洛（Nicolas Boileau Despreaux, 1636—1711），法国著名诗人、美学家、文艺批评家，被称为古典主义的立法者和发言人。最重要的文艺理论专著是1674年的《诗的艺术》。这部作品集中表现了他的哲学及美学思想，被誉为古典主义的法典。

第十章 路易十四时期的决斗

堂举行仪式,把国家置于圣母玛利亚保护下的那天,曾经发生了一次具有这种性质的最严重的宗教争斗。

个人的狂暴、违反一般礼仪和规范的行动,经常在这个王国的第一阶层中出现。"伟大的"孔德①曾经有一次当着奥尔良公爵的面打了德·希厄伯爵一记耳光。伯爵马上加倍奉还了,结果为了这记回敬被关进巴士底狱好几天。德·希厄伯爵②是埃尔伯夫公爵的儿子。人们开玩笑似的说:"这个贵族家庭的面孔被选作了投石党战争的战场。"在这个事件中,据说博福特公爵③问主席德·贝利韦尔④,他是否认为德·希厄伯爵公爵脸上的一记耳光可以改变事件的局面。博福特公爵是亨利四世国王的一个私生子的儿子。因为他的粗野和残忍,有一个绰号叫"集市上的国王"。我们可以把它翻译成讲下流话的国王。当时德·贝利韦尔回答他说,他认为这记耳光只会对公爵的面孔造成改变。

弗朗索瓦·德·旺多姆,
博福特公爵(1616—1669)

---

① 路易斯·德·波旁,孔德亲王(Louis de Bourbon, Prince of Condé, 1621—1686),法国将军,波旁家族孔德支派的著名代表人物。他多次指挥法国对外战争,因为他的军事才能,他赢得了"伟大的"(或"大帝")称号。他在第一次投石党运动中支持了路易十四的摄政母后奥地利的安娜和宰相马萨林,镇压了第一次投石党运动。后来领导了反对路易十四的第二次投石党运动。1659年他得到路易十四的宽恕,重新为路易十四效忠。他被认为是当时欧洲最伟大的军事家。

② 可能是指第三代埃尔伯夫公爵查尔斯·德·洛林(Charles de Lorraine, 1620—1692),他还拥有吉斯公爵、哈考特公爵和希厄伯爵的头衔。

③ 弗朗索瓦·德·旺多姆,博福特公爵(François de Vendôme, Duc de Beaufort, 1616—1669),亨利四世的私生孙子,路易十四的堂兄弟。先后反对黎塞留和马萨林。1643年被马萨林投入监狱。越狱后参加投石党运动,深受群众喜爱。他经常一出现在人群中就受到人们的欢呼,所以号称"集市上的国王"。本书关于这个称号的来源与其它一些说法不同。1653年马萨林宽恕了他,此后他忠诚地为法国领导海军。1669年在阿尔及利亚死于一次夜间突围。

④ 德·贝利韦尔(Pompone de Bellièvre, 1606—1657),本书第八章提到的法国首相德·贝利韦尔(1529—1607)的孙子。1653年至1657年为巴黎议会的主席。法国巴黎议会是1307年从国王的顾问委员会发展出来的,最初全国只有这一个议会。1443年之后才开始出现其他城市的议会。议会的成员大多是世袭的。

不久之后的1652年，这位博福特公爵与他的妹夫内穆尔公爵①就双方地位的优先性发生了争吵，并在一场用手枪进行的决斗中杀死了对方。按照当时社会赞许的方式，有四位助手陪同他们。其中德韦拉斯侯爵向他的对手德哈瑞科特开枪射击；他们双方是初次见面。

德·莫特维尔②在她的回忆录中谈到这位优雅的博福特公爵，由六位可敬的同伴陪伴着，前去用最粗鲁的方式侮辱德·坎德尔大公。当时大公和一些尊贵的客人正在用晚餐，博福特公爵等人推翻了桌子。当大公因为如此恶意的侮辱要求决斗时，他们又拒绝了大公的要求。理由是双方有血缘关系，因为博福特公爵是大公的堂兄弟。尽管博福特公爵行为不羁，但这位受尊敬的人不久就被国王任命为海军大臣。

博福特公爵是投石党的主要领导人之一，而且是红衣主教德·贡迪③最活跃的虔诚信徒。德·贡迪主教虽然是一位地位尊荣的宗教人士，但是他对剑的了解如果不是比他对自己的每日祈祷书的了解更好的话，至少也差不到哪里。他参加过两次决斗。他宣称作为先例，他的前辈红衣主教吉斯，在使用十字架的同时也总是准备着使用剑的。

正是在这个王朝发生了一次著名的争执。这场争执发生在"伟大的"孔德亲王的姐姐、美丽的朗格维尔公爵夫人④和谢弗勒兹公爵夫人的后母蒙特巴赞公爵夫人玛丽之间。⑤ 这三位女士卷入了所有法国的摄政女王——奥地利的安妮统治的宫廷中的政治阴谋。

这场争执的起因是一封女性笔迹的情书。据信是在科利格尼伯爵离开朗

---

① 内穆尔公爵，萨伏伊的查尔斯·阿玛迪斯（Charles Amadeus of Savoy, Duke of Nemours, 1624—1652），法国军事领袖。他娶了博福特公爵弗朗索瓦·德·旺多姆的姐妹。
② 弗朗索瓦·德·莫特维尔（Françoise Bertaut de Motteville, 约1621—1689），法国回忆录作家。
③ 弗朗索瓦·保罗·德·贡迪（Jean François Paul de Gondi, 1613—1679），法国红衣主教，回忆录作家，投石党运动的鼓动者。
④ 安妮·热纳维耶芙·德·波旁（(Anne Geneviève de Bourbon, 1619—1679)），孔德亲王的姐姐、朗格维尔公爵夫人。投石党运动期间领导投石党运动，因其美貌和恋情出名，曾经组织文学沙龙。雨果《悲惨世界》第三卷曾提到这位夫人。
⑤ 玛丽·德·罗翰，谢弗勒兹伯爵夫人（Marie de Rohan, 1600—1679），见前第九章注释。她的父亲蒙特巴赞公爵赫居尔（Hercule, Duke of Montbazon）娶的第二任妻子玛丽·德·德阿沃格（Marie de Bretagne d'Avaugour），被称为当时最美丽和臭名卓著的女人。

第十章 路易十四时期的决斗

格维尔女士的公寓时遗落的。①信中有许多对蒙特巴赞公爵夫人玛丽的名誉不利的内容。信被认为是朗格维尔夫人写的。于是朗格维尔夫人坚持让科利格尼伯爵，也是她众所周知的情人挑战蒙特巴赞公爵夫人的宠臣德吉斯公爵②。双方在光天化日之下在皇家广场对阵。科利格尼伯爵受了致命伤。两个助手埃斯特拉德伯爵③和德布莱迪奥侯爵也进行的决斗，后者也受了重伤。这场决斗值得一提，因为当年海军上将科利格尼伯爵因为吉斯公爵的命令，在圣巴托罗缪之夜的大屠杀中丧命，七十年后，他的孙子

朗格维尔公爵夫人
（Longueville, 1619—1679）

也是海军上将的科利格尼伯爵竟然死在吉斯公爵的孙子手中！

尽管路易十四曾经对决斗发布过严苛的法令，但是他并未注意到这次致命的决斗。当时一份杂志上的文章就说明了这一情形："国王虽然非常在意自己的权威，但是看到他的贵族们对事关荣誉的事务孜孜以求，心里并不感到难过。所以很多贵族敢于以身试法，以博取国王内心的赞许。"除非他的权威受到挑战，或者事关他的影响力，否则马萨林也很少致力于阻止这种邪恶的行径。黎塞留死后开始服役的罗斯福尔伯爵④在他的回忆录里，对那个时代的

---

① 让·德·科利格尼（Jean de Coligny – Saligny, 1617—1686），法国贵族和军队指挥官。他开始是孔德亲王的追随者，后来投向国王，成了孔德亲王最大的敌人。
② 亨利二世，德·洛林，第五世吉斯公爵（1614—1664）查尔斯的次子。文学家高乃依的赞助人。
③ 哥德弗洛伊，德·埃斯特拉德伯爵（Godefroi, Comte d'Estrades, 1607—1686），路易十三的见习骑士，法国外交官和元帅。
④ 罗斯福尔伯爵（Comte de Rochefort）似乎是大仲马小说《三个火枪手》中的人物，真实的历史人物生平不详。

堕落和残忍进行了奇特的描述。在他的日记里我们看到这样的记述:"那天我发现自己凑巧和哈考特伯爵亨利·德·洛林①在一起,我们喝得酩酊大醉。大家决定出发到巴黎新桥②上去抢劫。这是奥尔良公爵发明的一种时尚的消遣。我们当中的谢瓦利埃·德·希厄先生和我一样厌恶这种勇武的行为,所以我们俩决定不参加抢劫,而是爬到亨利四世青铜像的马脖子上面去,从那里可以安全地观察整个冒险的过程。

我们的同伴在抢劫路人。当一队弓箭手赶到的时候,他们已经劫取了几件斗篷。于是他们逃跑了。我们两人也试图像他们那样逃走,但是从铜像上下来时,铜像的腰部被希厄先生的重量压断了,他跌在了地上,结果我们毫无抵抗就被逮捕了。我们在被押送到大城堡③的路上,希厄先生非常大声地抱怨着疼痛。

我们一群人在监狱里被关押了一段时间。其间希厄先生竭力开脱自己,把脏水往后来讲述这段轶事的罗斯福尔伯爵身上泼。罗斯福尔伯爵立刻向希厄先生提出挑战。遭到拒绝后,罗斯福尔伯爵用剑的侧面揍了希厄先生。然后又向哈考特伯爵挑战,因为他是这个不法团伙的领导人。哈考特伯爵谢绝了这份荣誉,因为自己的地位比罗斯福尔伯爵高许多。于是罗斯福尔伯爵由哈考特的一个心怀怨恨的邻居帮忙,把哈考特一处产业上最好的树砍倒了,同时破坏了他的禁猎地。最后,哈考特的一个朋友和追随者、一个叫布瑞奥特的亡命徒,代表哈考特找到罗斯福尔伯爵并且向他挑战。决斗中罗斯福尔伯爵受了重伤。布瑞奥特的大腿受了伤,他拿走了罗斯福尔伯爵的剑作为战利品,把它带给了伯爵,哈考特伯爵为了庆祝这次胜利而设宴狂欢。"

罗斯福尔伯爵的肺受伤严重,他的赞助人红衣主教马萨林公开支持他,派自己的外科医生去给他治疗,还带了五百克朗的一袋钱给他。他伤势痊愈后,马上又和一个叫普朗切的同伴跑去劫掠敌人的财产。但是这帮了不起的家伙在路上翻脸了。在一次晚餐上,他们相互扔盘子,开始用拳头斗殴。罗

---

① 亨利·德·洛林,哈考特伯爵(Henri de Lorraine, 1601—1666),法国将领,很有军事才干,多次参加法国对外战争,屡立战功,被誉为"小珍珠"。在投石党运动中支持安妮王后,但是反对马萨林。
② 巴黎新桥(The Pont Neuf),是中世纪巴黎的中心。目前是塞纳河上现存最古老的桥。
③ The Grand Châtelet,巴黎的大城堡,是法国大革命前王权的大本营,位于塞纳河右岸、今天夏特勒宫(Place du Châtelet)的位置。城堡包括一个法庭、警察总部和几所监狱。

斯福尔伯爵在哈考特伯爵的地产上以偷猎自娱,而普朗切和他的同伴埋伏起来,从一条篱笆后面向罗斯福尔伯爵射击。后来他道歉说他把罗斯福尔伯爵误认为哈考特和他的猎场看守人了。到了这个地步,马萨林还在设法保护这些不顾一切的匪徒。尽管后来普朗切因为和上司争吵被解除了军职,但是在红衣主教的帮助下,他又回到了巴黎,娶了一位富有的小姐。他的妻子没办法阻止他的疯狂的生活方式,结婚几年后,他在一次痛饮的聚会之后死掉了。

这个罗斯福尔伯爵在他的回忆录里,记录了一个叫马代兰的人向德瑞瓦德侯爵提出的奇怪的挑战。侯爵在围攻普维塞尔达①之战中失去了一条腿。侯爵认为从荣誉的角度出发,双方在站立方面必须平等,所以派了一个外科医生带着一箱手术工具到对手那里去,建议对手先进行一次截肢手术,以确保公平。玩笑很成功,马代兰的愤怒被平息了。

在法国的各个王朝里,尽管颁布了严厉制止这种充满仇恨的争斗的法律,但是人们认为一些要人的庇护足以让违法者逃避惩罚。有一则轶事谈到一个人,他由一位贵人引入社交界。有一次因为他在牌局中作弊被人赶出了门,当时人们甚至威胁要把他从窗户里扔出去。他向自己的保护人抱怨这个侮辱,但是他的主人平静地说:"你还要求我做什么呢?我能建议您的就是除非是在底楼,否则不要玩牌了。"

大约这个时候,在布鲁塞尔,孔德亲王属下的一位绅士博韦先生与另一位绅士之间发生了一次决斗。那位绅士在楼梯上自作主张地走在了博韦先生先生前面。决斗中博韦先生受了致命伤。这位博韦先生的荣誉感非常严苛。虽然他仅仅因为对方在楼梯上走在自己前面就坚持要冒生命危险进行决斗,但是当他在床上弥留之际,亲王请求他娶一位被自己诱惑有孕的年轻女子,从而让这位女士为亲王生的孩子有一个合法的出身,他却坚决不同意。这位女士的子女之一尤兰妮后来嫁给了萨伏伊亲王。

1663年,在拉·弗雷蒂男爵和德·查莱斯亲王(见前文注释)之间发生了一次决斗。他们在从宫廷的一次舞会出来的路上,就某些女士发生了一些分歧。拉·弗雷蒂男爵推了查莱斯亲王一把,于是就在第二天早上安排了一

---

① 普维塞尔达(puy Cerda),西班牙语为Puigcerdà。西班牙加泰罗尼亚地区吉罗那省地名。

次三人对三人的决斗。有人向国王报告了这个情况，国王派人告诉弗雷蒂男爵，如果他不能保持平静，国王会割断他的喉咙。德·圣艾尼昂①被派去传达命令。弗雷蒂男爵回答他说，圣艾尼昂既然是他的侄子，应该不会破坏一次安排得如此完美的聚会。而且，如果圣艾尼昂想要加入，弗雷蒂男爵完全确信他能很容易地给他安排一个对手。尽管圣艾尼昂是国王的信使，他还是接受了这个建议。决斗不是三人对三人了，现在是四个人对四个人了，其中包括安亭侯爵。

国王当然被这种抗拒的行为搞得大为恼火，尤其是对圣艾尼昂不仅没有完成使命，甚至加入这场决斗的行为。所有的当事人都被驱逐出国。但是弗雷蒂男爵很快就因为教皇克莱门特十世的斡旋得到了原谅。教皇亲自宣布解除了国王反对决斗的誓言的效力。

这些严厉禁止决斗的法律唯一一次真正得到实施是在图卢兹。当时德·拉·东兹侯爵在决斗中背信弃义，杀死了他的连襟。不管这次严格执法对公众的心态发生了什么影响，对罪犯似乎没有产生作用。当东兹侯爵的忏悔神父在绞架下劝告他为自己的罪行祈求宽恕时，他用加斯科涅人常有的那种虚张声势的腔调突然说："什么！你管加斯科涅最漂亮的刺杀叫做罪行吗？"

另一次引起轰动的决斗是伯莱昂伯爵②和德郝特福德之间的决斗。伯莱昂伯爵勾引了德郝特福德的姐妹却拒绝与她结婚，德郝特福德因此要求决斗。双方都受了伤，被交给宪兵司令审判。不过，他们只经过短时间的监禁，事情就遮掩过去了。

正如伏尔泰所说，很多在别的时期会导致决斗的争吵，在路易十四的治下没有流血就平息了。例如卢森堡大公和黎塞留关于双方地位的争吵就是这样。当时，双方经过长时间通信之后，黎塞留在王宫里见到了宫廷警卫队长卢森堡公爵。黎塞留上前对公爵说，他步行或者马上都敢与公爵及其随从一决高下，既可以在宫廷里，也可以在城里，甚至是在军队里都可以进行决斗。简言之，自己愿意在世界的任何地方进行决斗。尽管有这样的挑衅，对方的

---

① 弗朗索瓦·德·比奥弗利尔（François de Beauvilliers, 1st duc de Saint-Aignan, 1610—1687），第一代圣艾尼昂公爵。军事家、文学和艺术的保护者，1663年进入法兰西学院。

② 伯莱昂伯爵（count of Brionne），即前章注释提到的洛林的德·亨利（Henri de Lorraine, 1601—1666），他也是伯莱昂伯爵。

道歉还是让事情过去了。

另一次在孔蒂亲王①和旺多姆公爵"大前辈"②之间，道歉也被接受了。当时双方在法国皇太子那里打牌。亲王指责"大前辈"作弊，进而称他为胆小鬼、说谎者。于是"大前辈"把牌扔在了亲王脸上，而且立刻提出决斗。亲王声称自己出身高贵，有权拒绝决斗。不过亲王马上又屈尊表示，尽管自己不应该违背法律接受挑战，但是在决斗中对敌"大前辈"是轻而易举之事。接下来的决斗为了不逾越法律的界限，不称为决斗，而称为遭遇或者邂逅，为此专门制定了特殊的规则。然而，皇太子听说了这场争吵，从床上穿着睡衣就跳了起来，立即着手制止这场分歧。皇太子报告了国王，第二天清晨"大前辈"就被送进了巴士底狱。只是在他同意就自己被亲王称为骗子、撒谎者和胆小鬼而向亲王做出谦恭的道歉的条件下，才从巴士底被释放出来。

在这之前，拉图尔·德·奥弗涅伯爵的儿子和著名的剑客德·凯吕斯之间还发生了一次决斗。他们之间的争吵是在妓院里因为妓女和扑克发生的。凯吕斯被驱逐出国，他的雕像在巴黎沙滩广场③被吊起来示众。

有一次赌博般的决斗是关于国王的一位侍从武官德·布瓦休的。他发现自己的牌友作弊，于是就揭发了他。被羞辱的绅士要求决斗，布瓦休回答说他不会和一个无赖决斗！"也许我是个无赖"，那个人说，"但是我不喜欢别人这样叫我！"于是他们进行了决斗，布瓦休受了两处致命伤。

在路易十四的治下还发生过一次奇怪的决斗，双方是寓言家拉封丹④和一

---

① 阿曼德·德·波旁，孔蒂亲王（Armand de Bourbon, Prince de Conti, 1629—1666），"伟大的"孔德亲王（Prince de Conde）路易斯·德·波旁的弟弟。1648年成为第一次福隆德运动的叛军指挥官，1650年和孔德亲王一起被投入监狱。出狱后与马萨林和解。

② 菲利普·德·波旁（Philippe de Bourbon, Duke of Vendôme the "Grand Prior", 1655—1727），第四代旺多姆公爵，号称"大前辈"，西班牙王位继承战争中法国军队的指挥官。

③ 格雷夫广场（the Place de Grève），也叫沙滩广场。位于今天巴黎第四区巴黎市政府大厦所在地。

④ 让·德·拉封丹（Jean de la Fontaine, 1621—1695）是法国古典文学的代表作家之一，著名的寓言诗人。他的作品经后人整理为《拉封丹寓言》，与古希腊著名寓言诗人伊索的《伊索寓言》及俄国著名作家克雷洛夫所著的《克雷洛夫寓言》并称为世界三大寓言。主要著作有《寓言诗》、《故事诗》和《普叙赫和库比德的爱情》等。他被19世纪法国著名文学评论家泰纳誉为"法国的荷马"。雨果的《巴黎圣母院》以及莫泊桑的《一生》都提到他是法国古典文学作家中著名的诗人。

个军官。因为温顺和缺乏激情,拉封丹有个外号叫"好人"拉封丹。尽管他对妻子的行为不轨一般都视而不见,但是有一次他忍不住对一个龙骑兵起了妒意,那个龙骑兵叫普瓦格南特。拉封丹本人并没有发现他和妻子的亲昵行为,但是一些朋友让他注意到了两人不恰当的亲密关系。朋友们告诉他要求决斗是他义不容辞的义务。拉封丹虽然不情愿,还是被说服了。这天和他的习惯相反,他早早起身,拿上剑,出门去会他的对手。两人见面时,令人尊敬的诗人说:"亲爱的先生,我必须和你决斗,因为大家让我相信这绝对必要。"他接着向对方陈述让自己提出挑战的原因,然后抽出他那把一向平和的剑。那个龙骑兵被迫自卫,把剑从没有经验的预言家手里击落了。解除了诗人的武装之后,龙骑兵平静地向他指出了坊间流传的关于他妻子的流言是荒谬的,诗人因此把自己的宝贵生命置于危险境地也是荒唐的。龙骑兵补充说,既然自己的拜访引起丑闻,今后他将再也不登诗人

让·德·拉·封丹
(Jean de la Fontaine)(1621—1695)

的门了。高尚的拉封丹被这番解释深深地感动了,他不仅坚持要求这位队长更加经常地到自己家里做客,而且发誓如果对方不再登门他就要为此与他决斗。

各种各样的限制决斗的法律毫无效用,这最终还是被认识到了。于是采取了各种方法以加强这些法律。1651年,圣叙尔皮斯会①的创始人牧师奥利尔设想了一个计划,通过将荣誉置于他自身的对立面,试图弥补法律的这些缺憾。他发起了一个组织,由一些勇气已经过考验的绅士参加。他们庄严宣

---

① 圣叙尔皮斯会(The Society of Saint-Sulpice,1608—1657),让·雅各·奥利尔在巴黎创建的一个天主教团体。该会以其对神职人员的学术教育和伦理上的高标准要求著称。18世纪在巴黎非常时髦,吸引了大批贵族子弟,培养了当时法国很大一批神职人员。

誓，绝不提出或者接受挑战，也绝不担任决斗的助手。奥利尔把芬乃伦①请进了自己的团体。芬乃伦以性情的坦率和对自己原则的刻苦固执而闻名。同样闻名的还有他的勇气，他的勇气曾经很好地服务于自己的国家。"伟大的"孔德亲王曾经说过，芬乃伦作为交谈的对象、战场上的战士和内阁的大臣，都同样出色。后来的康布雷大主教把自己所受的良好教育和在宗教界的成就都归之于这位绅士。

芬乃伦担任了这个团体的领袖。除非一个人在为国家的服务中表现出众，否则他是不会被接纳入会的。圣灵降临节的星期天，成员们会在圣叙尔皮斯教堂集会。他们在奥利尔的手里放上一件庄严的器具，表示他们坚定不移的决心，绝不进行决斗或者担任助手，而且要尽个人所能阻止这种有害的行为。"伟大的"孔德亲王被他们深深地打动了，他对绅士说，一个人对自己的勇气应该有自己的看法，看到自己在这个问题上成了第一个破除成见的人，不应该感到紧张。

然而，无论是国王促进这个值得称赞的团体所持观点的决心，还是那些值得尊敬的成员们的努力，似乎都不足以根除支持这种邪恶行径的偏见。德克瑞格夫人②在她的回忆录里说，认为17世纪里没有发生一次决斗是个可悲的错误说法。伏尔泰把这种血腥行为的终结归功于号称大帝的路易十四也是错误的。伏尔泰太热衷于赞美路易十四了，在决斗这个问题上，就像在其他许多问题上一样，他的偏爱和成见或者他的怀疑主义占了上风，使他失去了客观的洞察力。或者说，至少是使他为了自己的目的默默地忽略了事实。下面这段近代作品的摘要，比路易十四的历史学家笼统的论述更加客观地描述了那个时代的风貌：

"路易十四的王朝，就像许多征服者的王朝一样，可以平均地分成不

---

① 弗朗索瓦·芬乃伦（François de Salignac de la Mothe‑Fénelon，1651—1715），法国罗马天主教主教，寂静主义神学家，诗人和作家，康布雷大主教，路易十四孙辈的老师。著有《忒勒马科斯冒险记》（忒勒马科斯是希腊神话中奥德修斯和珀涅罗珀之子，助其父杀死向珀涅罗珀求婚的人）。芬乃伦经常毫不掩饰地抨击法国君主制度。他21岁就加入了圣叙尔皮斯会。他有一句名言："全部的战争都是内战，因为全人类都是兄弟姐妹。"

② 瑞妮·卡洛琳·德·若蕾（Renée Caroline de Roullay, marquise de Créquy, 1714—1803），克瑞格侯爵夫人，18世纪法国作家。她和卢梭等人有交往，著有《克瑞格侯爵夫人回忆录》，是路易十五时期宫廷生活的忠实记录。在大革命期间（1793年）曾被捕入狱。

断的成功和失败。当他为争取法国的天然疆界而征战时，他一直在取得胜利，法国至今还在享受着他那些胜利的成果。但是当他剑指比利牛斯山时，幸运之神就抛弃了他的旗帜。他的王朝始于荣耀，却终于屈辱。王权的威望也随着胜利一起飘逝了。当伟大的君主去世时，可以说君主制度也埋进了坟墓。曾经在王权面前颤栗的人民，现在在侮辱君主制度的灰烬。当年路易十四习惯穿着马靴、装着马刺（做好同敌人较量的准备）走进去的国会，现在开始践踏国王的意志以寻求报复了。确实，路易十四对文学艺术给予了保护和支持，用这种方式赐予杰出的人和学者们荣耀，并为自己赢得了大帝的头衔。他是那个时代的米西纳斯①，声名远播。法国恰如其分地把文学艺术的发展归功于他，就好像亚洲把对希腊优秀文化的了解归功于亚历山大一样。"

路易十四使自己的国家文明进化，不知疲倦地努力鼓励科学和优秀艺术。他身上更值得一提的是他在战争的动荡之中也不忘推动国家的进步。他建立了最广泛的制造业；建立了东印度公司和天文台；还在自己的宫廷里建立了一个印刷办公室，以推进出版古代作品最优秀的译本。

他派出航海家进行各种发现之旅。当他在宫廷里接待卡西尼、惠更斯②和那些使他的宫廷溢彩生色的最伟大的外国人时，他也在用自由鼓励本国的天才。他亲自保护了布瓦洛、拉辛和莫里哀，使他们免受各自的敌人的威胁。他为高乃依的家庭提供资助，指导勒布伦和他同时代的艺术家的工作室；他把吕利置于自己的宫中，给奎纳尔特提供歌剧的题材；③ 同时给所有以勇气和才艺为帝国的伟大做出贡献的人发放年金。他感觉到而且也清楚，除非一个

---

① 盖厄斯·米西纳斯（Gaius Cilnius Maecenas，前70—?），渥大维的密友和顾问，古罗马政治家，贺拉斯和维吉尔的文学赞助人。他的名字后来代指富有、慷慨和思想开明的文学艺术赞助人。
② 卡西尼，乔瓦尼·多米尼科（1625—1712），意大利裔法籍天文学家，是巴黎皇家天文台的第一任主任。克里斯蒂安·惠更斯（1629—1695），荷兰物理学家、天文学家，最早观测到土星光环（1655年），最早在钟表中使用钟摆（1657年），提出了惠更斯原理。
③ 夏尔·勒布伦（Charles Le Brun，1619—1690），17世纪法国重要画家和艺术理论家，凡尔赛宫全部装饰的设计师。让·巴普蒂斯特·吕利（Jean-Baptiste Lully，1632—1687），意大利裔法国作曲家，一生大多数时间在路易十四的宫廷中工作。他被认为是法国巴洛克艺术的主要代表人物。菲利普·奎纳尔特（Philippe Quinault，1635—1688），法国剧作家。

国家自己的天才得到宫廷的鼓励，否则君主是不会受人欢迎的。通过鼓励本国的人才，国家的品味会比有失体面地引进外国的优秀人物进步得更快。路易十四最大的失误是全神贯注于眼前的辉煌计划而忽视了未来，他从未思考过他的后人能用什么办法补充耗竭的国库。他的雄心是要重现奥古斯丁统治下拉丁文化的全盛景象。他在现实中的位置也与那位罗马的皇帝相差无几。凯撒是操控罗马帝国的大师，亨利四世巩固了自己的王国。两位君主登上的宝座都被好战的需要教化的民族包围着。考伯特①对于路易十四就像罗马皇帝的米西纳斯。更惊人的是，他们生于同一个月，几乎死于同样的年纪。

令人遗憾的是，路易十四的伟大心灵致力于倡导艺术和文学的同时，也被迷信和盲从扭曲着。他用龙骑兵对新教徒进行的迫害，必然成为对他记忆中的污点。我们只能把这些暴行解释为路易十四为了获取教会对他许多罪恶的赦免而提出的交换条件。

必须清楚地认识到，在路易十四的时代，决斗确实被遏制了，其发生次数大大地少于前代。但是就如我曾经提到的，我认为这种情况更主要地是因为不断进步的文化和生活方式，而不是法律的严厉。伴随着人类知识的迅速进步，生活方式的改进，才在实质上使社会越来越具有人道主义精神。人们回顾过去的那些骇人听闻的悲惨事件时，开始为流行一时的对于决斗的支持赧颜了。那种行径本来早就应该和哥特式的愚昧和野蛮一起走进坟墓的。战争是野蛮时代唯一的职业。在那些对于所有文明生活的幸福和社会的愉悦都非常陌生的野蛮人中间，个人的和野兽般的勇气是获取荣誉、脱颖而出的唯一方式。

曼德维尔②在他关于蜜蜂的寓言中，充分地阐述了社会的这种状况："如果我们先不考虑任何别的能使一个人温和文雅的性质，而是先认真地关注由军队培养出来的勇气对社会的影响，我们就会发现这种影响是非常有害的。因为，如果一个人能够征服他自身的所有恐惧，除了掠夺和其他的暴力行径，

---

① 让·巴蒂斯特·考伯特（Jean-Baptiste Colbert, 1619—1683），法国政治家，曾任路易十四的顾问。他改革税制、统一行政权并致力于修建道路、运河以鼓励贸易，把法国经济从破产边缘拯救了回来。

② 伯纳德·曼德维尔（Bernard Mandeville, 1670—1733），哲学家、政治经济学家和讽刺作家。生于荷兰，大部分时间生活在英国并主要使用英语写作。著有名著《蜜蜂的寓言》。

你就难以听到什么别的东西了。勇敢的人就像浪漫故事中的巨人。政治学发现，在人们中间存在着一种综合的道义原则，它是由正义、诚实和其他所有道德优点与勇气杂糅在一起构成的。当然，其中蕴含的一切，最后造就了骑士的侠客形象。他们在世界上做了很多有益的事。他们驯服了怪兽，安抚了痛苦贫困中的人，杀死了压迫者。然而当所有巨龙的翅膀都被剪掉了，所有的巨人都被摧毁了，所有地方的少女都自由了（除了在西班牙和意大利的一些女孩子，他们仍然被禁锢于宗教这个怪兽之中），骑士的准则——古代关于荣誉的标准就包括其中——有时就被置于一旁了。就像骑士的盔甲，这些原则太笨重了。其中许多内容使这套规矩非常不合时宜了。当时代变得越来越开明，起源于17世纪初的关于荣誉的原则被不断地熔铸进了一种新的形式。新的标准要求和从前一样多的勇气，但是对诚实的要求却减半了，同时只要求一点点正义。其他的美德几乎都不见了。相对于它从前的样子，它变得非常简单而且容易履行了。"

路易十四尽管是一个君主制政府的专制帝王，但是也非常明白在他的军事力量里保持荣誉观的神圣性的重要性。同时他也确信必须控制好荣誉感的残暴性质。就像我们看到的，他本人就对个人勇气以违法方式的展现表示尊重，尽管他的法律谴责这种行径。当一个朝臣向一位元帅抱怨自己被人扇了一记耳光时，将军回答说："那么，先生，去把它洗刷掉吧。"扇在脸上的耳光是莫里哀的剧作《西西里人》里的一个有趣内容。其中一个角色说："我的主人，我挨了一记耳光。您知道一记耳光是什么？他是张开手指打在我脸蛋正中的。我要把这记耳光放在心上，先生，我在苦思冥想用什么方法能最好地洗刷耻辱，是和他决斗呢，还是去刺杀他？"孟德斯鸠说，在君主制的政府里，"荣誉感最强烈地赞誉为君主提供军事性的服务。事实上，这是荣誉感最钟爱的职业，因为它的危险，它带来的成功，甚至还因为它的失败都是通向不朽的途径。君主制下的光荣被激情挚爱着，君主制也反过来热爱这种激情。但美德却要求自我克制，这常常是艰辛而且痛苦的。这就是我们在君主制下从来不能达到在民主制度中能够达到的道德上的纯粹程度的原因。在君主制度下，人们的行为被允许不是因为其善，而是因为其光辉耀眼；不是因为其公正，而是因为其伟大；不是因为其理性，而是因为其非凡；荣誉允许那些掺杂了肉欲或者征服情绪的英勇行为。"这位开明的学者还说："我们可以看看英国。恰当地说,这个国家只是披着君主制伪装的一个共和国。我们看到他们非常警惕地避免使军事性的执业具有独立性,非常努力地使军人身份和公民身份、甚至和文职官员的身份结合在一起,最终后面这种情况成了这个国家性质的一种保证。我们绝不应该忘记这一点。在英国军人被认为是一种有用的职业,但对于国家经常是危险的。文职因此比军职更受到尊敬。"

这些情感都最热烈地刺激着决斗。科斯塔德·德·马斯(何人不详)这样表述:"我承认在共和国里应该禁止决斗,因为人们的勇气可以由对他们国家的热爱得到充分的培育。仅仅这种爱国之情就足以激励他们的军队去完成我们可以在古希腊和罗马历史上看到的令人震惊的最英勇无畏的行动。"但是在君主制下,我们的作者坚持认为决斗是不可或缺的。这是对专制主义的一种谄媚的赞美。在这种赞美声中,君主放肆的情欲会显得比对国家和独立自主的热爱更加居高临下!对于英国的决斗者,这是多了不起的教导啊!

就决斗这个问题,莫尔做了下面这样很有见地的论述:"有人断言,如果我们对决斗中表现出来的各种个人勇气给予的强调有所减少的话,我们的民族会变得懦弱胆怯。但是所有的历史都为我们提供了充分的证据,让我们感到安慰。那就是,在危急之中,自由国家的生于自由的民众,出于对国家的热爱而产生的自然的热情,会振作每一根神经,让他们拿出勇气捍卫自由和战争中的荣誉。他们不需要在决斗学校和教授现代荣誉观念的学校里经过任何事先的训练就能够这样做。"

在美国经常发生的决斗似乎可以被引征来反驳这个观点(指美国虽然是共和国但却盛行决斗这一情况与上文所说观点不符——译者),但是这种反驳是站不住脚的。美国还是一个年轻的国家。虽然他正大踏步地迈向更加文明进步的方向,但是目前他还被粗野的不雅的生活方式和偏见影响着。这种情况只有更高的教育程度和更开明的时代能够改变。我相信,随着这些地区不断地进步,半个世纪内,那里的决斗如果不是变得更加少见,至少也会和在大不列颠一样少见了。这种进步将是和文学艺术的进步同步的。因为流血和谋杀无论多么合法,都是与对和平的追求、与和平性质的职业格格不入的。科学的阳光必然逐渐驱散无知和偏见的迷雾,让人们敞开心扉,确立对理性和真理的信仰。科学会向人们展示一个坚定的共和主义者应该表现出尊严而有礼貌的举止,而不会贬损一个自由人的独立自主。殷勤礼貌的举止应该被认为是高度的教育自然而然的结果。

我认为这番偏离本书主旨的论述是应该得到谅解的,因为路易十四的王朝被认为开启了一个文明的新纪元:我们将会看到,他的继承者将在多么大的程度上试图继续发展这个王朝创造的那些进步趋势。

我们可以说这个朝代终结了决斗这种以古代的习惯法为基础的实践。我前面曾经引述孟德斯鸠的话。这位辉煌的作者还有一段论述摘要阐述了一些事物,它们构成了错误的荣誉观的基础:"我们在野蛮人的法典里发现了许多奇怪的、不可思议的东西。根据佛里兹人的法律,如果一个人被人用棍棒打了,应该付给他半个苏作为赔偿;按照萨利克法律,一个自由民,如果用棍子打了别人三下,应该付几个苏作为罚款。如果被打的人流血了,那就像用铁制的武器打人一样,应该付十五个苏的罚款。伦巴德人的法律对打了别人一下、两下、三下、四下都分别明确地规定了赔款。但是今天打人一下就值十万。"

"插在伦巴德人法律中的查理曼大帝的法典规定,那些被允许进行决斗的人必须用棍棒,这对僧侣有利。这样规定似乎也是倾向于使决斗不那么血腥。在虔诚者路易的法典里,决斗者有权选择使用棍棒或者武器。后来只有农奴才使用棍棒战斗了。"

"我已经看到,我们的荣誉观念的特别准则已在产生与形成。起先由原告在法官面前宣称某人曾犯某种罪行。被告答说原告撒谎,这时法官就命令决斗。于是就产生了那句名言:谎言必然要求决斗。"

"当一个人宣布了他要进行战斗之后,他就不能回避这件事;如果他收回承诺,他就将面对惩罚。于是又产生了一条原则:当一个人做出了承诺,就不可能不失体面地收回承诺。"

"绅贵之间的决斗,是二人骑马、手持各种武器进行的;贱民①之间的决斗,则是步行着、手执棍子进行的。由于这个缘故,人们便把棍子看做是侮辱的工具,因为一个人被棍子打,就是被看做贱人了。"

只有贱民决斗时不把脸掩盖上,所以只有他们的脸才会受伤。由于这个

---

① 原文为"Villain",这个词来源于诺曼底公爵征服时期英国使用的法语中"vilein"一词,意思是农田上的劳作者。同时意指这种人没有骑士的地位,行为举止没有骑士风度,可能会做出不符合骑士规范的行为。后来这个词因此发展成为"坏人"、"恶棍"的意思。

缘故，人们便认为打耳光是一种侮辱，需要用血来洗雪，因为一个人被打耳光就是被当做了贱民。

日耳曼各民族在荣誉的观念上，同我们是一样敏感的；不，他们甚至更为敏感些。对于各种侮辱，就是最疏远的亲属也强烈地感同身受；他们所有的法典都建立在这个基础之上。伦巴底人的法律规定，如果一个人带着佣人去打一个毫无防备的人，使他蒙受羞辱和嘲笑的话，应给付打死人时所应付的赔偿金的半数。由此我们看到我们的先辈对侮辱是非常敏感的，但是他们没有提到对于使用武器进行的冒犯，或者被人打击身体时应该怎么办。"[1]

雄辩的孟德斯鸠把绅士风度的产生归因于骑士制度，骑士制度把爱和力量、勇气以及提供保护的一种情感结合在了一起。这种精神是马上比武竞技的内在意义，它结合了温柔的情感和高贵的行为。马上竞技比武使绅士风度得到了用其他方式不可能得到的最高度的强调，而不仅仅是对武装冲突中的技艺和勇气的考验。直至今日我们仍然使用"gallant"这个词来形容一个勇敢、生机勃勃、勇于担当、外表华丽光鲜、为爱人不顾一切的男子。

---

[1] 以上几段见孟德斯鸠《论法的精神》第六卷第二十八章第二十节；《荣誉观念的起源》，商务印书馆版下册，240－242页。本书译者据本书重译，与《论法的精神》文字略有不同。

第十一章　十八世纪法国的决斗

18世纪法国社会经历了彻底的革新和重组。长时间的专制主义使大众的心灵变得残忍兽性，难以接受任何宽宏大度的观念，也无法对专制统治做出高尚的对抗。这个民族已经厌倦了荣誉，荣誉也以富丽堂皇的方式榨干了国家的财富。在一个伟大的心灵出现，引领这个国家带着这些不和谐的事物投身到行动中去以前，整个国家只是在低声地阴郁地窃窃私语。冷漠的态度取代了精力旺盛的行动，懒散怠惰的态度把恶习引入社会。这种恶习脱去了所有从前那种华而不实的吸引人的魅力，表现出所有天然的卑鄙和奸恶特征。菲利普·德·奥尔良公爵①在路易十五未成年期间担任摄政，他让宫廷陷入了所有可能的放荡

奥尔良公爵腓力二世

---

① 奥尔良公爵腓力二世（Philippe d'Orléans, 1674—1723），法王路易十四的侄子，1715至1723年担任路易十五的摄政王。早年领导法国对外战争，战功卓著。他亲自在莫里哀和拉辛的剧作中扮演角色，创作歌剧，擅长绘画和雕刻。他奖掖教育，将巴黎大学和王家图书馆对公众开放。腓力二世一生情妇众多，为他生了许多私生子女。

淫逸的勾当之中。从前那种优美的绅士风度被最堕落的放肆取代了。享乐主义的所有丑恶行径,今天都不再寻求谨慎节制的假面具了。行为不检成了时尚,傲慢和对傲慢的崇拜亦成为时尚。恶行成了占统治地位的色调。如果有人脸红,那是出于对有道德的行为的坚信。

奥尔良公爵在肆意挥霍的宫廷里沉溺于所有荒淫享乐中,既无权威也没有能力节制邪恶。他觉得权力是宝贵的只是因为权力是获取新鲜快感的手段。过去关于决斗的法律被漠视,因为没有强制实施,违法者不会受到惩罚。路易十四刚刚去世六周,两个军官就在杜伊勒里宫的码头上,在光天化日之下决斗。因为这两个年轻人的家族属于穿袍贵族①,奥尔良公爵出于对国会的尊重(他当时畏惧国会),只是将他们调离了他们所属的军团,判处他们两星期的监禁。这次决斗是因为一只安哥拉猫而起的。公爵训斥两人时,对他们说,这种情况下决斗应该用爪子而不是剑。

宫廷的阴谋现在常常与决斗掺杂在一起。时髦的贵妇们的嫉妒和争吵不断,激起他们恋人之间的争执。决斗的当事者出身并不高贵时,路易十四时期成立的、有法国元帅组成的荣誉法庭常常拒绝介入。

这种骄傲的差别对待就曾出现在下面这个事件中。"一位叫德艾迪的神父和一个省政府的职员在一个歌剧演员的家里发生了决斗,职员受了伤。摄政王的女儿、贝里公爵夫人②立刻命令剥夺神父的美差,派他去做一位马耳他骑士③。那个书记员伤势恢复之后,却继续追寻对手。神父被迫又和他格斗了四次,直到公爵夫人把他们送上荣誉法庭。法庭由诺埃尔·布东元帅④主持。当

---

① 穿袍贵族(Nobles of the Robe),法国王政时代,穿袍贵族和带剑贵族构成第二等级贵族阶层。穿袍贵族一般拥有司法和行政职位,但是基本上是用高价买来的。通常,他们的职位不能带来贵族称号(如公爵、伯爵等),只是固定于一些特定职位(法官、律师等)的荣誉称号。1789年之前,穿袍贵族的职位常常是可以继承的。和他们相对的是"带剑贵族",他们以家族为基础在国家的军事生活中发挥传统性的作用。他们的称号一般和一块固定的封建领地联系在一起。穿袍贵族在法国大革命中比较支持革命,起了关键性的作用。带剑贵族则比较保守,反对革命。
② 玛丽·露易丝·伊利莎白(Marie Louise Élisabeth d'Orléans, Duchess of Berry, 1695—1719),贝里公爵夫人,奥尔良公爵腓力二世的女儿。她嫁给了叔叔路易十四的儿子、也是她的堂兄贝里公爵。公爵死后她和瑞翁骑士尼古拉斯·德艾迪(Nicolas d'Aydie, the Chevalier de Rion)秘密结婚。这个人似乎并非神父。有记载说她死于1719年7月21日,并非本书所说的7月19日。
③ 马耳他骑士(Knights of Malta),中世纪骑士制度的一种等级,通常即指圣约翰骑士。
④ 诺埃尔·布东(Noël Bouton, Marquis of Chamilly, 1636—1715),钱姆利侯爵,1703年晋升法国元帅。

他听到决斗一方的情况后,惊呼起来:"活见鬼,他到这里来干什么?这家伙居然管我叫布东?你竟然认为我们会做你的法官吗?把我们当成主教还是掌印官了?这家伙居然还敢叫我们'我的大人'?"

要理解这种一丝不苟的态度,必须知道只有贵族才能称法国元帅为"我的大人"。他们被认为是高等级人民的法官,平民这样称呼他们被认为是一种冒犯。

要知道,这个德艾迪是贝里公爵夫人的恋人。她很自然地担心出身卑微的书记员会用一份不合时宜的判决夺走自己的仰慕者。

法官建议摄政王监禁他女儿的情人,作为对他与一个出身低微的人决斗的惩罚。那个书记员则因为卑贱的出身不值得法官们收拾而被释放了。但是公爵夫人没有批准法庭的判决。她设法让自己钟爱的人获得了自由,然后带着刻骨的怨毒追踪那个小书记员,最后把他绞死了。据德克瑞格夫人说:"激起了整个巴黎的怨恨和谴责。"说来奇怪,一个月后,公爵夫人在书记员被吊死的同一天死掉了。绞刑是在 6 月 19 日,夫人死于 7 月 19 日!

有一次,就在宫廷的温室里,两个贵族——康塔德斯侯爵①和布里萨克公爵之间发生了决斗。两个人都受了伤。事情被隐瞒了几天之后,他们在国会受到审判,但只是走走过场而已。康斯塔德侯爵后来成了法国元帅。另一次决斗也是光天化日下在杜伊勒里宫的码头上进行的,双方是贵族约泽克和维莱特。他们也只是略受谴责,甚至没有受到谴责就过去了。杜卡罗斯②在他的《秘密回忆录》中断言,摄政王曾公开地暗示,决斗已经太过落伍了。

此时,不仅佩剑的人诉诸决斗解决问题,生意人也开始参加决斗。著名的约翰·罗③就是以数次决斗开始他作为财政大臣的职业生涯的。他想方设法避免自己的决斗危及自己在甘康普瓦街上开设的赌场,虽然这个赌场最后还是因为一次暗杀面临严厉的调查。这次暗杀的凶手之一是荷恩亲王④,一个出

---

① 路易斯·乔治·康塔德斯((Louis Georges Érasme de Contades, 1704—1795)),第六代康塔德斯侯爵,法国元帅,七年战争期间法国主要的军事指挥官。
② 查尔斯·皮诺特·杜卡罗斯(Charles Pinot Duclos, 1704—1772),法国史学家。他在伏尔泰退休后被任命为法国史料编撰官。他著的《路易十四和路易十五王朝秘密回忆录》(Secret Memoirs of the Reigns of Louis XIV and Louis XV)在法国大革命后才出版。
③ 约翰·罗(John Law, 1671—1729),苏格兰经济学家。他认为货币只是交换手段,本身并不创造财富,国家的财富依赖贸易。他被路易十五任命为法国经济总监。
④ 菲利普·伊曼纽尔(Philippe Emanuel, Prince of Hornes, 1661—1718),荷恩亲王。他的领地在德国和法国之间。

身名门的比利时贵族。尽管有人极力为他辩护，他还是被判处车裂。这一次摄政王的态度坚定不移，甚至拒绝给死刑换一种比较体面的行刑方式。不过这种坚定只是因为他偏爱自己提拔的约翰·罗而已。约翰·罗创建的银行对摄政王持续的挥霍大有帮助。克瑞格夫人是这个凶手的亲戚，她极力试图救助凶手。她说凶手杀死"抢劫他的犹太人（守财奴）"另有原因。克瑞格夫人认为，摄政王无法克制的仇恨是因为他有一次看到荷恩亲王和帕拉贝尔伯爵夫人在一起，而摄政王自己也喜欢这位夫人。当时摄政王倨傲地对荷恩亲王说："先生，你出来！"荷恩亲王却回答说："先生，这种时候你的祖先会说：'先生，我们出去吧。'"

伏尔泰说，有一次夏洛特（何人不详）在相似的处境中对孔蒂亲王做出了和荷恩亲王相同的回答。克瑞格夫人不想让人们认为自己在炫耀自己的机辩，她引述说："曾经有一个老犹太人说过：'阳光下没有什么东西是新的。'"

克瑞格夫人和当时其他的作者都认为决斗已经是司空见惯的事了，听不到什么别的事情了。忧伤和沮丧在无数的家庭中蔓延。决斗的死者中还有帕拉贝尔伯爵夫人的另一个仰慕者、英俊的德·布勒特伊，他也是摄政王的情敌。[①]帕拉贝尔伯爵夫人在情事上似乎非常不幸，许多她喜爱的人都有同样下场。

历史学家真实地指出，路易十五从摄政王手中接过的权杖被贪污舞弊玷污了，王冠也因为道德败坏而失色。他发现宫廷里满是享乐主义的放荡者，女士们也具有最寡廉鲜耻的品性。他的监护者和顾问们沉溺于邪恶之中。要战胜这种淫荡氛围的瘟疫般的影响，似乎仅有道德上的力量已经不够了。

但是，他在王朝伊始时仍然表现出相当的美德，为他赢得了略带恭维的称号——"被爱戴的"，（"the Bien–aime"）。这个称号远较他的前辈的称号"大帝"更令人心仪。当时没有多少人会想到，不久他就会变成他那个时代的萨丹那帕露斯[②]。

---

① 弗朗索瓦·维克特·德·布勒特伊（François Victor Le Tonnelier de Breteuil, 1686—1743），路易十五的大臣。
② 萨丹那帕露斯（Sardanapalus），据希腊史家记述，是公元前7世纪亚述最后一个国王。他极度奢侈淫荡，在自撰的墓志铭中声称感官享乐是生活的唯一目的。在他的首都尼尼微被敌人攻破之前，他为自己准备了火葬的柴堆，和自己的财宝同归于尽，还把自己所有的男女情人关在盒子里和自己一起烧死了。

路易十五在第一年里试图禁止决斗。他颁布了一项法令，命令攻击别人的绅士将被从他的封建等级中贬逐出去，并且被没收武器。路易十五庄严地宣示，他将最虔诚地恪守加冕时的誓言；根据当时的誓言，他必须尽一切努力执行这些法律。但是哀哉这些誓言啊！它们似乎出现在每一个国家的编年史里，只是一种形式化的表白而已。

我们看到，在执行这项法律的过程中，格勒诺布尔的议会判处一个律师车裂，因为他在军队杀死了一名队长。但是罪犯逃走了，结果只好把他的塑像车裂了。正义的手最后落到了他倒霉的仆人身上，他被打上烙印送到船上去服苦役。

这个可憎的时代里，决斗家的第一人肯定是著名的黎塞留公爵①。他到处给一些和平的家庭制造伤害，然后马上接受人家的挑战。摄政时期，二十岁的他就曾经在路灯下和德盖斯伯爵决斗。这起事件中双方都受了伤。议会进行了干预，但是摄政王喜欢他，只是把他送到巴士底狱监禁了几天。

这个了不起的家伙有一次急切地希望和巴伐利亚伯爵决斗。他和同伴从巴黎出发，在伯爵从尚蒂伊②来的路上截击他。他们用自己的马车和装备在路上设障，堵住了道路。双方一见面，车夫和仆人就开始相互叫骂。两个主人从车厢里出来拔出剑时，被德奥雷先生分开了。德奥雷是法国元帅的副官，专司制止所有决斗，并把决斗者送去审判。

这件事是这样处理的：所有法国的贵族青年都聚集到了荣誉法庭的大厅里，摘帽而且不得佩剑。法庭判处黎塞留向巴伐利亚伯爵做出充分的道歉。

从后来黎塞留公爵和教皇克莱门特十一世的侄子阿尔巴尼伯爵之间发生的事情看来，前次审判时那盛大的仪式并没有真正触动公爵。阿尔巴尼伯爵当时正在访问法国，他非常希望结识不易接近的德·克瑞格·布兰奇福特侯爵夫人。几番失败之后，他求助于黎塞留公爵。公爵建议他化妆成仆人，带着自己给他写的热情的推荐信以仆人的身份等待侯爵夫人。计划成功了，夫人雇佣了他，但是不久阿尔巴尼伯爵公开了自己对夫人的爱慕，从而公开了

---

① 阿尔蒙德·德·维涅罗·杜·普莱西（Armand de Vignerot du Plessis, 1696—1788），黎塞留公爵（不是黎塞留主教）。法国外交家、政治家和军事家。他早年生活放荡，曾因为决斗被关进巴士底狱。后来在法国的对外战争中功勋卓著，成为法国元帅。
② 尚蒂伊（Chantilly），法国北部瓦兹省一城市。

自己的真实身份，结果很丢人地被夫人赶走了。黎塞留假装对此一无所知。但是他在这件不名誉的事情中扮演的角色后来被揭露了，于是又被送进了巴士底狱。他从城堡里出来以后，阿尔巴尼的一个亲戚、年轻的奥蒙特侯爵向他挑战，重伤了他的屁股。一段时间里，大家都认为他的伤不可能痊愈，他会一直是个瘸子了。

1734 年黎塞留公爵又在决斗中杀死了里克森亲王，尽管亲王是他的亲戚。当时两个人都在参加对菲利普城堡的围攻。决斗的起因太奇怪了，没法不提一下：居然是因为亲王杀死了他妻子的伯父、里格尼韦尔侯爵。

当时双方在孔蒂亲王的晚宴上。黎塞留在白天的活动里弄得筋疲力尽，感到非常热，前额上可以看到一些汗水。里克森亲王被公爵的一些俏皮话触怒了，说道："被接纳进我的家族，经过一番道德上的净化之后，您居然仍旧不能以更雅驯的态度待人接物，真是太令人吃惊了。"黎塞留家族的原名是维戈尼罗德，因为同洛林公爵吉斯的女儿伊丽莎白·索菲结婚和洛林公爵的家族成了姻亲（大概里克森亲王也和洛林公爵家族是姻亲，所以这样讲）。这种侮辱是无法忍受的。半夜双方在战壕里进行了决斗，里克森亲王倒下了。

那些日子里，其他的浪荡子里还有一个从塞恩通格斯来的人，叫杜威汉。此人相貌英俊非常迷人，据说出租马车的车夫都愿意免费载他，享受一番为英俊小伙服务的愉悦。关于他还有一则轶事，据说一个裁缝的老婆去讨他欠自己丈夫的四百法郎账款，但是小伙子太迷人了，那女人最后竟然只要了一百法郎而将另外三百法郎的账单留给年轻人就离开了。尽管他出身中等阶层，却设法引起了国王的注意。国王因为他的美貌赐予了他贵族头衔。这个幸运的年轻人不断卷入法律诉讼，但是总能设法胜诉。他在诉讼中的成功，让巴黎大主教管他叫"人间伊甸园里的毒蛇"。人们都知道他的另一个名字——"魅力先生"。

克瑞格夫人不得不承认，这个人总是作为案件的被告被她提到。

这样迷人的绅士当然必须不断参加一些决斗才行。他的魅力无论是在荣誉法庭的元帅那里，还是在宫廷女士们的心里，都是所向无敌的，因为每一次决斗之后，他都毫无例外被无罪开释。

不过他的剑并不总是像他的相貌和举止那样成功。他曾经被穆兰伯爵打成重伤，差一点危及他宝贵的生命。身体一复原他就想追求苏瓦松小姐，这是一位非常美丽的公主。小姐对自己的追求者太迷恋了，她的姑妈只好把她关进蒙马特的一个女修道院，让院长的一位属下看管她。但是栅栏和铁锁无法阻遏这位罗萨里奥（登徒子）①。人们发现了一封信和一个绳梯。姑娘的家族只好求助于他们的亲戚乌吉翁男爵，希望他能让小伙子恢复理智。男爵是一位剑术高手，他提出了挑战也被接受了。但是决斗被国王致命的疾病耽搁了，因为杜威汉在国王身边陪伴到最后。

国王一死，杜威汉马上就去找他的对手，结果被对手在身体右侧留下了两处危险的伤口。尽管伤很重，他还是设法爬进蒙马特修道院的围墙去会他可爱的公主。公主被锁起来了，他只好在修道院的拱门下过夜。辛苦值夜之后他的伤口又迸裂了。血流得很猛，第二天早上人们发现了他的尸体。尸体被送回了家。传言说他死于天花，是服侍国王时传染的。尽管公主悲痛欲绝，但是她最后还是嫁给了科堡－萨尔费尔德亲王②以安慰自己。

圣艾弗雷蒙德是当时又一个著名的决斗者。他发明了一种特别的刺法，后来用他的名字命名，叫圣艾弗雷蒙德刺。这个勇敢者机智而且任性，他会因为一时的念头决定是接受或者拒绝挑战。圣艾弗雷蒙德在追求声誉的道路上有一个竞争者圣富瓦。圣富瓦参加的一些决斗也值得一提。有一天，在普罗库珀咖啡馆，他看见一位绅士在喝巴瓦罗伊斯③，就大叫："对一个绅士来说这是一种混杂物做的糟糕的晚餐！"这样那个陌生人就感觉被侮辱了，他坚持决斗。圣富瓦同意了，但在决斗里受了伤。尽管如此，他还是冷静地对对手说："就算你杀了我，我还是坚持巴瓦罗伊斯是糟糕的晚餐。"

另一次他遇见一个绅士，这个人的体味不佳。他就问对方："见鬼，你的味道怎么这么糟糕？"受辱的人提出挑战，圣富瓦拒绝了。他的原话是："即使你杀了我，你的味道也不会变好；要是我杀了你，你会更加臭不可闻！"有一次一位律师的面容让圣富瓦不快，他走上前凑近他的耳朵说："先生，我有点事麻烦你。"律师没有听清他的轻声细语，平静地告诉他某个时间可以在办公室见到自己。在律师办公室的会面当然非常有趣。圣富瓦说的是："我有件事找你。"这

---

① 罗萨里奥（Lothario），是堂吉诃德故事中的一个人物，后来在西方文学中成了登徒子的代名词。
② 弗雷德里克·约西亚（Prince Frederick Josias of Saxe－Coburg－Saalfeld, 1737—1815），德国萨克森－科堡－萨尔费尔德亲王。
③ 巴瓦罗伊斯（Bavaroise），一种杏仁糖浆和茶的混合物。——原注

第十一章 十八世纪法国的决斗

句话是个双关语，既可以表示一次决斗，也可以表示一件法律事务。

大约这个时期，在两位绅士布里克威尔和拉莫格瑞之间就一桩房产交易发生了一次奇怪的争吵。一开始双方拳打脚踢，最后却是用剑和手枪解决的。治安法庭的判决很不寻常：判定布里克威尔因为多处刺伤拉莫格瑞，过分伤害了拉莫格瑞而有罪。判处他赔付一百法郎，另外支付法庭的审理费用三万六千法郎。法庭还判决他二十年内不得居住在圣洛镇①三十里格之内（里格，长度单位，相当于3.0法定英里，4.8公里）。案件的审理竟然持续了四年之久！

这就是决斗在这个可憎的王朝和之前的摄政时期的情况。人们或许会猜想，正是这种腐朽的弊端导致了已经不甚体面的君主制的终结。这种弊病是路易十六政府的腐败和他那些臣僚奴性的典型反映。这种腐朽的残余是他的宫廷的一种象征，也使得从前的臣子们厌恶这位帝王的棺椁。

这个王朝铺就了通往法国大革命的可怕道路。后来有一位作者很恰当地指出，在法国，只有光荣可以在这个国家和暴政之间造就平衡。路易十四和拿破仑的时代充分证明了这一点。伟大的法国君主们加在人民身上的轭头暴虐而又令人感到屈辱，但是他们用胜利的月桂枝缓解了人民的这种苦恼。他们的后人加于人民的轭头相对而言是轻松的，但却让人民觉得像钢铁般沉重。人民在他们恼人的统治之下在向后退缩。这个民族在他们好战的君主说"朕即国家"时原谅了他。不仅如此，这句对人民具有侮辱性质的话还让人民那可怜的虚荣心得到了满足。但是，当一个可憎的教师对那位君主的孙子（指路易十四的孙子路易十六）说"先生，人民是你的财产"时，巴士底狱被逐渐侵蚀了，卢浮宫注定要被推翻。一个骄奢淫逸的国王自信地躺在他的羽绒长沙发里。人们本来可以让他明白，人民在他们用稻草铺成的床上保持着警觉；鸭绒被里奢华的享乐绝不应该让他忘了数以千计的人在可怜的草垫子上难以入眠。当宫廷成为腐朽的典范时，或迟或速王冠总会被打落。胜利的时刻它会被暴民短暂地戴在头上，然后会被一个战士钢铁般的手攫取（这是指法国大革命后建立的第一共和国和拿破仑称帝）。

这就是法国的命运，这种定数今天还在影响世界。腐败被摧毁后还会再次滋生。通常在一个民族的沸腾激荡中，从骚动的人群里会产生拥有巨大影

---

① 圣洛（St. Lo），法国西北部诺曼底地区芒什省首府。

响力的一些个人。除非引述下面这位作者的话，我不可能更好地描述这个时期里提到的那些伟人的崛起了：

"第一个出现并且主导了这个世纪的人是伏尔泰。他是那个时代学术界的国王，在他居住的费尔奈（瑞士城市，伏尔泰曾经在此隐居）主持着一个全欧洲的法庭。他和君主们通信。他和君主们相互恭维并换取更加现实些的礼物。毫无疑问，伏尔泰因为自己的效力，从那些带着王冠的人手里得到了比过度的赞美更加实实在在的东西。"

"伏尔泰的思想武器是讽刺，他的对手卢梭的武器则更符合逻辑。伏尔泰的嘲讽不那么高贵，但是在法国它更加有力。卢梭得到人们的赞誉，伏尔泰则制造人们对自己的关注热情：他们一个人对具有理解能力的人发声，另一个则对人们的热情讲话。一个人用剑进行敏捷的击刺，另一个用匕首刺戳社会。日内瓦的赫拉克利特（指卢梭）尽管更加雄辩，但是相比费尔奈的德谟克利特（指伏尔泰）却不那么受欢迎。伏尔泰虚荣、轻浮、狠毒而且不道德，外表愤世嫉俗，本质上是一位讥刺嘲弄者。他在论战中没有宗教信仰，在辩论中猛烈，爱报复，无法安抚，但是他却是权力的拥趸。在国王们的脚凳前，在国王的宠臣和他们的情人们面前，伏尔泰趋炎附势，令人鄙夷。他一直在追逐贵族身份和置身国王客厅之中的的荣耀：简言之，伏尔泰是他那个时代的人格化身。"

"卢梭则更加严肃，更具有人类和学者的尊严。他的哲学坚定不移，他把这种哲学贯彻到了极致。他对于原则持严格而且绝对的立场，经常到了夸张的地步。他常常大胆地提出理论，却对这些理论在多大程度上会被证明不切合实际不加考虑。在政治上他似乎很少考虑现实，他的深邃目光却能洞察未来，望见共和制民主的辉煌壮丽。"

"卢梭为一场政治变革做了准备。伏尔泰则在宗教上进行了一次革命，用侮辱和嘲弄攻击了宗教的影响。在伏尔泰那里，哲学变得诡辩而且狭隘。但是，就像夏多布里昂[①]所说，他使基督教摆脱了束缚，最终使

[①] 弗朗索瓦·勒内·德·夏多布里昂（François - René de Chateaubriand，1768—1848），法国作家，外交官。代表作有《基督教真谛》和自传《墓畔回忆录》。他是法国浪漫主义文学早期重要人物。他曾受到拿破仑赏识，担任过复辟后的波旁王朝外交部长。

它恢复了纯洁。"

全力推动加快对社会秩序的变革时，卢梭也在精力充沛地谴责决斗，下面是卢梭对决斗的著名评价：

"当你因为凶残的偏见，把美德放在剑尖上的时候，当心，你把荣誉这个神圣的东西弄的多么混乱啊！这样做只不过造就了勇敢的匪徒而已。"

"是什么构成了这种偏见？是那些曾经进入人类头脑的最极端、最野蛮的思想。这些想法认为所有的社会责任都能在勇气中找到替代品。只要一个人知道怎么决斗，他就不再是一个恶棍，一个骗子，一个造谣中伤者，变成文明的、人性的、礼貌的人了！只要他能用剑来证明，谎言就成了真理，偷窃就变得合法，背信弃义的行为就值得赞扬了！侮辱可以用给对手制造的剑伤洗刷，而且只要你能杀死对手你就绝不会理屈！不得不承认，存在一种情况，在其中礼貌和凶残是结合在一起的。人们在那种情况里出于偶然杀死对方。人们为了让对方流第一滴血①而战斗。第一滴血！上帝啊！您要这第一滴血？这凶残的野兽在做什么？您要啜饮这第一滴血么？"

"古代最勇敢的人从未想过单打独斗去进行报复。凯撒挑战过加图吗？或者庞培挑战过凯撒吗？他们都遭受过对手反复的侮辱。希腊人最伟大的首领被他的战士殴击，有没有让他们丢脸呢？"

"一个正直的人，如果他的生命从来都是无瑕的，他从未表现出任何胆怯的迹象，那么他就会拒绝用杀人玷污自己的手，而且这根本不会让他受辱。他能行动敏捷地为自己的国家服务，保护弱者，履行最危险的职责，以生命为代价保卫任何正义的、诚实的、对他来说值得珍视的东西。他可以用生命中每一个行动表现他无法动摇的坚定，这种坚定是真正的勇气成就的品质。他会自觉地捍卫自己的正直，昂首阔步，既不去寻找也不畏避自己的敌人。他害怕一桩恶行甚于死亡，畏惧罪行甚于危险。如果有一天恶毒的偏见威胁到了他，他高尚生命中的每一个日子都可以见证并且保护他，他所有的行为会由每个人加以公断。

---

① 当时有一种类型的决斗规定决斗者流出"第一滴血"时决斗就应该结束。

那些喜欢寻衅滋事，总是准备触怒他人的家伙，一般来说都是些不诚实的人。他们担心自家被人蔑视，而且这种蔑视本来是他们应得的，于是他们竭力用决斗来遮掩他们不名誉的生活。"

"这些人只要狠斗一次，面对世界一次，就可以在他们剩下的日子里一直隐藏他们的丑事了。真的勇气却更持久，更平和。它总是那样，既不需要刺激也不需要克制。正直的人行动中从来离不开勇气——在战场上和敌人较量时，在社会中为那些不能为自己辩护的人、为真理而奋斗时；躺卧在地，坚毅地忍受着被人攻击后的痛楚和死亡时。激励这种勇气的精神力量不受年龄影响，它把美德放在世俗欲望之上。它不寻求决斗，但也从不畏惧危险。"

在这场道德革命中最奇怪的是，我们看到那些最有可能受到这场革命威胁的人，成了这场预期中的变革的有力支持者。在这场变革中，他们注定要消亡。但是他们仍然盲目地冲向一种新的秩序，一种新的社会形态。他们厌倦了旧的社会，他们从怀疑自己的感官享受，发展到怀疑自己的思想和信条，直到已成废墟的旧社会的残迹崩塌，炸碎在他们热情投入的头颅上（这里指的是法国革命中，一部分贵族明明是革命的目标，却积极地投身革命并在革命中被当作反革命分子被处决之以情况——译者）。

从奴役和压抑中解放出来的过程应该是渐进的。突如其来的自由会让人疯狂，就像突然恢复视力会使人目眩、使人再次失明一样。突然间赋予的自由被恰当地比作会对使用者产生后坐力的武器。在一些突然享受到自由的改革者的嘴里，诡辩被用来消减罪行。爱尔维修认为："为保证公共安全的一切行为都是合法的。"对此卢梭回应说："如果个人安全得不到保障，公共安全就不值得考虑。"

当哲学家宣传着这些意见时，在凡尔赛和杜伊勒里宫流行的关于荣誉的想法又是如何呢？由于对一位可鄙的君主的同样可鄙的屈从，那里关于荣誉的想法和王家厨师维特所持的看法一致。这位厨师因为自己没能在国王的晚宴上及时上鱼这道菜就自杀了。

当我们看到不仅贵族的傲慢，甚至君主的道德堕落和大臣的罪行都成为广泛赞誉的对象，在布道坛上受到赞美，我们还能对那必然要引燃每一个自由的胸膛的怒火感到惊异吗？像福利谢尔①这样的教士竟然在红衣主教黎塞留的葬礼上演讲说，上帝赋予了黎塞留无以伦比的天赋，使他能统治整个世界。上帝还赋予黎塞留隐秘的潜力，并以他永恒的法令使这种潜力释放，让他能以上帝的名义，提升或者推翻君主和国家的权力！另一位雄辩的教士在谈到马萨林的美德时，对他的会众说：马萨林把统治的艺术、王权的秘密传授给了这个世界上位列第一的君主！在这样的宗教统治下，一个厨师因为不能把"一道美味的菜品"放在君王的面前就自杀，我们又怎么能感到惊奇呢？

---

① 艾斯普瑞特·福利谢尔（Esprit Fléchier，1632—1710），法国传教士，尼姆主教，法兰西学院院士。

第十二章 路易十六时期的决斗

有一种正确的说法认为，不幸的路易十六的美德是他周围那个放荡的宫廷里一件不合时宜的事情。最短视的人也能看到正在聚集的风暴，预见到这个国家正在迫近的动荡。在对过去进行回顾时，应该认识到，在当时这种预见不可能有任何确定性，未来隐藏在令人恐惧的阴霾中。专制主义在路易十一和路易十四时期得到了加强，但是，在路易十五时期，法国国会夺回了被他的先王路易十四僭取的权力。路易十四从来不会放过任何机会去表现他对议会的不屑。围绕权力的斗争，现在在国会、僧侣和宫廷之间进行着。至于人民，他们被战争和税收弄得筋疲力尽，平静地在一旁观望。直到相互竞争的政治派别去唤醒他们，把他们兽性的力量投向那似乎拥有着令人怀疑的优势的等级。

这个阶段正在孕育着后来那些至关重要的事件。国会在这个时期在迫害僧侣阶层，而僧侣也反过来反对国会。双方都蔑视宫廷的权威。宫廷似乎正在陷入一种贪图享乐的无动于衷的状态，平静地注视着不断迫近的风暴。它没有求诸任何谨慎的措施以应对疾风暴雨的猛烈冲击。

国家已经被各种纷争撕裂了，宫廷里也同样不存在和谐。国王挑选的首相无法与王后相处，也反对国王的所有举措，直到杜尔哥[①]代替这个人为止。

杜尔哥是一位道德高尚的正派人，尽心竭力地想推行一场改革。但是那些在腐败的土壤里繁荣兴盛的势力结合在一起，很快把他从国家事务的领导

[①] 杜尔哥（Anne–Robert–Jacques Turgot, Baron de Laune, 1727—1781），劳恩男爵。法国经济学家和政治家，财政大臣。经济自由主义的早期倡导者。1774 年路易十六任命他为财政大臣，但是因为他推行了令贵族不满的改革，于 1776 年被革职了。

者位置上赶走了。

内克尔①试图继续他的前人规划的改革，而且一度似乎激起了人们的信心。但是上层社会一起努力反对他，迫使这位不受欢迎的理论家辞职了。最终，积极的富有进取心的卡洛讷②没能把帝国的残骸重新组织起来。

用一位法国作者的话说："路易十六没能被他的国家充分理解，也没有被他的宫廷充分理解。"结果人民出于一些偏见敌视他，贵族也仇恨他，都认为他应该对前任（路易十五）的错误承担责任。

一种表面上的平静笼罩着这个国家，但是这只是一种为风暴做铺垫的阴郁闷热的平静。各个等级的人士都专注于相互的不信任和指责，无法坦陈他们的私人分歧对他们行为的影响。这个时期，决斗似乎被限制在军人中了。佩剑不再是社会地位的标志了。剑作为过去绅士们的武器，总是准备着因一时之忿马上拔出来。现在，它被放到了一边，人们拿起它时总是有预谋的了。

这个平静的时期是短暂的。把社会分为不同等级的藩篱渐渐被推翻了，社会地位不再能作为拒绝与下等人决斗的理由了。

路易十六时期最初的决斗中，有一次颇为出名的决斗发生在阿图瓦伯爵（就是后来的查理十世）③和孔蒂亲王④之间。1778年的忏悔星期二⑤，在歌剧院举行的一次舞会上，阿图瓦伯爵出现了。他挽住了卡迪拉克夫人的手，

---

① 雅各·内克尔（Jacques Necker，1732—1804），瑞士裔法国政治家，1776年开始担任法国财政大臣。他取消杜尔哥的改革试验，采取借贷办法弥补财政赤字。1781年公布政府财政报告，透露预算赤字和特权等级年俸数额，引起宫廷不满，被迫辞职。1788年复任财政总监，支持召开三级会议，促成第三等级代表人数与特权等级代表人数相等，主张各等级纳税平等，因而触怒国王和特权等级，1789年7月11日被免职。7月14日革命爆发后，路易十六召回内克尔再任财政总监。他反对没收教会产业和发行捐券，主张实行温和的改革，与制宪议会的政策相抵触，遂于次年9月辞职，退隐日内瓦。

② 查尔斯·亚历山大·德·卡洛讷（Charles Alexandre, vicomte de Calonne，1734—1802），法国政治家。1783年担任财政大臣，试图进行财政改革，但是失败了。

③ 查理·菲利普（Charles Philipp, Charles X，1757—1836），法国国王查理十世，法国波旁王朝复辟后的第二个国王（1824年—1830年在位）。查理·菲利普是路易十五的孙子，路易十六与路易十八的弟弟。他在即位前的封号为阿图瓦伯爵。

④ 路易·弗朗索瓦·约瑟夫·德·波旁（Louis François Joseph de Bourbon，1734—1814），孔蒂亲王。原书此处为"Prince de conde"，即孔德亲王，但是根据下文他的妻子是奥尔良公主判断，此处应为"Prince de Conti"，即孔蒂亲王。

⑤ 忏悔星期二（Shrove Tuesday），是英语系国家的一个词汇，指圣灰星期三（复活节前的第七个星期三）之前的那一天，也是大斋节（Lent，亦称"齐斋节"，自圣灰星期三开始至复活节前的40天，在此期间进行斋戒和忏悔）的第一天。

当时两人都戴着面具。孔蒂公爵夫人（奥尔良公主）① 认出了他们，跟着他们，而且用调侃的口气和他们搭话。尽管大家都戴着面具，但是这种言谈的侮辱性质没有丝毫减弱。

法国国王查理十世

奥尔良公主

公爵夫人的敌意有两个原因。卡迪拉克夫人曾经是她丈夫的情人，这时已经投身于阿图瓦伯爵的怀抱了。而公爵夫人对阿图瓦伯爵也是青眼有加的。卡迪拉克夫人被公爵夫人惹恼了，极力想穿过人群离开。当公爵夫人怒不可遏地撕开伯爵脸上的面具时，伯爵一时之间把他对女士的殷勤和妇女的特权抛在了脑后，抓碎了公爵夫人的面具，然后冲出了舞厅。

这件扣人心弦的事件被掩盖了好几天。然后公爵夫人在她的晚宴餐桌上对无数的客人讲述了阿图瓦伯爵（就是查理十世）暴徒般的行径。夫人说她当时几乎想叫卫兵逮捕他。所有曾经受到伯爵轻视的宫廷贵妇都起来反对伯爵了。他的野兽行径成了所有社交圈子的谈资。大家普遍认为，对妇女的这种当众侮辱必须要求决斗，伯爵不能以自己的地位为由加以拒绝。当然，结论就是公爵

---

① 玛利亚·芙图纳塔·德爱斯特（Maria Fortunata d'Este, 1731—1803），孔蒂亲王约瑟夫的妻子，摄政王奥尔良公爵的女儿。

夫人的丈夫孔蒂亲王义不容辞地必须向冒犯自己夫人的人提出挑战。

但是，国王要求孔蒂亲王夫妇到自己的小房间里去，在那里他们见到了阿图瓦伯爵。国王要求双方都不许把发生的事情放在心上。孔蒂亲王想要做些申辩，但是国王立刻让他噤声了。

这样的结果不能让孔蒂亲王夫妇和宫廷里的女士们满意。于是王后安托瓦内特派贝森瓦男爵①去处理这件事。王后问男爵在这种情况下，他认为自己的兄长应该怎么办。男爵回答除了决斗他想不出别的办法。玛丽安托瓦内特王后回答说："我的意见与你一致，国王也是同样看法。但是你认为我的兄长会同意这样做吗？"（孔蒂亲王家族和国王同属波旁家族，所以王后称孔蒂亲王为兄长。）贝森瓦男爵说："孔蒂亲王对我们的商议一无所知，男爵认为自己责无旁贷，应该让孔蒂亲王了解公众的看法。因为男爵宁肯看见孔蒂亲王死去也不愿意看到他受人侮辱（原文多次在直接引语中应该使用第一人称的地方使用第三人称，这似乎是一种非常正式的表达方式——译者）。"男爵还补充说："这件事关系重大，他会先和亲王的卫队长德克鲁索商量一下。""去办吧，"王后说，"这件事只能你知我知。"

贝森瓦男爵在波利格南克公爵②的家里和德克鲁索见了面。大家决定必须进行一场决斗。同时有人建议，一旦双方开始决斗，德克鲁索先生就应该从国王那里弄来一道命令，让双方停止决斗。对此贝森瓦男爵坚决反对。他的抗议是有道理的，他说："绅士们，难道你们要让孔蒂亲王扮演一场闹剧吗？我绝不同意这样的安排。"德克鲁索则回答："孔蒂亲王能走上决斗场就足够了，而且国王有权制止流血。"当时在场的波利格南克和佛德瑞尔伯爵③都是

---

① 皮埃尔·维克特，贝森瓦男爵（Pierre Victor, baron de Besenval de Brünstatt, 1722—1794），法国最后一任瑞士禁卫军指挥官。大革命爆发前因为国王任命他领导向巴黎集中、准备镇压群众的军队，导致群众攻击巴士底狱。他被捕受审，但是被释放了。

② 朱尔斯·德·波利格南克（Jules de Polignac, 1st Duke of Polignac, 1746—1817），第一世波利格南克公爵。他的妻子约兰德·德·波拉斯特恩是路易十六王后安托瓦内特的闺中密友。他在法国大革命中逃亡俄国，死于圣彼得堡。

③ 约瑟夫·海森特·弗朗索瓦·德·保尔·德·里高（Joseph Hyacinthe François de Paule de Rigaud, comte de Vaudreuil, 1740—1817），佛德瑞尔伯爵，出生于西印度群岛的法国贵族。据传他是波利格南克公爵夫人、王后安托瓦内特的密友加布里埃尔的情人，对她有很大的影响。佛德瑞尔伯爵是波利格南克公爵周围的宫廷小圈子的核心人物。他也是艺术行家和收藏家、艺术的赞助者。曾经劝说安托瓦内特允许公演《费加罗的婚礼》。大革命爆发后，他逃亡奥地利和英国，组织反革命活动。波旁王朝复辟后回到法国。

这种意见。

贝森瓦马上去找阿图瓦伯爵,告诉他这一切,于是一场决斗被确定了下来。第二天阿图瓦伯爵由德克鲁索陪同,来到了布洛涅公园①。德克鲁索在马车上带着孔蒂亲王最好的剑。到达树林时,他们看见孔蒂亲王被一群绅士包围着。一看到孔蒂亲王,阿图瓦伯爵就下了马,走上前对孔蒂亲王说:"我知道,先生,大家都在说我们在搜寻对方?"对此孔蒂亲王摘下帽子回答说:"我在这里,先生,等候您的吩咐。"伯爵也礼貌地回答:"我也在这里,希望能满足您的愿望。"

一番彬彬有礼的前奏之后,双方都拔出了剑。孔蒂亲王对阿图瓦伯爵说:"您没有注意到吗?太阳正直射在您身上呢。""您是对的,"伯爵回答,"我们最好走到那堵墙哪儿去,我们能在那里找到比这些光秃秃的树下面更多的阴影。"

于是双方把拔出的剑夹在腋下,交谈着向那堵墙走去。他们的助手跟在身后,其他人保持一定距离也向那边走去。孔蒂亲王的助手德威布雷发现双方的靴子都带着马刺,在决斗中可能造成不便,于是助手们立刻着手为他们脱去马刺。做着这件事时,德威布雷的一只眼睛差点被孔蒂亲王的剑尖刺中。马刺摘除之后,孔蒂亲王请求对方允许自己脱掉大衣,阿图瓦伯爵不仅同意了,而且自己也把大衣脱掉了。

双方进行了几个回合之后,阿图瓦伯爵明显有些不耐烦,而且开始面红耳赤了。人们也观察到孔蒂亲王的步子有些蹒跚。助手们以为孔蒂亲王受伤了,就进行了干预。他们请求双方停止进一步的战斗。伯爵说:"我没有什么意见,应该由孔蒂亲王殿下提出他的愿望,我一切从命。"孔蒂亲王立刻放低了他的剑,并且说:"我被您的善意刺穿了,我绝不会忘记您赐给我的荣耀。"伯爵于是张开了双臂,孔蒂亲王和他拥抱在了一起。

这次无害的决斗之后,由王后和贝森瓦男爵提议,阿图瓦伯爵重新出现在了波旁王室的王宫里。他向孔蒂亲王夫人认真地道了歉。对决斗者的惩罚是放逐一周。伯爵去奇瓦斯②;孔蒂亲王去尚蒂伊。这次著名的决斗就

---

① 布洛涅园林(Bois de Boulogne)是法国巴黎的公园,与塞纳河畔的纳伊郊区接界。从17世纪开始便是公众娱乐地区,现在是奥提尔和朗香赛马场所在地。
② 奇瓦斯(Choisy),法国有好几个地方叫这个名字,不清楚所指。

这样结束了。由于作者各自的党派立场，对于这次决斗，后来有很多不实的叙述。

毫无疑问，在这件事的处理上，阿图瓦伯爵表现出了适度的坚定和彬彬有礼的绅士风度。尽管孔蒂亲王可能只希望在决斗中保护好自己，不希望伤害他的对手，但是说事先安排好了一次不流血的决斗是没有任何根据的。孔蒂亲王当时可能比对手更占上风，因为他还保持着冷静，而伯爵已经明显有些过于激动了。

这件事对当时社会的腐化和行为方式提供了一个很好的写照。一个上层社会的夫人侮辱了丈夫的情人。她这样做不是因为对方是自己丈夫的情人，而是因为一个自己喜爱的男人喜欢上了她。愚蠢的丈夫却要以自己的生命和自由为赌注去和那两个夫人相互争夺的男子决斗，而这个男人竟然忘记了所有的绅士派头，殴打并侮辱了一位妇女！

这位孔蒂亲王的父亲老孔蒂亲王[1]也曾经和自己卫队的一个队长——德阿古子爵进行过一次决斗。这个军官正在追求一位年轻的寡妇。那位女子和孔蒂的夫人同出一门。德阿古已经答应和这位寡妇结婚，但是发现她同时还对自己的亲王姐夫频送秋波，于是他伤心地谴责了妇人的两面三刀，取消了婚约。妇人向自己的保护人抱怨这件事，亲王于是决定德阿古应该辞去卫队队长的职务。德阿古立刻把辞职信交到了亲王手中，同时要求知道自己在什么地方有亏职守，要忍受这样的羞辱。亲王答复说："他不会让一个说谎者和造谣者为自己服务。"对这个严厉的指责，德阿古回答说："阁下您应该知道，当我冒昧地提出这个问题的时候，我已经不再为殿下您服务了。而且我很高兴我还记得自己是一位绅士。"亲王回答说："我理解您，先生。我坚持我说过的话，我会用您认为需要的任何方式坚持我说过的话。""既然如此，"德阿古说："我就指望您的仁慈了。"然后他立刻到凡尔赛去为可能发生的致命结果寻求必要的保护。办完这件事后，他赶到塞夫勒[2]出现在亲王马车窗户外面。亲王当时在这里换马。德阿古对亲王说："我的殿下，我来领受您的吩咐。"于是亲王回答："那么，先生，明天早上九点我会在布洛涅公园的门口，

---

[1] 路易·弗朗索瓦·德·波旁（Louis François de Bourbon, Prince of Conti, 1717—1776），孔蒂亲王。他的妻子是路易十五的孙女。
[2] 塞夫勒（Sevres），巴黎西南郊城市。

靠近梅勒特门①的地方恭候。"

德阿古像人们期待的那样，由他的兄弟陪同准时出现在了那里。亲王随后也到了。他首先把一封说明自己是事件挑起者的声明交给了德阿古。其中还介绍德阿古给外国君主以寻求保护。鉴于这场决斗可能的致命结果，事后德阿古很可能需要逃到国外去避难。

德阿古对这种慷慨的行为表示了感谢，然后扔掉大衣。亲王说："先生，您扔掉大衣，肯定也希望我这样。"德阿古回答说："我没有权利要求您做任何事，我毫无保留地信赖您的声名，我只是迫切地希望向您证明我的名誉而已。"亲王立刻脱去了大衣，双方的剑很快碰在了一起。由于自己所处的屈辱境地，德阿古不顾一切地发起攻击。当助手进行干预时，亲王受了轻伤。这次决斗之后不久，德阿古被亲王拔擢为军团少校。国王对此情况几乎不知所措。但是人民却把这次决斗视为新时代的信号。一个出身王族的亲王与一个地位低微的人决斗，这是古老偏见对新颖的变革的让步；这种新的行为方式，正在磨平封建等级的差别。贵族们则把孔蒂亲王与弗兰西斯一世相提并论了。

在这个王朝和此前一个王朝的后半段时间里，一个非凡的人物——勒·谢瓦利埃·德·伊恩②出现了。此人1728年生于东奈③，曾经做过律师，检查员，政治作家，龙骑兵的队长，外交官和击剑大师。他以击剑教师的名义教授俄罗斯大公剑术时，实际上肩负了一项秘密而微妙的使命。他出色地完成了使命，赢得了大使馆秘书、上校的职务，而且获得了圣路易十字勋章。接着他被派往英国担任全权大使，去批准1763年的英法条约。

这位德伊恩精通各种武器，参加过多次决斗，总是取得胜利。当他供职于法国驻伦敦公使馆时，他觉得给他的上司、公使圭尔奇伯爵一记耳光是天

---

① 梅勒特门（Maillot gate），是通往巴黎布洛涅公园的一个门，今天在巴黎城铁一号线梅勒特站附近。
② 查尔斯·日内维耶·路易·奥古斯特·蒂莫泰·德伊恩·德·博蒙特（Charles - Geneviève - Louis - Auguste - André - Timothée d'Éon de Beaumont, 1728—1810），通常被称为谢瓦利埃·德伊恩（Chevalier d'Éon），法国外交官、间谍和战士。他一生前49年是个男人，后33年则作为一个女人生活。
③ 东奈（Tonnerre），法国中北部约讷省一城市。

经地义的。① 后者向凡尔赛的内阁投诉了这件非常严重的事件，内阁决定逮捕德伊恩并把他押送回法国。有人将此事告知了德伊恩，他向伦敦寻求避难。后来他在伦敦和一个名叫福格的法国人在正午的街道上决斗，所以因为扰乱治安又被逮捕了。

着女妆的德伊恩

着男装的德伊恩

因为一些很奇特的现象，有传言说他是个女人。当时他在击剑时被一把花剑刺伤了胸口，出现了像乳房一样的肿块，必须立刻消除掉。但是谣言不胫而走，说德伊恩是个化妆成男子的女人。②

---

① 维基百科的说法是：德伊恩在 1863 年的英法条约谈判中是法国大使的助手，因为其间的贡献，在大使回国后，他成了法国驻伦敦大使馆暂时的全权大使。后来圭尔奇伯爵（Count of Guerchy）赴伦敦担任了新大使，德伊恩重新回到了副大使的位置上，而且受到了新大使的羞辱。他拒绝返回伦敦，并且擅自发表了一些法国外交方面的信件，诋毁圭尔奇伯爵的能力，但是他没有泄露此前参与法俄交涉时掌握的机密文件。以此为要挟，他迫使法国国王发给他一份一年 12000 里弗的年金。

② 当时伦敦股票交易市场甚至为他是男是女开设了博彩的赔率。有人邀他做一次检查，他表示那样不体面，谢绝了。

一副描绘德伊恩穿着女装进行决斗的讽刺画

他故意不理睬那些流言,没有努力去消除谣言。而且他一再拒绝对这些疑问给予满意的答复,结果谣言广为传播。他后来穿上了女人的服装,充当了女性的角色,对他的动机有各种不同的解释。有人说是因为外交部长艾吉永伯爵①命令,除非他打扮成女人,否则不允许他出现在法国。与此同时,德伊恩则自称自己这样装束,是为了维护圭尔奇伯爵的荣誉,因为自己扇了他的耳光。其他人则断言,他穿女人的服装是为了让凡尔赛的内阁可以把签署1763年英法条约的屈辱推卸到一个女人的身上。不过,他只是在艾吉永和圭尔奇都去世之后才出现在法国。他出现在巴黎出席一次纪念活动时,向当时的首相莫瑞帕伯爵②请求撤销迫使他穿着女人服装的命令。下面就是他那奇怪的请求的大致内容:

"我有必要谦恭地向您提出,我扮作妇人的见习期已经满了,我也不可能成为发愿者(发愿者:指修会中已发"贫穷(神贫)、贞洁、服从"三愿之会士)。我遵从已故的国王和他的首相的命令,在和平时期保持着

---

① 伊曼纽尔·阿尔蒙德·德·维涅罗·杜·普莱西·德·黎塞留(Emmanuel – Armand de Vignerot du Plessis de Richelieu, duc d'Aiguillon, 1720—1782),艾吉永伯爵,上一章中黎塞留公爵阿尔蒙德·德·维涅罗·杜·普莱西的侄子。年轻时因为国王喜欢上了他的情人,他的叔叔黎塞留公爵把他派往意大利战场,差点儿丧命。后来担任过法国外交部长。
② 让·弗雷德里克·菲利皮克斯(Jean – Frédéric Phélypeaux, comte de Maurepas, 1701—1781),莫瑞帕伯爵,法国政治家,杜尔哥和内克尔的政敌。

第十二章 路易十六时期的决斗

妇人的裙装。但是在战争时期，这是无法接受的。① 对于显赫的圭尔奇伯爵家族来说，允许我继续我的军事生涯关系到他们的荣誉。至少这是整个军队和世界的看法。我一直像阿喀琉斯一样思考和行动。我从未对死者开战，我只在他们活着并攻击我的时候杀死他们。"

他曾经严重地侮辱过的圭尔奇伯爵的确已经死了，但是他唯一的儿子还活着。他仍然渴望用德伊恩的血洗刷他给自己家族造成的尚未洗雪的耻辱。他的母亲对儿子与这个国家最有经验的剑客之间的决斗不无忧心。她恳求首相施加影响，拒绝令人忧虑的德伊恩的请求。于是要求德伊恩穿着女人服饰的命令被重申了。作为条件，路易十五同意给他每年一份五百镑的年金。这种奇怪的处境让我们化了妆的英雄总是卷进一些古怪的境遇，经常受辱。有一天他在一个剧场卷进了一场严重的争吵，结果被关进第戎的要塞严加看管。

1789年的大革命中他回到了英国，在英国教授击剑术。有几次他在公众面前表演了击剑，经常是和威尔士亲王作对手。这个非凡的人物1810年死于伦敦，死时已经79岁高龄了。② 当时著名的医学修士、卡尔顿市议会的宠儿佩雷·爱丽舍给他做了尸体检查，官方的结论证明死者的确是男性。这终于让悬而未决的疑问尘埃落定了。③

能在剑术和受上流社会欢迎的程度上与德伊恩先生一较高下的是谢瓦利埃·圣乔治先生④，一个混血儿。他是法属瓜达卢普岛上的收税官M.德·布

约瑟夫·布洛涅，谢瓦利埃·圣乔治
（1745—1799）

---

① 美国独立战争时期，德伊恩曾请求参加法国部队支持美国的战争。
② 此处本书和维基百科关于德伊恩德年龄说法不同。
③ 另一种说法是德伊恩身体构造是男性，但是可能患有内分泌失调导致的卡尔曼综合症。
④ 约瑟夫·布洛涅，谢瓦利埃·圣乔治（Joseph Boulogne, Chevalier de Saint-George, 1745—1799），法国18世纪下半叶最重要的黑白混血作曲家、指挥家和小提琴家，同时也是著名的击剑家和骑手，被誉为"黑人莫扎特"。大革命中他成为革命军中第一名黑人上校。

洛涅和一个黑人女子的儿子。他早年被交给当时一位著名的击剑大师——拉·布瓦希尔抚养。圣乔治在武器上的造诣和他数不清的决斗，让他在妇女中非常受欢迎，人们完全忘记了他黝黑的肤色和羊毛般的头发。他很快被任命为蒙特松夫人①的侍从武官。此前奥尔良公爵已经和这位夫人秘密地结了婚。圣乔治后来又被任命为公爵夫妇的儿子沙特尔公爵的队长。

1776年他热望能做皇家歌剧院的经理。但是女演员和舞蹈家们以阿诺德小姐、吉玛特小姐和罗莎莉小姐为首，哀求当时的王后不要把剧院交给一个黑白混血儿领导，以让皇家音乐学院的庄严地位蒙羞。王后屈服于他们的请求，拒绝了圣乔治的要求。圣乔治对王后的插手深感屈辱，为了报复不幸的王后，他在大革命期间极力反对王室。

那个时期，他是公开决斗中最重要的人物。后来他被奥尔良公爵派往比利时的图尔奈②的法国移民中从事一项秘密的使命。使命相当危险，要不是那个城市的总督帮忙让他逃跑，这项使命几乎要了他的命。后来他组织了一团轻骑兵，由他指挥在迪穆里耶③麾下参加战争。后来他又向国民议会指控了迪穆里耶。尽管他持雅各宾主义的激进立场。但是如果没有热月九日的政变，他的生命也要被奉上革命的祭坛了。热月政变里他被放出了监狱，1799年在贫困中死去了，时年五十四岁。人们公认他是那个时代最好的剑客和枪手。

他最了不起的一次表演是把两枚英国旧制的五先令硬币抛到空中，然后用手枪打中它们。他是个杰出的音乐家，和蔼可亲而且举止有礼。他还是最宜人的谈伴。他的个性和仁慈的天性众所周知。他曾经参加很多次决斗，但通常都是受人挑衅的一方。从未听说他曾经利用自己的名气去欺侮那些不善于决斗这种毁灭性技巧的人，却常常听到他给那些好争吵、麻烦不断的年轻

---

① 夏洛特·珍妮（Charlotte - Jeanne Béraud de La Haye de Riou, 1738—1806），本来是奥尔良公爵路易·菲利普一世的情妇，后来成为他第二任妻子，但是他的丈夫没有给予她奥尔良公爵夫人的地位，而是称她蒙特松夫人（奥尔良公爵同时拥有蒙特松公爵的封号）。他丈夫前妻的儿子路易·菲利普二世是奥尔良公爵、沙特尔公爵（de Chartres）。他支持法国大革命，号称"革命公爵"。1793年在大革命中被杀。"革命公爵"的儿子路易·菲利普在1830年7月革命后成为法国国王。
② 图尔奈（Tournai），比利时一瓦隆人城市，位于布鲁塞尔以南85公里。
③ 查尔斯·弗朗索瓦·杜·皮埃尔·迪穆里耶（Charles - François du Périer Dumouriez, 1739—1823），法国大革命期间著名将领，但是在拿破仑帝国时期他成了保皇派阴谋者。

人很好的教益。有记载说，有一次他在敦刻尔克和一群妇女一起遇到了一位年轻的轻骑兵军官。这个军官不认识圣乔治。他当时正在吹嘘自己击剑的技术，而且宣称在法国没有人能作他的对手。"您见过著名的圣乔治吗？"一位妇女问这位年轻人。"圣乔治！很多次了。他在我面前站不了多久的。"轻骑兵一边捻弄他的小胡子一边回答。"这真奇怪。我希望能试一试您的技艺，年轻人。或许女士们能为我们弄到花剑，然后来一场击剑比赛，让女士们开开心吧。"圣乔治说。年轻的军官用一丝轻蔑的微笑表示了同意。房子的女主人取来了她兄弟的花剑。轻骑兵立刻准备羞辱这个上了年纪的对手。圣乔治却礼貌地与女士们寒暄着，请求她们在轻骑兵的土耳其式长袍上指定一些纽扣，他会在比赛中用剑刺中这些扣子。快乐的女士们很乐意看到一个纨绔子弟被教训一顿，于是指出了几颗纽扣。圣乔治一个接一个地用剑刺中了这些扣子，最后还从这个经验不足的牛皮大王手里把他的剑也打掉了。年轻人羞愤欲狂，立刻要求决斗。圣乔治平静地回答说："年轻人，还没到时候。你还应该活下去为国家服务。不过记住，你已经见过圣乔治了——我就是那个任何时候都会被证明不是你对手的人。"这个教训太严厉了。那个年轻军官已经头昏脑胀了。他收敛起被冒犯的虚荣心，退了出去，从此再也没有走进这幢房子。

路易十六改革宫廷，试图使宫廷保持至少是一个合宜有序的外表，这种努力多少取得了一些成功。他压制了不久前还在污染着宫廷的卖弄和出风头的恶行，但是那些心存不满的享乐主义者，却在皇家舞会的纵酒狂欢中为他们的放肆和纵欲找到了另一个场所。在那里，用一位现代作者的话说："邪恶变成了原则，腐败成了制度。"

就像十字军曾经对欧洲社会产生影响，在行为上和思想上引发了一场出人意料的改革一样，美国的独立战争也使法国的宫廷产生了实质性的变化。一些贵族曾经在美国军队里光荣地服役，他们回家时带来了对于自由和独立的一些热情洋溢的新观念。其中包括洛赞公爵①，一个气质高雅的贵族。他因为决斗和好运气很出名。

---

① 阿尔蒙德·路易斯·德·贡陶（Armand Louis de Gontaut, Duc de Lauzun, later duc de Biron, 1747—1793），洛赞公爵，后来的比隆公爵，法国军事家、政治家。因为在美国独立战争中发挥的作用而闻名。法国革命的大恐怖时期被送上了断头台。

德·提利，绰号"美好的德提利"①，是当时的另一位名人。在他的回忆录里，我们发现了下面这些对决斗的描写："法国是决斗的诞生地。我漫游过欧洲许多地方，也去过新大陆。我曾经和战士、朝廷的大臣一起生活。但是我在任何别的地方都没有像在法国那样见到如此致命的敏感易怒的性情，这种性情不断地制造着冒犯、伤害和挑衅。结果造成了法国人如此奇特的倾向：他们太高尚了，不会倾向于报复。那么是什么诱使他们因为一些实质上都非常轻浮的事情而去进行决斗呢？是教育，而且只是教育。"

"你和一位亲密的朋友进行了一番探讨，尽管并没有超越可以接受的热情激动的限度，但是妇人们却在其中看到了诽谤中伤的阴影。结果你宁可杀死自己的朋友或者被朋友杀死，也不能忍受仅仅出于怀疑，让妇人们觉得你没有足够的勇气。"

"在赌桌上发生了一些误解，一个旁观者略带讥讽地微笑了。他和他的姐妹耳语了几句，他的姐妹又和她的堂姐妹耳语了几句，你就完全可以被人杀死，因为你可能被人怀疑在牌桌上作弊。除了剑没有别的方式可以恰当地解决这件事了。"

"众所周知，你的妻子是个水性杨花的女人，你就必须让他的情人刺穿你的身体，她的名誉就能恢复了。你自己也可能勾引了一个诚实人的妻子。他要是敢怀疑你，语带讥讽地接待你，那就杀了他：你已经剥夺了他的幸福和宁静，用不着谨小慎微，干脆把他的生命也结果掉算了。"

对法国人的性格和他们对荣誉的观念的这种看法，由夏多布里昂用下面的话语充分地进行了阐述："法国是古代世界的长子，在才能上他们是罗马人，但是性格上他们却是希腊人。繁荣的时候他们无法满足，轻佻易变；困厄之中他们却始终如一，不可征服。在所有的艺术中他们都独具匠心，在这个国家平静的日子里，他们的文明礼貌到了过分的地步，但是在政治动荡中，他们粗鲁下流而且野蛮。他们被激情驱使而在两极之间摇摆，好像一艘在风浪中没有压仓物的船，一会儿冲上天空，转瞬又沉入深渊。对美好和邪恶的东西都一样充满热情；友好得不期待感激，粗鲁时也没有懊悔；而且很快就

---

① 雅各·德·提利（Jacques-Louis-François Delaistre de Tilly, 1749—1822），拿破仑战争中的法国将军。

把自己的美德和恶行都忘个干净。束缚在和平时期的生活里，他们胆小怯懦；在战斗的时刻又是自己鲜血的挥霍者。他们虚荣自负，喜欢挖苦讽刺，野心勃勃。他们在一个时间里同时是墨守常规和改革的机械的追随者。除了自己，他们瞧不起所有事物。单个的法国人是最令人愉快的家伙，合在一起却是最让人不快的一群。在他们的国家，他们是令人愉快的，在国外却让人难以忍受。有时他们比他们屠宰的羔羊还要温顺无辜，另一些时候，比贪婪的老虎还要无情凶恶。这就是古代的雅典人、现在的法国人。"

现在决斗有时呈现出了幽默的特征。人们为了歌曲决斗，为一些双关语和答案有双关意义的谜语决斗。诗人坎皮尼提因为他的诗句在决斗中受伤。卡里欧斯特罗伯爵①被一个他称为江湖庸医的医生挑战。他提出医学问题应该用医学方法解决，建议双方吞一些药片，一份是毒药，另一份无毒。

有一则关于一个年轻法国人的轶事。他因为糟糕的舞姿被人嘲弄，于是他说："我跳得很糟，但是我知道怎样决斗。"对方却沉着地回答："那么，今后您最好决斗，再不要跳舞了。"

这就是那个时代的轻率的情感。当时那个从布列塔尼来的德·滕特尼亚克侯爵竟然向一个剧场里正厅后排的所有观众提出挑战。他坐在舞台后面，从舞台一翼的座位上向前探身太远，受到其他观众的责难。结果他立即走到舞台前的灯旁，对所有观众说："女士们，先生们，承你们允准的话，明天早晨会发生一桩小事，名字就叫正厅后排观众的傲慢遭到想要多少就有多少的严厉惩罚，由德·滕特尼亚克侯爵表演。"这番粗鲁无礼的讲话竟然得到热烈的掌声，没有一个人觉得应该对这个侮辱了全体观众的人感到愤怒。

这个时期，决斗不仅在平民中被阻止，社会也在努力禁止军中的决斗。那个命运多舛的米歇尔·内伊元帅②就是政府用严厉手段制裁决斗挑衅者的例子。他后来在波旁王朝复辟时期经过审判被杀害了。

---

① 亚历山德罗·迪·卡里欧斯特罗伯爵（Count Alessandro di Cagliostro, 1743—1795），意大利术士，神秘主义者和冒险家朱塞佩·巴尔萨摩的别名。
② 米歇尔·内伊（Michel Ney, 1769—1815），法国元帅，拿破仑手下最著名的将领，在1815年滑铁卢战役中指挥法国的骑兵部队。拿破仑被放逐后，他被复辟的波旁王朝判处死刑。他获准亲自发令执行对自己的死刑。他对行刑队说："战士们，我命令开火时，瞄准我的心脏射击。这将是我最后一次给你们下达命令。我参加过一百次战役，没有一次是反对法国的。……士兵们，开枪！"

内伊1769年出生于萨尔路易斯，后来应征入伍。1787年，他在"上校将军团"（后来的第四轻骑兵团）服役。他外貌英武，军事技术娴熟，马术也很好，经常能够驯服驯马人都对付不了的烈马，在军中非常出名。

他也被认为是团里最好的剑客，经常担负一些团里最危险的战斗任务。轻骑兵部队的一个击剑大师温提米尔当时也在内伊驻扎的地方。这是一个疯狂的决斗者，他打伤了内伊团里的一个剑客，从而侮辱了内伊所在的团。内伊的战友们决定选出团里最勇敢和身手最好的人去教训温提米尔，他们选中了内伊。两人碰头了，马刀撞在一起了，但是内伊却感觉自己的头发被人拽住了。是他的上校揪住了他，而且立刻把他关进了一个黑屋。

当时决斗会被处以死刑，内伊的生命因而受到了威胁。但是他深受官兵喜爱，团里的人坚决要求释放他，再加上当时的战况，他们的要求没法被拒绝。内伊被释放了。他得到自由以后第一件事，就是找到对手继续被打断的决斗。双方秘密地进行了决斗，夸夸其谈的温提米尔持剑的右手受了伤，此后终身残疾。内伊后来爬上了很高的地位，变得非常富有。他找到当年的对手，合法地给他安排了一份丰厚的年金。

这个时期，一个法国军团的上校进行了一次最具有报复性的决斗。这个绅士有一次夸耀自己的好运气，因为自己从来没有被形势所迫参加决斗。当时在场的一个军官表示惊奇，而且暗示那是因为他缺乏勇气。他说："如果受到侮辱您怎么避免决斗呢？"上校回答说："他从来没有冒犯过别人，别人也不敢造次，从来没有侮辱过他。而且即使在现在这种情况下，他也会首先考虑那个放肆地侮辱自己的人的品性（上校的话暗示对方的问题已经侮辱了自己——译者），而不是马上要求决斗。"上校的谈话对象对这番陈述的反应就是，用自己的手套以最傲慢的方式打在上校的脸上，然后说："也许，您不会认为这是一种侮辱，先生。"上校平静地带上帽子，走出了房间。第二天早晨，他派人送去了挑战。

当他们来到决斗场时，上校的脸上被手套打过的地方贴了一块薄橡皮膏，大小约相当于一枚英国旧制五先令的硬币。第一个回合，上校就刺伤了对手的右臂。然后上校拿下脸上那块橡皮膏，用一把剪刀沿边剪下一条，重新又把它贴上脸颊。接着他请求对方允许自己离开，同时客气地请求对方帮自己一个忙，如果伤好了就通知他。后来他一听到对手能够拿剑的消息，就立刻

第十二章 路易十六时期的决斗

向对方挑战，再一次刺伤了对手，于是又从那块橡皮膏上剪掉了一部分。

用同样的方式，他一次又一次地向对方挑战，决斗，刺伤对手，直到那块橡皮膏变得只有一先令大小的时候，他最后一次挑战对手，将对手刺穿，然后平静地看着对方的尸体说："现在我可以把这块橡皮膏摘掉了。"这一切非常残酷，但是对那个傲慢的大言不惭的家伙来说，的确是个很好的惩罚。他根本不知道，他那样轻率地侮辱的是当时世界上最了不起的击剑家。

路易十六王朝的初期，社会继续受到从前的偏见和对荣誉的错误观念的支配，仍然赞成一种具有勇气，对妇女殷勤，而且能成功地施展诡计的品德。但是很快，社会就呈现出另一种风貌了。爱国心和对自由独立事业的自我牺牲精神，成了许多争吵和严厉的相互指责的原因。

这个王朝里最后一次略带恶名的决斗中，有一方是德提利伯爵。因为这次决斗，根据法国陆军统帅和荣誉法庭的命令，他被逮捕了。迟至1788年，这个法庭还由黎塞留公爵主持着。法庭判决将德提利伯爵关进大修道院。经过三个月的监禁，他被释放了。当时这个法庭的法官已经不再保有公正的名誉了，不可能解决事关荣誉的棘手问题了。像其他所有机构一样，它变得迟钝而且腐败。德提利对此作了下面的描述：

"这个法庭真是一个宗教裁判所。在这里法国的尊严屈服于一些徒有其表而且傲慢的托词，这些托词是法官的同侪们屡试不爽的。这本质上是一个军事法庭，现在却蜕变成了一个司法和民事法庭，各种弊端丛生，声名狼藉。法庭里的贵族们，因为年龄和身体的原因显得衰弱无力。他们只想在自己职业生涯的最后时刻抓住象征胜利的受人敬仰的棕榈叶，但是他们虚弱的手臂很快又不得不将它们放下。他们没有受过法律和司法方面的教育。他们对于荣誉和骑士制度的忠贞，不足以指引他们从事这项事业。困难的问题都交由学究气的律师去阐述。这些人是高贵性质天然的敌人。因为教育和他们秉承的原则，他们对指派给他们的工作完全是个门外汉。于是来了一堆下级执法官，他们合法地关上了这个法庭的大门，直到它被贿赂敲开。特许权和指控被买卖。能证明无罪的声明和能宣告有罪的证据都在被交易。一句话，这是一群唯利是图的人。他们因为怨毒而茁壮成长，曲解文件，抢掠财富。"这就是这片土地上最尊贵的法庭所处的腐败境况，这个法庭由堕落的黎塞留公爵主持，已经成了贵族的一个污点、国王和国家的耻辱。

大革命开始时，人们开始认为已经不需要决斗了。每一个演说家都认为他的生命属于这个国家。

米拉波①在他的早年经常表现出个人的勇气，进行过几次疯狂的决斗，但是在大革命中当他被暴怒的演说者侮辱的时候，他并不认为自己的名誉受到了威胁，因此被他的敌人指控为胆小鬼。国民议会里的绅士风度已经在暴风雨般的论辩中消失的无影无踪了，攻击别人的演说者只是被送进监狱。

当时在拉莫特②和卡斯特里侯爵③之间发生了一场决斗，尽管决斗的起因不是公共事务的争执，仍然被视为一件不同寻常的事件。平民因此焚毁了卡斯特里侯爵的房子，同时数不清的代表团等候在拉莫特的门口，用最强烈的语气表达他们反对决斗的意见。这个时期决斗被视为贵族的生活方式和宫廷堕落的可憎的残迹。焚毁卡斯特里住宅的暴力行动被誉为"人民的一次升华"。米拉波在他最壮观的一次演讲里这样提及这个事件：

"你必须在这个帝国里建立对法定权威的绝对服从，压制我们中间那一小撮傲慢的阴谋者。

啊，先生们，为了你们自己的安全，我请求你们要严酷。你们不能只是管这次的破坏事件叫做一桩不受法律保护的房子的崩塌。你们没有看到吗？在这次破坏事件中，尽管人民处于普遍的愤怒之中，他们仍然虔诚地向他们君主的画像鞠躬，向这个国家的首席文职官员、法律的执行者、他们崇敬的国王的画像鞠躬。④

---

① 加布里埃尔·米拉波（Honoré-Gabriel Riqueti, count de Mirabeau, 1754—1792），法国政治家。1789年他以第三等级代表的身份入选三级会议，法国大革命初期在其中成为核心人物。1789年10月5日和6日之后，在拉马克的要求下，他向宫廷献策，要求路易十六逃往外省首府，并着手君主立宪制，但他的建议被王后玛丽·安托瓦内特拒绝。1790年3月，他接受了国王的大笔秘密酬金，此后与宫廷频繁通信直到去世，拉马克是他们的中间人。1791年2月他被选为国民议会的主席，4月2日病死，葬入先贤祠。1792年他与宫廷的通信被发现后，他的遗体迁出了先贤祠。
② 查尔斯·马罗·弗朗索瓦·拉莫特（Charles Malo François Lameth, 1757—1832），法国大革命时期政治家和军人。他是一个君主立宪主义者，在大革命向共和主义发展后移居国外。第一帝国时期回国任职，波旁王朝复辟之后转而支持复辟的王朝。
③ 查尔斯·德·卡斯特里侯爵（Charles Eugène Gabriel de La Croix de Castries, marquis de Castries, 1727—1801），法国元帅，大革命中逃亡国外，支持波旁王室复辟。
④ 暴民们在摧毁房间里找到的所有东西的同时，似乎对国王的画像保持了尊重。——原注

你们没有看到吗？这些人在激动中仍然小心翼翼地照顾了卡斯特里夫人，表现了对年纪和不幸的尊重。你们没有看到吗？这些人在退出他们摧毁的建筑物时，有序而且平静地坚持每个人的口袋都必须被搜检，以免出现卑劣的行为玷污了这场公正的报复行为。这就是荣誉，这是角斗士的偏见和他们的残暴仪式不可能展现的荣誉感。"

这件事发生之后，命运悲惨的巴黎市长巴伊①提出了地方政府对此事的解决办法：

"市政府鉴于决斗的频繁发生，和决斗在首都造成的骚乱，决定向国民议会派出一个十二名成员组成的代表团。要求尽快制定一项针对决斗的法律。法律应该唤起公民对他们道德责任的意识，告诫他们警惕与人民应当具有的自由和仁慈的天性不相符的感情冲动的诱惑。"

另一个代表团请求制定法律，规定决斗是一项危害国家的罪行。要求国民议会挥舞正义的剑惩罚那些让人民的代表流血的刚愎乖张的人，其中包括那些犯了罪，但已经被首都公正地惩罚了的议会代表。如果有人让他们流血，也应该受到严惩。代表团的讲演得到了乱哄哄的鼓掌。鼓掌的人里既有听众也有国民议会的议员。其中一位来自法国南部夏朗德省首府昂古莱姆②的议员罗伊说："只有流氓才会为这个建议鼓掌。"他因为这个轻率行为被判处三天监禁。巴纳夫③当时就反对决斗作了一次最雄辩的演讲，但是三个月后，他却和另一个国民议会议员卡萨尔④进行了一场决斗，而且打伤了对方。

在这个可怕的时期，人们不仅避免决斗，而且一些侮辱国民议会议员的

---

① 让·希尔维恩·巴伊（Jean – Sylvain Bailly, 1736—1793），法国天文学家、演说家，因计算哈雷彗星轨道（1759）和研究当时已知的木星四颗卫星而闻名，同时也是法国大革命前期领导人。1789年5月5日被选为第三等级代表的主席，并于6月20日领导了著名的"网球场宣誓"。1789年7月15日任巴黎首任市长，1790年8月再次当选为市长，但威信大不如前，尤其是在他下令让国家卫队驱散暴乱群众而导致1791年7月17日的马斯场（Champ de Mars）屠杀事件以后更是如此。1793年，他去默伦（Melun）会见他的朋友拉普拉斯（Pierre – Simon Laplace）时被捕，11月10日押送巴黎革命法庭受审，随后被处决。
② 昂古莱姆（Angouleme），法国南部夏朗德省首府。
③ 安东尼·巴纳夫（Antoine Pierre Joseph Marie Barnave, 1761—1793），法国大革命初期重要政治家。他和米拉波一起试图帮助路易十六建立君主立宪制政府，是大革命期间斐扬派的领袖。
④ 雅克·安东尼·马利·德·卡萨尔（Jacques Antoine Marie de Cazalès, 1758—1805），法国大革命时期保皇派政治家。

人，或者对他们使用暴力的人都被指责为阴谋者和刺客。格兰格纽夫①就是一个例子。他和基恩尼进行了一次决斗，因为他称对方是一个"F Viedasse"。这是加斯科涅方言，意思是一个顽固奸诈的人。

当时对方回答说："你侮辱了我！你是一个有荣誉的人吗？""是的。"格兰格纽夫回答。"那么明早在布洛涅公园等我吧，带上手枪。""我明天会在国民议会等你。""那么这个世界会宣布您是个懦夫。""而你是个……"这时基恩尼已经在他脸上扇了一记耳光。格兰格纽夫回敬了一块石头，接着双方开始拳打脚踢。

尽管格兰格纽夫也有不法行为，但是吉伦特党的另一个议员瓜迪特②坚持要求谴责基恩尼是一个刺客。另一个演说者拉里维尔附议了这个动议，他还发表了夸夸奇谈的演说，充分反映了那个时代的狂热："基恩尼因为一桩胆怯的行径是负有罪责的。他向一位身体单薄，甚至连细微的侮辱也无法抵御的人挑衅，然后更加怯懦地动手打对方。他本来应该效法蒂雷纳元帅③——有人向他挑战时，他回答说：'明天会有一场战斗。我们的血都属于我们的国家，到时候在战斗中让我们看看谁能为保卫国家作更多的贡献吧。'"拉里维尔因此提议将基恩尼交付法庭审判，尽管基恩尼在被人从对手那里拉开以后，已经遭到一名叫圣胡鲁格的暴徒和一个叫巴巴若克斯④的吉伦特党议员无情的殴打。

然而，所有这些不顾一切的莽汉的雄辩都无法阻止决斗的偶尔发生。最后国民议会只好撤销了所有以前禁止决斗的法律，并对根据他们制定的法律受到指控的违法者发布了一道大赦令。

卡米尔·德穆兰⑤是那个恐怖年月里的另一位演说家。他针对决斗发表了

---

① 让·安托尼·拉法格·德·格兰格纽夫（Jean Antoine Laffargue de Grangeneuve），法国大革命时期吉伦特派政治家。
② 马格利特·瓜迪特（Marguerite - Élie Guadet, 1758—1794），法国大革命时期吉伦特派政治家，1793 年吉伦特派失败后被送上断头台。
③ 亨利·德·拉图尔·德奥弗涅（Henri de la Tour d'Auvergne, Vicomte de Turenne, 1611—1675），蒂雷纳子爵，法国元帅，法国历史上六位大元帅之一。参加过第二次福隆德运动反对国王，后来为法王路易十四服务，1675 年阵亡。
④ 查尔斯·让·马利·巴巴若克斯（Charles Jean Marie Barbaroux, 1767—1794），法国大革命期间吉伦特派政治家，在与雅各宾派的斗争失败后逃离巴黎，组织叛乱。被捕后被送上断头台。
⑤ 卡米尔·德穆兰（Lucie Simplice Camille Benoist Desmoulins, 1760—1794），法国记者、政治家，在法国大革命期间扮演重要角色，与乔治·雅克·丹东关系密切。后来和丹东一起被罗伯斯庇尔送上断头台。

下面这篇值得纪念的讲演：

"一个人为了自己国家的自由可能会勇敢地直面死亡。我觉得自己可以为此引颈待戮，或者把自己的喉咙放到安东尼的剑刃上去。我觉得自己能够坚定地走上绞架，甚至带着一种掺杂着愉悦的情绪走上去。这种勇气不是得自于自然，人的天性是会在死亡面前战栗的。这种勇气来自我的人生哲学。被一个暴徒谋杀就像是被一只塔兰图拉毒蜘蛛[①]刺杀一样没有价值。如果我必须答应每一个被我的直率冒犯的人进行决斗，我的日子都要在布洛涅公园度过了。也许有人要说我是个懦夫，但是我觉得我们都会有足够的机会，以一种更加光荣、更有价值的方式死去，这个日子已经不远了。"

他发表这次演讲的起因，是和法国大剧院的胡迪特和德赛萨特的一场争吵。这个可怜的人清楚地预见了他即将到来的厄运，他注定很快就要倒在他的政治对手罗伯斯庇尔的权力之下了。

这些是法国大革命中那个凶恶的阶段里人们对荣誉的病态立场：最高贵、最宽宏大度的情感被那个时代最无法安抚的恶兽拿来当做自己的外衣。断头台上对无辜者的谋杀，被丹东称为人民正义，决斗被命名为"杀手的论战"。当时马拉竟然被称为"神圣的"，而罗伯斯庇尔被称为"不受腐蚀者"。革命可以被恰当地认为是由此前的腐败引起的一场道德瘟疫。整个国家的氛围都被宫廷的腐败污染了，它导致了一场热病，标志性的特征就是精神谵妄、嗜血杀人。这种热病在所有社会阶层中传播，让人觉得它带有传染性。那些影响深远的时刻的历史，为我们提供了一连串存在致命的因果联系的历史事件的记录。它们会成为每一个外交官的重要研究对象。

它们没有成为外交课程的教科书里的内容，令人深感遗憾。当贵族放下他们的剑，而人民将它们捡起来的时候，最低下的智力也能预见到血腥的恶果。掌握权力和财富的人酣然入梦，他们的冷漠麻痹简直可以和死亡之前肌体的坏疽相比。

对权威的威信存在一种盲目的自信，这种自信把贵族扔进了漩涡，把他

[①] 狼蛛（Tarantula），一种毒蜘蛛。

们卷进了人民的反抗的洪流。人们对决斗的憎恶是因为这已经不再是时尚人物的行为了，只是这个国家坏脾气的有力写照，同时这种憎恶也是因为学校教育的成功。学者们将全身心地研究自由思想的进步史，这种进步逐步解脱了社会阶层和财富对人们的束缚。

今天到哪里还能找到一个像德莱顿①那样的作者？他竟然把他保护人的儿子、一个年轻贵族尸体上的天花脓包比作苍穹中明亮的星座。当人们变得越来越明智，野蛮的偏见会逐渐消失（当然，也存在很少的例外情况）。我们不可能在此后参加决斗的人身上看到什么学识和睿智。

---

① 约翰·德莱顿（John Dryden，1631—1700），英国17世纪第一位"桂冠诗人"。他一生为贵族写作，美化君主制度。他也是英国王政复辟时期（1660—1688）重要的批评家和戏剧家，甚至有人就称那个时期为文学上的德莱顿时代。

第十三章 十九世纪法国的决斗

有一种客观的看法认为,在法国大革命里,自由的脚步是在血泊中滑动,最后她跌倒在了军事专制主义身上。督政府统治时期试图在根据时代特征做出一些修正的情况下,恢复旧时代的一些古老思想。决斗在上流社会又变得时髦了,尤其是在暴发户式的新贵圈子里。在军队里,它一直都是上至军官、下到战士解决纠纷经常采用的手段。布洛涅公园很少能在没有决斗的情况下过一天。卫戍部队驻扎的城镇,常常被不顾一切的决斗者骚扰。平民现在使用手枪;而马刀(很少的情况下用剑)变成了军人的武器。士兵和低级军官中的决斗肯定会频频发生,因为高级军官做了表率。1802 年,德斯坦将军①和瑞尼尔②因为埃及战役发生了争吵,德斯坦被手枪打中胸口,死掉了。

当时的首席执政官拿破仑对此表示了不快,决斗的胜利者不得不在一段时间内离开了巴黎。

当时在缪拉③统治下的那不勒斯发生了一次外交界的决斗。国王和王后有一次接见外交官时,俄国大使道格拉齐伯爵走在了法国公使杜兰·德·马瑞尔男爵④的前面。法国公使是国王缪拉母国的公使,按照外交礼仪在这里本应

---

① 雅克·扎克瑞尔·德斯坦将军(Jacques – Zacharie Destaing, 1764—1802),法国大革命时期将领。他在埃及金字塔战役期间表现优异,被拿破仑提拔为将军。他在埃及期间奉命逮捕了瑞尼尔将军。
② 让·瑞尼尔(Jean Louis Ebénézer Reynier, 1771—1814),起自行伍的一位法国将军。参加过拿破仑领导的埃及战役和叙利亚战役。在拿破仑战争中始终是一位法国军队的重要领导者。
③ 约阿希姆·缪拉(Joachim Murat, 约 1767—1815),拿破仑的将军,后被拿破仑立为那不勒斯国王(1808—1815)。
④ 杜兰·德·马瑞尔(Joseph Alexandre Jacques Durant de Mareuil, 1769—1855),法国外交官。

该有优先权。男爵当时没有注意到这个情况，但是退出王宫时，他派一个信使向俄国大使提出了这个问题。对方回应说要将这个问题报告他的朝廷。

当时，一位法国将军埃克舍曼斯①在场，他立刻向俄国使馆的第一秘书贝肯多夫伯爵提出了挑战，因为对方对法国公使的行为也是对法国的侮辱。挑战被接受了，同时双方同意两国的大使也应该参加决斗。但是俄国大使不允许他的一秘参加争论，他本人接受了法国公使提出的挑战。于是两国的大使成了事件的当事人，而助手们则根据古老的意大利风俗下定决心要参与。四个人进行了决斗，两位大使都受了轻伤。贝肯多夫伯爵被埃克舍曼斯刺穿了身体，后来恢复得非常艰难。很快，法国与俄国的战争就爆发了。人们普遍认为俄国大使对法国公使的这次挑衅，也是加速法国对俄国开战的一个理由。

拿破仑始终反对决斗。尽管他了解他的军官是战士，知道这种事情不可能被禁止。但是他拜访那些违反这项禁令的高级军官时总是带着些许不快。经常听到拿破仑说他不会在战斗中对决斗者委以重任。拿破仑的将军拉图尔-毛伯格侯爵②是勇者中的勇者，他的确从未因为私事拔过剑。这也是波力比阿斯③的注释者佛拉德的意见。他说：“在拿破仑的时代，决斗者是非常时髦的。但是拿破仑总是发现他们是军中的渣滓，不名誉的人。在危险面前他们总是首先逃跑。”

正如我们前面提到的，瑞典国王古斯塔夫四世的骑士精神胜过了他的智慧。他向拿破仑提出了决斗的挑战。拿破仑回答说他会派一个击剑家做驻瑞典大使为瑞典国王服务。

在拿破仑时代，决斗不那么频繁了，社会不再因为党派之争和暴烈的争执而痉挛了。分歧不再居于统治地位，整个法国安静地在军事专制主义钢铁般的轭头下面低头了。从前的争吵起于宫廷里的阴谋诡计，堕落的野心勃勃的夫人们掌握了支配地位。在这些享有特权和尊荣的宫廷娼妓们无休止的争

---

① 雷米·伊西多尔·约瑟夫（Rémy Isidore Joseph, comte Exelmans, 1775—1852），埃克舍曼斯伯爵，法国元帅。
② 尼古拉斯·德·费（Marie Victor Nicolas de Fay, marquis de Latour - Maubourg, 1768—1850），拉图尔-毛伯格侯爵，法国骑兵军官，拿破仑帝国时期的重要将领，波旁王朝复辟后成为外交官、国防部长（1819—1821）。
③ 波力比阿斯（Polybius, 约公元前200—118），古代希腊历史学家。他的著作《历史》详细记述了公元前220年至146年间罗马共和国的发展和罗马控制希腊的过程。

吵中，那个时代的时髦的男士被不断卷了进去。争执和吵闹常常成为仇恨的源头，最后导致决斗。但是在帝国的治下，没有人能表达意见，争执讨论只是一个形式。新闻界也在政府的直接控制下，不可能进行攻击。即使它真的冒犯了什么人，因为它是国家机器的一部分，受到伤害的人也不会得到公共的或者私人的补偿。

波旁王朝的复辟对社会产生了巨大影响。所有此前在寂静中点燃、被谨慎克制住的敌意，都伴着无法遏制的怒火爆炸迸发出来了。国王很不情愿地开放了新闻自由，公共出版物每天都塞满了诽谤和侮辱性的文字。在英国它们自古受到法律的规范，律师和新闻作者不会容忍这种公开的侮辱和刊物上经常发生的文字的攻讦。而法国人对这种无法无天的新闻自由并没有做好准备，移民的回归也是许多决斗的原因。这些不幸的绅士在流亡的岁月里"什么也没有学到，什么也没有忘记"。面对共和国和第一帝国时期的官员，他们一副目中无人的架势。共和国和第一帝国的官员没有高贵的出身和头衔，他们凭籍个人的勇气，在共和国和第一帝国时期取得了尊贵的地位。从前的贵族无法容忍这些人的崛起。的确，在宫廷里发生的前贵族与新贵的决斗很少，但是在军队里这种事并不少见。直到古老时代的儿子们对新时期的骄子们在军事上的丰功伟业开始感到敬佩，这种情况才发生转变。对后者的勋绩的谈论，这时经常出现在前贵族的谈话中。在这种和解发生之前，还是流了很多血：围绕在复辟的王位周围的贵族青年，花了很多时间去学习击剑的技艺。复辟前的官员对这些已经生疏了。结果在两者之间的较量中，贵族子弟在战斗中明显技高一筹，新贵们对此有非常痛苦的体会。

现在古老的敌意和失望的野心占据了主导地位。一方寻求用暴力和权力恢复他们因为出逃而失去的东西；另一方则要保卫他们用自己和家族的血换取的东西。路易十八用尽他的智慧和审慎也控制不住这股凶猛的洪流，没办法给这股潮水设定任何界限。王座风雨飘摇，迫切需要稳定。在社会的每个部分都表现出来的犹豫摇摆之中，可以充分体会到王位的脆弱。

议会辩论、对英国式即席雄辩的精心模仿，还有文牍战争，都导致持续不断的争论。一位著名的文学家圣马塞兰被他的密友菲奥杀害；近卫军团的陆军中校圣莫瑞斯被巴比·杜费和比奥普瓦·德·费尔特雷杀害了；圣奥雷尔因为自己一篇刊印的演说稿里的一段针对费尔特雷公爵①的文字付出了生命代价——因为这篇文章，先是已故公爵的儿子向他要求决斗，然后他又不得不和皮尔伯格将军的一个侄子决斗。双方见面之后，圣奥雷尔建议用马刀，皮尔伯格希望用剑，但是他让步了。两个人都非常冷酷，一番激战以后，圣奥雷尔建议交换场地，因为阳光照射在了对手脸上。圣奥雷尔刺伤了皮尔伯格的膝盖，但是同时把自己暴露了出来，对手还以颜色刺中了他的肋部。圣奥雷尔扔掉剑的时候喊道："伤得恐怕太深了。"助手们则说："这很不幸，但这是一场完全公平的决斗。"圣奥雷尔几分钟后就咽了气。

学术上的决斗也经常发生，尤其是政治和历史作品引起的决斗。《俄国战役》的作者菲利普·德·西格尔伯爵②不得不与拿破仑的副官古尔戈男爵将军③决斗而且受了伤。一个叫佩佩尔的那不勒斯上校向一位作者挑战，因为后者的作品谴责意大利胆怯。上校在决斗中刺伤了那位学者，于是证明他的叙述是错误的。

两位热情的小说作家因为各自支持古典小说和浪漫小说而进行决斗。他们相互射击了四次，伤得实在太重，终于消解了他们相互的敌意，被人分开了。

一场疯狂的决斗发生在卡拉万的指挥官雷诺德和被派到那里去画纳瓦里诺战役④的画家噶那瑞之间。争吵好像是从船上开始的。噶那瑞当时正在发烧。在土伦，他被雷诺德队长带到了检疫船上。生气的艺术家写了一封信抱

---

① 亨利·雅各·纪尧姆·克拉克（Henri - Jacques - Guillaume Clarke, 1st Duke of Feltre, 1765—1818），第一世费尔特雷公爵。爱尔兰裔法国政治家，拿破仑的国防大臣，法国元帅。
② 路易·菲利普（Louis Philippe, comte de Ségur, 1753—1830），西格尔伯爵，法国外交家和历史学家。他参加过美国独立战争。大革命爆发后同情革命，拿破仑时期受到重用。滑铁卢之后他投票赞成拿破仑退位，但是拿破仑百日复辟期间他又支持了拿破仑。七月革命时支持七月革命，不久去世。
③ 加斯帕德（Gaspard, Baron Gourgaud, 1783—1852），古尔戈男爵，也称加斯帕德·古尔戈，拿破仑战争中著名法国将军。他在奥斯特里茨战役中受过伤，是第一个冲入克里姆林宫的法国将领。1814 年在布里埃纳（Brienne）战役中，他杀死冲向拿破仑帐篷的哥萨克骑兵救了拿破仑的命。波旁王朝复辟后，路易十八任命他为自己的侍从武官，他却支持拿破仑的百日复辟并参加了滑铁卢战役。他追随拿破仑前往圣赫勒拿岛流亡了一段时间。1840 年返回圣赫勒拿岛将拿破仑的灵柩运回巴黎安葬。
④ 纳瓦里诺（The Battle of Navarino），希腊伯罗奔尼撒半岛西南部港口城市。纳瓦里诺战役是 1821 年至 1829 年希腊针对奥斯曼土耳其的独立战争中的转折性战役，发生于 1827 年 10 月 20 日。爱德华·科德林顿领导的英法俄军和希腊军队击败了奥斯曼土耳其的军队。

怨自己被粗暴地剥夺了接受治疗的权力。结果，他们从防疫隔离区一出来，雷诺德就向他挑战。噶那瑞用枪击中了对方的臀部，雷诺德受伤后只活了九天。

尽管经常发生决斗，但是决斗的幸存者有几次仍然被起诉了。有一个叫特雷恩斯的炮兵军官向一个叫达玛奇尔的人挑战。双方决定用手枪进行决斗，距离是六步。经过抽签，应该由特雷恩斯先射击。这时证人提出射击的距离应该更远些。特雷恩斯没有同意，因为这和先前的约定不符。他开了火，击中了对手腹部，伤势致命。虽然伤势严重，但是达玛奇尔还有足够的力气还击，打伤了对手的胳膊。达玛奇尔几小时后咽气了。法庭得出结论说："特雷恩斯是这场决斗的挑起者，而且他不顾旁观者的愿望，在很近的距离射击，近得肯定会杀死对方。这些情况不允许我们把这次决斗包括在不属于犯罪和无需惩罚的那一类决斗之中。"这场决斗被认定为暗杀，因为当事人开枪的距离太近。不过必须记住，如果幸存者的第一枪打偏了，他的对手也有同样的可能性射杀他。

在另一次决斗中，一个当事人用很长的时间仔细瞄准对方，结果杜埃市①的法庭得出了相似的结论。马赛的法庭在下面这件案子里也作出了相似的判决：一个叫拉克普雷恩的人向杜雷挑战。助手们希望双方在二十五步的距离上射击。杜雷坚持只要十五步。经过抽签，拉克普雷恩先开枪，但是他向空中开了一枪。杜雷坚持对方应该向自己开火。尽管助手们进行了调解，他的愿望还是被满足了。但是拉克普雷恩射偏了。轮到杜雷开火时，他把对手射杀了。

另一次非同寻常的决斗和上面这次决斗的性质有些相近，在那之后不久发生在波尔多。一个西班牙裔美国绅士把他的妻子留在那个城市离开了。在他离开期间，他妻子的行为无论如何不能被称为是正派的。绅士一回来，流言蜚语和朋友就向他披露了他的耻辱。他确定了一个叫 A 的年轻人，认为他应该对自己的羞耻负责，借口是他曾经和自己的妻子私通。A 先生再三拒绝与这位绅士决斗，坚持自己的清白。他还说，即使绅士能拿出什么证据，那女人也并不只是和他一个人有不正当的关系，他可不想为这件事拿自己的生

---

① 杜埃市（Douai），法国北方省城市。

命冒险。但是这个丈夫坚持要与他决斗，最后在切恩儿（Change，法国有好几个地方叫这个名字，具体不详）撞见了他，打了他好几下，一场决斗就不可避免了。决斗时量出了四十步的距离，助手从两端喊十八步，决斗双方就向对方走十八步，这样最后双方走到场地中间时，就会只隔着四步的距离。当时规定，双方必须向场地中心行进，而且可以在任何他们认为合适的时间射击。于是双方开始向对方走去。西班牙人迫不及待地想报复，在十二步的距离上就开火了，结果他打偏了。于是他失望地停在开火的位置，而A先生则继续向前走到了中间。按照事先的安排，大家命令西班牙人向前走。当双方之间只剩四步时，A先生表示，如果对手已经满意了，他就放弃开枪。西班牙人却说，自己已经决定了，A先生必须开枪，两个人中间必须有一个人倒下。A先生开枪了，但是没打中。检查发现他的助手没有在枪里放火帽①。于是决定，他有权再开一枪。A先生再一次表达了他最热切的愿望，希望大家放弃开枪。西班牙人仍旧坚持，结果子弹射中肩膀进入了胸部，西班牙人被打死了。尽管只有四步，手枪的射击仍然很不容易击中。只要那颗子弹稍微偏离一根或者两根线的距离，就会被骨头反弹出去，伤势就会非常轻，而A先生无疑就会倒下。A先生和双方所有的助手都被监禁了相当长一段时间，然后送交审判，但是最终被无罪开释了。

在这件案子里，毫无疑问责任在助手们身上。他们不应该在这样近的距离上还把开枪的权利留给他们的当事人。这种安排会被所有冷酷的人利用来为自己谋利。一方当事人的仓促行事，也使双方的机会变得不平等了。如果他仔细思考一下，他就应该克制自己，走到距离四步时再开枪。他的对手利用后来的机会已经完全能够保障自己的生命了，同时，他还能非常光彩地饶恕对方的生命。

在这个案子里，有人征求了我的意见，因为那位英国军官、A先生是我的一个特殊的朋友。我的意见确定无疑，我认为他的做法已经非常体面了。对手射击了他，然后他按照事先的约定继续前进了。西班牙人也该这样做，允许他在他开枪的地方接受对方射击是不公正的。因为，如果A先生没有击中，西班牙人毫无疑问会向前走，利用他曾经送给对手的那种优势，在场地

---

① 火帽（percussion cap），一种内装起爆药的金属壳，能产生火焰以点燃发射药和雷管等。

中心向 A 先生开下一枪。至于 A 先生第一枪的失误,当然,如果枪里的弹药装置无误,他肯定没有权利开第二枪。但是这个不可原谅的错误并不是 A 先生的责任,这是助手的责任。因此,可以非常确信地说,A 先生的生命不应该因为这个错误受到威胁。的确,如果准备工作无误,那么没有击发的一枪和射击出去的一枪是完全一样的,但是对于要用火药击发的武器这条原则确实有些站不住脚。即使装填手枪的工作做得很好,火药也许会受潮,也可能被震掉。

一支击发式手枪,如果没有火帽,就和一件没有装填火药的武器完全相同。如果助手的这种错误使决斗者的生命处于危险之中,肯定会导致最背信弃义的行径和预谋杀人的情况发生。这个案例充分说明,手枪应该在双方

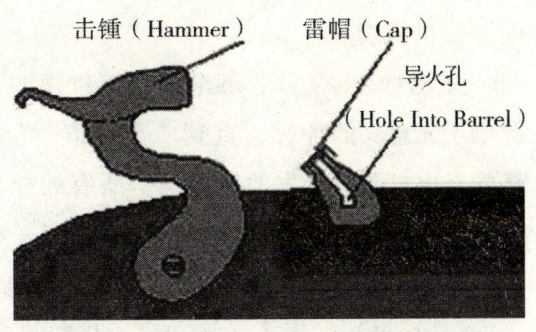

助手都在场的情况下装填。只要决斗这种野蛮的行径还存在,最可靠的方法可能就是不要使用火药击发的武器。我会在这本书的另一个部分再探讨这个重要的问题。

在军队里,最严格的纪律也无法阻止决斗。一些团队甚至以此为荣。大革命前,军官如果不能证明自己的勇气,进行几次无缘无故的决斗,是不会被他的战友接纳的。为了这个目的,团里会挑选出一些击剑的行家,他们被称为"探针"。他们会在这种场合充当决斗的对手。大家都必须承认,在这样的决斗里,双方都应该设法只给对方造成轻伤。

在一些团里还盛行另一种称为"calotte"(头上或者脸上来一巴掌)的把戏。这些"madcaps"(疯狂瓶盖,原一种游戏的名称,这里指进行 calotte 把戏的军人)——轻狂的军人会在他们经常出没的咖啡馆门口侮辱过路人。如果对方拒绝决斗,他们就向对方勒索一笔钱财。有一次在凡尔登,一个炮兵军官德·帕里斯在类似的情况下被人攻击。他先是支付了被勒索的钱,然后向对方的一个军官要求决斗,因为他认为这个军官是这伙人的头领。对方当然接受了挑战。决斗中,这个要命游戏的组织者被打死了。他的两个兄弟接连上阵,都是同样下场。

团里的团长经常在决斗问题上给下级做出恶劣的表率。王家龙骑兵团的团长诺阿耶子爵①曾经在桌子上说，尽管在团里他会拒绝任何军官的挑战，但是如果是在巴黎，穿着便装，他随时都准备在布洛涅公园应付任何军官的挑战。他团里的一个上尉德·布雷认为自己受到了团长的侮辱，他利用团长这番话，让团长接受了挑战，并重伤了团长。布雷的上司非常体面地推荐他递补团里空缺出来的第一个少校的职位。这位诺阿耶子爵有个习惯，他会在公告栏里宣布自己离开所住地方的日子，据他说，这是为解决"形形色色的问题"提供机会。

波旁王朝的复辟，逐渐使相互仇视的党派平静下来了，或者说他们已经厌倦了无意义的冲突，直到"街垒革命"（七月革命）再一次为政治敌对情绪的怒火打开一个发泄的孔道。所有的社会阶层似乎都认为流血是坚持自己权利的唯一方式。七月的英雄们披上了一种荒谬的侠义气概的色彩，每一个蛊惑民心的煽动者都觉得自己正被召唤去展现对生命的蔑视态度。

《论坛报》发表了一篇文章，其中包含了对《回归者报》编辑、正统主义者出版家贝里公爵夫人②的一些看法。《回归者报》的编辑们要求决斗。因为其他一些报纸也卷入了争吵，双方确定这不应该是一场个人之间的决斗，而应该是集体之间的决斗，由报纸编辑栏里有名字的两人进行。最后决定由《国家报》的编辑阿曼德·卡雷尔③和《回归者报》的编辑鲁·莱博瑞担当这次决斗。

决斗进行了。莱博瑞的剑术没法和他的对手抗衡，结果被刺穿了胳膊。双方于是被分开了，这时卡雷尔却说相信自己受伤了。经过检查发现，他的

---

① 路易·马克·安托·德·诺阿耶（Louis Marc Antoine de Noailles, vicomte de Noailles, 1756—1804），诺阿耶子爵，法国诺阿耶家族的显赫成员。他居留美国时曾在连襟拉法耶特（Gilbert du Motier, marquis de La Fayette）手下出色地服役。1781 年，是他接受了英军的投降，结束了约克镇围城战役。1789 年当选三级会议（Estates - General）的代表。1790 年 6 月他提出废除贵族头衔和制服。

② 玛丽·卡洛琳娜·费迪南达·路易斯（Maria Carolina Ferdinanda Luise, Princess Caroline of Naples and Sicily, 1798—1870），那不勒斯和西西里的卡洛琳娜公主，是法王路易十八的侄媳，在法国的头衔是贝里公爵夫人。在波旁王朝复辟时期，她是宫廷的重要人物。她的儿子亨利在她丈夫死后出生，是路易十四的直系子孙，是七月革命中被推翻的波旁王朝复辟的重要希望。1831 年她组织复辟波旁王朝的活动，次年被捕，1833 年获释。

③ 阿曼德·卡雷尔（Armand Carrel, 1800—1836），编辑。

腹部伤得很重。正当他们的助手们准备继续决斗时，警察赶来进行了干预，结束了决斗。①

接着，在正统主义和他们共和主义的同胞之间又开始相互发出挑战，直到群众逐渐拥护后者。暴民连续几天攻击保皇主义的出版者和办公室。要是卡雷尔死了，真不知道这种怒火会导致何等程度的严重后果。

《每日报》的编辑布莱恩不得不和他的一个同事进行了决斗。报纸作者之间的决斗不仅在巴黎，而且在法国的主要城市都在发生。下面这则1834年2月的报纸摘要，反映了这个时期决斗已经发展到了什么地步：

> "上个礼拜对决斗的可悲的狂热到处泛滥。同一天里，杜隆先生被毕若将军用手枪打伤了②；两个医科学生就在他们几步之外也在进行决斗，其中一个学生胸部受了致命的枪伤。今天早上又发生了三次决斗，其中一次有人丧命。所有这些决斗都起因于政治分歧。就在今天，我们一个剧院的经理和一家报纸的编辑进行了决斗。"

政治争吵把数不清的选手推进了决斗场，而他们的报纸则在热情地鼓吹他们用生命坚持的事业。一个图卢兹人和一个马赛人因为选举事务发生了决斗。图卢兹人受伤很严重，被送进了医院。他的同党立刻赶到医院，衣服纽扣上别着白色（象征波旁王室）的标志。他们在马赛把用月桂枝和百合花（象征波旁王室）做成的王冠戴在了伤者的头上。《人民主权报》的编辑巴特利米在决斗中杀死了《国民警卫队报》的发行人戴维。不久后，《佩里戈尔报》③的一位编辑又和与他政治信仰不同的继任者进行了决斗。

如果要讲述这个时期在知识分子之间的决斗，那可就没完没了了。这些决斗不仅出于政治意见分歧，有时也因为文学主张上的分歧。大仲马曾经因

---

① 据伊利莎白·拉蒂迈（Elizabeth Latimer）所著《十九世纪的法国》说，当时的首相梯也尔曾派私人秘书前往探寻卡雷尔的伤势。卡雷尔对他说，他希望首相帮自己一个忙，不要对莱博瑞提出任何指控。

② 皮埃尔·路易斯·杜隆（Pierre Louis Dulong, 1785—1838），法国物理学家和化学家，因为和佩蒂特（Petit）一起发现杜隆－佩蒂特原理而著名。1830年当选法国下院议员。托马斯·罗伯特·毕若（Thomas Robert Bugeaud, marquis de la Piconnerie, duc d'Isly, 1784—1849），皮卡内里侯爵，法国元帅。七月王朝时他率军征服阿尔及利亚，任阿尔及利亚总督。

③ 佩里戈尔（Perigord），法国西南部城市。

为一部叫《内勒之游》的剧作和盖拉蒂特（Frédérick Gaillardet）决斗。似乎后者是这部构思很好的戏剧的原作者，但是不幸，他是个很不讨人喜欢的人，什么有悖人性的事情都干得出来。

圣马丁拉波特剧院的经理认为剧本的对话需要修改，或者是认为故事情节应该更详尽些。于是他征得原作者同意，把手稿交给了大仲马。大仲马修改后并没有要求著作权。但是后来剧本大获成功，在巴黎人中间产生了轰动。这时，大仲马却把剧本作为自己一个人的作品出版了，这让盖拉蒂特大吃一惊。一开始案子被呈交给法庭，但是这不能弥补双方荣誉的损失。于是安排了一场决斗，双方在十五步外相互射击。盛怒的剧作家决心一直持续到其中有人倒下才罢休。

好在他们的助手非常明智，制止了他们继续打下去的企图。他们两人相互怨恨的虚荣心很容易解释，因为剧作非常成功。另外两个剧作者就有些难以理解了。他们的作品并不怎么成功，但是两人却在报纸上拼命地攻击对方。最后他们两人决定决斗，方法是把自己和一盆燃烧的木炭关在一个房间里。结果他们在很诗意的绝望中窒息而死。

就这样，决斗从贵族中间走进了下层民众中，最后甚至在生意人中都很常见了。1833年，我们看到一个丝绸商人用手枪重伤了他的对手、一个羊毛商人。一个浴室经营者和一个陶土器商人决斗，因为后者卖给他一个有裂缝的炉子。在杜埃市，一个毛织品商人向一个黄铜匠挑战。双方用剑决斗，但是两个人却像公牛用角撞击一样向对方冲过去。铜匠的喉咙被刺穿了，倒霉的毛织品商人的腹部也受了致命伤。

社会等级的不同不能成为你拒绝决斗的理由。在波尔多，一个骑兵军官想要处理掉一件不合身的新的军大衣。他去找一个犹太人旧衣商。这个人只出价五法郎。军官被这明显不合理的价格弄得火冒三丈，命令那个犹太人走出房子。摩西（《圣经》中犹太人的古代领袖。这里代指那个犹太人）拒绝了，于是那个骑兵一脚把他从楼梯上踢了下去。愤怒的犹太人立刻要求决斗，军官拒绝和他决斗。后来犹太人在街上遇见了军官，叫他懦夫，而且还打了军官。如果不是被人阻止并且差点儿被送到警察那里去，军官当场就几乎把那个犹太人砍倒。后来军官的部队决定，因为他打了那个犹太人，从而把自己放到和那犹太人同等的位置上，他就必须满足那人的要求，接受他的挑战。

于是决斗进行了。以色列人来到场地的时候，有一大群他的同胞陪着他。双方的剑交汇在了一起，希伯来人尽管有同族人的大声喝彩，还是在军官面前无法招架。他不断向后退，直到被对手逼到一条沟沿前再无退路了。

他无法继续表现斗志了。他的同胞冲过来解救了他，否则他肯定会被军官刺透。军官和他的助手好不容易才从那帮犹太人中间夺路而逃，钻进附近等候的马车。

在七月革命之后的那个汹涌时代里，我的朋友特洛布莱恩上校射杀了内政部的佩里希尔。决斗的起因是一首流行歌曲。特洛布莱恩想要向空中射击，但是对手却对他说："不必像懦夫那样屈尊俯就地对我施惠。先生，愿意的话，瞄准我射击，因为我会瞄准您射击的。"特洛布莱恩开了枪，子弹打进了这个顽固对手的前额。

警察局长、地方治安官、编辑、店主现在都走进了决斗场，身体情况、年龄或者条件都不会加以考虑。里昂伯爵①据信是拿破仑的私生子，他参加过数次决斗：一次是同圣丹尼斯的国民警卫团的团长；另一次是同第18轻骑兵团的一个英国军官，名字叫海塞。这个人在牌桌上输了一万八千法郎给里昂伯爵。在后一次决斗中，双方书面同意，两人应该站在相距三十步处，前进到相距十步的地方。

双方都向前进了三步，然后瞄准，但没有射击。海塞又前进了一步，里昂伯爵照做了，然后都开了火。海塞左胸受了伤，经过三天的痛苦折磨之后死去了。他的遗孀控告了生还者，但是只经过很短的庭审，里昂伯爵就被无罪释放了。海塞夫人没有出现在法庭上。

在一次不同寻常的决斗中，勒退里尔和瓦特鲍特交了手。生还者被判处了十年监禁。事情是这样的：勒退里尔和他的妻子在庞坦②经营一家疗养院。瓦特鲍特寄居在他们那里，称自己是个学者。他们都是忠诚的共和主义者，但是政治上的共性没办法阻止瓦特鲍特关注主人漂亮的妻子。争吵爆发了，大家决定用手枪决斗，双方还决定不需要助手在场，以避免任何和解的可能

---

① 查理·里昂伯爵（Charles, Count Léon, 1806—1881），拿破仑的私生子，他的母亲埃莱奥诺（Eléonore Denuelle）是拿破仑的情妇。查理的出生证明拿破仑有生育能力，并导致拿破仑和皇后约瑟芬离婚再娶。

② 庞坦（Pantin），巴黎东北郊城市。罗曼维尔（Romainville），也在巴黎东北郊。

性，同时也避免事情泄露出去威胁到勒退里尔夫人的名誉。双方在罗曼维尔的森林里决斗。瓦特鲍特徒劳地试图和解，他用最庄严地语气坚称自己是清白的。但是那位丈夫不依不饶。瓦特鲍特只好开枪；他的子弹从对手的右边太阳穴射入，擦过右眼经鼻根从左眼穿出。勒退里尔被打瞎了。瓦特鲍特看到他倒下，以为他死了，于是逃走了。但是勒退里尔艰难地爬到了庞坦教堂的墓地，在那儿被路过的人发现，送回了家。他接着在法庭面前指控他的对手，声称自己还没有走到指定的位置对方就开了枪，自己是被暗算的。而且此前他还曾经建议双方只隔一块手帕（口袋巾）的距离进行决斗。瓦特鲍特则坚称自己是按事前的约定开枪的，否认指控的所有细节。尽管原被告双方都没有充分的证据，被告还是被判处了十年监禁。

在那个兴奋异常的年代里，决斗中的愤怒竟然到了这样的地步——有一对兄弟进行了这样一次决斗：其中一个向他的兄弟也是他的对手、一个十一团的龙骑兵射击，没有击中，又用大头棒打他，直到觉得他已经是一个死人了才离开。

围绕郊区教堂需要进行的一些维修，化学家加西科特①和巴黎的一个市长，同时也是自己助手的维吉尔之间发生了一场决斗。1834年，一个大律师打伤了皇家法院的法官，于是皇家法院的院长和他进行了决斗。几乎同时发生了毕若将军和律师杜隆之间的著名的决斗。他们都是下议院的议员，决斗就缘于下议院在处理贝里公爵夫人问题上的争论。这次决斗被称为国会的决斗，决斗的细节很有趣。当时决定公爵夫人应该在毕若将军的监护下接受监禁，但是一个叫拉拉比特的议员坚持认为，一个军官不应该履行这样不体面的职责。苏尔特元帅回答说："一个士兵首要的职责是服从。"对此拉拉比特说："议长说一个军人应该服从，我可以欣然同意。但是当一个人清楚自己品性端正，却被人要求退避自己的职责时，他就应该停止服从他的上级了。""绝对不能，不能！"有几个议员在大喊。杜隆却补充说："什么！难道一个人为了服从他的上级就必须变成一个监狱看守，贬低自己的人格吗？"

这句话说得很急促，有些议员没有听清楚，也没有能进入毕若将军的耳朵。但是一些朋友反复向将军重复了这段冒犯的话。将军立刻走过去靠近杜

---

① 路易·加西科特（Louis Claude Cadet de Gassicourt，1731—1799），法国化学家。

隆坐下，对方做了令人满意的解释，收回了一些暗示。要不是一家报纸抓住了这件事，事情本来应该平息了。将军要求杜隆书面道歉，这个要求立刻被接受了。杜隆给报社的编辑送去一封声明，宣布他的讲话不针对个人，也不想冒犯任何人。将军通过国王的侍从武官路梅格尼把这封信转给了《辩论报》的编辑。很快一家晚报就刊登了这样的文字：

"《辩论报》昨天报道说 M. 杜隆先生将最具侮辱性的措辞置于毕若将军身上。今天证实，尊敬的将军坚持要求杜隆先生道歉。杜隆先生的道歉会出现在明天的《辩论报》上。"

一看到这份报道，杜隆立刻向《辩论报》的编辑要求不要发表他的声明，而将军则因为这封信亲自来到报社办公室，在那里等候杜隆先生。

事情已经发展到不可能让双方都满意了，于是指定了助手，一场用手枪进行的决斗被安排在了次日早晨。

人们认为毕若将军是当时军队里最优秀的射手。他向杜隆建议，对他有利的选择是使用剑进行决斗。但是对武器一无所知的杜隆先生认为，还是手枪更安全些。

双方在指定的时间出现在布洛涅公园。当时决定他们应该从相距四十步的地方开始，听到信号后向对方走过去，在他们认为任何合适的地方开枪。将军以最体面的方式进行了射击。为了给对手最大的机会，他在第二步时就射击了。但是遗憾他的精确度太高了，不幸的杜隆先生倒下了。子弹打进了他左眼上方的头骨，他在次日早晨去世了。这件要命的事当然是政治作者们的杰作，是他们煽动了双方的仇恨。不过他们的行为方式可以为他们开脱一些责任，因为他们从来都准备着在自己人之间进行决斗，或者与任何愿意用武器解决争执的政治对手决斗。

这次决斗在巴黎引起了很大的轰动。国王倍受谴责，因为他没有加以阻止。一个老练的决斗者和一个从未使用过剑或者手枪的学者决斗，机会太不公平了。而且，杜隆那封书面道歉的信在决定进行决斗之后，仍然留在将军的助手手里没有归还给杜隆先生。这是非常不公平的。因为倒霉的杜隆在信还没有公开之前已经进行了决斗，而且那封信据说还是在威胁之下写的，所以他有毋庸置疑的权利要求归还那封信。后来有人坚称，这封信已经在杜伊勒里宫里烧掉了，但是在杜隆先生去世几天后，它却出现在了一些地方报纸上。

在前面一章里，我们已经看到了，在那些更野蛮的时代里决斗曾经以怎样的凶残性质在发生，但是在我现在描述的时代里，同样的疯狂举动也并不少见。两个军官在决斗里受了致命伤，但是他们坚持让人把自己放在床垫上继续相互射击，直到其中有一个断气。有两个高级军官相互射击了五次，直到第六次才让其中一个人毙命。

公众当中也在发生决斗。一桩致命的决斗发生在一个C先生和来自卡尔卡松城①的轻骑兵军官V先生之间。看上去是当部队驻扎在卡尔卡松的时候，C先生追求了V先生的妹妹，打着和她结婚的幌子，欺骗了她。不久命令下来了，部队要开往黑斯汀。V先生尾随而来，坚持要求C先生履行诺言，娶自己的妹妹。C先生同意了，表示只需征求自己的家庭的同意即可。接下来的等待令人怀疑。V先生又随着他到了巴黎，要求他对自己的目的给予明确的说明。V先生还坚决要求决斗，于是C先生重申了他的承诺，明确提出了一个时间。预定的时间过去了，V先生和他的母亲、妹妹一起来到黑斯汀C先生的部队驻防的地方。C先生仍然在犹豫，于是一场决斗就安排好了，地点在城镇的一个斜坡附近。C先生的长官和市长都知道了这件大家认为无法避免的事情。大概有八千人聚集而来观看这次决斗，城门在他们身后关上了。

在决斗场上，V先生再次要求C先生履行他当初的承诺，让自己不幸的妹妹免于耻辱。V先生补充说，考虑到他对手枪是这样在行，C先生的生命是在他掌握中的。他甚至为了给C先生一个更公平的机会起见，建议用剑决斗。

这些规劝和慷慨的举动都没有作用。C先生似乎有过相当长一段使用手枪的经历了，对于自己的准头有同样的自信。双方用抽签决定谁首先开枪，结果是C先生先开枪。他的子弹擦过了对手的头。而V先生的子弹则穿过了可耻的对手的脑袋。

所有的社会等级界限都被填平了。有个将官对他期待的提拔难以实现而

---

① 卡尔卡松城（Carcassone），法国奥德省城市。

感到失望，竟然给国防部长苏尔特元帅①送去一封信，要求元帅要么加快他请求的提拔，要么与他进行决斗。元帅的年龄和职务足以让他拒绝对方的要求，于是那个将官就认为恰当的做法是向元帅的儿子、达尔马提亚侯爵挑战，让他代替他父亲进行决斗。这个要求当然也被拒绝了。这个好斗的请愿者公开发出了一封写给侯爵的侮辱性的信，用的是"招贴"似的语言。但是这个无耻的举动只换来它应得的蔑视。这就是复辟时期和第二次革命之后法国的情况。没有什么权威性的力量来控制扰动社会的不和谐因素。

怅惘的野心在一边，另一边是普遍盛行的侮辱性的言行，这些都导致每天不断的冲突。国境线外已经没有共同的敌人了，国内个人之间的战斗代替了军事行为。现在国家处于一种持续的动荡和不确定的状态之中，所有派别都迫切地希望在斗争中占据上风。

公共出版物的编辑都是战争的猎犬，被松开了绳子，搅动着大范围的混乱。元帅和公爵们的权杖不再是用抵御外敌的剑去争取的了，必须对任何挡在自己前进道路上的竞争者使用剑，才能争取到在国内的崇高地位。国家处于一种发热的状态中，放血似乎对国家的肌体是必要的，因为这被认为对一个患热病的人是有好处的。

对这个时代的巨大压力不存在安全阀。幸运的是，这种压力的偶然爆发没有太大的重要性。它只是改善一下这台机器的状况，这台机器现在被它的工程师法国国王操控得很好。无论是复辟后的波旁王朝还是现在的国王，他们阻止各党派进行恶意冲突的任何努力都比无所事事更糟糕。这是一场风暴，它过去以后，平静自然会如期而至。现在，法国已经很少听到决斗了，事实上，它已经过时了。

法国人天性喜欢战斗。我们在不久前的战争里看到这种血腥的倾向的可悲证据。当他们被关在监狱船或者一些新兵训练站里时，他们把每一件工具和设备都变成了武器。钉子、刀子、剃须刀，磨锋利的铁环都被装到棍子上，以便战斗。斗殴和赌博是他们仅有的娱乐。

---

① 尼古拉斯·苏尔特（Nicolas Jean – de – Dieu Soult, 1st Duke of Dalmatia, 1769—1851），绰号铁手，法国将军、政治家，1804年晋升元帅。法国历史上六位大元帅之一，三次担任首相职务。他是个政治变色龙。他在滑铁卢战役中指挥法军，拿破仑失败后投靠波旁王朝，七月革命后又投靠路易·菲利普。

1814年联军驻在巴黎时，出现了许多这种悲惨的场景。外国联军的军官和被解散的法国军队的军官之间不断发生决斗，结果通常要了那些外乡人的命。法国人把所有的白天和黑夜都用在击剑上，完全有理由相信，他们对自己击剑技术的娴熟程度并不满足。他们的官员、击剑家穿着军官的制服，接受每一个莽撞的年轻人的挑战。很多奥地利和普鲁士军官倒在了布洛涅公园。

　　英国军队占领法国南部时，同样的景象又出现了，尤其是在波尔多。在那里，法国军官越过加龙河，只是为了侮辱和挑战英国人。英国人经常很荒唐地接受他们的挑战。不过令人欣慰的是，运气通常会照顾我们。很多时候，我们的年轻军官很不明智地接受用剑进行决斗的挑战时，他们上乘的体力和对决斗礼仪的彻底无知对他们大有好处。好几次，他们向对手冲过去，打破了对手的防守，砍倒了他们。法国人徒劳地规劝我们对击剑规则的侵犯，常常大叫"犯规"。我们的助手通常在口袋里装着手枪，威胁射击任何进行干涉的人。法国人最后对这种尝试厌倦了。①

　　滑铁卢战役之后，每个法国人都急切地渴望用个人行为恢复他们在战场上失去的荣誉，但是过去的经验告诉英国人，理会他们的侮辱是愚蠢的。虽然这样，在康布雷②仍然发生了一次不幸的事。驻军的G中尉在去食堂的路上，被一个穿便装的法国军官尾随，对方用最恶毒的话侮辱他。G中尉转过身去质问对方是否在对他说话，那个恶棍回答说："就是你，也是对任何一个英国孬种说的。"

　　年轻的G中尉没有对这个说大话的家伙施以占领者的轻蔑态度，而是同意第二天早上和他用手枪决斗。这场决斗的消息很快传遍了驻地。非常令人

---

① 有一次，法国军官来到阿丽西·图尔涅（Allees Tourny，波尔多附近的一个地方）附近一家叫盖特的小剧院，和几个英国军官之间爆发了激烈的群殴。尽管英国人没有带剑，法国人还是拔出了他们的剑。但是英国人敲碎桌椅，只用几分钟就让他们的武器不管用了，最后把他们全部打倒了。也许有点奇怪，但是在很大程度上是我结束了这场纷争。当时我从剧院里出来，被一群法国军官围攻。我平静地对他们说，如果我侮辱了他们任何人，我一定会接受对方的挑战。然后我论述了把一场国家之间的战争变成个人仇恨的荒谬性。我还继续谈到半岛战争期间（1808年至1814年在西班牙进行的拿破仑战争中最主要的一场战役。战争以西班牙、葡萄牙、英国的第六次反法同盟打败拿破仑的军队告终），在我们两国军队之间广泛存在的友好感情。我让他们想起了我们成为对方的俘虏和伤员时相互表现出来的友好。那些军官不仅关注地倾听，其中一个人还用粗壮的手臂拥抱了我。我不得不和他们一起去一个旅馆共进了晚餐。第二天，这个城市里再没有法国军人了。——原注
② 康布雷（Cambrai），法国北方省城市。

遗憾的是，指挥官没有把这个刚烈的年轻人严密地看管起来，而是满足于法国警官的保证，相信对方会逮捕肇事者并把他逐出城去。可是他们没有这样做。第二天早晨决斗进行了。尽管已经严格规定决斗必须以手枪进行，法国人却带着已经解开扣的花剑来了，声称自己弄不到枪。G 中尉非常草率地把自己的一把手枪借给了他，却在第一轮射击中就被击倒了，伤势非常严重。人们看到，他们相互射击之后，法国人摇晃了一步或者两步。站稳之后，他向可怜的 G 中尉走了过去。中尉正在同伴的怀里死去。法国人不紧不慢地说："可怜的年轻人，要是用剑，他就可以免遭这份罪了。"很难说清楚他这番话的用意究竟是指他那样就可以痛快的杀死他，还是用剑的话，他就可以只是把他打成轻伤。后面一种假设恐怕是不能成立的。

当一群英国人从门口过来准备抬走 G 中尉时，法国人以为英国人是来逮捕自己，就大叫起来："现在逮捕我是违背信义的。"他很快就明白过来了，英国人是用最体面的方式建议他赶快逃走，但是这个家伙似乎相信他的同胞和英方指挥官的冷漠会保护他的，所以大摇大摆地走进一个咖啡馆，吹嘘着自己的壮举：他已经杀死了一个普鲁士人，一个奥地利人，一个西班牙人，一个葡萄牙人，现在终于幸运地杀死了一个英国人。谈话间他还展示了一块被子弹打了好几个洞的手帕，说是被对手的子弹穿透的。联系到他被 G 中尉射击时曾经摇晃过的场景，我们完全有理由相信，他当时穿了一件胸甲。按照法国决斗的常规，双方有义务在决斗前解开衣服检查，以示没有穿戴防护物。可惜我们缺乏经验的军官当时没有坚持。

第十四章　法国妇女之间的决斗

妇女经常让愚蠢的男人为她们拿起武器,她们本身的天性是与战斗不相宜的。但是仍然有记录显示,女士们为了报复自己所受的委屈是多么毅然决然。

维尔琴夫人(何人不详)曾经提到莫里哀家族的亨丽埃特·西尔维和另一位妇女之间进行的一场决斗,两个女人当时都穿着男人的服装。在杜诺尔夫人①的信件里,也谈到一个决斗的例子。博凯尔女士和一个有地位的年轻女子用剑在花园里决斗。如果不是后来被人分开,她们肯定会努力杀死对方。这次决斗事先经过规规矩矩的挑战。

妇人的决斗场景

哥伦比尔②提到两个女士在圣安托万林荫大道上进行的一次决斗。这两位

---

① 安妮·玛格丽特·杜诺尔(Anne-Marguerite du Noyer, 1663—1719),18 世纪法国最著名的女记者。
② 马库斯·哥伦比尔(Marcus Vulson de la Colombière, 15 世纪末至 1658 或 1665),或者叫老哥伦比尔。法国纹章学家、历史学家和诗人。他的著作中收集了当时所有关于骑士制度的资料。

女士的人品颇令人怀疑。她们在决斗中在对方的脸和胸部造成了几处伤口，这都是嫉妒的妇人很自然会瞄准的地方。圣富瓦叙述了杜瑞克斯小姐①和他的恋人安提诺迪在大街上进行的决斗。但是最著名的女性决斗者是歌剧演员莫旁小姐②。著名的击剑家赛兰是她的情人之一，教了她很多玄妙的击剑技艺。有一天她受到一个男演员杜蒙的侮辱，于是便向他挑战。杜蒙拒绝和她决斗，她就把对方的表、鼻烟壶和一些竞赛的纪念品都卷走了。另一个演员据信也侮辱了她，因为不愿与她决斗，不得不跪在她面前祈求原谅。一天晚上在一次舞会上，她对另一位女士非常粗鲁，被大家要求离开房间。

朱丽叶·德奥比尼（1670—1707），莫旁小姐

她照办了，但是作为条件，她提出那些殷勤地呵护那位被伤害的女士的先生们必须接受她的挑战。男士们同意了。一场艰难的战斗之后，她杀死了所有的男性对手，然后平静地返回了舞会。路易十四赦免了她，她躲到布鲁塞尔去了。在那里，她成了巴伐利亚选帝侯（德国有权选举神圣罗马帝国皇帝的诸侯）的情人。但是她很快又回到了巴黎人的歌剧舞台上。1707年她三十七岁时去世了。

摄政时期，内斯勒侯爵夫人和波利格南克伯爵夫人曾经为了争夺利塞留

---

① 瑞妮·杜瑞克斯（Renée de Rieux），法国王太后凯瑟琳美第奇的宫廷女官。杜瑞克斯美艳动人，她爱上了查理九世的哥哥安茹公爵，因此妨碍了安茹公爵与英格兰的伊利莎白的联姻。后来因为对王后不敬被逐出宫廷。她后来嫁给了佛罗伦萨的安提诺迪，1577年因为嫉妒刺伤了丈夫。她再婚的丈夫1586年在决斗中被昂古莱姆公爵杀死，公爵也受了致命伤。

② 朱丽叶·德奥比尼（Julie d'Aubigny，1670—1707），17世纪女剑术家和歌剧演员。因为嫁给一位莫旁爵士（Maupin），所以被称为莫旁小姐，她令人眼花缭乱的生活是当时很多故事的主题。

公爵的爱情用手枪进行了一次决斗①。更近一些时候，事实上迟至 1827 年，圣兰伯特②的 B 夫人曾经收到用手枪决斗的挑战。大约同一时间，在沙特鲁③，一位女士的丈夫被人扇了一记耳光，但是这位丈夫并没有恼怒。于是妻子向那人挑战，并且用剑重伤了对方。

用手枪决斗的女士

1828 年，一个年轻女孩儿和一个政府的警卫进行了一次决斗。她被那个殷勤的战士欺骗并抛弃了，所以坚持与对方决斗。按照习惯，作为受伤害的一方，她挑选了武器。双方进行了两轮射击，但是没有结果。因为助手们很聪明地没有装填子弹。女孩儿对此一无所知。她首先射击，然后镇定自若地等候对方向自己射击。为了消磨她的勇气，他的前情人朝她仔细瞄准了很长时间，最后向空中开了一枪，结束了这场决斗。但是，这样的结果却引起了许多次别的决斗，只是不像这次这样充满怨毒。

---

① 另一种描述是：波利格南克伯爵夫人是黎塞留公爵的情人，但是黎塞留公爵移情爱上了内斯勒侯爵夫人，很长时间不再去见波利格南克伯爵夫人了。波利格南克夫人难以忘情，对自己的继任者充满嫉恨。妒火中烧的她有一天遇见内斯勒侯爵夫人时，便向对方提出了挑战，地点在布洛涅公园。内斯勒夫人和对手一样急迫地希望杀死对方，使自己不受打扰地拥有黎塞留公爵；或者在决斗中光荣地死去，以证明自己对公爵的情深意切。她们开枪之后，内斯勒夫人倒下了，美丽的胸口满是鲜血。她的对手大喊道："来呀，我会让你明白抢走我的爱人会有什么样的下场的。要是这种背信弃义的东西落到我手里，我会砸掉她的脑袋，撕碎她的心肝！"听到这些话，一位年轻人恳请波利格南克夫人稍作克制，不要因为对手的不幸而欣喜了。至少，对手的勇气是值得尊敬的。"安静点，花花公子，"波利格南克夫人大喊道："轮不到你来教训我！"其实内斯勒夫人的胸部并没有受伤，只是肩膀受了轻伤。清醒过来之后，有人问她，她的爱人是否值得她这样冒险。"是的。我全身血管里更多的血为他流淌都是值得的，他是宫廷里最可爱的男士，所有的女人都在设计网罗他。在我作出这样的证明之后，我希望他的心只属于我。"
② 圣兰伯特（Saint‑Rambert‑en‑Bugey），法国东部艾因省地名。
③ 沙特鲁（Châteauroux），法国中部安德尔省首府。

第十四章　法国妇女之间的决斗

就在这个月,斯塔拉斯堡附近一个法国女人和一个德国女子之间的决斗是一个引人注目的例子,证明这种行为具有传染性。两个女人都爱上了一个画家。双方用手枪武装起来出现在决斗场,各自带着自己的同性助手。德国少女坚持只隔一块口袋巾的距离开枪,但是法国女士和她的助手坚持隔二十五步的距离射击。她们都没有击中对手。德国女士坚持继续射击直到有人倒下。这种坚决的态度总算被助手们制止住了,她们阻止了决斗的继续,却无法使她们和解。

赤裸着上身以剑决斗的女士

我们很快就会看到,我们的英国妇女在同样情况下所表现出来的坚决一点儿也不逊色。女性不习惯通过决斗来发泄对真实的或者臆想的屈辱感到的怨愤,她们会被看成是怒火的安全阀,经常使暗杀得以避免的人。但是如果我们考虑一下她们之间经常存在的刻骨仇恨,我们就会因为决斗在她们中间没有像在男士中间那样频繁发生而感到惊异了。她们的生活方式和习惯,会使她们比男士更加无止无休地去思虑自己的自尊和虚荣心受到的伤害。这种情感被激荡起来时,在两个性别那里都很少能够被抚平。她们之间的决斗之所以少些,唯一的原因就是她们对于危险与生俱来的胆怯。因此我们更加确定,她们会用阴谋诡计和造谣中伤去进行报复。"这些东西的刀刃比剑还要锋利。"

第十五章　法国确立的决斗法规

我们已经看到，决斗首先是在法国出现的。为了规范这种仇恨的较量，在不同时期里由法国建立的决斗规则，被其他国家广泛地引为范例，尤其是在欧洲大陆上。

法国人认为冒犯有三种：第一，单纯的冒犯；第二，具有侮辱性质的冒犯；第三，伴随着暴力行为的冒犯。在这些情况下，他们确立了下面的原则。只要决斗能被容忍，为大家所接受，那么大概就可以认为这些规则是明智的，而且可以用来规范和处理所有的争执：

1. 如果在一次讨论中有人冒犯了别人，受到冒犯的人即是受到伤害的一方。如果紧接着他还受到殴打，那么他毫无疑问就是受害方。即使受伤害的一方还击，打得更重，比方说，在挨了一记耳光之后把对方打成了重伤，不管伤得有多重，也不能使对方具有首先受辱的地位。在这种情况下，第一个被打的一方具有要求决斗的权利。这种情况完全可以导致决斗。

2. 如果有人先有不礼貌的表述，而后遭到对方的反唇相讥，无论是挑衅者认为自己被冒犯了，还是受到侮辱的人认为自己被欺侮了，都可以提出决斗。

3. 如果在谈话过程中，礼貌的原则并未遭到破坏，但是其中使用的一些措辞使一方认为自己受到了冒犯，这时如果他要求决斗，不能认为他是挑衅者；也不能认为接受挑战、同意决斗的一方是挑衅者。这种情况只能诉诸决斗结果的偶然性来确定是谁理亏。

4. 如果一个人派人送信要求决斗，却没有说出充足的理由，那么他就变成挑衅者了。助手们在同意进行决斗前，必须要求他明确地阐述充分的理由。

5. 如果父亲年纪太大无法严肃对待一次侮辱，或者挑衅者的年龄和自己的父亲不太相称，那么儿子可以帮助父亲的决斗。但是如果父亲是挑衅的一方，则儿子不能参与其中。①

6. 有时一些冒犯让人太难堪了，结果导致受辱的人马上采取暴力行动。这种行为无论如何应当避免，因为它必然会导致一场致命的决斗。

7. 被冒犯的一方有权选择武器。②

8. 如果冒犯有辱人格，被冒犯的一方有权确定武器和决定决斗的相关事项。③

9. 如果冒犯伴随有暴力行为，被冒犯的一方有权决定决斗的时间地点、他使用的武器、决斗时相距的距离，而且还可以坚持挑衅者不得使用他常用的武器，因为他使用那种武器太熟练了。但是在这种情况下，被冒犯的一方也必须使用自己平时没有练习过的武器。

10. 只有三种合法的武器：第一，剑；第二，军刀；第三，手枪。军刀有时会被挑衅者拒绝，尤其当他是退伍军官的时候。平民则常常拒绝用军刀决斗。

11. 当挑战书送达，或者有人要求决斗时，双方在称呼对方和质问对方时拥有相互平等的权力。

12. 双方当事人应该立刻寻找助手，向对方通报自己助手的姓名和住址。④

---

① 这是一条很公正的规则。一个上了年纪的人可能会以自己的年龄和衰弱为掩护，严重地冒犯他人。因此，应该让他个人对自己的行为负责。如果不幸他不能接受对方的挑战，那么他就必须作出最谦卑的道歉。这一条规则也阻止了一些生命的损失。否则亲子之情就可能使一位正直的年轻人不得不为他父亲的行为冒生命危险，而这样做却会受到他自己良心的谴责。——原注
② 这一点是非常重要，所以无论我们多么冷静和刻意地追寻是谁首先侮辱对方都不为过。——原注
③ 相关事项指决斗的时间和地点。——原注
④ 这是一件要紧事。有时会有这样的事：一个人侮辱了别人，然后挑选一个恶名昭彰的暴徒作自己的助手。用常用的话说，这个恶棍会把一场争执"包在自己身上"，卖命地为自己的当事人战斗。不久前，一个家伙还在公开出版物上做广告，愿意为任何需要他服务的人战斗。——原注

13. 冒犯的一方承认是自己的错，无论如何不会伤及体面。如果受辱一方的助手认为冒犯者的道歉是充分的，如果助手们对此表示满意而且准备用书面形式明确表达自己的这种意见，或者如果冒犯者提出进行书面道歉，而且道歉的性质被大家认为令人满意，那么在这种情况下，道歉的一方就不再是冒犯者了。如果他的对手仍然坚持决斗，则必须通过抓阄决定使用的武器。但是，如果打了人，就没法接受道歉了。除非环境不允许事先会面，否则在双方走上决斗场之前应该就决斗见面，对决斗作出友善的安排。双方走上决斗场之后，即使已经武装起来了，如果其中一方认为应该道歉，而被冒犯一方的助手觉得满意，那么将来可能发生的有损名誉的事，将只能影响提出道歉的那一方。

14. 如果冒犯对方的那一方只有助手到场，而且进行了道歉，那么将来只由助手承担责任，因为他们的当事人已经将自己的荣誉完全交由他们处理了。

15. 不能由一个群体提出挑战。如果任何人或团体觉得自己受到了侮辱，他们只能派己方的一个人去要求决斗。一群人集体提出的挑战可以被拒绝。但是被挑战的一方也可以从中挑出一个对手，或者随意挑选一个对手。

16. 除非助手们另有安排，否则所有的决斗都应该在冒犯之后四十八小时内进行。①

17. 在一场使用手枪或者军刀的决斗中，对于每位决斗者，两个助手是不可或缺的；用剑决斗，一位助手就够了。

18. 助手有责任确定是否需要决斗，并向自己的当事人陈述意见。他们向自己的当事人提供意见时的态度，应该是尽一切可能抓住避免决斗的机会，然后与对方当事人的助手会面，尽力表示他们反对决斗和希望友好地处理这件事的热忱。如果他们的努力失败了，他们必须一起确定武器、时间、地点、距离和决斗的方式。同时应该就当事人走上决斗场之后可能出现的各种困难，尽力做好安排。

---

① 这是一条重要的规则。对于思考进行一次决斗的必要性（这种必要性是令人痛苦的），四十八小时被认为是一个合理的时间。我们很有理由相信，在冒犯发生之后很久才发出的挑战，是一些多事的朋友介入的结果。——原注

19. 助手不是旁证，每个助手都应该有一名证人。①

20. 助手和证人不得当场转变为决斗的当事人。他们受到的任何侮辱都只能构成一次新的冒犯。

21. 决斗结束后，如果没有另一场决斗，则助手不得在现场停留超过十分钟。

22. 被冒犯一方的助手可以在一场使用剑的决斗中，要求允许自己的当事人用左手挡开攻击；但是挑衅者的助手可以加以拒绝。

23. 如果挑衅者没有殴打过对方，那么当他的助手认为恰当时，可以拒绝根据信号开枪的安排。

24. 助手必须决定在用剑的决斗中双方是否可以休息。

25. 根据纷争的性质，助手也可以决定，是否在有人受伤后分开双方当事人（这个决定不会告知当事人）。他们将根据争吵的性质决定这一安排。

26. 助手们也可以决定是否允许戴击剑手套或者其他缠绕手掌的东西。一条线（击剑绳结），或者普通的手套总是允许的。

27. 如果助手们认为侮辱的性质使一场致命决斗有必要的话，他们无论如何不应该让决斗的当事者了解自己的这种看法。

28. 除非被冒犯的一方受到了人身伤害，否则如果一方当事人因为身体的衰弱不能使用剑，他的助手可以拒绝用剑决斗。

29. 除非挑衅者打了他，否则一个瞎了一只眼睛的人的助手可以拒绝在决斗中使用手枪。

30. 只有一条腿或者手臂的当事人，他们的助手可以拒绝用剑或者军刀。

31. 一个年轻人的助手不应该允许他和一个年逾六旬的人进行决斗，除非对方打了自己的当事人。在这种情况下，对方的挑战只有在书面形式下才能被接受。如果老者拒绝用书面方式发出挑战，其性质相当于拒绝别人的挑战，年轻人的名誉也就因此得以保全。

32. 如果决斗中发生任何不公平的事情，助手们有责任将当时的情况

---

① 这种安排常常可以阻止致命的决斗。——原注

写成书面文字，然后在一个有适当资格的法庭面前作证。那时荣誉要求他们一定要提供真实的证词。

33. 事前确定的规则如果被违背了，助手们必须立刻分开当事人。

34. 父亲、兄弟、儿子或者任何直系的亲属都不能担任助手，无论是站在亲戚一方还是他的敌人一方。

35. 在用剑的决斗中，助手将划出每个决斗者应该站立的位置，在他们的剑尖之间留下两英尺的距离。各自站哪边应该抽签决定。

36. 剑必须经过测量，以确保它们长度相等。任何情况下都不允许使用开刃的剑或者表面有槽的剑。

37. 决斗者会被要求脱掉外衣露出胸口，以示自己没有穿任何可以挡住刺戳的防护物。拒绝这样做就被认为是拒绝决斗。

38. 如果他的武器适合决斗，被冒犯的一方可以使用自己的武器。如果测量双方的武器时，发现双方的剑有差别，除非这种差别具有实质意义，否则应该用抽签等方式凭运气来决定是否可以使用这种武器。

39. 当有人用手帕包住手掌时，手帕的一头不得垂下来。如果当事人拒绝把它拉起来，助手可以要求他把手帕整个解掉，只允许留下一个击剑绳结。① 如果允许使用击剑手套而有一方拒绝使用，另一方仍然可以使用。但是如果现场只带来一副击剑手套，则不允许使用击剑手套。

40. 决斗者到达现场之后，助手应该向他们讲解所有的安排，他们此后将不得以不清楚规则为借口违背事先的安排。然后，助手们说"开始"作为进攻的信号。法语是"allez"，去吧、干吧的意思。如果在发出信号之前双方的剑已经碰在了一起，就无需发令了。但是首先迈步向前的人应该受到谴责。

41. 助手应该手持一柄剑或者一根手杖，尖端向下，站在距决斗者很近的地方，随时准备在事先同意的规则被违反时阻止决斗者。

42. 除非事先约定，否则任何一方不得用左手挡开对方的剑。如果一方一直这样使用左手，对方的助手可以要求把他的左手固定在背后。

---

① 这是一个重要的预防措施，因为对手的剑尖可能会被垂下来的手帕裹住，从而使一方当事人对另一方具有相当的优势。——原注

43. 用剑进行决斗时，决斗者可以站直或者弯腰，可以向左右躬身，也可以围着对方转身。

44. 当一方大声说自己受了伤，或者他的助手觉得他受了伤的时候，战斗应该停止。如果受伤的一方同意，战斗可以继续。

45. 尽管助手已经命令停止战斗，但是如果受伤的人继续向对手出剑，就被视为他希望继续决斗。但是他必须先被制止并加以警告。如果在这种情况下，尽管助手已经加以了阻止，未受伤的一方仍然继续攻击对手，就必须立刻阻止他，而且必须认定他违反了事前确定的规则。

46. 当一个助手举起手中的剑或者手杖时，就必须认为这是停止的信号。在这种情况下，另一个助手应该叫"停止"。决斗者应该立即后退一步，保持防守姿态。

47. 使用手枪决斗的最近距离应该是十五步。准星应该固定。可以允许枪管的长度差别不超过一又四分之一英寸。枪管没有刻来复线也是可取的，而且枪的类型应该相同。

48. 双方站立的位置应该抽签决定。

49. 双方使用一对成对的手枪是可取的。

50. 助手应该以最一丝不苟的态度装填手枪，而且应该是在对方助手在场的情况下做这件事。如果使用一对成对的手枪，每位助手应该使用同样的火药量。为此应该允许对方的助手用通条检查自己装填好的枪，或者是双方在四名证人在场的情况下装药。①

51. 双方当事人应当由各自的助手安排到自己的位置上。如果事先约定了三十五步的距离，被冒犯的一方有权首先开枪。如果只有十五步，应该抽签决定谁首先开枪。

52. 助手有权利确认当事人没有穿戴任何防护物。拒绝接受检查即被认为拒绝决斗。

---

① 用通条测量火药的方法不很准确，因为枪管里火药的深度会因为填塞料的不同而有差异。装填之前测量火药的方式，对于保证公平是最可靠的。而且必须注意，称量好的火药装填时必须手手相传。我知道有一次一方把自己称量好的火药递给对方助手时，把火药掉到了草里（是否出于故意我无法确定），当捡起来时已经被对方的助手弄湿了。他没有注意到，结果用受潮的火药给自己的朋友的手枪上了膛。——原注

53. 双方的助手应该站在一起，他们到达指定位置后，首先命令"预备"，然后发令："射击。"

54. 射击后枪没有打响也会被认为已经射击一次，除非事前有相反的约定。

55. 如果一方受伤了，他仍然可以向对手射击，但是必须在两分钟的期限内完成。

56. 如果双方的射击都没有命中，手枪应该像先前一样重新装填。

57. 在被称为"随意的"手枪决斗中，助手们会在地上画出距离三十五或四十步的两个位置，然后从两处地点向对面划线，在中间留下二十至十五步的距离。这样决斗时每个决斗者可以向前行进十步。

58. 决斗者到位后，用抽签的办法选一个助手发令说："前进"。

59. 决斗者把枪垂直地举着向对方走去。他们可以停下来，把枪放低朝着对方开始瞄准。然后他们仍然可以不开枪，而是继续前进到中间线断开的地方，那里用一根手杖或者一块手帕作了标示。到这里，他们必须停下并且开枪。尽管其中一方可能会前进到这个顶头的位置，但是另一方没有义务向前走，无论他当时是应该接受对方射击还是应该射击对手。

60. 一旦一方射击了，则他必须在原地站定，以接受对方射击。但是，对方只有不超过一分钟的时间向前走并射击，或者从他站立的地方马上射击。

61. 受伤的一方被击中之后必须在一分钟之内射击，但是如果他倒在了地上，则允许他在两分钟之内起立并射击。

62. 在这种形式的决斗中，如果一方曾经被另一方殴打过，可以允许发给每位决斗者两支枪。这两支枪应该从两对枪中各取一支。在四支枪都发射过之前，不能认为事情已经结束了。①

63. 用四支枪决斗时，如果一方受伤，决斗就必须停止。受伤的人不

---

① 这种安排给了被殴打的一方巨大的优势，这样做是非常明智的，因为这样可以使处事草率的人更加谨慎。不仅因为倾向于打人的一方不得不合理地考虑自己的行为可能赋予对方的显著优势，而且还使他不得不思考一种可能性，就是自己急急忙忙闯入了一场冲突，而对手可能会不顾一切。——原注

第十五章 法国确立的决斗法规

允许再开枪,因为很明显,他的对手可能还有一支上好了膛的枪。如果允许双方开枪,对手就在冷静的减速射击中具有不公平的优势。

64. 一方受伤后,即使他表示了继续决斗的愿望,也应该认为事情已经结束了,除非助手们认为伤者的状态适宜继续决斗。

65. 在被称为"停止前进"形式的手枪决斗中,会量出一段四十五或五十步的距离,然后面向对方划两条线,在相距十五到二十步的地方做出标志。决斗者可以前进十五步。

66. 听到"前进"的口令,决斗者就可以以之字步前进,每次迈步不得超过两步远。他们可以瞄准但不开枪;前进时可以选择随时停止,然后继续前进。但是一旦有人开枪,双方都必须站住。

67. 没有开枪的一方,现在可以开枪,但是不得前进;已经开枪的一方,必须站住承受对方的射击。对方可以有半分钟的时间射击,如果超时,就必须立刻由助手解除他的武装。

68. 在"平行线"形式的手枪决斗中,会划出两条相距十五步的平行线,线的长度为二十五步至三十五步。

69. 决斗者被指定在线的末端,面向对手。

70. 助手站在自己的当事人身后,距离应保证不会被当事人的手枪击中。助手说"前进",作为决斗开始的信号。

71. 于是决斗者开始前进,不是向对方前进,而是沿着为他们画出来的两条线走。这样,无论当事人中的一方是否走动,他都会发现最近时自己可能会距离对方十五步。

72. 射击时决斗者必须停步;但是他也可以停下来却并不射击,只是瞄准,然后继续前进。

73. 在"根据信号"形式的手枪决斗中,信号是受冒犯一方的助手用手拍三下。每拍一下中间数三秒,一共用时九秒钟;或者每次间隔两秒,一共用六秒钟。其他情况下,会抽签决定哪一方的助手来发信号。

74. 决斗者拿到武器以后就前进,但是要保持手枪的枪口指向地面。听到第一次拍手时举臂;听到第二次信号时瞄准;在第三次拍掌时,他们应该同时射击。

75. 如果有人在第三次信号之前或者之后半秒以后才开枪,他就被认为是一个不值得尊重的人。如果对手死了，他就是一个暗杀者。如果提前的射击没有击中，那么他的对手就有权用随便多少时间来瞄准和射击。

76. 如果一方按照事前预定的信号射击了，而对手却不体面地没有开枪，助手就有责任冒着任何危险冲上去解除他的武装。这时，遵守了规则的一方有权利要求用另一种不同的方式进行另一场决斗。

77. 准备发出信号的助手应该用决斗者肯定能够听到的大声让他们了解信号的类型。他应该这样说："注意，先生们：你们直到第一次信号发出时才可以举起手臂，在第三次信号发出之前不得开枪。我现在就要发出信号了，我的信号是由三次击掌组成的。"

78. 在使用军刀的决斗中，助手们应该尽力让决斗者使用短军刀，短刀致命的危险性比长刀小。

79. 确定了双方的位置之后，决斗者应该相对站立，军刀的尖端保持一英尺的距离。

80. 进行这种决斗时，双方经常带连袖手套，不过，当事人也可以只是用手帕把手和腕子缠起来，只要手帕不要垂下来就可以。

81. 在军队里，如果团里用的军刀长度一致，就应该选用团里用的军刀，用同样的方式装柄。应该采取与用剑决斗时相同的预防措施，以确保当事人没有穿戴任何防护物。

82. 发出"前进"口令后，决斗者就向对方前进，任意地闪转腾挪。

83. 在对方解除武装后击打对方，抓住对方的胳膊或者身体，或者抓住对方的武器，都是犯规行为。决斗者的军刀被对方转腕搅掉或者击落都算是被解除了武装。

84. 在使用军刀决斗但不允许有刀尖时，应该选择没有刀尖的军刀。违反这条规则而在决斗中刺中并杀死对手被视为暗杀。这种决斗只要一有人流血就被认为结束了（即所谓的第一滴血——译者）。

除了这些常见的决斗，法国人还有被称为"例外式"的决斗。但这种情况很少发生。在这种决斗中，战斗可以骑马也可以徒步进行。可以用马枪、步枪或者手枪，但是人们在荣誉上没有义务接受这种挑战；这种决斗进行之

第十五章 法国确立的决斗法规

前必须用书面形式确定规则。

在马上决斗时,助手也要骑马,决斗双方要相距二十五步的距离。如果用马枪,就要相距六十步;用步枪或者徒步的话,则要相距一百步,然后前进到相距六十步。当事人可以随意射击并重新装填子弹,直到他们前进到规定的最近距离。

很多时候法国人会安排决斗者背对背站立,听到信号后转身面向对方开枪。

偶尔有的决斗中只有一支枪装填了子弹,这种时候很不容易找到助手。这种近乎蓄意杀人的决斗是这样的:

到达场地后,助手退到离谋杀地点至少五十步以外的地方。他们给两支枪都装上火药,但是只给一支枪装子弹,然后招呼决斗者来领取手枪。

首先由抽签决定一位助手装填手枪,然后交给另一个助手,由他把手枪交给决斗者。谁用哪一把全凭运气决定。助手把两把枪藏在身后,决斗者大声喊左或者右来确定自己用哪一把。

上述步骤完成后,递交手枪的两名助手也武装起来,前进到距决斗者三步以内的距离。其他的助手站在二十步以外。

然后助手向决斗者宣读决斗的规则。让他们脱掉外衣,确保他们没有穿任何防护物。接着交给他们一块手帕,让他们握住手帕的两端。

开始的信号是击一次掌。如果枪中没有子弹的一方在信号发出之前就开枪或者只是烧掉了起爆药,他的对手有权崩掉他的头;但是如果那个拿了有子弹的手枪的幸运儿在信号发出前开了枪,而且打死了对手,他就是杀人凶手。助手有义务在一个有资格的法庭面前控告他。

法国人还进行另一种决斗,这种决斗造成致命后果的目的性可能不那么强。这种决斗他们称之为"沿着平行线不断前进"式的决斗。

到达场地之后,先划出两条三十五步长、相距二十五步远的平行线。抽签决定双方站在哪里以及双方的武器,结果不得告诉决斗者。然后决斗者被他们的助手领到两条线的一端,相向而立。

听到"前进"的命令后,决斗者就沿着线前进。这样,前进过程中他们当然至少会相距二十五步。他们不得停步,但是必须同步运动。开枪时也不得停步,开枪之后也要继续向线的另一端走。如果其中一人受伤,他只能在对手走到规定的线的一端之前开枪。如果没有人击中，决斗必须就此终止。

  上述的规则是以决斗这种致命的活动的长期实践为基础的。它经过二十五位将军、十一名法国贵族和五十名有地位的军官批准。国防部长的行为有时同他的法定职责不甚相称——他在这份文件上签了名，用一份官方文件批准了这些规则。而大部分的地方行政长官也同样认可了这些规则。

第十六章　法国人对助手的性质和
责任以及决斗的实用性的看法

　　挑选决斗的助手时,如果勇气是必需的,那么经验也同样值得期许,但是最宝贵的是道德上的勇气。因为即使在决斗之后,如果一方当事人违反了用来规范这次决斗的规则,助手会发现自己仍然被赋予了法官的使命,是为受害者寻求报复的陪审员。

　　一个助手可以被认为是他朋友的忏悔牧师,朋友会无条件地信任他的建议。因此他绝对不应该泄露当事人与自己的谈话内容。经常有这样的事,一个受冒犯的人敦促他的助手坚持进行决斗,但是他又会表示希望在不危及自己的名誉的情况下避免战斗的危险。如果这种要求与助手本人对荣誉的看法相悖,他应该退出这件事,但是不得泄露朋友的这些隐秘想法。因为他们是出于对助手的信任才袒露自己希望报复、充满仇恨或者感到胆怯这些情绪的。

　　尽管助手有权利与征询他的意见的朋友持有不同的看法,但是如果受到冒犯的人的情感使他无法接受的话,当事人亦有不容置疑的权力可以谢绝助手的建议。所以很明显,助手的责任就是最充分地衡量事情的性质,然后建议他的朋友采取自己在相似情况下可能采取的应对方法。

　　助手经常会做出道歉。如果道歉的性质令人满意,对方接受道歉时不应该流露出勉强、厌恶的神情。但是不能认为这是一条原则。因为很多时候,一些爱惹麻烦的人会觉得道个歉就足够让自己摆脱进一步的责任,从而放肆地冒犯别人。

　　应该在助手中确立一条原则,当一个债务人是挑衅者时,绝不要允许他和债权人进行决斗。在一场因金钱而起的纠纷中,债务人必须首先清偿他的债务，然后才有权威胁他的债主的生命。在这种情况下，为了维护当事人的品性，助手应该书面表达自己对这场决斗的反对意见。如果债权人向债务人挑战，情况当然就不同了。

助手绝对不应该允许朋友和一个击剑大师决斗，除非后者遭到挑衅者的殴打。和击剑大师决斗时必须选择手枪为武器。

有时候决斗者表示希望自己装填所用的手枪。这时，如果双方都同意这个请求，他们应该在对手的助手在场的情况下装填，而且装填的火药量必须确定。

前述的规则已经提到，在用剑的决斗中两名助手就够了。但是使用手枪和军刀时一般需要有四名助手。这种差别缘于下述的情况：用剑决斗时经常发生轻伤，这时两个助手比四名助手更有可能达成一项友善的解决方法。而且，这时不存在少数意见，更容易为当事人考虑，保守决斗细节的秘密。另外，用剑决斗的规则基本上是众所周知并广为接受的。用手枪和军刀时情况就不同了，这时战斗的方式存在实质上的差别，因而需要更多数量的助手在场，以便见证决斗过程的公平性。

用剑决斗时应该明确规定是否允许当事人用左手挡开武器。如果不同意这样做，毫无疑问决斗者就不能这样做。但是决斗者可能出于本能机械地用左臂做这样的动作，而并非出于任何不名誉的动机。所以更可取的方式是允许双方这样做。

挑选武器时，已经说过，一个殴打了别人的残疾人有义务使用被冒犯的一方认为合适的武器。这是公正的。因为如果由残疾人一方挑选武器，优势就会在残疾人那一方。他无法使用剑，所以可能练习过使用手枪。而且我们必须认为，如果一个人能够打别人，他肯定有能力使用一把剑。[①]

当一方当事人受伤时，助手有强制性的责任制止所有进一步的敌对行动。同时也只有助手的命令可以终止决斗。有时会看到一方当事人对另一方喊："你受伤了。"使对方分神，疏于防卫，自己得以利用对方的错乱，进攻对方。在这种时候，如果助手的口头命令不能制止决斗者这种不光彩的行为，他们

[①] 我不能同意这个结论。一个剑客可能会把一个残疾人弄得非常愤怒，后者常常是易怒的。结果他就忘乎所以地打了冒犯自己的人。在这种时候，一次手枪决斗，不得瞄准，应该是最公平的解决方式。——原注

第十六章 法国人对助手的性质和责任以及决斗的实用性的看法

有义务冒着任何危险,冲上去强制解除那人的武装,因此助手也要武装起来才好。

现在,助手已经很少相互挑衅了。他们应该以正义和文明为指引。当他们之间发生分歧时,最可取的办法就是找一位仲裁者。仲裁者通常应该从经验丰富而且上了年纪的军人中挑选。

助手应该坚持双方要同时开枪,这非常重要。一个决斗者会做这样的算计:如果我先射击,而且杀死或者重伤了对手,我就摆脱他了;如果挑选武器的结果对我不利(指选择了对方更擅长的手枪),我的对手很可能出于宽宏大量,在遭受射击后放弃还击。因为他知道自己已经安全了,这时如果选择继续射击,一旦未击中,就会使自己置身于危险之中,于是他通常倾向于结束决斗。而且,一个慷慨大度而又勇敢的人,会对射击一个没有防护的人自然地感到厌恶,因而会倾向于向空中开枪,或者决然地把枪交给自己的助手。

无论他是挑衅者还是被冒犯者,对手这样做都会使他觉得快意。尽管当一个决斗者抢在信号之前开枪时,那种大度的情感和出于谨慎的动机也许会使另一方放弃还击,作弊的一方仍然是一个罪犯。助手有义务控告他。因为前面已经叙述过,如果一方当事人在规定的信号之前开枪,他的对手有无可置疑的权力可以精确瞄准并且轰掉对方的脑袋。在这种规则被非常不光彩地违背时,无论那个奸诈的决斗者背信弃义的企图是否成功,是否将对手杀死,人们期望陪审员按照一个确定的原则行事。

助手的责任是如此重大,以至于一位著名的击剑大师常常说:"不是剑或者手枪杀死了决斗者,而是助手。"

由这些规则加以保证之后,尽管决斗好像与人道主义和理性不一致,仍然有许多法国作家鼓吹它的必要性。比如朱尔斯·亚宁[①]谈到决斗时曾经这样说:"人类已经在这个世界的胆怯中迷失了,已经没有胆识去冒生命的风险了;现在懦夫花大价钱装出一副勇敢的样子,这种人数不胜数。

人们已经在这个世界里迷失了,在这里别人的看法就是一切,而人们已经不再在剑尖上争取好名声了;人们已经在这个到处都是伪善者和诽谤者的世界里迷失了,他们不肯握着剑去对自己受到的诽谤和恶毒的报道要求赔偿。

---

① 朱尔斯·加布里埃尔·亚宁(Jules Gabriel Janin,1804—1874),法国讽刺作家、剧作家。

无耻谰言比钢铁还要锋利，比手枪的子弹还有破坏力。在这样一个社会里，没有决斗的保护，我连一天都不愿意再活下去了。"

"决斗使我们每个人都成为一个强大而独立的力量，用每个个体的活力构成了整体的活力。决斗抓住了正义的剑，它已经从法律的手中滑落了；决斗惩罚了法律无法惩处的恶性——蔑视和侮辱。那些反对决斗的人既是蠢材又是胆小鬼；而那些同时在谴责和支持决斗的人则既是智者又是说谎者。我们的文明能够保存，恰恰要而且只能归功于决斗。"

下面则是沃尔什（何人不详）就同一个主题的看法："如果问题涉及我们的习惯和风俗，我们在客厅里找到的睿智看法将比在学校里能找到的多。荣誉以及决斗的意义这一严酷的问题，让法国人挥洒的鲜血和墨水是一样多的。探讨这个问题时，我们经常发现一只能很好地握住剑的手握笔也能表现出同样的能力。"

"一个绅士的荣誉告诉他，不应该期望一个尚武的民族在受到侮辱的情况下表现出耐心和容忍的能力，这和他的性格格格不入。法国人谈到他们的起源时总是提到剑。当侩子手就站在决斗者身后时，法国人总是兴奋异常而不会束手束脚，他们敢于接受两次死亡的考验。如果我们认真思量一下这件事，我们怎么会看不到，决斗是这个社会的行政管理逐渐毁灭之后，个人进行行政管理的遗迹，有时我们不得不承认这种个人施治的行为是有用的。从许多角度看决斗都是悲惨的，但它对我们的时代是有用的。它保护了我们的文明，使它免受伴随革命而发生的各种野蛮粗鄙的行为和不同程度的骚乱的入侵。让我们扪心自问，如果没有决斗这种文明的司仪，使参议院免于野蛮行为的侵害，我们能相信拳击不会被引入我们的参议院吗？"

查特兰（何人不详）对这个问题的看法也值得引述："关于决斗的争论已经喋喋不休地进行了很久了。到目前为止的结果是，决斗的反对者成功地论述了这种风俗的野蛮性质。

然而，决斗没有停止。在过去的时代里，它反而发挥着极大的影响，每年从社会征收鲜血和眼泪的贡赋。哲学正竭尽所能，而且在发扬理性的道路上大获成功。但是哲学却在暴虐的成见和顽固的风俗面前退却。努力推动人性进步事业的人们现在还能诉诸什么手段呢？

第十六章　法国人对助手的性质和责任以及决斗的实用性的看法

法律的强制力和理性的说服力同样被证明没有作用。那么我们怎么阻挡舆论的潮流呢？三个世纪来，制止决斗的司法努力和哲学尝试都不成功，所以，既然我们必须向这种无法抗拒的邪恶妥协，就让我们给这种行为规定一个极限吧。让我们给它规定一些不得违反的规则，告诫那些敏感的人不要太过夸张自己易受刺激的荣誉观，同时给助手规定明确的职责。经验阙如的助手在决斗中可能是致命的，而他们的智慧和坚定会在很多时候阻止灾难性的后果。"

第十七章　意大利的决斗

在这部书的开始，我已经努力阐明了决斗在古代罗马人中是不存在的。因为尽管我谈到，历史上许多人曾经从军队的队列里走出来，为了保卫国家的荣誉进行了各种各样的单人格斗，但他们的行为不能被认为是决斗，因为他们之间不存在需要宣泄的个人仇恨和需要报复的个人间的无理对待。曼利乌斯·托夸图斯和瓦列里乌斯·科尔维努斯之间的战斗就是这种情况。①

北方的野蛮民族入侵之后，这些凶残的游牧族群在他们的剑上祭献了他们所能屠杀的所有牺牲，然后转而把血污的武器对准了自己人。历史学家记述说，哥特人405年围攻罗马失败之后，撤退时相互屠杀了超过三万人。直到基督教在这些凶猛的入侵者中间推广之后，这种杀戮的场景才逐渐消失。提奥多里克②在一封写给粗鲁的匈牙利人的信中说："你们应该在共同的敌人面前展示你们的勇气，而不是相互之间这样做。你们不应该因为相互之间的小纷争就走到这样极端的地步。要信赖公义，它使这个世界快乐和安宁。在我的王国里，官员并未贪污，法官也未受腐蚀，为什么你们要诉诸决斗呢？放下你们的手臂吧，你们并无敌人需要与之较量。你们举起武器面向自己的亲人，这是在犯下一桩罪行。你们本来应该为他们献身并为此自豪的。你明明有口舌可以为自己辩白，为什么要使用武装起来的臂膀？你们应该向哥特人学习，他

---

① 提图斯·曼利乌斯·托夸图斯（Titus Manlius Torquatus），公元前234和235年罗马共和国执政官，前208年罗马的独裁官。瓦列里乌斯·马克西穆斯·科尔维努斯（Manius Valerius Maximus Corvinus Messalla），公元前263年罗马执政官。执政期间击败迦太基，征服了西西里岛上许多城市。
② 提奥多里克一世（Theoderic I），418年至451年为西哥特国王。

们懂得怎样征服外族，却在自己人中间培育着克制和平和的美德。"

这封信是因为匈牙利人的凶暴而发的，后者的这种特点在最近威斯特法利亚（德国西北部一地区）的卡塞尔发现的一份手稿中得到了印证。这份手稿是一首诗的片段，描写了迪奥多里克统治时期，一个父亲和儿子之间的一场决斗。

尽管提奥多里克发布了这样明智的命令，但是他死后，随之而来的毁灭性战争里，这种可悲的行为又最令人恐怖地恢复了。在伦巴德人的编年史里，有数不清的证据证明决斗在阿尔卑斯山南边的高卢人和德国人中间非常流行。根据罗塔利①的法律，单人决斗的结果被认定为合法的证据。当一个人占有另一个人的财产五年后，后者只能通过决斗请求物归原主。在妇女的诉讼中，她们有权指定一名选手在决斗中为自己主张权利。

这个国家最著名的一次决斗就是前面谈到的626年为了维护伦巴德国王拉瓦尔德的王后冈德博格的清白而进行的一次决斗。（见本书第四章）

668年，伦巴德国王格林莫尔德一世②对罗塔利的法律作出了一些修改，但是肯定了妇女受到通奸指控时，指定选手在决斗中为自己捍卫名誉的权利。713年，利乌特普兰德③肯定了这项法律，但是废除了其中规定没收决斗失败者财产的内容。命令的语调说明，国王是怀着厌恶的心情签署这项法令的："我们并不相信这种据称为'上帝的裁决'的东西的正义性，因为我们发现许多人在其中为了一项正义的诉求牺牲了。但是这种风俗在伦巴德人中间太古老了，我们没有办法废除它，尽管它是不虔诚的。"

774年查理曼大帝继承了伦巴德王国的王位。他努力地在法国和意大利制止或者至少是限制这种行为。但是主要在意大利的贵族中间，他的努力遇到了阻力。很多时候我们都看到，那个年月的骑士精神非常高尚地制止劫掠。我们可以读到807年一个法国游侠骑士德·美第奇和一个叫穆杰的匪徒进行的一场决斗。这个匪徒曾经洗劫了佛罗伦萨的一个地区，这个地区后来就被

---

① 罗塔利（Rothari 或 Rothair），伦巴德国王（636—652）。他是最有作为的伦巴德国王，征服了拜赞庭帝国在意大利波河流域残余的大量领土。他命令用拉丁文编撰了第一部成文的伦巴德法典。
② 伦巴德国王格林莫尔德一世（Grimoald I），662—671年在位。
③ 利乌特普兰德（Liutprand），伦巴德国王，712—744年在位。

叫做穆杰罗①。

当奥托们（中世纪早期德国国王常以奥托为名）统治意大利王国时，在意大利贵族的迫切要求下，奥托二世（Otto II, 967—983 年为神圣罗马帝国皇帝）在 988 年于维罗纳进行的一次会议上，彻底恢复了决斗这种活动的活力，甚至神职人员和妇女都不能免去决斗的义务。当个人决斗被用来确定有罪还是无辜时，前面描述过的神裁法不断被使用。乔治·阿克洛普莱特②提到一个意大利主教。他建议自己的一个助祭接受用烙铁进行的神裁。对此那位神父说他并不反对，条件是烧红的烙铁必须由主教用手传递给他。主教婉言谢绝了这个建议，转而认为这种神裁法试图试探上帝的力量，是罪孽的。

在阿马尔菲发现的法典推动了那个时代野蛮行径的开化和文明的进步（见第五章），但是并不足以抑制决斗这种古老的行为。我们发现，一个著名的那不勒斯教授查尔斯·托寇坚持认为决斗应该被保持下去，无论他在原则上是多么应该遭到谴责。

尽管在 11 世纪地方行政机构的建立极大地遏制了这种侠义行为，但是 13 至 14 世纪，意大利充满了各种宣扬决斗科学的高贵性质的书籍。人们用全世界最优雅的语言表达对这些书籍的赞誉。13 世纪，我们看到弗雷德里克二世的私生子曼弗雷德谋杀了皇帝康拉德③，自己又被安茹公爵查理杀死了。查理篡夺了年轻的王子康拉丁的王位。后者在他面前掷出了一只武士的铁手套（即挑战），以表示对篡位者的不服从。查理命令在那不勒斯的一个公共广场上将他砍了头。

一个骑士勇敢地捡起手套，把它送到了阿拉贡国王彼得三世那里。彼得

---

① 穆杰罗（Mugello），佛罗伦萨以北的一片地方。
② 乔治·阿克洛普莱特（George Akropolites, 1217 或 1220—1282），拜赞庭历史学家和政治家。
③ 康拉德四世（1228—1254，Conrad IV），耶路撒冷国王（作为耶路撒冷国王，他的称号是康拉德二世，1228—1254）、德国国王（1237—1254）、西西里国王（作为西西里国王，他的称号是康拉德一世，1250—1254），是神圣罗马帝国霍亨斯陶芬王朝皇帝弗雷德里克二世的儿子。正史记载，曼弗雷德（本书作 mainfroi，正史作 Manfred）是弗雷德里克的私生子，他并未谋杀康拉德。1254 年康拉德死时，他的儿子康拉丁年仅两岁。教皇因诺森四世和继任者亚历山大四世敌视霍亨斯陶芬王朝，企图把霍亨斯陶芬家族在德国的领地交给西班牙卡斯提尔国王阿方索十世。康拉丁的叔父曼弗雷德在西西里作摄政，也企图篡夺康拉丁的王位。1266 年法国的安茹公爵查理一世受教皇克莱门特四世之招，入侵西西里杀死了曼弗雷德，控制了意大利南部。意大利的使者请康拉丁前往解放南意大利。1268 年，康拉丁率领的西班牙、意大利和德国联军在意大利中部被查理一世击败。康拉丁不久被查理一世俘虏，以叛国罪被处死。霍亨斯陶芬王朝绝嗣。

通过西西里晚祷大屠杀①为康拉丁报了仇。他还接替了这位倒霉的王子，继续向查理挑战，要求单人决斗。尽管对方已经六十岁，而阿拉贡的彼得只有四十岁，挑战还是被接受了。但是这场决斗用下面的方式避免了：彼得给查理送去了挑战书，提出各自率领一百名自己挑选的武士来解决这场冲突。尽管教皇禁止，查理还是轻率地接受了这个建议。我们的国王爱德华一世指定波尔多作为双方决斗的地点，时间定为1282年7月1日。

出于对彼得的信任，查理解除了对墨西拿的围攻。教皇从梵蒂冈对双方发出了诅咒，并且宣布革除阿拉贡人的教籍。对教皇的愤怒，彼得只是表示了君主般的轻蔑。决斗那天，查理守约到来，带领着他的一百名骑士。他在那里从日出待到日落，等候自己的对手。彼得直到查理离开后才出现在决斗场上。他用真正西班牙式的耀武扬威的态度在场上东奔西驰，欢腾跳跃，然后宣称没有发现胆怯的对手。

双方曾经事先约定，不履约的一方将被称为背信者，将宣布他犯有伪证罪、胆怯，而且将永远声名狼藉，没有资格接受任何帝王的称号或荣誉称号，终身只能由一名卑贱的仆役随从。

查理似乎是由他的叔父、法国国王菲利普二世（原文如此，实际上菲利普是勃艮第公爵）②陪同前来的，这是阿拉贡人迟到的原因。接下来双方开始了一场纸上的战争，事情的真相永远不会有公论了。就像博学的阿尔西亚托（见第六章注释）说的："双方的怀疑都有道理。"（原文为拉丁语）

从那时起，安茹家族就和阿拉贡人围绕着那不勒斯王位继承问题争吵不休。15世纪下半叶，法王路易十一的继承者查理八世又拾起了这场争论，而且把他的后继者卷进了破坏性的战争。

1382年，安茹第二家族的路易一世③，像他的祖先查理一样，被查理三

---

① 1282年，意大利南部西西里等地居民为反对法国安茹公爵的统治发动暴动，杀死大量当地法国居民，史称西西里晚祷大屠杀。
② 菲利普二世（Philip the Bold, also Philip II, Duke of Burgundy, 1342—1404），勃艮第公爵。1380年至1388年，他与两个兄弟安茹公爵路易一世和贝里公爵"宽宏的"约翰实际统治着法国，为他们的侄子、患有间歇性精神病的国王查理六世摄政。
③ 路易大帝（Louis the Great 1326—1382），匈牙利最著名的安茹王朝国王。在他统治下，匈牙利在欧洲的影响达到了顶峰。1382年他为了争夺那不勒斯王位与那不勒斯国王查理三世（"矮子查理"，Charles the Short，1345—1386）爆发了战争。后者在他死后继承了匈牙利王位。

世骗了。当时双方都发出挑战而且被接受了，但是双方都谴责对方说谎。当路易出现在他的军营时，查理三世对他的军营发动了偷袭。路易在这场背信弃义的偷袭中受了重伤，不久就死了。

那不勒斯是这时的决斗之都。一些著名的教师讲授着关于决斗的课程，名为《骑士制度的科学》。那不勒斯的治安官阿尔伯瑞克·巴尔比亚诺在圣乔治骑士们（见第三章注释）的赞助下，创立了一套军事性的制度来对这项光荣的事业提供必要的维护。骑士们在这个国家到处抢劫和掠夺，但是随时准备接受那些自认为受到侵害的人的挑战。

授予骑士爵位时伴随着这句命令："这是你可以耐心顺从地接受的最后一次剑的触碰。"在实践这一学科时，熟练、机敏的砍、刺都是成就，解除对方的武装更是非常光荣的伟绩，因为这可以赋予自己不受任何抵抗，毫无麻烦地杀死对手的权力。

不久以后，归尔甫派和吉伯林派①的血腥争端又给决斗制造了无数机会。双方没有以战斗队形出现，但是任何时候意大利的决斗都是凶残和奸诈的。为了不惹人注意，这些决斗通常在篱笆或者沟渠的后面、树林里和荒僻的地方进行，所以被称为"蝙蝠的战斗"。

在决斗中引入助手和证人为当事人分担危险的做法，似乎起源于意大利。勃兰托美提到一次那不勒斯绅士的决斗。一个绅士被召去决斗，他杀死了对手。正准备离开时，死了的对手的一个助手阻止了他，提出在为倒下的朋友报仇之前不能允许他离去。绅士礼貌地接受了这个要求，然后又杀死了这个助手。另一个证人又站了出来，非常客气地表示，如果这位绅士不觉得疲倦，他很乐意看到自己分享这份荣誉，同时建议如果绅士觉得累了，决斗可以推迟到第二天。那不勒斯的绅士是如此的儒雅，实在无法拒绝对方的请求，于是回答说，他一点儿也不感到疲倦。他现在很热，手也正在状态，他们最好不要有一点耽搁，马上就来满足他的愿望。几个回合之后，那位业余选手的尸体就躺在他两位死去的朋友身边了。

勃兰托美对决斗做了如下评价："关于决斗我听到的事情太多了，一些伟

---

① 中世纪意大利由于神圣罗马帝国皇帝与教皇争权，内部发生严重分裂。归尔甫派（Guelphs）支持教皇反对神圣罗马帝国皇帝，也称教皇派。对立的吉伯林派（Ghibelins）支持神圣罗马帝国皇帝，反对教皇及其支持者归尔甫派。

大的意大利领袖对我说，他们是这种战斗及其细节规定的创立者。这些规定在理论和实践上都广为人知。西班牙人和意大利人相似，但是不如他们技艺娴熟。今天我们法国人在决斗的实践中做到了十全十美。意大利人在决斗问题上比我们更加冷静和明智，多少有点儿更加残忍。对于那些想要饶恕对手的生命，用这个荣耀的机会展示自己的慷慨大方的人，意大利人教导他们，不管是在手上还是脚上，应该把倒下的对手搞成残废。或者更厉害些，要在他们的鼻子或者脸上重重地划一刀，让对方记住自己屈尊饶恕了他们的生命，记住自己的仁慈。"

许多著名的击剑大师都是意大利人。勃兰托美也说过，札纳克在和查斯特纳瑞进行那场致命的决斗之前（见本书第四章），向一位意大利队长凯斯学习过击剑。凯斯教了他砍断对方大腿肌腱以使对方残废的剑法。这些老师的教导是无论如何都要杀死对手，至于杀死对手的方法，他们似乎从不挑剔。我们那些好战的历史学家还进一步说到，札纳克在米兰的时候，在著名的大师崔普那里花了一个月继续学习击剑。那期间每天他都会看到不下二十对人在街上决斗，然后把对手的尸体留在街道上。数不清的亡命徒准备出租自己，为任何不愿以自己的生命冒险的人进行决斗。同样的事在西班牙也很盛行。这种战斗方式代替了著名的血亲复仇，这种雇佣的决斗者被称为"班德勒瑞"（Bandeleri）。

这种很科学的杀人行为看上去不同寻常。我们看到，在兰普格纳尼杀死米兰公爵斯福查之前[①]，他弄了一副受害者的画像，练习刺杀他的每个部位，直到发现自己已经非常熟练，完全可以像后来那样，在教堂里用七次致命的刺击杀死他为止。

1528年，四个佛罗伦萨人在奥兰治亲王在场的情况下进行决斗。其中一个人呼喊被自己打倒的对手投降。对手却大喊："我向亲王投降！""这里除了我没有什么亲王。"胜者一边回答一边用一把匕首顶住他的喉咙，迫使他投降了。

1557年在亨利二世治下，吉斯公爵率领的远征军中发生了一次决斗，地

[①] 乔瓦尼·安德里亚·兰普格纳尼（Giovanni Andrea Lampugnani，死于1476年），米兰贵族，刺杀米兰公爵加莱阿佐·斯福查（Galeazzo Maria Sforza, the Duke of Milan）的三个刺客之一。被捕之后他的头被割下来和另外两个刺客的头一起挂在钟楼上示众多年。

点在费拉拉（Ferrara，意大利北部城市）。当时费拉拉公爵赫拉克勒斯·德埃斯特和他的兄弟红衣主教都在场。决斗在宫里的一个大厅里进行，点了一些火把来照明。

迈尔菲斯亲王卡拉西奥里（见第八章注释）在1545年至1550年之间指挥弗兰西斯一世的部队时，发布了许多命令限制决斗。其中一份强迫决斗者在都灵桥的护墙上决斗，这样失去平衡的人就会很公平地掉到河里淹死。

意大利的国王们卷入谋杀般的决斗并不罕见。不过，据说维也纳的亨伯特二世收到一封来自萨伏伊伯爵阿玛迪斯六世①的挑战书时，曾对来使说："我的朋友，告诉你的主人，国王的美德不在于肉体的强壮，但是如果他渴望展示他的勇猛，我的任何一头公牛都比他强壮。要是他想确认这个事实，我很乐意把我最凶猛的一头公牛送给他。"

1664年，意大利的奥斯图尼②因为一桩最致命而且特别的家族决斗名噪一时。这场决斗破坏了所有关于荣誉的原则。

来自阿夸维瓦家族的冈瓦萨诺伯爵，也称为德·勒·诺奇公爵，和来自英普瑞尔利家族的弗兰卡维拉亲王是下阿普利亚（意大利东南部亚得里亚海边一地区）最有势力的两位领主。冈瓦萨诺伯爵夸耀自己家族的源远流长和数不清的头衔，还有自己前辈中层出不穷的伟人，说他们的专横和凶暴倾向使他们成了一个被属下畏惧、被同侪憎恨的家族。弗兰卡维拉亲王出自热那亚，但是他的家族从查理五世时期就在下阿普利亚定居了。亲王竭力仿效伯爵的骄傲，而且在财富上还超过了伯爵的家族。他们的领地相邻，对各自领地的管辖没有节制，一些要求在时间上已经失去了依据，结果产生了数不清的争讼。后来又加上了两个家族相互之间一长串的伤害事件。他们的仇恨终于在那不勒斯因为一些琐屑的事爆发了。当时他们都坐在马车里，冈瓦萨诺伯爵建议用剑来解决双方的纠纷。弗兰卡维拉亲王拒绝用剑，因为和他的年龄和衰弱的身体不相称，但是他同意把决斗的武器换成手枪。他的对手被认为是当时整个王国中最好的剑手，他坚持最先的建议。为了让亲王同意他的要求，他一再用剑的侧面击打亲王。

---

① 萨伏伊伯爵（Amadeus VI, Count of Savoy 1343—1383），阿玛迪斯六世。
② 奥斯图尼（Ostuni），意大利布林迪西区的城市。

第十七章　意大利的决斗

不久之后，渴求报复的弗兰卡维拉亲王建议他的侄子、卡拉西奥里家族的马迪拿公爵赞助自己的决斗。这个年轻人刚刚从旅行中归来，还没有完成自己的教育。因此双方同意，争吵最终解决之前应该给年轻人一年的时间完成学业。决斗地点定在奥斯图尼，此前双方都曾经宣布对这座城市拥有司法管辖权，并且为此争吵过。全国都急切而紧张地盯着这个地方，但是大部分人倾向于年轻的马迪拿公爵。公爵的造诣和和蔼可亲的性格把所有阶层都吸引了。他的叔父害怕失败的耻辱甚于关爱自己的亲人，为了保证胜利，他采取了下面的策略：有一位绅士，依据当时的风俗在亲王家里做门客。一天晚上，他突然离开，来到了冈瓦萨诺伯爵的城堡。他对伯爵诉说了残暴专横的亲王施加在自己身上的成堆的不公正待遇、各种虚构的冤屈，于是被伯爵允许走进了他的城堡。这样的抱怨在伯爵那里从来都是很好的推荐信，非常对伯爵的口味，很容易邀得伯爵的宠信。

伯爵不仅尽一切努力款待他，而且，发现他是一位非常敏捷和经验丰富的剑客之后，就把自己大多数的时间都用来和这位客人切磋技艺了。伯爵盼望着这门技艺能让他战胜那个年轻的对手呢。

确定的决斗日期之前几天，这位客人借口要去拜访某位亲戚，从冈瓦萨诺伯爵的城堡离开，秘密地回到了他从前的主人家里。他一刻不歇立刻向亲王的侄子演示了他已经非常熟悉的伯爵击剑时的特征和优点。马迪拿公爵从而得知他击败伯爵的唯一机会，就是在决斗开始之后保持防守。门客告诉公爵，尽管他的对手是王国里公认的最了不起的剑客，非常凶猛，但是，如果他最先的进攻被化解，因为他的身体多少有些肥胖，他进攻的猛烈势头很快就会消减。

马迪拿公爵有了这样重要的关照，同时对自己行为的正义性又非常坚信，于是就在平静却又迫切的心情中等待着决斗的日子。决斗那天的早晨，两个决斗者的表现充分反映了双方的个性特征，以及他们在不同的年龄所具有的行为方式和习惯。公爵事先写好了遗嘱，进行了忏悔，依依不舍地向母亲告别。他的母亲此后就在不断地祈祷中度过了这段决斗的时间。至于那位冈瓦萨诺伯爵，他命令准备一席奢华的盛宴，邀请他的朋友和门客在决斗之后痛饮。然后满不在乎地和妻子道别，还残酷地就对手的年轻和缺少经验评论道："我要去杀死一个孩子。"（原文为法语）

双方在指定的地方碰了头。那是一片开阔地，在奥斯图尼一个天主教修道院前面。但是教士们以恳求和祈祷说服双方移到了另一个地点，在同一个城市里的嘉布遣修道会①的一个女修道院前面。在这里，主教和神父用非常庄严的仪式徒劳地劝说双方放弃他们血腥的企图。他们被轻蔑地请走了，然后决斗开始了。

决斗经历了很长时间，这让公爵可以按照事前的忠告行事。当发现对手气息急促、防守松懈下来的时候，马迪拿公爵开始进攻，并且刺伤了对手。公爵问对方是否满意了，同时建议停止敌对行动，但是，出乎意料的受伤不仅让冈瓦萨诺伯爵的身体疼痛，而且也刺痛了伯爵的心，他骄傲地拒绝了所有和解的建议。被盲目的报复欲望和双重的仇恨驱使着，他很快就完全丧失了对自己的控制，再一次受伤。这一下结束了决斗，也结束了他的性命。

后来有迹象表明，弗兰卡维拉亲王的行事原则和他的对手一样不甚光彩，对报复的渴望也一样难以满足，一点儿也不逊于伯爵。如果伯爵在决斗中获胜，亲王已经安排了一帮匪徒，准备在他回家的路上拦截并杀死他。

当克瑞格元帅②攻取萨伏伊公爵的私生子兄弟腓力平指挥下的巴瑞克斯要塞时，后者好不容易才逃脱。当时他换上了一个普通士兵的制服，把自己的一件女人披肩留给了那个士兵。第二天，双方同意休战一天以掩埋死者。克瑞格元帅让前去要求休战的军官带上了一封信，建议腓力平今后小心保管女士送给他的礼物。对此腓力平向法国元帅提出了挑战，元帅接受了。

腓力平被他的哥哥萨伏伊公爵阻止了。第二年，克瑞格成了对方的俘虏，挑战又开始了，结果腓力平在决斗中被对手刺伤了大腿。兄弟的生命竟然是受赐于克瑞格的宽容！萨伏伊公爵想到这个就深感自己受到了冒犯，于是坚持再进行一次决斗。但是这一次腓力平被杀死了。用德奥比格尼（见第六章注释）非常具有表现力的话说："克瑞格刺穿了对手的身体，把他缝在了大地上。"克瑞格的朋友都在大喊："杀了他！杀了他！"而腓力平的助手则哀求放

---

① 天主教嘉布遣修道会（The Order of Friars Minor Capuchin），1520 年后一个圣方济各修道会的成员马提奥·达巴西奥创立的修会，1529 年创立了严格的教规。
② 克瑞格，查理一世（Charles I de Blanchefort, prince de Poix, seigneur de Créquy，1578—1638），波伊克斯亲王，法国元帅和贵族。1624 年前后参加过在意大利皮埃蒙特的战争。

过他的生命。克瑞格坚持要腓力平本人讨饶,不过这太困难了——那不幸的人已经死了。

意大利人不仅因为决斗中的阴谋诡计而闻名,在马上比武和马上战斗中也同样违背忠诚和荣誉的原则。在一次马上竞技中,十二名法国骑士和十二名意大利骑士比武。意大利人当中有一些人没有骑马,混进其他选手中间,用短剑刺法国骑士的马。这件不老实的事是奎齐亚迪尼①记述的。

贝卡里亚侯爵②这样解释决斗在意大利经常发生的原因:"在这个国家合法的无政府状态中,人们非常需要别人对自己的良好看法,所以经常诉诸决斗。用死亡的痛苦来禁止这种行为也是徒劳的。我们发现不可能禁止这种风俗,因为它是以一种人们认为比生命还要亲切的情感为基础的。为什么下层民众没有模仿上流社会的行为呢?很简单,因为他们对别人对自己的尊重没有那样强烈的需要。而上流社会的人们因为他们的地位,更容易受到怀疑,更加难以被人信任。"

弗兰基瑞③继续了这场辩论,他坚持认为,决斗在挑衅者这方面讲是一种诡计;从被冒犯的一方而言,如果他们杀死了对手则是一个错误,因为他们本来很可能避免这样一场灾难的。不过被冒犯的一方只是犯了一个错误,因为他们是被公众舆论迫使而进行战斗的。所以,在决斗中只有违反明确的决斗规则的人才能被认为是暗杀罪行的罪犯。弗兰基瑞这种诡辩的逻辑已经不只是荒谬了。

意大利的历史表明,贝卡里亚侯爵的意见不尽正确。因为当意大利的上流社会不断进行决斗时,我们发现意大利社会其他阶层的人士,甚至艺术家也在用短剑报复自己的冤屈。不过我们不能把这个指控放在卡拉瓦乔④身上。

---

① 弗朗西斯科·奎齐亚迪尼(Francesco Guicciardini,1483—1540),意大利历史学家和政治家,马基雅维里的朋友和批评者,意大利文艺复兴时期主要的政治作家之一。他被认为是现代历史学之父。
② 凯撒(Cesare, Marquis of Beccaria - Bonesana,1738—1794),贝卡里亚侯爵,意大利法学家、哲学家和政治家。著有《犯罪与刑罚》,其中反对酷刑和死刑,是刑罚学方面的奠基之作。
③ 盖塔诺·弗兰基瑞(Gaetano Filangieri,1752—1788),意大利法学家和哲学家。
④ 米开朗基罗·梅里西·德·卡拉瓦乔(Michelangelo Merisi da Caravaggio,1571—1610),意大利16世纪末至17世纪初著名的画家。他的艺术生涯是在意大利文艺复兴盛期的诸大师相继逝世后开始的。1593年到1610年间活跃于罗马、那不勒斯、马耳他和西西里。他通常被认为属于巴洛克画派,对巴洛克画派的形成有重要影响。卡拉瓦乔生活狂放,经常卷入决斗。

因为阿尔皮诺①竟敢批评自己的一些作品，卡拉瓦乔送去了挑战以报复这种侮辱。阿尔皮诺拒绝了，理由是双方地位相差悬殊。我们的艺术家为了让自己今后在这种场合不为身份所限，去了马耳他。在那他为自己弄到了骑士头衔。带着这个身份，他好像是到处寻找争吵的机会，不得不离开了马耳他。在罗马他杀死了一位评论家，最后，他在可悲的贫困中死在道旁。

我们很容易想到，因为意大利不断的革命，各个小公国之间相互冲突的利益和随之而来的争吵，还有同法国、西班牙之间长时间的战争，争执和血腥的冲突肯定是很频繁的。在其中，出于对权力的渴望，经常使用阴谋诡计。意大利各邦国因为内部的不和不断抽搐，同时也因为暴露在外国的敌意之中，他们相互之间怀疑着自己的盟友，被各自的外国主子压制，——在意大利人中间阴谋简直是不可或缺的，暗杀也比公开的报复更安全。所以我

米开朗基罗·梅里西·德·卡拉瓦乔（1571—1610）

们不必对马基雅维利的权术被国家视为政策感到吃惊。在这些脆弱的邦国里，我们发现短剑和广泛的仇恨成了外交武器。

在内阁里暗杀成了一种学问，在街道上，它是一门艺术。关于决斗，为受到伤害的荣誉要求补偿，各种各样参加决斗这种杀人活动的资格，意大利

---

① 朱塞佩·塞萨利（Giuseppe Cesari，约1568—1640），意大利画家。他的赞助人教皇克莱门特八世让他成了骑士，所以也称为阿尔皮诺骑士。卡拉瓦乔初到罗马时，曾在他的工作室担任助手和仆人。阿尔皮诺和艺术经纪人发现了卡拉瓦乔的天赋，把他介绍给了一位红衣主教。主教对卡拉瓦乔的器重使阿尔皮诺产生了嫉妒，在一个广场上向卡拉瓦乔泼了一罐水。卡拉瓦乔提出决斗，但对方以自己的贵族地位为由拒绝了。

人写的详尽的著作，比任何别的国家的人都要多。①

再没有什么别的激情，能胜过为自己所受的侮辱进行报复这种让自己欲罢不能的欲望了。施加侮辱的人的权力让人畏惧，他们的地位使他们不受法律和公义的管辖。权力的不公正使得弱势和无助的人实际上变得疯狂，暗杀在这种社会状态中就是很自然的冲动，所以因为这种嗜血行为的流行而指责这个民族胆怯就不公正了。这是糟糕的政府、腐败的贵族和一个无能并应该受到谴责的地方行政体系很自然的结果。在这样的治理下，犯罪可以被认为是糟糕的政治状况这一起因与人们的疯狂这一结果之间必然的联系环节。同样也不必怀疑，决斗和赌博在社会上层流行，下层则盛行盗窃，最后就导致暗杀。

考察意大利各邦国政府的性质时，看看决斗在其中哪些邦国最为流行也许是件有趣的事。在罗马比较少见，但在那不勒斯要多得多。在皮埃蒙特和萨伏伊，较少听说单人决斗，尤其是在法国占领这里以后。法国人占领之前，大学里的教授和学生都习惯佩剑。但是法国人占领之后，在军队里决斗偶尔还会发生，起因往往是舞会上的争吵和恋爱方面的事情。撒丁岛的情况大致也是这样，决斗局限于军队当中。军官面临的处境大致和我们的军队差不多。如果他被人侮辱了却不要求决斗，他就会被部队开除，如果他进行了决斗，就会被判处在被称为"Fenestrellas"的堡垒中监禁三到六个月。在科西嘉残忍的报复广泛流行，而且形成了被称为血亲复仇的制度。那里野蛮的山里人常常采取这种做法。在这种不顾一切的行动中，整个家族或者部族都卷进去了，相互之间一次接一次地进行挑战。仇恨的宣言之后跟着的是用尽手段的恶毒的行动：连续的伏击、战斗、烧毁房屋、破坏财产，甚至屠杀婴儿。这些行动不断地破坏公共的和平。

这种内部的煎熬只能由双方正式签署的和平条约才能终止，这些条约要登记在阿雅克修（科西嘉首府）的档案馆里。

这种行为现在已经比较少见了，但是这里的家族世仇仍然在用暗杀解决。凶手通常会逃到森林或者山里去。他被剥夺公权，称为"被排斥的人"。如果被抓住进行审判，全民性的偏见会把他称为"尊敬的"并免于惩罚。在这样

---

① 这些意大利作者中我们可以举出 Antonio Massa, Pomponio Torelli, Pigna, Dario Attendolo, Suzio de la Mirandole, Fausto de Longiano, Possevino, Rinaldo Corsa, Fabio Albergoti, Maffei。——原注

一个凶残的社会状态里，决斗已经不为人所知了。可以毫无愧怍地暗杀敌人的那些人可以把偷窃作为自己瞧不起的对象（意指暗杀虽然不如决斗光彩，但还可以在小偷面前自我吹嘘——译者）。法庭徒劳地努力想要制止这种野蛮的行为。在最近的一次家族仇杀中，凶手被无罪释放。死者的儿子是一个地方治安官，他大声地喊道："陪审团把他放了，但是我宣判他死刑。"用不着多说了，这个判决很快就执行了。

意大利的风俗也在马耳他盛行。尽管受到高级领导人的禁止，决斗在那里的骑士中仍然经常发生。那里一条名叫"窄街"的街道是经常发生决斗的地点。届时决斗者的朋友会守在窄巷的两头，让决斗者不受打扰。有一段时间暗杀在这个地区非常流行，因此不得不颁布一项法令，取消以前携带手枪和匕首者处以死刑的规定。但是，这项法令有一条奇特的条文，规定如果有妇女、神职人员或者骑士命令收起刀剑时，所有人都必须服从。有些地方的墙上画着一个十字，意思是有一个骑士在墙对面的地方被杀。十字是为了纪念他在这里倒下，也提醒过往的人们为他祈祷，让他的灵魂得以从炼狱飞升。

尽管耶路撒冷圣约翰骑士团①禁止决斗，但是一个骑士如果拒绝接受挑战仍然会被认为不体面。有一段关于两个骑士的记录。他们在弹子球桌上发生了争吵，其中一个说了很多难听的话，然后打了对方。但是让整个马耳他都很吃惊的是，这样严重地侮辱了对方之后，他居然不肯接受对方的挑战。对方一再提出决斗，他坚决拒绝走进决斗场。他因此被马耳他骑士团的首领判决在圣约翰教堂里连续四十五天向对方做公开谢罪，然后在不见天日的地牢里关五年，出来后要在一个城堡里被终身监禁。

在瓦莱塔（马尔他首都），一个西班牙指挥官瓦斯康塞洛和一个法国指挥官福尔克之间曾经发生过一次奇怪的决斗。后者有一次竟然胆大包天地向一位走进教堂的女士进献了一些圣水，而瓦斯康塞洛当时正在追求她。福尔克是窄街上最著名的常客。尽管他卷进过很多次决斗，但是这一次他好像预感

---

① 霍斯比特勒骑士团（The Knights Hospitaller，直译是"医院人员骑士团"），也称耶路撒冷和罗兹岛和马耳他圣约翰骑士团（the Order of St. John of Jerusalem of Rhodes and of Malta, Order of St. John, Knights of Malta）。本来这是1080年在耶路撒冷建立的照顾穷人、病人和受伤的朝圣者的骑士团。1099年十字军占领耶路撒冷之后，圣约翰骑士团变成了一个宗教军事组织，负责保卫圣城。圣城被穆斯林占领后，骑士团先后退往希腊的罗兹岛和马耳他活动，成为西西里西班牙总督下属的一个封臣。

第十七章 意大利的决斗

到了结果,来到决斗地点的时候颇不情愿。他的对手一出现,他就对对方说:"怎么,先生,您要在这么好的一个星期五拔出剑来么?听我说,六年前我就忏悔了自己各种各样的罪孽,我的良心谴责得我这样厉害,以至于三天来……"但是西班牙人不打算听他的请求,开始向他进攻。决斗中福尔克受了致命伤后,大声地喊道:"怎么!在这么好的一个星期五!愿上帝原谅你!把我的剑送到福尔克城堡去。在城堡的小教堂里说一百遍弥撒词,以让我的灵魂安息。"

西班牙人没有把死去的人的请求放在心上。按照规定,他向骑士团的首领报告了事情的经过。他仍然被提拔去了马卡略岛的修道院。接下来的星期五晚上,他梦见自己来到了窄街,又听到自己的敌人吩咐自己"把剑送到福尔克城堡去"。同样的景象在此后的每个星期五晚上都来搅扰他的好梦。

瓦斯康塞洛不知道这个福尔克城堡在哪里,直到一些法国骑士告诉他,那是一个距普瓦提埃①四里格的古老城堡,在一片森林的中心。那片林子因为经常发生奇怪的事情而闻名。城堡的大厅里收藏着许多古怪的东西,其中包括著名的骑士福尔克·泰勒佛尔②的盔甲,以及他在决斗中杀死的敌人的各种武器。从远古开始,似乎他的后人就把他们在战争和决斗中使用的武器保存在这个军械库里。

我们值得尊敬的胜利者得知这些之后,决定遵从死者的命令,于是带着对手的剑动身去普瓦提埃。他到达了那座城堡,那儿只有一个看门的和一个私人小教堂的牧师。他向后者表明了来意,于是被引进那座军械库。在烟囱的每一面墙壁上,他都看到一幅真人大小的福尔克·泰勒佛尔和他的妻子伊萨贝拉的画像。这位王室的总管(福尔克)全副武装,头上悬挂着被他击败的对手的武器。西班牙人放下那把剑,非常认真地喃喃祈祷,一直到夜幕降临。这时他觉得自己看到那位王室总管和他妻子的眼睛和嘴在动,他分明听到泰勒佛尔对他的妻子说:"你觉得如何,我亲爱的,该拿这个鲁莽的卡斯蒂利亚(西班牙一个地区)人怎么办?他甚至不给我们的指挥官时间去忏悔他的罪孽就杀死了他,现在却跑到我的城堡里又吃又住。"他的妻子用很尖利的

---

① 普瓦蒂埃(Poitou),法国中西部城市,普瓦图夏朗德地区的重要城镇,原普瓦图省省会。
② 福尔克·泰勒佛尔(Foulques Taillefer 或 Fulk,1015—1087),第四世昂古莱姆伯爵。

声音回答:"老爷,我想这个卡斯蒂利亚人当时的表现有悖信义,可不能在他接受您的铁手套之前放他走。"

心惊肉跳的西班牙人找到大厅的门口,却发现门锁上了,而那位王家的总管,福尔克·泰勒佛尔已经把他沉重的铁手套向他扔了过来,而且挥舞起了手中的剑。西班牙人不得不拿起他白天放好的那把剑,进行防卫。他向自己想象的敌人冲了过去,幻想着刺透敌人的身体。但是他突然感觉心脏下面被一件似乎燃烧着的武器刺了一下,然后就晕了过去。从晕眩中醒来时,他发现自己躺在看门人的住处,没有受伤。是看门人把他从大厅里抬过来的。他回到了西班牙,但是自那以后,每个星期五他都会感觉到泰勒佛尔的幻影给他造成的那种燃烧般的刺痛。不管他怎样热忱地行善,或者付给修士和神父多少金钱,都无法让自己摆脱那个恐怖的幽灵。

第十八章　西班牙的决斗

重大事件常常是一些琐屑的小事引起的。如果朱利安伯爵因为西哥特国王罗德里克侮辱了自己的女儿而向他挑战，而不是去找摩尔人帮忙，西班牙也许就不会在异教徒的统治下经历八个世纪了。① 这个时期半岛的历史上看不到决斗，尽管一些作者把骑士制度归功于阿拉伯人。确凿无疑的是，长诗《安塔尔》② 可以被看成是对骑士行为和冒险的叙述，和其他记述骑士游侠行为和马上竞技比武的东西一样罗曼蒂克。这部书是文法学家阿什马伊③的作品。他是著名的哈里发拉希德④的读经师。这本书似乎是 800 年前后的作品。这本罗曼史里的英雄总是在马背上战斗。他的骏马叫阿杰尔，战无不胜的宝剑叫达米。其中描述的恋人卡勒德和达雅伊达完全就像骑士制度全盛时代的那些恋人一样异想天开和喜欢冒险。

---

① 休达（今摩洛哥一城市）伯爵朱利安（Julian, count of Ceuta），西班牙历史上一个一半历史一半传说中的人物。据说他本来是在马格里布地区阻挡阿拉伯倭马亚王朝进军西班牙的擎天柱。后来他把女儿卡瓦卢米娅（Cava Rumía）送到自己的领主西哥特国王罗德里克的宫廷接受教育以表忠心，但是罗德里克却使她怀了孕。在阿拉伯人的传说中，卡瓦卢米娅是一个纯洁的少女；在西班牙传说中，她是一个勾引男人的荡妇。为了报复，朱利安伯爵向阿拉伯倭马亚王朝的将军塔里克提供船只，在 711 年渡过直布罗陀海峡。他们在第二年打败罗德里克的军队，杀死了这位西哥特王国最后一位国王。
② 《安塔尔·伊本·舍达德》（Antarah Ibn Shaddād al-ʻAbsī）是伊斯兰教创立以前的阿拉伯英雄史诗，因其诗歌和冒险经历的描写而著名。
③ 阿什马伊（Al-Asmaí or Asmaï，约 740—828），巴士拉学院的阿拉伯学者。
④ 哈伦·阿尔·拉希德（Hārūn al-Rashīd，763—809），是第五世也是最著名的阿拔斯朝哈里发（786—809 年在位）。在他统治时期，以巴格达为首都的阿巴斯王朝在科学文化和宗教上都达到了繁荣的顶峰。

如果攻占科尔多瓦以后，红衣主教西蒙尼斯①没有下令焚烧所有摩尔人的宗教书籍，士兵们没有毁掉所有的手稿，肯定可以在其中找到更多的骑士故事。这些宝贵的文籍保存下来的很少。今天存放在埃斯科里亚尔②的摩尔人作品，主要是关于文法、占星术和神学的。佛洛莱恩（何人不详）对摩尔人做了这样的评述："勇敢、雅致而且有教养，这使得格拉纳达的摩尔人闻名欧洲，和非洲民族的自然的野蛮形成一种奇诡的对比。这些穆斯林引以自傲的是他们在战斗中砍下别人头颅的娴熟技艺。他们会把这些头颅挂在马鞍前，然后陈列在自己宫殿的大门口，但是同时他们却是最温柔、充满热情和最投入的爱人。他们的妻子尽管处于奴婢般的地位，但是一旦遇宠，就变成了绝对的君王。为了取悦她们，丈夫们追求光荣，奉献生命，在节庆的盛大奢华和行为的英勇程度上相互较量。这种温顺和凶残、细致情感和冷酷无情的混合，是由西班牙人传递给摩尔人的？还是西班牙人从他们异教徒的入侵者那里吸取来的呢？很难弄清楚。我们只能说，我们不知道在阿拉伯人的发源地亚洲，存在这种混合的特性，在非洲也很少观察到这种情况，阿拉伯人对那里的征服使他们更加顺应自然了。据此我倾向于认为，这种特点是从西班牙人那里学来的。事实上，在摩尔人入侵之后，哥特国王的宫廷里就出现了这种个性的许多实例。这段时间之后，我们看到里昂、纳瓦尔和卡斯蒂利亚的骑士都因为他们热烈的爱情、战斗的伟绩而闻名。熙德的名字一定会唤起对温柔和勇气的鲜活记忆。"③

四名西班牙骑士和四名扎格里斯部落的阿拉伯人之间的决斗，是韵文小

---

① 弗朗西斯科·西蒙尼斯（Francisco Jiménez de Cisneros，他生前被称为 Ximénes de Cisneros，1436—1517），西班牙红衣主教和政治家。他出身寒微，却登上了权力高峰，成为西班牙宗教改革家，两度担任西班牙摄政大臣、宗教法庭大法官。他推动了向北非进行的十字军行动，建立了当时西班牙最大的大学。他生活在阿拉贡费迪南二世和卡斯提尔伊萨贝拉一世的时代，这是孕育后来西班牙黄金时期的改革时代。本书这里可能有误。科尔多瓦是 1236 年被西班牙从摩尔人手中夺回的。西蒙尼斯焚书事件发生在 1499 年的格拉纳达。为了迫使当地摩尔人改宗基督教，西蒙尼斯下令焚毁除医学书籍之外所有阿拉伯手稿。
② 埃斯科里亚尔（Escurial），西班牙埃斯特雷马杜拉（Extremadura）地方的一个村庄。当地的圣洛伦索王家修道院是世界上最大最美的宗教建筑之一。该建筑名为修道院，实为修道院、宫殿、陵墓、教堂、图书馆、慈善堂、神学院、学校八位一体的庞大建筑群，气势磅礴，雄伟壮观，并珍藏欧洲艺术大师的名作，有"世界第八大奇迹"之称。
③ 熙德是 11 世纪与摩尔人作战的西班牙英雄 Ruy Diaz 的称号。赞美熙德功绩的《熙德之歌》是西班牙文学中最古老的史诗。

说和历史记载中常见的主题。扎格里斯部落是格拉纳达另一个摩尔人部落阿本赛里格斯的死敌。这场决斗的目的是证明扎格里斯苏丹的妻子索莱德（Zoraide）的名誉，她被指控与一个阿本赛里格斯部落的青年阿本·哈米特（Aben Hamet）通奸。愤怒的丈夫将阿本斩首，而且驱逐了阿本赛里格斯家族。索莱德被判处火刑，除非有人能站出来通过决斗证明她的清白。迦太基的胡安·夏康和另外三位骑士响应了这荣誉的召唤。他们来到格拉纳达阿布拉罕宫前面的广场，出现在整个宫廷面前。美丽的王后蒙着面纱，被放在断头台上，周围堆满了柴禾。准备一旦代表她的骑士在决斗中失败，就用来烧死她。幸运的是，骑士们击败了对手，证明了她的清白。①

1491 年，一个西班牙人击败并且杀死了一个摩尔人。作为对这个西班牙勇士的奖励，费迪南②允许他用万福玛利亚作为他的格言。卡拉特拉瓦（Calatrava）的大首领罗德里克·特勒斯（Roderick telles，生平不详）也因为和异教徒的多次决斗而闻名。西班牙人勇气的编年史里充满了决斗的事例。决斗甚至由法律加以规范和鼓励，尤其是在卡斯提尔和阿拉贡。

1165 年阿拉贡的国王和议会似乎废除了决斗，但是，1519 年，我们发现那里的决斗如此频繁，查理五世只好又颁布了一项法令来禁止决斗。我们无法因为当时西班牙所处的野蛮状态感到吃惊：摩尔人接连入侵，军队没有纪律，也没有军饷和补给。不仅贵族和他们的君主之间不断发生决斗，他们相互之间和同他们的封臣之间也不断发生决斗。这些肯定引起了连续的混乱和冲突。社会得不到任何约定的保障。这些野蛮人尽管装出勇敢殷勤的外表，但是却肯定会被狂暴的激情召唤，让它主宰自己的行为。

不幸的居民们不断遭受劫掠，被迫自己组织成军事性的团体，保护自己的生命和财产。我们发现，他们于 1260 年集合起来，在他们的圣徒保护下，

---

① 传说 15 世纪格拉纳达苏丹柏迪林（Boadillin）的王后阿尔佛娜（Alfauna）和一个阿本赛里格斯（Abencerrages）家族的阿宾·哈马尔（Albin Hamar）非常亲密。扎格里斯（Zegris）家族向苏丹诬告他们通奸，诱使苏丹杀害尔罕布拉宫廷中所有阿本赛里格斯家族的成员。这场屠杀杀死了三十六名阿本赛里格斯家族成员，然后消息泄露了。阿本赛里格斯家族成员杀死二百名扎格里斯家族成员后，逃出格拉纳达投奔了西班牙人，并且变成了基督徒。从此格拉纳达的摩尔人王国开始走向衰落。决斗中的西班牙骑士胡安·夏康（Juan Chacon）生平不详。这个传说并非信史。本书所述人名与传说有所不同。

② 费迪南二世（Ferdinand the Catholic，Fernando II de Aragón，1452—1516），西班牙阿拉贡王国国王（1479—1516）。

建立了一种类似兄弟会的组织,被称为圣赫曼达达(St. Hermandada)军团。它后来逐渐缩小,变成了近似西班牙的警察或者法国宪兵队的组织。《堂吉诃德》的不朽作者经常提及这种军事裁判组织,它在实际当中有助于结束每天发生的暴行,而且主要是在天主教的费迪南统治时期,这些暴行得到了控制。

在这些凶残的动乱中经常卷进宗教事件。我们发现耶稣会的创立者罗耀拉曾经向一个否定救世主具有神性的摩尔人提出了挑战。1302年,在佩纳菲尔①的议会里,不得不禁止向主教和大教堂里任职的教士提出挑战,1669年的一项法律又对此进行了重申。在葡萄牙决斗的惩罚是放逐到非洲去,并且没收所有动产。在那个国家,决斗至今都非常罕见,而且被视为宗教上无可饶恕的罪孽。争执的事项被提交给胜任的法庭,原告被称为起诉方。原被告被命令为了保持和平采取保护措施,保证双方好好活着。后来当葡萄牙宫廷逃亡到巴西时,利尼亚雷斯伯爵②在一次舞会上冒犯了拉弗拉德罗侯爵,后者发出了挑战,但是伯爵正好从马上摔了下来,于是被冒犯的一方满意了,撤回了自己的挑战。后来的佩帕伯爵加斯通·德·卡马拉在一首十四行诗中冒犯了贝拉里侯爵的儿子卡斯蒂洛·布兰科,为此进行了一次决斗,诗人受了伤。不过上面这种事无论是在西班牙还是葡萄牙都是比较少见的。后来在卡洛斯主义者和克里斯蒂诺主义者之间灾难性的冲突中,③由奥唐纳将军④向克里斯蒂诺主义者、陆军准将洛佩兹递交的挑战书被认为很特别,其中骑士般的豪言壮语值得引述,而且也很反映西班牙人的性格特征:

---

① 佩纳菲尔(Penafiel),葡萄牙北部波尔图大区(Porto District)一城市。
② 可能是维多利奥·德索萨·库蒂尼奥(Vitório Maria de Sousa Coutinho,1790—1857),第二世利尼亚雷斯伯爵(2nd Count of Linhares)。
③ 卡洛斯主义(Carlism),西班牙历史上的卡洛斯主义是19世纪30年代形成的一种传统主义政治派别。他们主张在西班牙建立从莫利纳伯爵卡洛斯王子(Infante Carlos, Count of Molina,1788—1855)发展而来的波旁家族的王朝,反对波旁家族另一支系阿方索家族。这一政治运动断续延续到1975年弗朗哥政权结束。克里斯蒂诺主义(Christinos)则是与卡洛斯主义对立的,主张建立民主共和政体的政治派别。以其重要领导人克里斯蒂诺·马托斯(Christino Martos,1830—1893)的名字得名。1833年至1876年两派因王位继承问题爆发了卡洛斯战争。
④ 利奥波德·奥唐纳·乔里斯(Leopoldo O'Donnell y Jorris, 1st Duke of Tetuan, 1809—1867),第一世提图安伯爵,爱尔兰裔西班牙将军和政治家。他本来是克里斯蒂诺主义的支持者,后来组织联合自由党,试图走中间路线。

第十八章 西班牙的决斗

"唐卡洛斯的骑兵热切地希望与唐娜克里斯蒂娜女士①的骑兵一较高下,但是由于阵地位置或者参战者数量不同可能导致结果的不确定性,让我们双方的领袖,像古代的骑士那样,挑选同样数量的战士,手握宝剑,仅仅用他们的勇气来决定问题吧。在我们一方,我以自己的名誉发誓,绝不带领超过约定数量的战士前往战场。相信我的敌人也会以我为例。我向克里斯蒂诺主义者队列里服役的所有从前的朋友和同伴致敬,祝他们万事如意,除了在战场上,因为在战场上我的对面只有敌人。"

克里斯蒂诺将军接受了挑战,他签发了这样一道命令:"我只是在等候确定地点,带领你们去战斗。死亡对于所有感觉到西班牙的血在自己的血管里流动的人来说,都是崇高的奖赏。你们会发现你们的指挥官走在这场传奇决斗的最前面。"不用说,这样的豪言壮语的结果是不会像烟雾一样轻薄的。

尽管决斗具有残忍的本性,但是凶残的民族却很少使用这种方式,对他们来说,实施暗杀能比决斗更直接地实现报复的目的。决斗有一种文明和体面的性质,这对西班牙人的性格来说是陌生的。不能指望一个会杀害妇女的人敢于面对一个受荣誉法则指挥的勇敢的对手。对于一个将军会签署命令把为敌人包扎伤口的外科医生处死的国家,我们能指望什么呢?1833年6月之后,法国警察发出的一个近乎野蛮的命令是令人痛心的。他们当时要求所有医生报告那些叫他们去处理伤口的人的名字。弗雷德里克大帝②也下过一个命令,禁止外科医生照料任何在决斗中受伤的人!

---

① 唐娜(Donna)是西班牙贵族称号唐的女性称呼,克里斯蒂娜是克里斯蒂诺的女性称谓。这样称呼也许是为了表示对对方的轻蔑态度。
② 弗雷德里克大帝(Frederic the Great,1712—1786),普鲁士国王弗雷德里克二世(1740—1772年在位)。

第十九章 德国和北欧的决斗

中世纪的德国先是遭受了从北方森林和城堡蜂拥而至的蛮族蹂躏，他们是斯基台人和萨尔玛提亚人的后裔。接着又经历了决斗和各种充满敌意的冲突的破坏。斯堪的纳维亚传说中那些奇异雄伟的英雄事迹，对小说爱好者也许有吸引力，但是对于历史学家的意义要小许多。因为，尽管冰岛的智者在诗人冈劳格和赫拉芬为了争夺海尔加而进行致命决斗并双双丧命之后就废除了决斗制度，但是北欧的编年史里仍然充满细节富于诗意的各种决斗和辉煌业绩的记载。①

根据瑞典古代的一项法律，如果一个人对另一个人说他比任何其他人差劲，或者没有男人的勇气，而对方回答："我和你一样棒。"那接下来就会有一场决斗。如果挑衅者来到决斗场却没有看到被冒犯的人，后者即被认为不值得尊重，而且不适宜在任何诉讼中提供证词，甚至还被剥夺了立遗嘱的权

---

① 冈劳格·奥姆斯通加（Gunnlaugr Ormstunga）和海尔加（Helga）的爱情传奇是北欧冰岛和挪威《萨迦》史诗中的著名故事。相传冈劳格是约生于983年的一位冰岛诗人，性格刚烈无畏。十二岁时他离家远游，途中遇见了英雄伊吉尔（Egill Skallagrímsson）的女儿海尔加。据说海尔加是冰岛最美丽的姑娘，乌黑的秀发可以遮蔽全身。冈劳格十八岁时离开冰岛出国游历，这时海尔加已经是他的未婚妻，但是条件是他在三年内归来。冈劳格游历了挪威、英格兰、爱尔兰、苏格兰和瑞典。在瑞典国王奥洛夫（King Olof Skötkonung）的宫廷里，他和另一个冰岛游吟诗人和战士赫拉芬（Hrafn Önundarson）因为向国王献诗发生了争执。四年后（1005）他返回冰岛时，海尔加已经被迫与赫拉芬结婚。次年冈劳格向赫拉芬提出挑战并进行了一次决斗，但未分胜负。决斗却因此在冰岛被禁止了。赫拉芬因为海尔加仍然爱着冈劳格，所以主动提出到国外进行决斗。1008年双方又在挪威进行了决斗。冈劳格杀死了赫拉芬，但是自己不久也伤重不治。海尔加后来再婚，但是始终无法忘记冈劳格。后来她感染时疫，一天晚上，她把头枕在丈夫肩上，看着一件冈劳格赠给她的华丽大衣静静地死去了。

利，但是，如果相反，被侮辱的人来了，冒犯者却没有到场，前者必须大声喊三次冒犯者的名字。如果这样冒犯者还没有出现，在现场留下自己的身影，那么他就被认为是名声扫地并且不诚实的人。如果双方进行了决斗，而被冒犯的一方被杀死了，他的对手必须付出正常死亡赔偿金的一半。如果冒犯者被杀死，他的命运就会被归因于鲁莽而且没有后续防卫手段，也不需要做出赔偿。在挪威，任何绅士如果拒绝接受挑战，就被称为"失去了他的法律"，他日后发誓也会被认为没有效力。丹麦的法律认为，在争论中强力比言辞有力。在通常是因为一些细碎的争执而起的司法决斗中，不允许请人代理自己的决斗，无论事主身体多么虚弱或者多么缺乏技能。甚至不允许妇女的情人为她们作代理人，她们必须亲自为自己的荣誉战斗。在这种情况下，为了给妇女一个更公平的机会，冒犯她们的男子必须站到一个深及腰部的坑里，这样他们好勇斗狠的女性对手就可以围着他们用一根吊着一个沉重的石块的铁链或者皮绳抽打他们的头。男子的武器是一根棍棒。如果他三次都没有打中对手，或者没有打中对手而是打在了地上，就会宣布他被打败了。

  斯堪的纳维亚的决斗者常常选择在小岛上进行决斗，以防任何一方逃跑。这种岛被称为"holms"（河中小岛），决斗也因之称为"holmsgang"①。有时在地上会铺上一张七厄尔（以前的一种长度单位，主要用来测量织物的长度单位，等于6手宽，长度因地而异。在英格兰通常约等于45英寸，在苏格兰约为37英寸）的兽皮，其他时候会用环形的树桩或者石头在地上标记出决斗场的边缘。任何一方如果踏出或者被打出了界限，就被认为是失败了。我们诺福克和萨福克郡的农民今天进行的"kamping"比赛，就可以追溯到那时称为"战斗"②的决斗。

  在瑞典，参加决斗的绅士会被判处死刑，决斗中死亡的人被宣布为丧失了名誉。如果决斗没有造成死亡，则双方都会被判处两年监禁，其间只能吃面包喝水，同时必须缴纳一笔沉重的罚款。

---

① Holmgang，可以被翻译为"去一个小岛"或者"岛上散步"。这种决斗是当时斯堪的纳维亚地区得到承认的解决纠纷的合法方式。理论上任何人都可以因为受到冒犯提出挑战，不受社会地位限制。
② 原文为 Kempfs，德语，意思为"战斗，打架，竞争"。

在古斯塔夫二世时期①，相当于法国路易十三统治的时期，决斗的风尚达到了顶峰。古斯塔夫二世用最严厉的法令禁止决斗，但是毫无作用。据说他有一次听说两位军官打算进行一次决斗，于是赶到决斗地点堵住了他们。决斗者对于国王的到来一点没有表现出惊慌。他们准备退出决斗时，国王指着一个下面站着侩子手的绞架对他们说："先生们，你们可以开始了。"

关于古斯塔夫二世还有一件事。据说有一次他接见西顿上校时，在争吵中打了对方一下。部队一解散，留下来等候国王的西顿上校就请求解除他的职务，国王同意了。上校离开时对此前的争吵不置一词。

古斯塔夫冷静思考之后，为没有控制住自己的脾气感到自责。他听说上校第二天打算前往丹麦，于是只带了一个军官和两到三名王室侍从追了上去。到达丹麦边界之后，他只让一名军官扈从，在一个大平原上拦住了上校。国王对他说："先生，请下马。我承认您被伤害了。我现在赶来给您一个像绅士一样报仇雪耻的机会。现在我已经离开我的领地，古斯塔夫和您现在是平等的。我看我们有剑也有手枪，赶快下来吧，来接受你受到伤害的荣誉要求雪耻的机会吧。"

国王已经先下了马，惊愕中清醒过来的西顿上校也下马，跪倒在国王面前说："殿下，您降尊纡贵使我与您平等，已经不止是让我得到了补偿了。上帝不允许我的剑对您这样一位勇敢而通情达理的国王进行伤害。请允许我回到斯德哥尔摩，让我用自己的一生为您服务。"国王扶起了他，拥抱了他，然后他们双双返回了国王的首都。

德国早期的编年史提供了许多有意思的神裁法的案例。其中最浪漫的一次当属于那个时代的梅莎丽娜②——有关奥托三世③的王后、阿拉贡的玛利亚的一次神裁案件了。据说玛利亚通常和一个男扮女装的年轻人一起出国。这

---

① 古斯塔夫二世阿道夫（Gustav II Adolf, 1594—1632），在英语里他广为人知的名字是拉丁化的名字古斯塔夫·阿道夫斯，有时简称古斯塔夫大帝，瑞典帝国的创始人。他统治的时期是瑞典历史上黄金时代的开端。当时瑞典是欧洲仅次于俄罗斯和西班牙的第三个大国。
② 梅莎丽娜（Messalina），见本书第七章注释。
③ 奥托三世（Otto III, Kaiser, 980—1002），东法兰克国王（983—1002年在位），神圣罗马帝国皇帝（996年起）。奥托三世996年进入意大利，册立自己的堂兄格里高利五世为教皇，后者成为历史上第一位德国籍教皇。格里高利五世即为奥托三世加冕（5月21日）。奥托三世醉心于恢复罗马帝国，长期驻扎在意大利。1001年，因罗马市民发动暴乱，他才从意大利撤离，第二年于意大利去世。关于这里提到他的王后玛利亚，似乎不是信史。

个年轻人后来被活埋了。她有一次近乎绝望地爱上了意大利摩德纳的一个伯爵，但是伯爵拒绝和她勾搭。于是玛利亚控告伯爵企图勾引她。伯爵被允许用决斗证明自己的清白，但是他在决斗中失败，被判处斩首。执行之前他向妻子讲述了招致自己不幸的事情经过，嘱咐她为自己报仇。妻子忠实地按照他的遗愿行事。她把血污的头颅藏在自己一名随从的斗篷下面，向宫廷出发。最后把血淋淋的头放到了奥托三世脚下，要求公正。奥托被这恐怖的景象惊呆了，询问她要什么。那位妻子说："国王陛下，您看到了这个最不公正的行为的结果，而我准备将自己置于火刑的神裁之下，来证明我不幸的丈夫的清白。"皇帝同意了，于是搬来一个火盆和烧得通红的铁棍。据传说伯爵夫人抓住烙铁却没有遭受任何痛苦和伤害。然后她对皇帝说，她要求皇帝受死，因为他对自己清白的丈夫的死负有罪责。我们可以想到，皇帝当然不愿意接受她的建议，但是皇帝命令将自己的妻子处以火刑。998年判决在摩德纳执行了。亨利二世皇帝[①]的皇后、美丽的康根达曾经被指控与魔鬼有罪恶的联系，据说每天早晨可以看到魔鬼走出她的卧室。结果她在手握烙铁的神裁中也同样幸运地证明了自己的清白。巴罗尼奥[②]在他的教会编年史中说，康根达拿着那块烧红的金属就好像握着一束花一样。

亨利三世的妻子根希尔达[③]，我们的卡努特的女儿，有一次很不名誉地被指控为异教徒。她指定一名选手为自己决斗，结果也幸运地获胜。指控她的是一个叫罗丁格的个子非常高大的人。但是她却选了一个小男孩为自己决斗，

---

① 亨利二世（Henry II，973—1024），第五代也是最后一代萨克森王朝的神圣罗马皇帝。他是唯一一位被封为圣徒的德国国王。他的妻子卢森堡的圣康根达（Saint Cunigunde of Luxembourg，约975—1040）也是一位圣徒，现在被尊为卢森堡的庇护人。康根达与亨利没有生育，因为他们的婚姻事前有默契，双方只是宗教上的陪伴关系。康根达积极参与政事，在丈夫死后担任摄政，直到康拉德二世被选为神圣罗马帝国皇帝。康根达接受神裁有历史记载。
② 凯撒·巴罗尼奥（Caesar Baronius，1538—1607），意大利主教和宗教历史学家。
③ 亨利三世（Henry III，1017—1056），神圣罗马帝国皇帝（1046年加冕）。罗马帝国皇帝康拉德二世之子，1028年即已加冕为其父的共同执政者。亨利三世是萨利安王朝最强大的君主。皇帝对教宗的控制在亨利三世统治时期达到登峰造极的程度。亨利三世于1046年赴意大利，废黜了反对他的教皇格里高利六世。德国人克莱门特二世被选为新教皇，并为亨利三世加冕。此后他又多次废立教皇。亨利三世一直掌握着对德意志境内各主教的任免权，然而他却支持教会的克吕尼改革，正是这一运动奠定了日后教宗权利扩大的基础。亨利三世的第一任妻子是丹麦的根希尔达（Gunhilda of Denmark，约1020—1038）。她是英国史上丹麦人时期的卡努特大帝的女儿。

男孩在决斗中竟然奇迹般地砍断了大个子对手的脚筋。

在这些野蛮但是充满传奇色彩的事件当中，一项神圣罗马帝国皇帝弗雷德里克二世的法令，也曾经禁止贵族决斗、抢劫行旅、使用劣币。这些都曾经被视为贵族的封建权利。在弗雷德里克二世的西西里和那不勒斯宪章里他还规定自己的臣民没有接受挑战的义务。

在接近现代的时期，各种被称为决斗法令的法律都禁止决斗。1779年巴伐利亚颁布了一项法律，规定如果当事人拥有公职却发出挑战，就将被剥夺公职；如果他们没有公职，就没收财产并监禁三年；如果决斗发生了，决斗双方都将判处死刑。

在奥地利，根据1803年的一项法律，进行决斗将被判以一至五年监禁；如果其中一方受伤，监禁即为五至十年；如果有人死亡，监禁即为十至二十年。死者的尸体不得埋入神圣的墓地。助手将被监禁一至五年。在普鲁士有相近的刑法规定。

有一则轶事是关于约瑟夫二世①的。有一次他听说他的一个军官掌掴了另一名军官，于是他派人将两人召来了。第二天检阅部队时，皇帝出现在宫殿阳台上，热诚地拥抱了被冒犯的军官。于此同时，一个绞架竖了起来，一个公共执行人在绞刑台上扇了挑衅者一个巴掌，然后把他送往了一个堡垒监禁。

这位君主在下面这封信里的话，表达了他对决斗这种行为的态度：

> 我盼望你逮捕K伯爵和W队长。这位伯爵是个飞扬跋扈的角色，因为自己的家世而非常傲慢，对荣誉充满了错误的观念。W队长是一位老战士，解决每件事他都会想到剑或者手枪。他错误地接受了伯爵的挑战。我不会在我的军队里容忍决斗这种事。我鄙视那些试图为这种行为辩护的观点。我对那些在敌人面前表现出勇气的军官们深表尊敬，还有那些在攻防战斗中表现出无畏勇敢和决心的军官们。
>
> 面对死亡时他们表现出的冷漠，对他们自己是令人尊敬的，对他们的国家则是有用的，但是有一种人却准备为了报复和仇恨的情感牺牲一切，我蔑视这样的人。照我的看法，这样的人比罗马的角斗士还要糟糕。

---

① 约瑟夫二世，约瑟夫·本尼迪克特（Joseph II, Joseph Benedikt Anton Michael Adam, 1741—1790），神圣罗马帝国皇帝（1765—1790），哈布斯堡家族领地的统治者（1780—1790）。

把这两个人提交一个战争委员会去审理,我要求每一位法官都要绝对公正。让这两个应受严惩的人成为法律严肃性的例子。决斗在帖木儿①和巴耶济德②的时代是有价值的,但是对和平的家庭常常是致命的。我已经下定决心要查禁废止这种行为,即使这样做要使我失去一半的军官也在所不惜,仍然会有人能把勇气和对忠于目标的责任结合在一起的。对那些不尊重这个国家法律的人我不怀任何希望。

约瑟夫
1771 年 8 月 维也纳

据说瑞典的查理十二③有一天骑马外出。他让自己的随从和自己保持了一定的距离。他走到一个大门口,推开门进去,但是没有留心把它关上,而当时这个国家的法律规定是必须这样做的。房子的主人是军队的一名少尉,他走出来,没有认出国王,于是问国王为什么不根据王室的法令把身后的门关上。

少尉当时说了一些不文雅的措辞。于是国王说:"你为什么不自己走过去关上那扇门?"这句话让那个军官非常愤怒,他抓住缰绳止住了国王的马。国王把手放到了自己的剑上,但是对方把剑抢走了。于是国王拔出了一把手枪,威胁说除非对方立刻归还他的剑,否则一定要让对方为自己的行为感到后悔。军官回答说:"要是我也有一只手枪,你就不会这样勇敢了。""那么去弄一支来吧。"国王说。那位绅士立刻去找枪了,国王则等候着他回来,但是,当那个军官回来时,他看到国王的随从离国王很近,这让他产生了疑惑,于是他退了回去。

---

① 帖木儿(Tamerlane 或 Taimur, 1336—1405),帖木尔汗国的奠基人,帖木儿帝国开国君主(1370 年—1405 年在位)。帖木儿于 1370 年开创了一个堪与蒙古帝国相媲美的超级大国,首都为撒马尔罕,后迁都赫拉特(Herat,又译哈烈、黑拉特)。经过三十多年的征服战争,他建立了一个首都是撒马尔罕,领土从德里到大马士革、从咸海到波斯湾的大帝国。帖木儿帝国末代大汗、帖木儿五世孙巴布尔兵败逃至今天的印度,并在那里开创了莫卧儿王朝。

② 巴耶济德一世(Bayezid I, 1360—1403),奥斯曼土耳其帝国苏丹(1389—1402)。他骁勇善战,绰号"闪电"。1389 年,在科索沃战役中他的父亲被刺杀,他率领土耳其军队打败巴尔干封建主联军,开始了土耳其对巴尔干的征服。

③ 查理十二世(Charles XII 或 Carl of Sweden, 1682—1718),瑞典语称卡尔十二世,瑞典国王(1697—1718)。他一生戎马倥偬,与俄国、丹麦和挪威进行大北方战争,在战争中瑞典开始从北欧强国沦为二流国家。

少尉把情况报告了自己的指挥官,请求他干预。很快他的上司和国王见了面。国王发现少尉不在场,于是问他在哪里。有人回答说他已经被看管起来了。"派人去找他。"国王吩咐。少尉被带来了。查理立刻策马奔向他,然后牢牢地盯着他,命令提拔他为中尉,另外还命令发给他一笔奖金。

反对决斗的法令在德国的军队里就像在我们的军队里一样,把军官置于一个非常困难的境地。如果他们允许自己受人侮辱而不怀恨,就会被自己的团队排斥。如果他们要求决斗又会受到惩罚。柏林的甘斯博士很公允地评述说:"军官中的决斗很少见,因为他们的地位非常令人尴尬。如果一个军官的荣誉受到损害却没有起来战斗,他就会被排斥。如果他决斗了,他就会被关进城堡。"孟德斯鸠在他的《波斯人信札》中有下面这些公正的评论。郁斯贝克(《波斯人信札》中的一个主人公)写道:"如果你遵从了荣誉的法则,你会在绞首架上送命;如果你服从了法律的命令,你就会被逐出社会。要么失去生命,要么过一种不值得过的生活,此外你别无选择。"

如果德国军队中的决斗还属罕见,那么在德国学生和青少年中则是司空见惯了。一些旅行者经常描述他们之间荒唐的决斗。决斗的双方常常选择在一个旅店或者大学的旁边进行碰头。他们会穿一件很厚的皮革盔甲保护自己,他们的脸是决斗中主要易受攻击的地方。他们使用的武器是德国长剑,剑柄的外壳也有一个额外的防护器具。

耶拿的学生使用一种叫"敲剑攻击"的剑。剑刃有三英尺半长,像刺刀一样是三棱形的。剑柄用一个十英寸的镀锡钢板防护,这东西被戏谑地称为荣誉的汤盆。剑柄、汤盆和剑刃都可以松开螺丝拆开隐藏起来。剑柄和护手可以藏在斗篷下面,剑刃可以藏在手杖里。

按照某些大学被称为"评述"的规则,不同性质的冒犯需要不同数量的砍伤才能弥补。比如被称为"愚蠢的年轻人"(原文为德语),需要砍对方二十四下;一些不名誉的措辞需要同样数量的砍伤。学生们很少挑选手枪为决斗武器。如果一个学生杀死了对方,他会被建议离开这所大学,他会从学校参事会那里得到被称为"建议离开"(原文为拉丁语)的许可。这种驱逐被称为"relegation"(拉丁语:驱逐),而且决定会用拉丁语公布。在这种情况下，学生会转入其他学校。哥廷根大学的学生有很长一段时间都受到一个叫卢德福的恶棍的威慑。这个人力大无穷，经常用他的古代条顿式的宽刃剑砍掉别人的手掌和胳膊。

1833 年，在靠近德雷森①的森林里发现了陆军中校奎诺的尸体。尸体被剑刺穿，沾满鲜血。根据调查，大概是议员冯蔡恩向哈勒男爵的女儿求婚，同时冯蔡恩的一个朋友、林斯马男爵也在向她求婚。为了摆脱情敌，冯蔡恩采取了最邪恶的手段。他和奎诺关系非常密切，奎诺被认为是当时技艺最娴熟的剑客，林斯马对武器却一窍不通，于是，冯蔡恩在林斯马和奎诺之间竭力挑拨是非，他们两人之间持续的纷争最后终于导致了一场决斗。冯蔡恩坚持由自己担任他朋友的助手。决斗发生了，由于使用武器过程中的一次好运气，没有经验的选手杀死了精于此道的对手。尸体被发现后，冯蔡恩被送交审判并判处了死刑，林斯马被判处十年监禁。后来，前者的死刑判决被改判为二十年监禁。

1834 年德国的报纸报道了一次最具罗曼蒂克色彩的决斗。特劳曼斯朵夫男爵正在追求一位波兰将军的遗孀、年轻的洛多伊斯卡·R. 伯爵夫人。男爵现在只等一个出任大使的提名就可以与她结婚了。但同时一位罗普男爵也在追求这位女士，而且他在一首十四行诗把比他更加有把握的情敌变成了嘲讽的对象。特劳曼斯朵夫立刻发出了挑战，罗普男爵接受了，但是罗普男爵在决斗场上建议由一位代理人代替自己决斗，结果特劳曼斯朵夫男爵倒在了场上。他的助手对罗普男爵的欺诈行为非常愤慨，坚持向他提出挑战，结果助手也受了致命伤，倒了下去。当他倒下时，罗普男爵认出这个助手就是洛多伊斯卡夫人，她穿着男装前来陪伴已经订婚的情人。罗普男爵深感自己的舞弊行径卑劣无耻，羞愧难当地朝自己的剑尖扑了上去，在洛多伊斯卡夫人和她的情人身边咽了气。

1834 年在法兰克福，在两个军官进行的一场决斗中有一方死亡。由于决斗在德国非常罕见，所以当时人们对这次决斗非常重视。另外，当一个德国

---

① 德雷森（Dreisen），德国西部莱茵兰—普法尔茨州通内斯贝格区（Donnersbergkreis district）地名。

贵族因为对方不肯借钱给自己而向罗斯柴尔德男爵①提出挑战时，整个维也纳都震惊了。

德斯杜尔夫人②用德语对决斗做出的评论是值得介绍的："除了一些急切地希望模仿法国生活方式的宫廷，德国从来没有受到自命不凡、不道德和怀疑主义的侵袭。这些东西从法国的摄政时代起就改变了法国的性格特征。封建主义在德国仍然保持了一些骑士精神的原则。偶尔会发生决斗，但是不像法国那样频繁，因为德国人不像法国人那样生气勃勃，急不可耐。德国人也没有分享法国人对于勇气的看法。公众舆论对有失正直和公平的事情更加严厉。

如果一个人违背了道德原则，即使一天进行十次决斗也不能让他挽回失去的尊重。在法国我们经常看见，一些地位显赫的人，被人指责行为不检时会说：'也许这样是不对的，但是没有人胆敢当着我的面这样说！'这是根深蒂固道德堕落的证明。如果只需要杀死某个人，一个人就可以犯下各种恶行而不受惩罚，比如违背自己的诺言，或者只要没有人敢当面指出我说谎就坚持一个谎言，那么社会生存的基础将何在？"

"骑士精神仍然控制着德国人——但却是消极地进行控制。德国人没有能力进行欺诈，他们处理每件事都很忠诚，但是那种使男人们做出如此多的牺牲，让女人们失去如此多的美德的力量——古老时代的骑士精神在德国只留下非常薄弱的痕迹。在德国，高贵的行为只能是自由的冲动的结果，这种自由主义的动力在欧洲后来代替了骑士制度。"

夏多不里昂也对德国人民做出了同样的恭维："我爱德国；我赞赏这个民族的家庭美德和它好客的态度。我喜爱它的诗意的和宗教的情感，以及它对科学的热爱。在德国人中间我们可以感觉到一种不可征服的力量，它包含着对这个世界和平凡隽永的生活的信心。"

在俄国极少发生决斗，这很大程度上要归因于他们国王的残暴。这些国

---

① 安东尼·南森·德罗斯柴尔德准男爵（Sir Anthony Nathan de Rothschild, 1st Baronet, 1810—1876），英国金融家，著名的罗斯柴尔德银行家族成员。罗斯柴尔德集团延续发展至今。

② 德斯杜尔夫人（Anne Louise Germaine de Staël - Holstein, 1766—1817），使用法语的瑞士作家。18 和 19 世纪之交，她对欧洲文学产生过重要影响。她常年居住在巴黎，但是后来因为反对拿破仑，被迫流亡德国。拿破仑评价她："教导那些从未思考过或者已经忘记了如何思考的人民去思考。"

王不仅关注刑罚的执行，有时甚至自己担任行刑者。彼得一世就是一个例子，他不仅下令对叛乱的近卫部队射击军进行审判和大屠杀，而且亲自拿起斧头，砍下了一百名受难者的头。宫廷和人民都在效仿俄国独裁者对妇女的野蛮兽性的行为。难以设想一种关于荣誉的良好的辨识能力能在这样的人群中占据支配地位。这些人对通奸的惩罚就是对当事双方棒打一顿，为了证明自己的热爱，他们常常用皮鞭抽打自己的爱人。的确，俄国的妇女会把这种痛苦的经历看做是丈夫勇敢的表现。他们的情感也不可能非常细腻精致，因为我们发现他们的皇后竟然跪在圣母玛利亚和圣尼古拉①面前，询问应该从她的卫士中挑选什么人作自己最宠爱的情人。

俄国针对决斗的法律非常严酷。在彼得一世的军事刑事条令中规定，任何向别人挑衅导致决斗的人都要被绞死，无论决斗事实上是否发生了。助手要受到同样的惩罚，除非他们曾竭力阻止决斗。发生争执时，或者如果有人打了对方，挑衅者必须在军事法庭面前向被冒犯的人请求原谅。

如果有人应该扇对方一个耳光则必须公开进行。在凯瑟琳女皇的条令中，我们看到第234条对决斗持如下观点："至于决斗，制止它最好的办法莫如惩罚挑衅者。受到侮辱的一方如果毫无过错，只是发现自己必须为自己的荣誉寻求报复，那么我们必须公开宣布他的清白。"我们还在凯瑟琳的谕旨中发现下面这样的规定：

"任何人如果侮辱或者殴打了一个没有武装的公民，他必须被处以相当于那位公民一年所交税款数量的罚款给国家。任何人如果侮辱或者伤害了一位公民的妻子或女儿，如果是妻子，必须付出相当于那位丈夫一年所付税款两倍的罚金给国家；如果是女儿，则须付出那位父亲一年所付税款四倍的罚金给国家。"

然而，沙皇本人殴打他的军官和侍从的情况却并不少见。彼得大帝会鞭笞任何一个冒犯他的人，无论其地位多么显赫。事实上，来自君主的责打被

---

① 圣尼古拉（Saint Nicholas, 270—343），基督教圣徒，希腊米拉城（Myra）主教，也称为米拉的尼古拉。他的名字源于希腊语，意思是"人民的胜利"。他也被称为"奇迹创造者尼古拉"。他被认为是给人悄悄赠送礼物的圣徒（即圣诞老人的原型）。由于他的遗骨在1087年被迁到意大利西南部城市巴里（Bari），所以有时他也被称作"巴里的圣尼古拉"。圣尼古拉在世界各地受到纪念。东正教会尤其重视对他的纪念。在东欧国家和比利时，圣尼古拉是水手、商人、弓箭手、儿童和学生等的庇护圣徒。他也是俄罗斯的庇护圣徒之一。

视为一种荣耀,尽管有一位法国建筑师勒布朗①并不这样认为。他被沙皇打了以后非常痛苦,以至于得了热病,一病不起了。

看上去社会地位不会造就任何特权,可以使俄国的女士们免于丈夫和情人粗野的对待。甚至叶卡捷琳娜二世女皇②都经常被格里高利·奥洛夫③用马鞭抽打。他是分享凯瑟琳女皇宠幸的奥洛夫五兄弟里面最受宠的一个。女皇数不清的情人之间没有发生过决斗。有一次波将金④同兄弟情人之一的阿列克谢·奥洛夫玩台球,发生了争吵。亚历克西斯用台球棒打伤了他的眼睛,然后双方就被分开了,但是亚历克西斯向他的兄长格里高利抱怨了这件事。

1745年婚礼前后的叶卡捷琳娜二世

① 让·勒布朗(Jean – Baptiste Alexandre Le Blond (1679—1719),法国人,1716年彼得堡的总建筑设计师。关于勒布朗被沙皇责打还有另一种说法:据说勒布朗不喜欢彼得大帝的一个大臣蒙奇科夫(Menzicoff)。后者写信给彼得,诬告勒布朗砍掉了皇宫花园里的树。那些树是彼得亲手栽种的,他非常看重。彼得闻讯大怒,遇见勒布朗后,不由分说就用手杖打了对方。勒布朗回到家中就病倒了。彼得后来到花园看见勒布朗只是给花园中的树修枝整形而已,便立刻派人去向勒布朗道歉。在走廊上遇见蒙奇科夫时,彼得抓住他的脖子往墙上猛撞,大吼说:"勒布朗的病完全都是因为这个混蛋!"勒布朗似乎并没有因为此事死去,而是1719年死于天花。

② 叶卡捷琳娜二世俄国女皇(Catherine II, also known as Catherine the Great, 1729—1796),原名索非亚·弗雷德里卡·奥古斯塔(Sophie Friederike Auguste von Anhalt – Zerbst – Dornburg),有时译为凯瑟琳大帝。1762年通过政变囚禁丈夫彼得三世,开始统治俄罗斯直至去世。她是俄罗斯历史上最伟大的统治者之一。

③ 格里高利·格里高利耶维奇·奥洛夫(Grigory Grigoryevich Orlov, 1734—1783),1758年因在曹恩道夫(Zorndorf)战役中三处负伤而成名。1759年成为叶卡捷琳娜的情夫。他和自己的四个兄弟是叶卡捷琳娜1762年通过政变囚禁丈夫彼得三世时最重要的支持者。政变后彼得在囚禁中神秘死亡。奥洛夫和叶卡捷琳娜育有一子一女。奥洛夫的弟弟阿列克谢·奥洛夫(Alexei Grigoryevich Orlov,1737—1808)、伊万·奥洛夫(Ivan Grigoryevich Orlov,1733—1791)也是叶卡捷琳娜的情人。年轻的费奥多尔·奥洛夫(Fyodor Grigoryevich,1741—1796)是杰出的军队指挥官。弗拉基米尔·奥洛夫(Vladimir Grigorievich,1743—1831)是俄罗斯科学院名誉院士。

④ 格里高利·亚历山德罗维奇·波将金(Grigory Aleksandrovich Potemkin – Tavricheski, 1739—1791),俄国著名军事家和政治家,叶卡捷琳娜的情人。

第十九章 德国和北欧的决斗

这位更受宠爱的情人向女王要求马上驱逐波将金,女王不敢拒绝这个要求。结果在争执中失去一只眼睛的波将金被放逐到斯摩棱斯克去了。不过,波将金一年以后被召了回来,取代了他的情敌。他马上进行了报复,驱逐了从前的对手。很快,波将金也不得不与另一个叫兰斯科伊的人分享女皇的欢心了。奥洛夫出国旅行结婚,并且拜访了法国宫廷。他穿着便装去参加国王的早朝,羞辱法国的宫廷。法国外长旭瓦色深以为恨。不久奥洛夫的妻子去世了。他回到圣彼得堡的那个夜晚,女王正在查克杰罗宫举行舞会。奥洛夫满怀悲痛地来

格里高利·格里高利耶维奇·奥洛夫
(1734—1783)

到宴会厅,走向叶卡捷琳娜。当奥洛夫表情凶恶地向女皇大叫时,女皇正倚在兰斯科伊怀里。"那么,卡琳加(卡捷琳娜的昵称),你仍然喜欢跳舞。你会和我跳一曲华尔兹吗?你犹豫了,我的衣服惊着你了?你知道吗?"奥洛夫用凄凉的语调接着说:"你知道我的妻子死了吗?知道吗?你如果知道,怎么敢这么干?"说着,他抓过一把椅子摔成了碎片。兰斯科伊想要朝这个暴徒冲过去,但是叶卡捷琳娜用力把他拽了回来,女皇还极力向奥洛夫解释自己并不知道他妻子去世。奥洛夫还在继续说:"是的,她死了,我却还活着!我真是不幸。卡琳加!我太爱我妻子了!"说着他的泪水夺眶而出。突然他的目光盯

格里高利·亚历山德罗维奇·波将金
(1739—1791)

在兰斯科伊身上,大喊道:"那么,这就是那个年轻的新来者了!哈!您真年轻,我的孩子!可怜的、盲目的、贪婪的人,现在你陷进这样的网罗来了!"兰斯科伊再一次想用武力驱逐这个胆大妄为的闯入者,奥洛夫则威胁说如果他敢上前一步就把他从窗口扔出去。

叶卡捷琳娜痛苦地大叫了起来:"他疯了!他疯了!""是啊,我是疯了!"那个暴徒尖刻地狂笑着回答:"但是是谁让我发疯?不是你吗,卡琳加?不是因为你我才变成了一个弑君者、刺客吗?现在,女人,你说我疯了!"说着,他抬手试图打叶卡捷琳娜,但是女皇已经晕倒在沙发里了。奥洛夫高视阔步地走出了舞厅,没有遇到任何麻烦。他的狂妄举动没有受到任何惩罚,相反,他经常出入宫廷,直到1785年死于脑膜炎。兰斯科伊很快也跟着他走进了坟墓。为了安慰女皇,波将金和她秘密地结了婚。他得到的嫁妆包括一座价值六十万卢布的宫殿,一件绣着钻石、价值二十万卢布的外套,还有二十万个农奴!这就是女王在这个情人身上挥霍的财富,他死的时候有三亿法郎的身家!这样一个宫廷会了解决斗或者任何荣誉感吗?

不过,到了稍晚的一个时期,在亚历山大一世①治下,因为他具有一定的骑士精神和一些对荣誉感的模糊观念,决斗开始成为时尚了。一位老将军蔡斯为解决纷争树立的一个榜样颇不同寻常。他接到道格鲁奇亲王的一项命令,这项命令会破坏蔡斯的军事计划,所以被蔡斯拒绝了。双方说了一些激烈的话,然后提出了挑战。这时可以听到战场上瑞典人的炮声,传来的情报说敌人正在攻击一个棱堡。"亲王,"将军说:"我们的责任召唤我们去面对敌人,这时我们不能进行一场决斗。但是让我们站在炮兵阵地的间隙里,就在敌人正对着它开火的那个阵地。让我们站在那里直到有一个人被敌人击中。"道格鲁奇亲王接受了建议。他们两人都把自己暴露在敌人的炮火之下,直直地站在那里,一手叉腰,狠狠地瞪着对方。最后亲王被一颗加农炮弹打成了两段。全军都目击了这次疯狂的决斗。

---

① 亚历山大一世(Alexander I of Russia,1777—1825),俄国沙皇(1801—1825)。

第十九章　德国和北欧的决斗

另一次毫不逊色的决斗发生在著名的俄国决斗家托尔斯泰伯爵①和一个海军军官之间。两人发生争吵之后,托尔斯泰伯爵送去了挑战书,对方以伯爵精通运用武器的技术为由婉言谢绝了。托尔斯泰于是提议双方用手枪枪口对枪口进行决斗,但是仍然遭到水兵的拒绝。对方坚持用所谓海军的方式决斗,就是抓住对方跳进水里,没有淹死的一方即为胜利者。这回轮到伯爵拒绝了,因为他不会游泳,于是他的对手指责他胆小。伯爵勃然大怒,冲出去找到对方,抓住他一起跳进了大海。他们都被淹得够呛,但是,却是那个海军军官受伤太重,几天之后死了。

费奥多尔·伊万诺维奇·托尔斯泰伯爵
(1782—1846)

在波兰的编年史里经常出现司法决斗,方法和其他诉诸这种司法手段的国家大致相同。

我们看到有一个立陶宛大公的妻子被人指控有通奸行为时,有十二名她的拥护者毛遂自荐愿意为她决斗。这个建议被拒绝了,这个国家的法律占了上风。这种法律多少有些奇怪。指控大公妻子的人被判处四足着地,像一个爬行动物一样钻过一条长凳。为了收回他的说法,他必须公开宣布他像一条狗一样撒了谎。

---

① 费奥多尔·伊万诺维奇·托尔斯泰伯爵(Count Fyodor Ivanovich Tolstoy,1782—1846),著名俄国文豪列夫·托尔斯泰的叔父。性情狂放,醉心赌博和决斗,是同时代许多俄国文学家笔下人物的原型。他曾周游世界到过美国,所以绰号"美国人"。他打牌经常作弊,当普希金一次谈及这事时,他回答说:"这我知道,但是我不希望别人提醒我这一点。"1820年普希金遭宫廷斥逐流放,托尔斯泰伯爵不知是有意还是无意散播谣言,说普希金曾经被警察鞭打。普希金怒不可遏,向托尔斯泰提出了挑战,准备一返回莫斯科就进行决斗。为了进行决斗,普希金认真地进行了射击训练。他返回莫斯科以后,双方的朋友进行了调停。托尔斯泰担心在决斗中杀死普希金会断送他与许多著名的俄国文学家的友谊,于是与普希金言归于好,双方甚至变成了朋友。他一生参加过多次决斗,大多与赌博有关。列夫·托尔斯泰曾经描述,有一次他的叔父在自己一位最亲密的朋友的决斗中担任助手,因为担心朋友遭受不幸,他先向对方提出挑战并杀死了朋友的敌人。托尔斯泰晚年饱受子女早逝的打击。据说他在决斗中一共杀死了十一个人,他把这些人的名字认真地记录在日记里。每当一个子女死去,他就在日记里划去那些人中的一个名字,在旁边注明"已偿付"。当他的第十一孩子、一个聪颖的漂亮女孩死去时,他划掉最后一个名字并写道:"好了,感谢上帝,至少我那卷发的小吉普赛女孩会活下去了。"

波兰人的诙谐偶尔带有一种非常粗野的性质。据说有一个意大利贵族被人介绍到茨波鲁斯基亲王①的城堡里做客，结果却成了那帮人的笑料。他们在一整天里，把他剥光，在身上涂满蜂蜜，然后把他引到一些驯化的熊那里去。那些熊用粗糙的舌头把他身上的蜂蜜舔了个够，感觉实在无法让人愉快。受到伤害的意大利人想逃走，亲王却命令把他的马车车轮卸了下来。他一边尽力设法逃走，一边向亲王提出挑战，在挑战信上还附上了自己的家谱，以证明亲王没有理由因为地位的差距拒绝他的挑战。但是那个波兰佬不这样想，他婉言谢绝了这份荣誉。

因为波兰国家的命运多舛，在波兰逃亡者之间经常发生决斗。利利威②就这个问题说："这些移民因为无所事事而战斗。因为生活的艰辛、道德败坏和士气低落，他们的每一根神经对最细微的冒犯都非常敏感。"

在这群人与他们的凶残的压迫者之间的慷慨激昂的斗争中，在华沙附近，一个波兰人和一个俄国军官之间发生了一场最歇斯底里的决斗。决斗的细节是这样的：一个年轻的波兰军官在拿破仑的卫队里服役，他曾经造访一位华沙的女士。后来这位女士被一个俄国军官抢走了，这个俄国人提出帮助自己的受害者，被波兰妇女愤怒地拒绝了。俄国人的藏身之地被发现了。波兰军官送去了挑战信并且被接受了，地点选在距离华沙四里格的一片树林里。在决斗场上量出了八步的距离，用剑做了记号。决斗者用手枪武装好了，向对方前进，然后任意开枪。俄国人开了第一枪，打伤了对手的胸部。波兰人大叫："来吧，受死吧，我还有足够的力气要你的命。"但是俄国人却骑上马飞驰而去。他的助手对这种胆怯的行径非常愤慨，向波兰人的助手提出去追这个俄国军官，把这个不诚实的懦夫交给波兰人。他们骑马追上了他，把他砍下了马，带到受伤的波兰军官居住的旅店。

一看到受了伤的对手，波兰人打点起最后一点力气，抓住剑刺了过去，把对手刺穿了，然后死去了。俄国军官的剑伤后来恢复了，那位波兰妇女被还给了他的家人。

---

① 茨波鲁斯基（Zborowski），波兰一个古老的贵族家族，此处具体指何人不详。
② 约阿希姆·利利威（Joachim Lelewel，1786—1861），波兰历史学家和政治家，出身于一个已经波兰化的普鲁士家庭。参加过1830年波兰华沙的起义。他和马克思一起领导过欧洲社会主义运动，对无政府主义者巴枯宁有重要影响。

第二十章 比利时和荷兰的决斗

尽管我们可以认为这两个国家无论从宗教还是政治的角度看,都有很大的区别,而且只有非常盲目的政策才会设想有什么东西能把它们之间不相容的东西结合起来,但是它们之间紧密、经常的联系,还是常常把它们的历史结合在一起。

比利时是法国君主制度的摇篮。图尔奈是萨里安法兰克人最早从罗马人那里征服的地方之一。1653年,在图尔奈发现了希尔德里克一世①的陵墓被发现,而亚琛则是查理曼帝国的首都②,因而法国的风俗在比利时的好几个省盛行。如果比利时人需要寻求神的旨意,那么我们在法国和其他许多国家的历史记载中见到的解决纠纷、树立权威的方法,比如决斗、神裁和其他的许多野蛮的方式都会被用上。这些狂暴好乱的人经常卷入对外战争和内部纠纷,在他们中间,这些办法肯定不会是少见的事。以至于据说有一位苏丹听说比利时人无止无休的冲突之后,叫人拿来了这个战争之区的地图,他吃惊地发现这个国家幅员是如此的狭小,便大声叫了出来:"如果我卷进了这些事,我会派我的先锋部队把这个世界的小角落扔进大海。"

低地国家的居民曾经因为不能忍受被人控制,以及捍卫自己的权利和免责特权时表现出来的急迫而出名。他们忠实于他们古老的风俗和成见,他们是独立和自由热忱的捍卫者。值得赞扬的是,不得不说他们的贵族阶层和平

---

① 希尔德里克一世(Childeric I,约440—481或482),萨里安法兰克人梅罗文加王朝国王,著名的法兰克国王克洛维的父亲。他的陵墓1653年在图尔奈被发现,墓中出土大量财宝。
② 亚琛,靠近比利时和荷兰边境的德国西部城市。相传查理大帝于742年出生于此地,后来他将此地定为他的北都。

民阶层能够为了他们共同的事业团结在一起。同时，强有力的教士阶层具有极大的影响力，对这个顽固而迷信的民族施加着无所不能的控制。这个民族即使是在今天，仍然比其他罗马天主教国家的居民有更多的宗教成见。

时至今日，比利时人仍然坚信关于康布雷修道院一个叫让·勒·弗拉蒙德的木匠与一个犹太人决斗的传奇。据说康布雷修道院的圣母玛利亚在一个老木匠弗拉蒙德的一次幻觉中显现，向他诉说一个亵渎的犹太人对她的画像进行的破坏。那个犹太人假装抛弃了他的犹太教信仰。木匠立刻跑到教堂，看见圣母像上有五道长矛造成的伤口，每一处伤口都流着血。那个叫威廉的犹太人马上被逮捕并且受到严刑拷问，但是最天才的折磨都无法从他身上榨出认罪的声明。于是弗拉蒙德和康布雷修道院的院长商量，院长告诉他，圣母命令他向希伯来人挑战，去敲掉他的头，把他空虚的头颅砍下来。使用盾牌和棍棒的决斗开始了，那个希伯来人是个孔武有力的年轻人，但是却被彻底地击败了——感谢主的帮助。这之后那个犹太人按照风俗，被适时地吊死在两条狗之间。为什么两条可怜的狗要和这个不信上帝的人一起被吊死？历史上没有交代。

许多历史学家都记述了 1455 年发生在瓦朗谢讷的一次著名的决斗。这次决斗是为了维护一项古老的特许权。这项特许权规定，任何人如果出于自卫而杀死了别人，都可以向瓦朗谢讷要求特许公民权。如果此前的搏斗是公平的，那么他可以继续保有他的棍棒和盾牌。根据这种权利，一个叫马惠特·柯柯奎尔的裁缝向这座城市寻求避难，他杀死了一个叫菲利普·杜加丁的图尔奈公民，因为杜加丁非常不礼貌地拒绝把女儿嫁给他。

死者的一个亲戚贾克廷·普鲁维尔跟着裁缝来到了瓦朗谢讷，指控这个裁缝凶恶地杀死了杜加丁。双方立刻都被送进了监狱，每个人都配给一个布列塔尼人教授使用棍棒（布列塔尼人出了名地擅长使用棍棒打人）。

1455 年 5 月 20 日，在指定的地点，勃艮第公爵、他的儿子夏洛来公爵和无数的宫廷人士都来到了决斗场。在集市里围起了一个三角形的栅栏，地上铺了一层厚厚的沙子。助手和三边围栅之间的距离正好安置警官、陪审团、和几个贵族。第三排坐了三百名骑士，他们的侍卫和富裕市民。

早晨九点，决斗双方到来了。他们的头都剃过，穿着很紧的紧身上衣。上诉人贾克廷由配给他的布列塔尼人陪着，首先出现了，后面跟着一个人用一个袋子提着他的圆形小盾。他在身上划了几个十字，然后在一把盖着黑布的椅子上坐下。马惠特·柯柯奎尔也出现了，后面跟着人数差不多的随从。他跪下，虔诚地划着十字，亲吻了地面，然后坐进另一把铺着黑布的椅子。

接下来，地方行政官让两人以神圣的基督教四《福音书》作者①的名义发誓。贾克廷亲吻圣经并发誓说他的事业是正义的。马惠特也同样这样做了，并且补充说，贾克廷是一个虚伪的坏透了的说谎者。但是当他第二次亲吻圣经时，人们观察到他的脸变白了。

双方从头到脚都抹上了油脂，让自己很难被对方抓住；手上擦了灰，以便很牢地握住棍棒。然后用两个银托盘给他们送上了食物。为了让他们明白食物没有毒，端食物的人先尝了一下。在他们口里放了一块方糖，让他们不会口干舌燥，并给了他们一根长度相同的多瘤结的棍棒作武器，还有一块涂成红色的小圆盾。但是他们必须把盾牌尖端举到最高，以示他们不是出身贵族。

市镇的行政长官清晰响亮地大喊："去尽你们的责任吧！"决斗者朝对方冲了过去。马惠特向对方的眼睛撒了一把沙子，以这样的方式开始了进攻，然后又用棍子打破了对方的头。但是贾克廷反击了过来，把马惠特的盾牌打掉了，接着把他打倒在地。马惠特爬起来又被打倒，贾克廷把沙子揉进他的眼睛，咬他的耳朵，用拳头痛击他的脸。

勃艮第公爵菲利普三世非常同情被痛殴的马惠特，派了一个军官去找城市的地方治安官，询问是否已经不可能拯救那个不幸的人的生命了。那些人回答说，这个城市的特权必须受到维护。与此同时，贾克廷还在享受使自己非常快活的胜利，他在把沙子塞进对手的嘴里，对对手又咬又抓，然后把他翻过来面对着自己。这个举动太冒失了，马惠特设法一口咬掉了他的一根手指。断掉一根手指让胜利者一下子变得怒不可遏，据历史学家记述，他打伤了对手的手臂和腰部，然后跳到他身体上，咆哮着说："投降，你这个背信弃义的家伙！承认事实吧，你谋杀了我的亲戚！"对此马惠特回答道："我承认！我承认！""大声点，让大家听到！"贾克廷咆哮道。"是我干的！是我干的！"马惠特大声嚷嚷道，接着他对公爵说："噢，我的勃艮第公爵，我的领主，我在您对根特城②的战争里忠诚地为您服过役啊！噢，我的好主人，我祈求您的

---

① 基督教四《福音书》作者（马太、马可、路加或约翰）之一（Evangelists）。
② 根特（Ghent），比利时城市，东佛兰德省省会

仁慈，看在上帝面上，救救我！"

公爵再次派人去找市长，但是他们不为所动，坚持本城市的特许权（自治权），他们甚至坚持决斗中死掉的人不得拥有基督徒式的葬礼。贾克廷在马惠特的头部狠狠打了四下要了他的命。他拽着马惠特的腿把他拖出了决斗场。但是马惠特还没有完全死掉。他还能念诵教义，向他的加尔默罗会①修士忏悔自己的罪孽，喝了几杯葡萄酒后才咽了气。

城市治安官登上主席台，根据这座城市神圣的市镇特权，命令失败者必须作为一个谋杀者被吊起来绞死，侩子手马上照办了。胜利者走到市长面前，问市长自己是否恰当地尽到了自己的责任，他得到了肯定的回答。同时他被告知，他可以自由地前往任何他觉得合适的地方。他到巴黎圣母院的教堂去呈献了一些礼物，向圣母的庇护表示感谢。决斗中的棍棒、盾牌和凳子都作为纪念品被悬挂在了市政厅里。

在那个凶残的年代里，阿诺德·埃格蒙德②和他的儿子阿道夫之间发生的一次决斗引人注目。儿子与父亲进行决斗这种有悖情理的举动居然受到他母亲凯瑟琳的鼓励。

低地国家发布了数不清的法令和布告来抑制决斗在这些国家的蔓延，但是就像在法国一样，没什么成效。最近一些年，这种仇恨的对抗变得少见了，而且主要被限制在军队里。但是在1833年革命之后，决斗伴随着议会里疾风暴雨般的辩论又出现了。1833年六月，两位议员——罗日耶和根德比恩先生③，用手枪进行了一次决斗。决斗的距离是四十步，允许向对方前

---

① 加尔默罗会（Carmelites），天主教托钵修会之一。前身是由意大利人贝托尔德于12世纪中在巴勒斯坦加尔默罗山创建的隐修院，约于13世纪时改为托钵修会。会规要求会士安贫、守贞、服从、静默、斋戒。
② 阿诺德·埃格蒙德（Arnold of Egmond，1410—1473），格德司公爵（Duke of Guelders）、祖芬伯爵（Count of Zutphen）。他的妻子凯瑟琳（Catherine）是上文提到的勃艮第公爵菲利普三世（好人菲利普，Philip the Good）的侄女。阿诺德因为争夺乌特勒支与菲利普反目，菲利普支持他的儿子阿道夫（Adolf of Egmond），在1465年囚禁了他。后来他在菲利普的儿子勇敢者查理（Charles the Bold）的支持下复位。他死后阿道夫继承了他的爵位。关于他们父子之间的决斗不详。
③ 夏尔·拉图尔·罗日耶（Charles Latour Rogier，1800—1885），比利时政治家，外交家，反对荷兰统治比利时的比利时革命领导人。1831年6月，利奥波德一世成为比利时国王后，罗日耶被任命为安特卫普首长。后来罗日耶三次出任比利时首相。亚历山大·根德比恩（Alexandre Gendebien，1789—1869），比利时政治家。

进十步。罗日耶首先开枪，但是没有击中对手。根德比恩在三十五步时回击，射中了对手的嘴。后来一个法国将军又向根德比恩要求进行决斗，因为他当时反对在比利时军队里雇佣外国人。法国人要求他道歉或者决斗，根德比恩以国会内的言论自由为由，拒绝了对方的要求。

1834年当布鲁塞尔处于严重的无政府和混乱状态时，决斗常常发生。一个男子因为拒绝了一次挑战，在走出剧院时被人杀死了。部长向内阁表示要采取最强有力的措施来控制决斗，但是尽管有禁止决斗的法律，一些致命的决斗不仅发生了，而且还没有受到司法体系的惩处。一个叫帕里希特的炮兵上尉因为中尉范德斯特拉滕先生没有向自己敬礼而训斥了他，说他"简直是个孩子"。中尉就向上尉提出了挑战，但是上尉拒绝了。另一个上尉伊能斯掺和进了这场争吵，他说帕里希特是个胆小鬼，从而迫使他接受挑战。决斗在滑铁卢附近的一片松树林里进行，帕里希特第一枪就被打死了。幸存者受到一个军事法庭的审判，但是因为没有惩治决斗的法律，他被无罪释放了。更近一些时候，在卢森堡，托纳克男爵和一个荷兰上尉进行了一场决斗，荷兰人被打死了。对此根本没有进行司法调查。

眼下比利时政府正在计划立法彻底禁止决斗，到目前为止决斗从未受到严厉的惩罚。在比利时军队里，就像在法国军队里一样，即使军阶非常悬殊的两个人之间的决斗，也只会把挑衅者以行为不端为由开除而已，就像1835年国防部长梅森伯爵①在下面的命令中所反映出来的一样：

"一位陆军中校放肆地向他的上级军官提出挑战，违背了所有的隶属关系。这样一种严重的犯罪行为，肯定会被证明对军队的纪律造成最严重的损害，必须受到迅速而严厉的惩处。部长因此命令，这位陆军中校必须立刻被送上一个军事法庭。至于他的上级，本来能够而且应该施展他的职务赋予他的权威，却降尊纡贵接受了对方的挑战，所以他将被开除军籍。决斗的助手和其他到场的军官，以及没有对此加以阻止的军官，都将受到严格的拘留，为时两个礼拜。"

---

① 尼古拉斯·约瑟夫·梅森（Nicolas Joseph Maison, 1er Marquis Maison, 1770—1840），法国军事家、政治家和外交官。1792年参加大革命后的法国军队。拿破仑时期因军功被封为伯爵。波旁王朝复辟后效忠波旁王朝。他参加了对米歇尔·内伊的军事审判，但是反对当时的判决。后来他参加了反对波旁王朝的七月革命。1835至1836年担任法国国防大臣。

第二十一章 美国的决斗

记述发生在美国的决斗是一件繁重的工作。在美国,决斗不仅频繁,而且常常带有一种非常轻率的凶暴特征,清楚地反映了这个国家文明开化过程的缓慢。我们完全有理由期待在未来的某个时候,决斗在这个国家会变得像在其他一些更加文明的国家里那样不光彩。

尽管这个年轻的国家和欧洲国家以及他的母国保持着经常性的商业和政治联系,但是却很少为人所了解。很难获得关于它的人民的风俗、习惯和思想的知识,原因是它的领土与欧洲分离、它的行政区划很大以及在不同的州里占支配地位的习俗有差异。往往在一个州里,一次冒犯被视为十恶不赦的大罪,而在另一个州里只被当做轻罪。这种司法上的异常肯定是因为不同的商业和农业利益而产生的。

更加令人感到遗憾的是,许多旅行者仅仅对美国社会作惊鸿一瞥似的考察就开始描述它们的风俗。他们开始探寻之旅时已经下定决心要挑毛病,很可能完全基于不同民族的成见去思考。他们的作品把美国描写得多么荒谬滑稽,对美国人仇视英国的态度谴责得多么厉害,他们的作品就有多流行。另一方面,其他的旅行者则对美国充满了溢美之词,即使对他们的恶习和错误也是如此。法国在向美国输送政治煽动家和理想主义者时从不落后,这些人认为美国是自由和独立之邦。

在一个新移民区,决斗经常发生是顺理成章的,尤其当这些移民是些粗鲁和没有受过教育的人时。由于居民点之间的距离遥远,有大片荒凉的丛林,诉诸法律和有效权威来解决他们之间无休无止的纠纷即使不是不可能的,也是非常困难的。这肯定会诱使他们把法律掌握在自己手里,用剑、手枪、来复枪和单刃猎刀来安排各种事务。要是武器不在手边,就用最凶猛的拳斗来解决问题。这种拳斗带有他们父辈野蛮却诚实,以及他们的印第安邻居那种凶残却优雅的特色。一个殖民者定居到哪里,他就成了自己的木屋和财产的唯一监护人和保卫者。

上流社会的行为对下层社会施加的影响有时反过来了。粗俗之辈对权利和荣誉抱持的错误观念,常常被社会上层人士接纳。他们出于政治上的目的非常渴望追求声望,而在一个粗俗的民族中展示那些被错误地称为勇气的东西,肯定能为他赢得这种声望。这些上层社会的人士出于骄傲,不愿意把自己提升到他们母国的那种文明程度上。幸运的是,这种荒谬的偏见正在逐渐失去影响,尽管我们可以从出版界获得一种印象,就是他们的编辑那种夸夸其谈和自吹自擂的风格,会非常实质性地延缓这种值得赞许的过程。这种自命不凡的优越性最确凿的证据就是,他们试图改变自己从先辈那里延续下来的语言。在战争中的一些偶然的胜利,把美国人这种自命不凡的优越感弄到了绝对是荒谬的程度。

他们的立法者和受到任期限制的临时性的领导人,很难与公众的虚荣心支持的空洞却沸腾的潮流对抗。事实上他们不敢遏制这种危险的潮流,正是这种激流使他们掌握了权力。结果他们经常处于一种痛苦的处境中,似乎必须认可那些内心真诚地加以谴责的东西,必须使用一种夸张的处事风格以适应选民那种病态的气质。对我们来说,竞选活动的退化变质是偶然事件,但是在美国,每个公务人员每小时都在投票。那个国家里有一种亢奋的焦虑,每时每刻都在作痛。决斗成为这种纷扰的必然结果,只要强力仍然被认为是一种合格的证明,决斗就会继续盛行下去。

这个国家的有些州试图限制这种行为:1719 年马萨诸塞为此目的制定了一项法律,1784 年加以重申,1805 年再次重申。根据这项法律,任何人如果进行决斗就将被剥夺政治权利,二十年内都不得担任任何公职。如果决斗导致了死亡,则死者的遗体将被送去进行解剖展示。在田纳西、纽约和其他一些州都有相似的法律。在弗吉尼亚,公职人员被要求郑重发誓,一旦就职绝不参加决斗。有了这些措施以后,在弗吉尼亚决斗变得比较少见了。在新奥尔良,1834 年的报纸和最近的一些出版物都在建议建立一个荣誉法庭来解决公民之间的分歧。1831 年,利文斯顿先生(何人不详)就一个法国作者杜邦·德·内穆尔①的论述发表了自己的见解。当时杜邦先生是这样说的:"政治意见的分歧导致决斗在美国非常频繁。一些年以前,汉密尔顿将军,一个具有非凡美德的人,同时也是财政部长,在一场决斗中被伯尔上校杀死了。在那之前两年,将军的长子也以同样的方式失去了生命。

大多数州对那些在决斗中杀死对手的人宣判死刑,但这只具有威吓的性质,当事人总是逃亡到别的州从而规避了惩罚。在那里他不是公民,那里的州政府没有权利审判他的不法行为。这方面的法律没有普及到整个国家,它被限制在了十八个联邦州之中。

而且,欧洲的经验清楚的证明,死刑不可能威慑那些决斗者,他们要么有勇气面对死亡,要么希望显示他们对死刑的惩罚并不畏惧。

弗吉尼亚人的习惯使他们比其他美国人更倾向于进行决斗,这个州的疆域之大也使它的居民很难寻求邻州的帮助。弗吉尼亚人一旦决定战斗,总是非常急躁。弗吉尼亚州的立法机构因此希望通过比较轻的刑罚来寻求达到目的,这样也好像更加行得通。

他们认为如果在一些法律可以容忍甚至允许的并不重要的问题或者意见分歧中,一个人被诱使将自己的生命置于死亡的威胁之下或者试图去杀死别人,他实际上是精神错乱了。所以所有决斗的当事人和助手都处于失去理智的状态,应该剥夺他们的公职,如果他们当时有公职的话。他们的财产也应该被交给信托人管理,事实上就是置于法庭的强制令管辖之下。因为这种立法,决斗在弗吉尼亚州很少听说。"

发生在美国的第一次恶名昭著的决斗是在1630年。当时霍普金斯的两个仆人爱德华·多提和爱德华·李斯特②相互发出了挑战,要求用剑和匕首决

---

① 杜邦·德·内穆尔(Éleuthère Irénée du Pont de Nemours,1771—1834),法国胡格诺派新教徒,化学家和实业家。1799年移居美国并创立了生产火药的杜邦公司。他是美国杜邦财团的创始人。
② 爱德华·多提(Edward Doty,死于1655)和爱德华·李斯特(Edward Leister)是五月花号的乘客、《五月花公约》的签名者。他们都是斯蒂芬·霍普金斯(Stephen Hopkins)的契约佣工(根据契约,到美洲后用一定年限的工作偿付到美洲的旅费的佣工)。他们的决斗发生在1621年6月18日(与本书所说不同)。对他们的惩罚,有说法是把脚和脖子绑在一起。多提1633年出现在英属北美第一块殖民地普利茅斯的自由民名单上,1643年出现在可以携带武器的居民名单上。他后来经常出现在各种诉讼中,多数败诉。他结了两次婚,有9个子女,76个孙子女,358个重孙子女,是美国众多家族的祖先。

第二十一章 美国的决斗

斗。他们在决斗中一个手部受伤，一个伤在大腿上。

当时人们认为应该禁止这种事情，所以他们两人被判决手和脚绑在一起，然后就那样躺二十四小时，没有食物也没有水喝。惩罚开始后只过了一个小时，这种痛苦就让他们难以忍受了。因为他们的哀求和他们主人为他们求情，加上他们保证今后行为良好，总督布拉德福德①释放了他们。

威尔金森将军和参议员伦道夫先生②之间的通信多少有些怪异。前者在信中说，他了解到伦道夫先生称他是一个不诚实的人。对此令人尊敬的约翰·伦道夫先生回应说："就您而言，先生，我看不出您有权利要求我为自己对您的品行的公开和个人的看法负什么责任，我的这些看法也不会使我对来自伯尔上校和邓堡警官的相同要求有什么义务。我不会让自己堕落到你们那样的地步。这是我的最终决定。"对这个简洁的答复，威尔金森将军给参议员写了下面这封信：

> 先生：我刚刚收到了您25日的来信。您在信中违背事实和荣誉，沉浸在您灵魂中固有的狠毒和仇恨之中。您竟然使用"地步"这样的词来掩饰自己的胆怯、精心编织的谎言，和大量对于无缘无故受到的伤害进行的侮辱。请问，先生，我们竟然能找到这样的卑鄙小人吗？你"不会让自己堕落到你们那样的地步"，自负、含糊的用语！你认为这些怯懦的遁词会帮助您，或者您狮子般的外表能够遮掩您的真实本性吗？接受决斗吧，趁您还有这个机会。"堕落"到一个绅士的地步来吧，如果您做得到的话！如果您做得到，请像一个男人那样行事吧，免得我向全世界揭

---

① 威廉·布拉德福德（William Bradford, 1590—1657），五月花号的领导者之一。1621年4月后担任普利茅斯殖民地总督近30年。他是复活节的创始人。
② 约翰·伦道夫（John Randolph, 17731833），美国弗吉尼亚州国会众议员（1799—1813, 1815—1817, 1819—1825, 1827—1829, 1833），美国参议员（1825—1827）。民主共和党中"老共和党"派领导人，主张限制联邦权力，各州有权判断联邦政府的法律是否合宪，有权拒绝执行它们认为违宪的联邦法律。詹姆士·威尔金森（James Wilkinson, 1757—1825），美国政治家和军人。他曾卷入多起丑闻，死后被发现是接受西班牙王室报酬的间谍。威尔金森对伦道夫挑战起因是这样的：美国第三任总统杰斐逊的副总统阿伦·伯尔（Aaron Burr, Jr., 1756—1836）于1805年卸任后，企图在美国中西部建立一个独立国家。新奥尔良美军总司令、路易斯安那总督威尔金森是他最重要的同谋。后来计划泄露，伯尔被指控叛国罪。威尔金森出庭作证引起许多人对他的怀疑。约翰·伦道夫在审判中是大陪审团的发言人。他在审判中说："威尔金森是我见过唯一一个彻头彻尾的恶棍！"（Wilkinson is the only man I ever saw who is from the bark to the very core a villain！）由于证据不足，伯尔后来获释。阿伦·伯尔就是在决斗中杀死汉密尔顿的人。

示您是一个傲慢无礼、擅长诽谤、满嘴谎话的胆小鬼。

詹姆士·威尔金森

将军在附言中提醒参议员注意，自己没有用手杖惩罚他只是因为尊重他在国会里拥有的职位。

将军说到做到，于是，国会开会时，街角和所有的旅店里都竖了这样一个告示：

"虚张声势的人被揭去假面具了——为了公正地评价我个人的品性，我向全世界宣布约翰·伦道夫，国会议员，是一个说谎的、卑鄙的、惯于进行诽谤中伤的恶棍，是一个懦夫，胆小鬼。"

法国革命期间两位著名的法国决斗家——路易斯·德·诺埃利斯和亚历山大·德·提利居住在费城。诺埃利斯子爵受到宾汉姆先生[1]家庭的接待。宾汉姆先生是宾夕法尼亚最富有的商人之一，同时是美国国会议员。诺埃利斯后来把德·提利伯爵介绍了进来，他深受宾汉姆夫人和她唯一的女儿玛丽亚·玛蒂尔达小姐的喜爱。这个情场老手很快就说服当时还没有成年的小姐和自己秘密结婚。他们在1799年贿赂了一个神父，偷偷地结合了。

这桩婚姻使得这个家庭惊恐万状。女主人心脏病发作去世了，宾汉姆先生只比她多活了几年。巴林[2]先生认为应该惩戒一下这个法国人。他劝说法国人在下列条件下离开美国：五千镑现款为他还债，另外有一份五百镑的年金。巴林先生用书面或者通过诺埃利斯伯爵传递的信件承诺，他只会在人群面前推搡提利一下（表示对他的侮辱——译者）！

1804年，汉密尔顿将军刚刚被提名为美国驻巴黎大使时，卷入了一场同阿伦·伯尔上校的政治纷争。[3] 伯尔当时是副总统。库珀博士发表了一本小册子，其中说："汉密尔顿上校和肯特先生说，他们认为伯尔上校是一个危险的

---

[1] 威廉·宾汉姆（William Bingham, 1752—1804），美国宾夕法尼亚州费城出生的政治家、大陆会议成员（1786—1788）、美国参议员（1795—1801）。他帮助建立了美国最早的银行——北美银行。

[2] 原文作 Mr. Barry，很可能是 Mr. Baring 之误。亨利·巴林（Henry Baring, 1777—1848）是1995年因交易员违规交易而破产的著名银行——巴林银行创始人弗朗西斯·巴林先生的儿子。他后来娶了提利诱拐的玛丽亚·玛蒂尔达·宾汉姆，生了三子两女。

[3] 见章末。

第二十一章　美国的决斗

人,无法信任他并让他驾驭政府。"在另一个地方作者又说:"汉密尔顿将军曾经对伯尔上校发表过更加鄙夷的意见。"

后面一段话激起了伯尔上校的愤恨,他要求汉密尔顿将军"迅速而且无条件的承认或者否认上述内容,以纠正库珀博士的推论"。

汉密尔顿承认了第一段陈述,他辩解说,这样的表述没有超越政治敌意的合适界限。但是他拒绝回忆自己与对方十五年的政治对抗中的每一次公开或者私下进行的谈话(以证实或者否认库珀博士后一段叙述)。这没法让伯尔满意,他坚决要求对方接受挑战进行决斗。

决斗之前的晚上,汉密尔顿拟定了遗嘱。他在遗嘱中留了一封信,表达了他对决斗的看法。他其实很不情愿的遵循了一个让他感到非常痛苦的风俗。作为这种情绪的流露,他写道:

"首先,我的宗教和伦理准则强烈反对决斗这种行为,在个人的战斗中使自己的一位同胞流血让我痛苦,而且这是被法律禁止的。

其次,我的妻子和孩子对我来说是最宝贵的,我的生命从任何角度说,对他们都是至关重要的。

美国第三任副总统阿伦·伯尔

亚历山大·汉密尔顿

汉密尔顿与伯尔的决斗（这幅著名的画作并不准确：现场除决斗者实际上只有两名助手）

第三，我对自己的债权人感到一种义务。如果我遭遇事故，我的财产被强制出售，他们可能会遭受损失。作为一个正直的人，我不认为自己有这种自由，可以轻易地使他们面临风险。

第四，我清楚除了政治上的敌对，我对伯尔上校没有恶意。而我与他的政治上的对抗是出于单纯而正直的动机。

最后，因为这次决斗我会冒很多风险，却可能一无所获。"

7月11日双方见了面，伯尔上校的射击产生了致命的效果。汉密尔顿事先已经决定不回击，但是当他受到那致命一击时，他的手枪不由自主地向反方向射了出去。

很少有人去世像汉密尔顿将军那样令人惋惜，他在纽约的葬礼仪式盛大，充满敬意。所有的政府官员都参加了。钟声低回，一整天都在敲响。所有的事情都停顿下来了，城里显赫的居民哀悼了六个星期。除了华盛顿的去世，只有汉密尔顿的去世让整个共和国充满了如此广泛深重的悲哀情绪。

在纽约，已故的斯蒂芬·普莱斯进行过一场奇特、致命的决斗。他作为

第二十一章 美国的决斗

德鲁里巷大剧院①的承租人非常有名。下面是从美国报纸上摘录的他的事迹：本杰明·普莱斯是纽约州莱茵贝克的杂货商，被大家认为是其中出类拔萃的人物。有一天晚上他和一位女士在剧院里，一个英国军官在相邻的包厢里放肆地盯着他的女伴的脸。她向本·普莱斯抱怨。当那个军官又一次这样干的时候，普莱斯转身用大拇指和另一个指头夹住他的鼻子狠狠地拧了一下。

那个军官离开了自己的包厢，然后很快就听到本杰明的包厢门传来了敲门声。本打开门，军官站在那里，他叫格林。他问本，他的举动是什么用意，他同时声明，自己无意用那样的行为（盯着看）侮辱那位女士。"噢，很好，"本回答说："我也无意用自己的举动侮辱您。"然后他们像结义兄弟一样握了手。不久格林到加拿大去加入自己的军团去了。

但是这件事几乎和格林一起传到了加拿大，当然难免在传播中被添油加醋。格林的指挥官中有人对此颇有微词，并设法使自己的军官同事都注意到了这件事。其中有一个上尉——威尔森坚持要求格林直接返回美国同普莱斯决斗，否则就要将他派回国内的考文垂。于是格林开始每天练习五个小时射击，直到自己十次有九次能够在十步的距离射中一张一美元的钞票。

格林和本杰明在美国城市霍博肯②进行了决斗，本第一枪就被打死了。助手们逃走了。格林坐上一只小船过了河，然后登上了一艘开往英国的轮船。本的尸体在霍博肯被发现，胸口上有一张纸条写着："这是本杰明·普莱斯，住在纽约维尼街，请照顾好他。"尸体被平静地送回城里，葬在纽约。

几年后，我们前面提到的英国军官威尔森上尉从英国去加拿大时途经纽约，住在华盛顿旅馆。一天晚饭时，话题转到了本杰明·普莱斯的死。上尉评论说自己对这场决斗的发生起了主要作用，而且详细谈论了相关的一些细节。这番话很快被传到了本杰明的兄弟斯蒂芬·普莱斯那里。斯蒂芬当时正因为痛风在家里卧床休息。据他的朋友说他立刻开始绝对听从医生的建议治病，然后抓住痛风的一次间歇，用法兰绒包住自己的下肢，蹒跚着走出了家

---

① 德鲁里巷皇家大剧院（The Theatre Royal, Drury Lane）位于伦敦威斯敏斯特科芬花园（Covent Garden），背靠德鲁里巷（Drury Lane）。最早的德鲁里剧院建于英国王政复辟时期，1674年开放。现在的德鲁里剧院是第四次重建的，1812年开放。最初的两个世纪，德鲁里剧院是伦敦甚至整个英语世界最重要的剧院。美国人斯蒂芬·普莱斯（Stephen Price）在1826至1830承租了该剧院。

② 霍博肯（Hoboken），位于美国新泽西哈德孙县。

门。他第一次出行就来到了华盛顿旅馆,首先询问:"威尔森上尉在这里吗?""是的。"侍者回答。"带我去他的房间。"

他被带到了那里。他蹒跚着非常困难地走上楼梯,不时用同样激烈的语言咒骂痛风和上尉。最终他来到了上尉的房间,脚上穿着无根软鞋,手里挂着一根手杖。威尔森上尉站起来接待他。普莱斯问:"您是威尔森上尉?""是我的名字。"雄伟的上尉回答。"这样,我的名字是斯蒂芬·普莱斯。您看,先生,我几乎没办法把一只脚弄到另一只脚前面去,我正受着痛风的折磨。我来的目的是要侮辱您。我是不是必须把您打倒,或者您会觉得我这样说已经足够算作一种侮辱了,然后就按照受到我侮辱的情况来行事?""您不必那样做,"上尉微笑着说,"我会认为您说的已经足够了,会按照您希望的做的。您会收到我的信的。"

过了一段时间,一封上尉的信寄到了斯蒂芬·普莱斯手里,指定了时间、地点和武器。一天早晨,一艘驳船离开了纽约,斯蒂芬和威尔森在里面相对而坐,旁边有两个朋友。他们在自由岛①上岸,当事人站好了位置,上尉威尔森在第一轮射击中就倒下了。他被埋在了那里,普莱斯和两个助手回到了纽约。威尔森的朋友以为他突然去了加拿大,一直以为他突然去世了,或者在英国加入他的团队的路上被人杀死了。

在美国这样一个经常会发生最荒唐和不顾一切的决斗的地方,汉密尔顿将军的去世竟然会引起如此广泛的哀悼和惋惜,确实令人吃惊。但是仅仅过了几年,在路易斯安那又出现了这种恶劣的倾向。州议会的议长拉·布伦齐②正准备坐上议长的座位时,格莱梅斯先生竭力想用手杖殴击他。他拔出衣袋里的小手枪向挑衅者射击,但是没有打中。格莱梅斯先生也拔出一把马上用的大型手枪还击。当时枪里已经上了火药和子弹,一颗弹丸擦过了坐在议长位置上的那位参议员的头。议长的头和手臂则挨了两颗铅弹。这件事发生在1835年。

---

① 自由岛(Bedlaw's island,即 Bedloe's island),纽约港一个无人居住的岛,著名的自由女神像位于岛上。1956 年改名自由岛。

② 拉·布伦齐(Alcée Louis la Branche,1806—1861),1833 年担任路易斯安那州议会议长,后曾任美国众议员。有的书说,布伦齐包扎好伤口后马上就回去主持议会会议了。一小时内,格莱梅斯(Grymes)也出现在了涉及他的一桩诉讼之中。

第二十一章 美国的决斗

同一年，一位美国海军上尉和三名汽船乘客之间也发生了一场决斗。乘客中有两人是兄弟。他们下了船就进行决斗，上尉屁股上挨了一枪，但是他击毙了那两兄弟中的一个。活下来的那个试图报复，也受了致命伤。对方第三个人于是向上尉的助手要求决斗，然后打中了上尉助手的胸部。尽管这个人这时已经受伤，而且因为失血而疲惫了，但是他又向上尉要求决斗，并且给上尉造成了致命伤。

美国人解决纠纷的办法经常是用来复枪和步枪进行设计，有时还伴以击鼓。而且就像和我们的军官在直布罗陀争吵（此事不详）时那样，美国人经常坚持用双手开枪，就是将手枪放在左臂上瞄准然后射击。他们曾经向我们的一位军官 G 上尉提出这种建议。G 上尉的右臂在比利牛斯山的战争中丧失了功能，但是他仍然设法用左手重伤了那个试图利用他的残疾获取不公平优势的亡命徒。如果不是美国海军舰队的队长命令出航，这些英国人和美国人之间的争吵肯定会导致非常严重的后果。这些我们在别处还会提到。

令人遗憾的是，在美国盛行的这种对生命的无所顾惜，在我们的西印度殖民地产生了有害的影响。英国和法国的克里奥尔人（加勒比海或中美洲、南美洲出生的西班牙或其他欧洲移民的后裔）表示不满时都很急躁，为自己遭受的真实的和臆想的委屈寻求报复时都充满怨毒。这种情况也许要归因于这个不健康的地区很高的死亡率。经常目睹死亡，整日听着教堂的丧钟敲响，这一定冲淡了笼罩着死亡的许多恐怖气氛。我们还发现，克里奥尔人欣赏短暂而快乐的生命。他们沉醉在餐桌和紧接着节假日舞会的享乐里。被这些快乐刺激的激情倾向于一种吹毛求疵和嫉妒心强烈的脆弱敏感状态。

在这些聚会里，醇酒和美妇占着中心地位。在这个地区，代议制机构常常和政府处于对立状态，上述的场合里常常还会出现各种关于殖民地政治的意见纷争，再加上关于殖民地政治的持续的纠纷。令人遗憾的是，那些皇家律师常常不是致力于阻止因为这种缺乏和睦而肯定会发生的邪恶事件，相反，他们常常是扰乱公共安宁的急先锋，而且那里的总检察长和副检察长有时是最麻烦和好斗的社会成员。

在牙买加，一个西印度的上尉给了一个法国著名的决斗家非常严厉的教训，这值得一书。亨利·德艾格威尔是一个圣多明各（加勒比多米尼加共和国首都）的克里奥尔人，因为经常卷入纷争和致命的决斗而恶名昭彰。一天他和几个人在金斯敦（牙买加首都）吃晚饭，其中有一个苏格兰人上尉，名叫斯图尔特。聚会非常活跃，大家唱了各种歌曲，交换了各种祝酒词。最后德艾格威尔请求斯图尔特唱一首盖尔人①的歌曲，对此苏格兰人以自己不懂那种语言为由婉言拒绝了。法国人坚持要求他唱，于是斯图尔特唱了一首苏格兰的饮酒歌。德艾格威尔只懂很少一点英语，他把这当成了盖尔人的歌曲。事情到此为止了，聚会也结束了。斯图尔特和一个朋友向自己的船走去，两人谈论着决斗和德艾格威尔在决斗中获得的可怕的名声。斯图尔特表示了对决斗的憎恶，而且坦承自己曾经不幸在决斗中杀死了一位名叫卡梅伦的亲密朋友。当时他们双方因为一位女士发生了争执，卡梅伦打了自己。苏格兰人表示自己对这个令人哀伤的事件深感懊悔，这件事让他的生活一直遭受折磨。

当两人这样交谈的时候，他们发现一艘小船驶向他们的船。斯图尔特认出小船上的上尉维尔托普，那是一个在哥伦比亚服役的军官，也是一个公开的决斗家，而且也是德艾格威尔长期的、最投契的伙伴。斯图尔特对他的到访有一种奇怪的不祥之感，而且很快得到了证实。维尔托普登上船，向上尉和他的朋友礼貌地致敬之后，递上了德艾格威尔的一封信。德艾格威尔对于斯图尔特把一首英语歌当做盖尔语歌曲强加给自己而感到困惑。

苏格兰上尉对这封信感到很惊讶，同时坚决表示自己曾经参加过一次决斗，造成了悲剧性的结果。在那之后，自己将坚决拒绝进行决斗。维尔托普退回到自己的小船。斯图尔特很快登上岸，在马背上见到了德艾格威尔。后者骑马冲向他，用马鞭打了他，然后疾驰而去。

斯图尔特对这个粗暴的行径非常愤慨，决心让世界摆脱这个祸害。他要冒着生命危险迫使那个法国人（多米尼加曾经是法国殖民地，所以德艾格威尔应为法裔克里奥尔人）进行决斗从而和那个家伙同归于尽。他给德艾格威尔写了一封信，要求在鬣蜥（西印度、南美所产大蜥蜴）岩背后决斗。然后他和两位朋友来到约会地点。他让朋友们挖了一座可以容下两具尸体的墓穴。不久德艾格威尔也出现了。斯图尔特向他建议，作为决斗的条件，两人要站在墓穴里，一手握手枪，另一手抓住一块手帕的一端进行决斗。阳光在斯图

---

① 盖尔人（Gaelic），苏格兰西部高地和岛屿地区的凯尔特人的一支。

第二十一章 美国的决斗

尔特选择的荒野上洒下了告别的余晖。斯图尔特是坚定而平静的。法国人尽管试图表现得镇定自若，却流露出了烦扰不安的迹象。

助手们——其中一个是维尔托普，抓阄决定了由谁发出那死亡的信号。

决斗双方都走下了墓穴，斯图尔特的步伐坚定无畏，德艾格威尔的脚步却是颤抖的。手帕被递到了他们手里，苏格兰人牢牢地抓住了它，克里奥尔人的手却在抖动。"开火"的命令正要发出的时候，那个暴徒居然昏倒在了对手脚下。斯图尔特用脚把那个卑劣可鄙的家伙踢开，把他交给了他的气味相投的伙伴和朋友去照料。

在同一个殖民地，1830年发生了一次最具非凡色彩的致命决斗。两个种植园主在一次微醺的晚宴上都相当放肆，结果争吵起来，并且决定用步枪进行一次决斗。他们的好友同意了这次决斗，但是他们清楚长久以来在这两人之间的友谊，也明白这次争执的荒唐性质。他们决定在枪里装上火药却不放子弹。双方见了面，按照命令进行了射击。那些助手和聚集起来的人本来准备见证一次模拟战斗，但是让他们万分错愕的是，决斗者中的一个人背部中弹，倒下成了一具尸体。人们从惊愕中醒来以后仔细检查了周围的灌木丛，最终发现一个黑人藏在一棵树下，手里拿着一支马枪。那人被抓住了，他承认自己就是刺客。促使他这样做的动机非常奇特。

似乎是在此前的某一天，决斗者中的一个种植园主路过一个绞刑架，上面吊着一个黑人。种植园主开玩笑地把一个烟斗放进了那个吊着的罪犯嘴里。这个不幸的人有一个同伴，他目睹了这个举动，决心一旦有合适的时机一定要尽可能地惩罚那个种植园主。两个种植园主决定决斗时，这个人就在场，他马上跑回自己的小木屋，将马枪上了膛，然后藏到决斗地点附近的一棵树下，准备向自己的受害者开枪，但是漆黑的夜色导致了一个致命的错误，他打死的是那个侮辱他伙伴的人的对手。

为决斗树立可憎的榜样的不只是英国殖民地的司法人员。1829年马提尼克岛的总检察长开枪射击了一个法国伯爵，只是因为在舞厅里开的一些不合时宜的玩笑。不久以前，我们横跨大西洋的领地中一个岛屿的总督，和那个岛上的首席法官进行了一场决斗。我们不可能对这些可耻的事件感到吃惊，因为殖民地声名狼藉，那里的司法和法律职位不是因为美德、法律造诣和恰当的资格获取的，而经常是授予那些仅仅得到某些支持的人。任何一个被授予律师资格的新手都被认为"适宜充当殖民地司法职务，或者担当皇家律师的职责"。这种权利的滥用变成了拉丁美洲殖民地的祸根。

每当一个西班牙下层贵族破产，或者太贫困，无法在母国维持生计，或者不适应母国的某种环境，就被弄到拉丁美洲去攫取一笔财富。所有殖民地的宿命似乎都是遭受暴政和压迫。人们可以设想，为了进行殖民活动而进行的人口输入，造就了未来的敌人。

在有色人种中决斗并非罕见。在海地，最严重的侮辱是称呼一个人为白黑混血儿。这样一个冒犯曾经导致他们的一个名叫拉波因特的将军，命令将一个黑人的两条腿锯掉。

殖民主义的罪恶在阿尔及利亚变得日益明显。这个殖民地会向法国人证明，它是一条抽取鲜血和财富的沟渠。那里的平静经常被决斗和争吵打破。这些争吵和决斗既发生在军人也发生在文职官员之间。那里和在美国一样，派性嚣张。公共官员在解除官员的职务和抑制他们对个人利益的关切时遇到的困难越大，社会越倾向于缺乏和谐，分歧严重。殖民地可以被认为是附属于君主制政府的共和国，在那里的行政管理中，不可避免地会出现许多异常现象。

关于美国的决斗这一主题，以及我们提到的导致决斗在美国频繁发生的原因，最好的阐述莫过于从我国诗人莫尔的作品中摘取的这一段论述：

下层民众中那种不拘礼节，近乎粗鲁的亲密关系，以及社会中普遍的那种不甚文雅的举止，如果是从质朴的品质中自然流露出来的，则既不会让我们吃惊，也不会让我们厌恶。我们可以从那些新的没有经验的民族中观察到那种对于优雅举止的诚实的无知。但是如果我们发现他们在许多的恶习以及对自己的文明的自傲上都达到了成熟，却仍然距离文明的优雅品质非常遥远，人们不可能不感到这个年轻的民族是腐朽的。这种自然的堕落周期的提前发生，压制了人们对于美国未来的活力与伟大的所有乐观的期望。

尽管我们无法同意作者最后的一部分意见，因为美国正日益变得强大和卓越，但是毫无疑问，深刻的仇恨将长久地在民主党人和联邦党人之间、富人和穷人之间、北方人和南方人之间肆虐。这种仇恨将会在相当长的一个时期内,成为这片国土上无法和睦相处的无止尽的根源。在这片土地上,人们把放纵当成了自由。

---

232 页注③:阿伦·伯尔(Aaron Burr,1756—1836),1801—1805 年期间任美国副总统,生于新泽西州纽华克,1772 年获得新泽西学院(现普林斯顿大学)文学士学位,后改学法律。1775 年投身大陆军参加美国独立战争,曾随阿诺德将军(Benedict Arnold)远征加拿大,勇冠三军,在曼哈顿战役中立过大功,是公认的战争英雄。在纽约哈莱姆区的战斗中,他曾经拯救过汉密尔顿(Alexander Hamilton)担任军官的团队。伯尔在战争中表现出众,但是从未被华盛顿委以重任,因而感到非常沮丧,可能因此与华盛顿产生了嫌隙。1779 年他因为身体不佳辞去军职,继续法律学业,但是仍然经常在战争中担任侦查和指挥任务。1782 年,他在纽约取得了律师执业资格,并迅速进入政界。

合众国成立后,纽约的政治由联邦党的亚历山大·汉密尔顿和民主共和党的乔治·克林顿把持。伯尔投身民主共和党,入选州议会,迁居纽约。伯尔是一位非常能干的政治家,在纽约大得人心。1789 年,州长克林顿任命他为纽约州检察长。两年后,他又击败汉密尔顿的岳父菲利普·斯凯勒(Philip Schuyler)成为联邦参议员。本来汉密尔顿和伯尔保持着很长时间亲密的个人关系,这次选举可能是他们失和的起点。

1798 年,华盛顿在对法国的战争中拒绝提升伯尔为准将。他写道:"就我所知与所闻,伯尔上校是一个勇敢而且能干的军官,但问题是他是否在从事阴谋诡计方面也有同样的才干。"后来,华盛顿的继任者约翰·亚当斯(John Adams)在 1815 年曾经就此写道,华盛顿对伯尔的申请如此反应是令人吃惊的,因为汉密尔顿这个人如果不是全世界,起码也是美国"最不安顿、最狡猾、最没有耐性、最不知疲倦和最没有原则的阴谋家"。华盛顿把他提拔成了自己的副手,却居然害怕把另一个阴谋家仅仅提拔为一个准将。在 1797 年的参议员改选中,汉密尔顿终于设法把伯尔挤下了台。

伯尔是美国竞选政治的鼻祖,被称为现代竞选之父。在纽约,伯尔把一个社会下层的社交团体塔姆尼改造成了一个强有力的竞选机构。在 1796 年的竞选中,杰斐逊和伯尔作为民主党候选人同联邦党的约翰·亚当斯与查尔斯·平尼克竞选总统。结果,亚当斯获 71 票,杰斐逊 68 票,伯尔 30 票。于是,亚当斯成为总统,杰斐逊为副总统。到了 1800 年,杰斐逊和伯尔再度作为民主党候选人同亚当斯竞选总统,结果杰斐逊和伯尔都获得了 73 票,亚当斯 63 票。当时的宪法规定,选举人要投票给两个总统候选人,得票最多的为总统,次多的为副总统。这时联邦党人成了竞选的关健,他们的选票将决定谁将是美国的第三任总统。联邦党参议员艾米斯认为要投伯尔的票,因其没有原则,可以为联邦党所用。而杰斐逊则是强硬派,根本不可能与联邦党合作。艾米斯在联邦党内势力很大,汉密尔顿见势不妙,亲自出面阻止艾米斯的错误策略。于是在 1800 年 12 月 24 日,汉密尔顿给参议员古维纳·莫里斯写了一封信,信中把伯尔说成是一个只有野心没有原则的人。

由于最后的表决是每州一票,因此尽管最小的特拉华州只有一票,但它的作用也很大。1801 年 1 月 16 日,汉密尔顿给特拉华州参议员詹姆斯·巴耶德写了一封信,希望巴亚德投杰斐逊的票。同时,汉密尔顿又向杰斐逊传话,如果杰斐逊答应某些条件的话,他将使联邦党人投杰斐逊的票,但杰斐逊表示,他不愿意成为一名被捆住手脚的总统。这样,汉密尔顿只能无条件地单方面作出选择。他选择了杰斐逊。结果,在众院第 36 次投票时,杰斐逊当选总统,伯尔为副总统。

于此同时,伯尔却在议会投票期间表示,如果杰斐逊要求他放弃,他会完全放弃副总统竞选。有人因此认为,他败给杰斐逊除了汉密尔顿等人的阻挠,一半的原因就是他自己的态度。

不知何故,杰斐逊并不信任伯尔这个副总统。伯尔作为参议院主席的公正立场,当时甚至得到反对党的称赞。有历史学家认为,他在主持对萨缪尔·谢斯(Samuel Chase)法官的弹劾案中捍卫了 1803 年在马伯利诉麦迪逊案(Marbury v. Madison)中确立的司法独立原则,有评价说他当时"像天使一样公正,像魔鬼一样严苛"。1805年他副总统卸职时,一些对他持最严厉批评意见的参议员也流下了眼泪。

1804年,尚未卸任的副总统伯尔决定竞选纽约州州长。伯尔的竞选对手是同为民主党的摩根·刘易斯。伯尔把宝押在联邦党人身上,汉密尔顿再次出来搅局,劝其党人不要投伯尔的票,伯尔落选。当时汉密尔顿甚至把伯尔比为阴谋推翻罗马共和国的阴谋家喀提林(Catiline)。1804年4月,纽约州法官泰勒在家中宴请汉密尔顿和库珀等人,席上谈到了州长竞选。事后,库珀(Charles D. Cooper)给友人写信说:"汉密尔顿把伯尔说成是一个危险的人,不应当给以信任。肯特法官也有同感。"库珀在另一封信中写道"汉密尔顿认为伯尔是个危险的人,他甚至对伯尔有更鄙视的看法。"不知为何,4月24四日的《阿尔巴尼纪事报》上披露了这两封信,于是一场无法收拾的风波因之而起。

伯尔认为,汉密尔顿对他一直不公平,他都容忍了,但是这一次汉密尔顿走得太远了。6月17日,伯尔把朋友范内斯请到家中,让他把一封信交给汉密尔顿。信中附有《阿尔巴尼纪事报》的剪报,伯尔要求对"汉密尔顿认为伯尔是个危险的人,他甚至对伯尔有更鄙视的看法"做出解释,还要求汉密尔顿对库珀说的那些话迅速地无保留地给予肯定或否定。汉密尔顿认为此事非常严重,他需要时间加以考虑,并于20日给出答复。最后,汉密尔顿拒绝给予明确的答复。伯尔回信坚持要对方给予明确答复。汉密尔顿接到信后很吃惊,他十分僵硬地拒绝再给伯尔回信。伯尔乃提出决斗,以便"向全世界宣布,这些事情必须有个了结"。

对于决斗中谁先开枪,双方的助手有不同的观点,已经无从确定了,但是他们都同意在两次射击之间有三到四秒钟的间隔。和本书的叙述不同,有历史学家认为汉密尔顿首先开枪,子弹后来由助手在伯尔站立位置侧后方的树上找到了。在决斗前夜,汉密尔顿在一封信中曾表示:"如果我们的决斗按照通常方式进行,如果上帝给我机会,我决心放弃第一次射击,我甚至考虑放弃第二次射击。"因此有人认为汉密尔顿是故意射偏的。但是有学者认为,当时如果在决斗中准备放弃射击,是有一套明确的程序的,一般应该向天空射击。如果汉密尔顿放弃射击,对手出于当时的荣誉观的要求,很可能也会放弃射击。但是汉密尔顿没有履行这些程序。所以,几年后,有人告诉伯尔,汉密尔顿可能试图误导他,伯尔以其一贯的简洁回答说:"如果这样,更加可鄙。"这些看法与本书的论述有出入。

另外,还有人认为汉密尔顿在自己的枪上做了手脚。他改动了扳机,使自己的扳机只需要半磅的压力即可触发,而不是正常的十磅压力。路易斯安那州立大学的历史学教授安德鲁·博斯坦(Andrew Burstein)和南希·伊森博格(Nancy Isenberg)赞成这种看法。他们说:"汉密尔顿带来了一把比一般决斗用手枪枪管更大的枪,它带有一个秘密的微扣扳机(hair-trigger),所以他的枪更加致命。"他们的结论是:"汉密尔顿在决斗中给自己创造了不公平的优势,但却得到了最糟糕的结果。"但也有学者指出,当时枪械厂生产的决斗专用手枪一般都有这种微扣扳机。汉密尔顿带来这种枪是正常的。

决斗后,据女佣说,伯尔吃了一顿丰盛的早餐。具有讽刺意味的是,伯尔本以为他可以通过决斗恢复自己的名誉,但是杀死汉密尔顿却彻底地毁了他的声誉。他逃往南卡罗来纳州暂避了一阵才返回华盛顿,完成自己副总统的任期。

伯尔未入老年就开始反思这次决斗。终其后半生,他一直随身携带着两本书。一本是伏尔泰的书,鼓吹对任何侮辱都进行毫不留情的报复。一本是劳伦斯·斯特恩(Lawrence Stern)的小说《崔斯特瑞姆·仙迪》(Tristam Shandee)。小说中一个人正准备打死一只苍蝇,但是他突然停下来,并且帮助苍蝇飞出了窗户。伯尔后来曾说:"如果我多读点斯特恩,少读点伏尔泰的东西,也许我就能认识到这个世界足够大了,可以容下汉密尔顿和我。"

这次决斗之所以有名,除了因为决斗的双方在北美独立中的贡献和独立后两人的权势名声,更重要的是因为这次决斗而产生了美国宪法的第十二修正案。宪法第十二修正案规定,每个选举人分别投总统和副总统各一票,不再是投两张总统票。这看起来是一次技术性调整,实际上却改变了美国的选举政治,奠定了以后二百年来的两党政治。宪法第十二修正案打破了人们理想中的最好的最有能力的人作总统、其次的人作副总统的常识性想法。因为得票最多的两个人可能有相同的选票，从而无法由选票分出候选人的好坏、辨别出他们能力的高下。最重要的是在这种情况发生时，两个得票相同的人如果不再表现出应有的君子风度，而是为了总统这个权位各施法术用尽心机，他们就可能会用阴谋来代替政治中的公平公正原则，给了第三方利益集团影响总统选举结果的可能。确立了宪法第十二修正案以后，美国的选举，就从选两个好人当正副总统，变为选同一政党的两个人担任正副总统。原则上，可以投这个党的总统候选人一票，投另一个党的副总统候选人一票。但是，实际上选举人都是按照政党配对投票，即一对正副总统候选人在和另一对候选人在竞选。这个选举法承认了这样一个事实：得最多和得票次多者，非但不是政治上和治国理念上最接近的人，更可能是相差最远的人，是反对派。因此，反对派就应在政治制度中有其应有的地位，反对派和当权者的区别不过是投票时的票数之差而已。反对派不是敌人。不同政见的政治家们只是政治理念和治国方略不同而已，他们可以在一个健全的治理程序下共存。于是，两百年前的这场决斗之后，绅士从政坛上消失了，政治家从此政客化了。伯尔射击的那颗致命的子弹，确立了美国选举政治的游戏规则。

70多年后，一个秋天的下午，两名学者到伯尔的墓前凭吊，其中一位念念有词："他是个多么被人误解的人啊。"这位学者是伍德罗·威尔逊，历史学家，普林斯顿大学校长，后来的美国第二十八任总统。

值得一提的是，有资料指出，当时越是斗志旺盛的政治家，越频繁地卷入决斗。而亚历山大·汉密尔顿是斗志最旺盛的人。他曾卷入十一次决斗。他早期卷入的一次决斗为我们打开了一扇窗户，可以一窥美国的开国元勋们的恋情、政治和决斗。

汉密尔顿和玛利亚·雷诺兹（Mariah Reynolds）发生了婚外恋情。她的丈夫发现后勒索了汉密尔顿很大一笔钱，便放任他更加频繁地去见自己的妻子。后来雷诺兹先生在一笔不名誉的金钱往来中被发现使用了汉密尔顿的钱。汉密尔顿被迫自声明："有人指控我和詹姆斯·雷诺兹先生有联系，以从事某种不正当的投机交易。我真实的罪行是与他妻子之间的情爱关系。我做此陈述时无法不感到羞愧。"

美国历史学家乔安妮·弗里曼（Joanne Freeman）在访谈中说，汉密尔顿的辩解是：他的确是个通奸者，但这是他的个人行为。他在公务之外的行为是令人遗憾的，但是作为一个公共人物他在自己的职务行为中从未有不诚实的举动，所以是可以信赖的。

这种辩解当然是不够的，所以为了恢复名誉，他向攻击自己的弗吉尼亚州参议员、后来的美国总统詹姆斯·门罗（James Monroe）提出了挑战，但是双方没有走上决斗场事情就解决了。

在和伯尔决斗前，汉密尔顿给他结婚25年的妻子、也是他六个孩子的母亲伊莉莎（Eliza）写了这样一封信："我亲爱的伊莉莎，如果我没有先结束在尘世的生涯，这封信不会被交到你手里。如果有任何的可能性让我能避免这次决斗，则我作出决定的唯一根据将是我最亲爱的你和孩子们。但是这种可能性并不存在，除非我作出某些让步，而这种让步会使我不再值得你们尊重。一想到离开你，让你们承受我完全能够想象的那些痛苦，我的痛楚是无需向你倾诉的了。再见了我最最好的妻子，最最好的女人。为我拥抱我所有亲爱的孩子们。你永远的AH。"

第二十二章 东方国家的决斗

很少有人怀疑日耳曼人、中国人和土库曼人有共同的起源,因此人们认为有可能在中国人和土库曼人的法律与风俗中寻找到一些与日耳曼人的相似性(不知何故,作者有这种看法——译者)。杜布瓦(何人不详)说在里海岸边发现了一些古迹,清楚地表明那里曾经叫犁靬,即后来的大秦。这个国家为西汉时期的中国人所知,中国的西汉大约始于我们的纪元前207年。①

杜布瓦认为这些人是匈奴人的一支,即后来的鞑靼人。中国人描述了他们非常奇异的风俗。据中国作者说,大秦的首都周围有一百里格长,城里有五座宫殿,各自相距十里格。根据这些记述,其中的居民非常英俊高大,类似中国人,所以他们被称为"大",即伟大的,"秦"即中国。而且似乎他们关于菩萨的教义和传说也类似关于 Wooden 或者奥丁神的传说。② 我们也的确发现,尽管在中国人中间不存在决斗,但是他们就像古代的日耳曼人一样,执拗地遵行着关于报复和赔偿的法律。根据冒犯的严重程度,会命令用竹子进行惩罚:口头的冒犯杖责十下;打人或者踢人一下杖责二十;扯掉一定数量的头发杖责五十;把尘土扔在别人脸上要杖责八十;杀人则要偿命。琐罗

---

① 关于犁靬即大秦的记载见《后汉书·西域传》、《魏书·西域传》和《北史·西域传》。
② 奥丁(Odin),是北欧阿斯(Aesir)神族的至高神,被视作诸神之王。传说他曾以一人之力冒险闯入冥界,为人类取得古文字,从而拥有大量知识,因此也失去一只眼睛。他是胜利、诗歌、智慧和死亡之神。由于众神大多出于他,又称为"众神之父"。星期三被认为是 Odin 的日子,在南方如日耳曼地区,他的名字念成 Wotan。风(Wind)、木(Wood)都和他的名字有关。他肩披深灰色的斗篷,斗篷边镶着闪耀的星辰,头戴蓝如晴空的阔边帽子,反射着天际夕阳的余辉。

亚斯德①的法律是一本据说由他写作的经书,名为《赞德-阿维斯陀》,后来缩写为一本名为《萨德尔》或《门》的缩写本——根据这本经书,试图打人一下构成了被称为阿格那瑞福特的冒犯;真正实施这一行为的就是伊恩佛日西特。前一种轻罪要处以五下责打,后者则要处以十下责打。冒犯的程度和重复次数越多,责罚就要相应增加。给人造成伤害需要超过两天才能痊愈的,就被称为阿瑞多希。从后面击打一个人被称为科尔。前一种行为要处以十五下责打,后者要用一种皮带抽三十下。

在日本,人们不进行决斗,取而代之的是用自杀来展示自己的勇气。据说有一次两个天皇的王室事务官员在宫殿的楼梯上相遇,他们的军刀偶然缠绕在了一起,于是发生了口角。其中一位把事情归咎于事故,他说争吵是两把刀之间的事,两柄都是好刀。"我们马上就可以见识。"他的对手回答说,同时抽出自己的刀,插进了自己的胸膛。另一个人急切地想表现自己同样的勇气,急急忙忙地跑开了——因为他当时正端着一道菜要送到天皇的桌上去。干完这事之后,他立刻回到对手身旁,那人已经奄奄一息了。后者一看到对方还有一口气,也立刻将自己的刀插进了自己的身体,然后说:"如果不是我职责在身要服侍天皇,我不会让你抢先一步的。我要死了,不过,我很满足,我已经向你和全世界证明了,我的刀和你的一样值得信赖。"

在这种原则下,很容易设想在日本争吵虽然常有,但是决斗是罕见之事。每条街道上都有一名常驻的警官,被称为奥拓那。发生任何纷争,他都会召集当事人,寻求某种友善的解决方法,他也有权监禁那些对他的建议表现得犹犹豫豫的人。当争吵和斗殴发生时,那条街上的居民有义务制止它。如果有当事人死亡,活下来的当事人会被处死,而且三家近邻会被禁制数月,其

---

① 琐罗亚斯德(Zoroaster,约公元前628—约前551),琐罗亚斯德教(Zoroastrianism 或 Mazdaism)的创始人。琐罗亚斯德教又称拜火教和祆教。该宗教已存在两千五百多年,至今仍有信徒。琐罗亚斯德是拜火教徒的圣典《火教经》(Avesta,或称《阿维斯陀经》)的最早分册《伽泰》(Gathas)的作者。根据琐罗亚斯德的说法,只有一个真神,他称之为阿胡拉·玛兹达(现代波斯语为 Ormuzd)。阿胡拉·玛兹达(英明的主,即真神)支持正直和诚实。但是琐罗亚斯德还相信存在一个凶神——安格拉·曼纽(现代波斯语为 Ahriman),他代表罪恶和虚伪。在现实的世界里,善神和凶神的势力在不断地进行着斗争。是站在善神一方还是站在凶神一方,每个人都有权做出自己的选择。虽然斗争的双方在目前的情况下可能会势均力敌,但是拜火教徒相信,从长远的观点来看,善神的势力终究会赢得胜利。他们的神学还包括对来世的坚定信念。

他邻近的居民会被处以一些艰苦的劳役。

如果一个男子死亡，不可避免地会对他的尸体进行检查，以确定尸体上有没有暴力行为的痕迹。暴力原因导致的死亡，必须以这样或那样的形式进行报复。

在阿拉伯人中间我们也发现日耳曼式的报复行为：每一个家族都是自身权利的监护者和报复者。对冒犯的敏感程度是非常拘泥于形式的。就像尼布尔①观察到的："他们妇女的名誉和他们胡须的名誉，对他们来说是同等重要的。"一种轻蔑的表示必须用冒犯者的鲜血洗刷。他们根深蒂固的仇恨和对报复的渴望，常常会在心里经年累月地被回味，像地底的暗火一样默默地燃烧，直到有一天找到机会，让自己的报复欲得到充分的满足。生命的损失不会得到赔偿，但是谋杀者的生存机会被置于死者的亲属手中。杀手一个人的生命是无法让死者的家属满意的，他们会向凶手的一些无辜的家庭成员寻仇，那些人的生命对于凶手的朋友们又是非常珍贵的。当凶手的家属被谋杀之后，又轮到死者的家人和部族苦思冥想、处心积虑地谋划报复了了。于是这些血腥的家族仇杀会持续上几百年，相互的复仇会像光荣的传家宝一样传递给后人。

在美洲印第安人中间，我们也可以看到同样的报复行为。一个印第安人和他的同胞发生了争吵，那个人狠狠地咬了他的手。于是被咬的人宣称自己受了伤并且要求进行一次决斗。日子定下了，整个部落聚集起来。当事人走上前：被冒犯的人手持步枪，冒犯者没有武器。两个人被涂上不同的颜色。双方向对方跑去，然后在相距十五步的地方停下。没有武器的一方把胸膛呈现给对手。他的对手则会倚靠在枪上，从葫芦里喝上一口，然后平静地看着对方。突然他高声而狂野地大叫一声，然后干掉对手。当那个冒犯者在血泊里翻滚时，被冒犯的人会把步枪交给垂死者的儿子或者一个近亲，然后后退几步，牢牢站定，用手指指着心脏的位置，接受别人给自己的致命一击。似乎在这种情况下，当事的双方都必须死去。

这就是未开化民族和异教徒中间关于荣誉的观念！哈，我们这些基督徒能吹嘘自己对公正、对尊重上帝的法律拥有比他们更高级的观念吗？

---

① 巴透德·乔治·尼布尔（Barthold Georg Niebuhr，1776—1831），丹麦德国裔政治家和历史学家。德国古罗马史和史料编撰学权威。

第二十二章 东方国家的决斗

我们试图用救世主的温和教义去教化那些不信上帝的人，他们难道不是非常有理由用印加人对嗜血滥杀的西班牙人说的话来回答我们吗——"如果我在天堂会遇见你，我不会想上天堂的。"下面的趣闻可以表明，我们愿意称为野蛮人的那些人能够给最文明优雅的欧洲民族树立光辉的榜样。

1690年，摩洛哥国王伊斯梅尔·谢里夫①的两个儿子发生了争吵，接着进行了一次决斗。决斗被中途制止了，两个人被铁链锁着带到了他们的父亲面前。国王对他们说："看到你们都还活着我很欣喜，尽管你们都可能在决斗中死掉。好像你们觉得你们已经没有父亲了，或者你们忘记了你们是我的儿子。我在的时候你们像羊一样驯顺，我一离开你们都变成了愤怒咆哮的狮子了。我还活着呢，你们就竟敢诉诸武器解决纠纷了！"国王说着，命令把棍棒交到他们手上，让他们当着自己的面相互狠狠地揍对方一顿。

---

① 伊斯梅尔·谢里夫（Moulay Ismaïl Ibn Sharif，1634 或 1645—1727），摩洛哥阿拉维王朝（Alaouite dynasty）第二代君主，1672 至 1727 年在位。他击败奥斯曼土耳其维持了摩洛哥的独立，从英国和西班牙手中收复了部分领土。他生活奢华，据信生育了 889 个子女。

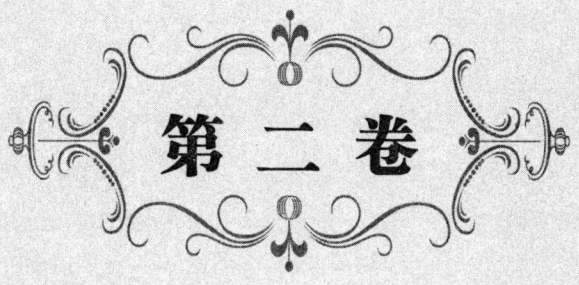

第二卷

第二十三章　大不列颠和爱尔兰的决斗

第一节　英国关于决斗的法律

在这部作品的开始，我就对各种通过决斗和神裁法进行审判的传统方式作了简单的叙述。法国的各种神裁和决斗与他国家的这类行为有所区别的因素中有一个共同的性质，即同样的野蛮和迷信。而且我们同时观察到，使单人决斗在英国变成时尚的是征服者威廉的那些追随者，但是用决斗进行裁判这种野蛮的行径，是在各种不同的情况下被引入英国并不断加以修正的，而且主要针对三种特殊的案件适用：首先是在骑士的军事法庭上对诉讼进行决断；在针对重罪的上诉中；在涉及一项权利状的民事诉讼中。在最后一种情况中，直到亨利二世时期，司法决斗都是唯一的审判方式。

按照英国法律的格言，没有任何原则的表述比这一条更明确无误：在一场精心安排的决斗中杀人就是一次故意的谋杀。然而，在任何一个时期，对这种看法的认可或者对法律的这种解释都会发生相当大的困难。

秘密杀人罪[①]这个词在英国国王卡努特时期开始使用。根据瑞林（Relyng，何人不详）的说法，这个词是指用最邪恶的方式杀人。对这种罪名，法律的推定是受害者应该是一个丹麦人，他被秘密而且背信弃义地杀死了。如果找

---

① Murdrum，古英语法律用语。从丹麦人时期到爱德华三世时期，它指用隐秘手段杀死某人，因此与一般杀人罪有别。其次，如果一个人被这样杀死了，而且无法判明身份，则根据卡努特的法律，必须假定他是一个丹麦人（当时丹麦人是英国的外国统治者，法律这样推定是为了镇压英国人的反抗），案件发生的村子要为他支付四十马克的赔偿。诺曼底人征服英国之后，制定了类似对法国人有利的法律，至爱德华三世才废除。

不出凶手，那么就对事发的那个百户邑进行罚款，这笔罚款就称为 murdrum。赶走了丹麦人以后，这一法律条文成了虚文。直到威廉的征服之后，它又复活了，针对的是暗杀一个诺曼人或者任何一个法国人。到了亨利三世统治时期，谋杀这一术语才被用于所有个人杀死其他任何人的行为，在场的应该只有帮助施行这一罪行的人。

在理查德二世时期，谋杀指的是通过埋伏等候、突袭或者恶意的预谋杀死他人的行为，但是谋杀与过失杀人之间的差别，直到亨利八世时期仍然没有清楚的定义。亨利八世时，神职人员或修女不受普通民事法院审判的特权，在杀人者那里被取消了。在谋杀和正当防卫的情况下合理地杀人以及由于不幸的事故而杀人之间进行区别，是我们的法律的一个重要的改良。当时我们的法律对人类所处的脆弱环境和我们情绪上的冲动是不加考虑的，更不用说那时整个国家沉溺其中的那种无知和迷信的状态了。

根据我们旧时的法律，一个人在一场争吵或者公共场所突然发生的斗殴中被杀，都是一样的重罪。

许多法学家极力想把在决斗中杀人归入谋杀罪，与此相反，通常的原则认为，在一场决斗中接踵而至的死亡只是过失杀人。后一种看法的支持者认为，当决斗双方深思熟虑之后，前往决斗场用致命的武器进行决斗时，如果排除背信弃义的作弊行为，从法律上只能假设犯罪有恶意蓄谋。而在一次常见的由助手安排的决斗中，只有背信弃义地作弊，才是认定一方确有恶意蓄谋的唯一根据。这一区别很明显至关重要，因为谋杀者的首要目的是杀死受害人，为此目的他攻击对方，尽管对方能够自卫，但是这种突然攻击仍然是背信弃义的行为，因为这是预先谋划过的。而决斗者的首要目的是战斗（而非杀死对手——译者），决斗的结果可能是致命的，或者并不致命。决斗者的第二个考虑是保护自己的生命，他的第三个目的则是使对手丧失战斗力。

霍金斯①认为，当各种各样的暴徒已经使用强力取得一处房子的所有权，然后又杀死被他从中驱逐出去的人，因为对方想在夜里用强力重新夺回房子的所有权并且烧掉房子，那么他只应该被判定为过失杀人，尽管他这样做是在维护对他人的蓄意伤害。也许，这样裁判的原因是被杀死的人有相当大的过失。

---

① 威廉·霍金斯（William Hawkins，1673—1746），律师，著有《英国刑法》等著作。

这位法律权威进一步说:"有人甚至于认为,决斗中被杀者的助手也一样有罪,因为他在事主贯彻其目的时提供了支持,陪同他前往那里,而且准备参与其事。"但是,相反的意见似乎更加合乎情理。因为对一个人进行这样的法律推定似乎太过严苛了,经过这样的解释,他就成了谋杀自己的朋友的凶手了,而他绝对是不希望伤害自己朋友的,他事实上是准备冒着生命的危险在朋友的争讼中支持他。

霍金斯说,最高权威歪曲了法律以便在没有立法机构的帮助下抑制决斗,"好像达成了一致,任何时候当两个冷血的人为了先前的争吵进行决斗时,如果一个人被杀,另一人即犯有谋杀罪,他不得以自己首先被死者击打为由为自己辩护"。爱德华·库克先生[1]在托马斯的案例中做了下面的评论:"至于对陪审团的指示,在有预谋的谋杀案例中,是非常清楚的。所以《卜劳登评论集》[2]评判道,如果两个人失和,对陪审团而言,事前的怨恨并不是他们讯问的重点。后来的事情,是谁首先滋事,被杀死的人是否就是有错在先的人,以及杀死他的人可能犯了谋杀罪,这才是讯问的重点。至于失和后决斗是怎样开始的则并不重要。"

深入地探讨最伟大的法律权威在这个问题上的法律意见,似乎与这部作品的本质无关,但是有很多记录在案的案例中,根据法官的指控,一场决斗的幸存者被判处了谋杀罪。例如在摩根杀死埃格顿的案子里[3]。但是他后来被赦免并且释放了。

在理查德·塔弗那[4]的案子中,陪审团也作出了蓄意谋杀的有罪裁定。理查德杀死的人名叫伯德,他的助手休斯也被杀死了。但是在有记录的许多案子里,尽管法官对陪审团提出判处谋杀的要求,陪审团却作出了过失杀人的裁定。

---

[1] 爱德华·库克(Sir Edward Coke,1552—1634),17世纪英国法学家,国会议员。他关于习惯法的著作在长达150年的时间里都具有权威性。
[2] 《卜劳登评论集》(*Plowden's Commentaries*)是爱德蒙·卜劳登(Sir Edmund Plowden,1518—1585)著的法律评论集。卜劳登是著名律师,都铎王朝晚期英国法律学者和理论家。
[3] 埃格顿案(Egerton papers):摩根(Morgan)和埃格顿都是英国弗林特郡(Flintshire)居民。因为多年的不和,1610年4月21日进行了决斗。摩根受伤,埃格顿死亡。埃格顿的家属认为死者身上有三处伤口是在决斗之后,死者陷进一处篱笆时摩根蓄意刺伤的,因而起诉摩根谋杀。英国国家档案馆至今藏有本案档案。有文献说摩根1611年死亡时该案仍久拖未决。
[4] 理查德·塔弗那(Richard Taverner,约1505—1575),英国传教士,著名《圣经》翻译者。他在1539年出版的《圣经》英译本广受关注。

在我们这个历史时期的早期，曾经有过很多决斗的挑战，但是决斗被王室和司法的干预阻止了。在爱德华三世时期的1361年，兰开斯特的公爵亨利受到不伦瑞克公爵的挑战，要求在法国国王约翰二世面前进行决斗。决斗的原因是兰开斯特公爵使用的一些侮辱性的言辞。挑战被接受了，双方都在指定的时间和地点现身，但是当双方走进决斗场时，法国国王进行了调解，并使双方言归于好。当时决斗的地点就在圣日耳曼德普瑞斯修道院①附近的一片平原上。巴黎的主教让·德·穆兰为了观赏这一盛事，前一天的夜里就睡在这座修道院里。

理查德二世时期，赫里福德公爵亨利通过诺福克公爵托马斯·莫布雷为国王提供了很好的建议和意见，但是他的意见却被诺福克公爵故意歪曲，并且掺杂了一些冒犯的言辞。有人告知了赫里福德公爵，他前去向国王解释了自己的意见，并且否认了以自己的名义传递的假话。他向国王请求与诺福克公爵决斗来维护真相。他的请求获得了准许，时间和地点都确定了。但是当双方出现在决斗场并准备去拿剑时，已经将事件提交国会判断的国王命令他们克制。诺福克公爵被永远放逐了，国王的堂兄弟赫尔福德公爵则被放逐数年。这件事发生在1398年，地点靠近考文垂。

爱德华三世时期，因为争夺索尔兹伯里郡老塞勒姆城堡的所有权，在索尔兹伯里伯爵威廉·蒙塔库特和索尔兹伯里主教罗伯特之间发生了一次不同寻常的决斗。主教对老塞勒姆城堡提出了要求，伯爵宣布他准备用决斗来维护自己的权力，主教同意了。日子和地点都指定了，到时候将由双方的代理人进行决斗。主教带来的选手穿着直到膝盖的白色上衣，外面是绣着英国国教纹章的教士法服。一个陪同的骑士拿着盾牌和决斗用的棍棒。伯爵也挽着自己的选手来了，穿着同样的服饰，由两名骑士陪同。当他们在那里比较双方的纹章，检查上面是否有什么护身符、咒语或者妖术的痕迹时，从国王那里传来命令，要求决斗延期，后来争执解决了。

玫瑰战争②一开始，司法决斗就被废止了。最后一次这种神裁法的实践发

---

① 圣日耳曼德普瑞斯修道院是一座本笃会修道院（Saint‑Germain‑des‑Prés），位于今天巴黎第六区。修道院旁的小教堂内有著名哲学家笛卡尔的墓。
② 玫瑰战争（Wars of the Roses, 1455—1487），或称蔷薇战争，通常指英国兰开斯特王朝（House of Lancaster）和约克王朝（House of York）的支持者之间为了争夺英格兰王位进行的断断续续的内战。两个家族都是金雀花王朝（Plantagenet）皇族的分支，是英王爱德华三世的后裔。玫瑰战争不是当时所用的名字，它源于两个皇族所选的家徽——兰开斯特的红玫瑰和约克的白玫瑰。

生在伊丽莎白统治时期的 1571 年。当时在一桩关于恢复对肯特郡哈提岛的封建权利的诉讼中，被告提出用决斗来维护自己的权利。原告接受了挑战，双方指定了代理人，作了必要的安排。在指定的日子，法官由当事双方的律师陪同，来到了位于托提尔广场（Tothillfields，位于伦敦中部威斯敏斯特地区）的决斗场，担任决斗的裁判。由于原告没有出现在决斗场，无法确认他的代理人，他的起诉被驳回了，或者说案子和解了——被告交付一笔指定数量的金钱给原告，然后可以保有那些争讼的权利。由于被告曾经提出决斗，所以为了保持被告的信誉，所有那些封建权利的仪式性内容，包括时间、地点和武器都做了相应的调整。①

另一个神裁法的事例发生在 1631 年的骑士法庭上。1638 年，在达拉谟（英格兰一郡及其首府名）的王室官员也被要求进行一场司法决斗。最近这些年，只是在 1818 年，在桑顿和阿什福德的案件②中发出过相似的命令，此后

---

① 见斯佩尔曼（Spelman's）的专业辞典"Campus"的发音条。——原注。
② 该案发生在 1817 年 5 月 27 日。沃里克郡 20 岁的玛丽·阿什福德和她的朋友汉娜·考克斯当天晚上七点半到俄丁顿（Erdington）一间酒吧参加一场舞会。在舞会上 24 岁的亚伯拉罕·桑顿向一个同伴询问玛丽是谁。据这个同伴后来证明，桑顿知道玛丽的名字后，曾对他说自己和玛丽的姐姐有过三次亲密接触，他死也要和玛丽作同样的事。这份证词后来导致了公众对桑顿的反感，而桑顿否认曾经这样说过。在舞会上桑顿对玛丽非常殷勤，而玛丽看上去也喜欢桑顿的陪伴。大约十一点钟，考克斯催促玛丽离开。她们和桑顿一起离开了舞会，但是路上玛丽提出要到她爷爷那里去，因为那里离她第二天上班的地方较近。考克斯在俄丁顿和他们两人分手。大约四点钟，有人最后看见玛丽在路上匆忙走过。大约六点钟，一个工人在一个水坑边发现了一些妇女的物品，其中的鞋子上有血迹，然后人们从水坑中捞出了玛丽的尸体。在水坑边发现一个男子和一个女子的鞋印。桑顿随后被逮捕，在他的内衣上检出血迹。他承认是在前晚与玛丽发生性关系时染上的血迹。有人把他的鞋和水坑边的鞋印进行了对比，发现是吻合的。尸检除发现生殖器上的两处撕裂伤外，没有发现玛丽的身上有外伤。尸检还证明玛丽此前是处女，前晚发生性关系时她处于经期。玛丽的哥哥威廉·阿什福德对桑顿提出了谋杀和强奸指控。1817 年 8 月 8 日开庭时，愤怒的听众挤满了沃里克郡的法庭，但是审判中出现了对桑顿非常有利的证据。医生证明玛丽生殖器上的伤口可以是在双方自愿的性行为中导致的。检查鞋印的工人承认在对比鞋印前当地下过大雨。最重要的是有一名证人证明他四点半在距水坑 2.25 至 2.5 英里处看见桑顿正在慢步行走。另一名证人证明四点五十分时他在另一个地方和桑顿闲聊了一刻钟。根据其他证言，被告律师得出结论，如果桑顿杀死了玛丽，他必须在十一分钟之内跟踪、强奸并杀害玛丽，然后行走三英里出现在证人见到他的地方。这显然是不可能的。虽然法庭外群情激奋，但是陪审团仅用了六分钟就判决桑顿无罪。桑顿被释放激起了更大的愤怒情绪，报纸连篇累牍地登载读者愤怒的来信。威廉·阿什福德提出了上诉。桑顿提出与威廉进行虽然非常罕见，但并未被英国法律废止的司法决斗。大法官艾伦伯格（Lord Ellenborough）对威廉的异议表示："在此进行的讨论和考虑都必须根据提出的事实进行，这些事实明确证明我们无法否认或者支持任何一方的观点。在这种情况下，无论我对司法决斗多么反感，司法决斗都是我们根据司法的性质必须采取的方式。我们必须按照法律所是的方式行事，而不是按照我们希望法律所是的那种情况行事。我们必须做出判决，司法决斗必须进行。""这片土地上的普通法支持司法决斗，按照法律的本来面目而不是我们可能希望法律所是的那种样子贯彻它是我们的责任。无论对司法决斗存在怎样的成见，它仍然是这里的法律。"威廉·阿什福德在法庭不会对他进行惩罚的条件下拒绝接受司法决斗，桑顿因此被无罪释放。迫于法庭外群众的压力，桑顿从法庭边门离开了法庭。他后来移居美国。英国上议院次年立法废止了司法决斗。

这种野蛮和迷信的行为终于被废止了。

1542年,萨里郡伯爵亨利·霍华德被监禁在弗里特监狱①。霍华德因为在亨利八世和克莱沃的安妮(英国王后,亨利八世的第四任妻子)的婚礼上参加了马上比武竞赛而非常出名。他被囚的原因是和某个退隐的绅士争吵。被严密看管了好几个礼拜,他交出一笔高达一万马克的巨款作为保持和平的保证,才重获自由。但他很快就无法忍耐了,因为在四旬斋里吃肉,还有用自己的弩射碎和平市民的窗户,又重新被送回了监狱。这个不幸的贵族为后一种罪行提供的辩护非常奇怪,他坚持说打碎窗户是希望纠正那些市民淫荡腐化的生活方式。他的想法是,这样一种听不见看不到的攻击会给那些市民一个印象,以为这是来自上天对于即将到来的天谴的警告,这个托辞今天仍然记录在枢密院的会议记录中。(这一段与本书主旨似乎无关——译者)

第二节　詹姆士一世统治时期的决斗

在詹姆士一世统治时期,决斗变得更加频繁了。不仅社会的上层人士进行决斗,而且下层社会也在进行决斗。这可以从当时的总检察长培根②的一次演讲中看出来。当时一个决斗的挑战被提交星室法庭③审判。培根提出,决斗的频繁发生是因为根深蒂固的时代偏见,法庭的大人们可以看到当时甚至庸医和屠夫都在决斗。培根希望星室法庭的大人们认识到已经是时候废除这种恶俗了。培根在给威利尔斯爵士的一封关于决斗的信中,表达了他在禁止决斗时决不在贵族的冠冕和平民的帽子之间进行区分的决心。他说:"我会起诉任何人,如果他指定了决斗的地点,即使没有真的进行决斗我也要起诉他。

---

① 弗里特监狱(Fleet Prison)位于伦敦弗里特河边。18世纪这里主要关押债务人和破产者。
② 弗兰西斯·培根(Francis Bacon,1561—1626)是英国哲学家、思想家、作家和科学家。被马克思称为"英国唯物主义和整个现代实验科学的真正始祖"。
③ 星室法庭是15至17世纪英国最高司法机构。1487年英王亨利七世创设,因该法庭设立在威斯敏斯特王宫中一座屋顶饰有星形图案的大厅中,故名。当时该法庭专职惩治不效忠国王,甚至阴谋叛乱的贵族。成员由枢密院官员、主教和高级法官组成,直接受国王操纵。其职权范围不断扩大,刑罚手段非常残酷。革命前它成为专制王权用来迫害清教徒的工具。英国资产阶级革命爆发后,1641年7月5日,长期国会通过决议撤销了这一机构。

任何人只要通过书面或者口头发出了挑战，接受了挑战，同意担任助手，为了进行决斗离开英国，或者在这项禁令发出后重新挑起以前的争执，我都将起诉他。"①不过，这位伟人的努力似乎并没有产生什么重要的成果，因为詹姆士一世在他的一次公告中称决斗为"迷人的"。决斗仍然在进行，切尔伯里的赫伯特勋爵（见前文注释）仍然在向对手发出挑战。这些挑战和其他地方记述的一些决斗，都惊人地说明了当时那种具有骑士气概的时代观念。发出挑战时那种堂吉诃德式的语言，多少有点和我们朝廷派驻法国的大使亨利·优尔顿曾经向德·吉斯发出的挑战相似：

> "鉴于最近您在杜莫格爵士的住所以及其他的公共场所，无礼地、轻率地、鲁莽地对我在这个国家所代表的神圣的不可侵犯的我国君主发表了恶劣的言辞，我将坚决用言语或者武器捍卫女王陛下的荣誉（陛下的荣誉在正直和品行高尚的人们中间从未受到过质疑）。我要说您如此卑鄙地谈论我的君主时，是在充满邪恶并且心怀敌意地撒谎；我还要说，任何时候您胆敢指责女王陛下的名誉时，您都是在撒谎，而且，女王陛下神圣的人格（当今世上最完美和有德的女王之一），不应该被像您这样背叛自己家园和国家的人的卑鄙可耻的毒舌充满邪恶地谈到。所以我蔑视您，我本人向您本人挑战，以任何你喜欢或者选择的武器向您挑战，无论是在马背上还是在地上。我不会让您费神考虑我们之间可能存在的任

---

① 下面就是培根1616年写给威利尔斯子爵的那封值得纪念的信："我杰出的子爵阁下，由于德阿奇（d'arcey's）的案子提供的机缘，昨天对国王陛下的政府以及受到决斗影响的这个国家的和平是非常有益的一天。我说了些大话，而且把国王陛下交给我的重任公开宣布了。涉及到决斗和政党联盟的那些事项，说起来，要叫我不得好死了。我不会区分贵族的冠冕和平民的帽子。我甚至还要斗胆宣示国王陛下谈及决斗时对我表达的深思熟虑的想法是多么独到深邃啊。他曾经表示，当他出现时，看到自己由优秀的贵族和绅士陪伴着，富丽堂皇，他就会不由自主地想到，由于决斗的缘故，这些人的生命毫无确定性，甚至连二十四个小时都无法保证。仅仅一次情绪冲动或者错误，接下来就是一个谎言，然后是一个挑战，然后就是一个生命。薛西斯想到他伟大的军队中没有一个人一百年之后还能活着，曾经潸然泪下，国王陛下说他对此不会感到惊奇。想到自己的臣子无人能排除在二十四小时内因决斗而死的可能，国王悲从中来。我这样写，因为国王陛下对他曾经对我谈及的（涉及这些问题的）事是非常谨慎的，我好像要作一个泄密者了。同时，我也没有忘记让法官们做好准备，希望他们坚持——虽然这样做会受到广泛的谴责——在所有置于他们面前可以判处死刑的决斗案例中，他们将对所有所谓'蛮横粗野的'杀人凶手和所谓'阴险狡诈的'杀人者一视同仁；他们将根除基于人们的意见产生的分歧，这件事他们干得不错。"

何地位上的不平等。上天赋予我和您一样伟大的种族，一样高贵的家族。请你指定一个中立的地点，我会在那里捍卫我的诺言，还有我对你提出的和将要提出的指控。如果您不答应在那里与我会面，我会认为，而且会让整个法国都认为您是一个彻头彻尾的懦夫，最善造谣生事的贱人。希望您立刻给我答复。"

似乎德·吉斯认为接受这一挑战是不适宜的，所以拒绝了。

詹姆士统治时期，国家的平静经常被决斗打破，其间损失了许多宝贵的生命。

哈顿·奇克先生的死亡就是这种致命事件之一。这位英勇的军官是1609年围攻朱利尔斯时英国军队位列第二的指挥官。当时他针对军官托马斯·杜顿发表了一些草率的言论，使那位比他级别低的军官辞职并返回了英国。杜顿在英国极力用各种不利的报告毁损奇克先生的名誉，于是奇克要求在加来进行一次决斗。双方在沙滩上见面时，杜顿谴责奇克对自己的伤害，奇克则坚持立刻了断此事。助手脱去了双方衬衫以外的衣服，他们开始相互攻击。他们各自用一柄击剑用的轻剑和一把匕首武装自己。第一次攻击中，奇克就用匕首在紧靠气管的地方刺穿了杜顿的喉咙，同时杜顿的一次刺击也从后背刺穿了奇克的身体。尽管奇克的伤是致命的，他仍然冲向了对手，但是对手已经察觉到他因为失血身体越来越软弱无力，于是只是防守，直到奇克在自己的脚下倒地身亡。

詹姆士有一次曾经不得不严厉惩罚桑奎尔爵士，因为他在一次决斗中杀死了一个击剑大师。虽然让社会得以摆脱了一个杀人艺术的大师，可以让这个行为的违法性质变得轻松些，但是桑奎尔手下那些苏格兰人的行为太可憎和难以控制，人们认为有必要狠狠地处罚他们的首脑。这件事情很奇怪。桑奎尔曾经为自己的剑术而骄傲。他有一次和一个叫特纳的击剑大师比试剑术，特纳在行动中用花剑挑出了他的一只眼睛。特纳竭尽所能为这次不幸的事故进行了辩解，而桑奎尔只是假装原谅了他。一些年以后，桑奎尔到法国访问亨利四世的宫廷，当国王问他是怎样失去那只眼睛时，桑奎尔深感窘愧，犹豫之后回答说："因为一次剑伤。"国王立刻回答："那个人还活着吗？"这句话在桑奎尔心里留下了深刻的印象，从那一刻起他就决心用某种方式摆脱给自己造成不幸的可憎的肇事者。回到英国以后，他不屑用自己高贵的手结果自己的受害人，于是雇了两个暴徒，他们在伦敦的白衣修士区①特纳的住所刺杀了他。凶手被抓住了，但是桑奎尔逃脱了。宣布逮捕他的公告提供了一千英镑的赏金。因为相信国王对苏格兰人的偏爱，还有坎特伯雷大主教在中间做调解人，桑奎尔自首了。但是所有的说项都是徒劳的，培根受命起诉这个案子，桑奎尔和他的同谋都被宣判有罪。1612年6月29日，他们在威斯敏斯特大厅的入口被吊死了。

第三节 一份手稿记叙的决斗

在《亨利八世的一生》的作者古德温先生的图书馆里发现了一份手稿。签名为迪尔赫斯特的人记述了一次那个时代两名贵族之间不顾一切的决斗。

B公爵大人致B阁下：

如果我对您昨晚在皇家大臣家的舞会上对我的侮辱不予重视，就会证明我是一个毫无价值的人，说明我不具备一些美德，而事实上我是具备这些美德的。您闪烁的言辞本来应该让那位高贵的女士了解我是一个热爱冒险的骑士。现在证明我确是这样一个骑士可能是对付您的臭脾气最好的方式。请向我证明您比我有理由相信的更加像一位绅士吧。请准时于明早五点半钟在海德公园看门人的小屋后面第一棵树附近和我见面。应该没有任何托词可以造成延误。我让我的送信人带上了两柄剑，我给您挑选的权利。我将同意您希望的任何格斗的规则。顺便希望阁下睡个好觉。

晚九时　B公爵

B阁下对上文的答复：

我收到了大人的信，而且我接受信中的要求。这样我就应该合理地

---

① 白衣修士区（Whitefriars），英国伦敦天主教加尔默罗会白衣修士修道院所在区。

注意到，自己有义务避免大人疑虑的那些托词。我恐怕您出于一个疏忽，把选择剑的权利交给了我。否则就是大人对这种礼节相当生疏，以至于忘记了这是挑战者的权利。不管怎样，这只是一件琐事（如果还算一桩事情的话）。我把条件交给我的助手了，我一定会准时出现在指定的地点的。顺便也祝您有一个美好的夜晚。

十一时　B先生

我们的B先生回复了公爵大人的信之后，就去拜访了他的几个朋友，而且有人看到他在诺丁汉夫人家里表现得非常诙谐有趣。他的谐趣让一位年轻的女士在B先生走后评论说，她在想一定有什么非常惬意的事让B先生恢复了活力，而且是关于E伯爵夫人的——B先生对那位夫人的热情众所周知。B先生告诉自己的信使把公爵大人的回信送到他的决斗助手李将军家里去。那天晚上他就和李将军在圣詹姆士街过的夜。

大约早上四点B先生醒来，轻轻地起了床，没有被人注意到（他这样认为）。他自己穿好了衣服，扣上了剑，在手枪上装上了两块玛瑙打火石，然后把枪装填好。他想起公爵的助手也许希望亲眼看着两把手枪上膛，于是又把装填好的弹药退掉了。

这时将军醒来了。将军看到B先生从口袋里拿出了一本书，觉得不应该打扰他。B先生在一张小小的墨绿色桌子旁跪下，看上去非常诚挚地祈祷了一刻钟，其间经常重复一些话，声音大小刚好能被听到。他在忏悔自己年轻时的错误，而且热诚地恳求全能的主不要归咎于他。做完这件事之后，他唤醒了将军，还没有忘记对将军说这个早晨阴冷有雨，他不希望这种天气耽搁了公爵大人的动作。

他们两人装束停当之后，李将军请求看看B先生的剑。他仔细检查了剑尖和手柄，然后还给B先生，一边说，他真希望这把剑能用在对国家更有益的事业中。B先生回答说，它用在哪里并不重要，事情该怎样就让它是怎样吧。出发时将军想要知道B先生还有什么事想要交代，B先生把一封写给E伯爵夫人的信交到了他手里，希望他能在没人的时候转交给伯爵夫人，而且绝不要考虑把信放到任何别人的手中。

他们比指定的时间早了一些到达，从树到小屋转了几个来回。B先生好

第二十三章 大不列颠和爱尔兰的决斗

几次表达了对公爵大人迟到的惊讶,尽管只比约定的时间超过了不到两分钟。公爵来了,只有一个助手陪同。他向 B 先生道了早安,希望他没有等太久。他拿出表看了一下,说他猜的不错(指对方等得不久),然后补充说他宁愿死也不愿意在这种场合食言。B 先生回致了问候,同时说,尽管自己等了一会儿,他们仍有足够的时间来安排他们正要进行的事务。对此公爵回答说,事情越快处理掉,后面就会有更多的闲暇时间。趁此功夫,助手们在核对两柄剑,然后各自给对手的手枪上膛。他们接着同意了以下决斗规则,即:

1. 每一次开枪射击的距离不得低于七码半(一码等于 3 英尺,即 0.9144 米)。

2. 第一次射击之后,如果任何一人受了危险的伤,而且伤者愿意承认他的生命由对手支配,则决斗应该终止。

3. 在开枪射击和拔剑之间的时间不应限制,但是双方都应该致力于努力发动进攻。

4. 在斗剑的过程中,如果有一方愿意像第二条说的那样投降,无论是因为受伤,失足跌倒还是任何其他原因,斗剑都应该终止。

对这四条规则双方都同意。公爵脱掉了他的猩红色、用宽大的金色蕾丝装饰的外衣。这时 B 先生的助手走上来想要解开公爵大人的马甲,以保证自己的当事人得到公正的对待。对这一举动,公爵带着一些怒气说:"你把我当成只有那么一点荣誉感的人么!" B 先生同时也在脱去外衣,他的外衣是深红色的,用宽的银色蕾丝装饰。双方准备就绪后,B 先生补充说:"现在,如果大人您满意的话,让我们开始吧。"

公爵大人开了枪但是没有击中。而我们的 B 先生可能是因为经验丰富,知道战斗中很少能用仓促的举动获取胜利,所以仔细地向公爵瞄准,击中了公爵大拇指附近。两人又进行了一次射击,这次轮到 B 先生受了一点轻伤。然后他们马上拔出剑,急切地向对方进攻,两人似乎都更加关注杀死对手,而不是自己的安全。在第一次或者第二次击刺中,B 先生穿的轻便鞋的脚趾和一簇草缠到了一起。为了躲避对手的刺击他向右侧倒了下去,但是他用持剑的手撑住了,敏捷得不可思议。然后他向后弹跳了出去,躲开了明显刺向他心脏的一击。

决斗至此发生了一次停顿,公爵的助手建议 B 先生和解,但是两人对对方的鲜血是这样的渴求，完全压倒了助手最强烈的说理和理智，以至于他们坚持要毫不耽搁地收拾掉对方，无论会有什么后果。不仅如此，公爵渴望复仇的怒火到了如此程度，发誓如果双方的助手再进行调停，他就要刺穿他们的身体。在所有的抗议都证明无效之后，他们重新回到规定的距离，进行公平的搏斗。接下来发生的也许是历史上记载的最非同寻常的一次决斗。

经过一次中止后重新开始的格斗中，两个人紧紧地纠缠在了一起。巴瑞克斯先生①说：除了移动身体，没有别的东西能把这个僵局打开。他们在这种僵持的状态中僵立了一分钟，反复扭动试图摆脱。在其中的一次尝试中，公爵的剑被 B 先生的护具卡住了，但是，B 先生忽视了这一机会，公爵得以在它可能的不利后果发生之前摆脱了出来。

最终，在双方同时进行的一次猛挣中，他们的剑都从手中飞了出去。我敢说，B 先生的剑向上飞了有六到七英尺高。这个变故丝毫没有延搁决斗，他们双方同时抓住了剑，决斗伴随着和先前一样的狠毒重新开始了。这时 B 先生的持剑臂内侧被刺中了，一直延伸到肘部的外侧。同时，他的剑比对手的剑稍高一点刺了过去，但是很聪明地弹了回来。我认为，部分是由于公爵没有从他的刺击中恢复姿势，所以 B 先生得以在公爵右侧乳头稍上面一点的地方刺入了公爵的身体。

B 先生的剑因此被卡住了，除了没有武装的左臂，他没别的东西可以用来防守了。公爵在这种危险的处境下，几乎有了同样的机会可以攻击 B 先生身体的任何部位。B 先生勇敢地抵御了几次瞄准他咽喉的攻击，最后，被公爵砍掉了两个指头，剩下的手指也伤到了非常严重的程度。公爵终于把剑刺进了 B 先生比心脏高一根肋骨的位置。双方以这个动人心魄的姿势站立着，都无力再发动另一次攻击了。

两个人这时都浑身血污。他们的助手上前恳求他们考虑各自的处境，为自己的将来着想，但是他们都拒绝分开，直到由于大量失血，B 先生失去知觉倒了下去，但是就是凭这个动作，他居然把剑从公爵的身体里拔了出来。

倒下之前他略微恢复了一些神志，踉跄着前行了几步，最终倒下时，他

---

① 雅各·瓦利，巴瑞克斯先生（Jacques Vallée, Sieur Des Barreaux, 1599—1673），法国诗人。他可能是一个两性人。

的剑别在了大腿之间，从中间断掉了。公爵看到自己已经无法自卫，或者是意识到了自己的生命危险，立刻折断了自己的剑，满怀忧虑地深深叹了一口气，倒了下去。尽管芳汀医生得到命令那天早晨不得出门，但是来不及采取任何补救措施，他们就死去了。两位勇士倒下了，他们的个人勇气世罕其匹，能够玷污他们荣誉的，却只有决斗这件事。

把查理一世送上断头台的内战中，决斗相当少见，就此一位非常机敏的作者作出了如下的解释[①]："这场内战不是精心策划的那种类型，所以它不像法国内战那样刺激了决斗的增加，而是中止了频繁发生的决斗。因为内战不是有力的社会阶层即贵族和绅士之间的斗争（特别是最近），而是平民大众与王室、贵族和其他在社会阶层和财富上都高高在上的人之间的斗争，结果就是，那些习惯于用剑来报复自己所受冒犯的绅士等等，不屑于用决斗来解决与地位卑微的对手之间事关荣誉的分歧。他们的一般思维方式非常排斥这些绅士阶层共同的敌人，于是他们变得更加团结了，不再像从前那么习惯于对那种目空一切的挑剔的荣誉感一丝不苟、过于关注了。"

护国公时期、决斗由于相似的原因在上流社会里仍不常见，但是在下层社会里它却被宗教热情和一种狂热的情感激发了，这些情感使人们认为暗杀的罪恶并不比决斗更大。我们发现克伦威尔1654年曾发布一项法令惩罚和阻止决斗。

在这项法令里规定，任何人只要发出、传递或接受了一次挑战，就要被监禁六个月。被挑战的人如果24小时内没有申报，就被认为是接受了挑战。如果决斗中出现了死亡，将被认为是谋杀，使用挑衅言辞和姿势的人将被起诉，如果被判定有罪，将被罚款，并且要矫正他的行为，使他变得有良好的举止。被告要准备赔偿受到损害的一方，赔偿的数额根据冒犯的数量和性质确定。

1631年，在查理一世时期的一桩疑案里，有人以单人决斗为自己在宗教上的荡涤灵魂做准备。瑞先生，一位苏格兰男爵，指控拉姆塞和梅尔德伦鼓动自己参与一次阴谋。两人极力否认，双方都举不出证人。拉姆塞，一位战士，提出用决斗证明自己的清白，控告者瑞先生接受了挑战。

[①] 查尔斯·莫尔（Charles Moore）。——原注

国王希望用决斗解决纠纷，于是咨询了法官们。根据他们的意见，指派地方警察局长和一些高级官员组成了法庭，林德赛伯爵被临时指派领导这个法庭。在这个法庭上，瑞和拉姆塞之间的诉讼程序非常庄严，大量的民众旁听了这件稀罕事。这件事最后在国王的主持下，通过汉布里顿侯爵的调停和解了。拉姆塞就是他的侍从。瑞后来回到德国他的指挥官瑞典国王麾下去了。

第四节　莫汉男爵的阴谋

在詹姆士一世治下，多塞特伯爵[①]和布鲁斯先生在安特卫普进行了一场著名的决斗。这场致命决斗的起因似乎是嫉妒。双方对对方的冒犯由来已久，但是在坎特伯雷被重新点燃了。当时布鲁斯先生在伯爵的"脸上狠狠地揍了两下或者三下"。因为萨克维尔伯爵当时没有武器，布鲁斯"立刻将自己的轻剑献给了伯爵"，但是似乎双方"被当时在场的贵族们分开了，并且在旁人的劝解下保持了友谊"，布鲁斯先生然后就前往法国"学习剑术"去了。不久双方按照约定会了面，伯爵就这件事发表了下面的陈述：

> 我并非一个无知的人，所以我清楚地了解一些人就最近发生在布鲁斯先生和我之间的不幸事情所散布的诽谤之词。这些流言在这里散布，我有理由担心它在您所在的地方也盛行。只有两种摆脱疑虑的方法——通过誓言或者剑。第一种方法应该在地方治安官面前或者在朋友之间采用。另一种，则应该针对那些恶意的诽谤和厚颜无耻地坚持他们的强词夺理的观点的人。您的垂爱而不是我的优点使我相信，你是把我当做朋友的，我热切地希望能保持这种信心。因此，我完全理解那个行为的意义，为了我的利益，我通知其他人我将要提供的陈述既不比真实的情况多一丝一毫，也不会比那少一丝一毫。那些人们要么已经受了谣言的迷

---

① 爱德华·萨克维尔（Edward Sackville, 4th Earl of Dorset, 死于1652），第四世多塞特伯爵。1613年，他和金洛斯领主爱德华·布鲁斯（Edward Bruce, 2nd Lord Kinloss）同时爱上了维妮西雅·斯坦利（Venetia Stanley）。两人为此进行了决斗，但是当萨克维尔胜利归来时，维妮西雅已经与别人结婚了。后来萨克维尔和他的两个儿子在英国革命中支持查理一世，是内战中保皇党的重要人物。

惑，要么可能受到迷惑，这种谣言非常容易损害我希望所有值得尊敬的人们所持有的公正意见。

我们把确定约会的权利给了我们的助手，他们达成一致，认为我们应该前往安特卫普，然后前往卑尔根欧普茹姆①。在这条路的中间，有一个村庄把安特卫普城和大公的领地分开，那里就是命中注定的地方。事情完成之后，当事人可以立刻退入其法律没有被触犯的一方的领地，从而免受决斗所在国家的司法追究。双方的助手还商定，万一有一方跌倒或者滑倒，决斗应该中止，运气不佳的那一方应该承认自己的生命由对方处置。

如果一方的剑折断了，鉴于这只是偶然才会发生的事，双方助手同意另一方当事人不得利用这一情况。人们应该劝说双方保持友谊，或者在平等的条件下继续进行决斗。这三点双方的助手都向他们的当事人陈述了，双方都接受了。然后我们上了船前往安特卫普。由于对方的原因（我认为如此，因为他不可能不知道这种行为有被发现的可能），对方没能找到和我送到巴黎的剑相同的剑，而带着一柄同样长度，但宽了一倍的剑前来。我的助手拒绝接受这把剑，建议我给自己的剑配对，把自己选择的剑送一把给对方使用，我接受了这个建议。您知道的，挑战者有权利选择他的武器。

当约翰·黑顿先生送剑前往布鲁斯先生处时，他同意接受我挑选的武器，但是，出乎意料，他告诉约翰先生，他发现眼下只让我流一点血无法让他满意，所以他决心要求我一个人前往。因为他知道（我希望用他自己的话来表述），"如此值得尊敬的一位绅士和我的朋友（指多塞特伯爵的助手）是不会站在一旁静观，忍耐着看着那个人（指自己）做他必须做的事情，并让自己和自己的荣誉得到满足的"（这段话意思是希鲁斯希望进行没有助手的决斗、至死方休）。对此约翰先生回答说：

"这种意图是血腥而且残忍的，对于如此高贵的一位名人是完全不适宜的，他（这里约翰·黑顿用第三人称指代自己，这是表示郑重严肃的一种方式）希望的是为了荣誉而不是生命流血，"他补充说，"伯爵认为

---

① 卑尔根欧普茹姆（Bergen op Zoom），荷兰南部一城市。

自己受到了伤害，仅此而已，现在您却让他无法进行他来此想要从事的值得尊敬的事务。"布鲁斯先生在答复中只是再次重申他的决定，这个建议，不是因为它的内容而是提出的态度让我很受触动。就我记忆所及，好像我已经很长时间没有像那天的晚餐那样敞开进食了，因此我也不适于那样一个行动（看着外科医生在一个饱胀的胃上缝合伤口，比在一个空空的胃上做这件事危险多了）。我请求我的助手向布鲁斯先生保证，我会很快决定这一分歧，而且会在马背上和他会面，只由我的外科医生陪伴，他们将是没有武装的。

我们一起骑马，但是一人在另一人之后约12score远（score应当为古代长度单位，具体长度不详），走了大约两英里，然后我们怒气大发。他以为我是一个如此脆弱的敌人，自己可以很容易成为胜利者，用他的力量，迫使我屈服于他的命令。我非常愤怒：布鲁斯先生看着我毫无必要地跑这么远来到这里，让他很容易地得到机会以恢复他的名誉，他带着一种确信渴望着夺取我的生命。我要他下马来，他很乐意地迅速同意了，于是我们在一片低洼地上，在深及踝部的水里站定了。我脱掉了紧身上衣，然后穿着衬衫开始攻击对方。此前我们命令自己的医生撤到了离我们相当的距离之外，此外我们还恳求他们，除了尊重我们的意愿，也要顾及他们自己的安全，所以不要卷进来，让我们执行我们的意愿，我们下定决心（上帝原谅我们）要用任何方法收拾掉对方。

我向敌人猛刺了一剑，但是没有刺中，收回剑时我被重重刺中了，我认为那是我一击不中的报应，但是作为报复，我向他逼近过去。我后来的一击仍然没有刺中，而且自己在右边乳头处被刺中了，这一剑平着穿过我的身体，几乎透出后背。

接着我们扭在了一起，双方都渴望着那两样最重要最可爱的奖品——荣誉和生命。在这次纠缠中，我的手只戴着普通手套，结果它失去了一个仆人，虽然只是一个最小的指头。那根指头只靠一点皮肤吊在那里，不过看上去好像和从前一样，让我有了一丝希望，想着它有朝一日能恢复功能。我们都气喘吁吁了，努力继续扭在一起，人们则向我们建议放下各自的剑。

但是友谊已经终止了，信任也就无从谈起。问题是谁首先放下剑，

第二十三章 大不列颠和爱尔兰的决斗

双方都不会这样做。我们重又开始奋力战斗。我踢了他一脚，同时狠狠一拧，把我的剑解放了出来，然后不由自主地直指他的咽喉。我的剑稳稳地指着他的喉咙，质问他是否愿意祈求自己的生命，放弃自己的剑？尽管面临巨大的危险，他对两者都勇敢地拒绝了。

我已经受了伤，身上有三处出血的伤口，感觉到自己正在不断地失血，而且已经快要昏厥了。对手却非常勇敢地坚持拒绝我的建议。想起他先前嗜血的愿望，考虑到我自己当时的状况，我向他的心脏猛刺了过去，但是他躲闪了，让我没能刺中，不过仍然刺穿了他的身体。我抽回剑，又在另一个地方刺穿了他的身体。这一次他大叫了起来：'噢！我要被杀死了。'说着他用尽全力向我刺来，但是力量已经很弱了。躲过他的击刺，我很容易就控制了他。我让他背着地躺下，站在他身上，再一次问他是否祈求生命？

他似乎并没有把自己的生命看得如此重要，仍然勇敢地回答说他不屑这样做！他的回答是如此高尚和令人尊重，就像我当时声明的，我的内心再也无法容忍对他施以进一步的暴力了，我只是让他躺下。最终，他的外科医生在远处大喊，如果不立刻对他的伤口施治他立马就会死去了。于是我问他是否希望他的医生过来？他接受了，于是他被拖走了。我没有提出拿走他的剑，我认为劫夺一个死人是不人道的，我当时认为他已经是一个死人了。

事情结束了。我回到医生身边，在他的臂弯里躺了一会儿，因为失血我一度失明。此外我当时还认为，我也要失去生命了，但是医生的烈性酒和他的努力很快让我恢复了。靠了我主的医生，我逃过了一次巨大的危险。没人能料想到，靠了上帝的剑我完全恢复了。尽管我的布鲁斯先生，浸在他的鲜血里，失去了他本应有的余年，但是他保持着自己一贯的举止，而且无疑是非常高尚的举止，大声喊道："恶棍，抓住你的手了！"既然我已经在这篇叙述中忠实地对待了您，我也许可以一切顺利了。我请求您，把这封信呈交王室的宫务大臣。

多塞特伯爵萨克维尔

这次致命且残忍的决斗似乎没有导致针对多塞特伯爵的诉讼，也没有影响宫廷对他的宠眷。

在汉密尔顿公爵和莫汉男爵①之间不顾一切的致命决斗之后,一份议案被提交下院要求禁止决斗,但是议案在二读之后被否决了。下面是斯威夫特在给丁利夫人的信中对那次会议的描述。一定要记住,那个时期政治上的敌意盛行,这种敌意给下面的描述笼罩了一层尖酸刻薄的色彩。这种敌意的原因从未得到令人满意的解释。

爱德华·萨克维尔,第四世多塞特伯爵(死于1652)

在您看到这封信之前,您应该已经听说了那桩最骇人听闻的事件。今早八点钟,我的人带来消息说汉密尔顿公爵和莫汉男爵进行了决斗而且杀死了对方。他自己受了伤被抬回了家。我立刻派那人到公爵家里去了解事情是否如此,但是门童简直没办法说清楚,公爵的房子外面聚集了很多暴民。

简言之,他们今早七点进行的决斗。那条恶狗莫汉当场被杀死了,但是他弄断了自己的剑,偷袭公爵,从肩膀刺进了公爵的心脏。公爵被抬往海德公园圆形表演场边的湖边小屋,他们就是在公园里决斗的。抬到他家之前,公爵死在了草地上,人们用他的马车把他送回了家,可怜的公爵夫人当时还在睡觉。麦克卡特尼先生②和一个汉密尔顿家的人是双方的助手,他们也进行了决斗,两个人都逃走了。有人告诉我莫汉的一个男仆刺伤了

---

① 查尔斯·莫汉男爵(Charles Mohun, 4th Baron Mohun, 约1675—1712),英国政治家,是一个经常参加决斗的浪荡子。詹姆斯·道格拉斯·汉密尔顿 James Douglas - Hamilton, 4th Duke of Hamilton (1658—1712),汉密尔顿公爵,苏格兰贵族,英国政治家。
② 莫汉的助手此处作 M'Carthy,据维基百科,莫汉的助手叫乔治·麦克卡特尼(George MacCartney)

第二十三章 大不列颠和爱尔兰的决斗

詹姆斯·道格拉斯·汉密尔顿（1658—1712）

查尔斯·莫汉男爵（约 1675—1712）

汉密尔顿公爵，也有人说是麦克卡特尼干的。决斗之前是莫汉冒犯了公爵，也是他发出的挑战。

我对公爵的关心怎么说都不过分。他是一个坦率、诚实、性格温厚的人。他们把可怜的公爵夫人带到邻近的一处居所去了，我在那里陪了她两个小时，刚刚离开那里。我从没见过这样忧郁的场景，公爵夫人有无尽的理由感到真正的悲伤。从任何方面讲都不可能有谁比公爵夫人遭受的损失更大——她的悲伤真真触动了我的灵魂。那处房子不很方便，他们要把她搬到另一个地方去，我不用再遭那份罪了，因为要搬去的房子后面空间不大。夫人要遭罪了，那些穷酸的文人肯定要尖叫着在她耳朵里不停地灌输她丈夫被谋杀的议论了。

从决斗双方受伤的数量看，这次决斗肯定具有最强烈的蓄意杀人的性质。汉密尔顿公爵大腿右边受了一处伤，有七英寸长；另一处伤口在右臂上；第三处在右胸偏上的地方，向下进入身体；第四处在左腿外侧。莫汉男爵在腹股沟处有一处重伤；另一处在身体右侧，直入身体至剑柄；第三处在手臂上。

在 11 月 20 日的《邮差报》上，这次决斗的细节披露如下："麦克卡特尼少将到公爵那里去了三次，然后整晚在妓院陪着莫汉男爵。人们发现男爵当时非常恐惧，在那里颤抖。步兵警卫团的汉密尔顿上校是汉密尔顿公爵的助手，莫汉的助手是麦克卡特尼先生。看上去双方在决斗中都没有躲闪，而是刺击对方。莫汉男爵收回自己的剑之后，刺中了公爵左胸的上方，向下刺入身体，伤口有十四英寸长，公爵被抬进他的马车后很快就断气了。他们双方之间有一场法律诉讼，但是并没有发生严重的个人纠纷。"

斯威夫特在他有关安妮女王最后四年的历史书中说，是麦克卡特尼在公爵被莫汉刺伤后刺中了公爵，然后逃到荷兰去了。1716 年 6 月，他在王座法庭①受到了审判，并被判决犯有过失杀人罪。斯威夫特讲述了一则有趣的轶事：一个绅士被一群拦路抢劫的强盗攻击时说他是麦克卡特尼先生，那帮强盗于是把他押往了一个法庭，希望能得到逮捕他的赏金。结果这个麦克卡特尼先生反让这帮歹徒被抓了起来。

这个莫汉男爵大概是一个无良的角色，他的同伴总的说来和他一样堕落可鄙。我们发现，1692 年他因为谋杀演员蒙特福德受到审判。那是一件残忍的罪行，莫汉在其中无论如何是牵涉很深的。

审判中发现，似乎莫汉男爵和一个希尔上尉②计划把布瑞斯戈尔德夫人劫走。那个希尔上尉装出一副好像和布瑞斯戈尔德夫人，或者更确切点讲，和她在舞台上的成功很有关系似的。这两个可敬的家伙雇了一辆马车到托特瑞德③，指示马车夫准备六匹马，大约九点钟在靠近剧院的德鲁里巷等着，马车上只套两匹马。这伙人在科芬花园旁的一个酒馆一起吃了晚饭。他们的话题换成了布瑞斯戈尔德夫人，两个人都认为她和蒙特福德——当时一个很受欢迎的演员关系不一般。

于是他们想了个计划，要在当晚把她劫持到乡村里去，为此希尔找了他连队里的一批士兵帮忙。谈话中希尔告诉莫汉，除非他们在六点钟前赶到剧

---

① 王座法庭（Court of King's Bench），英国中世纪和文艺复兴时期的最高法庭。女皇伊利莎白时期为"the Queen's Bench"（直译为"女皇座法庭"）；克伦威尔时期称为"the Upper Bench"（"上座法庭"）。它和普通民俗法庭（the Court of Common Pleas）一起位于威斯敏斯特大厅。该法庭处理刑事案件和公民与国王之间的诉讼。后来它逐渐演变为民事法庭，接受对普通民俗法庭判决的上诉，现在它是高等法院的一部分。
② 原文作 Hall。据维基百科这个人叫理查德·希尔（Richard Hill）。他想绑架的安妮·布瑞斯戈尔德（Anne Bracegirdle，约 1671—1748）是当时德鲁里巷大剧院最著名的女演员。
③ 托特瑞德（Totteridge），伦敦北部巴尼特区（London Borough of Barnet）一个地区。

第二十三章 大不列颠和爱尔兰的决斗

院,否则计划不会成功。于是他们一起来到了剧院,进了后场。让他们非常失望的是,他们被告知当晚布瑞斯戈尔德夫人没有演出。于是他们退出了剧院,经过打探之后,他们得知夫人当晚要到德鲁里巷一个佩吉夫人家里小酌,于是他们在靠近克雷文勋爵家附近的地方等着布瑞斯戈尔德夫人。

大约十点钟,布瑞斯戈尔德夫人和她的母亲、兄长由佩吉先生陪同,准备返回霍华德街她的住所。这帮暴徒抓住了她,那些士兵竭力迫使她进马车,希尔上尉则全力想要赶走佩吉先生。

安妮·布瑞斯戈尔德(Anne Bracegirdle,约 1671—1748)

布瑞斯戈尔德的母亲牢牢地抓住女儿不放,努力要保护她。喧嚣声太大了,邻居们被女人的尖叫惊动了,有几个人跑来施援,结果导致这个疯狂的计划失败了。领头的人解散了那些士兵。布瑞斯戈尔德夫人一行人回了家。莫汉男爵和他的同伙仍然在靠近她住处的诺福克街街角窥视着,他们拿着出鞘的剑在一个旗台上跳上跳下,等着蒙特福德。他们估计蒙特福德回家会经过这里。好像站岗望风让他们厌烦了,于是他们在街上喝了两瓶酒自娱。一些不太友好的巡夜人注意到他们奇怪的举止和拔出鞘的剑,便上前询问他们。莫汉男爵训斥这些无礼的守卫说,自己是一个世袭贵族,你们怎么敢骚扰我。不过他还是降尊纡贵地解释说,他同伴的剑鞘丢了,所以拿着这把剑。巡夜士兵于是谦恭地退了下去,并为冒犯了贵族的权利道歉,无形中他们就变成理亏的一方了。

大约十二点钟,不幸的蒙特福德从剧院回来了,遇上了这两个可敬的先生。莫汉男爵似乎非常热情地迎了上去,甚至还拥抱了蒙特福德。当蒙特福德询问他这么晚会在街上干什么时,勋爵回答说:"我想你已经听说了关于那位女士的事情?"

蒙特福德回答说："我希望我妻子（也是一位演员）没有冒犯您？""不，"莫汉说，"我指的是布瑞斯戈尔德夫人。"蒙特福德回答说："阁下，布瑞斯戈尔德夫人与我无关，但是我希望您不要赞同希尔先生的行为。"

这时，希尔上尉走上前来大声喊道："现在不是讨论这件事的时候了！"然后刺穿了蒙特福德的身体。尽管他在后来的庭审中宣称，在这个致命伤发生之前双方进行了几个回合的交手，但是无论如何，这种说法没有得到确凿的证实。有人大喊谋杀，巡夜士兵冲了过来，但是凶手逃走了。莫汉投降了，他说，希望希尔能够逃脱，他很乐意为希尔被绞死。他后来还承认，为了让希尔便于逃脱，他和希尔换了外衣。

在审判中，希尔表示他希望与布瑞斯戈尔德夫人结婚，他觉得蒙特福德的竞争是他求婚的唯一障碍。他一再诅咒要用某种方法摆脱蒙特福德。为了实现这个目的，他和莫汉在剧院的道具间了换了大衣和帽子。对蒙特福德的谋杀是经过冷酷的预谋的，对此不可能发生一点点的疑问。

希尔曾经对德鲁里巷剧院的耐特夫人说，他肯定布瑞斯戈尔德夫人是因为和蒙特福德的关系而嫌恶自己，同时他还请求耐特夫人作为布瑞斯·戈尔德夫人一个知心朋友，为自己带一封信给布瑞斯戈尔德夫人。对此耐特恰当地拒绝了，她说自己的敌人已经够多了，不想再增加了。希尔回答："什么敌人？你指蒙特福德吗？我会想办法很快让你摆脱他。"后来，当着一个桑蒂斯夫人的面，希尔又诅咒说，如果蒙特福德不让步就要刺死他。当时莫汉宣称要支持他。似乎为了这个目的，希尔还向李斯特上尉借了一对手枪。还有，当希尔怀疑他的男爵朋友的决心时，便在酒馆里对男爵说，如果男爵不能在六点前出现在剧院里帮助自己，自己就完了。莫汉男爵回答说："以我的灵魂和荣誉为证，我一定会在那里！"

尽管有这些证据，对莫汉男爵是谋杀同谋的指控仍然被宣判无罪。唯一对他有利的情况就是一个疑问，即希尔是否是在没有准备的情况下刺中蒙特福德的，或者说那个不幸的人是否进行了防卫。事后证明，蒙特福德的剑折断了。尽管这样，莫汉针对布瑞斯戈尔德夫人的冷酷而蓄意的暴力行为，也是一桩明显的罪行。他决心要让自己和同伙摆脱他们想象的情敌。我们只能对他的同侪竟然使他不受惩罚而感到惊奇。莫汉的卑鄙和放荡使人们普遍相信,汉密尔顿公爵是被他的朋友和助手麦克卡特尼卑鄙地谋杀的。麦克卡特尼无疑和希尔先生一样,是个知名的"杰出"人物。

威廉·蒙特福德是一个品质优秀的演员,而且是一位成功的戏剧作家。遭遇这种悲惨的结局时他只有三十一岁。齐伯①谈到他时这样说道:"他是一个高个子,相貌堂堂,浅色的肤色,外表令人愉悦。他的声音洪亮、清晰,而且悦耳。在我的记忆里,他是悲剧中最令人感动的恋人的扮演者。他的声调让他的对白令人无法抗拒,那调子是那么的柔和,就像德莱顿②所说:'他们就像一团团羽毛般的雪花,一边飘坠,一边融化。'"

尽管布瑞斯戈尔德夫人和蒙特福德之间的亲密关系能够让他们的熟人坚信,他们之间没有任何不恰当的交往,但是可以想象,像莫汉和希尔这样无良的恶棍,一定渴望从布瑞斯戈尔德夫人身边除去这样一个非常可能取悦布瑞斯戈尔德夫人的对手。夫人一进入戏剧界,这些人就和她一起演出,夫人和他们的关系非常亲密。同时,布瑞斯戈尔德夫人和蒙特福德之间也有很亲密的关系。

第五节　三次性质不同的决斗

1662年发生了一次决斗:一方是杰明③和贾尔斯·罗林斯上校——前者是圣阿尔班伯爵的侄子,后来成为了杰明男爵;另一方是卡莱尔勋爵的兄弟托马斯·霍华德上尉和他的一个朋友。杰明严重受伤,他的助手被杀死了。他们是在圣詹姆士的老波尔市场进行决斗的。受到挑战的一方杰明先生完全不明白自己有何冒犯之处,他也没有试图让对方向自己指明。据信霍华德在衣服下面穿了一件盔甲。

---

① 科利·齐伯(Colley Cibber, 1671—1757),英国戏剧经纪人,德鲁里巷大剧院的剧作家,桂冠诗人。
② 见上卷十二章注释。
③ 托马斯·杰明(Thomas Jermyn, 2nd Baron Jermyn, 1633—1703),英国政治家,下议院议员(1679—1684)。

国会的记载提到一次挑战,是由奥蒙德公爵①的儿子奥索雷勋爵向英国上院大法官克拉伦登伯爵②提出的,原因是对方在上议院辩论一项禁止从爱尔兰输入牲畜到英国的议案时,使用了诽谤性的言论。议案是克拉伦登向国会递交的。这个议案试图保护英国农业和地产业的利益,主要支持者是白金汉公爵、阿什利和劳德代尔。这份议案的条款起草者罔顾事实,即如果爱尔兰人被剥夺了向英国出口他们主要产品的权利,他们也就没有能力使用英国向他们出售的商品了。白金汉公爵用他的权利支持这个法案,整个英国对爱尔兰的敌意和他个人对奥蒙德公爵的敌意都非常狂热。沉浸在这种狂热中的白金汉公爵在议会辩论中坚称,任何人除非具有和爱尔兰人一样的利益和认知,否则不可能反对这项议案。奥索雷勋爵立刻向他提出了挑战,而白金汉公爵规避了挑战。他的借口是弄错了约会的时间的地点。在约会的时间,他的对手却被逮捕了。

这个议案导致了许多激烈的相互攻击,还有不少人身冲突。白金汉公爵和多切斯特侯爵之间发生了一次扭打事件,侯爵扯掉了公爵的一把头发,而公爵则拽掉了他的假发。

佩皮斯③在他的记录里,暗示了决斗在那个时代令人痛心的流行程度。他说决斗"是那个时期整个王国通常状况的一个象征"。他还这样记述了1667年发

詹姆斯·巴特勒(1610—1688),
第一世奥蒙德公爵

---

① 詹姆斯·巴特勒(James Butler, 1st Duke of Ormonde, 1610—1688),第一世奥蒙德公爵。他是一位盎格鲁-爱尔兰混血政治家。1641至1647年,他率领王军对抗爱尔兰天主教联盟。1649至1650他是保皇党军队最高指挥官,率军与克伦威尔派往爱尔兰的军队作战。1650年后流亡欧陆追随查理二世。查理二世在英国复辟之后,他成了英国和爱尔兰政治的一位中心人物。他的儿子托马斯·巴特勒(Thomas Butler, 1634—1680)在禁止爱尔兰输入法案中的政敌是白金汉公爵乔治·维利尔斯(George Villiers, Duke of Buckingham, 1628—1687)。
② 爱德华·海德(Edward Hyde, 1st Earl of Clarendon, 1609—1674),第一世克拉伦登伯爵,英国历史学家和政治家,英国女王玛丽二世和安妮女王的父亲。
③ 塞缪尔·佩皮斯(Samuel Pepys, 1633—1703),英国海军大臣。他在1660年至1669年写下的日记,于19世纪出版后是英国复辟时期最重要的资料来源。

生在 H. 波拉西斯和珀特先生之间的一次决斗：

"他们两人昨天都在罗伯特·凯尔先生的家里吃晚饭，似乎大家喝过了头，事情总是这样。这两个世界上最亲密的朋友在一起交谈。波拉西斯用比平常稍高一点的声调对汤姆·珀特说了些什么，提了一些建议。旁边有人说：'怎么了，他们在争吵吗？怎么声音那么高？'波拉西斯听见了，于是就说，'不，我要让你知道，我从不争吵，但是我会攻击。我以此为原则。'这时汤姆·珀特说：'攻击？我想看看在英国谁敢碰我一下？'听到这话，波拉西斯真的在他耳边打了一拳，于是他们就要到外面去决斗，但是被人拦住了。汤姆·珀特马上走了出去，他遇见了诗人德莱顿，对他说了事情经过，而且决心要和波拉西斯马上进行决斗。因为他知道，如果不立刻进行决斗，明天他们就会和好如初，那样那一拳就要一直呆在自己身上了。

他还希望让德莱顿的侍童帮自己弄清楚波拉西斯会走那条路，于是他马上就得知，波拉西斯的马车要来了。之后汤姆·珀特从他等候消息的咖啡馆走出来，拦住了马车，要求波拉西斯从马车里出来。波拉西斯说："为什么？我出来的时候您不会伤害我的，对吗？""不会。"汤姆·珀特说。于是波拉西斯下了车，两人都拔出了剑。波拉西斯拔出剑并且甩掉了剑鞘，汤姆·珀特问他是否准备好了，他回答说是的。

接着他们开始战斗，他们的一些熟人站在一旁。他们都刺伤了对方，波拉西斯的伤势严重，大家担心他会死掉了。看到自己伤势严重，波拉西斯招呼汤姆·珀特，亲吻了他，然后要求他离开。他说："汤姆，你弄伤我了。我会尽力站着直到你能离开。世界不会注意到你的，我不会让你因为对我所做的事情陷入麻烦。"我不知道汤姆是否真的逃走了，但是他向波拉西斯表明他也受了伤，然而波拉西斯的伤却是致命的。多好的例证！波拉西斯是一位国会议员，而且两人是非同一般的好朋友！波拉西斯只活了几天。佩皮斯谈到他的死时，补充说："看到世界是怎样谈论他们两人真是妙极了，一对傻瓜，因为爱杀死了对方。"这件事发生在科芬花园①。

---

① 科芬花园（Covent Garden），伦敦西区东部边缘的一个地区，在马丁巷和德鲁里巷之间。原为威斯敏斯特大教堂的修道院，有300年之久曾为伦敦的主要水果蔬菜市场。

大约同一时期,在什鲁斯伯里伯爵①和白金汉公爵之间发生了一次决斗。后者似乎勾引了卡迪根伯爵的女儿、什鲁斯伯里伯爵夫人,于是她的丈夫向他提出了挑战。有人通知了国王,国王命令阿尔伯马尔公爵②控制住白金汉公爵,把他禁锢在他自己家里,但是,所有人都说,阿尔伯马尔故意忽视了国王的命令,于是决斗就发生了。

白金汉公爵由霍尔曼上尉和J. 詹金斯先生陪同,什鲁斯伯里伯爵则由约翰·塔波特爵士和伯纳德·霍华德勋爵陪同。塔波特是一位在王宫里有私人套间的绅士,霍华德是阿伦德尔伯爵的儿子。双方在巴恩艾尔姆斯③会面。按照当时的习惯,助手们也捉对厮杀。决斗双方都经过了一场长时间不顾一切的拼杀,白金汉公爵刺穿了什鲁斯伯里的身体;约翰·塔波特爵士的双臂严

金汉公爵乔治·维利尔斯(1628—1687)

什鲁斯伯里伯爵夫人安娜·玛利亚·布鲁登讷尔(Anna Maria Brudenell)

---

① 弗朗西斯·塔波特,什鲁斯伯里伯爵(Francis Talbot, 11th Earl of Shrewsbury,1623—1667/1668),参加过英国资产阶级革命期间的保皇党军队。1658年他在前妻和两个儿子死后娶了卡迪根伯爵的女儿安娜·玛利亚·布鲁登讷尔(Anna Maria Brudenell)。1668年他和妻子的情人白金汉公爵乔治·维利尔斯进行了决斗。
② 阿尔伯马尔公爵,乔治·蒙克(George Monck, 1st Duke of Albemarle,1608—1670),是查理二世复辟过程中一个关键的人物。
③ 巴恩艾尔姆斯(Barn Elms),伦敦里奇蒙德区(Richmond Borough)泰晤士河边一块公众游玩地。

重受伤；詹金斯死在了决斗场上；白金汉公爵和其他助手只是轻微受伤。有消息说，在这次凶残的决斗期间，什鲁斯伯里伯爵夫人穿着青年侍从的服装，驾着白金汉公爵的马车一直在附近的一处灌木丛等候，为的就是如果公爵杀死了她的丈夫他们可以立即逃跑。

这种事是可能的，它反映了那个时代的淫荡不羁。人们还普遍相信另一个报道，就是什鲁斯伯里夫人不仅非常渴望这次决斗，而且事实上当天晚上她就和白金汉公爵睡在一起，公爵的衬衣上还染着被她丈夫刺伤而流的血。

国王宣布原谅了所有与詹金斯的死有关的人，但是同时表明了决心，决不会对以后的冒犯者施以这种仁慈了。决斗之后，受到卡斯尔梅恩夫人①宠幸的白金汉公爵公开地把什鲁斯伯里夫人带回家同居。当公爵夫人勇敢地对此提出劝谏，并且声明自己不可能和丈夫的情妇同居在一个屋檐下时，公爵平静地回答道："这也正是我的意见，夫人，所以我已经命令您的马车把您送到您父亲那里去。"后来白金汉公爵和什鲁斯伯里夫人就一直居住在克里夫登②。

"在克里夫登傲慢的别墅里，
　有水性杨花的什鲁斯伯里夫人和她情人的闺房。"

什鲁斯伯里伯爵死后，这对可敬的人挥霍了年轻伯爵的财产。当案件

卡斯尔梅恩夫人芭芭拉·帕尔默

---

① 芭芭拉·帕尔默（Barbara Palmer, 1st Duchess of Cleveland, 1640—1709），克利夫兰女公爵。她是白金汉公爵的半个侄女。1659年她违背家族的意愿嫁给了卡斯尔梅恩伯爵罗杰·帕尔默（Roger Palmer, Earl of Castlemaine），所以也称为卡斯尔梅恩夫人。她的父亲当时曾称这个女儿会使自己变成世界上最悲惨的人。卡斯尔梅恩夫人很快与丈夫分居，但一直保持着婚姻关系。后来她成了查理五世的情妇。她生育了六个子女，其中五个很快被查理承认为自己的子女。卡斯尔梅恩夫人对宫廷的影响力甚至超过了查理五世的王后。她弄权纳贿，被一些作者称为"国家的诅咒"。
② 克里夫登（Clifden），爱尔兰戈尔韦市（Galway）海岸边的一座城市。

提交上院时，判决要求公爵今后不得再与伯爵夫人发生关系和非法同居，为此他们两人都必须向国王陛下提交一笔一万英镑的保证金。

财政部的官员威廉·考文垂爵士因为必须强迫白金汉公爵缴纳保证金这桩烦心事而辞职，然后向他提出了决斗的挑战，但是挑战被受宠的白金汉公爵的一个私生子霍尔莫斯上尉报告了国王，结果考文垂爵士马上被送进了伦敦塔监禁。

第六节　淫荡和贿赂公行的时代

下面这则轶事充分反映了那个时代的淫荡和贿赂公行的情况。

"贡德马尔是那个时期最放荡和时髦的一个角色。他是西班牙驻我国宫廷的大使，住在霍尔本①的伊利大楼里。他前往王宫的路通常要经过德鲁里巷，因为那时科芬花园还是一个不开放的地区。他的骑士风范是如此的出名，广受妇女追逐，以至于据说当他坐在一个有床的马车经过时，妇女们都出现在自家的阳台上向他表示礼敬。他太虚弱，无法走路也无法骑马。一天当他经过德鲁里巷雅各布夫人的房子时，夫人现身向他表示敬意。他对那妇人没有兴趣，但是夫人除了嘴哪儿都没动，大张着嘴瞪着他。

贡德马尔对雅各布夫人的失礼感到奇怪，他以为夫人当时只是刚好打了一个哈欠而已。为了证实，次日他又在同一个地方看见了她，他的殷勤得到的回应仍然只是一张大张的嘴巴。为此他派了一位绅士去见雅各布夫人，告知她：英国的女士更多的是用更加优雅的举止而非这种冒犯回应他的尊重的。雅各布夫人回答说，他的确用非常可爱的代价赢得了一些女士的眷顾，但是她的芳唇和那些人一样也需要照顾！贡德马尔发现夫人嘴上的激情其来有自，于是奉上了一份礼物以为解毒剂，而且的确治愈了夫人的不适。"

白金汉公爵的正式婚姻只是为了弥补他的一次放荡行为。他诱拐了拉特

---

① 霍尔本（Holborn）是伦敦市中心的一条街道和附近地区。

兰伯爵的独女,把她带到白厅街他的住处。一段时间后,他又将她送回给了她的父亲。那位父亲暗示王室的这位宠儿:自己是一位高尚的绅士,无法容忍这种侮辱,如果他不立刻和自己的女儿结婚,恢复她的名誉,没有什么力量能让他免遭报复。那位女士是一笔相当可观的财产的继承人,于是白金汉公爵服从了伯爵的命令。

1661年,在伦敦的几位外国使节之间发生了一场争吵,而且显示可能会导致严重的后果。当时西班牙的菲利普四世派贝特维尔男爵为驻英国大使,法国的大使是埃斯特拉德伯爵,而瑞典的大使布瑞波伯爵最先进入伦敦。他们就各自在外交场合的排名次序发生了争执,他们都想排在别人的前面。

贝特维尔男爵割断了法国公使马车的缰绳,后者的仆人寻求报复时发现,西班牙公使的马车使用铁链代替了通常的缰绳。法国国王召回了他的大使,西班牙君主派福恩特兹伯爵前往巴黎,就他的大使的行为道歉。大家预期有一场决斗,因为埃斯特拉德伯爵曾经卷入吉斯公爵和科利格尼伯爵的决斗①,而且他是一个对这种事非常在意的人,但是双方明智地把这件事提交给了各自的宫廷去处理。

这个时期剧院的正厅后座经常发生争吵并导致决斗。年轻人很看重到剧院去这件事,目的就是要去侮辱女士,让自己卷入一场决斗以增加自己符合时尚的受欢迎程度。1720年,著名女演员欧德菲尔德夫人②正在表演《傲慢的女士》时,花花公子菲尔丁③(《闲谈者》(英国期刊)杂志上的美男奥兰多——原注)侮辱了一位叫福尔伍德的大律师,他当时粗暴地推了对方。福尔伍德多少用了一些暴力来规劝对方,于是菲尔丁把手放到了剑上,好斗的律师则拔出了剑,重伤了对方。菲尔丁这时已经年过五旬,他走上前,拉开胸口的衣服,把流血的伤口展示给观众,期望妇女的同情,但是让他颇感失望的是,观众中爆发出一阵哄笑。

福尔伍德受了在菲尔丁身上的成功激励,又跑到林肯旅馆地方剧场,挑

---

① 见上卷第十章。
② 安妮·欧德菲尔德(Anne Oldfield,1683—1730),英国伦敦德鲁里巷剧院女演员,当时的时尚偶像。
③ 罗伯特·菲尔丁(Robert Fielding,1650/51—1712),国会议员。他是查理二世宫廷中一个相貌英俊的玩弄女性的老手,生活中充满了赌博、富有的情妇和决斗,所以绰号"花花公子菲尔丁"。他曾经在卡斯尔梅恩夫人晚年和她结婚而犯了重婚罪。

起了一场与一个哥萨克上尉的纠纷,然后向对方挑战。他们走上了决斗场,大律师被士兵非常内行地收拾掉了,对手留下他的尸体离开了。

舞会、化妆舞会、剧院、开放的街道、公众散步的场所、妓院和咖啡馆,现在都变成了持续不断的冲突和流血的场所。科芬花园和林肯旅馆广场①变成了解决"事关荣誉事务"的约会地点。和平的市民一直处于被当时那些漂亮的家伙、纨绔子弟欺侮和恶意相向的危险之中,每天他们回家时都能听到锋刃相交的声音。

决斗的体制在所有的社会阶层里流行,连医生都习惯了用剑来解决他们职业上的分歧。米德医生和伍德沃德医生在格雷沙姆学院②的大门下面决斗。后者滑倒了。"我要宰了你!"米德医生大喊。"除了医术你什么都可以拿去。"躺在地上的伍德沃德回答说。

威廉姆斯医生和贝内特医生就他们的专业问题用文字进行了非常严重的相互辱骂,然后诉诸打架。贝内特建议像绅士一样解决问题,进行一场决斗。他的建议被威廉姆斯拒绝了。贝内特第二天早晨跑去拍威廉姆斯医生的门,威廉姆斯开门时,用一把装了打天鹅时用的大子弹的手枪冲贝内特开了一枪,正中他的胸口。受伤的贝内特穿过街道向他的一个朋友家跑去,威廉姆斯在后面紧追。快到那位朋友的家门口时,威廉姆斯又开了一枪。当贝内特拔剑时,剑却牢牢的插在鞘里拔不出来。威廉姆斯刺穿了贝内特的身体。尽管处于这么糟糕的境地,贝内特还是拔出了他的轻剑,并向上帝祈祷,请求赐予力量让他能为自己遭受的不公正进行报复。他给了威廉姆斯致命一击,剑从威廉姆斯的胸口上部刺入,从肩胛穿出,被骨头卡住,一部分断在了身体里。威廉姆斯向自己的家走去时倒地死去了。贝内特之后只活了四个小时。

同一年在爱尔兰的金赛尔③发生了一次决斗。欧法雷尔团雷伊上尉的仆人回答索耶少尉妻子的问题时,态度怠慢,索耶少尉因此打了那个仆人。雷伊上尉鼓励自己的仆人去攻击索耶少尉。后者听说后,为避免遭受攻击,向雷

---

① 林肯旅馆广场(Lincoln's innfields)是当时伦敦最大的公共广场,位于伦敦卡姆登区(Camden)。
② 格雷沙姆学院(Gresham College)是当时伦敦一所开放式学院,位于霍尔本区(Holborn)巴纳德旅馆会堂(Barnard's Inn Hall)。它不招收注册的学生,也不颁发学位,而是向公众提供开放式的讲座。
③ 金赛尔(Kinsale),爱尔兰科克郡一城市。

伊上尉提出挑战，要求立即决斗。上尉对索耶少尉的不当行为提出了抗议后，陪同他来到了城外，想争取一些时间对他进行劝说，但是索耶却突然抽出剑，第一次攻击就刺伤了雷伊的左胸，第二次攻击中刺伤了他的左臂。雷伊则在第三回合的反击中刺穿了索耶的身体；他两个小时之后断了气。死前他第一次承认自己是挑衅者，并且吻了对方一下以道别。

　　同年在保罗先生和道尔顿先生之间也发生了一次致命的决斗。他们两人和几位女士一起度过了一个夜晚，道尔顿和其中一位正要结婚。两人突然发生了争吵，然后在愤怒中分开了。保罗的怒火尤其盛，他立刻来到道尔顿的住所，但是没能找到对方。于是他送信到他知道对方过夜的一个客栈里。道尔顿先生看到信后，立刻冲回家，几分钟内就走进了保罗先生等候他的房间。一个仆人听见斗剑的嘈杂声，立刻跑上楼，但是在他走进房间之前，他听见房间临街的另一扇大门关上了。

　　房间里的蜡烛是熄灭的，保罗先生已经逃走了。仆人发现自己的主人正在咽气，左胸上部有一处伤口。验尸官组成的委员会裁决认为，这是一次蓄意的谋杀。保罗拒绝接受法庭的传唤，所以被剥夺了公民权。

　　个人之间的决斗经常发生，而且经常是以非常不名誉的方式进行，同时大规模的冲突也不鲜见。1717年，在一道堤坝后面，一大群绅士聚在圣詹姆士街的王家巧克力房里。充满危机的辩论导致了争吵，最后争吵充满了整个房间。一场混战开始了，所有人都在用剑拼杀，其中有三个人受了致命伤。直到一队卫兵赶来才制止了混战。他们进行了徒劳的劝说和命令之后，不得不用枪托打倒了其中最好斗的一些人。其中有一个叫坎宁安的步兵上校非常忠实于自己的首领，他冲过出鞘的剑丛，抱住头目的腰，把他拽走了。

　　1720年一天夜里十二点钟的光景，大约一百名绅士用剑和手杖卷入了温德米尔街发生的一场暴乱，有好几个人严重受伤。巡夜的士兵试图干预，却被打倒并遭到虐待。最后来了一队皇家骑兵卫队，他们发现这群暴徒太顽固，只好策马冲上去，用剑砍杀他们。有人被杀死了，有几个人受伤非常严重，人们都害怕他们会恢复过来进行报复。这场暴乱的导火线最初只是两个轿夫之间的争吵。这就是当时伦敦社会和警察系统所处的状况。

　　这场骇人听闻的暴乱之后一个礼拜，一个叫菲茨杰拉德的上尉和三个年轻人在斯特兰德街①遇见一位女士坐着轿子从圣詹姆士街返回。他们拦住轿夫，粗暴地试图迫使那位女士从轿子里出来。轿夫抵抗他们，于是他们拔出剑，掀翻了轿子。巡夜的士兵进行弹压时，其中一个士兵被刺穿了身体，立刻就死了。

这些暴徒组织了各种俱乐部，取名"无畏的雄鹿"、"地狱之火"。"盲目而勇敢的爱"是这些组织的格言。据当时的作者称，其成员"淫荡地尝试寻找那些和他们气味相投的异性。他们的姐妹都害怕他们的暴力，远远地避开他们的那些隐秘事情"。参加这些组织必须具有无神论的信仰。在他们游荡的旅社里，他们最喜欢的一道菜是"一个圣灵派"。他们主要的聚会地点是萨默塞特宫②附近的一个小旅馆，他们经常在礼拜之后带着一群喧闹的乐队聚集在那里。

萨默塞特宫

他们放肆的行为实在太恶名昭彰了，成为了公众怨愤的焦点。1721年，

---

① 斯特兰德大街（Strand street），英国伦敦中西部街道，以其旅馆和剧院著称。
② 萨默赛特宫（Somerset House）是位于伦敦中部斯特兰德大街（Strand）上的一处大建筑群，俯瞰泰晤士河，就在滑铁路桥（Waterloo Bridge，电影《魂断蓝桥》中那座著名的大桥）东边。

王室发布了一项公告禁止这种俱乐部。此后,王室又通过判处一个叫奥涅比[①]的少校死刑来对决斗进行抑制。这个少校通过自杀妨碍了侩子手的工作和公众希望看热闹的好奇心。

这个重要案件的细节是这样的:奥涅比少校被指控在1726年谋杀了高尔先生。判决指出,奥涅比少校和死者以及另外三个人在一个小酒馆里,气氛友好。一段时间后他们开始用骰子赌博。当其中的里奇询问是否有人愿意下三个半克朗银币的赌注时,高尔先生以开玩笑的态度下了三个半便士的硬币,然后对里奇说他已经下了三块钱了。奥涅比少校当时则下了三个每个半克朗的银币,而且输给了里奇。他立刻转过头对高尔先生说:"下三个半便士可不对头啊,谁这么干谁就是浅薄自负的家伙。"高尔先生回答说:"谁这么说谁就是个混蛋。"于是奥涅比少校拿起一只酒瓶,奋力朝死者扔了过去,但是没有打中,酒瓶只是把高尔先生头上的一些灰尘打掉了。作为回击,高尔先生也立刻对奥涅比少校扔了一个烛台或者酒瓶,也没有击中。这时他们都站起来去取挂在墙上的剑,高尔先生拔出了剑,但是奥涅比少校被人拦住,没有能拔出剑来。高尔先生于是也丢掉了剑,旁人过来劝解,于是他们又坐了下来。

一小时之后,高尔先生对奥涅比少校说:"我们都说了一些气头上的话,而且是你挑起的,但是我想我们可以让它过去吧。"同时把手伸给了对方。奥涅比少校却回答说:"不……我要你的血。"

然后他们付了帐,除了奥涅比少校,所有人都走出酒馆回家,而奥涅比少校却招呼后来的死者说:"年轻人,回来,我有些事要告诉你。"死者于是回到房间里,门立刻被关上了,其他人被关在了外面。他们听见里面剑碰剑的声音,奥涅比致命地刺伤了高尔先生。

后来还发现,人们散去时,奥涅比把他的厚重的长大衣甩到了肩膀上,他只受了三处轻伤。人们在高尔先生弥留之际询问他,他是否是在一场剑客们会称作公平的决斗中受的伤,他回答:"我想是的。"人们这时才发现,在他们互掷酒瓶之后,犯人和死者之间没有实现和解。

根据这些事实,所有的审判员都认为奥涅比犯有谋杀罪。他的行动出自恶意和深思熟虑,而非一时冲动。审判长的论辩还表明,门关上以后,双方

[①] 这个人叫约翰·奥涅比(John Oneby)少校。

在开始战斗之前的准备过程中是处于平等地位的,致命伤是在战斗中造成的。这样庭审中辩论的关键问题就是,在旁人进行了干预,所有人又坐下来度过了一个小时之后,是否存在所谓"明显恶意"的证据。根据各种情况,法庭认为犯人有充分的时间可以冷静下来。而在死者提出和解之后,他却使用了充满仇恨和深思熟虑的言辞,即"他要得到对方的血"。还有,当其他人走出酒馆时,犯人用轻蔑的称呼"年轻人"唤回了死者,假装有话要对死者说。这些都充分证明了犯人的蓄意和冷酷,从而排除了一时的狂怒一直持续到了对死者造成致命一击时的假设,毫无疑问犯人当时迫使高尔先生进行了自卫。

大约也是这个时期,爱迪生和斯蒂尔分别在《观察者》① 杂志和《闲谈者》杂志上努力引起公众对决斗这个问题的关注。他们以说理和逗趣的方式反对这种可耻的行为。在《旁观者》杂志第 84 期上,斯蒂尔写了一篇反对决斗的短文,其中以斯皮纳蒙特·托恩希尔的名义提到发生在克尔蒙德里·德林爵士和托恩希尔先生之间的一次决斗。② 前者在决斗中丧了命,托恩希尔被控谋杀但无罪开释了。两个月之后,在滕汉姆格林③,托恩希尔被两个人刺死了。那两个人刺杀他时大喊:"记住克尔蒙德里·德林爵士。"

在《旁观者》杂志第 9 期上,爱迪生开始了对决斗的评论,他描述了那些"乏味而沉默的俱乐部"。他说:"我不得不提到一个查理二世时期建立的祸害,我指的是决斗者俱乐部。没有进行过决斗的人是不会被接纳进去的。俱乐部的主席据说在单人决斗中杀死了半打的对手。其他人根据他们在决斗中杀人的多寡排定座次。对那些在决斗中只流过血没有杀过人,而且表现出值得赞赏的雄心,希望抓住每个机会坐到前排来的成员,在靠墙的后排给他们安排了一张桌子。这个由光荣的人组成的俱乐部,没有存在太长的时间,它绝大多数的成员在俱乐部成立后不久就倒在了剑下,或者被吊死了。"

---

① 《观察者》(The Spectator)是由约瑟夫·爱迪生(Joseph Addison)和理查德·斯蒂尔(Richard Steele)创办的一份日报,出版于 1711 至 1712 年。

② 1711 年 5 月 9 日,斯皮纳蒙特·托恩希尔(Spinamont Thornhill)在决斗中杀死了克尔蒙德里·德林(Cholmomleley Dering)。托恩希尔经过审判被无罪释放,但是后来被两个刺客杀死。他临终时,刺客代克尔蒙德里向他致敬。

③ 滕汉姆格林(Turnham Green)是伦敦齐斯威克高速路(Chiswick High Road)旁的一个公园。

第二十三章　大不列颠和爱尔兰的决斗

在第99期的杂志上,爱迪生讲述了下面的轶事:"一个英国贵族①过去常常讲起一个令人愉快的故事。故事说的是一个法国贵族,他有一天很早就造访威廉。在大大地表示了一番对威廉公爵的尊敬之后,他向公爵表白了一番,大意是他可以应公爵的要求,告诉公爵是谁在公爵走出歌剧院时推挤了他。但是在他说出这个名字之前,他央求公爵给他一份荣誉,就是让他在决斗中担任公爵的助手。公爵这位英国绅士为了避免卷入这桩非常愚蠢的事情,对那个法国贵族说,自己正陷入两桩与两个特别的朋友的决斗,无暇及此。于是那个法国人马上收回了请求,同时请求公爵不要因为自己不能在无从获益的一件事情里涉入太多而见怪。

尽管斯蒂尔努力反对决斗,但是他也曾被卷入一次几乎致命的争吵。那时他是冷溪禁卫团②的一名军官。一位军官同事和他谈起想向一位冒犯了自己的人挑战,斯蒂尔雄辩的劝说阻止了他。团里其他的一些同事散布消息说斯蒂尔插手这件事是为了替那个冒犯者遮掩,使他免受应得的惩罚,从而损害了受到冒犯的那位军官的荣誉。大家都认为这个说法是恰如其分的。

于是有人向斯蒂尔发出了挑战,他试图避免决斗,但是徒劳无功,最终他同意了。凭着娴熟的剑术,他有信心惩罚一下挑战者而又不危及自己的生命。双方会面了,斯蒂尔系鞋子时,皮带扣断了。他以此为由力促挑战者停止决斗,但是没有用。双方开始比剑,斯蒂尔躲过了几次攻击,最后,他试图解除对方武装时,刺穿了对方的身体。他绝望地在那盘桓了一阵之后,终于高兴地看见那人恢复过来了。

尽管决斗很流行,但像斯蒂尔一样,一些人遇到挑战时努力试图拒绝决斗。下面是一个禁卫团的军官写给挑战者的一封信。如果想要了解具有

---

① 威廉,第一世德文郡公爵。——原注
　　威廉·卡文迪什(William Cavendish, 1st Duke of Devonshire, 1640—1707),辉格党政治家。他反对查理二世的宫廷,是1688年"光荣革命"的重要支持者,也是当时签名邀请奥兰治亲王威廉三世继承英国王位的"不朽七人"之一。此后他成为威廉的王室事务长,进封为公爵。他同时也是一个情场老手。
② 女王陛下的冷溪步兵团,也叫冷溪近卫团(the Coldstream Guards),是1650年在苏格兰的冷溪地方创立的一个团,是目前英国常备军中历史最悠久的部队。它的第一营第七连在伦敦和温莎担任许多礼仪性和守卫任务。

真正的荣誉感的人在那个时代是如何认识个人决斗的，这是一份很好的说明：

"先生，我认为那是我个人独具的乐事，就是能够提出所有目睹我在丰特努瓦（Fontenoy，法国和比利时有好几个地方叫这个名字）的行为的军官和士兵们作为我勇气的证据。您可以竭尽全力，如果您愿意，去散布消息说我拒绝了您的挑战，给我贴上胆怯的标签，但是我坚信没有人会相信我有什么不对，所有人都会认识到您的恶毒的意图。我们争吵的事情是琐碎的。一个士兵的鲜血应该为更加高尚的目的保存起来。爱是盲目的，仇恨则是卑鄙的，时代的趣味是善变的。我们应该认为决斗就是谋杀，即使用荣誉的幌子进行掩饰，它仍然是谋杀，而且会招致报复。"

在罗伯特·沃波尔内阁①时期，决斗变得非常时尚，当然经常被用以解决争执。在下面这份写给曼先生的信中，我们可以看到那个时代（1750年）的风貌：

"大约十天前，在新来的科巴姆夫人的聚会上，哈维伯爵②靠在一张椅子上与一些妇女谈话，手里拿着他的帽子。科巴姆子爵③走过来在他的帽子里吐了一口，是的，在里面吐口水，然后就大笑起来。他转向纽金特先生，说'把赌注给我吧'。简言之，纽金特伯爵④为科巴姆子爵做这桩粗鲁的事下了一个基尼的赌注，科巴姆子爵对此毫不反感。哈维伯爵非常气愤，但是理智地问，科巴姆子爵是否有什么理由对自己的帽子这样做。'噢，我看您很气愤，'科巴姆子爵说，'不是很高兴。'

---

① 罗伯特·沃波尔（Sir Robert Walpole, 1676—1745），英王乔治一世（1714—1727在位）和乔治二世（1727—1760在位）时期政治家。尽管没有任何法律或官方承认，但是因为他对当时的内阁的影响力，人们一般认为沃波尔是英国第一位首相。
② 可能是布里斯托伯爵乔治·威廉·哈维（George William Hervey, 2nd Earl of Bristol, 1721—1775），英国外交官。
③ 理查德·格林威尔·坦普尔（Richard Grenville - Temple, 2nd Earl Temple, 1711—1779），坦普尔伯爵、科巴姆子爵（Cobham viscount），英国政治家。他是英国首相威廉·皮特的内弟。1756至1761年间他和皮特一起支持英国参加七年战争，因为英国拒绝向西班牙宣战而和皮特一起辞职。
④ 罗伯特·纽金特，纽金特伯爵（Robert Craggs - Nugent, 1st Earl Nugent, 1702—1788），爱尔兰政治家，诗人，英国财政大臣。

第二十三章　大不列颠和爱尔兰的决斗

科巴姆子爵拿起那要命的帽子擦拭着，表达了一千遍愚蠢的歉意，想让这件事作为一个玩笑就这样过去。次日他日出即起，前去拜会哈维伯爵。对方不肯见他，而是给吐口水的这个人（或者，用他现在的头衔，'吐口水'勋爵）① 写了一封信。他在信中说，对方粗暴地当众侮辱了自己，但是因为他把纽金特伯爵也卷了进来，所以自己现在急切地希望知道应该向谁提出挑战。科巴姆子爵的回答非常恭顺，以自己和纽金特伯爵的名义请求原谅。

理查德·格林威尔·坦普尔，坦普尔伯爵，科巴姆子爵

事情延搁了几天，直到这件事传了出去，哈维伯爵再次写信要求科巴姆子爵像前几日曾经做过的那样，做一次清楚明确的道歉。

这个要求也得到了遵从。"公正的征服者"（指哈维伯爵）公开了所有的往来信件。纽金特伯爵的耻辱没有到此为止。在他猛烈抨击三明治伯爵②的那个晚上，他在一个假面舞会上站在凯瑟琳·佩勒姆夫人旁边，没有带面具。女士正在告诉他一只'疯狗'的历史（我相信这位女士一定自己咬过那条疯狗）。

这时年轻的李维森——贝德福德公爵夫人的兄弟出现了，也没有带面具。他看着纽金特伯爵说：'我今天见过一条疯狗，而且是一条愚蠢的狗。''我猜，李维森先生，您一定是在镜子里看到的。''不，我现在就看着它呢。'他们马上走了出去，但是被人拦住，没能进行决斗（如果纽金特伯爵会进行决斗的话），人们让他们在餐具柜前和解了。

这件事造就了一条粗鲁但是一段时间里很时髦的格言：'我们星期四

---

① 原文为 Gob'em。Gob 意为"吐口水"。
② 约翰·蒙塔古（John Montagu, 4th Earl of Sandwich, PC, FRS, 1718—1792），三明治伯爵，英国政治家。他曾经担任邮政大臣、海军大臣、国务卿，但是他最著名的事迹可能是据传他发明了三明治。

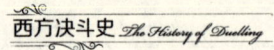

在他的帽子里吐口水，星期五把它擦干净。'"

因为哈维伯爵的软弱，沃波尔称哈维伯爵是"公正的征服者"。正是他的软弱弄得科巴姆子爵（人们更多地知道他另一个头衔：坦普尔伯爵）胆敢用这么粗暴的方式侮辱他。

这时佩剑的习俗逐渐废止了，人们开始使用手枪。发生在拜伦男爵和查沃斯先生之间的决斗①，是最后一次用佩剑进行的致命决斗。

拜伦男爵和查沃斯先生的决斗，1765年

1765年1月26日，拜伦男爵（诗人拜伦的叔祖父）和几位绅士一起在蓓尔美尔街②的星和嘉德勋章酒店吃晚饭。就餐者大多来自诺丁汉郡，大约七点钟在一个俱乐部里聚到了一起。话题涉及到了地产上的猎获物问题。就此话题，查沃斯先生和他旁边的一位绅士因为保护猎物的最佳方法发生了激烈的争论。拜伦勋爵加入进来，谈了他的意见，认为最好的办法就是不去关注土地上的生物。查沃斯不同意，认为更好的办法是严厉对待偷猎者。这导致了一场争论。查沃斯宣称，诺丁汉郡的每一只野兔都是因为他或者查尔斯·西德尼先生的保护才得以存活的。

拜伦为此打赌一百英镑，说他的一处或者所有领地上的猎物都比查沃斯的任何领地上的猎物多。查沃斯接受了赌注，而且为此做了记录。拜伦勋爵带着几分激动和一种挖苦的口吻接着说："查尔斯·西德尼的领地！他的领地在哪儿？"查沃斯同样激动地回答："哈克讷尔和纳托尔的庄园就是。"拜伦回答说："我不知道什么查尔斯·西德尼的庄园。"查沃斯于是说纳托尔就是查尔斯的领地，是他从自己的家族购买的。"如果阁下想要更多关于他的领地的消息，查尔斯·西德尼住在迪恩街③，阁下也知道可以在伯克利广场的什么地

---

① 威廉·拜伦（William Byron, 5th Baron Byron 1722—1798），第五世拜伦男爵，也称"拜伦魔王"。他是著名诗人拜伦（George Gordon Byron）的叔祖父。在决斗中被他杀死的威廉·查沃斯（William Chaworth）是他的表兄弟和邻居。这次决斗之后，人们给他起了个绰号"邪恶爵士"，他很喜欢这个称号。

② 蓓尔美尔街（Pall Mall）是伦敦威斯敏斯特市一街名，以俱乐部多出名。名称取自17世纪的一种经常在这里进行的棒球游戏（mallet-and-ball）。

③ 迪恩街（Dean Street），在伦敦牛津街（Oxford Street）和沙夫茨伯里大街（Shaftesbury Avenue）之间。

方找到我。"

这场争论过后，大家又在一起呆了一个小时，而且气氛明显是幽默诙谐的，谈话转向了其他各种各样的问题。大约八点钟，查沃斯离开了房间，他问同时离开的一位叫道斯顿的先生是否看到他和拜伦之间的争论。那人回答说他听到了一部分。查沃斯于是问他是否认为自己在争论中走的足够远了。道斯顿说他认为已经走的太远了，而且那只是一件蠢事，双方都不应该再去想它了。

不久拜伦也离开了房间，他遇上了查沃斯，后者说他希望和他说些事情。拜伦于是叫来一个侍者，问他是否还有空房间。侍者把他们引到一个空房间，然后拿来一支蜡烛。除了房间里一处昏暗的炉火，这只蜡烛就是唯一的亮光了。拜伦问查沃斯，他应该找他还是查尔斯·西德尼解决这场争论。

查沃斯回答说应该找自己，而且如果他还有什么关于这件事的话要说的话，最好是把房间的门关上，然后查沃斯马上就去这样做了。他转回身来时发觉拜伦已经把剑拔出了一半，而且冲自己大喊："拔剑！"查沃斯立刻照办了。他第一剑刺穿了拜伦的马甲，误以为刺伤了对方。当拜伦收回剑，致命地刺中他时，查沃斯说他和任何一个英国人具有同样多的勇气。

双方进行了一场激战。当侍者和店主进入房间时，发现他们相互抓着对方的手臂。查沃斯的剑握在左手里，拜伦则用右手握着剑。查沃斯欣然放下了剑，拜伦则带着几分勉强。人们立刻差人请来了外科医生霍克鲁普，他宣布伤势是致命的，无可救药。剑从肚脐左边一英寸的地方刺入，斜着向上，从背后高五到六英寸的地方穿了出来，中间在胃的底部割开了一个大口子，伤到了小肠，刺穿了横膈膜。

查沃斯的剑刺穿对手的马甲时，他似乎对于自己可能严重刺伤了拜伦感到了担忧。出于这种担心，他放松了警惕。当拜伦立刻收回剑，然后刺穿他的身体时，这位不幸的绅士竭力用左手推挡对方的击刺，抓住对方的剑与之搏斗，同时仍然说希望对手没有严重受伤。这时拜伦惊呼道："他希望自己能确认自己和任何一个英国人一样勇敢呢。"

在伤痛中极度痛苦地扭动的查沃斯数次宣称，即使他知道自己面临马上死去的危险，而且眼下是如此的痛苦和悲惨，也仍然宁愿接受自己目前的处境而不是生活在杀死另一个人的不幸之中。有人问他这次争论的性质，他表示他确信这件事本来可以很容易地被说和的。他的一个亲戚李弗瑞兹问他决斗是否公平时，他保持了沉默。过了一会儿他只是说，当他关好门转过身来时，他发现拜伦的剑已经拔出了一半。他了解那个人，所以他尽可能快地拔出了自己的剑，而且首先攻了过去。查沃斯后来补充说，走进房间时他不相信拜伦打算和自己决斗。但是当他看见对手站在门边，房间里几乎没有什么光亮时，查沃斯相信拜伦一定认为自己占据了有利的位置。

拜伦在辩护中陈述说，死者在争论中对自己采取了一种"轻蔑和鄙视的态度"，死者说他五英亩的领地上的猎物比自己所有领地上的猎物都多。

拜伦还辩解说，离开聚会房间时，他在楼梯上遇见了查沃斯，后者问他："有什么吩咐吗？"他回答说："如果有机会对您说一些事我将很高兴。"门关上之后，拜伦问查沃斯："我应该怎样理解你的措辞，是把它们理解为来自您的故意冒犯，还是来自查尔斯·西德尼的冒犯？"据拜伦说，查沃斯回答说："随您怎么理解，冒犯或者别的什么。我想这个房间很合适某些人来解决这件事情。"拜伦承认，他的对手遭受致命一击时还在大喊："我恐怕已经杀了您了！"同时把左手伸向了腹部。拜伦看见血从那里涌了出来。拜伦表现出了恐惧，担心自己重伤了对方，随即按铃叫人帮忙。这时查沃斯说："阁下，我要说的只是，您表现得像一个绅士。"

上议院认定威廉·拜伦勋爵"没有犯谋杀的重罪，但是过失杀人有罪"。他向爱德华六世请求法律上的恩惠，于是在交付了一笔费用之后被释放了。

这次不幸的决斗导致了许多严重的后果。决斗的双方看上去是冷静的，他们之间此前不存在相互的恶意，但是对彼此财产的看法伤害了他们的虚荣心。领地上的猎物这个问题，过去是、现

约翰·威尔克斯（1725—1797）

在还是绅士们之间一个令人痛心的话题。

没有助手的决斗在任何时代都被认为是蓄意杀人的方式，因为那样就无法提供证据证明决斗中不会发生最邪恶的欺诈行为。查沃斯拒绝指控对手作弊（很可能是出于强烈的荣誉感），但是他也同时在弥留之际拒绝承认决斗是公平的。拜伦说，躲过查沃斯的第一次攻击之后，对方又进行了第二次攻击，他又躲了过去。这时他发现自己背靠着桌子，在光线方面非常不利。他竭力想从左边向右手边挪一点，不可避免地使自己和对手更靠近了。他们同时发起了进攻，查沃斯的剑从自己的肋边穿过，刺中了自己的马甲和衬衫，向上割开了八英寸。他猜就是这时查沃斯受了那不幸的致命伤。

关于这件事的公平性不可能形成统一的意见了。这件事只能表明，对任何没有助手的决斗都应该给以最严苛的审视，以防这种事再次发生。

1762年发生了著名的塔波特伯爵①和约翰·威尔克斯②之间的决斗。

争执起源于8月21日《北不列颠人》第十二期使用的一些词句。它们表达了对塔波特伯爵不利的看法。当时威尔克斯给伯克利上校（后来的波特多特男爵）③写了下面这封信：

温彻斯特 1762年9月30日

先生：根据您的来信，塔波特终于把这个至关重要的问题放到我在第一次答复中就确定的轨道上来了（指事情只能用决斗来解决——译者），如果他愿意这样的话。

鉴于您只看过最后的两封信，我必须恳求您费神看一下前面的信件。因为我感觉它们可以为我今早有幸在营地里向您致敬时表达的一两个观

---

① 威廉·塔波特（William Talbot, 1st Earl Talbot , 1710—1782），第一世塔波特伯爵，英国下议院议员，继承爵位后为上院议员。
② 约翰·威尔克斯（John Wilkes, 1725—1797），英国激进政治家，新闻工作者。1757年当选为米德赛克斯郡（Middlesex）下议员。1771年他帮助新闻界争取到了逐字记录和发表国会辩论过程的权利。他一直坚持反对乔治三世的专制统治，屡遭下议院非法罢免他的议员资格。美国独立战争期间，他支持美国独立使他广受拥护。在生活上，威尔克斯据说是一个浪荡子，婚外至少还有五个子女。
③ 诺伯恩·伯克利（Norborne Berkeley, 4th Baron Botetourt, 约1717—1770），第四世波特多特男爵，下议员，弗吉尼亚总督。

点提供佐证。我保证，只要我还在天地之间，我星期二晚上会在巴沙特①红狮街提尔波利家里，然后在星期三早晨我会参加与塔波特先生的决斗。

我非常满意塔波特先生能有一位像您这样有价值和荣誉的人为伴。

这封信会由我的副官交给您，他会跟我到巴沙特去。我不会带仆人来，以免任何别人知道这件事。我的手枪或者塔波特先生的手枪将决定这件事，这取决于他的选择。

我求您好心把信归还给我，因为我今晚打算离开温彻斯特。我让布鲁斯勋爵休假十天。等等。

约翰·威尔克斯

我希望星期二晚上我们能搞一次晚餐聚会，于巴沙特

对这封语调轻快的信答复如下：

营地，近温彻斯特　1762 年 9 月 30 日

先生，送来所有的信。我星期二晚上肯定会在巴沙特红狮街提尔波利家中与您共饮。我的仆人会跟着我，因为独自前往会启人疑窦。但是您可以放心，他在巴沙特会听从您的吩咐，他不会出现在任何您不希望他去的地方。对您的有益看法我深表感激。等等。

H. 伯克利致威尔克斯上校

在一封致坦普尔伯爵（即前述科巴姆子爵）的信里，威尔克斯对这次奇异的决斗做了如下叙述：

巴沙特　红狮街　1762 年 10 月 10 日夜　星期二

阁下：我现在有幸把我和塔波特之间往还的七封信传送给您。事情已经结束了，所以我附上伯克利上校的一封信以及前次我给他的信的抄件。这两封信确定了我和塔波特的决斗的细节，这之前信的内容一直是由相关的四个人非常庄严地保守的一个秘密。

我今天下午三点钟来到了这里。五点钟有人通知我，塔波特伯爵和

---

① 巴沙特（Bagshot），英国东南部一小城，位于萨里郡西北角。过去是从伦敦到西南部各郡的重要中转地。

第二十三章 大不列颠和爱尔兰的决斗

伯克利上校在房子里。塔波特是一点钟到那的，后来又离开了，走时留下口信说会很快返回。我一直呆在我到达时所处的房间，以免被人怀疑。我向伯克利上校送上了致敬的话，并且表示我希望见到他。他是如此谦和，马上就来见我了。

我对他说，我想我们可以和塔波特一起小酌一番。我准备好了抛开职务的因素听从他的吩咐。我说伯克利先生和哈里斯（我的副官）作为我们的助手，可以根据我从温彻斯特给他的信和他的回信确定决斗的细节。伯克利回答说塔波特希望立刻解决这件事。我回答说，约定是那天晚上大家一起喝喝酒，第二天早晨决斗。我说，因为这样的安排，我像一个懒散而快乐的人一样，把一些确实很重要的事情耽搁了下来，我打算在上床之前安排那些事务。我补充说，我是从米德门汉姆修道院①来此的，在那里好交际的圣弗朗西斯的修士们弄得我直到早晨四点都没能上床。大家都应该认识到我喝醉了，这种时候和塔波特先生决斗，不会让大家对他产生好看法的。双方等到第二天早晨，在一个尽可能早但清醒的时间决斗，会让塔波特先生更加惬意的。

伯克利先生说他曾保证将我们双方安排到一起，现在我们都已经身在巴沙特了，他将让我们自己解决我们的问题。接着他问我是否愿意和他一起去见塔波特，我说我随时愿意前往。我们马上就去了，和我的副官一起。

我发现塔波特先生处于一种极端狂躁的情绪之中。他说我伤害了他，他可不习惯被人伤害或者侮辱。他问我打算干什么？是不是我写了《北不列颠人》8月21日的那篇文章，那篇损及他荣誉的文章？他会知道的。他要求直接的道歉。他说他的手枪就在这儿。我回答说他可以随时用上它。我想知道他凭借什么权利可以就一篇并未署我名字的文章对我进行盘问。除非他解释清楚他提出问题的权利是什么，否则我不会为他回答这个问题。我还说如果我有什么别的想法，那我麻烦塔波特和伯克利先生到巴沙特来就太没有教养了（言下之意：我烦请他们来此绝无别的想法）。我说我是一个不受职务羁绊的英国绅士，完全自由独立，我把这视

---

① 米德门汉姆（Medmenham），是英国白金汉郡韦康比区的一个村庄。12世纪这里有一座西多派修道院（Cistercian abbey），1547年被解散。1755年弗朗西斯·达希伍德（Francis Dashwood）先生从私人手中买回了修道院的遗址，可能重建了一个修道院。

为非常重要的尊严的一部分。我愉快地服从一位仁慈的君主，但是我绝不会屈服于一个和我一样同为国王臣民、王室服务者的人独断专横的命令。在阶层、财富和能力上，他的确在我之上，但是在荣誉、勇气和自由上，我和他是平等的。塔波特于是问我是否愿意当晚和他决斗，我说我宁愿等到次日早晨，就像此前约定的那样，而且我提出了我的理由。他坚持马上解决这件事。我告诉他我可以很快做好准备。我不是在他面前故作表现，我确实首先要安排好一些重要的事关我唯一的女儿教育问题的事务，我是那么的爱惜她。我说这只需要一点点时间，我会很快和他解决问题，用任何他希望的方式，因为我带了剑，也带了手枪。

我按铃让人送来了钢笔、墨水和纸。我想让塔波特把他的枪藏起来，以免侍者看到。他很快变得半疯狂了，用了上千种不雅的词汇骂我，比如我应该被吊死、该死的等等。我告诉他我不会被吓住的，也不会丝毫受这些暴力的影响。上帝给了我坚定的意志和精神上与他或任何人平等的地位。冷静的勇气会一直保存在我身上，而且人们会看到这种勇气的基础是多么牢固。

侍者拿来笔、墨水和纸之后，我建议应该把这间房的门锁上，直到我们的问题解决为止。对此他变得毫无克制了。他公然宣告这里是个屠宰场，我是个想要他命的恶棍。我提醒他我到这里来是出于荣誉的考虑来满足他决斗的请求的，我说锁上门只是想避免任何打扰。我说在任何情况下，我都不会受我所见过的最狂暴的脾气支配，我只会服从两位助手冷静的决定，我绝对服从他们。塔波特于是问我是否否认写过那篇文章，我说我既不会承认也不会否认。如果我在决斗中活下来，我会宣布的，但不是现在。

很快他冷静了一点，用一种抚慰的口吻说："我相信，我从未冒犯过威尔克斯先生，为什么他要攻击我呢？他看到我难过肯定会感到懊悔的。"我问他根据什么要把那篇文章归咎于我？威尔克斯先生会为任何一篇他署名的文章进行辩护，他也同样会坚持他的权利，拒绝就任何一篇并未署他名字的文章给出关于作者的答案。那是我毋庸置疑的权利，我会用鲜血确认这个权利。

他接着说他非常仰慕我，真的爱我，但是我是一个不负责任的人——居然有这种角色！但是我会杀死他吗，一个从未冒犯过我的人？

第二十三章 大不列颠和爱尔兰的决斗

等等。这以后我们谈了很多关于巴克斯郡民兵的事情,还有他前往韦康比荒原①,在我成为上校后前去看我的事。他很快又激动起来,对我说:"你是个杀人凶手,你想要杀了我,但是我肯定会宰了你,以上帝之名,我知道!要是你和我决斗,如果你杀了我,我希望你被吊死。我知道你会被吊死的。"我问他我是否要先被他杀死然后再被吊死?我知道他会在口袋里揣着国王的赦免和我决斗,而我和他决斗,脖子上会绕着一根绞索。尽管这样我还是会和他决斗。如果他在决斗中倒下了,我不会在那儿耽搁分毫等待这个政府的粗暴对待的。我会直奔下一个旅程,我的男仆会在那里等我,我会取最近的路去法国,关注荣誉的人相信在那个国家他们肯定会得到庇护。

他接着说我是一个不可信的人,希望我被杀掉。我忍不住笑起来,说我来巴沙特不是为了解决关于忠诚的问题,而是为荣誉的事务前来的。真的,我不怕死,但是我和所有人一样享受生命。不管怎样,我和任何英国人一样,很少受到阴郁和易怒的脾气的影响。我如此地珍视生命和生命的乐趣,除非受到荣誉的召唤,我绝不会自愿放弃的。

然后我给您写了一封信,是关于威尔克斯小姐的教育问题。我还向您表示了我不幸的谢意,为了您多年来惠赐于我的牢固的友谊。伯克利先生接到了这封信,我希望他把信送到斯杜威②去交给坦普尔伯爵。这种时候我的头脑里已经没有任何权术和任何别的东西了,只想着坦普尔伯爵的德行。(威尔克斯和坦普尔伯爵在政治上是对手——译者)

我封好信,告诉塔波特现在我听从他的吩咐。我再次表示我希望在这个房间里解决问题,这样不会受到打扰,但是他不为所动。他问我:我们在决斗里应该开几次枪?我说,请他决定。我带了一瓶火药和一袋子子弹。我们的助手检查了我的副官带来的手枪。那是大型的马枪。双方同意我们应该听到命令再开枪,口令由一名助手发出。两个助手抛硬币决定了由我的副官发令。

然后我们离开了房间,来到离房子有段距离的一个花园。这时接近

---

① 韦康比荒原(Wycombe Heath),是一片位于白金汉郡韦康比地区的遍布欧石南属植物的荒原。
② 斯杜威(Stowe)是英国白金汉郡白金汉宫西北2英里处的一个小村庄。

七点钟，月光皎洁。我们相距八码站定，双方同意在开火之前必须一直面对对方，不得转身。哈里斯发出了口令。我们非常精确地同时开枪，但是都没有击中。

　　我立刻走上前，对塔波特说，现在我承认是我写的那篇文章。他对我的勇气极表赞赏，而且说，他会在所有地方公开宣称我是上帝所造最高尚的人。他接着表示希望我们现在能成为好朋友，让我们一起回到旅店去喝一瓶红葡萄酒吧。我们非常诙谐他大笑着接受了他的建议。

　　塔波特随后去了温莎，伯克利和我的副官去了温彻斯特，我要在这里呆到明天早晨，等我的仆人回来，我已经给他送了个信。伯克利告诉我，他为塔波特的暴躁感到痛心，他钦佩我的冷静和勇气，这些超过了他最大程度的预期，他是这样说的。

先生，我是约翰·威尔克斯

　　按照我们关于决斗的现代观念，这次决斗的奇怪过程，会使人们倾向于认为双方都不是特别渴望进行决斗。威尔克斯想在决斗的前夜和被他冒犯的人共饮，这让人猜想他期待着和解的可能性。另一方面，从塔波特非常缺乏教养和自我克制的举止来看，他似乎想威逼威尔克斯做出让步。双方都为了恐吓对方而谈到了杀人。

　　根据威尔克斯众所周知的个人品质，没人能怀疑他的勇气，但他决斗之前拒绝承认他是那篇攻击他人的文章的作者而事后承认这一事实，这是浅薄的行径。只有塔波特提出问题的侮辱性的态度，可以为这种行为提供些许理由。塔波特肯定认为自己在这件事情中吃了大亏，尽管威尔克斯后来承认自己是文章的作者，他却已经和对方进行了一轮射击了。在那些日子里经常进行的决斗，并不具备通常所说的精致和恪守荣誉感的性质，而且这些决斗似乎更多的是追逐时尚的结果而非为了捍卫荣誉。

　　1763年威尔克斯卷入了一次与财政大臣马丁[①]的决斗。当时威尔克斯担任编辑的《北不列颠人》杂志按他一贯对待政府成员的尖酸态度，对政府成

---

① 塞缪尔·马丁（Samuel Martin, 1714—1788），英国政治家，曾两度担任财政大臣。

员作了一些典型刻画。人们认为这些描写是暗示政府成员——坎莫福德选区①选出的议员、财政部长塞缪尔·马丁的。这位先生后来在丘吉尔②的诗中成了英雄——"决斗者"。下面就是那些无礼的文字：

塞缪尔·马丁（1714—1788）

> 某个政府部门的大臣，是政府进行迫害的灵巧工具。他的鼻子简直堪比葡萄牙宗教裁判官的鼻子。他就像贪婪无厌的秃鹫，每个小时都在政府里探寻可以果腹的动物腐尸般的肮脏东西。

真的，甚至还在元老院里寻找赃物，兜售他那所谓的妙策和得意方案（原文这一句是拉丁文）。他把我们所有的无辜的家庭弄得赤贫和破产。那个苏格兰佬搜刮时，从不在意小孩子的年幼和妇女的性别。

后来的一期杂志再次提到那个"最奸诈、卑贱、自私、可鄙、下贱、肮脏的家伙，那个扭动着身子钻营到大臣位置上的家伙"。

结果马丁把它看作是对自己的攻击，在下院里用非常具有侮辱性的言辞谈论《北不列颠人》杂志，于是威尔克斯给他送去了下面这封信：

大乔治街　1763年10月16日

---

① 坎莫福德（Camelford）选区是英国1832年议会改革法案之前一个著名的"腐朽选区"。这个选区选举议员的权利一直存在激烈的争议。坎莫福德选区的投票权属于"自由市民"，即在当地定居的支付教区税的住户，其人数在1831年仅31人。这种住户由当地拥有所有房产产权的"赞助人"提名，所以非常容易操控。他们总是按照"赞助人"的指示投票。而大房产主经常是与政府和保守的政党保持相同立场的，所以坎莫福德选区往往是政府青睐的人当选下院议员的便捷途径。

② 查尔斯·丘吉尔（Charles Churchill，1732—1764），英国讽刺诗人，威尔克斯的政治同盟者。

先生：

您昨天在五百位绅士面前抱怨《北不列颠人》对您暗箭伤人，但是我相信您对于攻击并非那么没有防备，您感觉到了而且选择认为攻击是冲您来的。您在那么多绅士面前抱怨，是想让他们进行干预吗？为了消灭所有这类装腔作势，我要在您耳边低声说，《北不列颠人》所有点您名字和暗示您的文章都是由您谦卑的仆人——我——写的。

约翰·威尔克斯

对这封信，马丁的回答是：

阿灵顿街　1763年10月16日
先生：

就像我昨天在下院里所说的，《北不列颠人》的作者暗箭伤人，是一个怯懦而且恶毒的恶棍。您今早的信承认《北不列颠人》提到我的名字和暗指我的文章都是您写的，那么我必然有这个自由，再说一遍，您是一个恶毒而且无耻的坏蛋。我希望能给您一个机会让您向我展示"胆怯"这的词使用在您身上是否正确。我盼望您马上在海德公园和我见面，每个人带一对手枪，来决定我们的分歧。我会带着我的手枪到公园的圆形表演场来，我会藏好手枪，不让人看见。我会在那里等您，希望您在一小时内出现。因为我将前往您的房子递送这封信，我建议直接前去圆形表演场。如果必要，我们可以从那里前往任何一个更加隐秘的地点。我说了我将等您一个小时，好让您有足够的时间来见我。您谦卑的仆人。

萨缪尔·马丁

双方在海德公园碰头之后，一起走了一会儿以躲避好像要接近他们的一些人。他们都带了一对手枪。等到只剩下他们两人时，马丁开了第一枪，但是没有打中。威尔克斯开枪时，只是手枪火药池里闪了一下火光。

然后他们都拿起了另一支手枪。威尔克斯没有击中，马丁的子弹击中了威尔克斯的肚子。他很快流了许多血。马丁走上前来，希望能尽己所能提供帮助。威尔克斯回答说，马丁表现得像一个有荣誉感的先生。他说自己要死了，坚持要求马丁立刻逃走。他补充说没人会从他这里了解发生了什么事情。

他们就此分手。威尔克斯被送回了家,但是拒绝说出任何关于这件事的情况,直到他发现事情已经众所周知。他只是对外科医生说,这是一件"事关荣誉的事情"。

第二天,威尔克斯考虑到自己生命垂危,就把所有的信归还给了马丁,这样就不会出现任何对他不利的证据了。威尔克斯还对他的亲戚们坚持说,万一自己死了,不要给马丁制造任何麻烦,因为他表现得像一个具有荣誉感的人。

子弹被外科医生格雷夫斯取了出来。它打中了威尔克斯的外套纽扣,在肚脐以下一英寸的地方进入了腹部,斜着射进了右边的腹股沟,但是子弹没有击穿腹腔,而且从腹腔后面被取了出来。

身体恢复到可以书写之后,威尔克斯就自己的健康情况给下议院发言人写了一封信,时间是16日,星期五。

下议院作出了如下命令:"我们希望医生赫伯登博士和国王陛下的王室外科医生凯撒·霍金斯先生能前往威尔克斯先生处,观察他的治疗过程。如果明年1月19日威尔克斯先生不能出现在下议院他的议席上,他们和格雷夫斯先生及布洛克利斯比医生届时应前往下议院报告他们的意见。"

根据下议院议长的命令,命令被送交赫伯登医生,他把命令转交给布洛克利斯比医生,希望了解什么时间可以和布洛克利斯比一起去看威尔克斯。布洛克利斯比把下议院的命令和赫伯登的信都交给了威尔克斯,他立刻展现出对这件事的深思熟虑,写了一个客气的卡片给赫伯登医生,说自己对布洛克利斯比和格雷夫斯医生的技艺和照料非常满意,几周内还不希望见到赫伯登医生。他也送了一张同样的卡片给霍金斯。①

马丁马上去了巴黎。当威尔克斯抵达那座城市时,他们之间不仅有信件往来,还相互进行了友好的拜会。

马丁在这件事上的处理非常值得尊敬,但是公众因为威尔克斯先生遭受的危险而被触怒了,没有对马丁表现出来的高尚的精神给予认可。相反,人们评论说,马丁直到《北不列颠人》上令人不快的报道发表八个月之后才注

---

① 下议院议长这件事情官气十足,好管闲事的干预显然是对布洛克利斯比和格雷夫斯医生的冒犯。威尔克斯通过深思熟虑的举动,表达了自己对议长和下议院的谴责。——原注

意到它们。他在下议院那么公开正式地谈论这个问题，几乎就是在要求干预。他还被指控在那段时间，每天都在一个靶子上练习射击，星期天都不休息。人们还批评他直到决斗之后一个月才归还威尔克斯的信件。有人暗示，他这样做的目的就是，如果威尔克斯迅速恢复了健康，他就可以用这些信来证明威尔克斯与《北不列颠人》的文章有牵连。

作为一个具有政治和党派色彩的编辑，这不是威尔克斯先生生命受到威胁的仅有例证。他在巴黎恢复健康之后没过多久，一个名叫查尔斯·约翰·福布斯的苏格兰上尉认为他在《北不列颠人》上写的一些文章伤害了苏格兰的尊严而向他提出决斗。

威尔克斯以其他几桩具有同样性质的决斗为由想要推迟这次决斗，同时表示把那几桩事情了结以后，他会尽速满足上尉的要求。那个上尉以一种野蛮的态度坚持立刻进行决斗，但是他找不到助手，或者说没有人能保证他是一个绅士。威尔克斯拒绝接受他的请求。事情传到了警察那里，警察以他们不在法国境内进行决斗为条件没有逮捕他们。

因此，威尔克斯提出除了法国的领土，可以在佛兰德斯（中世纪欧洲一伯爵领地，包括现比利时的东佛兰德省和西佛兰德省以及法国北部部分地区）或者欧洲任何一个国家甚至亚洲、非洲或者美洲与他进行决斗。威尔克斯回到伦敦之后不久，福布斯上尉也出现在那里，就像人们怀疑的那样，想要和他决斗。但是当局注意到了他的出现和意图，非常慎重地暗示他：他的出现非常令人不快。这位卡列多尼亚（古代或者诗歌中代指苏格兰的女子名）勇敢的仰慕者觉得最好是离开这个国度，后来他前往葡萄牙服务，成了一个孤注一掷的冒险家。

1763年12月，一个名叫亚力山大·杜恩的苏格兰人得到允许，进入威尔克斯的房间，但是人们怀疑他企图刺杀威尔克斯，立刻抓住了他并且进行了搜查。在他口袋里发现了一把新的大折刀。有人还曾经听他公然宣称：他和其他十个发过誓的苏格兰同谋下定决心要杀死威尔克斯，不论会有什么结果。这些情况让人无法不对他的目的产生怀疑。从他同伙身上发现的文件被提交给了下议院。但是经过进一步的审查，发现这个人是个精神失常者。

威尔克斯和塔波特之间的决斗是乔治三世时期最早发生的决斗。现在决斗有了一种不同的性质。人们现在不再在妓院、旅馆和巧克力作坊里面一时冲动就拔剑而起了，公开的争吵也不时髦了。

佩戴随身的武器已经不再是一种风俗了，决斗具备了一种更具有规则和文明的形式。花花公子和纨绔子弟不顾一切的行为，不再被认为是绅士气质的证明，一个人用不着像"地狱之火"的浪子那样的行为举止，也可以被认为是很时尚的人。现在紧随琐碎的分歧和酒馆里的争吵的是党派之间的暴力。政治上的分歧经常激起非常强烈的仇恨，往往只能在决斗场上得到舒缓。在后面一章里，我们可以看到决斗在这个意义重大的朝代发生得太频繁了，我们将努力讲述这种情况。

第二十四章 乔治三世时期的决斗

第一节 乔治三世时期对决斗的一般观念

在这个长时间的王朝（指乔治三世的王朝。乔治三世从1760年至1820年在位——译者）不断发生的决斗情况如下：一百七十二次决斗（涉及三百四十四人）；六十九人被杀死——其中有三次决斗，参与者一个也没有活下来；九十六人受伤，其中四十八人伤势严重，四十八人伤势轻微。一百七十九人经历决斗但没有受伤。

从这个数字可以看出，五分之一的决斗参加者丢了性命，近一半人挨了对手的子弹。针对这些决斗，似乎只进行了八次审判。六名被告无罪释放，七名被判决犯有过失杀人罪，三人被判决犯有谋杀罪，其中两人被处决。有八人被处以不同时间的监禁。

当我们将这个时期决斗的频率与下一时期相比较时，同时考虑到这一时期的决斗常常造成这么大的伤亡，我们会自然地去探寻造成两个时期的重大区别和社会状况改善的原因。

如果这种情况（指乔治三世时期的决斗造成比后一时期更大伤亡——译者）可以归因于上流社会看法的进步，以及对一种既非人道而且荒谬的行为的合理憎恶，那确实令人满意，但是恐怕在这个变化中，时尚（而非理性——译者）的影响是无法忽视的。

尽管当前这个时期（本书出版于1841年——译者）有许多杰出而且受到公众尊敬的人用他们自己的行为认可了这种行为（决斗），但是比之于此前的那个时代，他们的数量是多么有限啊。在乔治三世的时代里，我们可以在决

第二十四章 乔治三世时期的决斗

斗者中看到约克、诺福克公爵、里奇蒙德公爵、贝拉蒙特伯爵、埃克斯茅斯、塔波特伯爵、汤恩森德侯爵、舍尔伯恩伯爵、佩吉特先生、卡斯尔雷、佩特山姆、皮特、福克斯、谢里丹、康宁、特尔尼和众多的名高位显的人物！这种情况是否在某种程度上也可以归因于那些言辞恶毒的辩论经常发生呢？有人说如今侮辱已经成了每天发生的事情。在角逐权力的斗争里，这种言辞恶毒的论战太常见了，以至于很少受到注意。我们不得不承认，许多报纸的行为都带着某种程度的个人仇恨和缺乏教养的辱骂风气。难道不是这种报纸的不断增加导致使用攻击性语言变得司空见惯，以至于在政治论战中几乎成了一件当然的事情吗？除非采用了更加恶劣的侮辱性的指责，否则很少引起注意了。

如果在法国这种有辱人格的措辞也同样流行，那么就会导致要用决斗维护名誉、要对手的命，这样，几乎没有哪个编辑现在还能活着澄清他的过激的言辞了。曾经能让一个人在决斗中倒下的谎言、攻击，现在只需要用另一个虚假的指控来进行愤怒的回应，用另一篇文章猛烈回击，或者一个诉诸法律的行动。

最近这些年，在为那些最让人无法谅解的议会辞令道歉的时候，人们又找到了一个托词，说这些言辞并非影射某个个人的。这样一个议员或者一个部长就可以一边被大家看作是一个政治上的恶棍，同时却被认为是一个值得尊敬的社会成员。他在议会里撒谎，但是他致力于真理的事业甚至超过了圣斯蒂芬。①

他对自己和世界的所有约定都忠实履行，但对于他的国家却是一个叛卖者，因为反对党的言辞不就是在极力指摘他们的诚实，要向人们表明，这些政治对手就是为了金钱和对权力、恩宠的虚荣心而背叛了君主对他们最最神圣的信任吗？他们出于让个人得以显赫的自私目的推动国家走向毁灭，为了自己、家族和依附者的利益而牺牲国家的福祉。还有比这些更加尖刻、更加有损人格的侮辱吗？

一时情绪激动而说出的谎言和攻击，比之于这些严肃的指控，都是些微不足道的冒犯。这些指控一旦证实，不仅会使当事人遭受广泛的蔑视和憎恶，还会使他面临最不名誉的死亡。当这种指控每天、每个小时都在发生，当相

---

① 圣斯蒂芬（Saint Stephen The Protomartyr）是基督教第一个殉道者。他约在公元34至35年间受到犹太人的最高法庭审判，罪名是亵渎摩西和上帝，反对犹太会堂和犹太法律。审判中他看到上帝和圣子耶稣对他显现，但是他这样说时，被受到蛊惑的民众用石刑处死了。

互的谩骂在议会和法庭的质询中被随意传播的时候，我们怎么能指望对这些东西会有多么敏感的关注呢？答辩者都认为他们有理由使用最刻薄、最不可原谅的词句。当权者带着假发、穿着长袍扮演各自在社会中的职业角色，想象着当自己摆脱职业属性之后，就能从这个舞台退出去，只是承担自己在生活的戏剧中的角色。那么，在政治斗争的言辞激烈的交锋里，多少时候正是恼人的迫切需要和没能获得政府职位（当那些申请者迫切需要这些职位的报酬以使自己免于饥寒的时候）的痛苦和失望在推动反对派的演说者呢？

一位雄辩的上议员常常会在一个律师的恐吓信背面列出他演讲的标题。人们经常会发出那种很快跟你算账的威胁——"等在场的人出去了"，不过这种许诺会把决斗的日子一直拖延下去。

一个人在公共生活的空间里，在某种程度上是一种公共财产。他的行为暴露在社会的细致审视下。一个作者，不管他敏锐的虚荣心受到多么大的烦扰，都不能把对他的作品的大肆指摘视为一种对个人的侮辱。对政治家来说，情况也是如此——对他的公共行为倾泻的抨击不应被认为是对他个人品质的诽谤。谎言被认为只是一个权宜之计，一个错误。人身攻击只会被认为是雄辩术的一次迸发，圆滑的内阁的喜悦情绪的一次洋溢，或者一只装满对立情绪的大锅，其庞杂和丑陋的程度堪比命运三女神。①

我们这样讲不是要谴责对这个问题这种圆滑的立场。如果这种言辞的过激在枪口得到重视，只会在腐化的同时再加上谋杀。而且，社会组成之后，当人们把竞选活动与比林斯门②的一个货摊相提并论时，如果一个竞选人还想要证明他沾沾自喜的称之为荣誉的东西，他一定是一个堂吉诃德式的人物。他内心很清楚地知道，他对选民的演讲里每一个音节都缺乏真实性，所有的承诺都是虚假和无效的。

---

① 摩伊拉（Moirai）是希腊神话中的命运三女神的总称，是宙斯（Zeus）和正义女神忒弥斯（Themis）或五大创世神（原始神）如尼克斯、卡俄斯或阿南刻的女儿。这三位掌管万物命运的女神分别是：克罗托（Clotho）、拉切西斯（Lachésis）、阿特洛波斯（Atropos）。最小的克罗托掌管未来和纺织生命之线；二姐拉切西斯负责决定生命之线的长短；最年长的阿特洛波斯掌管死亡，负责切断生命之线，即使是天父宙斯也不能违抗她们的安排。命运三女神的形象在莎士比亚戏剧《麦克白》中得到了最充分的演绎。

② 比林斯门（Billingsgate），伦敦东南部一个小地方，在泰晤士河北岸伦敦桥和伦敦塔桥之间。以前这里有一个著名的鱼市场，鱼贩们刺耳的叫声使 Billingsgate 这个词变成了"亵渎"、"不敬"、"下流话"的代名词。

第二十四章　乔治三世时期的决斗

在前一个时期（指乔治三世的王朝——译者）里经常发生决斗可能还有一个原因，就是那些岁月里的生活习惯，幸而那些日子已经过去了。现在我们已经很少听说烈性酒了。当它们还是一种时髦的时候，侮辱常常是在酒精的作用下发生的。人们常常用前一天夜里的过量饮酒来对之进行解释。在爱尔兰，决斗的前夜，人们彻夜纵酒狂欢是常有的事。从欢宴的窗扉射进来的晨曦往往就是动身前往决斗场的信号。放纵造就的最危险的祸害就是它让我们的骄傲和虚荣心变得极易受到伤害。如果那句名言"in vino veritas"（拉丁语：酒后吐真言，酒中有真相）有什么根据，可能就是这样一个事实：在酒精强有力的影响下，我们有时比在清醒的时刻更加了解自己。

过去、现在和将来都在病态的生动想象中被放大了，这时懊悔的悲痛会更加苦楚，尽管在兴奋的回忆中这种懊悔的情绪可能是转瞬即逝的。这种时候我们会用所有的发自内心的能量去爱、去恨。我们所有的邪恶的激情，有时又是美好的情感会在瞬间占据上风。一个吝啬鬼经过酒杯会变得大方；一个凶残的家伙会变得仁慈和蔼；一个犯下最轻率罪行的人会出于真正的悲哀而极度痛苦地悲泣。如果我们能够弄清楚在所有的决斗中纵酒的影响，那么毫无疑问，许多致命的争吵在清醒的状态下是绝对不会发生的。

同时还应该提到，不断发生的决斗变成了街谈巷议的话题。就像自杀一样，它具有了一种时髦的传染性，在社会里广为传播。于是连罪过深重的罪犯都想象着他必须对某些不公正的待遇寻求报复，或者让自己摆脱不确定的、变幻无常的命运。

一个人在杀死假想的敌人时会感到一种愉悦，另一个人则通过杀死自己寻求解脱。一个人认为他必须树立自己充满勇气的形象，不能让社会鄙视自己。在决斗里追求自杀的人则对一个被他玷污的社会道了再见，但是，两者都没有在这种疯狂的行为里表现出一丝一毫的真正的勇气。

在目前的社会里，对妇女的侮辱相对也比较少见了。的确，一个哪怕宣称自己仅仅具有极少的一点绅士气质的人，除非他因酒精的影响而变得残暴，否则我们几乎无法想象他会把男子的阳刚之气忘记得如此干净，以至于去冒犯一个妇女。大自然把她们置于我们的保护之下，当她们处于危险之中的时候，我们会本能地冲过去提供帮助，因此，决斗的这种起因现在很少见到了。

就像我已经提到的，人们不再佩剑而使流血的冲突更少发生了，但是与此同时，在决斗中使用手枪使得决斗的性质变得更加严重了。确实，射击相对来说产生的效果差一些，但是火器造成的伤势往往比一把轻剑更严重。

击剑的技艺能够使一个好剑客拥有相当的优势。众所周知，一个对击剑有研究的人，不仅能躲开一次击刺，还能给不那么敏捷的对手造成致命伤。而且，当人们说的"第一滴血"流出来时，不管剑伤多么微不足道，助手通常都会进行干预。所以我们可以得出结论，当人类受到教育冷静思考的时候，决斗的危险可以阻止许多人去碰运气。

在记述这个朝代的许多决斗时，其中有一些可能是琐碎的、不值得注意的事件。不过，就像我已经说过的，由于决斗的历史可能被视为那个时代的行为方式和主导观念的一面镜子，所以这些事情不管怎样无足轻重，都具有重要性，因为它们展现了时代的进步和这种令人憎恶的行为的逐渐萧条。它们能展示一些事件，其间有时观念最刻板的人也会对一个道歉表示充分满意；而另一些时候，决斗者的助手却因为允许他们的当事人为了追求那个被误称为荣誉的幽灵而断送自己的生命，犯下了谋杀的罪行。

第二节　形形色色的决斗事件

齐尔莫斯爵士①和一个法国军官之间的决斗，1765 年 5 月

尽管这次决斗发生在马赛，但它非常具有那个时代的特色，把它视为在英国发生也是妥当的。

齐尔莫斯勋爵是格兰肯伯爵的长子，他具有可以想象的最优秀的个人品质，但是不幸的是，他的听力非常差。有一天晚上他在剧院里，就像聋子通常做的一样，大声地和他旁边的一个人谈话。

这触怒了一位法国军官，他坐在旁边的一个包厢里。他对齐尔莫斯说："安静！"（原文为法语）他重复了两三次，但是齐尔莫斯没有听见，或者没

---

① 齐尔莫斯爵士（Lord Kilmaurs），亚历山大·康宁汉（Alexander Cunningham），1488 被封为格兰肯伯爵（Earl of Glencairn）。这里的齐尔莫斯爵士可能是第十三世格兰肯伯爵威廉·康宁汉（William Cunningham，死于1775）。

第二十四章　乔治三世时期的决斗

有注意到。法国军官站起来，非常用力地用一种愤怒的口吻大喊："你闭嘴！"（法语）齐尔莫斯先生这一次听见了这傲慢无礼的喊叫，他也察觉到了对方盛气凌人的态度，于是回答说，鉴于没有人有权利在这里命令保持安静，他会用更大的声音说话，以表示自己对对方傲慢的命令的蔑视，然后他就这样做了。

那个法国军官立刻离开了包厢，倒霉的是齐尔莫斯也离开了他的包厢，走进了另一个包厢，恰巧那个法国军官也在那里。据说，齐尔莫斯走进新包厢时，完全没有在意刚才发生的事。进去之后他四周环顾，看见那个法国军官时竟然没有认出来。怒火中烧的法国人向他跑过来，问道，你盯着我是什么意思。齐尔莫斯回答说，他有权利看任何人。军官气愤地说，他是不会让人家这样对待自己而不受惩罚的。

没有任何前奏他就大喊："跟我走！"然后推着齐尔莫斯的胳膊把他推出了包厢。在大街中央，他用出鞘的剑刺穿了齐尔莫斯的肩膀。齐尔莫斯也拔出剑，进攻了一两次。没等到任何人赶来，他就被对手刺中了心窝，直透出右肩。这才有人赶来将他们分开了。

他们马上被数不清的旁观者围住了。一开始齐尔莫斯几乎还没有感觉到自己受了伤，但是过了片刻他倒了下去，惊得说不出话来。人们挤上前来，在那种情况下无法避免地让他感到窒息，幸亏皮奎格尼公爵①带来一队卫兵把人群挡开。如果不是一个外科医生穿过人群，割开了齐尔莫斯的领结和衬衫领口，在他鼻子了滴了几滴药水，他几乎被自己的血弄到窒息。他好几个小时无法说话，一直有死亡的征兆。不过无论如何，这些终于过去了，三天后他脱离了危险。那个军官立刻坐邮车跑到教皇在阿维农的领地去了。于此同时一份简短的事情经过被送交英国驻巴黎的大使，他最后处理了这件事。

同年（1765 年），两个军官在肯宁顿公园②进行了一次决斗。A 少校受了不可救药的创伤。子弹从胸口射入，从身体一侧射出。他的对手成功地逃走了。

---

① 米歇尔·费迪南·艾伯特·艾利（Michel Ferdinand d'Albert d'Ailly, 1714—1769），皮奎格尼公爵，法国天文学家和物理学家。
② 肯宁顿公园（Kennington Common），伦敦东部的一个公园，1724 年至 1785 年主要用于板球比赛。另外这里也是当时一个主要的绞刑刑场。

1769 年在爱尔兰，亨利·弗拉德和詹姆斯·阿嘎进行了决斗。① 后者中枪死掉了。他们之间长期发生争吵，最终他们同意用这种方式解决问题。

戏剧演员之间的决斗比较少见。确实，再没有哪个社会阶层比演员对津津乐道的奉承话更加病态地痴迷了，但是他们对彼此之间的粗鲁行为太习惯了。演员休息室里和舞台上的亲昵而随意的行为，充分证明那句古老的格言：演员之间的侮辱行为如果不是没有被注意到，那么无论如何，根据人们通常对于荣誉的观念，这些侮辱的行为往往没有受到报复就过去了。

1770 年 10 月 17 日，在著名演员戴维·加里克②的兄弟乔治·加里克和巴德利之间发生了一次决斗，他们都是德鲁里巷的演员。大肆传播的流言一直指控乔治·加里克与巴德利妻子的私通事件有关。最后，一个喜欢捣乱、擅长蛊惑人的犹太人鼓动巴德利说，作为一个颇有才能的人物，向乔治·加里克提出决斗，与他的身份是相宜的。这个挑唆者自己就对巴德利的妻子垂涎三尺。双方很不情愿地在海德公园聚首。巴德利的第一枪没有击中。据报道，他简直没有瞄准，他的手臂就像吉尔·布拉斯③第一次面对强盗时一样摇晃不定，加里克宽宏大度地对天放了一枪。这时巴德利夫人坐着一辆出租马车赶来，她跳出车，扑到两人之间，大喊着向他们哀求："不要伤害他！不要伤害他！"戏剧性的场面让人印象深刻，他们拥抱了对方，这件事以双方全面和解告终。

米尔顿男爵④和鲍利特伯爵的决斗　　1771 年 1 月 29 日

这件事的起因始终不为人知。不管怎样，两人在贝德福德宫（位于伦敦

---

① 亨利·弗拉德（Henry Flood，1732—1791），爱尔兰政治领袖，爱尔兰爱国者党领导人。下文提到的亨利·格拉坦（Henry Grattan）的朋友。1769 年，他和竞选对手、英国国会议员詹姆斯·阿嘎（James Agar, 1st Viscount Clifden，1734—1789）进行了一次决斗。据其他文献记载，詹姆斯只是严重受伤，并未死亡。弗拉德经过审判无罪释放。
② 戴维·加里克（David Garrick，1717—1779），英国著名演员、剧作家、剧院经理和戏剧出品人。他 18 世纪英国戏剧界具有巨大影响。
③ 吉尔·布拉斯（Gil Blas），是一部同名流浪汉小说的主人公。该书出版于 1715 至 1735 年之间，被认为是流浪汉题材小说的最后一部杰作。
④ 约瑟夫·达莫尔（Joseph Damer, 1st Earl of Dorchester，1718—1798），米尔顿男爵（Baron Milton），后为第一世多尔切斯特伯爵（Vere Poulett, 3rd Earl Poulett，1710—1788）。

中部）后面进行了决斗。米尔顿的助手是约翰·卡文迪什勋爵①；鲍利特的助手是凯利上尉。他们站好位置以后，米尔顿希望鲍利特先射击，鲍利特照办了，子弹射进了米尔顿的肚子。

1772 年在苏格兰的加特穆尔，里恩先生和卡梅伦先生之间发生了一场令人悲哀的决斗。由于后者向里恩撒谎，他们之间存在一段古老的仇恨，最后发生了一场决斗，里恩当场死亡。他的母亲听说了这个悲剧，神智失常了。一个年轻的小姐里奥德本来很快要与他成婚，结果却生了重病，三天后就去世了。

谢里丹②和马修斯先生的决斗

谢里丹先生公开表示要追求林莉小姐———一位著名的歌唱演员。小姐的父亲、一位已故的作曲家，起初并不赞许他的追求，而且还有很多竞争者试图击败他争取小姐欢心的努力，但是他愈挫愈奋，始终坚持。为了捍卫林莉小姐的名誉，反击一个卑鄙地针对小姐的诽谤性报道，他两次冒了生命的危险，从而证明了自己的勇气和决心，赢得了冒着生命危险追求的奖赏。

当时，一位绅士马修斯在当地的一份报纸上写了一篇报道，损害了那位女士的名誉。他在巴思（Bath，英国一城市名）的时尚圈子里是一个名人。谢里丹立刻要求报纸的出版者进行纠正，而且提供作者的名字。

马修斯这时出发去了伦敦，谢里丹紧追了过去。他们见了面，然后进行了一次决斗，是在汉丽埃塔街的科芬花园。谢里丹的助手是他的一个兄弟——查尔斯·弗朗西斯。弗朗西斯后来在爱尔兰战争中成了部长。

双方都现展了了不起的勇气和剑术，但是谢里丹还是成功地解除了对手的武装，迫使对手签署了一份正式的声明，收回报纸刊登的文章。

谢里丹立刻返回了巴思。他很恰当地认为，既然对小姐的侮辱是在报纸上

---

① 约翰·卡文迪什（Lord John Cavendish，1732—1796），首相威廉·卡文迪什的弟弟，曾任财政大臣。

② 理查德·谢里丹（Richard Brinsley Butler Sheridan，1751—1816），爱尔兰裔剧作家、诗人，德鲁里巷皇家大剧院的长期拥有者。谢里丹同时担任英国下议院议员长达三十二年。他最著名的剧作是《造谣学校》。1772 年谢里丹和托马斯·马修斯（Thomas Mathews）上尉进行了一场著名的决斗。第二次决斗之后谢里丹浑身是血，面孔几乎被马修斯的剑柄捣成了果冻状，八天之后才宣布脱离生命危险。

公开进行的，那么同样应该使道歉为众所周知，于是他把对方的声明登在了同一份报纸上。马修斯很快听说了这件事。他因为自己的失败非常生气，对对手这样处置自己的道歉信同样愤怒不已。他决心向谢里丹提出挑战。于是一份挑战信送了过去，双方同意再次进行决斗。

即使按照最刻板的关于荣誉的观念，谢里丹也有充分的理由拒绝这个决斗的请求，但是他拒绝了所有朋友们的反对意见。双方在金斯敦（Kingsdown，靠近巴思）聚在了一起。

理查德·谢里丹（1751—1816）

双方都拼命争取胜利，第一轮射击之后，他们换用剑进行决斗。他们都受了伤，纠缠在一起倒在了地上，但是他们继续搏斗，直到被人分开。在这场为了生命和荣誉进行的搏斗中，他们都受了一些割伤和撞伤，事实上马修斯的剑有一部分断在了谢里丹的耳朵里。

林莉小姐没有让自己的追求者表现出来的勇敢忍受更长时间没有回报的折磨。她和谢里丹到欧洲大陆进行了一次按照婚姻习惯的旅行。回到英国后又举行了一次仪式，而且得到了林莉父母的同意。

汤恩森德侯爵和贝拉蒙特伯爵的决斗[①]　1773年2月2日

这天下午，长期存在于汤恩森德侯爵和贝拉蒙特伯爵之间的纠纷，终于在伦敦的玛丽勒本花园（Marylebone Gardens）得到了了结。一颗子弹在决斗中击中了后者的腹部右侧靠近腹股沟的地方。

他们是用小剑和一盒手枪进行武装的，但是双方同意先使用后者。汤恩森德首先开枪，造成了那不幸的伤口。贝拉蒙特伯爵紧接着开了枪，没有击中。贝拉蒙特伯爵的助手是尊敬的狄龙先生，汤恩森德的助手是利格尼尔爵士。

---

① 乔治·汤恩森德侯爵（George Townshend, 2nd Marquess Townshend, 1753—1811），英国政治家，枢密大臣，邮政大臣。他的决斗对手是查尔斯·库特，贝拉蒙特伯爵（Charles Coote, 1st Earl of Bellomont，1738—1800）。

贝拉蒙特马上被抬着送进了一辆轻马车,但是因为伤口带来的痛苦,他无法忍受马车的颠簸。人们立刻去找了一把椅子,把他抬回了居处。到家时,他希望大家让他仰躺在床上。布罗姆菲尔德和其他一些医生马上被找来了,他们试图取出子弹。伯爵经受了巨大的痛苦,最终恢复了健康。

维特利和约翰·坦普尔阁下的决斗　1773年12月11日

在海德公园,已故的财政大臣托马斯·维特利先生的兄弟维特利和新罕布什尔的副总督约翰·坦普尔阁下①进行了一场决斗,前者在决斗中受了非常严重的伤。

决斗的起因是,由哈金森、奥利弗、帕克斯顿等先生写的一些机密信件,最近在波士顿的代表大会上被揭示了出来,然后登在了许多家伦敦的报纸上。②

决斗之后不久,富兰克林博士向公众提供了如下信息:

"我发现两位绅士由于一件他们完全不知情因而完全清白的事项和与之相关的一些事务,不幸地发生了一次决斗。只要这项声明有可能阻止进一步的危害发生,那么,为了达此目的,我认为自己有义务在此声明,我是唯一曾经拥有这些引起争议的信件并将这些信件带往波士顿的人。

---

① 约翰·坦普尔(John Temple, 1731—1798),曾任新罕布什尔副总督,第一任英国驻美国总领事。
② 这是著名的哈金森信件事件。1772年,北美殖民地和英国的关系已经因为《印花税法》等问题变得非常紧张了。就在这时,包括马萨诸塞州在内的一些北美殖民地派驻英国的代表本杰明·富兰克林收到一些信件。信件是1767年至1769年间写给英国内阁官员托马斯·维特利的,署名是托马斯·哈金森(Thomas Hutchinson)和安德鲁·奥利弗。当时他们两人是马萨诸塞湾的总督和总督秘书。而富兰克林得到这些信时,他们已经分别是马萨诸塞的总督和副总督。哈金森在信中恶毒攻击北美殖民地的自治权利,建议逐渐废除殖民地民选化的政府,缩减殖民地"所谓英国式的自由"。富兰克林从未泄露这些信的来源。当时人们最怀疑的来源包括新罕布什尔副总督约翰·坦普尔。富兰克林以不公开发表和广泛传播为条件,将信件交给了马萨诸塞州议会发言人,但是信件1773年出现在了《波士顿公报》上,在英国和北美引起了政治风暴。在英国,由于托马斯·维特利的弟弟威廉·维特利指责坦普尔泄露这些信件,两人发生了本书所述的这次决斗。为了阻止两人进行第二次决斗,富兰克林出面承认是他把信件交给了马萨诸塞议会发言人。另一方面,愤怒的波士顿总督咨询委员会要求英国政府撤换哈金森。英国方面谴责富兰克林偷窃而且行为不端,认为富兰克林的行为是导致波士顿建立北美独立战争中最初的领导机构——波士顿通讯委员会的第一因素。这反而迫使富兰克林成为了独立事业的支持者。英国国会通过了一系列"强制法案",加强了对北美的高压统治,但是召回了哈金森。安德鲁·奥利弗次年死于心脏病发作。哈金森的继任者盖奇将军强力推行"强制法案",直接引发了北美独立战争。

维特利先生不可能传递它们,因为他从未持有过这些信件。由于同样的原因,信件也不可能是从坦普尔先生那里被拿走的。

这些信件没有朋友之间信件的那种私密性质。它们是由公务官员在公务职位上写给某些人的,信件的内容是关于公共事务的,而且信件的目的是为了推动采取公共措施。

所以,他们被传递给了其他一些公众人物,那些人可能会受这些信件影响,从而采取那些措施。这些信件的作者企图激怒母国反对她的殖民地,而且通过信中推荐的步骤,去扩大裂痕。这一目的他们已经实现了。作者就这些信的机密性表达的最重要的警告,就是不要让殖民地的代表了解其内容。作者忧虑的是,他们也许会把信寄回或者把信的复制品寄回美洲。他们的忧虑好像是有根据的,因为第一个接触到这些信的殖民地代表(富兰克林指自己)认为他有义务把信交给他的殖民地同胞。

签名:本杰明 富兰克林
马萨诸塞湾众议院代表

斯东尼上尉和牧师贝特先生的决斗　1777年1月13日

在斯特兰德街的阿德尔菲酒馆,斯东尼上尉和《晨邮报》的编辑贝特先生发生了一场遭遇战。

冲突的起因是刊登在《晨邮报》上的一些具有攻击性的文章,严重伤害了斯特默女士的名誉。双方开枪射击,都没有击中,于是拔出剑。斯东尼的胸部和手臂受了伤,贝特的大腿受了伤。

贝特的剑弯了,斜着刺中了上尉的胸骨。贝特告诉了上尉,上尉于是让他把剑弄直。决斗暂歇,贝特拔剑踩在脚下想要弄直它,这时有人冲了进来,否则决斗者中肯定会有人被杀死。随后的星期六,斯东尼上尉和他用生命保卫过的斯特默女士结婚了。

茹艾斯伯爵和巴里子爵的决斗　1778年11月23日于巴思市

该月17日是星期六,茹艾斯伯爵和巴里子爵一起呆在后者的房子里。他们就一个问题发生了分歧。在激烈争论的情绪中,针对茹艾斯伯爵极力坚持的看法,巴里子爵说:"这是不正确的。"(法语)伯爵立刻表示:"您恐怕没有注意到刚才这句话在您说的那种语言里真正传达的含义。这句话的含义非常令人不快。"对此子爵回答说："您愿意怎样理解都可以。"这种不合绅士风度的反应刺激了茹艾斯伯爵的怨气，而巴里子爵拒绝道歉，于是他们立刻派人去找助手。助手们和一个外科医生跟着他们来到克拉夫顿高地①。天亮时，他们站好了位置，每个人有一把剑和两支手枪。

助手划定了场地。巴里子爵先开枪，子弹打进了茹艾斯伯爵的大腿，一直深入骨头。茹艾斯紧接着开枪，打中了子爵的胸口。子爵向后退了两三步，然后走了回来，双方再次朝对方举起手枪。手枪的火药池几乎是同时闪起了火光，不过只有一支枪射击成功。然后他们扔掉手枪，拔出了剑。当茹艾斯伯爵前进到距离子爵只有几码时，他看见子爵倒了下去，听见他喊道："我向您请求我的生命。"（法语）茹艾斯伯爵回答："我同意给你生命。"（法语）但是几分钟之后子爵就咽气了，没能遵守双方的约定。

茹艾斯伯爵受了重伤，人们非常困难地把他送回了巴思市，不过后来他康复了。

验尸官检查了子爵的尸体。他非常仔细地审查了目击者和子爵仆人的证词之后，宣布这是"过失杀人"。

尊敬的查尔斯·詹姆斯·福克斯②和亚当先生③的决斗 1779年11月30日

事发前的一个礼拜，福克斯先生在一次争论中，带着某种程度的粗鲁，批评了一些内阁部长的朋友们经常会运用的观点，如"即使内阁很糟，也无法肯定这个国家如果选择了反对派就会变得好些。"几天之后，在那次争论中恰恰使用了这一论点的一位亚当先生，要求福克斯先生就此作出解释。

在上述情况下一封信被交给了福克斯先生：

"圣奥尔本酒馆 星期六 下午四点

亚当先生向福克斯先生致意，而且请求允许向他指出，亚当先生就

---

① 克拉夫顿高地（Claverton Down），巴思市东南郊的一个地方。
② 查尔斯·詹姆斯·福克斯（Charles James Fox，1749—1806），英国著名辉格党政治家，曾担任外交大臣。他反对乔治三世的专制，支持北美独立战争和法国革命，主张宗教宽容和维护个人权利。从1783年起，他在二十多年的时间里长期在野，是首相小威廉·皮特的最主要政治对手。
③ 威廉·亚当（William Adam，1751—1839），苏格兰籍议员。

昨晚他们之间传递的信件思考再三再四，认为如果不在报纸上发表如下的内容他就不可能在公众面前澄清自己的声誉：我们获得授权向公众表明，上星期四下议院的论辩之后，在福克斯先生和亚当先生之间发生的一次交谈中，福克斯先生声明无论他的讲话被怎样误解，他都没有对亚当先生进行任何人身攻击的企图。

非常荣幸，这封信将由亨伯斯通少校交给您，他会带回您的答复。

查尔斯·詹姆斯·福克斯（1749—1806）

致尊敬的查尔斯·詹姆斯·福克斯

先生，我很抱歉，授权在报纸上刊登任何涉及我那番讲话的东西都和我对于得体行为的观念不相一致。我认为那番话不需要解释。您听到了那番话，您应该了解，它没有传达任何对您的个人攻击，除非您认为您就处于我所谴责的那种尴尬处境之中。在报纸上对我的讲演进行说明肯定是不正确的，而且肯定不会得到我的授权。所以，对那些话，我没什么可说的了。

无论是在布鲁克斯先生家里的谈话，还是这封信，都无需保密。如果您想对谁说起其中任何一件，您都是完全自由的。云云

切斯特菲尔德街，两点半，星期天。11 月 28 日

致亚当阁下

"先生：您一定清楚，登在报上的这篇讲话是针对我个人的，而且公众只能从报纸获得对我的了解。很明显，除非由您授权以同样公开的方式进行反驳，否则我的名声必然受到伤害。您拒绝同意我这样做，让我只能冒昧地设想您同意那篇讲话公之于众的方式，这使我有充分了理由要求决斗，这种伤害应该可以让我有权利提出这种请求。

亨伯斯通少校被授权安排决斗的细节。对我来说，事情越快得到解

决,我会感到越高兴。非常荣幸,云云

致尊敬的查尔斯·詹姆斯·福克斯"

由此,双方按照约定,早晨八点钟会了面。划好了场地,双方相距十四步。亚当希望福克斯首先射击。对此福克斯回答说:"先生,我从未与您争吵过,请您先开枪吧。"亚当开了枪,打中了福克斯。我们相信,亚当完全没有意识到打中了,因为我们所有人都没有看清楚。然后福克斯开了枪,但是没打中。我们于是进行了干预,询问亚当先生是否已经满意了。他回答:"福克斯先生会宣布他无意对我的个人品质进行人身攻击吗?"对此福克斯说,这里不是道歉的地方,希望对方继续决斗。亚当开了第二枪,没有击中。福克斯向空中开了一枪。然后说,事情既然已经结束了,他可以没有什么困难地声明,他无意对亚当进行人身攻击,就好像他无意对任何其他当时在场的绅士进行人身攻击一样。亚当回答说:"先生,您表现得像一位君子。"福克斯接着提出他觉得自己受伤了。他解开马甲,人们发现的确如此,但是显然伤势很轻。双方于是分手。福克斯的伤势经过检查,确认不会产生任何危险的后果。①

谢尔伯恩伯爵②和弗拉顿上校的决斗　1780年3月22日

普林普顿③团的成员,驻法国大使斯多蒙特子爵④的前秘书、弗拉顿上校向议会抱怨谢尔伯恩伯爵没有教养的行为。弗拉顿上校说,伯爵曾带着他特有的贵族气的傲慢,说他和他的团队已经准备好采取反对英国的自由的行动,就像对英国的敌人那样。这引起了这两位先生的朋友们之间的争论。这种争论通常被认为不符合议会惯例,当时没有再进一步发展下去。

但是在3月22日,双方还是进行了一场决斗。

这一天早晨5点半,双方在海德公园见面,谢尔伯恩伯爵的助手是弗雷

---

① 据报道,福克斯发现自己的伤情时,开玩笑似的大喊:"天哪,亚当,要不是您装的是政府供应的火药,子弹一定打得我满身都是。"他的话是在暗指当时一篇很流行的报道,说军队的军火供应情况非常糟糕。——原注

② 威廉·佩蒂·菲茨莫瑞斯(William Petty – FitzMaurice, 1st Marquess of Lansdowne, 1737—1805),兰斯登侯爵,史上常称为谢尔伯恩伯爵。他是一位爱尔兰出生的辉格党政治家,曾经担任内政大臣,在美国独立战争末期担任英国首相。

③ 普林普顿(Plympton),英国德文郡(Devon)西南部城镇。

④ 戴维·穆雷,斯多蒙特子爵,曼斯菲尔德伯爵(David Murray, 2nd Earl of Mansfield, 1727—1796)。

德里克·卡文迪什爵士，弗拉顿的助手是巴尔卡拉斯。巴尔卡拉斯和卡文迪什建议双方都应该服从助手的决定，他们两人安排了所有规则。当确定使用手枪为决斗武器时，谢尔伯恩和弗拉顿一起在旁边散步。他们来到决斗场地之后，谢尔伯恩告诉大家他的手枪已经上膛了，他提出可以把弹药退出来，但是巴尔卡拉斯和弗拉顿上校拒绝了，同时巴尔卡拉斯勋爵给弗拉顿的手枪装好了子弹。助手们决定十二步是一个合适的距离，于是决斗双方站好了位置。

弗拉顿上校希望谢尔伯恩伯爵先射击，但是他谢绝了。助手命令弗拉顿开枪。他照做了，但是没有射中。谢尔伯恩做了回击，也没有击中。弗拉顿开了第二枪，击中了谢尔伯恩身体右侧的腹股沟，他示意大家自己中弹了。

所有人都跑了过来，助手们进行了干预。卡文迪什提出要取走谢尔伯恩的手枪，但是伯爵拒绝了，他说："我还没有使用它呢。"弗拉顿先生也离开了自己的位置赶来希望能帮忙，听到这句话，他立刻回到自己的位置上，再三请求谢尔伯恩向他开枪。"先生，您肯定不会认为我会向您开枪的。"谢尔伯恩说着向空中开了一枪。他们和助手们又走到了一起。巴尔卡拉斯询问谢尔伯恩声明他无意对弗拉顿进行人身攻击是否有困难。伯爵回答说："你知道的，事情已经采用了另一种方式进行，没有什么需要解释的。"然后对弗拉顿说："尽管我受伤了，如果您还有什么不满，我可以继续。"弗拉顿回答说："我希望自己根本不曾有过那种情绪。"卡文迪什宣布，就他对弗拉顿上校德行的了解，他相信这一点。弗拉顿上校说："您已经受伤，而且你甚至向空中射击，我不可能再要求继续了。"

巴尔卡拉斯爵士和卡文迪什爵士立刻宣布："双方已经解决了这件事，他们表现得堪称具有最严格的荣誉感。"

听到上述经过，从那座城市（伦敦）发来了如下信件：

> 本市议会和王国内一些郡、市、区任命的和将要任命的市委员会急切地希望保护好人民真诚的朋友、谢尔伯恩伯爵珍贵的生命。我们谦恭地问候他，希望他的生命平安。他的生命，因为他在国会中正直而意志坚定的行为受到了巨大的威胁。
>
> 根据委员会的命令发布　　　W. 利克斯　　致谢尔伯恩伯爵

多诺万先生和詹姆斯·汉森上尉的决斗　1780年4月

在萨里郡金斯顿的巡回法庭上，由尊敬的古尔德法官主持，一个特别陪审团进行了一系列审判。他们以国王的名义控告多诺万（他主动向法庭自首）在一次决斗中杀死了詹姆斯·汉森上尉。看上去许多体面的目击者都证明，事情完全是死者的错。死者汉森上尉迫使多诺万先生在靠近"狗和鸭子"地方（Dog and Duck，何地不详）的一片场地与他决斗，而且争吵的唯一原因仅仅是嫌疑人插手汉森与另一个人的争执，阻止了他们的决斗。汉森为此说了一些很难听的话，而且坚持"要让他闻一闻火药的味道（亲历战阵）"。

死者汉森上尉的腹部在决斗中被手枪子弹击伤，然后活了大约24小时。他对两位照顾他的著名外科医生和其他一些人声明，多诺万先生在整个过程中以及事后，表现得像一位最值得敬重的人，亲切、关怀他人。他特别提出不希望对多诺万先生提起任何指控。他被毫无来由的轻率的脾气和盛怒的激情控制，所有责任都在他自己身上。

博学的法官向陪审团提出了一项高明的指控：："尽管我承认正如这种情况下事情应该的那样，所有的情形都对嫌疑人有利，但是，因为关于荣誉的观念被人们如此频繁地提及，我必须说，而且向陪审团和听众指出，破坏上帝和他的国家的法律，这样的荣誉是虚假的。出门进行一场决斗，就当事双方而言，都是蓄意要犯下谋杀的罪行。这种野蛮的风俗无论怎样用辞藻进行掩饰，都与社会的原则和福祉相悖，在其中没有什么荣誉可言。这种习俗应该被每一个有序的社群所摒弃。"

陪审团没有离开法庭，就根据验尸官的调查宣判多诺万先生谋杀罪无罪，但是"过失杀人罪""有罪"，法官对他罚款十英镑上交国王。他当庭支付给了法警，便立刻被释放了。

牧师艾伦和杜兰尼爵士的决斗　1782年6月26日（根据下文，决斗发生在6月18日，这里标题为6月26日，不解作者何意。这种情况在原书下卷小标题中多次出现，并非译者有误）

劳埃德·杜兰尼阁下死于公园街格罗夫纳广场①。他是一位最值得尊敬的人物、马里兰宝贵的财富。

据说他死于上个星期二晚间的一场决斗中受的伤。决斗是在海德公园与

---

① 格罗夫纳广场（Grosvenor Square）是伦敦上流社区梅尔菲区的一个大花园广场。这里是威斯敏斯特公爵的产业所在地，广场的名字也取自公爵家族的姓氏。

艾伦牧师进行的。杜兰尼的助手是德兰西阁下；艾伦牧师的助手是罗伯特·莫里斯阁下。米尔曼和珀特以及亚戴尔医生对杜兰尼先生进行了救治。弓手街的地方治安官对艾伦和罗伯特·莫里斯每人悬赏十基尼进行抓捕。他们后来被捕，被送往了托提尔广场感化院①。

昨天（1782年7月6日）艾伦在老贝利中央刑事法庭②的巡回法庭向警方自首。他和罗伯特·莫里斯阁下都被判处对杜兰尼犯了"故意杀人罪"。

法官布勒在向陪审团提出指控时指出，这个案件有两个部分：法律部分和事实部分。就法律而言，两个人聚在一起蓄意进行决斗，其中一个人被杀死，另一个人

老贝利中央刑事法庭

和他的助手则犯有"谋杀罪"。对此，从前没有、现在也不存在疑问。就事实而言，他说冲突的起因是一件持续三年之久的事情——一篇发表在1779年6月29日的《晨邮报》上题为《叛乱中的主要人物》的文章。后来在7月1日和5日又被报纸提到，而且现在有人认出，在一封被证明是艾伦牧师笔记的

---

① 托提尔广场感化院（Tothill Fields Bridewell），也叫威斯敏斯特感化院，位于伦敦中部威斯敏斯特地区。
② 英格兰和威尔士中央刑事法庭（The Central Criminal Court），通常以其所在街道称为"老贝利"。法庭位于伦敦中部老贝利街（Old Bailey）。

信中，他承认自己是后来那些文章的作者。他在其中驳斥死者是"说谎者和行刺者"。他在文中告诉死者他不打算与他争论，而是要惩罚他。如果他（死者）有何怨愤或者报复之心，前去递信的人（莫里斯）将会立刻着手以保证他的愿望能立刻实现。这封信导致两人的文字往还，而且最终在6月18日（1782年）导致了一场决斗。杜兰尼先生的助手是德兰西，莫里斯是艾伦的助手。他们前往枪支制造者沃戈登家的作坊，去给艾伦先生的手枪上膛。大约晚上九点半，划定了八码的距离后，他们彼此开枪，死者倒下了。

德兰西说莫里斯先生曾反复试图说服他们把决斗推迟到第二天。

一个叫莉迪亚·里派恩的人在法庭宣誓作证说，她看见嫌疑犯在6月18日晚上十一点到十二点之间，在靠近黑修道士桥①的一个地方用手枪射击一个标记。她的主人和主人的儿子都证实了这个情况。但是他们无法绝对肯定那人是否就是嫌疑犯。首席法官大人总结说，在这件案子当中，关于荣誉的一种错误的观点，不应该使法官和陪审团产生偏见。

陪审团退出法庭大约二十分钟，然后带回了判决。艾伦犯有"过失杀人罪"，莫里斯"无罪"。首席大法官经过一番感情饱满的演讲，宣布了判决：对艾伦课以一先令罚款，在新门监狱监禁六个月。

班巴·盖斯科恩阁下和两位女士证明，艾伦当时不在黑修道士桥旁的射击现场。他们和贝特曼、蒙特·莫里斯以及其他一些人还对艾伦的人品作了很好的评价。莫里斯没有提供证人。

瑞德尔先生和康宁汉先生的决斗　1783年4月21日

在骑兵近卫第一团的瑞德尔先生和苏格兰灰衣骑兵团的康宁汉先生之间发生了一次决斗。他们以前曾同在苏格兰灰衣骑兵团服役，决斗前他们在游戏中发生了争执。瑞德尔向康宁汉提出挑战，但是遭到对方拒绝。后来许多苏格兰灰衣骑兵团的绅士不时提起这件事，使康宁汉觉得为了彻底恢复自己的名誉，必须向瑞德尔提出挑战。瑞德尔认为他的挑战已经错过了合适的时间，征询了自己的军官同事的意见之后，他拒绝了。同事们认为他没有义务理睬康宁汉的挑战。

---

① 黑修道士桥（Blackfriars Bridge）是伦敦泰晤士河上的一座桥梁，位于滑铁卢桥和黑修道士铁路桥之间。

他们对自己的决定都意志坚决，康宁汉于是决心迫使对方接受自己的挑战。他在其代理人克里斯蒂先生家里偶然遇见瑞德尔先生时，扇了对方一记耳光。瑞德尔说这是一个新的冒犯，他会关照此事的，然后离开了。接下去他对自己的事务做了一些安排。他还没能做完此事，就已经收到了康宁汉先生的一篇语带讽刺的便笺，提醒他不要忘了刚刚施加在他身上的侮辱，同时宣称已经准备好接受他的挑战了。

这封信送到詹姆斯·瑞德尔的手里时，封口的纸还是湿的。但是瑞德尔正在为儿子的处境感到担忧。他拆开信读过，又把它合上了。他只是注意到信中提到将为决斗提供最优秀的几位外科医生。决斗安排好了，他们都准时到达了。瑞德尔由皇家近卫骑兵第一团的托普汉姆上尉陪同。康宁汉由第六十九步兵团的一位康宁汉上尉陪同。

助手量出了八步的距离，然后双方就位。他们投币后确定由瑞德尔首先射击。瑞德尔射中了康宁汉右胸下部，据估计，子弹擦过了肋骨，射入靠近背部的身体左侧。被击中时康宁汉蹒跚了几步，但是没有跌倒。他解开马甲，宣布自己受了致命伤。停顿了两分钟之后，他宣布自己在向对手射击之前不会离开现场，这期间瑞德尔一直在自己的位置上没有移动。康宁汉进行了瞄准，然后射中了瑞德尔的腹股沟，瑞德尔立刻倒下了。他被抬进了一辆出租马车，送到了托普汉姆家里。不幸的人痛苦地挣扎到星期二早晨7点钟，然后去世了。

4月23日（星期三），验尸官对他的尸体进行了调查。陪审团讨论了几个小时，经过对助手以及死者的一个仆人进行的严格审查之后，得出了他们的判决："过失杀人"。

I 上尉和 P 上校的决斗　1783 年 6 月

上月31日，在卡那封郡班戈渡口附近，I 上尉和 P 上校进行了一场决斗。决斗的起因是围绕安格尔西岛①民兵发生的一些争论。一段时间以前，I 上尉向 P 上校发出过挑战，但是人们迫使他们保持了一年的和平。到了约定的时间，I 上尉送信给 P 上校，告知对方自己星期六早晨会在渡口管理所，由 M

---

① 安格尔西（Anglesea），威尔士西北海岸外的一个小岛，东部毗邻都柏林的爱尔兰海。

上尉陪同。双方于是见了面。助手量出了12步的距离，掷硬币决定由P上校先开枪。他射中了I上尉的右大腿，上尉勉力回击，但是他的射击失败了。他要求再开一枪，但是他的大腿支持不住了，结果被助手们带离了现场。

尊敬的陆军上校科兹摩·戈登和陆军中尉托马斯的决斗　1783年9月4日

早上六点钟，尊敬的科兹摩·戈登上校和托马斯中尉在海德公园的圆形表演场进行了一次决斗。双方助手商定，拿到枪之后，双方将向对手迈进，在自己愿意的时候射击。双方相距近八码时，他们进行瞄准，然后几乎同一时间扣动了扳机，但是只有上校的枪响了。中尉调整了自己的枪，向上校射击，重伤了上校的大腿。

他们的第二枪都没有射中，双方的朋友为他们重新上了子弹。他们又一次走到几乎相同的距离，然后开枪。这次中尉倒下了，一颗子弹打进了他的身体。一个陪同上校前来的外科医生立即对他进行了救治，当场取出了子弹，但是伤势显示可能危及生命。

第16龙骑兵团的门罗先生和格林先生的决斗　1783年10月17日

早上，大约七点钟，第16龙骑兵团的门罗先生和格林先生以及他们的助手在靠近巴特西桥①的一个地方会面，为的是要解决几天前发生的一次争吵。他们大约相距六码站好了各自的位置，然后各自开了三枪，其中最后一枪打伤了格林先生的身体一侧。助手进行了调停，询问格林先生是否已经满意了。他说："不，除非门罗先生公开道歉。"门罗回答说："门罗先生现在不会这样做的。"格林回答说："那么我们当中必须有一个人倒下。"他们重新站定位置，又各自开了两枪。一颗子弹射入了门罗先生的膝盖，格林受到的一击危及生命——子弹在腹股沟上方一点射入了身体。

陆军少尉哈里森和范·伯尔肯山姆先生的决斗　1783年10月

这天下午在伦敦育婴堂后面，陆军少尉哈里森和在荷兰军中服役的军官哈曼·范·伯尔肯山姆先生进行了一场决斗。划出八步的距离之后，伯尔肯山姆首先开枪，但是没有击中。哈里森的子弹射伤了对手的脸颊，对方坚持

---

① 巴特西桥（Battersea Bridge），伦敦泰晤士河上一座五孔的铸铁和花岗岩桥梁，连接北面的切尔西区和南面的巴特西区。

继续射击，但是仍没能击中。哈里森向空中射了第二枪。助手进行了调停，双方达成了和解，回家时他们已经成了好朋友。

一个海军军官和一个德国军官的决斗　1784年8月

一个海军军官和一个为德国服务的绅士，在贝斯沃特①附近的一片场地用剑和手枪进行了决斗。他们用四支手枪进行了射击，但是只有海军军官的左肩受了轻微的伤。在用剑的比试里，德国军官被刺穿了大腿。一个在场的外科医生止住了在大量流出的血，伤者被送到了他在迪恩街②的公寓，伤势非常危险。

这似乎是两人的第二次决斗。第一次是在法国，那次他们都受伤很重。他们争论的是伯格恩将军③在哈德逊湾远征中的作为；他们两人都参加了那次远征。

马嘎尔尼伯爵（1792年到北京祝贺乾隆皇帝寿辰的马嘎尔尼使团领导人——译者）④ 和桑德列尔先生的决斗　1785年4月

马嘎尔尼和桑德列尔先生的决斗最初被认为很没来由，但是结果却是一件很严重的事情。两人和他们的助手——戴维森先生及格拉坦少校，于1785年4月24日大约早晨七点钟到达了决斗地点。助手们划定了十步的距离，抽签结果由桑德列尔首先开枪。他于是进行了射击，子弹射中了马嘎尔尼左侧的肋骨。他进行回击，

乔治·马嘎尔尼（1737—1806）

---

① 贝斯沃特（Bayswater），伦敦西部的一个地区。
② 迪恩街（Dean Street），在伦敦牛津街（Oxford Street）和沙夫茨伯里大街（Shaftesbury Avenue）之间。
③ 约翰·伯格恩（John Burgoyne，1722—1792），英国将军，政治家和剧作家。美国独立战争中的1777年，他率领英军从加拿大入侵北美殖民地哈德逊湾，被美军包围。在进行了两次战役之后，他和美军谈判并达成了协议，美军允许他们返回加拿大，但是后来却把他们扣为战俘。
④ 乔治·马嘎尔尼（George Macartney, 1st Earl Macartney, 1737—1806），马嘎尔尼伯爵。就是他在七年战争后说大英帝国已经成为了"日不落帝国"。

没有击中。助手们这时才发现他受了伤。助手们事先已经商定，如果第一轮射击之后没有发生严重的后果，那么就将进行调解以实现和解。当他们发现马嘎尔尼先生受伤时，便向马嘎尔尼提起了事先的约定，征询他的看法。他的回答是，他到这里来是为了满足桑德列尔先生的请求，他仍然准备这样做。助手们告诉桑德列尔，马嘎尔尼先生已经受伤，在目前这种情况下决斗不可能再体面地进行下去了。他勉强同意了，声明自己已经满意了。事情到此为止了。

格斯多夫伯爵和勒·法夫雷先生的决斗　1785 年 7 月

格斯多夫伯爵向路易斯·勒·法夫雷先生发出的一封决斗挑战信，通过公共出版物在全欧洲流传。前者还提出付给后者 100 金路易，以支付后者到任何一个他指定的地点与自己决斗的费用。对此勒·法夫雷先生后来发表了他的下述答复：

> 致伯爵阁下，于弗里堡①，1785 年 4 月 28 日
>
> 我尽我所能迅速答复您在出版物上的通知如下：如果您认为合适，我们的会面将在 B——le．D（原文如此）。因为我就在这座城市附近，我不需要什么钱支持我到哪里去。对您打算支付给我的 100 金路易表示诚挚的谢意。
>
> 　　　　　　　　　　　　　　　　　　非常荣幸。勒·法夫雷

伯爵在答复中表示了一些不满，但是双方终于还是会面了。从来没有一次决斗会是这样一场闹剧。他们的助手居然量出了二十五步的距离。两人站好了位置，各自开了一枪或两枪。他们的助手赞誉了他们的勇敢，伯爵原谅了那位部长，战斗就此结束了。

威廉·穆雷爵士与吉尔伯特·沃尔格先生的决斗　1785 年 11 月

从东印度来的邮船带来了关于一场决斗的报告。威廉·穆雷爵士和 73 团的陆军中尉吉尔伯特·沃尔格于 1784 年 10 月 21 日进行了一场决斗。后者伤重不治，三天后去世了，非常令人遗憾。

---

① 原文为 Filbourg，疑为 Fribourg，弗里堡，瑞士弗里堡州首府。

马嘎尔尼伯爵和斯图尔特少将的决斗　1786 年 6 月 8 日

在肯辛顿附近，马嘎尔尼伯爵和斯图尔特少将进行了一次决斗，下面是这次决斗的真实记录：

事先已经确定了决斗的时间和地点，双方大约早晨四点半钟到达了那里，相距十二小步站定了位置。距离是由助手量出来的。助手们给双方递上手枪，同时保管其他武器。

斯图尔特将军告诉马嘎尔尼伯爵，由于伯爵近视，将军怀疑他能否看见自己。伯爵回答说："他看的很清楚。"（原文就是在引号中使用第三人称指代自己，表示严肃，见前注）当助手退到一边，双方开始瞄准时，斯图尔特将军告诉马嘎尔尼伯爵，他的枪的撞针没有扳起来，枪还没有处于发射状态。伯爵道了谢，然后扳起了撞针。他们瞄准后，将军说"他准备好了"。伯爵说"他也准备好了"。他们在相距很短的时间里都进行了射击。助手们注意到马嘎尔尼伯爵受伤了，便向他走了过去，同时宣布决斗必须暂时中止。

斯图尔特将军说："这无法令人满意。"然后询问伯爵能否继续进行射击。伯爵回答说："他很乐意努力试试。"然后敦促弗拉顿上校允许他继续射击。助手们宣布那无论如何是不可能的，他们绝对无法允许。斯图尔特将军于是说，"那我只好把这件事推迟到另一个时间。"对此伯爵回答："如果是这样，我们最好还是现在继续下去。我到这里来是因为将军送信给我向我挑战，要求我亲自与他决斗，以报复因为我公开的行为而受到的冒犯。为了表明我将个人安危置之度外，而且我也没有做任何涉及人身攻击的事情，将军如果认为合适，他可以继续。"将军说："他正是对伯爵的人身攻击的行为感到愤怒。"

助手阻止了当事人的继续对话，他们至此一直没有离开各自的位置。斯图尔特由于情绪激动，从一开始就需要把背部靠到一棵树上（以免冲动）。外科医生亨特和霍姆先生在不远处等着，他们被弗拉顿上校召唤过来。这时戈登上校帮助伯爵脱掉了大衣。觉得伯爵快要因失血晕倒了，戈登要求他坐下来。然后戈登上校陪着斯图尔特将军离开了决斗场地。一辆轻便马车载着马嘎尔尼伯爵回了家。

签名：W. 弗拉顿　A. 戈登

谢瓦利埃·拉·B 和 S 上尉的决斗　1787 年 6 月

6 月 10 日凌晨大约三点，一个为法国服役的军官谢瓦利埃·拉·B 和第十一步兵团的上尉 S 进行了一次决斗。规定的决斗距离是五步。首先射击的 S 上尉击中了谢瓦利埃的胸口，但是子弹幸运地被大衣的扣子挡住了，没有射入身体。谢瓦利埃向空中进行了射击。然后助手进行了调停，决斗者分手时已经成了朋友。S 上尉向谢瓦利埃挑战是因为后者的一些言辞让人产生一种印象——英国军队的迟钝冷漠胜于他们的勇气。

约翰·麦克弗森准男爵[①]和布朗少校的决斗　1787 年 9 月 10 日

这天在海德公园，约翰·麦克弗森爵士和布朗少校进行了一次决斗。他们大约十一点钟来到格罗夫纳门。手枪当场上膛，双方约定同时开枪，然后他们依约行事。约翰准男爵在第二轮射击中被少校击中，但他的射击没有击中对方。约翰准男爵的助手默里上校于是询问布朗少校的助手罗伯茨少校，他的朋友是否已经满意了。

布朗少校回答说：约翰准男爵表现英勇，像一位令人尊敬的人，自己对此表示满意。但是少校还是要求对方作一些进一步的解释。结果，双方又进行了第三轮射击。然后双方退出了场地，走向对方，略作交谈，在客气地相互致敬后分手了。

都柏林审判案　1788 年 1 月 31 日

这一天，罗伯特·基翁先生被带至王座法庭，接受对他谋杀乔治·纽金特·雷诺兹先生的判决。

这桩谋杀案的情节是这样的：这两位先生进行了一场决斗。决斗之前，雷诺兹先生手里拿着帽子准备向基翁先生道早安，后者却用手枪射穿了雷诺兹先生的头。雷诺兹先生的助手普伦基特先生当即大呼："这是可憎的谋杀！"对此基翁先生的兄弟回答说："你要是不喜欢这事，那就尝尝这个吧。"同时向普伦基特扣动了手枪扳机，幸运的是手枪没有打响。陪审团十一月最后一天判决基翁有罪。他的辩护律师对判决提出了一项中止案，就诉讼程序中的

[①] 约翰·麦克弗森（John Macpherson, 1st Baronet，约 1745—1821），苏格兰人，印度总督（1785—1786）。

一些错误提出了辩护，试图阻止这项判决。法庭在最严肃的争论之后，驳回了所有异议，通过了对基翁先生的死刑判决。根据裁决，他在下一个月的十六日被执行了死刑。

国王的重臣约克公爵①与伦诺克斯上校的决斗　1789年5月

本月17日，在约克公爵和伦诺克斯上校②之间发生了一场决斗。公爵的助手是罗顿伯爵③，中校的助手是温切尔西伯爵④。

决斗的起因是公爵的一段话："伦诺克斯上校在杜比尼家里听了一些话，任何一位绅士都不应该忍受那番言辞。"有人把这个评论复述给了伦诺克斯。上校在一次检阅中，抓住公爵阁下和他说话的机会向公爵表示，他渴望知晓自己忍辱听受的是什么话，是哪位先生对自己讲的。对此公爵没有作答，只是命令他回到自己的位置上去。检阅结束后，公爵阁下进了一个团队值班室。他派人前往上校处，当着所有军官的面向中校暗示，他不希望托庇于自己的亲王地位和指挥官的身份获得某种保护，相反，不执勤的

弗雷德里克亲王，约克和阿尔巴尼公爵（1763—1827）

---

① 弗雷德里克亲王（The Prince Frederick, Duke of York and Albany, 1763—1827），约克和阿尔巴尼公爵。英王乔治三世的次子，乔治四世的弟弟。
② 查尔斯·伦诺克斯（Charles Lennox, 4th Duke of Richmond, 4th Duke of Lennox, 1764—1819），第四世里奇蒙德公爵，伦诺克斯公爵。参加过镇压北美独立战争，后任加拿大总督。
③ 弗朗西斯·爱德华·罗顿-黑斯廷斯（Francis Edward Rawdon-Hastings, The Earl of Moira, 1754—1826），莫伊拉伯爵。曾经指挥英军参加拿破仑战争和镇压北美独立战争，担任过印度总督。
④ 乔治·芬奇（George Finch, 9th Earl of Winchilsea, 1752—1826），第九世温切尔西伯爵。英国板球运动史上的著名人物，对推动板球运动贡献巨大。他也是一位杰出的板球运动员，和伦诺克斯是球友。

第二十四章 乔治三世时期的决斗

时候，他会穿着棕色的外套，像一位绅士那样，随时准备满足中校的请求。

这之后，伦诺克斯上校写了一份通知给杜比尼家沙龙的每个成员，请求他们说明是否有这样的言论施加在自己身上，通知给每个人的回答指定了一个日子作为期限。人们的沉默将被认为是他们不记得有这样的言论。

当通知所列的期限截止时，上校给公爵送去一封书面通知，大意如下：既然没有人能记起在杜比尼家里，曾经在任何场合，有人对上校说过一个绅士不应当忍受的言论，那么可以说，为了获取关于公爵暗示的那些言论和说话者的信息，他已经尽力采取了自己认为最可行的措施了。聚会的成员没有一个人能告诉他就他们所知存在这种侮辱，因此，上校希望，为了公正评价自己的品格，公爵阁下能够在一个和他发表前述那番评论同样公开的场合，否定自己的说法。

这封信由温切尔西伯爵送给了公爵。回信没有满足上校的请求，于是一封请求决斗的挑战信送达公爵处，并于当晚确定了时间和地点。

决斗在温布尔顿公共地进行。公爵承受了伦诺克斯上校的射击，但是自己没有开枪。上校的子弹擦过了公爵的鬓发。

几天后，作为冷溪近卫团的上校，伦诺克斯向公爵提出一项申请，请求允许召集团队所有的军官，以便向他们传达关于自己的行为和工作的一些看法。

公爵阁下告诉伦诺克斯的一位朋友，他不会反对任何试图使伦诺克斯先生摆脱目前的尴尬处境的努力。这次军官的会议在团队的值班室进行，经过深思熟虑，被推迟到了六月一日。经过一番认真的讨论，军官的聚会达成了结论："以下是冷溪近卫团的一致意见：在5月15日团队值班室的会面之后，陆军上校伦诺克斯的行为不失勇敢，但是，由于他的某种特殊的困难处境，有失明智。"

不久，伦诺克斯上校从约克公爵的团队调往第35步兵团任陆军中校。

查尔斯·伦诺克斯（1764—1819），第四世里奇蒙德公爵

陆军上尉 E. 皮娄和陆军中尉 I. M. 诺西的决斗　1789 年 6 月

在埃克赛特①，陆军上尉 E. 皮娄和陆军中尉 I. M. 诺西因为之前的争执进行了一场决斗。前者由陆军上尉雷诺兹陪同来到决斗场，陪同后者的是他的兄弟托马斯·诺西先生。双方站在相距十二步的位置，有人发出信号，他们都开了枪。诺西中尉的子弹射穿了对手的大衣。然后按照事前的约定，又发出了第二次信号，结果双方都放弃了射击。他们的朋友进行了一番解释，争执在双方满意而且不失体面的情况下化解了。为了避免歪曲的报道，朋友们之间的解释过程，由助手们公开发表了。

伦诺克斯中校（与前述与约克公爵决斗为同一人）和西奥菲勒斯·斯威夫特先生的决斗　1789 年 7 月 1 日

一份署名西奥菲勒斯·斯威夫特先生的小册子中的一些措辞，影响了陆军中校伦诺克斯的名誉，因此，这天晚上伦诺克斯中校向斯威夫特先生提出了决斗的要求。

他们在靠近欧克斯桥②的一个地方碰了头，由威廉·奥古斯塔斯·布朗先生和陆军中校菲普斯陪同。助手们丈量出了十步的距离，双方同意由伦诺克斯中校先开枪。决斗双方走到了自己的位置，伦诺克斯先生问斯威夫特先生是否做好了准备。当对方回答是时，伦诺克斯开了枪。子弹射进了斯威夫特先生的身体，他手里的枪在这一刻走火了。决斗双方于是退出了决斗场地。

必须说，两位绅士表现出了最大程度的冷静和无畏。斯威夫特先生后来从枪伤中恢复了过来。

下院议员 J. P. 库兰先生③和霍巴特少校的决斗　1790 年 4 月 1 日

下院议员 J. P. 库兰先生和爱尔兰总督的秘书霍巴特少校在鲁特斯当④进行了一次决斗，起因是双方在国会里的一些发言。

---

① 埃克塞特（Exeter），英国英格兰西南部城市。
② 欧克斯桥路（Uxbridge Road）就是今天伦敦的 A4020 路。
③ 约翰·菲尔伯特·库兰（John Philpot Curran, 1750—1817），爱尔兰律师、演说家和诗人。他是一位富于激情的诗人，但是略有口吃。也许因此他经常向他人提出决斗，其中有五次实际进行了。
④ 鲁特斯当（Luttrellstown），位于爱尔兰都柏林市郊区。

决斗在上院议员卡汉普顿伯爵①的一个选区——鲁特斯当的赫米蒂奇②进行。库兰先生由伊根先生陪同,霍巴特少校由卡汉普顿伯爵陪同。他们被安排到指定位置,同意按照双方选择的方式开枪。库兰先生首先开枪,没有击中。霍巴特先生于是表示,他希望库兰先生已经满意了。伊根先生大声提醒霍巴特少校,他还没有像库兰先生那样进行射击。少校向对手前进了一或两步,再次表示他希望库兰先生已经满意了。库兰先生回答说:"抱歉,先生,您采用了不恰当的手段,但是您确实使我难以感到不满了。"

乔治·拉姆塞先生和麦克雷上尉在爱丁堡的决斗　1790年4月15日

昨天(原文如此——见前译者说明),在爱丁堡附近进行了一次决斗。决斗双方是乔治·拉姆塞先生和麦克雷上尉。决斗的情形是这样的:

乔治先生的一个仆人在爱丁堡剧院门口放了一把椅子,麦克雷先生命令他把它移走,当仆人拒绝时,麦克雷又继之以一些恶言恶语。争吵的结果是,麦克雷上尉狠狠地揍了那个仆人一顿。

第二天遇见乔治·拉姆塞先生时,麦克雷坚持要求对方解雇那个仆人。这个要求被拒绝了,理由是无论仆人的行为有多少过错,他已经得到足够的惩罚了。

于是麦克雷先生立刻提出挑战。双方在马瑟尔堡高尔夫球场③见了面。拉姆塞由威廉·麦克斯维尔先生陪同,麦克雷由海先生陪同。

拉姆塞先生首先开枪,没有击中。麦克雷进行了还击,子弹射在了对手的心脏附近。乔治先生在极大的痛苦中苟延到星期五早晨,去世了。这是一位极具和蔼天性的绅士,而且他刚刚和一位美丽的年轻女士——萨尔托恩勋爵④的姐姐结婚。

麦克雷上尉和他的助手马上逃走了。引起决斗的那个可怜的仆人听到主

---

① 亨利·劳斯·鲁特尔(General Henry Lawes Luttrell, 2nd Earl of Carhampton PC, 1743—1821),卡汉普顿伯爵,英国政治家和军人。
② 赫米蒂奇(Hermitage),位于北爱尔兰弗马纳郡。
③ 马瑟尔堡高尔夫球场(Musselburgh Links),位于苏格兰东洛锡安郡(East Lothian)马瑟尔堡。这个球场被公认为全世界最古老的高尔夫球场,也是最早持续举行高尔夫球赛事的球场。
④ 亚历山大·乔治·弗雷泽(Alexander George Fraser, 17th Lord Saltoun, 1785—1853),萨尔托恩勋爵。

人的罂耗后，立刻陷入了惊厥之中，几个小时之后就死去了。

1790年7月星期一，苏格兰最高刑事法院在爱丁堡开庭，审理尊敬的拉姆塞女士，班芙（Banff，苏格兰东北部的一座港口城市）的准男爵威廉·拉姆塞先生，以及陛下的大律师诉霍尔梅恩斯的麦克雷先生本年4月谋杀已故的准男爵乔治·拉姆塞一案。麦克雷先生没有到庭接受审判。法庭对他作出了剥夺法律保护的判决。

史蒂芬斯先生和安德森先生在马盖特①的决斗　1790年9月21日

前天在金斯盖特（位于马盖特附近），海军部秘书菲利普·斯蒂芬斯先生②的儿子斯蒂芬斯先生和安德森先生进行了决斗。

决斗起因于这样一件琐事：双方在一个公共场合，因为关窗户发生了一场争吵。双方用手枪各开了一枪，都未击中，但是在第二轮，安德森先生的子弹射进了斯蒂芬斯先生的嘴唇和下颏之间，然后穿过了颈动脉，以致他几乎当场就死亡了。

安德森很快被逮捕了。验尸官当天检查了尸体，并且得出了结论："误杀"。

刑事起诉书对安德森提出了在决斗中谋杀斯蒂芬斯先生的指控，但是被多佛的大陪审团一致否决了。

陆军上尉H. 阿斯顿和陆军少尉菲茨杰拉德的决斗　1790年6月25日

陆军上尉H. 阿斯顿和第60步兵团的陆军少尉菲茨杰拉德进行了一场决斗。起因是在拉内拉赫③发生的一次争执，但是已经过去了那么长的时间，以致于人们以为所有的敌意都已经消失了。双方挑选的地点是靠近汉普斯蒂德④的属于乔克旅馆农场的一个地方，时间是破晓时分。阿斯顿上尉的助手是查尔斯·菲茨罗伊，菲茨杰拉德少尉的助手是胡德先生。

在场地里量出了十码的距离，菲茨杰拉德先生首先射击。他把手枪放在左手上进行瞄准。子弹扫过了阿斯顿先生的手腕，从右颊骨穿过脖子。受伤

---

① 马盖特（Margate），位于英国东南部肯特郡塔奈特岛（Isle of Thanet）。18世纪起就是伦敦人的度假地。
② 菲利普·斯蒂芬斯（Sir Philip Stephens, 1st Baronet，1723—1809），海军部一等秘书，他是发现库克群岛的詹姆斯·库克（James Cook）的朋友。
③ 拉内拉赫（Ranelagh），爱尔兰首都都柏林南部的一个居民区。
④ 汉普斯蒂德（Hampstead），英国伦敦西北部的旧自治市，现为卡姆登的一部分。

之后，阿斯顿上尉立刻向对手喊道："您满意了吗？"回答是："我满意了。"阿斯顿上尉于是离开了场地，被人帮着上了自己的马车。幸运的是伤势似乎并不致命。

格雷厄姆先生和朱利叶斯先生的决斗　1791年7月19日

一次不幸的决斗今晨发生在黑荒原①，双方是著名的特别辩护人、坦普尔的格雷厄姆先生和林肯律师协会格雷厄姆律师办公室的见习律师朱利叶斯先生。格雷厄姆律师是格雷厄姆先生的兄弟。

决斗双方星期天在埃平森林②的测量员布兰科先生家里共进晚餐。饭后，大家随意小酌，其中一个人竟然对宗教问题发表了一番自由的见解！于是两人之间说了很多鲁莽的话，不过当天他们和解了，而且坐同一辆马车回到了城里。

星期一，他们又在后来的死者格雷厄姆先生的兄弟、林肯律师协会格雷厄姆律师的事务所里聚会，此前的争吵不幸又死灰复燃了，尽管大家都明显没有恶意。当晚并没有发出挑战，但是次日早晨，死者要求朱利叶斯先生道歉或者作出某种解释。要求被拒绝了，于是双方出来进行了决斗。格雷厄姆先生由埃利斯先生担任助手，朱利叶斯先生由麦克斯维尔先生担任助手。一位著名外科医生的见习生随他们来到了黑荒原。格雷厄姆先生被一枪击中下腹部，倒在了地上，由一辆驿马车送回城里。一些最著名的医生徒劳地努力试图减轻他的痛苦。子弹打破了股动脉，不可能阻止失血，第二天下午宣告不治。

格雷厄姆先生在他的职业领域颇著声名，私生活中也具有受人尊重的品格。

朱利叶斯先生是圣基茨岛③一位非常受尊敬的律师的儿子，据说在这场决斗中他不应该受任何谴责。

弗雷泽先生和克拉克先生的决斗　1792年6月

昨晚在海德公园发生了一次决斗，双方是弗雷泽先生和克拉克先生，都

---

① 黑荒原（Blackheath），位于伦敦南部，北面是格林威治（Greenwich），西面是刘易舍姆（Lewisham）。

② 埃平森林（Epping Forest）是伦敦东南方的一片古老森林，跨越大伦敦的东北部和艾塞克斯（Essex）的边界。

③ 圣基茨岛（Saint Kitts）是西印度群岛中的一个岛屿。

是学习法律的学生。前者的助手是蒙哥马利先生，后者的助手是埃文斯先生。

星期四晚上，这四位先生在弗雷泽先生下榻的塞西尔街咖啡馆聚会。他们一直喝到凌晨一点钟。弗雷泽先生声称他不能再喝了，克拉克先生多少有点激动地说，这样对待朋友很不好，这不是弗雷泽第一次这么干了（指弗雷泽不肯继续喝酒——译者）。在查塔姆，他就和所有的军官吵架，尤其是和14团的希克松中尉，弗雷泽就是一个喜欢找麻烦的人。弗雷泽回答说，他无意冒犯，但是如果有人要这样理解他说的任何话，那他已经准备好接受克拉克先生的挑战了，然后他就上床睡觉去了。

克拉克坚持认为弗雷泽的这些话就是直接的挑战，他吁请其他人赞成他的看法，但是他们声称并不这样认为。不过克拉克还是直奔弗雷泽的房间，坚持要在五分钟内进行决斗。弗雷泽先生立刻穿上衣服，走下楼来，当着所有人的面说，如果埃文斯和蒙哥马利先生认为他有任何不当的行为，他愿意向克拉克先生道歉。克拉克说他不会接受任何道歉，他坚持在一小时内，也就是三点钟，在海德公园与弗雷泽先生进行决斗。

于是进行了安排：埃文斯先生和蒙哥马利先生担任助手。两位助手竭尽全力却徒劳地试图弥合双方的分歧。克拉克先生由埃文斯先生陪同出门去寻找手枪。他设法搞到了一支曲柄手枪，上了膛，并且说如果弗雷泽先生弄不到枪，他可以借给对方一支。

到达海德公园后，他们站在相距十码的地方，掷硬币决定由谁首先开枪。克拉克先生赢了，他的子弹打穿了弗雷泽先生的锁骨，后者倒了下去，这时他的手枪走火了。蒙哥马利先生没有想到弗雷泽已经死了，他奔向一辆马车，想载弗雷泽到一位外科医生那里去，但是当他回身时，发现弗雷泽先生已经断气了。克拉克和埃文斯站在尸体边，附近有一些士兵。士兵不放他们离开，直到警官到达。他们的长官不久就来了，来之前他已经前往骑士桥兵营[①]，与他的上司希尔上尉商量过该怎样办了，他释放了那两人。当尸体放进马车后，他们都坐上去离开了。在皮卡迪利街[②]，克拉克和埃文斯下了车，然后就再没听到他们的消息。

---

① 海德公园兵营（The Hyde Park Barracks），因为位于骑士桥旁，故常称之为骑士桥（Knightsbridge）兵营，位于伦敦中部海德公园南边。
② 皮卡迪利街（Piccadilly），伦敦中部一街道，从海德公园向东延伸到皮卡迪利广场，以其时装商店、酒店和饭店而著名。

弗雷泽、克拉克和两位助手都是爱尔兰当地的年轻人。后来对弗雷泽的尸体进行了验尸，结论是："蓄意谋杀"。

肯鲍和艾金的决斗　1792年3月

本月在靠近玛丽勒本①的一片场地，德鲁里街剧院的两名演员肯鲍和艾金进行了一场决斗，起因是剧务安排上的一场争论，艾金先生认为那种安排伤害了自己。这场决斗的过程完全不符合决斗戏剧性的规则。

艾金先生进行了射击但是没有打中，双方于是愉快地和解了，没有再继续下去。他们没有找助手，而老班尼斯特先生②作为双方的朋友出现在现场。这充分说明，两个喜剧演员对事关荣誉之事的繁文缛节是多么缺乏认识。

朗斯代尔伯爵③和禁卫军上尉卡斯伯特　1792年6月9日

这天早晨在朗斯代尔伯爵和禁卫军上尉卡斯伯特之间发生了一件事关荣誉的事务。双方用手枪各自进行了一轮射击之后，没有造成任何伤害，事情就结束了。朗斯代尔伯爵的子弹如果不是幸运地被上尉的一颗纽扣挡住，也许会造成致命的结果。助手们进行了调停，事情友好地解决了。这次危险的决斗起因如下：

卡斯伯特上尉为了避免蒙特街④的混乱，指示不允许车辆经过这条街道。朗斯代尔伯爵坐着马车行经此地时被阻止通行，一下就发了脾气。他找到卡斯伯特上尉，冲着对方大喊："你这个混蛋，你知道我是这个国家的一位有爵位的绅士吗？"上尉立刻回答说："我不知道这个，但是我知道你是一个恶棍，你竟然对一个执勤的军官使用这样的字眼。我会让你为此付出代价的。"当然，接着就进行了决斗，结果如上所述。

劳德戴尔伯爵⑤和阿诺德将军的决斗　1792年7月2日

劳德戴尔伯爵由查尔斯·詹姆斯·福克斯阁下陪同，阿诺德将军由他的

---

① 玛丽勒本（Marylebone），是位于伦敦中部威斯敏斯特市的一个市中心平民聚居区。
② 查尔斯·班尼斯特（Charles Bannister, 1738—1804），英国著名演员和男低音歌唱家，曾在德鲁里巷剧院演出。
③ 詹姆斯·劳瑟（Sir James Lowther, 1st Earl of Lonsdale, 1736—1802），朗斯代尔伯爵。
④ 蒙特街（Mount Street），位于伦敦的上流社区梅菲尔区（Mayfair）。
⑤ 詹姆斯·梅特兰（James Maitland, 8th Earl of Lauderdale, 1759—1839），劳德戴尔伯爵，苏格兰贵族，英国上院议员。他支持法国大革命，是法国革命领袖马拉的朋友、英国政府当时反法政策最主要的反对者。

朋友霍克爵士陪同，在吉尔伯恩井①附近进行了一次决斗，以解决一次看来无法平息的误解。劳德戴尔伯爵被将军射击但没有受伤，伯爵拒绝回击。于是助手们退下去将近十分钟，商量的结果是事情应该就这样结束了。当人们期待劳德戴尔伯爵开枪时，尊敬的伯爵说他到这里来不是为了向将军开枪的，但是他也不能撤回自己那些冒犯性的言辞。如果将军不满意，可以继续射击，直至满意为止。一次类似的决斗，几天前在劳德戴尔伯爵和里奇蒙德公爵之间也发生过。

乔维格尼先生和 C. 拉梅特先生的决斗　1792 年 11 月 8 日

这件事因一次意见分歧引起，这种分歧悬而未决长达两年时间。乔维格尼先生听说他的对头来到了这里，于是前往拜会，建议进行一次决斗，后者同意了。双方在拉梅特下榻地附近的一片场地进行了决斗。拉梅特先生的腹部受了非常危险的伤。双方都宣布自己已经满意了，而且各自以名誉担保这件事情终于了结了。乔维格尼的助手是德·皮尼公爵和德·查班克伯爵；拉梅特的助手是迪艾奎龙和马斯里特先生。

皮佛伊先生和陆军上校罗珀的决斗　1794 年 8 月 14 日于梅德斯通②

这一天在巡回法庭，托马斯·皮佛伊先生被指控在一次决斗中"蓄意谋杀"罗珀上校，这次决斗发生在 1788 年 12 月 21 日。原告在决斗发生这么久之后才提起诉讼是因为，这段时间里，被告皮佛伊先生大多数时候都在国外。

1787 年，罗珀少校是圣文森特岛的总司令，皮佛伊是当地 66 团的步兵少尉。他当时获得了一次假期，为此与团里的下级军官举行了一次庆祝。在聚会中他们闹得太过分了，惹得其了他人向罗珀少校提出了投诉，少校取消了皮佛伊的休假。鉴于投诉的严重性，罗珀少校把皮佛伊提交给了军事法庭审判。法庭的裁决宣布皮佛伊因为犯规而丧失了他的军职，裁决后来得到了国王陛下的认可。这就是争执的起因，而这场争执后来导致了前述的可怕后果。

---

① 吉尔伯恩（Kilburn），是伦敦西北部一地区，分别属于布伦特区（Brent）、卡姆登区（Camden）和威斯敏斯特（Westminster）。18 世纪伦敦出现"水疗"时尚。在吉尔伯恩发现了一种含铁的井水，为此在这里兴建了花园，打了一些井，被称为"吉尔伯恩井"。
② 梅德斯通（Maidstone），英国英格兰东南部城市，肯特郡首府。

在法庭上，提交的证据，尤其是斯坦魏克斯将军——罗珀上校的副官提供的证词对已经收监的被告极为有利。被告要求进行自我辩护，他说他对死者不怀任何恶意。他是受荣誉的召唤，或者更贴切地说，是因为一种专横的风俗而采取这一行动的。这种专横的风俗在他早年的生活中就让他感到愤慨，但是他受的教育让他相信，如果不依这种习俗行事，他会失去一切社会给予他的关注和尊重。而且，最后一次挑战是罗珀上校提出的。作为对自己在决斗中杀死上校的补偿，他说自己已经经历了六年的自我放逐，并且在监狱里呆了九个月。他的后半部分辩护是由厄斯金先生宣读的，因为皮佛伊先生的感情如此激动，以至于他无法继续讲述下去了。

被告找来九位绅士为自己的品行提供证词，其中大多数人很早以前就认识他了。他们都证明了皮佛伊先生的温和性格、富于幽默感的从容风度，以及对争吵的厌恶，这些都是他通常举止风度的标志性特征。法官提出控告之后，陪审员霍特曼毫不犹豫地通报了陪审团的判决："无罪。"

斯威特曼少校和沃森上尉的决斗　1796年1月12日

因为星期六晚上发生在歌剧院的一次争吵，独立团的斯威特曼少校和90团的沃森上尉由他们的助手和外科医生们陪同，在科巴姆①进行了决斗。

助手们安排双方站在相距10码的地方，但是斯威特曼因为近视，抱怨说自己看不清对手，沃森让他向前走直到他满意为止。他走到了四码以内，然后双方开了枪。沃森上尉的子弹打进了斯威特曼的右侧胸膛并从他身体左面穿了出去，他立刻倒地身亡。沃森上尉大腿上部受了伤，但是恢复得不错，子弹被取了出来。

1796年3月20日，巡回法庭开庭审理布瑞瑞顿·沃森在科巴姆的决斗中"谋杀"斯威特曼少校的案子。

沃森仍然因为伤势非常虚弱，他躺在一张沙发上盖着黑色的布料被抬到了法庭。他拒绝外科医生对自己进行检查，担心他们卷入自己被起诉的这桩罪行。审判很短，沃森上尉被无罪开释了。

---

① 科巴姆（Cobham）。在英国肯特郡和萨里郡都有这个地名，这里指何地不详。

理查德·英格兰先生和罗尔斯先生的决斗　1796 年 2 月 19 日

理查德·英格兰因为1784年6月18日在克兰福德桥①进行的一场决斗中"蓄意谋杀"金斯顿的啤酒制造商罗尔斯，被关进了（英国伦敦老贝利街的）中央刑事法庭。

德比爵士②——第一位目击证人作证说，他当时正在阿斯科特赛马场③。在赛道的看台上，他听见英格兰警告在场的绅士们不要和后来的死者打赌，因为他既不会付输掉的钱，也会不付借的钱。听到这话，罗尔斯先生走到他面前，称他是个无赖、恶棍，而且声称要揍他。英格兰要求他滚开，不然他就不得不把他打倒，并说："我们已经打扰旁人够多了，如果你还要对我说什么，你知道在哪里能找到我。"

他们又继续争吵了一阵，但是证人站在看台的另一端，听得不够清楚，后来他们就离开了。决斗进行时，达特里爵士④，现在已经是克里莫尼男爵，和他的女伴以及另一位绅士在一个旅店里。他们跑进花园竭力试图阻止决斗，其他一些人也聚集到了花园里。罗尔斯希望克里莫尼男爵和其他人不要进行干预。克里莫尼男爵再次试图让他们和解时，罗尔斯说，如果他们再不退后，他就必须，虽然并不情愿，称他们的行动鲁莽无礼了。英格兰先生也走上来，摘下帽子，说："先生们，我被粗鲁地对待了，我的荣誉和品格受到了伤害。让这些得以弥补吧，我已经准备好当下就完成这件事。"达特里夫人退开了。克里莫尼男爵站在花园的凉亭里，直到目睹罗尔斯倒下。法庭还找来了一两名证人，他们没能提供什么实质性的东西。

宣读了一份文件，其中包括被监禁的被告的辩护词。德比伯爵、赫特福

---

① 克兰福德桥（Cranford Bridge），是伦敦泰晤士河支流克兰河（River Crane）上的一座桥。
② 爱德华·史密斯·斯坦利（Edward Smith - Stanley, 12th Earl of Derby, 1752—1834），德比伯爵，英国政治家。
③ 阿斯科特赛马场（Ascot Racecourse）是英国著名赛马场，位于伯克郡（Berkshire）阿斯科特镇（Ascot）。这座赛马场与英国王室关系密切，距离温莎堡只有大约六英里。阿斯科特赛马场目前每年有28天的赛事，其中最高潮的是阿斯科特金杯赛，最著名的是七月份举行的乔治六世和伊利莎白女王赛。
④ 托马斯·道森（Thomas Dawson, Baron Dartrey, Baron Cremorne），他是一个都柏林银行家的儿子，后来担任英国国会爱尔兰议员。1770年被封为达特里男爵；1797年改封为克里莫尼男爵。

德侯爵①、小维特·布瑞德先生、比斯霍普上校，和其他的绅士被找来证明被告的个人品格。他们都证明英格兰先生具有正派得体的绅士举止，他不仅不热衷于进行争论，相反总是热心地避免争执。在国外他总是友好地对待英国人，还为围困纽波特的英国军队提供了一些服务。

法官鲁克归纳了证据。陪审团退下进行了三刻钟的讨论，回来后作出了判决："过失杀人。"被告逃避他的国家的法律长达12年，法庭倾向于不表示任何仁慈。被告因而被判决支付一先令罚金；在伦敦西门著名的新门监狱监禁12个月。

莫尔登子爵和诺福克公爵②的决斗　1796年4月30日

因为一件署名莫尔登致莱明斯特自治市③居民的出版物，诺福克公爵由国民自卫团第一西约克团的沃姆维尔上尉陪同，与约克公爵阁下的侍从武官泰勒上尉陪同的莫尔登爵士，星期六在帕丁顿④以外的一片场地进行了一次决斗。双方站定后由一位助手发令，但他们的射击都未能击中。助手们于是认为进行调解适当其时。决斗双方仍然站在决斗位置上，经过助手们一番劝说，他们最终达成了和解。

瓦伦提亚子爵⑤和亨利·高勒先生⑥的决斗　1796年6月28日

在距汉堡不到三英里的一片场地，瓦伦提亚爵士和亨利·高勒先生进行了一次决斗。带着决斗的明确目的，他们带着助手和外科医生离开了英格兰。他们同时开枪。高勒的子弹打进了瓦伦提亚的胸部，穿过胸骨停在靠近颈部

---

① 弗朗西斯·英格拉姆·西摩尔·康韦（Francis Ingram – Seymour – Conway, 2nd Marquess of Hertford, 1743—1822），第二世赫特福德侯爵，英国政治家。八国联军入侵北京的联军指挥官西摩尔就出于这个家族。

② 乔治·卡博尔·康宁斯比（George Capel – Coningsby, 5th Earl of Essex, 1757—1839），第五世艾塞克斯伯爵，英国贵族政治家，1799年前被称为莫尔登子爵（Viscount Malden）。伯纳德·爱德华·霍华德（Bernard Edward Howard, 12th Duke of Norfolk, Earl Marshal, 1765—1842），第十二世诺福克公爵，宫廷典礼大臣。

③ 莱明斯特（Leominster），英国赫里福德郡（Herefordshire）的一个集镇。

④ 帕丁顿（Paddington）是伦敦中部威斯敏斯特市的一个地区。

⑤ 亚瑟安斯利，蒙特诺里斯伯爵（Arthur Annesley, 1st Earl of Mountnorris, 1744—1816），爱尔兰贵族，1761年继承了瓦伦提亚子爵的封号（Viscount Valentia）。

⑥ 亨利·高勒（Henry Gawler, 1766—1852），英国大律师，著名的《1832年对贫民法运作的皇家调查》（Royal Commission into the Operation of the Poor Laws 1832）的七名作者之一。

的地方。子弹当场就被取了出来，人们认为他脱离了危险。瓦伦提亚的子弹击穿了高勒的帽子。

他们之间的争吵起因是高勒先生和瓦伦提亚夫人之间的私情。

少尉菲茨杰拉德和陆军少尉沃灵顿的决斗　1797年5月4日

因为上星期五在普利茅斯的剧院里发生了一场争吵，海军陆战队的少尉菲茨杰拉德和第25团的沃灵顿少尉，由他们的助手陪同会面，以解决这一事件。他们进行的第一轮射击没有击中，但是第二次射击时，菲茨杰拉德的子弹射中了沃灵顿的身体一侧，事情就这样结束了。

史密斯上尉和弗朗西斯·巴克利少尉的决斗　1797年8月5日

在泽西岛，皇家英国国防军的少尉弗朗西斯·巴克利在与同一个团里的史密斯上尉的决斗中被杀死了。在进行了几轮射击之后，死者的身体右侧被对手击中，几乎立刻死亡。

这个不幸事件的起因是双方的一场争论。争论中史密斯上尉被对方打了一下，巴克利少尉当时认为史密斯对自己使用了非常不恰当的言辞。

死者留下了妻子和两个婴儿、一个兄弟和年事已高的双亲，这些亲人们为了他不合时宜的早逝哀恸不已。

金上校[①]和菲茨杰拉德上校的决斗　1797年10月

大约四个星期之前，和母亲金斯伯格夫人住在一起的金小姐，在温莎与人私奔了。私奔的很多迹象导致人们怀疑有人引诱她抛弃了自己的家庭义务。

此前一段时间，金小姐的一个堂兄弟菲茨杰拉德上校对她非常殷勤，菲茨杰拉德上校已经娶了一位非常美丽的女士。看上去是上校采取手段引诱金小姐误入歧途。金小姐非常年轻，只有十六岁。即使在这样的年纪，她的生活方式还使她对这个社会的邪恶比其他大多数年轻人都更要缺乏了解。

菲茨杰拉德上校被小姐的朋友们攻击为这次私奔的同谋。起初他极为愤怒，威胁要和任何指控他的人决斗。痛苦的父母按照朋友的建议，最终求助于报纸。反复刊登的寻人广告归于徒劳，人们劝他们为找到女儿提供了一百

---

① 这位金上校可能是乔治·金，第三世金斯顿伯爵（George King, 3rd Earl of Kingston）。他的家族金斯伯格家族（Kingsborough）是爱尔兰一个古老的贵族家族。

基尼的悬赏。悬赏的结果是，在肯辛顿克雷顿街的一所房子里，一位妇人的年轻女儿发现了小姑娘和引诱她私奔的人——菲茨杰拉德上校。

身在爱尔兰的金斯伯格先生一听到女儿的下落，立刻携儿子金上校赶回英格兰，第一件事就是找到菲茨杰拉德上校。这没费什么功夫。他们决心要求菲茨杰拉德亲自而且严肃地作出解释。

金斯伯格先生给他的一位朋友、阿什福德的伍德少校写了一封信，请求他立刻到城里来。伍德少校一赶到就安排了一次会面，然后决斗就发生了。伍德少校在一封给朋友的信里提供了这次决斗的细节：

（弗拉东旅馆，牛津街，1797年10月1日）

我亲爱的朋友：

我不作什么开场白了，我向你提起过今早发生的事情，我要直奔这个主题，而且"既不为什么事开脱，也不会出于恶意写任何东西。"

按照安排好的计划，我陪着金上校前往公园里靠近弹药库的一个地点。我们在格罗夫纳门遇见了菲茨杰拉德少校，他没有朋友陪同。顺便说一下，他昨天告诉我，由于人们对他品行的厌憎，他自己恐怕没办法找到朋友来担任助手。当时他还说，他很了解我的名誉，即使没有朋友陪同，与金少校决斗他也会非常满意的。我坚决拒绝了来自他的干扰，我通知他，如果他找不到更亲密的人出席，他可以视我为他的委托人。他回答说，他会设法找一位朋友来。然后他离开了。今晨遇见他时我对他说："你的朋友在哪里，先生？"（据我回忆）他的回答是：我没办法找一位朋友。我确信您会做到公正的。于是我希望他能招来自己的外科医生，他立刻去找了，只是他的医生拒绝作为助手出现，但是说他会出现在决斗现场的视野范围之内的。金上校也和我一样渴望进行这件事。我同意就这样办，但是我说服了陪同布朗先生的一位外科医生作为证人，以保证一切都能公正合理地进行。这不是一件平常的事情。

我让双方站在了相距十小步的距离上，我想那个距离太远，但是我沉迷于一种想法：我希望菲茨杰拉德上校出于对自己卑鄙行为的认识，能够在第一轮射击之后，放弃还击，将自己的命运交给金上校的仁慈心摆布。但是他的行为恰恰相反,简单地讲,他们进行了一共六次射击都没有结果。金上校冷静而且心意已决。那个人也一样下定了决心,而且,看上去固执地渴望鲜血。第四次射击之后,菲茨杰拉德对我说了一些话,大约是希望我作为朋友提供一些建议。我告诉他我不是他的朋友,但是如果在这些射击之后,他能够坚定起来,向金上校承认自己是人类中最卑劣的一个,而且还能够忍耐并对金上校此后的行动不作任何回击,那么我会是这种人性的朋友。

不管这件事多么严酷,当时它可能会告一段落的,但是菲茨杰拉德上校只同意承认自己的行为是错误的,仅此而已,这不够。他现在试图对金上校说,自己是个 d-d 的恶棍(原文如此),但是金阻止他说下去,他不会听任何菲茨杰拉德不得不说的话。

他们继续进行了下去。菲茨杰拉德的火药和子弹用光了。他想要一支金的手枪。尽管我的朋友们劝说我同意,但是我不能同意。今晨的事情就这样结束了。我们必须再次进行决斗,事情不能就这样了结。我不得不补充一句,没有什么能胜过金上校在决斗的每个阶段中表现出来的坚定和得体。

      亲爱的朋友,你非常忠实的 罗伯特·伍德

顺及:离开场地时菲茨杰拉德上校同意明天同一时间再次与金上校决斗。"

两位上校在这一天都被逮捕了。

1797 年 12 月 12 日。昨天,得到了菲茨杰拉德的死讯。不久前人们发现他对于一桩非常可耻、不名誉的行为负有责任。这件事竟然发生在金斯顿伯爵家里。菲茨杰拉德上校是这个家庭的亲戚和常客,但是他竟然勾引了这个受人尊敬的家庭的女儿。他是以下面这种方式死去的:

在这桩罪恶的私奔行径被发现,并且随后在年轻的女方(现在知道是金斯伯格家的小姐)的兄长与后来的死者进行了一次决斗之后,女方被带到她身为贵族的父亲、现在的金斯顿伯爵在乡下的一处居所,位于密切斯顿①靠近

---

① 密切斯顿(Mitchelstown),爱尔兰科克郡的一个城市。Kilworth,基尔沃思,科克郡(County Cork)北部的一个村庄。

基尔沃思的地方。菲茨杰拉德对自己的行为毫无悔意，对一个显赫的家族毫无尊重，竟然使用最狡诈的伎俩，厚颜无耻地追踪女孩子来到了爱尔兰，在基尔沃思的一个旅馆住下，试图用暴力从她的双亲手里夺走她。

在他的出现和目的被人发现之前，他已经在基尔沃思呆了几天。有人发现他晚上出门，白天把自己关在旅馆里。仆人们发现他在不合时宜的时间里出没在密切斯顿庄园附近。消息传到和他进行过决斗的金斯伯格先生那里，他决心挫败菲茨杰拉德的阴谋。金斯伯格先生离开父亲的住所，来到基尔沃思。他向人询问菲茨杰拉德的房间之后，来到了后者的房间门口。金斯伯格先生敲门请求进去。菲茨杰拉德听出了他的声音，回答说自己被锁在房间里了，没办法开门，如果有什么要对他说，可以写下来从门下面递进去。

这激怒了年轻的贵族，金斯伯格撞开了门，他冲向房间里的一盒手枪，拿了一支，然后希望菲茨杰拉德上校拿起另一支保护自己。他一定要为对方算计自己的妹妹而与菲茨杰拉德决斗，他来这里就是为了这个目的。双方都拿起手枪之后，发生了扭打。老金斯顿伯爵听说儿子离家追踪而至的时候，双方正在激烈地搏斗。老伯爵试图分开双方时，发现菲茨杰拉德已将自己的儿子置于非常危险的境地，几乎肯定要危及儿子的生命，于是他朝菲茨杰拉德开了枪。我们都相信，老伯爵没有打算杀死菲茨杰拉德，尽管他当时非常愤怒，但是，这一枪击中了，菲茨杰拉德上校丢了性命。任何了解他这桩不名誉的行径的人，都没有为他的死表现出任何哀悼来。

当金小姐因为那桩丢人事被父亲从英格兰带往都柏林时，陪伴她的一个年轻女仆被发现帮助了引诱者，所以被解雇了。她回到英格兰时，带了一封私人信件给菲茨杰拉德上校。其内容，据说足以使上校即使冒着生命危险也要试图重新获得那位年轻的小姐。菲茨杰拉德的经济状况无法负担旅行，他从一位和蔼的夫人那里借了一笔钱，应该是一位和他关系最亲近的人。上校的借口是到多塞特郡去做一次拜访。拿到钱后，他出发来到爱尔兰基尔沃思的那个村庄，那个贵族家庭的居处，也是那位小姐被幽禁的地方。那位小姐的行动当时正被非常警觉地监视着。

威廉·皮特阁下①和乔治提尔尼先生②的决斗　1798年5月21日

因为皮特先生上个星期五在下院说的一些言辞，莱德先生陪同皮特先生，乔治·沃波尔③陪同提尔尼先生，下午三点在普特尼荒地④会面，准备决斗。

助手们试图阻止事情发展下去的努力没有见效，决斗双方走上了相距十二步的地点。双方同时开了一枪但都没有击中，于是又射击了一轮。皮特先生向空中开了枪，随即双方的助手进行了调停，他们坚决认为事情不应该走得更远了。他们都认为决斗进行至此应该让双方都能满意了，就此结束，双方的名誉都能得到最好的保障。

哈维·阿什顿上校和艾伦少校的决斗　1798年12月23日

这一天在马德里，哈维·阿什顿上校因为在与艾伦少校的决斗中受的伤死去了，此前他已经因伤盘桓病榻一周时间了。

在与艾伦少校决斗前的一天，他因为同样一桩事关荣誉的纠纷与皮克顿少校进行了一场决斗。那次决斗幸运地因为双方都向空中开了

小威廉·皮特（1759—1806）

---

① 小威廉·皮特（William Pitt the Younger, 1759—1806），英国著名政治家。1783年他成为英国历史上最年轻的首相，年仅24岁。1801年卸任。1804年至1806年再次担任英国首相。
② 乔治·提尔尼（George Tierney, 1761—1830），英国辉格党领袖。他是小威廉·皮特的主要政敌之一，在小皮特离任后成为议会中反对党的领袖。1798年5月，小皮特谴责提尔尼缺乏爱国心，因此发生了本书所述的决斗。
③ 乔治·沃波尔（George Walpole, 1758—1835），英国少将，下院改革派议员。
④ 普特尼荒地（Putney Heath）和温布尔顿公共地（Wimbledon Common）、普特尼低地公共地（Putney Lower Common）一起组成大的温布尔顿和普特尼公共地。

枪，并且对于冒犯找到了得体的解释而没有造成伤害。

J. 科里和纽博先生的决斗　1800 年 5 月 10 日

昨天在德蓝康德拉路①，勒根街的詹姆斯·科里先生和纽博先生之间进行了一次决斗。决斗的起因是一次争吵，据称，争吵中后者打了前者一下。纽博由他的助手、第二十四龙骑兵团的沃琳上尉陪同，另一方由一位律师威尔先生陪同。

来到决斗场地后，助手发令开枪。科里先生的手枪开火了但没有击中。纽博先生的手枪没打响。正当他准备再开枪时，他的助手说在决斗中，扣动扳机即使没有打响也被认为是一次射击。于是助手给双方都提供了另一支手枪，再次发令开枪。这一次，纽博先生被射中了心脏，当场死亡。

纽博是卡文郡（爱尔兰）布洛克希尔·纽博②唯一的儿子，一个古老家族的贵族，而且也是一笔五千英镑年金的明确继承人。

科里先生是下议院发言人的学生，那位发言人把他安排在亚麻公会簿记员这个有利可图的位置上。科里的父亲也曾经担任这一职位，他也曾是福斯特先生（何人不详）最宠幸的人之一。

死者年纪超过三十，娶了东印度一位绅士卡马克先生的女儿。卡马克先生的财产超过三万镑。死者是恩尼斯基林伯爵③、厄恩伯爵、戈斯福德伯爵等爱尔兰最了不起的家族的亲戚。

科里年轻几岁，是一位秉性温和不爱惹事的年轻绅士。

P. 汉密尔顿④和 G. I. 伊克先生的决斗　1802 年 1 月

在纽约发生了一次决斗，双方是亚历山大·汉密尔顿的儿子 P. 汉密尔顿和 G. I. 伊克。决斗中，小汉密尔顿被射中了，挣扎到第二天终于死去了。

---

① 德蓝康德拉路（Drumcondra‐road），今天爱尔兰的 M1 高速公路，连接都柏林和贝尔法斯特。
② 布洛克希尔·纽博上校（Colonel Brockhill Newburgh，约 1659—1741），爱尔兰政治家。1715 至 1727 年为卡文郡英国国会议员。他也是亚麻公会的主席。他的儿子叫托马斯·纽博（Thomas Newburgh），是一位诗人。按年龄推算，这场决斗中的纽博先生可能是布罗克希尔的孙子而非儿子。
③ 恩尼斯基林（Enniskillen），英国北爱尔兰西南部一座城市。
④ 菲利普·汉密尔顿（Philip Hamilton，1782—1801），汉密尔顿的长子。他在曼哈顿一个剧院里公开侮辱了 G. I. 伊克，双方因此进行了决斗。

威廉·亨特先生和戴维·米切尔的决斗　1802年8月

在萨凡纳，威廉·亨特先生在和戴维·米切尔的一场决斗中倒下了。导致决斗的争执起于7月末，当时在一场县法院的案子里，亨特先生是陪审团主席，米切尔是法律顾问。庭审中，看上去亨特觉得法律顾问对证据的审查似乎不能满足法律对公正的要求，他对庭上做了一些陈述。于是米切尔先生站起来说，亨特先生在这个问题上完全是多管闲事。亨特回答说，陪审员的多管闲事根本无法与一些律师的鲁莽无礼相提并论。

8月9日，米切尔先生在街上用一根大棒攻击了亨特先生。亨特先生没有工具来保护自己，挨了四下。他试图抓住对方的衣领但没有成功。他说："米切尔先生，我没有武器。如果你不放下你的武器，我只好退后了。"然后他退到了科尔洛克先生的店铺，想找一根手杖，但是没有找到。这时一些居民进行了干预。当天晚上，亨特给米切尔先生送去了一封挑战信。米切尔说了一些含含糊糊的话，然后接受了挑战。科尔洛克先生担任了亨特先生的助手，B. 麦克斯维尔先生担任了米切尔先生的助手。亨特先生先开枪，击中了米切尔的臀部，米切尔开枪没有击中。第二轮射击时，亨特击中了米切尔的腹股沟，只是擦伤了皮肤，米切尔却击中了亨特的右胸。亨特立刻转身大呼："我要死了。"当格伦和科尔洛克先生用胳膊架起他时，他要了一杯红酒，然后死去了。

皇家海军的W上尉和陆军I上尉的决斗　1803年3月

今天早晨在海德公园，皇家海军的W上尉和陆军I上尉进行了一场非常特别的决斗。

双方在几分钟内先后到达了指定的决斗地点。因为决斗的距离，双方发生了一些争执。W上尉的助手坚持决斗的距离不应超过六步，I上尉的助手强烈地认为这样短的距离太过轻率，坚持要求拉长距离。最终W上尉朋友的意见被接受了，于是双方按照发令开枪。W上尉承受了对手的射击，他用手枪作防卫，但是子弹打掉了他右手的第三、四指。助手进行调解，但是没有结果。W上尉的手掌明显因为疼痛有些失去知觉，他用手绢包裹了，且誓言自己还有另一只手，它从未让自己失利。I上尉招呼自己的朋友退到一旁，对他们说寻求和解是徒劳的。双方重新回到决斗场地。W中尉用左手握着手枪，死死地盯着I上尉看了一会，然后目光投向天空，说："原谅我。"双方像上一轮一样射击，同时倒下了。I 上尉被子弹射穿了头，当场死亡。W 中尉被子弹击中了左胸，他立即询问自己的朋友，I 上尉是受伤还是死了？得到死亡的答复后，他感谢上帝让自己活了这么久。然后他请求把自己手上的一枚戒指作为哀悼的纪念品交给自己的姐妹，要求别人确保姐妹知道这是自己最幸福的时刻。他几乎没能说完，一股鲜血就从伤口涌了出来，没有任何挣扎就死去了。

这个不幸的年轻人死在了他与一位汉普郡①的女士结婚的前夜，不久前他刚刚向她求婚。

蒙哥马利中校和麦克纳马拉上尉的决斗　1803 年 4 月 6 日

蒙哥马利中校和麦克纳马拉上尉在海德公园骑着马，都带着一只纽芬兰犬。两只狗打了起来。蒙哥马利中校没有看见麦克纳马拉上尉，他分开两只狗以后大喊了一声："这是谁的狗？看我收拾它！"麦克纳马拉回答说："你怎么这么放肆，竟敢说要打倒我的狗？想要那样你首先必须打倒我。"双方发生了争吵，之后彼此交换了名片，约好晚上 7 点在普里姆罗斯丘②碰头。结果证明这次决斗是致命的。麦克纳马拉的子弹射入了蒙哥马利中尉的胸口，很可能向左穿透了心脏，他当时就倒下了。他没来得及留下一句话，但是好像由于巨大的痛苦一边呻吟着，一边翻滚了两三次。蒙哥马利的子弹射进了麦克纳马拉身体右侧，就在臀部上面一点的地方，然后穿透身体从左侧射出。

蒙哥马利被人送到了乔克农场③，放在一张床上，由海维赛德先生照料。路上他试图说话、吐口水，但是血使他窒息，嘴里冒出很多血沫。大约五分钟后，他温和地叹了一口气，然后死去了。

麦克纳马拉是一名海军军官，作为刻耳柏洛斯护卫舰④的指挥官，他在几次行动中让自己出了名。他刚从西印度回来。他的军舰大约两个月前在查塔

---

① 汉普郡（Hampshire），英国南部之一郡。
② 普里姆罗斯丘（Primrose Hill）是伦敦摄政王公园（Regent's Park）里一座海拔 256 英尺的小山，也是附近地区的名称。从这里向东南可以很好地俯瞰伦敦市中心。这里现在是伦敦最昂贵的街区，有很多名人居住。
③ 乔克农场（Chalk Farm）是伦敦北部的一个地区，在卡姆登市正北面，距离普里姆罗斯丘的高档社区很近。
④ 刻耳柏洛斯（Cerberus），希腊神话中守卫冥府的有三个头的狗。

姆完成了任务。他大约三十六岁年纪,是一个强壮、勇敢、积极的人。此前他进行过两三次决斗。他在科克郡①用令人敬畏的态度控制了骚乱,名声显赫。

蒙哥马利上校是步兵第九团的副官、爱尔兰的罗伯特·蒙哥马利爵士的儿子,乔治·比恩格夫人和汤恩森德侯爵夫人②的同父异母兄弟。他相貌英俊,为国家服役时表现英勇。远征荷兰时,俄国人投入战斗,由于他们出现在蒙哥马利那个团的后面,蒙哥马利的团陷入混战,被迫后退。一个鼓手战死了,蒙哥马利上校捡起战鼓,一个人站在那里击鼓集合手下的人。他成功地集合起自己的士兵,并且走在他们前面,起了非凡的示范作用。在埃及和马耳他,有好几次,他的英勇气概为自己赢得了荣誉。他和威尔士亲王和约克公爵很熟悉。亲王听到这位朋友令人伤心的结局,不禁流下了眼泪。

蒙哥马利上校在伦敦以汉密尔顿公爵第二的绰号闻名,因为他刻意模仿汉密尔顿那种贵族的服饰。

麦克纳马拉从伤势中恢复了过来,因为谋杀指控受到审判。厄斯金爵士③为他准备了辩护词。其中写道:"我是英国海军的一名上校。你们只会从其他人那里听说我的品格(意指自己不会自夸),但是为了让自己的名誉得到保护,我必须得到尊重。当我受到挑战,将要使别人陷入可敬的危险境地时,我绝对不能让人认为我会以社会习俗所不齿的方式寻求安全。

我没有冒昧地试图鼓励任何有违上帝的法律或者这块土地的法律的行为。我知道,以责任和理性而言,服从法律——尽管有违这个世界的看法——但这是首要的责任,应该是行动的准则。但是在对我的动机作出解释时,为了确定我的行为的性质,你们会为我的处境留出余地的。如果你们的情感同情我的行为,那么我们不可能称这种同情对于一个绅士来说是正当的,但是这种情感很

---

① 科克郡(County Cork),位于爱尔兰西南部。
② 乔治·比恩格(George Byng,1764—1847),辉格党领导人。他娶了哈莉特·蒙哥马利(Harriet Montgomery)。陆军元帅乔治·汤恩森德(Field Marshal George Townshend, 1st Marquess Townshend,1724—1807),第一世汤恩森德侯爵。他的第二任妻子是威廉·蒙哥马利(Sir William Montgomery)的女儿安妮·蒙哥马利。本书这里可能有错误。据其它文献,被麦克纳马拉杀死的就是罗伯特·蒙哥马利(Robert Montgomery),他的父亲应该是威廉·蒙哥马利。
③ 托马斯·厄斯金(Thomas Erskine, 9th Earl of Kellie,约 1746—1828),凯利伯爵,苏格兰商人、地主和政治家。

久以来的确支持着这个国家，如果这种精神失去了，这个国家会因之枯萎的。"

4月15日。昨天早晨，海维赛德先生，那位外科医生，被汤恩森德以理查德·福特先生批准的命令逮捕了，他受到的指控是帮助了对蒙哥马利上校的谋杀。在弓手街，地方治安官福特先生对他进行了一次秘密的审问，然后他被送到新门监狱，在老贝利中央刑事法庭面对审判。就这次决斗，还秘密审讯了几个证人，他们也要出现在审判中。

麦克纳马拉昨天被宣布脱离了危险，但是还不能被移动。验尸官检查了蒙哥马利的尸体之后得出结论："过失杀人。"尸体随后被埋在了圣詹姆士教堂①的一个地下室。

证据没有公开，被监禁者向陪审团做了辩护，解释他们的行为。

胡德、纳尔逊、霍瑟姆和明托先生以及一大批受尊敬的绅士都为麦克纳马拉非常好的声誉做了证明。法官希斯总结了证据，陈述说，面对证据，和被囚者的供述，陪审团必须作出"过失杀人"的判决，但是陪审团意见不一，他们退下去一刻钟之后，回来宣布了判决："无罪。"

坎莫福德爵士②和贝斯特上校的决斗　1804年3月

在靠近肯辛顿的荷兰宫，坎莫福德男爵和皇家海军的贝斯特上校进行了一场决斗。

据说这两位亲密的朋友之间的决斗，起因是前一天晚上在威尔士亲王旅馆的咖啡间里发生的一场争执。

坎莫福德男爵和贝斯特上校是好朋友，都是很时尚的青年人，而且都被奉为一流的射手。双方争吵的内容涉及一个放荡的女人，名叫西蒙斯。她从前与贝斯特同居，但是目前受坎莫福德先生的保护。

这位女士在歌剧院遇见了贝斯特先生，她向对方提了一个与他们目前的关系不相称的要求。遭到拒绝后，她声称会让坎莫福德先生来找贝斯特先生。相应地，她向坎莫福德先生、自己的保护人进行了抱怨，说贝斯特先生谈到坎莫福德先生时很不尊重。这大大地激怒了坎莫福德先生。他们通常会在威

---

① 圣詹姆士教堂（St James's Church），位于伦敦皮卡迪利街。
② 托马斯·皮特（Thomas Pitt, 2nd Baron Camelford, 1775—1804），坎莫福德男爵，英国首相小威廉·皮特的堂兄弟，英国海军官员。他是一个著名的浪荡子，行为不检。

尔士亲王旅馆吃晚饭。在那儿，坎莫福德先生用足以被在场所有人听到的声调对贝斯特先生说："我发现您曾经用最无法让人接受的话谈论到我。"贝斯特先生和蔼地回答说，他完全不理解自己怎么会受到这样的指责。对此坎莫福德回答说，他不可能不知道他对西蒙斯夫人谈到自己的那些话，并指责对方是个恶棍、说谎者、无赖。贝斯特先生说，这些言辞只能导致一件事。于是接下来立刻安排了一场第二天早晨的决斗。

当天晚间，贝斯特先生传话给坎莫福德说，他非常确信对方从那个女人那里得到的信息是没有根据的，他相信坎莫福德先生的行动是根据一个错误的印象作出的，如果他把自己的那些言辞收回去，自己会感到满意的（不会继续要求决斗）。坎莫福德先生拒绝这样做。第二天早晨，他们由各自的朋友陪同，在牛津街的咖啡馆碰了面。贝斯特先生再次作出努力，希望坎莫福德收回那些侮辱性的话。

他走向坎莫福德，对他说："坎莫福德，我们是朋友，我了解你不容怀疑的慷慨品格。我以自己的名誉担保，你被一个娼妓骗了。不要再坚持那些会让我们中间的一个人倒下的话了。"坎莫福德回答说："贝斯特，这是小孩子的把戏，事情必须继续下去。"

这时坎莫福德先生内心实际上已经认识到贝斯特没有错了。他清楚地对助手说自己知道错在自己身上，贝斯特是一位君子，但是他不能让自己收回此前说的那些话。走向决斗地点时，他再次对助手做了这样的陈述，同时补充说，自己和贝斯特先生都被认为是英格兰最棒的枪手，所以肯定会有一个人倒下的。无论事情会怎样，他请求助手事后作证告诉大家，自己已经放弃了对贝斯特的任何指责了，但是，任何抗议都不能让他收回那些冒犯的言辞。

他们被安排站在相距十五步的距离

托马斯·皮特，坎莫福德男爵（1775—1804）

上。他们同时开枪,坎莫福德立即倒地,看上去像是死了,但是,过了一会儿,他醒了过来,大声喊道:"我要被杀死了!但是我承认贝斯特没有过错,只有我自己应该受到责备。"他恳求朋友们考虑他们的安全。附近一个花园里的工人赶到了现场,他发现坎莫福德面朝天躺在一处比较低洼的地方,身下有几英寸的积水。贝斯特和他的朋友们在射击之后立刻骑马离开了,其他绅士们也在那个工人赶到时跑掉了,借口是去找一位外科医生。

坎莫福德不想让人移动自己,人们好不容易才帮助他坐到一张椅子上,然后把他送到了小荷兰宫奥蒂家的店铺里。对手的子弹射进了他右侧胸口,估计穿过肺部留在了背部的骨头里。人们询问陪同决斗的那些人的名字,但是他拒绝回答。

按照自己的意愿,坎莫福德断然禁止亲戚朋友对对手提起诉讼,声明这场决斗完全是自己引起的。去世前一天,他给自己的遗嘱添加了一个附件,其中陈述说,人们通常对自己出生的国度充满眷恋,不管多么遥远,在临终之时通常希望自己的遗体被送回故土埋葬。他继续说:"我希望自己的遗体如果方便,尽快送到一个遥远的国度,去一个人迹罕至的地点,那里的景物应该能对着我的遗体展示出微笑。"

他选定的地方位于瑞士伯尔尼州圣蓝皮尔湖的边上,那个地点刚好矗立着三颗树。他希望把中间那棵树挖出来,安放好自己的遗体之后再把树重新栽回去。

"墓上不要任何纪念物或者墓碑。"他补充说,在那颗树下,他曾度过许多孤独的时光,沉思人事的飘忽无常。作为对土地所有者的补偿,他给他们留下了一千英镑。他还请求亲人们不要为自己哀伤。决斗期间他和贝斯特还有一个赌没有了结,赌注是二百英镑,他们打赌要确定两人中谁是更好的射手。

对决斗这一令人烦恼的社会问题,坎莫福德先生的一位传记作者做了下面的描述。为了全人类的缘故,我们一定会希望,不顾一切的贵族阶层的心智,只是偶尔会变得疯狂:

> 坎莫福德的性格是一个奇异的混合体,既有许多善良高尚的东西,也不乏邪恶狠毒的成分:所有这些都走向了极端。他身上有对刻板的荣

誉观念的骑士式信条，暴躁易怒的脾气，经常让他卷入纷争。他对自己喜爱的人是热情的，慈善施予的慷慨程度几乎无以伦比。在自己的生活方式上，他鄙视任何奢侈豪华，他寻找机会在真正的慈善事业上分施自己的财产，慷慨大度而且尽力对自己的善行保密，让他的行为变得更加高尚了。

他每年付出不少于四千英镑，为那些无力购买职位的年轻人寻找机会，帮助那些年老体衰的海员和战士的生活。如果人们认为他在政治上的许多行为不够谨慎的话，没有人能够否认，它们都是出于爱国主义的举动。他是这样一个人：真实的品格属于全世界但却鲜为人们了解；他的不完美和愚蠢经常被置诸公众面前，与这些缺点相对的美德却很少被人听到。尽管对于那些他认为不正当地对待了自己的人他有些过于暴力了，但是对自己的熟人，他是温和友善、彬彬有礼的。作为敌人他是严酷的，作为朋友他却是最温驯、最慷慨的一个人。他经常成为那些狡诈的、善于算计的恳求者欺骗的傻瓜，但是更多的时候，他是真正的悲伤甚至过甚其辞的抱怨的抚慰者。

这些肯定是他的个人品格中有待改善的地方，但是无疑，他在公众场合的个性，使他成了令人讨厌的一个人。任何能让社会摆脱这样一个嗜杀和没有道德约束的暴徒的人，都有资格获得公众的感激。坎莫福德以自己使用手枪时的超凡出众自傲，总是在寻找任何可能的机会挑起争端。他的装束，尤其是着制服时，常常引人侧目和评论，他会欣然抓住这些挑起一次决斗。

他甚至会在伦敦的街头用最残忍的方式对待自己的马，为的只是引起别人的抗议和批评，然后把它当作对自己的侮辱，为一次谋杀提供理由。他死时和他活着时一样，都是一个嗜血的怪兽。他试图剥夺一个知交的生命，尽管他完全清楚自己那些武断的话是虚妄的，只是因为他希望展示自己出众的射击技能。为了一个他自己也鄙视的可怜的女人，他竭力试图牺牲一位自己尊敬的朋友的生命。此前他对帕特森先生所作的事，从社会规则的角度出发，在任何情形下都不能认为是合理的，他完全可以让对方受到适当的惩罚，而不是自己担任他的行刑者。

第二十四章 乔治三世时期的决斗

坎莫福德那天参加决斗时，是由海维赛德先生、汤姆逊先生以及霍姆先生和外科医生们陪同前往的。据我们所知，一个叫尼赫尔或者尼尔德的人是贝斯特先生的助手，德弗洛先生是坎莫福德的助手。

以下是当天的一份报纸上关于他死亡情形的进一步的报告：

3月12日星期六晚上，这位不幸的贵族停止了呼吸。决斗的第二天晚上，他派人找来自己的律师、林肯律师学院的威尔逊先生。在忍受死亡前夜的痛苦时，他保持了完全的镇静。

提交给死因调查官的篇幅浩繁的证据证明：坎莫福德声明，他是挑衅者，他原谅向他射击的绅士，也希望上帝能原谅他。

死因裁判官霍奇森先生在向陪审团讲话时，作了如下评述：

很明显死者是被某人向他射击的子弹杀死的，对于行凶者的身份，陪审团没有直接或可采纳的证据。这个国家的法律对于一个人在一次私下的决斗中杀死另一个人，不承认任何借口，但是，假使杀害死者的人能够在一个高级的法庭面前提供相关情况和事实来为自己触犯的法律进行辩解，法律不会在调查中有任何偏袒。

严格地讲，在决斗中杀死对手的人犯下了谋杀罪，陪审团的判决必须体现这种观点。在目前这个案子中，毫无疑问死者被凶残地杀死了，但是没有证据显示谁是凶手，或者谁是决斗的助手。实际上，他们都同样地有罪，在谋杀犯罪中，事前参与预谋的人也被认为是主要责任者。

毫无疑问，死者的表述和坦白是如此高尚地有利于自己的对手，如果后者被诉至一个高级的法庭，那些表述肯定会导致他被宣告无罪，但是那些陈述是不应该对其陈述对象的想法产生影响的。如果当时双方在一个房间里，在一场突然的争执中死者首先进行了挑衅，然后被杀死，那可以被认为是有一定理由的凶杀，但是，与此相反，看上去他们是走出房间去进行一次不合法的举动。如果能够证明谁向死者开了枪，陪审团完全有义务针对他提出"谋杀"的判决，对教唆犯也应同样判决。但是，正如这个案子目前的情况，陪审团只能对死者隐约提及的人作出判决。

陪审团全体一致判决："蓄意谋杀，或者是凶残的杀人案，由某个或某些未知的凶手施行。"

步兵少尉布朗和陆军少尉巴特勒的决斗　　1806年1月1日

今天早晨在巴斯福德①郊区的一片场地上，第36步兵团的布朗少尉和在诺丁汉征兵服务处工作的第83团少尉巴特勒进行了一次决斗。

双方按照口令同时开枪，布朗不幸被子弹射穿了心脏，一个字都没来得及说，当场倒地死亡。巴特勒少尉和助手们立刻跑掉了。死者的遗体由一些被枪声吸引来的人抬到了巴斯福德教堂。验尸裁判官作出了"蓄意谋杀"的判决。

布朗是一位前途远大的年轻军官，来自一个非常受尊敬的爱尔兰家庭，刚刚十七岁。他和巴特勒少尉刚刚成为一个团队的同仁，但是因为一场严重的争吵，指挥官命令把他们安置在不同的连队了。他们在诺丁汉相遇时，敌意的余烬复燃，其不幸的结果就是，社会失去了一位很有价值而且受人尊敬的年轻人。

布鲁克斯少校和博尔顿上校的决斗　　1806年1月4日

大约一年前，布鲁克斯少校和博尔顿上校因为一次争吵，打算进行一次决斗，但是事情被人们知道了，他们被迫要保持一年的和平。这一年中，他们的敌意日渐增加，并且相互指责对方向军法审判官泄露了决斗的意图。

星期五那一周，他们之间必须保持一年和平的命令到期了，于是一场决斗立刻安排好了。他们碰了头，第一轮射击里，布鲁克斯被当场打死了。上校逃走了。

图伦斯少尉和费希尔先生的决斗　　1806年3月22日

在靠近埃塞克斯切姆斯福德的甘利伍德公共地②发生了一次决斗，决斗双方都是步兵第六团的军官——图伦斯少尉和费希尔先生。决斗双方由他们的助手陪同，破晓时分来到指定地点。相关规则确定之后，他们选择了很短的距离，然后转身同时开枪。图伦斯少尉被对手的子弹击中了腹股沟，当场倒在了地上。费希尔先生走上前来，握住他的手，表达了对事情这样令人哀伤

---

① 巴斯福德（Basford），位于英国诺丁汉郡（Nottinghamshire）。
② 切姆斯福德（Chelmsford），英国英格兰东南部一座城市。甘利伍德（Galleywood），切姆斯福德旁边的一个村庄，距伦敦约三十英里。

的结果感到遗憾，因为根据伤情看来，他觉得对手的伤是致命的。

助手们接着赶来了，伤者被尽快移到了不远处的一个风车房里，又从那里被送回了他在军营里的房间，在那儿，采用了一切必要措施对他进行救治。子弹停留在与入口相对的位置，下午四点由韦尔奇医生取了出来，但是伤者还是在星期天早晨九点到十点钟之间去世了。

星期一由验尸官小 J. O. 帕克阁下主持了一次调查。他检查了尸体，然后对费希尔先生和两名助手提出了"蓄意谋杀"的指控，当时只有一名助手被逮捕，费希尔和另一名助手逃跑了。

罗杰斯先生和朗先生的决斗　1806 年 5 月 3 日　都柏林

今天在这座城市里，军营办公室的两名年轻的绅士，同时也是一对亲密的朋友，因为前一天夜里酒馆里的一场争执，在福斯特林荫道进行了一场决斗。

双方相距十二步，第一次开枪时，两个人都倒了下去。罗杰斯先生被子弹打中了心脏，当然，他当场死亡了。另一个人，朗先生，两条大腿都被射穿了，也同样死去了。

霍姆佩希男爵和理查森先生的决斗　1806 年 9 月 22 日

因为霍姆佩希男爵眼睛近视，在大街上撞了理查森先生和两位女士，两个人今天早晨进行了一场决斗。在第三轮射击时理查森被子弹击穿了身体。

弗朗西斯·伯德特先生和保尔先生的决斗　1807 年 5 月 5 日

因为两人之间的一场误会，今天早晨九点钟，在温布尔顿公共地，两人进行了决斗。保尔先生认为自己的人品被弗朗西斯先生严重地伤害了，星期五晚上，他向准男爵弗朗西斯先生发出了挑战，并且被接受了。双方昨天早晨在温布尔顿公共地的库姆森林①进行了决斗。

他们进行了两轮射击。第二轮射击时，保尔先生击中了弗朗西斯先生的大腿，弗朗西斯击中了保尔先生的腿。弗朗西斯和保尔坐着同一辆马车回了家。

---

① 库姆森林（Coombe Wood）是一片小森林和花园地带，位于伦敦克里登区（Croydon）一个老村落库姆附近。

下面是贝伦敦·科尔先生①关于这次决斗真实而有趣的记述，其中反映出在这种场合挑选合适的助手的必要性：

5月5日星期六，早晨，大约五点半时，弗朗西斯·伯德特先生的仆人拿着主人的一个条子来找我，希望我带上一对手枪，立刻赶到温布尔顿他主人那里去，因为他的主人收到了别人提出的决斗的请求。当时条子上没有说对手是谁。我试着向两个禁卫军的军官商量借枪无果，然后在曼顿家的店铺里也没能找到合用的枪。我觉得从一处到另一处不停地去寻找手枪，最终一定会招来我不希望的他人的注意，于是决定不带枪就前往弗朗西斯先生那里去，我想向他提出挑战的人一定至少会有两支枪，如果需要，他们会向双方提供手枪的。大约八点钟，我赶到了弗朗西斯·伯德特在温布尔顿的房子，我不得不在那里为一辆轻便马车等了两个小时。弗朗西斯先生已经跟随国王前往金斯顿了，他留了一张字条，让我坐他的马车也赶到那里去。进入金斯顿②时，我看到保尔先生坐在一辆公共马车上，由另一人陪着，他的仆人也坐在车上。我的车走过他们的车旁时，他招呼我对我说了一些话，但是我没有听清楚。我认为他是建议我不要进城，因为事情会暴露的。我问了他旅馆在那里，然后继续向前走了。

我一走进伯德特先生坐的房间，有一个人就追着我马上进了房间。我问伯德特先生这人是谁，他说这是保尔先生的助手。于是我说："请问我正荣幸地与之交谈的先生尊姓大名？""我叫库珀。""伯德特，你认识他吗？""我相信保尔挑选了一位恰当的人来见我。""先生，先生，先生。"这就是库珀先生的回答（暗示库珀拙于辞令，不善客套）。按照伯德特先生的期望，我说如果保尔先生他们已经前往库姆森林，我们应该立刻追踪他们前往，似乎那里也是一个恰当的决斗地点。

伯德特给了我一些写给朋友的信件和便笺，然后向我解释了保尔的决斗请求，接着我们就出发前往指定的地方。到达之后，他让马车停下让我们下车。我们进了树林走了相当一段路。

---

① 约翰·贝伦敦·科尔（John Bellenden Ker, 1764—1842），英国著名植物学家。
② 金斯顿（Kingston），位于伦敦泰晤士河边。金斯顿和伦敦的肯辛顿-切尔西（Kensington and Chelsea）、温莎-梅登黑德（Windsor and Maidenhead）是英国最古老的三个皇家自治市。

一路上保尔讲了一些关于他们之间的争执的事情。他说他相信我没有听到关于此事的全面的陈述，希望我多听听他的说法。我回答说我已经从自己的当事人伯德特先生那里听取了全部的事情经过，而且我完全相信他说的话，如果不是那样，我就不会陪他来这里，而且，根据我听到和读到的情况，我的意见是，伯德特先生是最有权利认为自己受到了不公正待遇的人。此外，无论如何，由他道歉是不可能的，我宁肯看到他开枪射击，而不是希望他进行丢脸的道歉。保尔先生似乎没有完全将他的意见和事务交由他的助手处理，所以我发现和他谈论和解完全是徒劳的。停下来之后，我向他们要手枪，这应该由库珀先生处理的，但是他声称他根本没有想到事情会是这样。

　　我问他是否原来期望我建议或者伯德特会同意让自己丢脸地进行道歉？然后我说我们没法弄到手枪，本来希望他和保尔会同意我们使用他们的手枪的。对此他们同意了。库珀告诉我他不知道怎样给手枪上膛。我向他演示了一遍，并一边给保尔的手枪上膛，一边指导他给伯德特的手枪上膛。我问他准备建议双方在什么距离开枪，他说他对此一无所知，让我决定。

　　我量了十二步的距离，让当事双方分别站在这个距离的一端。我又指示库珀给弗朗西斯一支手枪，然后我将另一支呈给保尔先生。同时我向保尔保证，就像我此前向库珀先生声明的，虽然弗朗西斯先生来到这里，但是他对保尔先生并没有丝毫的敌意，他会向保尔先生开枪，这只是保卫自己的一种方式。

　　此外我对保尔先生说，我希望他完全确信，他受到的伤害除了用夺取我朋友的的生命，并且让自己的生命处于险境之中外，没有任何其他的方法能够弥补。他回答说，他必须这样做，除非弗朗西斯先生向他道歉。

　　于是我问他们是否同意由我扔下一条手绢来发令开枪？他们都同意了。我于是站到他们中间点侧面四码的地方，而库珀先生却在把手枪交给弗朗西斯先生之后，向后退到了远处的一棵树后面。我发令之后，他们开了枪，但是都没有射中。我拿过保尔的手枪，问道："我希望，先生，你现在已经满意了？"他说："不，我必须得到道歉，或者继续射击。"我说:"谈论道歉是荒唐的,也不现实。"于是我重新给手枪上膛,像前次一样把手枪交给他们。我又一次询问了保尔,他激动地回答——他必须得到道歉,或者继续决斗,他还呼唤上帝作证,说自己是地球上受到伤害最重的人。这次轮到库珀先生发令。尽管弗朗西斯先生在他往后退时请求他不要退得那么远,上前一些,但是他还是退得很远,弗朗西斯先生看不见他了。最后我发现弗朗西斯看不见库珀了,也看不见他丢手绢,所以当库珀丢手绢时,我一看到保尔举枪,就对弗朗西斯先生喊了一声:"开枪。"我相信,他们是在我发令时一起开的枪。

我应该承认,当他们等候口令时,我看到弗朗西斯抬起了手臂,手枪指向了保尔先生。我知道他不是想犯规,只是一个错误。我对他说:"伯德特,不要瞄准。我肯定您不是在瞄准。把手臂放下来,你看保尔先生的手枪是指向地面的。"保尔问我为什么建议弗朗西斯不要瞄准。我说:任何人都能看到我只是让他不要在发令之前瞄准,或者准备这样做。我希望双方在决斗中有平等的权利。第二轮射击的结果在一开始就介绍过了。和他们双方交谈后,我走到马车那里。两人都被抬进了保尔先生的马车。我去了弗朗西斯先生的房子,通知伯德特夫人和伯德特先生的兄弟,另外还去温布尔顿找一个外科医生。

决斗中,除了关于不要瞄准的话,我没有和弗朗西斯先生说过任何话。库珀始终拒绝签署任何正式文件说明他住在哪里,或者他的情况。不停地有人要求我提供这些情况。我现在对他的这些事情仍然一无所知。

约翰·贝伦敦·科尔

坎贝尔少校和博伊德上尉的决斗　1808 年 8 月

对 21 团坎贝尔少校的审判:

少校亚历山大·坎贝尔和 21 团的一位上尉面临"蓄意和凶残地谋杀"亚历山大·博伊德的指控。后者是同一个团里的上尉。两人用一把手枪射杀了后者。

为了支持上述指控,提交了以下的证词:

乔治·亚当斯,他自述是 21 团的助理外科医生,自去年 4 月份至今担任这个职务已经 12 个月了。他认识坎贝尔少校和博伊德上尉。1807 年他们驻扎在纽里市①的阿尔马郡。在 4 月 24 日，博伊德因为枪伤死亡，子弹射入了四根弓肋的顶端，留在了腹腔里。那天科尔将军正在检阅部队。检阅之后，将军和军官集体用膳。大约八点钟，除了坎贝尔少校、博伊德上尉，证人和一个叫霍尔的中尉，军官们都离开了用餐地点。坎贝尔说，在当天的检阅中，将军就发出某个命令的特定方式对他的做法进行了纠正，但是他认为自己发令的方式没有问题。他提到了自己是怎样发出指令，而将军又是怎样纠正自己的。博伊德上尉评论说，根据邓达斯将军②的说法，而且按照国王的命令，他们的方式都是不正确的。

（证人乔治·亚当斯医生陈述说，这些评论是以平常的口气说出来的。）坎贝尔少尉校说，也许他没有按照国王的命令发令，但是他仍然相信他的发令方式没有错误。博伊德上尉则坚持认为按照国王的命令，那是不正确的。

他们争论了一些时候，后来博伊德说他和其他人一样明白这事。坎贝尔少校回答说，他对此相当怀疑。最后博伊德说，不管坎贝尔怎么想，他比坎贝尔更了解这事。坎贝尔于是站起来说："这么说，博伊德上尉，您是说我犯了错误了？"博伊德上尉回答："是的。我知道根据国王的命令，我是正确的。"坎贝尔于是退出了房间。博伊德在里面又呆了一会儿。他后来在证人以及霍尔中尉之前离开了房间，但是没有人注意到他去了哪里，人们更关注那些继续在房间里吃饭的绅士。证人和霍尔中尉稍晚一些时候一起离开了那个房间。

他们来到了第二餐厅，在那里博伊德走上来和他们说了些话（这次谈话未被接受为证据，因为坎贝尔没有在场）。他们三人又一起走了出来，在杜瓦中尉那里，证人乔治·亚当斯离开了博伊德上尉。大约二十分钟之后，有人叫他去看看博伊德上尉。他去了，在那里他看到博伊德上尉坐在一张椅子里，正在呕吐。证人乔治·亚当斯医生检查了他的伤口，发现伤情很严重。博伊德只坚持了十八个小时。证人陪着他直到他死去，期间他的状况不断恶化。

---

① 纽里市（Newry），位于爱尔兰北部。纽里市中间的克兰里河（River Clanrye）是阿尔马郡（County Armagh）和道恩郡的界河（County Down）。
② 大卫·邓达斯（General Sir David Dundas, 1st Baronet, 1735—1820），英国武装部队总司令（1809—1811）。他是保守的军事理论家，著有《军事行动的原则》（《Principles of Military Movements published》）等书。

在盘问中，乔治·亚当斯医生说，在博伊德所做的评论中，有某种令人恼火的东西，以至于让人认为坎贝尔少校不可能置之不理，但是，如果能做一番坦诚的解释，他不认为会发生后来那种令人悲痛的事情。

证人约翰·侯伊作证说，事发时他是 21 团的餐厅侍者。他记得发生决斗那天晚上的事情，也认识坎贝尔少校和博伊德上尉。那晚他在一个房间里洗杯子时见过坎贝尔。坎贝尔十或十五分钟之后离开了那个房间。他上楼去时，博伊德上尉离开了餐厅，他和坎贝尔在楼梯上相遇了。他们一起走进了餐厅侍者的房间，在那里呆了十到十五分钟，然后分头离开了。眼下被监禁的坎贝尔少校又回来找到侍者，希望他去找博伊德上尉，告诉他一位绅士希望和他说话，如果他愿意的话。于是他就去找博伊德上尉。

他在操场上找到了博伊德，把事情告诉了他，博伊德和他一起来到餐厅，那儿没有人。证人向博伊德指了一个房间，绅士们正在里面。然后证人回到餐厅厨房，八到十分钟后他听到了射击声，他还没有来得及想什么又听到了第二声枪响。他于是来到餐厅，看见博伊德上尉、霍尔中尉和麦克弗森。博伊德上尉坐在一张椅子里呕吐。

坎贝尔少校离开了，但是过了大约十或十二分钟，他来到证人约翰·侯伊先前洗杯子的房间，他来要蜡烛。他找到一对蜡烛，拿着回到了那个小房间。坎贝尔向证人指示了房间的几个角落。决斗时他们就站在那里，距离是七步。尽管证人后来一直没有离开 21 团，干着自己的工作，但是从那以后他再未见过坎贝尔，直到一个星期之前。

另一个证人麦克弗森作证说，他是 21 团的一个中尉。他认识坎贝尔和博伊德上尉。他回忆说决斗的那晚，他大约九点钟上了楼，他觉得他听见坎贝尔说："以一个要死的人的名义，你说，是否一切都是公平的？"博伊德回答之前坎贝尔站了起来。博伊德回答说："坎贝尔，你让我太匆忙了。你是一个坏蛋。"证人当时穿着有花色的衣服，坎贝尔不认识他，于是接着说："博伊德，在这个陌生人（指证人麦克弗森）和霍尔中尉面前，你说是不是每件事都是公平的？"博伊德回答说："哦，坎贝尔！你知道的，我希望你能等等，希望我们能做朋友。"

坎贝尔少校继续问："上帝呀，你能在这些绅士们面前说，有什么事情不公平吗？你不是说了，你已经准备好了吗？"博伊德上尉说："是的。"但是过了一会儿他又说："坎贝尔，你是个坏蛋。"人们帮助博伊德去了隔壁房间，坎贝尔跟在后面，非常焦躁，他反复说起博伊德。"他（博伊德）是我们两人中最幸福的人。""我，"坎贝尔说："我是一个不幸的人，但是我希望不是一个坏人。"他问博伊德是否原谅自己？博伊德伸出手臂说："我原谅你。我能够理解你，我确信你也会原谅我。"坎贝尔于是离开了房间。

21团的副官邓肯·杜瓦在博伊德受伤后和他呆了一段时间，他被传唤为证人来证明博伊德确信自己会死于枪伤，以便使他当时的声明能引入法庭成为证据。但是博伊德并没有当着邓肯·杜瓦的面表述过他相信自己会死于枪伤，所以那些证据无效。出于同样目的，外科医生W. J. 尼斯也被找来作证，但是也一样失败了。为此又找来了21团的帕特森上校作证，同样也失败了。

团里的军需官乔治·萨瑟兰也被找来作证。他说他在博伊德死前十分钟见到了他。因为伤痛，博伊德表现得焦躁不安，但仍然头脑清醒，不过在床上翻滚着。无论如何，他没有对军需官说过他认为自己会死。

在这种情况下，一份特殊的裁决提交给了陪审团，询问陪审团是否认为博伊德在死去之前的十分钟里，在证人称述的那种状况里，肯定知道或者肯定不知道自己会死去。经过不长时间的审议，陪审团提出了肯定的意见（即博伊德知道自己会死亡）。于是他死前作出的声明被接受为证据（即承认决斗是公平的并原谅对手的声明），但是房间里发生的事情都无从证实，除了他受伤后曾要求见坎贝尔少校，并且说过："可怜的人，我为他感到难过。"

证人约翰·格林希尔只是被找来证明坎贝尔少校在争吵之后有时间冷静下来，因为他在决斗之前回了家，和家人一起喝了茶，还给了证人一个盒子要留给霍尔中尉。

至此起诉结束了。

辩护方只是试图证明凶手的品行，他的人道主义，平和的举止，恰当的行为方式，为此，提出了几位军阶非常高的军官作为证人，他们都完全担保凶手在这方面的良好声誉。这些人包括21团的帕特森上校、坎贝尔将军以及格雷厄姆·斯特林将军、麦克弗森上尉、孟席斯上尉和格雷上校。还有很多人准备为此作证，但已经不需要他们的证词了。

博学的法官非常干练地询问和指导陪审团，概述证据，全面清楚地向陪审团解释有关这个案件的法律。陪审团退了下去,大约半小时后送回了判决:"谋杀有罪,"但是建议对凶手宽大为怀,仅仅是因为他良好的品格。

坎贝尔被判决在星期一处决,但是死刑被延期到了星期三之后的一周之内。

延期是经过最大的努力争取到的。坎贝尔夫人对丈夫一往情深,决心前往伦敦,祈求国王的仁慈。她立刻前往海边,但是却发现没有预料到的天气似乎要挫败她最热切的渴望。那里正在刮一场地地道道的飓风,多少报酬都无法诱使哪个船长到海上去冒险。

当她失魂落魄地在海岸边上下奔波时,她遇见了一些谦恭的渔夫。这些可怜的人一听到她的事由,立刻向她提供了船只,她终于渡过了海峡。那些高尚的渔人不仅不接受她的报酬,还陪她来到海岸办公室,追随她在路上走了几英里,祈祷上帝赐福给她,让她得偿所愿。

当坎贝尔夫人带着请愿书来到温莎城堡时已经过了八点钟了,国王已经回了房间。王后非常同情这位痛苦的妻子,当晚就向国王呈上了备忘录。坎贝尔夫人得到了王室家族最热情的关注。

案件在王室委员会里进行了激烈的争论。在充分了解了事情经过之后,最终的决定是法律必须贯彻。坎贝尔夫人这时已经前往苏格兰,心中怀着希望,希望至少能再获得一次延期执行。她赶到阿尔市①她父母家里的那个早晨,他丈夫的尸体正好被运到对岸去埋葬了。

当坎贝尔听到自己的命运已经被决定之后,他准备好了以一个士兵的勇气去面对死亡,同时决定退出基督教的信仰。公众意见发生了变化,对他的命运的广泛同情,代替了此前因为不准确的报道造成的偏见。

因为一个奇怪的巧合,他所属的团负责看管绞首架。人们占据了每一个能够看到行刑地点的地方。人群来自所有的邻国,展示了各阶层不同寻常的一面,他们满怀悲痛地聚集在了一起。

正午,坎贝尔出现在了行刑的台子上,他的岳父扶持着他。立刻,勇敢的高地人摘掉军帽,满眼热泪,加入了为那即将从有死的居所离去的灵魂祈祷的行列。庞大的人群脱帽在沉默中肃立着,如此安静,以至于砍落的头颅

---

① 阿尔市(Ayr),苏格兰西南部克莱德河(Clyde)出海口的一个港口城市。

落下的声音能够在很远处听到。成千的人群中发出一声悲叹,瞬间打破了最深沉的静默,终于宣告一切都结束了!坎贝尔的尸体按例被悬挂了一段时间之后,被放进等候的灵车,立刻离开了那个城市,由波伊医生护送,前往苏格兰的阿尔市,要埋葬在家族的墓地里。

在行刑前与自己的亲密朋友交谈时,坎贝尔少校一直说,如果自己被判定谋杀,他会作为爱尔兰决斗者的一个教训忍受这一切。但是他一直认为陪审团不会判决自己犯谋杀罪。

有错误的报道说,陪审团推崇死者(坎贝尔)只是从他广受赞誉的优秀品格出发的,其实陪审团首先是因为决斗是公平的才推崇坎贝尔少校,尽管他们受法官的敦促不得不作出谋杀的判决。坎贝尔少校在死前曾经表示,想到自己会因为谋杀罪行被处决,让自己的孩子和家庭承受这种污名,较之这种痛苦,生命并不显得那么重要。

决斗之后坎贝尔曾经逃离爱尔兰,用一个假名字和他的家庭在切尔西(决斗发生在1807年6月)生活了几个月。但是他的心里是如此不安,最终还是决心自首,无论会有什么样的结果。

他的自首没有被人们视为悔罪或者悲痛的结果,而是被非常之多的人认为是对司法的嘲弄和一种英勇的举动。关于这个案子有一个完全错误的说法,即坎贝尔很鲁莽地声称,自己确信判决应该是过失杀人。这种错误报道造成了对坎贝尔的成见。这种错误的传言对阿尔马的长老会派教徒也产生了强烈的影响。坎贝尔在审判中的谦恭和悔罪的行为,以及那些军阶很高的证人对他毫无瑕疵的品格的证言,非常成功,完全可以扭转对他不利的局面,但是辩方证人中间有一个人表现出了过分武断的态度,好像他的简单证词就可以或者应该决定判决。据报道,这个情况产生了致命的影响。

坎贝尔少校是布雷多班伯爵①的堂兄弟,受到他所有朋友的尊敬和热爱,另外无需多言,坎贝尔夫人是一位最和蔼可亲的妇人,她有四个还处于婴儿期的子女。

这个不幸的巨大灾难,对坎贝尔少校造成了如此可怕的后果,人们希望,

---

① 约翰·坎贝尔准将(Lieutenant-General John Campbell, 1st Marquess of Breadalbane, 1762—1834),布雷多班侯爵。

它能够给人类提供一个有益的教训。两个人都是真正的绅士，擅长自己的军人职业，有高度的荣誉感，在生活中他们长期保持着相互间的友谊和尊重。只是一时不幸的愤怒，立刻从社会上夺去了最有价值的两位成员，留下一个孤儿寡妇的家庭承受无法弥补的哀痛和损失。最可怕的惩罚落到了许多其他人的身上，坎贝尔温驯的寡妇和无助的家庭，也被卷入了人类所能设想的所有困厄之中。

在整个事情的过程里，坎贝尔少校对被自己杀死的朋友表达了最发自内心的哀悼。

佩吉特先生和尊敬的卡多根上尉的决斗　1809年5月

为了避免对今晨佩吉特先生和卡多根上尉决斗的一些错误报道出现在报纸上，我们，双方的朋友，感到有责任对发生的事情作出以下的正确陈述：

> 由于卡多根上尉对佩吉特先生提出的挑战，在所有阻止决斗的努力都失败之后，双方由他们的朋友陪同（卡多根由海军上尉麦肯齐陪同，佩吉特先生由第7轻骑兵团的维维安中校陪同），按照事先的约定，七点钟在温布尔顿公共地进行了决斗。
>
> 在决斗场上确定了十二步的距离，他们按照指示同时开枪。卡多根开了枪，佩吉特的枪闪了一下火光但没有打响，这被认为是开过枪了，但是产生的一个问题就是：当时佩吉特先生是否瞄准并试图向对手开枪。双方的助手都确定地认为，当时他没有打算瞄准开枪（尽管枪倾斜的程度很小，需要仔细观察才能发现），麦肯齐上尉向卡多根上尉表示，看上去佩吉特没有打算向他射击，所以他不能允许决斗再

罗伯特·斯图尔特，伦敦德里侯爵（1769—1822）

继续下去了。

维维安中校问卡多根上尉,他是否承认佩吉特先生没有向他瞄准,对此卡多根做了肯定的回答。麦肯齐上尉于是宣布了自己的决定,不打算再停留在决斗场上站在卡多根一方见证任何敌意的举动了。卡多根回答说,他的行动当然必须由他的助手来决定,同时宣称,自己本来是准备两个人中有一个会倒下的。当麦肯齐上尉和维维安中校告诉佩吉特,鉴于他没有打算向卡多根开枪,这件事不能再继续了。佩吉特回答:"既然这是你们的决定,我可以毫不犹豫地说,没有什么能诱使我向夏洛特·韦尔兹利夫人的兄弟开枪,从而增加我已经给这个家庭造成的伤害了。"决斗双方于是离开了场地。

签名:R. H. 维维安 乔治·查尔斯·麦肯齐

这场决斗的起因众所周知,是由于佩吉特勾引了卡多根上尉的妹妹、尊敬的亨利·韦尔兹利夫人。她的丈夫后来在郡法庭上得到了两万英镑的赔偿。

卡斯尔雷勋爵[①]和康宁先生的决斗 1809年9月21日

今晨卡斯尔雷勋爵和康宁先生进行了一次决斗,后者左侧大腿受伤,幸运的是并不危险,只是一处皮肉伤。

决斗发生在普特尼荒地。雅茅斯担任卡斯尔雷勋爵的助手,R. 埃利斯先生担任了康宁先生的助手。据我们了解,他们按照口令同时开枪,距离是十码。第一次射击都没有击中。没有进行什么解释,双方就进行了第二轮射击,康宁先生的左大腿受了伤,没有伤到骨头。事情就此结束。康宁先生被抬进一辆马车,送到他最近在格罗斯特旅馆购买的房间,卡斯尔雷回了他在圣詹姆士广场的家。

这场著名的政治决斗的情形是这样的:"长时间以来,就有关于在波特兰

---

① 罗伯特·斯图尔特(Robert Stewart, 2nd Marquess of Londonderry, 1769—1822),伦敦德里侯爵,爱尔兰和英格兰政治家。早年他作为爱尔兰大臣镇压了爱尔兰起义(1798),同时参与了爱尔兰联合法令的制定。1812年起,作为英国外交大臣,他是欧洲反拿破仑法国的政治联盟和后来维也纳会议的核心人物。1796年他被封为卡斯尔雷子爵(Viscount Castlereagh),后来继承父亲的爵位为伦敦德里侯爵。

公爵①的内阁里存在不和的报道，而且一些最高级职务的变动即将进行。九月末，当国防大臣卡斯尔雷向外交大臣康宁先生提出决斗时，这种不和变得公开化了。

让卡斯尔雷感到不满的是，他们都是内阁成员，但是康宁先生暗中试图把他从国防大臣的位置上赶走，以便让韦尔兹利侯爵接替他的位置。复活节之前，他确信，康宁已经向波特兰公爵提出这件事，并且得到公爵的承诺，解除卡斯尔雷的国防大臣职务。"

在决斗的挑战信中，卡斯尔雷说："您向波特兰公爵提出这种建议并得到了承诺。根据您的这个建议，我可以认为您认为我继续领导国防部是不适宜的。因为这个动议，我作为内阁成员的地位已然取决于您的意愿和您是否满意了，尽管这样，您却继续和我一起坐在内阁里，不仅努力让我相信我仍然拥有您作为同僚的信任和支持，而且还允许我发起和进行一项最艰巨和重要的事业（瓦尔赫伦远征②），给予我表面的批准和支持，这违背任何一项善意和真诚的原则，无论是于公还是于私。您很清楚，如果我知道自己在内阁中的这种处境，我无法再在内阁中多呆一刻，那会损及我全部的个人荣誉和公共职责。您知道我受到了欺骗，却还在继续欺骗我。"

我们不想对康宁先生并非妄得的声名随便作出任何不利的指控，但是无可否认，如果卡斯尔雷的说法是正确的，康宁先生的行为就的确是非常不正当的，无论是从公共或者私人的角度，无论是作为一个政治家还是作为一位绅士。

如果他认为卡斯尔雷不适合执掌交给他管理的部门，而且上述的瓦尔赫伦远征能够提供一个明确的证据证明他的意见是正确的，那么康宁先生如果不能否决卡斯尔雷的意见，就有责任拒绝和卡斯尔雷勋爵一同在内阁里再多呆哪怕一个小时，但是康宁和卡斯尔雷勋爵同心协力从事一项他反对的行动，又以对方不具备相应的能力而建议撤销他的职务，却与之继续共事，从康宁

---

① 威廉·亨利·卡文迪什·本廷克（William Henry Cavendish - Bentinck, 3rd Duke of Portland (1738—1809)，波特兰公爵，英国首相（1807—1809）。
② 瓦尔赫伦（Walcheren）远征是第五次反法同盟战争中英国对低地国家发动的一次失败的远征。瓦尔赫伦位于荷兰泽兰省斯凯尔特河河口。1809年7月，四万名英军在这里登陆，超过了当时英军在西班牙的军队。瓦尔赫伦远征军遭遇了所谓"瓦尔赫伦热病"，死亡超过四千人，同时战死者却只有一百零六人。远征的剩余部队当年12月撤回了英国。

这一方面来讲这是非常不负责任的。这种举动只说明，公职会让人做出一些他们平常视之为不名誉并加以谴责的事情来。

乔治·佩恩先生和克拉克先生的决斗　1810年9月6日

星期四早晨，在温布尔顿公共地，两位绅士进行了一次致命的决斗。

早晨五点半有人注意到三辆邮政马车经过了普特尼桥。六点半，其中一辆回到了普特尼的红狮子雕塑旁，拉着受伤的绅士佩恩。海维赛德先生被叫来，他发现一颗子弹穿透了佩恩的腹股沟。不幸的佩恩当天下午四点半死去了。

乔治·佩恩先生是已故的雷内·佩恩先生的小儿子。老佩恩给他留了一份每年高达一万四千英镑的遗产。乔治·佩恩死后，除了给自己的遗孀每年五百英镑，给他较小的子女总计一万英镑，其余所有财产现在留给了他最年长的儿子。佩恩的妻子格蕾一共为他生了四个子女。

这场致命决斗的起因真是令人悲伤。挑战是大约十天前在斯卡伯勒①提出的，但是争吵在更早以前就发生了。纽卡斯尔（英格兰东北部港口城市）已故的克拉克先生的独女是佩恩夫人的朋友，经常到访佩恩家。在佩恩和克拉克小姐之间发生了不幸的情感上的暧昧关系，事情传了出去，克拉克小姐的哥哥克拉克先生非常恼火。佩恩的哥哥约翰·佩恩尝试了所有办法试图化解这场灾难，但是都属徒劳。

除了这次致命的恋情，乔治·佩恩在他的一生中都是值得人们以之为榜样的绅士。他是一个非常宽宏大量和蔼可亲的人。决斗前他对自己的助手阿尔伯特说，他不能对克拉克先生的射击进行还击，但是对方的第一枪就是致命的。克拉克先生在决斗后逃走了。

博德曼上尉和德·贝顿少尉的决斗　1811年3月4日

因为一次微不足道的争吵，1月15日在巴巴多斯，第60团第二营的博德曼上尉和皇家西印度游骑兵德·贝顿少尉进行了一次决斗。第一轮射击中，博德曼就被子弹射穿了心脏，当即死亡。幸存者立刻从岛上逃走了。

---

① 斯卡伯勒（Scarborough），英格兰北约克郡滨海城市。

科尔克拉夫先生和阿尔科克先生的决斗

也在上述的这一年,另一场致命的决斗发生在爱尔兰韦克斯福德郡。这场决斗带有政治或者竞选斗争的色彩。来自图勒姆修道院的约翰·科尔克拉夫宣布竞选本区的议员,他在前一届国会里就担任着本区的议员。许多年来,某些贵族一直垄断着韦克斯福德郡的议员席位,科尔克拉夫决心挑战一下该郡的这种倾向,因此提名谢里丹为自己的竞选搭档。和他们一起参加竞选的阿尔科克先生受到一些很有影响的选民出于利益的支持。选举开始了,投票也进行了,科尔克拉夫等独立竞选人迅速地接近了胜利,但是一件最悲哀的事情结束了这场竞争。

有一个人支持阿尔科克,而他的一些房客断然拒绝支持阿尔科克。他们宣称,不管要冒什么风险,他们都要支持科尔克拉夫和"伟大的谢里丹"。阿尔科克的党派支持者将此归因于科尔克拉夫的诱使。后者以最庄严的方式抗议说,他根本没有请求那些人的支持。阿尔科克坚持要求那些人不得投票给科尔克拉夫。科尔克拉夫先生很自然地回答说:"我怎么能阻止他们这样做呢?"争论了很久之后,科尔克拉夫被要求退出选举,否则就要面临危险。当然,他拒绝了这种威胁。于是发生了公开的冲突,最后双方决定,在第二天早晨选举结果揭晓之前,候选人要用决斗来解决争执。

次日清晨,好几百人聚集在那里旁观决斗,其中就包括好几位地方官员。两个决斗者的近视都相当严重,阿尔科克先生打算戴眼镜,但是科尔克拉夫的朋友们反对,科尔克拉夫本人也不打算戴眼镜。阿尔科克先生的支持者却坚持要这样,事实上,他的确戴着眼镜进行了决斗。最终场地被安排好了,激动的人群分在两边,深受他们各自党派情感的激励。助手交给双方各一对手枪,把他们安排在相距八或九步远的位置上,然后退开了。一阵死一般的沉寂之后,似乎一切都停止了,人群一动不动,充满焦躁。决斗者做好了准备,助手发令了,阿尔科克首先开了枪。他从前的朋友和亲密的伙伴被射中了心脏,倒下了。科尔克拉夫倒下时,他的手枪也发射了,但没有射中。

围观的人因为惊骇简直僵住了,接着,突然之间一阵高亢而可怕的叫喊从人群的每一个角落里爆发出来。阿尔科克被他的朋友们催促着离开了现场。科尔克拉夫的朋友抬起他的尸体,悲痛地送往他在当地的家。决斗之后两小时之内,阿尔科克先生就适时返回并当选了。在后来的巡回法庭上,他因为谋杀在史密斯男爵面前受到审判。男爵公开反对判处死刑，而陪审团没有丝毫犹豫，就宣布了无罪的判决。

虽然被无罪开释，但是阿尔科克先生心里备受折磨，去世前，很大程度上已经失去了健全的心智了。在那次决斗的同时还发生了两次相关的决斗，但是没有造成什么伤害。

这个阴郁的事件还导致了另一个悲哀的结果：阿尔科克小姐认识科尔克拉夫很长一段时间了。她是一位和蔼和敏感的人。兄长的离开，他经受的审判和他后来的沮丧，也让妹妹丧失了健全的理智，在这种状态中，她在朋友和兄长悲惨的结局之后也没能再活多久。

哈里森先生和某人的决斗　1811年5月9日

星期四破晓时分，在离托特瑞奇①一英里半远的一片场地，两位绅士进行了一次决斗。他们在靠近场地的"国王的臂膀"客栈下了邮政驿车。一小时后，其中一个人被送回了客栈，腹部受了致命伤，四小时后死去了。后来进行了一次调查，一些农夫作了证，调查得出了"蓄意谋杀"的判决。尸体在审讯之后被认领。死者是哈里森先生，一个大约22岁的年轻人。

斯图尔特少尉和班格纳尔少尉的决斗　1812年10月7日

在靠近朴茨茅斯的南海公共地（South Sea Common），发生了一次致命决斗。决斗双方是皇家海军陆战队的斯图尔特少尉和班格纳尔少尉，他们是非常亲密的朋友。决斗的起因是一位女士，和两人关系都很密切。

第一轮射击时，斯图尔特的手枪没有响。第二轮射击时，他的子弹射入了班格纳尔少尉的右肩。尽管立刻采取了所有能采取的措施，班格纳尔还是在星期六晚上死去了。

布伦德尔少尉和马奎尔先生的决斗　1813年7月12日

昨天下午两点半，完全按照挑战者布伦德尔少尉要求的时间，在怀特岛的卡里斯布鲁克城堡②，布伦德尔和马奎尔先生进行了决斗。在第二轮射击

---

① 托特瑞奇（Totteridge），伦敦北部巴尼特区（Borough of Barnet）的一个地方。
② 卡里斯布鲁克城堡（Carisbrooke Castle），位于英国怀特岛卡里斯布鲁克村。英国国王查理一世受审判前曾被囚禁在这里。

中，布伦德尔受了致命伤，两天以后死去了。

奥康纳尔先生[1]和德艾斯提尔先生的决斗　1815年2月

丹尼尔·奥康纳尔（1775—1847）

下面的叙述采自2月2日的《自由人》杂志：

一桩纠纷昨天在基尔代尔[2]的主教法庭得到了处理，这桩纠纷已经让这座城市好几天不得安宁了。

在最近的市政大会之前的那个星期六，奥康纳尔先生出席了在卡博尔街的一次会议。在阐述某件急于强调的事情时，他用一种轻蔑的态度影射了都柏林的市政当局。他在谴责一份法案时似乎是用了"乞丐般的都柏林市政当局"这一蔑视的词句。J. N. 德艾斯提尔先生是市政当局的成员，他在看到这个用词之后的25日，写了一封信（市政大会之后那天）给奥康纳尔，询问这一报道是否属实。第二天奥康纳尔先生复信表示，他不会承认也不会否认报纸的报道，但是他补充说，如果德艾斯提尔先生来信是想知道对都柏林市议会作为一个团体的看法，他可以很容易地让德艾斯提尔先生满足。他会说：没有任何语言能充分地表达自己对那个团体的轻蔑之情。奥康纳尔先生还请求德艾斯提尔先生考虑以自己的这种答复，结束就此话题的书信往还。

---

[1] 丹尼尔·奥康纳尔（Dónal Ó Conaill，1775—1847），律师，经常被称为"解放者"，19世纪上半叶爱尔兰最著名的政治家之一。他致力于为天主教徒的解放斗争，为天主教徒争取进入英国国会的权利。他还努力争取废除将爱尔兰与英格兰合并的《爱尔兰联合法案》。
[2] 基尔代尔（Kildare），爱尔兰基尔代尔郡首府。

第二十四章 乔治三世时期的决斗

星期五，奥康纳尔在法院时，有人在梅瑞恩广场①留了一封信给他。这封信信封上的说明和上一封来自德艾斯提尔先生的信上的说明不同。当时奥康纳尔的弟弟詹姆斯·奥康纳尔受哥哥吩咐，在兄长不在时拆看所有给他的信件，以确定信件来自哪里。他拆信之后看了一下签名，发现信件来自德艾斯提尔先生，立刻就把信封好，并写了一张便条给德艾斯提尔先生，说明了自己是在何种情况下拆看了信件的。他说自己并没有浏览信的内容。兄长前一天请求他不要打听德艾斯提尔和自己的通信内容。

他还补充说，自己的兄长不希望再次通过信件听到来自德艾斯提尔的消息。事情就这样一直搁置到了星期天。这天詹姆斯·奥康纳尔收到了来自德艾斯提尔的一份便笺，信中对詹姆斯和他兄长出言不逊。收到便笺之后，詹姆斯立刻派他的朋友奥姆兰上尉去通知德艾斯提尔，一旦他和自己的兄长处理好他们之间的事务，他会请求德艾斯提尔先生对他怪异的行为作出解释（暗示哥哥与德艾斯提尔决斗之后，自己将向德艾斯提尔提出挑战——译者）。奥姆兰上尉同时暗示，奥康纳尔律师对于德艾斯提尔先生在短笺中没有用适当的方式对待自己感到非常惊讶。

那个星期天没有再发生什么事。奥康纳尔先生的一些家人对这件事很是不安，离开城里回家去了。星期一早晨，李德威尔先生，一位出于友谊在这里陪伴奥康纳尔先生的绅士，对化解这件纠纷已经感到绝望了。星期一还是过去了。星期二，因为城里传说有人建议德艾斯提尔到四法庭②去对奥康纳尔施以拳脚，引起了一阵轰动，但是双方的人没有发生接触。好像德艾斯提尔在一个码头遇见了理查德·奥格曼，后者责备了他。奥格曼认为德艾斯提尔的行为很不寻常。当时大约是三点钟。

直到这时没有人提出挑战。大约四点钟，人们看见德艾斯提尔在街上。奥康纳尔和一两位朋友在街上炫耀式地漫步，但是没有遇到他的对手。很快一群人聚拢来围住了他，人群里有不少于五百名受人尊敬的绅士。奥康纳尔受此威胁，只好躲进财政部大街的一间房子里避难。很快德伊法官赶来，依据他的权限，逮捕了奥康纳尔先生。

---

① 梅瑞恩广场（Merrion Square），位于都柏林市中心南部。
② 四法庭（The Four Courts），位于爱尔兰都柏林的一幢法院建筑。以前这里是最高法院、高等法院和都柏林巡回法院所在地。

法官大人说，如果奥康纳尔能够以名誉担保他不会再把这件事继续下去，自己就会感到满意。"这不关我的事，法官大人，"奥康纳尔对他说，"那是挑衅者的事情。但是，我必须告诉您，任何人类的看法都不可能诱使我离开这里。"尊敬的法官于是就离开了。奥康纳尔很快就去梅瑞恩广场了。星期二的事情并没有发展到决斗。

星期三早晨，终于有人向奥康纳尔先生暗示，德艾斯提尔先生打算向他提出挑战，于是确定要在中午十二点钟决定决斗的时间和地点。有人提议把时间延后一些，但是奥康纳尔先生的朋友不同意。我们必须提一下，他的朋友是克莱尔郡都棱地方的麦克纳马拉少校，一个没有党派立场的新教徒绅士，非常受人尊敬。德艾斯提尔的朋友是爱德华·斯坦利先生。

经过一番讨论，双方确定了我们前文提到的地点。那里距离这座城市大约十二英里，是庞森比先生领地的一部分。确定的时间是三点半钟。奥康纳尔和他的助手、外科医生麦克林以及一些朋友三点钟就出现在了决斗场上（我们可以很肯定地这样说，因为我们当时在场）。

大约四点钟，德艾斯提尔由外科医生皮尔、他的助手爱德华·斯坦利和利默里克[①]的另一位德艾斯提尔先生陪同，来到了决斗地点。助手就决斗的位置、开枪的方式等进行了一番交谈。这些和其他一些事情花了四十分钟。趁此机会，德艾斯提尔声明，他和奥康纳尔的争吵与宗教无关，他对天主教徒和他们的领导人没有敌意。

四点四十分，双方走进了场地。他们都表现出了极大的镇定和勇气。双方的朋友退了开去，决斗者手上各有一支手枪，对他们的指示是：听到口令之后可以自己裁量，随时开枪。他们举起了手枪，只用了一秒钟，就听到两声枪响。德艾斯提尔先开枪，没有击中。奥康纳尔紧接着开了枪，击中了对手臀部以下大约一英寸的大腿部位。德艾斯提尔当即倒下了，两位外科医生都向他跑去。他们发现子弹穿过了臀部，找不到了。伤口大量出血。双方的人员都准备回家，他们八点钟之前就回到了城里。

据说德艾斯提尔的伤非常危险。我们真心希望不会是致命的。子弹穿过了两条大腿。晚间伤者的膀胱大量出血，但是早晨出血停止了。

---

① 利默里克（Limerick），爱尔兰香农河口（Shannon estuary），著名的港口城市。

第二十四章 乔治三世时期的决斗

用不着说，在路上，当人们听说奥康纳尔已经安全时爆发出来的欢快情绪就不用我们多加描述了。

德艾斯提尔3日五点钟死去了。①

决斗的详细经过，在另一处是这样报道的：

当前这个任期的都柏林市政当局被人们认为是新教徒优势地位的大本营，而它对天主教徒的权利要求的敌意，已经发展到了非常过分的地步。奥康纳尔是他所属政党的领袖。在都柏林举行的一次天主教徒的集会上，他采用一种既狂暴又刻薄的语调谈论都柏林市政当局。他用最轻蔑的语调谈到它，在那些辱骂性的言词中，他把市政当局说成是"乞丐般的市政当局"。这句话很快在他的支持者们中间成了一个流行的笑话。

德艾斯提尔是一位很受尊敬和非常勇敢的年轻人，他对自己身处其中的市政当局受到这样的攻击愤愤不平。有理由相信，他的愤慨被他同事的教唆火上添油，刺激了起来。那些人急切地希望摆脱奥康纳尔这位可怕的对手。

德艾斯提尔于是给奥康纳尔先生写了一封信，想要知道他是否使用了报纸报道的那些词语。奥康纳尔的回答既没有承认，也没有否认，他说没有任何词语，无论它具有怎样的责备含义，能够表达自己对市政当局作为一个团体的轻蔑之情。

他还补充说，他的回信将结束就此问题的信件往还。在别人的建议下，德艾斯提尔给奥康纳尔又写了一封信，但没有开拆就由对方的兄弟退回了。各种报道都在传扬，据说德艾斯提尔准备如果在街上遇见奥康纳尔先生，就对他施加暴力。一个礼拜过去了，这一周里，双方的支持者不断地交流着威胁和粗暴的言辞。人们普遍认为一场决斗在所难免。乔治·李德威尔应奥康纳尔的请求，在都柏林等候了几天，准备接受德艾斯提尔的挑战信。最终，德艾斯提尔的朋友、都柏林的军营主管爱德华·斯坦利，给奥康纳尔先生送来了等候已久的满怀敌意的挑战信。挑战被接受了，相关的事项由麦克纳马拉和斯坦利先生做了安排。

双方在离都柏林十三英里的主教法庭辖地、克莱尔郡庞森比先生的领地里进行了决斗。据说在决斗中，德艾斯提尔被他的助手安排在了一个非常不

---

① 据说德艾斯提尔的死让奥康纳尔深感震惊，此后他每逢走进天主教堂，都用手绢包住自己的右手，不希望自己曾经杀人的手冒犯了上帝。

利的位置,和一颗树成了一条直线,从而帮助了对手瞄准。

昆廷上校和帕尔默上校的决斗　1815年2月9日

帕尔默上校刚刚去了波尔多,上周四返回巴黎时发现,在自己离开期间,劳瑞尔(昆廷上校的内弟)多次在自己下榻的旅馆给自己留下了名片,所以他立刻通知那位绅士自己已经返回了。

劳瑞尔很快就带着昆廷少校的挑战来找他。双方进行了决斗。昆廷少校由他的亲戚陪同,帕尔默少校由米德赫斯特①的T. 汤普森先生陪同。双方决斗的距离是十二步。认为自己受到伤害的挑战者昆廷上校首先开枪,帕尔默的表现说明他没有个人的敌意,他立即向天空开了枪。劳瑞尔和昆廷上校对汤普森先生的询问表示,他们都已经完全满意了,事情就此结束,双方回了巴黎。

当时在场的还有吉什公爵和两位法国的外科医生。

某位先生和某先生的决斗　爱丁堡1815年2月18日

上个星期一大约三点钟,这座城市的两位绅士在卡罗琳公园进行了一次决斗。警长事先获悉了他们的企图,签发了对他们的逮捕令,但是在警察赶到之前,他们已经进行了射击,只是没有击中。他们和助手都被拘留了。在对事情经过的讯问中发现,争吵的起因非常令人不快,相关的人在事情发展过程中的行为也非常古怪。警长命令他们提供担保,以保证双方间的和平,还对双方当事人和助手都处以25基尼的罚款。另外命令他们向疯人院提供同样一笔资助,因为,就其性质而言,那是最有资格接受来自这一渠道的捐助的机构。

希拉少校和托马斯·费顿的决斗

同一年年末,在爱尔兰发生了另一场致命的决斗。1815年12月,一艘船被恶劣的天气抛到了提瑞瓦格岸边,靠近希拉少校的居所。希拉少校是一个热心的地方官员,也是一位非常具有人道主义情感的年轻人。听到这场灾难,他立刻赶往出事地点履行自己的职责,这也是他的天性。他发现船长已经被抛到了船外。经过他在那个漆黑的风暴之夜一整夜的努力,他基本上保证了

---

① 米德赫斯特(Midhurst),英格兰西萨赛克斯郡(West Sussex)奇切斯特(Chichester)的一个集镇。

大副和十一名船员的安全。

当希拉少校在一心一意地忙碌时，邻居约翰·费顿先生出现了。他插手营救而且表现出了一种很不合适的态度，于是和希拉发生了争执，最后，费顿威胁要把希拉少校扔到海里去。从12月6日到8日，希拉少校继续努力进行营救工作，但是费顿带着一帮自耕农赶来，把船上的财物从希拉少校的控制下抢走了。

希拉的抗议毫无作用。他解释说他的目的不是海上救难的酬金，只是想要为船只的拥有者从船的残骸里抢救尽可能多的财物。这个努力受挫后，他前往船主所在的苏格兰，向他报告这件事的原委。回来后，费顿认为自己应该向少校提出挑战，少校非常恰当地拒绝了。后来对船上的财产进行了一次调查，调查中希拉少校提出，费顿先生对待自己的方式非常无礼，他进行了不恰当的干涉。希拉认为费顿把大副从自己的手里抢走，用一种很不体面的方式，把对船只依法扣押的权利控制在了自己手里。调查结束四天以后，约翰·费顿把托马斯·费顿的挑战交给了希拉，希拉接受了。在决斗场上，他向旁观者说："我很遗憾因为错误的关于荣誉的规则，我不得不到这里来保护自己，我向上帝保证，我对地球上的任何男人或女人都没有恶意。"希拉少校穿上了一整套丧服，预备决斗发生致命的结果。第一次射击，他就被打死了。费顿因为首先进行挑衅而受到审判，但是被陪审团判定无罪，释放了。

P. 狄龙先生和 B. 凯恩先生的决斗　都柏林1816年2月21日

昨天晚上在梅林公园附近，这座城市的 P. 狄龙先生和来自某地的 B. 凯恩先生进行了决斗。前者被对手击中了右胸，立刻死亡了。

两人是多年的好朋友。狄龙进行过多次决斗，每一次凯恩都是他的助手。值得注意的是，狄龙的父亲在和他相同的年纪和几乎相同的地点，在与已故的马拉奇·法伦先生的决斗中失去了生命。

安利先生和阿道夫斯（"阿道夫"的异体）的决斗　1816年12月2日

在老贝利街的中央刑事法庭最近的一次诉讼中，安利和阿道夫斯先生之间的纠纷终于了结了，没有造成致命的后果。

11月13日，阿道夫斯给安利先生写了一个条子，说自己已经准备好在法国的加来与他决斗，只要安利先生愿意，时间越早越好。选择法国是因为地方法官命令两人在整个英国境内必须保持平静。安利先生接受了挑战。14 日，他由堂兄弟也是自己的助手安利上尉陪同起身前往多佛。他的两位至交——阿嘎尔先生和贝伯维尔先生自愿陪他前往。15 日他们抵达了加来，时间比阿道夫斯早了几个小时。助手们安排好各项事务后，16 日两点钟，双方在城外不远的地方进行了决斗。站好位置之后，口令一响，他们就同时开枪了。安利先生右臂受伤。他的子弹擦着对手的头飞过。事情就此结束。大家立刻请来了一位著名的医生，从安利的右臂取出了子弹。

洛克伊尔少校和萨顿·科克兰先生的决斗　考兹（英格兰城市）1817 年 12 月 12 日

星期三，洛克伊尔少校和皇家海军的中尉萨顿·科克兰先生进行了一次决斗。决斗结果对后者是致命的，对手的子弹打中了右胸，穿透了心室和肺。

这两位绅士由瑞德斯戴尔先生、汉德先生和六十多名其他人员陪同，准备作为探险者前往南美洲。当时他们搭乘的由戴维领导的优雅号因风受阻，停在半途。双方之间的争吵起于死者因为生性粗疏而说的一些话。事前一天的晚上，他们和一些人在一个旅店里享用盛宴。死者科克兰先生宣称，他们都欠着债，都是打算去寻找财富的。对这句话，洛克伊尔少校感到很不高兴，他问，这话是否也包括他？死者做了肯定的回答，宣称能够证明自己的断言。他提出了一个非常独特的说法，称即使我们不欠伙伴的钱，我们也都对造物主有亏欠。少校并不认为这个解释令人满意，坚持要和科克兰在第二天黎明决斗。第二天科克兰很不情愿地来到了决斗场，他声明自己不会开枪，但是如果对手坚持，他会接受对手向自己射击。

双方同意彼此同时进行射击。信号发出以后，人们看到，死者根本没有举枪，对手的子弹却击中了他的心脏。后来检查死者的手枪时，发现手枪开火保险装置没有打开。洛克伊尔少校和两个助手——西德斯戴尔先生和汉德先生立刻过河逃走了。

死者是一位受过良好教育的文雅的年轻人，大约二十岁左右，我们相信他是科克兰勋爵的亲戚。

对死者的尸体进行了尸检，陪审团对洛克伊尔少校和西德斯戴尔先生、汉德先生作出了"蓄意杀人"的判决。验尸裁判官对他们发出了逮捕令。星期四，治安官艾伦在朴茨茅斯逮捕了纽波特，其他人潜逃了。

1818年3月7日，洛克伊尔和汉德在温彻斯特巡回法庭受到了审判。陪审团的判决是过失杀人，他们被判处了三个月监禁。

希欧多尔·奥卡拉汉先生和贝利中尉的决斗 弓手街1818年1月13日

昨天早晨八九点之间，希欧多尔·奥卡拉汉先生和第58团的贝利中尉在靠近乔克农场的一片场地进行了决斗，助手是查尔斯·纽波特和托马斯·约瑟夫·菲兰先生。贝利中尉身体右侧受伤，是致命伤。他越来越衰弱，最后死去了。奥卡拉汉先生和两名助手后来被带到了坐席法官①柯南特先生的办公室接受审问，透露出来的事情经过是这样的：

汉普斯蒂德的警官托马斯·亨特被人召到英格瑞恩巷的乔克农场，那里靠近"吃白食（而又不付小费）的熟客"（这大概是小吃食店的名字）。在那里，他逮捕了一些人，因为此前在一次决斗中，一位绅士被人杀死了。

乔克农场的主人亚当斯先生审问时在场，他陈述说：大约九点钟，他在卧室里穿衣服，听到两声枪响。他从窗口望出去，看到四位绅士在房子外面站成两列，靠近乔克农场。他觉得他们正在进行决斗。那些人没有分开也没有离开，他担心他们还会继续开枪，于是他穿上衣服，急急忙忙赶到那里，想要尽力阻止他们继续射击。他走到门口正要跨出去时，又有两声枪响。他看到一位绅士好像刚刚射击完，转身对别人说他中弹了。

后来被捕的那几位绅士立刻向中弹的人奔去，从两边架住了他，三个人都抓住了他的手臂，以免他倒地。证人赶到的时候，其中一个人对证人说，他们是朋友。证人看见血正从死者的裤子里汩汩流出。三名被捕的人告诉了亚当斯他们的姓名和住址。他邀请他们把死者搬到他的房子里去，他们照办了。亚当斯在现场附近没有看到其他人。他对那些人说，这是一件不幸的事，对方表示同意。他们问亚当斯先生附近有没有旅店，他们可以把死者送到那里，他们担心给亚当斯先生带来不便，但是附近没有旅店，于是他们架着死者进了亚当斯的房子，房子离现场大约四百到五百码远。

---

① 原文为"sitting magistrate"。在欧洲意大利、比利时和法国的民法体系中，"magistrate"（地方法官，治安官）既可以指检察官，也可以指法官。因此常常称检察官为"站立法官"（"standing magistrate"），称法官为"坐席法官"（"sitting magistrate"），以示区别。

死者当时的情况看上去非常危险，血从他的裤子里不停地流出来。他们赶快派人去找外科医生。死者被放在了客厅的一张沙发上，他躺在那里，表示要希欧多尔·奥卡拉汉上前。他伸出手和奥卡拉汉握手，并且说，对方的表现非常令人尊敬。死者说，他清楚自己很快将要死去。他让所有人上前，与他们一一握手，对他们说了类似的话，他原谅他们所有人。

之后，奥卡拉汉出去赶往汉普斯蒂德，想找一辆马车把死者从亚当斯的房子带走。汉普斯蒂德的外科医生罗德先生赶来了，这时离致命的枪伤发生已经半个小时了。

医生检查伤情之后说，现在不能搬动死者。子弹打进了他身体的右侧，穿过肠子进入身体左侧，只是隔着一层皮肤没有穿透，从外面可以看到皮肤下面的子弹。子弹把一块大衣的碎片和其它衣服的碎片带进了身体。

死者对医生说，引起决斗的争吵最初不是在他们之间发生的，而是由他们共同的朋友之间的争吵引起的。他们的朋友原准备昨天进行一次决斗，而他们准备在决斗中担任决斗者的助手。医生在回忆时记不清是死者还是奥卡拉汉对他说的这番话，但是他知道是被捕的奥卡拉汉先生向死者开的枪。

医生没有看见当事人拿枪，但是他看到有两支手枪放在亚当斯先生客厅的桌子上。他们谁也不承认拥有这些枪，而医生毫不怀疑这些枪属于他们（这些枪后来被提交给了治安官办公室，都处于没有装填的状态）。手枪的尺寸很大。在这些人走进房子前房子里没有手枪。死者苟延了两小时或者两小时一刻钟。当时所有被捕的人都在尽力照顾死者。死者和他们都进行了交谈，尤其是和T.菲兰先生。死者对证人说菲兰先生是他的助手，或者朋友，罗德医生记不清了。医生听见死者要求菲兰先生把事情的详细经过写下来，交给自己的父亲。医生记得，死者的父亲住在利默里克。

其他人离开了房间后，菲兰和死者进行了一些私密的交谈，然后他前往伦敦寻求更多的医疗方面的帮助，但是他返回时，死者已经故去了。纽波特警官同时也赶到了，在乔克农场和附近调查借宿的人。奥卡拉汉到汉普斯蒂德去找马车，他们都非常焦急地在为死者做每一件事情，没有人试图逃走，都准备自首。

被捕者没有进行自我辩护。地方治安官告诉他们，法律对于谋杀案中的当事人没有任何分别，都视为主犯，他们都必须被拘留。有人向地方治安官建议，应该对当事人进行拘留，他同意了。他们都同意，在验尸官的调查结果完成前，被捕者应该一直留在拘留所。有人曾建议治安官让菲兰保释。治安官对于决斗时没有外科医生在场感到遗憾。

弓手街，治安办公室。

昨天早晨，理查德·布瑞尼先生又进行了一次调查，目的是查明第58团爱德华·贝利中尉的死因。汉普斯蒂德的外科医生乔治·罗德错过了星期一晚上的调查，昨天早晨他参加了调查，陈述说星期一早晨有人找他，他迅速赶到亚当斯在英格拉姆巷的房子，去治疗一位受伤很重的绅士。

医生大约十点钟赶到了亚当斯的房子。在那里他看到一位绅士受了伤，躺在沙发上。医生检查了伤势，发现子弹穿透了身体的右侧，几乎和肚脐成一条直线。他检查了伤者的左侧身体，发现一颗子弹停留在皮肤和肌肉之间。他成功地取出了子弹，并清洗了伤处。医生检查死者的伤势时，被捕者都在房间里。贝利中尉死后，医生解剖了尸体，发现死者的肠子有三个地方有损伤，毫无疑问这导致了死亡。

威廉·亚当斯先生在整个不幸的事件中都表现得非常具有人道主义精神。昨天的调查中，他再次参加并陈述说，除了他在星期一晚上提供的证词，即死者召唤奥卡拉汉先生上前，与他握手，对他说所有的事情都是以非常体面的方式进行的，他原谅了对方等，死者还问奥卡拉汉，如果自己打伤了他，他是否也会这样对待自己？奥卡拉汉先生回答说，他非常肯定自己会像死者一样做，而且他还补充说："我希望我自己受伤而不是您。"

奥卡拉汉先生看上去非常动情，说："您第一次射击就击中了我的腿，但是只是擦伤。"他把自己的裤子和靴子给死者看。子弹穿透了两个裤筒和靴子。亚当斯先生看见死者在死前，很热情地与奥卡拉汉先生握手。

调查后，奉命对三名被捕者继续拘留。

有人请求为被捕者提供律师。此前布瑞尼先生同意在犯人被提交审判前再进行一次调查，于是发生了上述的调查。调查前，律师给亚当斯先生写信，请求他帮忙，同意昨天晚上7点钟调查开始前到治安官办公室来，届时三名犯人会被带来。调查时布瑞尼先生在法官席上就座，诺兰先生、阿拉宾先生和另一位据了解名叫古尔德的大律师代表犯人出席了调查。

诺兰先生首先陈述。他对治安官说，鉴于验尸官的调查还没有进行，而且在次日前也不会进行，犯人处于拘留当中，治安官可以继续让他们留在目前的拘留处所。诺兰先生清楚，在得到验尸裁判委员会的结论之前，要求治安官随意行使权力、同意他们保释是徒劳的。

这位博学的绅士说，他深感针对这些被捕者的犯罪指控的严重性，但是，他说，他没有听到任何证据能够说明他们预谋杀了人。至于被捕者中的菲兰先生，他尤其是死者的知交，更没有助推暴力行为的发生。

亚当斯先生是最重要的证人，他在证词中涉及菲兰先生时只是说当死者死亡时菲兰就在旁边而已。就所有证据而言，都可以假设菲兰先生只是偶然在场。事件发生地的旁边有一条大路和小路，菲兰可能只是一个闲散的旁观者，而现在却要面对法律规定的最严重的罪名。诺兰先生提出的最急迫的问题是，菲兰先生在受审前是要继续被羁押还是能获得保释。他是基于荣誉感和人道主义提出这一问题的。诺兰先生相信，这个问题取决于进行了第一次调查的绅士即柯南特先生。如果亚当斯先生到场，诺兰先生希望向他提几个问题，他自认为这些问题会使治安官同意给予保释的。一旦验尸裁判官的调查得出结果并提出判决，案件会发生改变的。

由于亚当斯还没到，诺兰先生相信不会有人反对被捕者继续呆在拘留所。诺兰的朋友奥卡拉汉先生希望尽快面对自己的命运。对他来说，审判一定会很有趣，他无论如何不希望审判推迟。他只希望，他们会被发回拘留所直到明天早晨。等到验尸裁判官尸检结束，提出判决，是否允许某个或者所有人保释，就会成为一个问题。

阿拉宾先生在诺兰先生之后发言。他举止稳重地为庭上允许他宣读一些针对他的当事人的书面证据表示了感谢。他接着详细阐述了这些证据，强调纽波特先生的情况与菲兰完全相同，请求给予保释。

布瑞尼先生回答说，自己希望公正地对待每一个人，被捕的人当时都在现场。阿拉宾先生表示他们不怀疑这一点，但是恳请治安官考虑这个案子时，站在一个男人、一个绅士和一个律师的角度多作考虑。

布瑞尼先生说，他有公职需要履行。在回答那些博学的律师时，他引用了著名的蒙哥马利对麦克纳马拉的案子。在那个案子里，外科医生海维赛德被送进了新门监狱，尽管他只是在决斗现场提供专业性的帮助，他仍然被以杀人罪提起诉讼。在那个案子里，我们应该还记得，理查德·福特先生在担任地方治安官。他那时正以非常勇敢的态度严厉地对待决斗。他公开表示自己的决心，要把医生和所有出现在那场致命决斗的现场的人都送进监狱，诉以谋杀。正是治安官这种强硬的态度，在后来一段时间里压制了决斗的气焰。海维赛德在新门监狱被监禁了相当长的一个时期，付出了很多的罚金。海维赛德当时愿意接受任何数目的保释金要求，但是保释的要求仍然被拒绝了。

然后法庭又听取了另一位博学的律师的辩护。诺兰先生表示，他们代表被捕者提出保释请求的唯一动机，是希望他们能够在晚上身处一个比新门监狱舒适些的环境。

布瑞尼表示，他不知道治安官对验尸裁判官的调查能做什么。诺兰认为，治安官接受保释的请求，无论从公共利益或者私人利益的角度考虑，都不会有任何不当。治安官则表示，他面前的证据表明，国王陛下的一位臣民被夺去了生命，一目了然这就是谋杀。他已经决定：所有犯人都要被送往新门监狱去，接受谋杀贝利中尉的审判。他相信这三位博学的绅士会接受他这一决定的。

犯人被交给负责军官送往了新门。1月14日，他们在老贝利街中央刑事法庭接受了审判。陪审团做出了"过失杀人"的判决，他们被判处在新门监狱监禁三个月。

卡特赖特少尉和麦克斯维尔少尉的决斗　1818年3月

3月1日，在泽西岛对面法国海岸上的阿弗朗什①发生了一场致命的决斗。决斗起因于卡特赖特少尉和英国海军的麦克斯维尔之间的一场争执。卡特赖特接受对方首先射击，子弹打进了前额，他一会儿就断气了。卡特赖特在几星期前刚刚在圣艾利耶②结婚，娶了科克和罗斯主教的侄女曼小姐。

贝尔格雷夫子爵③和约翰·G. 艾格顿先生的决斗　1818年10月17日

今天在靠近切斯特④的平原，贝尔格雷夫子爵和约翰·G. 艾格顿先生解

---

① 阿弗朗什（Avranches），位于法国西北部下诺曼底地区（Basse–Normandie region）芒什省（Manche department）。
② 圣艾利耶（Saint Helier），英国泽西岛（Jersey）首府。
③ 罗伯特·格罗夫纳（Robert Grosvenor, 1st Marquess of Westminster, 1767—1845），第一世威斯敏斯特侯爵。他早年被称为贝尔格雷夫子爵（Viscount of Belgrave），后被封为威斯敏斯特侯爵。他本来是托利党首相小威廉·皮特的支持者，但是在威廉·皮特死后转向了辉格党，支持天主教徒解放法案和《议会改革法》，支持废除《谷物法》。
④ 切斯特（Chester），英国柴郡（Cheshire）一城市。

决了一桩事关荣誉的事。约翰先生的第一枪击中了贝尔格雷夫先生持手枪的手臂，造成了轻伤。决斗起因于前一天围绕切斯特市长年度选举过程中某些问题的争吵。当时一个叫贝克的人提议埃文斯先生、一个受政府青睐的人为市长。他的话让人感觉是在暗讽某些艾格顿的党人，而且暗示那些人是由约翰·艾格顿操纵的。约翰先生要求贝尔格雷夫先生否认这种暗示，但是对方拒绝了。集会上马上发生了大骚乱，会议的记录者不得不宣布会议延期，随后，约翰和贝尔格雷夫的决斗马上就安排好了。

第64团的约翰斯顿上尉和美国单桅军舰伊利号的外科医生本杰明. T. 布朗的决斗　1819年3月

3月23日，约翰斯顿在直布罗陀担任总执勤官时，有人向他报告，一队哨兵扣留了五个人，因为他们从一场演出返回时没有带灯，违反了要塞的规定。约翰斯顿上尉立刻命令派足够的人押送他们回家去。

大约十分钟后，一位警官押着五个人中的三个回来了，向上尉报告说阿奇博尔德·泰勒千方百计想要从哨兵那里逃走，而且对他使用挑衅和侮辱的言语。经过调查，上尉发现这是实情，于是把闹事的阿奇博尔德·泰勒关进了一个铁栅栏房。阿奇博尔德反对这个命令，对上尉使用了非常冒犯的语言。这时约翰斯顿上尉完全不知道阿奇博尔德是美国人。泰勒因为自己的遭遇而向上尉提出挑战，而上尉认为自己只是在履行职责。他向上级报告了事情经过。营地指挥官同意他的处理，并且命令继续关押泰勒。

早上泰勒被释放了。两天之后有报道说，由于泰勒已经随他主管的船只出发了，据称美国领事提出代替泰勒进行决斗，而上尉拒绝和泰勒或者美国领事决斗，并请求美国领事作出解释。美国领事否认了争议中的报道，并对上尉在这件事中表现出来的绅士举止表示感谢。

不过事情发展到了31日的晚上，上尉收到了下面这封由斯托克顿中尉转交的信。斯托克顿是美国军用单桅船伊利号的首席中尉——

先生，伊利单桅船1819年3月3日

您拒绝接受一位您肆意侮辱的绅士的挑战，因为他只是一个美国商业纵帆船的船长。我认识那位绅士，我愿意为他在各方面都不逊色做出保证。我是他的代表，作为一个美国人，我请求把您吹嘘说将会给予我

第二十四章　乔治三世时期的决斗

朋友的，能让他维护自己名誉的机会转给我。我相信自己的军阶足以证明我是一个有荣誉感的人，而且我也相信您会考虑让我的送信人为您做些什么（指让他带回接受挑战的信件）。

（签名）本杰明·T. 布朗

布朗是伊利号的外科医生。约翰斯顿立刻接受了挑战。第二天早晨，他们在一个中立地区进行了一场决斗。约翰斯顿明确否认对泰勒先生做过什么自吹自擂。他们共同的朋友做了安排，距离是八步，发出口令前，助手问："准备好了吗，先生们？"一旦双方同意，就数一二三，双方利用这一短暂时间瞄准，然后一起开枪。第一次射击时，上尉被对手打穿了帽子。有人交给他们另一支手枪。上尉开火了。但是布朗很长时间没有开枪，上尉的朋友们喊道："这不公平！"听到这话布朗开枪了。约翰斯顿对对手长时间不开枪表示了愤慨。双方一番唇枪舌剑之后，又进行了第三轮射击，仍旧没有结果，然后是第四轮。这一轮射击相当仓促，因为有一名警卫朝这边走来。约翰斯顿的子弹打中了布朗的大腿。布朗的朋友斯托克顿先生立刻走上了布朗的位置，希望约翰斯顿上尉站在原位置上与自己进行另一场决斗。他们正准备继续下去，警卫赶到了，马上阻止了这场决斗。

斯托克顿坚持要求第二天早晨5点钟继续决斗，约翰斯顿上尉同意了，然后回了要塞。但他被逮捕了。有命令要求，任何军官不得走出军营的栅栏，无论穿着彩色的衣服或者其他什么衣服，所以上尉没能在第二天早晨参加决斗，但是，他还是设法在下午避过了警觉的警卫，在四点半和斯托克顿在圣米歇尔山洞①继续进行了决斗。

当时，助手们开始讨论开枪的方式。斯托克顿的朋友建议他们听到口令后，瞄准的时间不应该受限制。约翰斯顿的朋友认为这太残忍，和作为决斗基础的有关荣誉的原则不符，因此反对。发生了一些争论之后，最后决定由天意决定应该采用哪种方式。结果是有利于采取更人道的方式（限制瞄准的时间）。争论浪费了时间，以致面临被卫兵阻止的威胁，他们看见卫兵在走过来。这时大家发现斯托克顿先生没有手枪，约翰斯顿借了一支手枪给他。走

---

① 圣米歇尔山洞（St Michael's Cave）是直布罗陀上洛克自然保护区（Upper Rock Nature Reserve）里的一系列石灰岩山洞。

进相距八步的场地之后，斯托克顿把手枪架在左手上稳稳地进行瞄准，约翰斯顿的朋友反对这种做法。美国人又想用那种不同寻常的方法来解决这个问题。后来看到卫兵已到一百步之内了。上尉希望能用通常的方式继续下去，大家同意了。斯托克顿中尉的子弹穿透了上尉的大衣。第二轮开枪之前，卫兵赶来干预了。

尤尼安克先生和波伊先生的决斗　1819年8月1日

8月1日，在加拿大新斯科舍的哈利法克斯，总检察长的儿子尤尼安克先生和拍卖商波伊先生进行了一次决斗，波伊先生当场死去。死者曾因一次违法行为受到指控，他认为控方律师尤尼安克先生对他使用了不恰当的表述，所以向对方提出了决斗的挑战。

近卫兵骑兵团的皮娄上尉和沃尔什中尉的决斗　1819年10月6日

11月6日，在靠近巴黎的蒙马特尔区，皮娄上尉和沃尔什中尉进行了一次决斗。下面是决斗的细节：

沃尔什中尉不久前从近卫骑兵团调离，皮娄上尉在那个团里任职。在从近卫骑兵团辞职前，沃尔什和妻子在海德公园里的军营住了很久。他的妻子年轻而且轻率。军营里的人总是认为他们可以放肆地垂涎每一位女士。不幸的是沃尔什的年轻妻子欣然地接受了这种关注。这种迷醉的结果是可想而知的，沃尔什的妻子和皮娄上尉产生了恋情，最后，在一个致命的时刻，她同意放弃自己的社会角色，和自己依恋的人私奔。大约在决斗之前，她从父亲家里和皮娄上尉逃走了。当时她丈夫出差在外，她在父亲家里住了一段时间。他们去了巴黎，但是无论走到哪里，沃尔什中尉一直追踪着他们。沃尔什中尉宁肯向皮娄提出挑战，也不愿意诉诸法律手段要求赔偿。

人们安排了一场决斗，距离确定为整整十二步。他们按照口令同时开了枪。发令后，沃尔什的枪马上打响了，但是皮娄没有开枪，据说他根本没有打算开枪。沃尔什的子弹从皮娄左侧太阳穴射进了脑袋，他当即死掉了。

第二十五章 1820 年至 1840 年间的决斗

第一节 发生于各地的决斗事件

格拉坦先生和克莱尔伯爵①的决斗 1820 年 6 月 11 日

一位已故爱国者的儿子格拉坦先生②在都柏林的一次公开集会上的一些言论被克莱尔勋爵认为是影射他的父亲、已故的克莱尔伯爵。格拉坦既拒绝解释，又拒绝提供可以证实那些言论的证据，于是双方在海德公园进行了决斗。格拉坦接受了克莱尔勋爵射击以后，立刻向天空开了一枪。在场的朋友认为事情不应该再发展下去了。格拉坦说，现在他已经和克莱尔先生进行了决斗，从而满足了克莱尔先生的愿望，现在他可以承认自己的那些表述是错误的。双方握手言和，事情就此结束了。

T. 亨格福德先生和 R. 特拉弗斯先生的决斗 1820 年 8 月 13 日

8 月 13 日，在这个岛（爱尔兰）距科洛纳吉尔迪③不到四英里的地方，T. 亨格福德先生和该地区一位年轻的绅士 R. 特拉弗斯先生进行了一场致命的决斗。第一轮射击，后者就被子弹击中前额，当场死亡。争执的起因是一些关于身份地位的事情，经过双方共同的朋友们干预，事情友好地解决了。

---

① 约翰·菲茨吉本（John FitzGibbon, 2nd Earl of Clare, 1792—1851），克莱尔伯爵，上院议员。
② 小亨利·格拉坦（Henry Grattan, 1789—1859），英国辉格党国会议员。1826 年至 1830 年，他是代表都柏林市的下院议员，1831 年至 1852 年他是代表米斯郡（Meath）的下院议员。他的父亲亨利·格拉坦（Henry Grattan, 1746—1820）是爱尔兰著名政治家，爱尔兰议会议员。他反对 1800 年的《爱尔兰联合法案》。
③ 科洛纳吉尔迪（Clonakilty），爱尔兰科克郡 N71 国家二级公路附近的一个小村庄。

不幸的是，决斗前一天，就此前的安排发生了一点很细小的纷争，结果导致了这场不幸的灾难。此前他们两人是最亲密的朋友。

R. 斯图尔特先生和汤森·戴德先生的决斗　1820 年 8 月 20 日

今天在马里兰海岸弗吉尼亚的金乔治县①，理查德·斯图尔特先生和汤森·戴德先生在他们的家对面，隔着很短的距离用大号铅弹进行了一次决斗。戴德先生被打死了，斯图尔特先生严重受伤，几个小时后也死去了。他们关系亲近，是邻居，也是很好的朋友。不幸的决斗是一件琐事引发的。

福利奥特先生和巴若斯先生的决斗　1820 年 9 月 17 日

福利奥特是切斯特（Chester，切斯特，英国柴郡）一位广为人知的、性情和蔼的绅士，星期一他收到从事法律职业的 S. 巴若斯先生的挑战。双方抽签决定谁先开枪，巴若斯先生赢了。距离确定为十二步。第一轮射击没有击中。手枪再次上膛，两人一起开枪，结果与上次一样。人们做了一次无效的努力，试图让他们和解，但是杀人武器又一次进行了射击。这一次很不幸，他们瞄得很准：一颗子弹穿透了福利奥特的头，打碎了头盖骨；巴若斯也被当场打死了。

约翰·斯科特先生②和克里斯蒂先生的决斗　1821 年 2 月

2 月 16 日星期五的晚上九点钟，在乔克农场客栈和普里姆罗斯丘之间的一片场地上发生了一次决斗，造成了致命的结果。这起不幸事件的双方是自称《伦敦杂志》编辑的约翰·斯科特和据称是《黑森林杂志》管理者的爱丁堡人约翰·吉布森·洛克哈特先生的朋友克里斯蒂先生。事情的起因是《伦敦杂志》上发表了一些文章，讨论《黑森林》杂志的发行与管理。洛克哈特先生觉得这些文章对自己是一种冒犯，损及了自己的名誉。他的朋友克里斯蒂于是找到斯科特先生要求对争议涉及的文章给予解释。他认为这是对他个人的冒犯，因此要求公开进行道歉，或者提供他认为一个绅士有权获得的其他补偿方式。这场会见除了当事双方，还引入了其他人，其间双方的言辞都很激烈。

为了澄清发生的误解，斯科特发表了他那一方处理这件事的经过。这篇文

---

① 金乔治县（King George County），位于美国弗吉尼亚州。
② 约翰·斯科特（John Scott, 1783—1821），编辑和出版家。他编辑出版一些自由派报纸，其中最著名的就是《伦敦杂志》。

章在知识界传布很广,被多家报纸登载。接下来是克里斯蒂的一篇声明,斯科特又接着发表了第二篇声明。在这个过程中,斯科特先生对洛克哈特先生的态度很粗暴,而且用很激烈的言辞为自己的行为辩护。克里斯蒂又继之以一篇反声明,结果,斯科特和他的朋友帕特莫先生来到克里斯蒂的住地,要求道歉或者立刻决斗。克里斯蒂拒绝了前者,表示自己准备好了,即刻接受了后一个请求。

事情已经到了这一步,双方同意在乔克农场决斗。于是他们动身,当天晚上九点钟到达了那里。斯科特先生由他的朋友帕特莫和医疗顾问佩蒂格鲁先生陪同。当晚月光皎洁,双方可以清楚地看到对方。站好位置之后,他们一起开枪,但没有击中。第二轮射击对斯科特先生是致命的。对手的子弹打进了腹股沟,他马上倒了下去。采取了情况允许的所有救助措施之后,他被放在一块百叶窗上送到了乔克农场的客栈。人们把他抬到一张床上,他当时的情况近乎令人绝望。克里斯蒂和他的助手随后离开了。佩蒂格鲁在尽其所能地对斯科特进行了救助之后回到了城里,以寻找更多的外科方面的帮助,同时通知斯科特在科芬花园附近约克街的寓所作好斯科特回来的准备。佩蒂格鲁离开不久,人们发现已经不可能安全地移动斯科特先生了。检查伤势时发现,子弹好像穿透了肠子,留在了肠子后面。在场的外科医生认为不把子弹取出来是谨慎的做法,以防发生严重的感染,但是这样一来,人们认为危险也增加了。

斯科特先生受伤之后,克里斯蒂的朋友报告帕特莫先生:第一轮射击时克里斯蒂没有瞄向斯科特先生。帕特莫先生当时没有注意到这一点,也没有人告诉他。星期天,格思里先生取出了子弹。斯科特先生弥留到3月4日星期四去世了。当晚,验尸裁判官进行了尸检。当时,达林先生说斯科特先生谈到自己的伤势时说:"这本不该发生。我觉得出了一些大差错,第二轮射击是没有必要的。"稍微停顿之后他继续说:"我向克里斯蒂先生要的只是一个声明,说他没有对我的品格含沙射影。他拒绝这样做,决斗变得不可避免了。决斗时克里斯蒂先生表现得很好。当一切准备好后,他对我喊:'斯科特先生,您不应该站在那个位置,我看见您的头在地平线上面了,您这样给了我一个有利条件。'我想当时如果他愿意,他是可以打中我的。手枪重新上膛以后,第二轮射击准备好了,崔尔先生喊道:'现在,克里斯蒂先生,瞄准吧,不要放弃您的有利条件,像您刚才做的那样。'我立刻喊道:'怎么,克里斯蒂没有向我开枪吗?'帕特莫先生回答我说:'您不能再说话了。现在说话没有意义，除了射击您没有别的选择。'助手马上给了开枪的信号，我们开了枪，我倒下了。"死者表示对克里斯蒂的行为满意了，他表示克里斯蒂在自己受伤后表现得非常友好。

佩蒂格鲁陈述说，克里斯蒂问他对伤势怎么看。他回答说，斯科特说他担心那是致命的。克里斯蒂当时和斯科特说了些话，并且表示希望"自己处于斯科特目前的处境，而不是由自己打伤他。"斯科特回答说："无论事情会变得怎样，我请求您记住，所有的事都是公平而且是体面地进行的。"当被问及，他是否在决斗现场听到克里斯蒂先生说他第一轮射击时是向地面开的枪时，斯科特回答说："我听到了，我记得很清楚。克里斯蒂先生拧着双手，看上去明显十分苦恼。他当时说：'为什么要允许我开第二次枪？我前面已经向地上开枪了。我不能再这样做了，我要被迫使自卫了。'"克里斯蒂的这些话是在双方的助手们发生了一场争吵之后说的。克里斯蒂在斯科特受伤以后抓住了他的手。验尸裁判官搜集了证据呈交上去，陪审团针对克里斯蒂、崔尔和帕特莫先生作出了"故意杀人"的判决。

4月13日，星期五，首席法官阿尔伯特和帕克法官在老贝利中央刑事法庭开庭。克里斯蒂和崔尔的律师格尼宣布他们出庭自首并接受审判，面对陪审团针对他们提出的杀人罪指控，他们立刻被拘留。他们寻求无罪判决。帕特莫先生没有出庭。案子首先由沃尔福德先生提出指控。他说，如果陪审团对犯人的身份有任何疑问，或者认为整件事都是在情绪冲动的情况下发生的，那么他们应该无罪释放这些被拘留的绅士。达林先生复述了他在尸检前提供的证据。这之后，克里斯蒂和崔尔被招上前为自己辩护。他们说，他们只需要招证人前来证明自己的品行和生活习惯，于是一批最受人们尊敬的人为他们的慷慨善行和人道的精神提供了证词。

首席法官向陪审团陈述了这个指控的性质，然后就这个案子相关的法律对他们进行了指导。指控控告被诉的三名被告协助并共谋了杀死斯科特先生，三人中目前只有两人到庭。如果陪审团相信被告席上的人的确是协助完成杀死斯科特先生这一罪行的三人中的两人，那么具体是谁真正开枪是没有影响的。指控方对决斗中过失杀人和故意杀人的区别作了非常清晰正确的阐释：如果人们在情绪激动中走到外面用致命的武器进行战斗，那么法律考虑到人类天性的弱点，认为这种事件中的杀人事件只是过失杀人，但是如果人们屈服于一个虚妄的关于荣誉的观念,经过深思熟虑而进行战斗,从任何角度考虑,其中一人的死亡都会把这件事定性为故意杀人。无论对助手(助手经常比决斗者更应该受到谴责)还是决斗者,指控都应该是谋杀罪。所以第一个问题是,我们是否知道决斗发生时两名被告是否在现场?其次,决斗是情绪冲动的结果还是深思熟虑的结果?法官阁下接着重点阐述了证据中的关键,然后把根据证据确定事实的工作交给了陪审团。他说,可能的情况是,真正的凶手在佩蒂格鲁来到现场时已经逃走了,被诉的两名被告可能只是偶然出现在那里。法官认为自己有责任向陪审团指出这一点,这也许在某种程度上就是呈现给陪审团的这个案件的真实情况。关于第二个问题,即决斗发生时当事人的情绪——争吵的时间和地点,现在没有证据。尽管法律不承认关于荣誉的这些观念,但是斯科特先生倒下去时说的那些话,陪审团有责任加以考虑。还有另一个情况,是从据说是克里斯蒂的话中透露出来的,也应该指出并由陪审团加以考虑——这些话就是:"为什么允许我第二次开枪?我第一次已经向地面开枪了。我还应该做些什么?我要被迫开枪自卫了。"根据目前的法律,这种情况已经不能像从前那样,让一位开枪自卫的人被无罪开释了,但是这些话可能对第二轮射击时双方的情绪产生影响。可能克里斯蒂先生在第一次射击时克制自己没有瞄准,由于争取和平的努力没有成功,第二轮射击是在愤怒的冲动中开的枪。在这种情况下,尽管他的对手倒下了,罪行也只构成过失杀人。首席法官总结时对陪审团说,在一桩存疑的案件中,应该采取宽和仁慈的态度。谈到被告优秀的品行,首席法官还说,非常不幸,那些具有可以为人典范的人道精神和仁慈情感的人,总是非常容易被诱使从事一些事务,一方面导致对方的生命损失,另一方面使自己在余生里懊悔痛惜。陪审团经过二十五分钟的详尽讨论,得出的判决是"无罪"。

皮特舍姆子爵[①]和托马斯·韦伯斯特·威德伯恩先生的决斗 1821年4月21日

公共杂志上登载了一篇文章,暗示在皮特舍姆子爵和韦伯斯特·威德伯恩

---

① 查尔斯·斯丹侯珀(Charles Stanhope, 4th Earl of Harrington, 1780—1851),第四世哈林顿伯爵。1829年继承父亲的爵位之前,他是皮特舍姆子爵(Viscount Petersham)。他是英王乔治四世摄政时期(1810—1820)最著名的花花公子之一。他长得高挑英俊,略有些口吃。他为自己设计了许多服装和时尚用品,连摄政王乔治四世也模仿他的衣着和对鼻烟的嗜好。据说皮特舍姆有365个鼻烟壶,每天用一种。

先生之间发生了一场争吵,而且子爵受到了身体伤害,威德伯恩被要求对这个问题进行公开否认。下面是威德伯恩和福利男爵①之间就这件事情的往来书信:

先生:我今晚六点钟一到家就看到您在报纸上发表的文章,我一刻也没有耽误就通知了在布赖顿②的皮特舍姆子爵。他一收到我的信,就会立刻赶回城里,我会把他到达的时间通知您。我给您写这封信,是想向您说明为什么子爵没有在你的文章发表之后立刻给您写信。

您忠实的福利　汉米尔顿地方,星期四晚　七点钟 4 月 19 日
顺及:皮特舍姆子爵不可能在明早 7 或 8 点之前赶回来

男爵阁下:
我刚刚收到到您的信,我请求在此声明:明天一整天我都将在家里,我可以回应任何通信。

T. 韦伯斯特·威德伯恩　4 月 19 日 下午 8 点钟

先生:因为一个错误,皮特舍姆直到今早晚些时候才收到我的信,结果他刚刚回家。他现在希望我告知您,要么派一位朋友到我这里来,要么安排一个时间和地点在明早进行决斗,这是绝对必要的。我今晚会在家里待到 11 点钟,以等候您的答复。

您谦卑的福利　汉米尔顿地方　星期五晚 7 点钟 4 月 20 日

男爵阁下:
收到您昨晚的信后,我整日留在家里。令人惊讶的是,今晚收到您的信,您竟然要求我派一位朋友到您那里去,或者安排时间地点在明晨与皮特舍姆勋爵决斗。请皮特舍姆勋爵说明我明早应该在哪里与勋爵见面吧。我的朋友很快会准备好接受您或者任何来自皮特舍姆勋爵的消息的。

T. 威德伯恩　星期五晚　4 月 20 日

汉米尔顿地方 星期五晚 10 点半

---

① 托马斯·福利男爵(Thomas Foley, 3rd Baron Foley, 1780—1833),英国辉格党政治家。
② 布赖顿(Brighton),英国南部城市。

第二十五章 1820年至1840年间的决斗

先生：

您的信要求解释皮特舍姆子爵希望同您进行决斗的地点，我感到很惊讶。您没有否认而是鼓励了一篇对子爵个人名誉非常令人愤慨的有害文章。他积极地请求您否定这篇文章，或者接受因为一位绅士对他提出的虚假的指控而提出的挑战。造成您昨天滞留家中一整天的原因，我已经清楚地解释过了，因此，我现在必须重申：您立刻指定一个时间和地点在明天进行决斗的必要性，或者由您安排，发表一篇针对那篇虚假和令人气愤的报道的反驳。出于某种做作，应该做出的解释可能已经被您收回了，为了等待这些解释已经浪费了太多的时间。

您的福利

顺及：我们期待对这封信的迅速回复，请送往圣詹姆士街布鲁克斯俱乐部。

致福利男爵：

我完全赞成勋爵的意见，在这件事上已经浪费了太多的时间，但是我请问，耽搁是因为谁的缘故呢？鉴于每一个细节都已经公开，双方已经进行了如此多的信件往还，我认为仅仅因为这些，就必须要求您告知，皮特舍姆子爵准备与我决斗的明确地点。福利男爵给我提供了一个无从谈起的选择，我不知道有什么针对皮特舍姆的"虚假报道"。如果福利认为我可能会收回我曾经做过的一些解释，我必须充满愤慨地驳斥这种含沙射影的说法。我不会允许任何人把这种行为方式强加给我，这是与我个人的荣誉感唯一相符的选择，因此，我现在指定下午三点钟，在靠近金斯顿的库姆森林，我将期待着与皮特舍姆子爵会面。

T. 韦伯斯特·威德伯恩

我收到了您的信，您指定明天下午三点钟在库姆森林与皮特舍姆子爵会面，您的要求会得到完全满足的。

福利　布鲁克斯 星期五晚

作为以上通信的结果，一场决斗在下午三点进行了。皮特舍姆的朋友福利男爵担任他的助手，威德伯恩的助手是科尔先生。双方进行了两轮无结果的射击之后，助手进行了调停，事情就此结束了。

M. 曼纽尔和 M. 博蒙特先生的决斗　1821 年 4 月 10 日

这次奇特而骇人的决斗发生在巴黎，导致后来那种可悲结果的种种情形非常奇异。当事人之一是一位波兰人：曼纽尔先生。他是一位名声很好而且非常富有的人，大约五十岁年纪。他的妻子比他长寿，为他生了六个孩子。另一位当事人博蒙特先生单身，三十到四十岁上下，也相当富有，是日内瓦人。他们都是交易所经纪人。

曼纽尔先生与妻子非常恩爱，但是五到六个月前，有人给他写信说他的妻子对他不忠。他愤怒地撕掉了那封信，没有把这当回事，但是大约两个星期之后，他又收到了同样内容的第二封信。他像第一次那样处理了这封信。过了几天他收到了第三封。信中说，看起来除非有可以目睹的证据，他真的很难被说服，所以如果他愿意，第二天就可以让他见识这样的证据。写信的人告诉他，第二天两点钟到一条街的一座房子里去，然后发出一个写信人确定的信号，接下来他就不会再怀疑写信人的诚实了。曼纽尔先生按照指定的时间来到了那所房子，发出了信号。门立刻被一位女性推开了，他认出那是自己的妻子，但是她却没有认出他，而且投进曼纽尔先生的怀抱时却叫着博蒙特的名字。丈夫现在相信了，他决定立刻离开巴黎。他把自己在巴黎的财产都转成了不动产，然后前往自己的家乡——华沙。离开之前，他表示原谅自己的妻子，甚至同意继续与她一起生活，条件是她抛弃自己的情夫。这位六个孩子的母亲拒绝了，丈夫于是离开了巴黎。

决斗之前几天，曼纽尔先生返回了巴黎，重新出现在交易所。他在那里遇见了博蒙特，接着发生了一场激烈的争吵，结果有人发出了挑战，双方还达成了一项一致：至少有一个人不能活着离开决斗场。第二天他们进行了决斗。曼纽尔先生被子弹射中胸口当场死亡。博蒙特很快逃亡瑞士，躲避巴黎针对他的风暴般的怒火。他的交易所同事甚至达成一致意见，再也不同他交易了。

在曼纽尔的葬礼上发生了一些事。尸体运到考马丁路的圣丹尼斯教堂时，教会当局一开始拒绝接受尸体，因为死者死于一次决斗。公众坚持教堂接受尸体，经过一番交涉，教堂收下了尸体。接下来发现没有牧师来主持必要的仪式，人群中又发生了纷扰，最终一位牧师出现了，但没有穿法衣。又一阵叫嚷迫使他穿上了法衣，仪式也按照通常的方式进行了，然后尸体被运往拉雪兹神父公墓①埋葬了。

威廉·布瑞托班克先生和库迪先生的决斗　1821年5月22日

库迪先生是一位苏格兰人，海军外科医生。大约四年前他来到温斯特②居住，并在这里执业。他与城里一位知名律师的女儿布瑞托班克小姐发生了一段私情。小姐的身体一直不佳，这使医生经常能见到她。库迪对布瑞托班克小姐的关注遇到了她的家庭的非难，她的家人用最强烈的措辞向医生表示了反对。五月21日，星期一，库迪和布瑞托班克小姐一起散步时遇见了她的哥哥威廉·布瑞托班克先生。库迪先生和布瑞托班克先生争论了一番之后，后者拉着妹妹离开了。库迪先生对威廉先生说的话很不恰当，后者当晚向他提出了挑战，库迪先生没有回应。第二天早晨，同一个信使送来了第二次挑战信。库迪先生告诉对方，他不会和威廉先生决斗，所以不会回复，因此，威廉·布瑞托班克找来了住在贝克韦尔镇的一位外科医生、双方的朋友斯宾塞先生。他大约下午三点钟赶来，与威廉和弗朗西斯·布瑞托班克一起前往库迪的住宅。路上，安德鲁·布瑞托班克加入了进来。斯宾塞走进库迪家，告诉他，要么向威廉先生道歉，要么进行决斗。库迪先生再一次表示这两种方式他都拒绝，但是，后来他同意了威廉的决斗要求。斯宾塞带来了手枪。他们在库迪先生的花园里一条沙砾铺成的小路上量出一段距离，大约十五码，然后按照信号开枪。不幸的库迪先生被对手射中了腹部，第二天去世了。

对三兄弟——威廉、弗朗西斯和安德鲁以及斯宾塞医生提出了蓄意杀人的指控。威廉逃走了，其他三人被拘捕，并送往德比郡监狱。

八月在德比巡回法庭进行了审判，由帕克法官主持。登曼先生说，陈述案件的经过是他令人痛苦的职责。三名当事人将因为出于人类的本性能够犯下的最严重的罪名受到审判。对威廉提出了谋杀的指控，其他三名被告因为

---

① 弗朗西斯·德·拉雪兹（François de la Chaise，1624—1709），法国耶稣会神父，路易十四的忏悔神父。他在1804年买下了一块地，改建为公墓，即今天的拉雪兹神父公墓。这是巴黎市内最大的墓地，面积118英亩，只有巴黎郊区还有更大的墓地。拉雪兹神父公墓是世界上最著名的墓地之一，位于巴黎第20区。这里埋葬有过去200年中为法国做出贡献的名人，每年吸引数十万来访者。
② 温斯特（Winster），英国德比郡一个从前的铅矿旁的村庄。距离下文提到被贝克韦尔（Bakewell）约六英里。

帮助教唆和协助实施这一犯罪受到审判。死者库迪先生是一位海军外科医生，他以半薪退休，定居在温斯特。两名犯人的父亲布瑞托班克先生也住在这里。库迪先生与布瑞托班克家关系亲密，但是双方的关系因为死者对布瑞托班克小姐的爱慕破裂了，女方的家庭不同意这种关系。5月21日，库迪先生死前一天，威廉先生的一个仆人给他送来一封信。威廉先生在信中抱怨自己受到对方的侮辱，并且要求与死者决斗，以洗刷自己受到的侮辱。库迪先生拒绝回复这封信，因此第二天，被告斯宾塞被从贝克韦尔找来。他答应带着威廉先生的信去见库迪先生，要求他要么向威廉先生道歉，要么与他决斗。库迪先生回答，他没有什么道歉的话要说，也不会与威廉先生决斗。斯宾塞带回了这一答复，然后又带着一封信去见库迪先生。当死者再一次表示了他先前的决定后，斯宾塞说威廉先生已经在他的花园里了，如果他不想决斗，就应该去见威廉先生并告知他。所有这些都是证人证明的，而且死者临死前的陈述也证实了这些事。根据法律，这些可以被法庭接受作为证据。库迪走进了花园，看见了威廉和他的兄弟安德鲁、弗朗西斯。有人看见他们从家里走向库迪的住宅。在花园里，安德鲁急切地希望阻止决斗，他敦促库迪向威廉道歉。库迪拒绝了，于是有人拿来了手枪。威廉·布瑞托班克从死者身边走开了十五或十六码远，然后两人转身，开枪。威廉先生相信情况就是这样。在库迪站立的地方找到一颗子弹。人们在布瑞托班克先生站立的地方附近寻找另一颗子弹，但是没有找到。不过，登曼先生并不太看重这个情况。他相信威廉先生已经让自己的生命和库迪先生的生命处于同样危险的境地了，而库迪先生的结局正是因为受到他的逼迫，即使情况相反也与这次指控不相干。无论如何，人们发现四个人来到另一个人的住宅，目的是按照荣誉法则，迫使库迪先生进行一场决斗。依据法律，在某种情况下，这是谋杀。库迪先生被威廉先生的手枪子弹击中了，他被抬进了厨房。根据斯宾塞和安德鲁的证言，登曼先生相信以上这些情况。登曼先生期待以下事实能够被证明：安德鲁·布瑞托班克起初否认自己当时在场。当死者死前说他当时在场时，他说："好吧，既然您这样说，那么我当时是否努力想让您说一些相当于道歉的话，以尽力阻止决斗？"威廉先生当时对库迪说，他应该把斯宾塞看作他的朋友。人们还证明，当库迪弥留之际，人们催迫他表示决斗是公平的，他拒绝了。他清楚自己的境况，有时通过表情，有时用动作，表示了不同意，比如摇头。

他死前肯定没有对此表示过同意。假如证据不能支持指控，指控涉及的当事人会非常快乐地听到无罪开释的判决；如果事实被证实了，就应该作出正义的判决。尽管判决对当事人和所有听到它的人都将是非常痛苦的，但是他们只有一个义务，就是执行判决。

一些证人被召来，证明库迪的死亡经过。看上去库迪经受了多次挑衅，但是当他受伤后，被捕者倾尽全力提供了所有帮助。下面是库迪在弥留之际作出的声明的复件：

温斯特的外科医生威廉·库迪的声明，发表于国王陛下的法官、德比郡的菲利普·杰尔面前，1821年5月22日。

库迪先生说，他收到温斯特的威廉·布瑞托班克先生的挑战，要求进行决斗，而他希望避免这样做。贝克韦尔的外科医生埃德蒙·斯宾塞于5月22日赶到他家里，告诉他：威廉·布瑞托班克和他的兄弟在他的花园里等他，而他——威廉·库迪必须作出道歉或者进行决斗。他去了花园，对他们表示拒绝道歉。斯宾塞先生解开大衣给他看两支手枪，他取了其中一支，威廉·布瑞托班克取了另一支。他们分开了十五码或者更远一些的距离。斯宾塞先生抛起帽子作为信号，他们两人在同一时刻开了枪。

被捕者宣读了手写的辩护词，其中声称他们的目的是阻止决斗，设法让死者道歉。一群非常受人尊敬的人给他们的个人品行提供了非常好的证词。陪审团退下进行了一小时二十分钟的商议，回来时提出了对被告有利的判决："无罪。"被告非常清楚他们当时所处的可怕处境，听到这个让他们重返社会的决定，都低下了头，对上帝给他们的判决充满感激。

奥钦列克①的从男爵亚历山大·鲍斯威尔先生和顿厄恩的斯图尔特先生②的决斗　1822年3月26日

大约十一点钟，在法夫郡③靠近巴尔穆托的奥赫特图尔，奥钦列克的从男

---

① 奥钦列克（Auchinleck），苏格兰东埃尔郡的一个村庄。
② 从男爵亚历山大·鲍斯威尔（Sir Alexander Boswell, 1st Baronet，1775—1822），苏格兰诗人，文物研究者和歌曲作家。他花钱买到了一个国会议席和从男爵的爵位，政治上是一个坚定的托利党人。詹姆斯·斯图尔特是当时一位著名的辉格党政治家，他在报纸上匿名写文章指责对方是恶棍和懦夫。
③ 法夫郡（Fife），苏格兰以前的一个郡名，位于泰河（Tay）出海口和福斯河（Forth）出海口之间。

爵、詹姆斯·鲍威尔先生的长子、约翰森博士的传记作者亚历山大·鲍斯威尔先生和顿厄恩的詹姆斯·斯图尔特先生进行了一次决斗。亚历山大的助手是昆斯伯里侯爵①的兄弟约翰·道格拉斯先生，斯图尔特先生的助手是罗斯林伯爵②。斯图尔特先生的子弹射中了亚历山大先生的肩膀，击碎了肩胛骨，可能进入了脊椎骨，因为他的四肢发生了一定程度的麻痹。亚历山大先生被送到了巴尔穆托宫，在那里去世了。决斗的起因是12月26日发表在格拉斯哥报上的一首歌，歌名叫《哨兵》。斯图尔特先生认定作者是亚历山大先生。因为《哨兵》中涉及了博思威克先生，他对这件事好像着了魔一样。博思威克把这份报纸送给了斯图尔特，通过报纸，发现了上述文章的作者和其他一些事情。

6月10日，对斯图尔特蓄意谋杀亚历山大先生的审判，在爱丁堡的高等刑事法院开庭，到庭的有陪审法官赫曼德爵士、吉利斯爵士、皮特米利爵士和苏阔特爵士。③法庭上宣读了起诉书，斯图尔特提出了"无罪"辩护。

库克本先生④代表辩方开始了案件庭审。他陈述说，任何了解亚历山大先生的人肯定都知道，他拥有惊人的讽刺才能。他接着详细举证了亚历山大先生在报纸上发表的《灯塔》和《哨兵》，对那些出版物的贡献，以及斯图尔特先生获取那些证据的方法。他详述了斯图尔特先生的优雅和平和的个性，说明死者并没有受到斯图尔特先生的挑衅，没有什么证据能说明他沉迷于对被告的诽谤有何道理。库克本先生辩称，那首歌里无礼的段落、侮辱性的歌词使斯图尔特先生必须采取后来的行动。

罗斯林伯爵宣誓后做了以下证言：按照斯图尔特先生的意愿，他前往等

---

① 查尔斯·道格拉斯（Charles Douglas, 6th Marquess of Queensberry, 1777—1837），昆斯伯里侯爵，苏格兰贵族，上院议员。
② 詹姆斯·圣克莱尔·厄斯金，罗斯林伯爵（General James St Clair - Erskine, 2nd Earl of Rosslyn, 1762—1837），苏格兰政治家，英国国会议员，内阁成员。
③ 乔治·福古森（George Fergusson, Lord Hermand, 1743—1827），赫曼德爵士，爱丁堡皇家学会会员，苏格兰律师和法官。亚当·吉利斯（Adam Gillies, Lord Gillies, 1760—1842），苏格兰法学家。苏阔特的伊雷·坎贝尔爵士（Sir Ilay Campbell of Succoth, 1734—1823），苏格兰法官。曾任苏格兰副检察长，国会议员。
④ 亨利·托马斯·库克本（Henry Thomas Cockburn, Lord Cockburn, 1779—1854），苏格兰律师、法官和文学家。曾任苏格兰副总检察长。

候亚历山大·鲍斯威尔先生,询问他是否是格拉斯哥《哨兵报》上那些文章的作者。他告诉亚历山大先生,如果他愿意说他不是那位作者,没有向报纸投送那些文字,那就足够了。亚历山大先生说这是一件复杂的事,他想与自己的一位朋友商量一下。他征询了道格拉斯的意见。道格拉斯后来对证人罗斯林伯爵说,他无法建议亚历山大先生作出任何回答。证人去拜访亚历山大先生时带着一份报纸和一首诗的复本,署名是"无名氏"。诗中有两处"懦夫"之类的用词。因为亚历山大先生有一些事务要处理,所以按照他的意愿,道格拉斯和证人达成一致,即事情应该搁置十四天,而且决斗应该在大陆上进行。证人罗斯林伯爵后来问道格拉斯先生,是否已经没有可能阻止事情再发展下去了。证人还告诉对方,斯图尔特先生会同意把这首诗当做一个蹩脚的玩笑,只要亚历山大先生说他无意对斯图尔特先生的勇气进行攻击就可以了。道格拉斯回答说,他认为亚历山大先生不会说那样的话。亚历山大先生后来改变了在欧洲大陆进行决斗的决定,最后双方商定在奥赫特图尔进行决斗。他们碰头之后,安排好了十二步的决斗距离。证人罗斯林伯爵说:他们开了火,亚历山大·鲍斯威尔先生倒下了。斯图尔特先生焦急地跑向了亚历山大先生,但是证人催促他立刻离开。在决斗发生之前,斯图尔特先生曾经问证人罗斯林伯爵,如果他向亚历山大先生鞠躬,并表达和解的愿望是否恰当。证人认为那是合适的。于是斯图尔特先生向亚历山大先生走去,明显带着上述目的,但是亚历山大先生却转身从斯图尔特先生那里走开了。斯图尔特先生的所有举动中都没有表现出对亚历山大先生的恶意或者仇恨,只是迫切希望保护自己的名誉,让它免遭攻击尤其是懦夫的谩骂。斯图尔特先生的举动,从开始到最后,都是冷静、沉着、有节制的。决斗时,证人请求他侧身而不是把身体的正面迎着对手,斯图尔特先生回答说:"我不认为我应该以此为目的。"斯图尔特先生所有的熟人都认为,不知道还有什么人比他更不爱争吵,更少心怀仇恨。

道格拉斯先生证实了罗斯林先生关于会面和谈话的证词。在前往决斗场的路上,亚历山大先生向道格拉斯询问,是否应向天空射击。证人回答说,这个问题必须诉诸自己的感觉。亚历山大先生说,他在某个令人不快的时刻伤害了斯图尔特先生,所以他应该向天空射击。证人回答说这正是他的意见。亚历山大先生倒地之后说的唯一一句话是,他为自己向天空射击时表现得不是那么意志坚决而感到遗憾。① 在前往决斗场的马车里，他们曾经就一种温和的解决方式的可能性进行过交谈。亚历山大先生表示他不相信这种可能性——他不知道这是因为自己相信斯图尔特先生除了决斗不可能做别的选择，还是从自己的决心出发得出的结论，他大致还是倾向于后者。斯图尔特先生在任何方面都表现得像是一位有荣誉感和勇气的人。

伍德医生作证说，他陪同亚历山大先生去了决斗场，但没有看到手枪发射。他指示其他的外科医生转过身去，不要看开枪的场面，但是一旦听到枪响，应该尽快赶到射击地点。决斗者开枪的时间间隔很短。当他们赶到时，发现亚历山大先生肩部受了伤，他们取出了两块碎骨。伍德先生取出了一块，另一块是利斯顿医生取出来的。利斯顿陪伴亚历山大先生去了巴尔穆托宫，在那里陪他到第二天三点钟他去世时。在前往决斗场的马车上，亚历山大先生表达了非常明确的意见，即斯图尔特先生唯一能做的事情就是向自己挑战。当时他也表示了自己向天空射击的意向。走下马车时，他说："现在，先生们，仔细看吧，我的决定就是向天空射击。"

利斯顿先生作证说，斯图尔特先生3月26日早晨前来找他，要求他同自己到乡间去。到达法夫郡时，斯图尔特说他将与亚历山大先生进行决斗。斯图尔特说他对亚历山大先生没有恶意，如果他不幸要伤害到亚历山大先生，希望只是伤及大拇指，就像最近一位绅士在英格兰面临相似的情形下所做的。

一封亚历山大·鲍斯威尔先生给罗伯特·麦克诺奇先生的信被提交给了法庭，写信的日期是3月24日。信中有以下这些内容："昨晚，我一回家，就收到一封来自罗斯林先生的信。他希望我尽快指定一个时间见面。我想，事情牵扯到那些讽刺文章里面的一篇了。我不知道被冒犯的是谁，但如果是詹姆斯·斯图尔特先生的话，我会同意与他决斗的。无论如何，为了避免这件事可能导致的许多问题，我打算在欧洲大陆进行决斗，比如加来。我要让您对我的友谊经受考验了，我请求您在决斗中担任我的朋友（助手）。如果我不得不在这里和他决斗，约翰·道格拉斯先生将陪我前往。如果我在决斗中胜利，我不喜欢那之后将要面对的法律事务，所以我希望能越出英国当局的

---

① 鲍斯威尔故意向天空开了枪。斯图尔特此前从未摆弄过枪支。据说有一万一千人参加了鲍斯威尔的葬礼，队伍长达一英里。——原注

第二十五章 1820年至1840年间的决斗

司法管辖范围。我知道这是请求别人帮忙时能提的最高要求了，但是如果决斗在欧洲大陆进行，您的麻烦就可以小些了，您应该不会介意前往法国一趟的。如果我的希望能够达成，我想在十五天之后进行决斗。我必须对我的财产做些小小的安排，为了让这些处置合法，我必须前往苏格兰教会和市场上去。"然后一群证人接受了法庭的询问，他们都证实了斯图尔特先生高尚的品格、温和的脾气、友好的态度和受人尊敬的正直的行为举止。

苏格兰检察总长说，谋杀的指控，依据法律已经得到了完全的证实，下面一个问题是，辩方代表被告能够提出什么辩护意见。除了在自我辩护中能够找到证明其行为合理的理由，不知道法律还有什么宽赦的根据，而在当前的案件中，并不存在这样的抗辩理由。

杰弗里先生说，对他来说不言自明的是，犯罪的最重要性质是动机。听了所有证词后，无可争议的是，斯图尔特先生前往决斗场时，没有哪怕一个原子那样小的蓄意伤人的企图。人们被告知，决斗是一种不合理性的、野蛮的有害的实践，任何发出或者接受挑战的人都犯有谋杀罪。他不打算对这种行为进行辩护。决斗的邪恶在我们的看法中都属最严重的一种，但是这个情况妨碍了我们注意到，决斗有时会被证明是对一些更加不道德的事物的矫正。了解历史的人们会知道，决斗代替了个人暗杀的行为。一个人除非出于自卫，不应该杀死别人，否则即犯下谋杀罪，但是事实并非如此。为了保护私人财产免受抢掠，一个站岗的哨兵、一个阻止别人用武力夺回依据法律扣押的财物的警官，可以正当地杀人。如果一个人被诽谤者搞得被社会摒弃，暴露于每日受人侮辱的境地中，被他的朋友们回避，被自己的亲人引以为耻，如果不允许决斗，你就剥夺了他洗刷这些污点，向世界证明自己品行的唯一方法。在这种情况下，如果这种侮辱是允许的，那么我们就把一个人置于一种痛苦的两难境地之中了。法律的推理、事物的理性、人类的情感都将针对你。在法国亨利四世的短暂王朝里，大约四千人在决斗中倒下了。于此同时，在我们的国家，在最长的王朝乔治三世的时代，只有六十或七十人倒在决斗中。这个事实表明，决斗在我们的国家并没有发展到令人担忧的地步。

陪审法官接着详细阐释了证据，并且引述了相关的法律。他说，他的责任是向法庭陈述涉及这一不幸案件的苏格兰法律的内容。与其用自己的语言陈述这些法律，他更愿意用一些在刑法方面最有权威的专家的话来讲述这些法律。其中他首先会引述乔治·麦肯齐先生①的论述。麦肯齐先生主张在决斗中杀人就是谋杀，这应该成为清楚明确的法律，他还列举了支持这种意见的一些案例。陪审法官希望引述的第二位作者是大卫·休谟先生②，苏格兰刑法公认的权威。从陪审法官引述的内容可以看出，休谟先生在决斗这一古老的实践问题上，与乔治·麦肯齐先生的意见完全一致。休谟先生说，在后来的一些时期，一些陪审团对决斗提出了无罪的判决，但是这种判决与严格的苏格兰法律是不相符的。伯尼特先生③，一位同样值得尊重的作者也表达了与这些学者同样的态度，因此，他认为关于这个问题的法律是明确的。对斯图尔特先生的指控认为他怀有恶意，但是庭审甚至没有尝试去证明这一点。相反，斯图尔特先生在看到报上的那些文章时，似乎不清楚作者是谁。陪审团一直关注着斯图尔特先生在决斗场上的行为，以及悲剧发生之后的表现，他在致命的枪伤发生后的懊悔，以及在决斗的过程中，他完全没有表现出对对手怀有仇恨这一情况。在整个庭审中，陪审团没有听到对任何其他人有过如此高度的赞美之词。这些证词都来自一些绅士，他们在政治上都是被告的敌人。对于新闻界可悲的放肆行径，陪审法官感到遗憾，而公众则在经受着这种状况的折磨，法官希望这种情况能够停止下来。

陪审团没有离开座位，经过几分钟的商量就提交了"无罪"判决。陪审法官转向斯图尔特先生，就这一对其有利的判决表示了祝贺。

贝德福德公爵与白金汉公爵④的决斗　1822 年 5 月 2 日

5 月 2 日，星期四，晚报上登载了这样的声明："我们得到授权陈述如下，

---

① 乔治·麦肯齐爵士（Sir George Mackenzie, 1636 或 1638—1691），苏格兰律师，总检察长，法学作家。他在王政复辟之后大肆迫害苏格兰长老会派信徒，所以得名"血腥的麦肯齐"。

② 大卫·休谟（David Hume, 1757—1838），苏格兰法学家。他制订的苏格兰刑法影响深远。他经常被称为大卫·休谟男爵，以区别于他的叔父、哲学家大卫·休谟（1711—1776）。

③ 吉尔伯特·伯尼特（Gilbert Burnet, 1643—1715），苏格兰神学家和历史学家，索尔兹伯里主教。他能流利地使用拉丁语、希腊语、希伯来语和法语。作为牧师、传教士、学者、作家和历史学家都广受尊敬。

④ 弗朗西斯·拉塞尔（Francis Russell, 7th Duke of Bedford, 1788—1861），第七世贝德福德公爵，英国辉格党政治家，国会议员。理查德·坦普尔·纽金特·布里吉斯·钱多斯·格林威尔（Richard Temple - Nugent - Brydges - Chandos - Grenville, 1st Duke of Buckingham and Chandos, 1776—1839），白金汉和钱多斯公爵。

第二十五章 1820年至1840年间的决斗

今晨，贝德福德公爵与白金汉公爵进行了一次决斗，双方由林多克男爵①和沃特金·威廉姆斯·韦恩先生②陪同。决斗的起因是贝德福德公爵在贝德福德郡会议上说的一些话。双方相距十二步，听到口令后同时开枪，但是没有击中。白金汉公爵注意到贝德福德公爵向天空开枪，于是走向他表示，鉴于这种情况，他认为事情不应该继续发展下去了。他说："公爵阁下，您是我最不希望与之

理查德·坦普尔·纽金特·布里吉斯·钱多斯·格林威尔

发生争吵的人，但是您必须理解，一位公众人士的生命如果没有名誉是不值得保护的。"贝德福德公爵回答说："我以自己的名誉为证，我绝对无意冒犯白金汉公爵，也无意将任何不良或者腐朽的动机嫁祸给公爵。"双方于是握手，事情就这样非常令人满意地结束了。

贝德福德公爵在贝德福德郡会议上的讲话中说：现在必须谈及一件事情，这使他感到羞愧。他暗示，一位显赫的市镇产业主，一位高贵的公爵，他的服务以及他的追随者在国会里的职务，已经因为政府向他的追随

弗朗西斯·拉塞尔，第七世贝德福德公爵（1788—1861）

---

① 托马斯·格雷厄姆将军（General Thomas Graham, 1st Baron Lynedoch, 1748—1843），林多克男爵，苏格兰贵族政治家，军人。林多克早年过着安静的乡绅生活，1792年妻子死后投身军旅，参加过反法战争和拿破仑战争。
② 沃特金·威廉姆斯·韦恩（Sir Watkin Williams-Wynn, 5th Baronet, 1772—1840），准男爵，威尔士政治家，下院议员（1794—1840）。

者提供高级公职而被收买了。提到这些事情是令人憎恶的。但是他提及这些是想要问一问：如果进行了改革，这种交易还会发生吗？这位尊贵的公爵的家庭和他的追随者得到那些职务后，当然被派回给了他们的选民，因为当一个议会成员获得行政职务之后，他必须回到自己的选区，了解选民是否还会选他。但是这些人是怎么回来的呢？他们不是回来关注英格兰的人民，他们不是被派回给了那些能自由地选择选举或者拒绝他们的人民。不，他们被派回给了那位显赫的产业主，派回给了他们的自己人，派回给了那些参与这种肮脏交易的人，事实上，就是那些人与部长们进行了这种交易。他还想问，如果在下议院进行了改革，这种事情还可能发生吗？

白金汉公爵给贝德福德公爵写信询问这些话是否是在暗指他。贝德福德公爵回答说是，他这样说是因为他相信这些话是真实的。结果，一份挑战来发出后被接受了。决斗在肯辛顿花园①里一个事先安排好的幽静的地点进行。贝德福德公爵星期四早晨七点半离开了圣詹姆士广场，由林多克男爵陪同坐车前往肯辛顿花园。白金汉公爵几乎同时也到达了，由沃特金·威廉姆斯·韦恩陪同。

本杰明·康斯坦德先生②和福尔宾德·伊萨兹先生的决斗 1822 年 6 月 6 日

6 月 6 日，在众议院议员落座之后，著名的法国政治作家、本杰明·康斯坦斯向福尔宾德·伊萨兹先生要求决斗，原因是前一天的《巴黎杂志》上的一封信。没有进行任何解释，那位尊敬的议员第二天早晨就来到了决斗场。本杰明·康斯坦斯先生由塞巴斯蒂尼将军和吉拉尔丹先生陪同，福尔宾德先生由将军贝提希伯爵和齐默恩上校陪同。本杰明跛足，他和对手被安排坐在椅子上，相距十步进行决斗。他们按照信号同时开枪，都没有受伤。本杰明似乎已经满意了，助手于是决定这件事应该就此告终了。按照法国杂志的说法，那位尊敬的议员福尔宾德先生表现出来的冷静沉着是无以伦比的。

---

① 肯辛顿花园（Kensington Gardens）曾经是肯辛顿宫的私人花园，伦敦的王室公园之一。公园位于海德公园正西面，分属威斯敏斯特市和肯辛顿-切尔西市。
② 本杰明·康斯坦德（Henri – Benjamin Constant de Rebecque，1767—1830），瑞士裔法国贵族，思想家、作家和政治家。他是激进的自由主义者，反对法国波旁王朝复辟。

第二十五章　1820年至1840年间的决斗

本杰明·康斯坦德和福尔宾德·伊萨兹的决斗

佩佩将军①和卡拉斯科萨将军的决斗　1823年2月

1821年，那不勒斯将军卡拉斯科萨宣布他决心要求前那不勒斯部队的指挥官佩佩中将与自己决斗。1823年2月1日，佩佩将军到达伦敦，接到一封卡拉斯科萨将军的信。信中一面指责他伤害自己的名誉，一面宣称武装革命在任何情况下都是与荣誉的原则不符的，任何对那不勒斯政府的改变都属不必要，更别提在西班牙了。

信的结尾是用惯用的话提出的挑战。对这封信，佩佩将军回信说，每一个自由的国家都应该有武装革命的权利，英格兰也不例外。西班牙人目前是无政府状态的牺牲品，这是因为某些自诩为自由党人的人实际上对西班牙议会通过的宪法持敌视的态度。他行使了他的地位和指挥权赋予他在那不勒斯的权利，抗拒了政府的专制行为。这种专制的行为使人民处境悲惨，对当代的王朝事实上没有好处。在信的结尾，他接受了挑战。

---

① 古格里奥莫·佩佩（Guglielmo Pepe，1783—1855），意大利将军和爱国者。1799年参加那不勒斯军队支持法国大革命，成为拿破仑的将军。拿破仑失败后在意大利那不勒斯王国致力于推动国王颁布宪法。1823年那不勒斯议会宣布废除奥地利哈布斯堡家族的那不勒斯国王，他率军抵抗入侵的奥地利军队，失败后流亡伦敦。

2月20日，两位将军进行了决斗。皮埃蒙特的前国防部长圣罗莎伯爵①陪同佩佩将军，法国绅士布鲁纳先生陪同卡拉斯科萨将军。决斗的武器是剑，双方持剑绞杀在一起。在第二回合，佩佩将军的剑在接近把手处断裂了，助手进行了干预。按照通常的情况，决斗被延期了。

2月28日进行了第二次决斗，在离伦敦著名的裘桥②不远的地方。双方接战之后，卡拉斯科萨将军攻击得很急，但是几个回合之后，佩佩将军用左手抓住了对手的剑，解除了对方的武装，并且用剑尖顶住了他的胸口，把对方的性命掌握在自己手中了。事情本应到此为止，但是卡拉斯科萨将军拿回剑之后又开始进攻，于是剑斗激烈地进行了下去，直到对手在卡拉斯科萨将军的右肩一击使其失去战斗力为止。佩佩将军看到对手已经无力自卫，于是拒绝继续利用自己的优势，决斗就此终止了。

格雷夫斯上校和莱西上尉的决斗　1823年5月

5月23日的《弗吉尼亚泰晤士》刊登了新肯特县高等法院的一桩诉讼案，起因是格雷夫斯上校和莱西上尉之间拟议的一次决斗。

新肯特县高等法院审理并判决了五桩由大陪审团对理查德·格雷夫斯上校提出的指控。每一个指控，被告都被控以违反禁止决斗的法律。在上一个法庭的开庭期里，这个案件由阿奇博尔德·莱西上尉提交给县高等法院，希望因此解除格雷夫斯上校目前的职务。这几个控状指控格雷夫斯第一次向阿奇博尔德·莱西提出挑战，要求进行决斗；第二次，提出用毒药进行决斗；第三次，提出以下面方式进行决斗——将两只杯子装满，其中一只里是净水，另一只里面是致命的毒药。把两张小纸条卷起来放进一只帽子里，格雷夫斯和莱西抽签决定谁喝那杯毒药；第四次，格雷夫斯提出用刀子进行决斗；第五次，他再次提出双方抽签决定喝一杯毒药，让命运来进行抉择。

对于这些指控，被告要求做无罪辩护。为了证明指控提交了一些证据，但是判决是"无罪"。

---

① 山多尔·安尼巴尔·波米罗洛（Santorre Annibale De Rossi di Pomerolo, Count of Santa Rosa, 1783—1825），圣罗莎伯爵，意大利复兴运动领导人。他参加过拿破仑的军队。拿破仑失败后，他于1822年在撒丁王国领导反对奥地利的战争，失败后流亡伦敦。
② 裘桥（Kew Bridge），伦敦泰晤士河上的一座桥梁，离著名的伦敦植物园裘园不远。

伦敦德里侯爵①与巴蒂尔先生的决斗　1824 年 5 月 6 日

伦敦德里侯爵与第 10 皇家轻骑兵团的号手巴蒂尔少尉进行了一次决斗。事情的起因是少尉就他与该团军官的争执发表了一封信，其中写道：那位尊贵的爵爷（伦敦德里侯爵 1816 年被任命为该团的上校指挥官）"托庇于他的军阶……"军械署的秘书亨利·哈丁格担任侯爵的助手，韦斯特恩担任巴蒂尔的助手。决斗的距离是十步。亨利把自己的枪交给韦斯特恩挑选。助手发令后，伦敦德里侯爵的子弹打穿了巴蒂尔的身体右侧，巴蒂尔的枪没有打响。侯爵请求对手再次射击，但是韦斯特恩上校代表巴蒂尔拒绝了，射击就此结束了。

5 月 13 日，骑兵禁卫军发布了一道将军令："司令官接到伦敦德里侯爵的一份报告，侯爵阁下接受了一项挑战，与第 10 皇家骑兵团的号手巴蒂尔少尉进行了决斗。侯爵阁下认为他的军职使他有义务向国王陛下报告与服从纪律的原则不相符的事件，同时也是对军队纪律有害的一种倾向。

国王陛下向侯爵转达了他的命令，并表达了陛下的关切与不快。一位像伦敦德里侯爵这样地位高贵、军事声誉卓著的军官，不应该因为他作为团指挥官履行职务时招致的任何可能的挑衅，而接受一个低级军官的挑战，以解决私人的冲突。"

18 日的伦敦公报上发表消息说，巴蒂尔被从军队的半薪服役名单②中除名了。

吉尔利上尉和维斯多尔先生的决斗　1824 年 10 月 30 日

在此前的唐卡斯特赛马会③上，一位维斯多尔先生在一场赌局中输给吉尔利上尉七十基尼，吉尔利则输掉了与维斯多尔先生的一位朋友的一场赌局。

---

① 查尔斯·威廉·韦恩（Charles William Vane, 3rd Marquess of Londonderry, 1778—1854），伦敦德里侯爵，英国军人，贵族政治家。他在拿破仑战争中功勋卓著，英国国会于 1810 年甚至向他表示了感谢。他是温斯顿·丘吉尔的曾外祖父。
② 半薪服役是英国陆军和皇家海军 18~20 世纪的一种制度。当军队暂时不需要军官的服务时，可以让他们处于半退役状态，领取正常薪饷的一半。这些军官要随时准备被召回军队，所以他们不能参加其他军事服务或者为外国军队服役。
③ 唐卡斯特赛马会（Doncaster Racecourse），位于英格兰南约克郡。这是英国最古老的赛马会之一，从 16 世纪开始举办赛马比赛至今。1600 年因为比赛招引来太多的恶棍曾经试图关闭，但是这种努力失败了。

吉尔利和维斯多尔在爱丁堡的公牛客栈遇见时，友好地认出了对方。一番交谈之后，上尉提醒维斯多尔那笔未付的赌注。维斯多尔承认这回事，但是说，他的朋友授权他处理他赢吉尔利的赌注，两笔钱可以抵销掉。于是发生了争吵，上尉对维斯多尔先生使用了"骗子"这个字，对方回敬说他是个"撒谎者"。上尉听到这话，抓起一根拨火棍向维斯多尔的头上打了过去。棍子偏离了目标，打在了肩膀上，因为力大断成了两截。这一下弄得维斯多尔几分钟里像发了狂一样。平静下来以后，他去了咖啡室。在那儿，双方又说了一些激烈的话，于是一场决斗定下来。决斗的地点在南渡口。他们和助手一起坐船过河，来到一处高地。商定决斗的规则之后，双方站定射击，吉尔利上尉被对手的子弹击中，当场倒地死亡。

兰布顿先生，后来的达勒姆伯爵[①]和博蒙特先生的决斗　1826年7月1日

6月30日，在亚伦维克，博蒙特先生、利德尔先生和贝尔先生、霍维克先生参加了诺森伯兰郡的选举。选举结束之后，霍维克勋爵正在对不动产所有人发表讲演，这时博蒙特先生走上前来说："我现在要谈论的不是霍维克先生，而是这些竞选活动的首要人物。我指控兰布顿先生在竞选中指挥霍维克先生，我从他讲话的每一个句子里都看到他在这样做。"兰布顿声明说自己没有这样做。对此，博蒙特大喊道："兰布顿先生，这位绅士说这不是事实。我说他的话是假话。"兰布顿立刻走上前说："我原本不想向您说明关于我个人的事情。我完全确信，刚刚发生的事情需要一种不同的答案，和与竞选活动得出的答案不同的答案。博蒙特先生确信从竞选活动中得出了答案，这种结论也的确非常能让人们信以为真，但是任何听过霍维克先生演讲的人会相信，他需要什么人在他耳边窃窃私语，告诉他怎样表达他的情感吗？该怎样解释博蒙特先生这种行为的原因呢，如果他希望卷入一场个人之间的争吵，不会有人妨碍他这样做的。"

离开竞选集会后，兰布顿和查尔斯·格雷先生前往一座建筑，兰布顿的家人追踪而至但没有找到他。他派培根·格雷上尉去见博蒙特先生，希望对

[①] 约翰·乔治·兰布顿（John George Lambton, 1st Earl of Durham, 1792—1840），第一世达勒姆伯爵，英国辉格党政治家，殖民大臣，英属北美殖民地总督。他参与过1832年《改革法案》的起草。在担任英属北美殖民地总督期间，他提议在加拿大进行改革，建立责任政府，深受赞誉。

方让自己的一位朋友立刻做好准备接待格雷先生。查尔斯·格雷阁下已经派快马通知了霍维克先生。在一个小时之内格雷先生到达了亚伦维克，与代表博蒙特的普朗克特上尉进行了会晤，安排好了一场决斗，时间是九点钟，地点在离城三英里的莫尔。到达场地时，兰布顿没有看见博蒙特先生，但是很快他就接到普朗克特上尉送来的消息说，他发现博蒙特在路上被一群人包围，他们力劝他回去，毫无疑问决斗将受到干扰。他们尽快赶到了北达勒姆郡的贝尔福德①，从那里来到了班布鲁赫的一片海滩。大约三点钟，在大雨中，兰布顿和博蒙特走进了决斗场，距离是十二步。他们立刻进行了射击，但是都没有击中。

普朗克特准备重新给博蒙特先生的手枪上膛，但是格雷先生走过来，对他说为了双方的荣誉，事情做到现在这一步已经足够了，兰布顿先生从未想过要求道歉。普朗克特先生回答说，他的朋友到这里来是为了满足对方决斗的请求的，但是如果格雷先生认为让兰布顿退出决斗是适宜的，那么他也肯定会让博蒙特先生退出决斗。于是兰布顿先生退出了场地。尽管当事双方没有交过一语，但是当时在场的所有人都相信，事情至此以令人满意的方式结束了。

下面是助手们签名发表的正式说明：

> 因为昨天在亚伦维克的竞选中发表的一些言论，下院议员约翰·乔治·兰布顿先生和托马斯·温特沃斯·博蒙特先生②在班布鲁赫进行了一次决斗。他们进行了一轮射击之后，事情根据助手们达成的一致结束了。
> 1826 年 7 月 1 日

德利佛昂侯爵与杜特伦先生的决斗　1826 年 11 月 18 日

今天正午时分，在德凯拉夫人的城堡附近的西纳特森林③里，德·利佛昂侯爵与杜特伦先生进行了一次决斗。整件事件过程带有疯狂的色彩，看上去更像是中世纪的骑士比武而不是一场现代的决斗。一个年轻的律师——杜

---

① 贝尔福德（Belford），诺森伯兰郡的一个村镇，离亚伦维克（Alnwick）不远。
② 托马斯·温特沃斯·博蒙特（Thomas Wentworth Beaumont, 1792—1848），英国政治家和军人。1831 年他继承母亲的遗产时，是英国最富有的下议院议员。
③ 西纳特森林（Sénart forest），位于法国埃松省（Essonne）。

特伦穿得像一位希腊酋长。决斗双方都骑在马上，各有三名助手。他们用军刀武装自己。开始攻击之后，德利佛昂先生被撞下了坐骑。两个人都受了轻伤，助手于是认为是合适的时机进行调停了。让这场奇异的决斗更富有色彩的是，当时有一百五十名旁观者出席。

布里克先生和海耶斯先生的决斗　1826 年 12 月 26 日

12 月 26 日，在都柏林，律师布里克先生作为虚假的荣誉观的牺牲品倒下了。此前一天，他离开邮政局准备回家时，正好科克郡的邮件送到了。海耶斯先生当时和其他一些绅士正在谈论科克郡进行的激烈选举，他们说到有消息透露了哈钦森先生在选举中对卡拉汉先生的优势。布里克顺嘴说了一句他为那个流氓卡拉汉将要被击败的前景感到高兴。这是在暗示卡拉汉对罗马天主教徒怀有明显的敌意。海耶斯先生是卡拉汉的堂兄弟和朋友，他看着布里克先生回答说："任何说卡拉汉先生是一个流氓的人都是一个恶棍和撒谎者。"说着把自己的名片递给了布里克先生，布里克也回送了自己的名片。第二天早晨七点半，他们在靠近费布斯堡①布罗德斯通的一个地方会面决斗，该地在城市的北面。决斗的距离安排好了，双方站好了位置。此前有人看到布里克先生和他的一些朋友握手。看到朋友似乎让布里克先生变得有些激动，因此他误把"准备"的口令当成了"射击"，举起了手枪。但是发现自己的错误之后，他马上放下了手臂，并对自己抢先的动作表示道歉。射击的命令发出后，布里克开了枪，他的子弹打进了地面。布里克扣完扳机之后转过身挥起了左手，这样就把自己的身体暴露给了对手。海耶斯先生的子弹射进了布里克身体的左侧，从左臂穿出。布里克踉跄了几步，扔掉了手枪，然后慢慢倒下了。起初他并不清楚自己受伤的危险程度，平静地说，他希望伤得不要太严重。外科医生检查之后，宣布伤情是致命的。他不到一个小时就去世了。布里克先生是特拉利②人。1819 年，他去英格兰，作为一名记者加入了伦敦每日期刊。1824 年他回到都柏林时，取得了律师资格，而且几乎立刻就成为了罗马天主教徒政治运动的一个领袖人物。

---

① 费布斯堡（Phibsborough），位于爱尔兰都柏林。
② 特拉利（Tralee），爱尔兰西南部克里郡（Kerry）的城市。

惠灵顿公爵①与温切尔西伯爵②的决斗　1829 年 3 月 21 日

针对惠灵顿公爵作为首相在罗马天主教徒解放法案中所起的作用，激烈反对这一法案的温切尔西伯爵 3 月 14 日给负责建立伦敦国王学院的委员会秘书写了一封信，信中有如下内容：

> 我最初和另一些人一样认为这个计划是可行的，是对伦敦大学办学原则的一种矫正，但是，考虑到建议中的这种安排在实行中可能引起的种种困难，我对前景并不非常乐观。我认为，身为国王陛下政府首脑的尊敬的惠灵顿公爵阁下在这个问题上受到诱惑，试图承担一种新的角色，让自己成为宗教和伦理的公共提倡者，因此我承认自己对激励一些人热心推动这一事业的动机是否诚挚，有相当的疑虑。最近的政治事件使我确信，整个这件事情都无视了新教徒和英国圣公会中高教会派的利益。尊贵的公爵在此前曾经决心要"碾平 1688 年宪章"，他现在可能会在对新教信仰的热忱的外表下，更加有效地推行侵害我们自由的狡诈企图了，他会把天主教徒引进我们国家的所有部门。

陆军元帅阿瑟·韦尔斯利，第一代惠灵顿公爵

这封信发表在了报纸上，引起了两人的信件往还：

---

① 阿瑟·韦尔斯利（Arthur Wellesley, 1st Duke of Wellington, 1769—1852），陆军元帅，第一代惠灵顿公爵，英国军事家和政治家。1809 年，惠灵顿于葡萄牙挂帅，指挥反法战争，在半岛战役中战绩辉煌。为表彰他的功绩，他被封为惠灵顿公爵，在上议院得到了终身席位。1818 年至 1852 年，他在上议院中领导托利党，多次任内阁部长。1827 年，惠灵顿第一次组阁担任首相。在他任内通过了 1829 年天主教解放法案。1829 年惠灵顿赢得了因乔治四世去世而举行的大选。他的任期因议会改革的争议于 1830 年 11 月结束。他是历代惠灵顿公爵中最为人熟悉的一位。

② 乔治·威廉·芬奇·哈顿（George William Finch - Hatton, 10th Earl of Winchilsea, 5th Earl of Nottingham, 1791—1858），温切尔西伯爵，诺丁汉伯爵，英国政治家。

(1) 惠灵顿公爵至温切尔西伯爵

"阁下　伦敦　1829年3月16日

我刚刚仔细阅读了今天《标准新闻报》上的一封信,信是写给亨利·纳尔逊·柯尔律治①的,署名是温切尔西和诺丁汉公爵,3月14日于伊斯特维尔公园②。如果您能告诉我这封信是否是您写的,或者经您授权发表的,我将不胜感激。

惠灵顿

乔治·威廉·芬奇·哈顿,
温切尔西伯爵

(2) 惠灵顿致温切尔西伯爵

"阁下　伦敦　1829年3月18日

我16日给阁下写了一封信,我在现在这封信里放进了它的复写件。由于至今没有收到您的回复,我感到不安,您可能没有能收到我寄出的原件,尽管我指示把信送到您在萨福克街的住所。我马上要去温莎见国王,但是今晚我会在城里。

惠灵顿

(3) 温切尔西伯爵致惠灵顿公爵

"阁下　于伊斯特维尔公园　1829年3月18日

这封信里有一份我对您来信的回复,今天将由邮局寄送。我今天早晨才收到您的来信。我计划明天早晨前往伦敦,预计大约下午四点到五点之间我会在萨福克街7号。

温切尔西和诺丁汉

---

① 亨利·纳尔逊·柯尔律治(Henry Nelson Coleridge,1798—1843),著名诗人柯尔律治的侄子。
② 伊斯特维尔公园(Eastwell Park)是一座开放供参观的豪华古宅,位于肯特郡阿什福德附近。历史上这里曾经是王室宫邸。

(4) 温切尔西伯爵致惠灵顿公爵

"阁下　于伊斯特维尔公园
阿什福德　1829年3月18日

我荣幸地告知您，我刚刚收到您16日的来信，并且我请您允许我通知您，发表在《标准新闻报》上的致柯尔律治先生的信是经我授权的。由于我去年曾经公开表示对建立伦敦国王学院的赞许和支持（惠灵顿公爵因其仁慈已经成为了该学院的一名捐助者），所以我认为我也有义务公开撤回自己的支持，并陈述我这样做的理由。

温切尔西和诺丁汉

惠灵顿公爵与温切尔西伯爵决斗的场景

(5) 惠灵顿公爵致温切尔西伯爵

阁下　于伦敦3月19日

我荣幸地收到了您18日的来信。对于从国王学院的捐助者名单中撤除您的名字应当采取的方式，当然您是最合适作出判断的人，但是，做这件事的时候，似乎并不需要用并不审慎的言辞，把我在这件事情中所起作用的动机说成是不名誉和罪恶的，并把这种动机嫁祸给我。无论是公开或者私下，用口头、书面或印刷的方式，任何人都没有权利把别人的动机说成是不名誉和罪恶的，从而侮辱另一个人。如果一位绅士在争论的火头上，或者在激烈的政党之争中不慎做了这样的事情，他应准备对他伤害的人做出赔偿。您侮辱了一个从未伤害和冒犯过您的人。我确信，经过慎重的思考，您一定会急切地希望把自己从这种痛苦中解脱出来。

惠灵顿

亨利·哈丁格先生①把第五封信送交了温切尔西伯爵，后者把它交给了法尔茅斯伯爵。下面这些便笺是哈丁格和法尔茅斯之间主要的通信。

（6）亨利·哈丁格的便笺　3月19日　晚八点

法尔茅斯先生表示希望了解公爵期待何种程度的补偿。对此，我们已经列出了两种建议。在亨利·哈丁格先生看来，这些建议属于那些最自然的赔偿方式中的两种。提出这两种建议时基于一个明确的认识，即这些建议并不准备限制温切尔西伯爵的解释方式，并不要求伯爵的解释仅限于建议中提到的措辞和方式。为了让这一事情获得令人满意的结果，可以采取一些程序，下面只是对这些程序的建议。

亨利·哈丁格先生代表惠灵顿公爵，希望下面两种选择中的一种能被履行：其一，温切尔西伯爵应该立刻写信给国王学院的秘书，表示他希望收回他的公开信。对于曾经对惠灵顿公爵的动机作出的非常冒犯性的评价，温切尔西伯爵应该表示，经过深思，他认为自己将这样的动机归于公爵是不正当的，因此他应表达对自己这样做的懊悔；或者，温切尔西伯爵应该直接写信给公爵本人，用同样的措辞把自己对曾经将非常冒犯性的动机加于公爵表示歉意。应当指明涉及的场合，即公爵阁下此前某时主持国王学院的会议时间（他现在已经认识到将这样的动机加于公爵是不正确的）。在两种情况下，都应该有一封书面的信件，由国王学院的秘书刊登在伦敦《标准新闻报》上，即温切尔西伯爵的第一封信发表的那份报纸上。

星期五早晨　3月20日

我本来希望那些反复无常的话，在昨晚与法尔茅斯先生的会面中不会继续出现的。

亨利·哈丁格

（7）温切尔西伯爵的便笺　3月19日

尽管公爵阁下对我上个星期一发表在伦敦《标准新闻报》上的信中

---

① 亨利·哈丁格（Field Marshal Henry Hardinge, 1st Viscount Hardinge, 1785—1856），英国陆军元帅，印度总督。

的看法表示了抱怨,但是正如我信中陈述的那样,我相信自己的看法是有根据的,我是否会决定对这封信作出解释,将取决于这种想法是否正确。如果尊敬的公爵能表示,当他自告奋勇出来主持在伦敦召开的关于建立国王学院的会议时,他没有考虑那些目前正在进行中的推动罗马天主教徒解放法案的措施,或者用皮尔先生①的话说,要"碾平1688年宪章",那么我准备承认自己在14日给柯勒律治先生的信中表达的对公爵的行为的看法是错误的,并且愿意声明对表达那些看法的歉意,但是如果公爵不能做出那样的表示,我就无法撤回我在前述的信件中的看法。

温切尔西

(8) 惠灵顿公爵的便笺

于伦敦 3月20日晨

亨利·哈丁格向我宣读了法尔茅斯先生送来的温切尔西伯爵的一封便笺。信中似乎反映出伯爵强烈地希望我对伯爵在写给柯勒律治先生并在《标准新闻报》上发表的那封信中对我提出的指控进行辩解。我对一位我非常尊敬的绅士对我持有这样一种糟糕的看法表示遗憾,但是只要那种看法没有直接向我表达,我是不会提出抱怨的。我无法同意任何人有权利把我找到他面前,要求我对他仅仅出于幻想对我提出的指控进行辩解。我抱怨的事实是,温切尔西和诺丁汉伯爵发表了一种看法,认为我是出于不名誉和罪恶的动机从事某种将近一年前发生的事务。那位先生用书面的方式表述对我的攻击,而且授权公开发表,从而无缘无故地侮辱了我。因此我相信,而且不愿意放弃这种想法,就是那位先生会希望给予我补偿的。

W

(9) 亨利·哈丁格的便笺 星期五 3月20日

亨利·哈丁格3月20日送交法尔茅斯先生一份来自惠灵顿公爵的便

---

① 罗伯特·皮尔(Sir Robert Peel, 2nd Baronet, 1788—1850),英国保守派政治家,英国历史上最杰出的首相之一(1834—1835,1841—1846)。他任内废除了《谷物法》,使托利党向新型的保守党发生了转变。

笺,作为对温切尔西伯爵昨晚来信的回复。来信建议,作为温切尔西伯爵作出解释的前提,惠灵顿公爵应该否认他曾经怀有温切尔西伯爵指称的那种企图,这种赔偿的方式我们认为是不可接受的。在惠灵顿公爵的便笺中,公爵已经说明,导致他抱怨的原因是公开发表对他非常冒犯的意见。因此,任何时候,如果温切尔西伯爵将他愿意接受的可能的赔偿方式和措辞告知亨利·哈丁格先生,哈丁格先生都会转告惠灵顿公爵,然后告知温切尔西伯爵那些措辞和方式是否能够令人满意。

亨利·哈丁格

注意:这封信的原件应送给法尔茅斯先生。

(10) 法尔茅斯伯爵的便笺　3月20日　一点钟

出于对惠灵顿公爵的敬意,法尔茅斯先生已经将亨利·哈丁格先生今晨在国防部亲手交给他的、惠灵顿公爵致温切尔西伯爵的信和亨利先生自己的附言交给了温切尔西伯爵。作为回复,温切尔西伯爵认为自己不可能接受来信中表达的期望,即撤回自己的公开信。因此,温切尔西伯爵希望法尔茅斯先生代表他拒绝那样做。

法尔茅斯

(11) 亨利·哈丁格致法尔茅斯　3月21日 两点钟

阁下:

在与您进行最终的会晤之前,我认为自己有责任确定,温切尔西伯爵确定无疑地拒绝给予惠灵顿公爵认为自己有权利得到的赔偿。

您顺从的仆人　亨利·哈丁格

(12) 法尔茅斯先生致亨利·哈丁格先生　3月20日　下午三点半

阁下:

您在来信中表示希望确定温切尔西伯爵是否拒绝给予惠灵顿公爵认为自己有权要求的赔偿,作为对此的答复,我感觉除了请求您注意我今天送交给您的,由伯爵本人签名答复惠灵顿公爵的那封信之外,我没有更多的话可说了。如果公爵信中所说的"赔偿"指的是期待撤回温切尔西伯爵的公开信,或者表示对信的内容感到懊悔,那么伯爵不认为他能够遵从这样的期望。

您顺从谦卑的仆人　法尔茅斯

(13) 亨利·哈丁格先生致法尔茅斯伯爵　11点于白厅　1829年3月20日

阁下

我现在送交您一封惠灵顿公爵致温切尔西伯爵的信。我已经就您下午三点的信与公爵阁下交换了意见。在您的信中,您代表温切尔西伯爵拒绝对惠灵顿公爵作出赔偿或解释,云云。为了避免任何错误,我重复一下已经在我们口头达成的安排,即惠灵顿公爵将在明天早晨八点钟前往指定的地点。

H.哈丁格

(14) 惠灵顿公爵致温切尔西伯爵　伦敦　3月20日　下午六点半

阁下

亨利·哈丁格先生交给我一封由您签名的信,时间是下午一点钟,还有一份法尔茅斯先生的便笺,时间是下午三点钟。因为您对我的侮辱,从我这方面讲是毫无缘由的侮辱,而且因为您没有否认这种侮辱,我已经做了我力所能及的所有事情,劝导您对我作出补偿,但是都属徒劳。您不是为自己的行为向我道歉,而是要求我解释自己的行为。现在我必须决定的是,是否一位绅士,偶然成为国王的首相后,应该接受另一位绅士的侮辱?他认为对我的行为强加一种不名誉和罪恶的动机是恰当的。对这个问题的答案,我是不可能有什么怀疑的。对此后果负责的应该只有您一个人。现在我要求您因为您的行为接受我的挑战。这种挑战是一个绅士有权利提出的,而且一个绅士也绝不会拒绝这种挑战。

非常荣幸,等等。

惠灵顿

(15) 法尔茅斯先生致亨利·哈丁格先生　于伦敦　3月20日　下午七点半

先生

今晚八点刚过收到您的信时，我刚刚坐下吃晚饭。当众拆阅您的信件肯定会惹起旁人的猜疑，所以晚些时候我才看了您的信。然后我找到了温切尔西伯爵。我在这里谈及这些引起延搁的原因，是因为您也许认为这种耽搁很要紧。以我的理解，在今天下午五点钟前我们已经做好安排之后，公爵阁下致温切尔西伯爵的这封信，仍然用一种常见的方式向他提出挑战，只是在这种情况下的惯例。所有的事情当然都将按照我们此前的安排，在明天早晨八点钟进行。

荣幸的法尔茅斯

（16）温切尔西伯爵致惠灵顿公爵　萨福克街　星期五晚十一点

阁下

我荣幸地表示接到了您的信。在目前的情况下，我已经能够和阁下见面了。我认为自己无法顺从您的要求，就我的公开信表示道歉。我当然不可能拒绝您要求决斗的请求。

我很荣幸，云云。

温切尔西

次日早晨，惠灵顿公爵和温切尔西伯爵在指定的地点（伦敦西北部巴特西区）的一个地方会面。双方进场，温切尔西承受了惠灵顿公爵的射击，自己向天空开了枪。经过一番商议，法尔茅斯向亨利·哈丁格递送了随身带来的便笺，作为令惠灵顿公爵满意的补偿，亨利先生接受了。①

便笺：

由于我上个星期一发表的公开信，惠灵顿公爵认为受到了我的冒犯。在我按照通常的做法，接受了惠灵顿公爵因此提出的挑战之后，我认为自己目前的处境与决斗之前，公爵通过亨利·哈丁格和法尔茅斯先生围

---

① 惠灵顿公爵是个出了名的蹩脚射手。当时他首先开枪没有击中，声称自己是有意为之的。温切尔西伯爵听到开枪的口令时没有举臂。惠灵顿公爵射击后，他才缓缓抬手向天空射击。鉴于他此后拿出来的道歉声明是事先准备好的，可以肯定他向天空射击也是事前就决定的。

绕我那封信的内容进行通信交涉时已经有所不同了。因此我现在无需犹豫了，我出于自愿宣布，作为道歉，我对于本人公开发表某种意见表示歉意。就像公爵在他昨天的便笺中认为的，我的信指控公爵在近一年前的某项事务中抱有不名誉和罪恶的动机，我对此表示歉意。我同时声明，我将把这份表达歉意的文字登载在《标准新闻报》上，就是公之于众引起争议的那封信的同一渠道。

这封信的复本由亨利·哈丁格先生送给了当晚的报纸。下面这封便笺，22日星期一（根据上下文，22日应为星期六，原文可能有误）由法尔茅斯先生发表在了报纸上：

  法尔茅斯先生最初是在19日星期四与亨利·哈丁格就惠灵顿公爵与温切尔西伯爵之间的问题进行会面稍早之前，开始参与这件事情的。直到那时，法尔茅斯先生才看到《标准新闻报》上的那封信，此前法尔茅斯先生既不知道双方先前的信件往来，也不了解引发这次事件的那封公开信。说明一下情况似乎是有意义的：当亨利先生19日晚上来拜访我时，他建议把附加在第六封信件上的附言删除掉。当时温切尔西伯爵的回复——第七封信已经交给惠灵顿公爵看过了。这一情况在星期六发表的报纸上不是很清楚。在温切尔西伯爵承受了公爵的射击之后，法尔茅斯先生第一个提出了就温切尔西伯爵在《标准新闻报》上发表的意见提供满意的补偿方式。法尔茅斯先生明确表示，在他接受请求、处理这一事件之后，对他来说，温切尔西伯爵发表的意见是否正确不是问题所在，他关心的只是温切尔西伯爵能否在一种不失荣誉的情况下，接受给予惠灵顿公爵补偿的建议。在双方重新走回决斗位置前，法尔茅斯先生把他星期五晚间从温切尔西伯爵那里接到的一封封好的信，交给了亨利·哈丁格先生，亨利先生在事情解决之后交还了那封信。

海尔山姆上尉和克劳特少尉的决斗　1829年4月1日

  4月1日，在法国北部的布伦，海尔山姆上尉和克劳特少尉进行了一次决斗并导致了致命的结果。决斗起于前者不允许后者进入布伦的一家俱乐部，因为后者在英国曾经被别人攻击，而他没有像一位军官或者绅士那样向袭击者提出决斗。克劳特少尉要求海尔山姆上尉道歉，上尉拒绝了，于是发生了决斗，克劳特倒在了决斗场上。1830年10月8日，海尔山姆上尉在（伦敦老贝利街的）中央刑事法庭，受到一个专门委员会的审判，罪名是谋杀。审判是根据乔治四世的第九项法令进行的，其中规定："如果任何国王陛下的臣民在我国因为在国外谋杀或过失杀死任何同伴受到起诉，即使事发地点超出了国王陛下管辖权，即使这些罪行发生在外国领土上，在英格兰审判受控犯下这些罪行的被告也是合法的。"

布伦的居民威廉·科克斯利作出了以下的证言："我看到他们两人在决斗场上，在场的还有很多人。马罗尼先生把一支手枪交给了克劳特，他很快进行了射击。我看见海尔山姆上尉举起了手臂，过了一会儿他的手枪也射击了，克劳特少尉就倒下了。子弹穿过了他的脖子，中弹后他再也没有说出话来，不到半个小时就死了。海尔山姆上尉立刻离开了场地，他告诉自己的仆人把他的手枪带回家。"

第五龙骑兵禁卫军的军官马罗尼是死者的助手，他说："作为死者的朋友，死者3月31日就影响到他名誉的一些问题征询我的意见。他与我谈话的结果是，我前往霍尔特家的旅馆去见格雷迪先生。但是在我去见格雷迪先生之前，康韦上校和海尔山姆上尉来找我。上尉说，克劳特少尉不是他道歉和决斗的合适对象。上尉对此说明了原因。他说克劳特少尉曾经被人用马鞭抽打过，却没有表现出一位绅士和军官应该表现出的愤恨。我告诉他，少尉以他的名誉向我保证过，这件事不是真的。我恳求上尉向克劳特道歉。康韦上校问我，我是否是要传递表示决斗的信息？我回答说，我来这里是传送和平的信息的。我再一次努力劝说上尉道歉。对此上尉回答说：'道歉？先生！胡说！'最后，我表示，如果他不道歉，克劳特先生希望在决斗场上见面。又进行了一些交谈之后，上尉说：'好吧，我要警告他，我准备好和他决斗了，我会把这当成一件正经事的。'然后，格雷迪先生和我确定他们将在第二天11点钟，在拿破仑圆柱那里进行决斗。我陪同克劳特先生到达决斗现场时，那里有很多人，至少一打，骑着马或者站在那里。格雷迪先生说，除非把那些人赶开，否则上尉不会开枪的。我们接下来确定了决斗的方法。我们在渠道里给手枪上膛的时候，上尉就在我们旁边，我对他说这是和所有决斗的规则冲突的。他说，他才不在乎什么见鬼的规则呢，他要看着手枪上膛。双方同意的射击距离是十二步。双方应该把手枪垂在身侧站好，等格雷迪先生发令说：'现在，先生们！'然后他们可以抬起手臂，在尽可能相同的时间射击，瞄准只能进行一次，不允许第二次瞄准。双方在位置上站好了，格雷迪用足以让双方听到的声音发出了指令。克劳特立刻用很快的动作抬手并射击，然后放下了手臂。海尔山姆上尉这之后一段时间都没有射击，因为人们没有在克劳特的枪响之后紧接着听到海尔山姆的枪声。我发现上尉的枪指着少尉，但是他的手臂没有完全举起来，如果发射，子弹会射到地上的。上尉把头偏向右侧，以便能很好的看到少尉，渐渐地他抬起手臂，好几秒钟没有开枪，直到自己认为瞄准了对方。看上去他进行了非常细致的瞄准。他开了枪，克劳特倒下了，子弹穿过了他的脖子。"

辩护方强调，被告对死者没有个人仇恨，他只是按照自己最明智的判断，遵守社会的法则而已。决斗的经过由布伦的领导人审查过，他们认为决斗是公平的，所以释放了上尉。康韦上校说，他曾经在与马罗尼的一次谈话中说过，两位年轻人因为这样的小事进行决斗是一件可悲的事。对此后者回答说，如果海尔山姆上尉拒绝决斗，他的名字会在布伦被通告，而且会当众受到马鞭责打。当时海尔山姆上尉正好从房间里出来，听到了他们这番谈话。康韦上校作证之后，一群受人尊敬的证人又对被告海尔山姆上尉友好、慷慨和人道的品行作了无以复加的赞誉。

法官贝利向陪审团提出了指控。他对陪审团说，他们首先需要确认被告和死者都是出生于这个王国的臣民；其次，他们必须确定死者是死于被告之手；第三，被告杀死死者的行为构成了谋杀罪。被告蓄意进行准确的瞄准，如果确实造成了死亡的结果，那么就更加确凿无疑地构成了谋杀罪。就这个案子而言，毫无疑问，是源于一场决斗。现在，作为一名律师，他必须告诉陪审团，如果当事双方到野外去进行一场决斗，结果是导致了死亡，那么无论决斗是否公平，存活下来的一方都同样犯有谋杀罪。如果他们发现被告有罪，他们可以在判决中附加任何他们认为恰当的建议。陪审团退出法庭大约二十分钟之后，提出了判决：被告"无罪"。

兰伯瑞先生和克莱顿先生的决斗　1830年1月8日

今天，在巴特西公园，兰伯瑞先生和奥利弗·克莱顿先生进行了一场决斗，并且导致了伤亡。兰伯瑞先生曾经在第43团作为少尉服役，到过美国，参加过滑铁卢战役。克莱顿先生是爱尔兰文艺界的一位绅士。破晓之前,克莱顿先生和他的助手比格利来到巴特西公园,在那儿,兰伯瑞和他的助手考克斯少尉已经在等候了。六点刚过,决斗的当事人站好了位置。短暂交谈之后,发出口令,手枪开火了。兰伯瑞先生的子弹射中了克莱顿先生,他立刻倒下了。他被送到了红宫①,晚上七点去世了。争吵是在潘顿广场的伍德旅馆发生的,当时大家在讨论罗马天主教徒解放法案。死者克莱顿先生是一个放弃了罗马天主教信仰、激烈反对这个法案的人。讨论中,兰伯瑞先生称他是一个伪君子,这导致了决斗。对克莱顿先生的尸体进行检查的陪审团,对首犯兰伯瑞和从犯考克斯少尉及比格利先生提出了蓄意谋杀的裁定。验尸官对他们签发了逮捕令。

13日,星期三,自首的兰伯瑞先生被带到联合大厅接受审判。决斗之后,郁郁寡欢的兰伯瑞先生回到了城里,因为担心被人发现,他没有回家,而是在街上游荡了三个晚上。星期二晚上,他筋疲力尽,走进了一个客栈。在那儿,他喝多了,让一个警官认出来了。兰伯瑞做了供述(我们后面会谈到的),然后治安法官钱伯斯告诉他,这是一件非常严重的事情,他必须作好最坏的准备,法律将会被严格地执行。当事人后来都被送进了监狱,准备因为触犯法律接受审判。

上述的审判在金斯顿巡回法庭进行,时间是4月2日,由法官贝利主持。格尼先生陈述了案情之后,在巴特西公园现场的外科医生托马斯·鲍威尔作了以下证言:"1月8日早晨,接到通知,我七点钟过一点就出门,去了巴特西红宫的后面。在那儿只有三个人,其中一个受了伤躺在一块板上,盖着一件大衣或者披风。这位受伤的绅士被送进了红宫,放在一张床上。我发现他的腹部右侧受了伤。

伤口很小,只能伸进我的指尖。左侧也有一处伤口。如果不是因为其他一些原因,我不可能判断出那是一处枪伤,但是它有可能是一颗子弹造成的伤口。我立刻宣布伤势是致命的。伤者问我,他还能活多久。我告诉他我不能确定,但是估计无法超过十二个小时。伤者告诉我他叫克莱顿,并且请求我找一位英国国教的牧师来。我找来了牧师,然后去了另一个房间。我很快返回了克莱顿的床前,他向我恳求不要提起任何诉讼。他说所有的事情都是公平并

---

① 红宫(Red House),伦敦东南部的一座古建筑。

第二十五章 1820年至1840年间的决斗

且体面地进行的,应当受到指责的是他自己,是他自己顽固地拒绝了别人向他提出的道歉的请求。当时他清楚自己不可能活下去了。去世前两小时,他提出希望给一些人写信,告诉那些人,争执的内容是他被称为伪君子。我问他是谁这样称呼他,他回答说:'就是用枪射击我的人,兰伯瑞。'"

接着托马斯·斯金纳作了证:

"我为红宫的所有者工作。一月8日早晨六点半左右,我去上班时,看到两支手枪开枪的闪光,我还听到两声枪响。当时我在大约三百码之外。我向他们转过身去,好像有一颗子弹从我身边飞过。我向枪响的地方走去,看到四个人用一块板抬着一个人。他们问我红宫是否开放了,我说没有,他们希望我去敲门,让里面的人起来。我照办了,他们把那个受伤的人抬起来,送进去了。那人呻吟得很厉害,而且在说:'不要震动我。'"

接着又有几个证人作证,然后宣读了一份被告签名的声明:

"治安法官提醒被告理查德·威廉·兰伯瑞,谨慎发言,不要提供任何证明自己有罪的东西。被告说:'我说的全属事实。我认识克莱顿先生。我曾经见过克莱顿先生被人用马鞭抽打,但是没有表现出应有的愤恨。圣诞节晚上我向他提及这件事,之后他给我写了一封信,我通过奥德尔先生回了信。大约两个星期之后,我的另一位朋友接手了这件事。后来,安排好一次决斗。在决斗场,伯恩先生走到我面前说:'事情到了这一步了吗?'我说,我不会向任何人进行书面道歉。决斗之后,我走到克莱顿先生面前和他握手,他说:'我原谅你,我亲爱的朋友,我原谅您。'克莱顿先生的信是奥德尔先生送给我的,但是奥德尔先生建议克莱顿先生不要决斗,并且拒绝卷入决斗的事情,所以决斗时他不在场。我通过我的朋友向克莱顿传递了口头的道歉,他拒绝了。我是通过朋友传的口信。对方的答复是,事情必须继续下去,除了书面道歉,他们不会接受任何解决方法。就我所知,两支手枪是同时发射的。我们的射击都是碰运气,当时很黑,我们看不见。"

于是又找来几名证人,他们很早就认识那些被告,他们都描述被告是些具有人道主义精神的爱好和平的人。

贝利法官做了总结。结束对证据的陈述时,他告诉陪审团,他们要决定的问题是,克莱顿先生是怎样遭遇死亡的?如果陪审团认为克莱顿先生是被兰伯瑞先生手枪里的子弹打死的,而且兰伯瑞先生来到决斗场就是为了这个目的，如果陪审团分不清兰伯瑞先生是想以自己的生命为赌注来博取克莱顿先生的生命，还是想置克莱顿先生的生命于危险境地以保护自己的生命，那么他，作为一个律师和法官就必须告诉陪审团，兰伯瑞先生犯下了蓄意谋杀的罪行，陪审团必须根据目前的指控判处他有罪。至于兰伯瑞先生的从犯、被告考克斯，无论他多么热心地进行了和解的努力，无论他多么希望兰伯瑞先生的道歉被接受，只要他发现和解已经没有希望之后仍然留在现场，只要他担任了助手，就必须认为他是在帮助和教唆这种行为。在兰伯瑞的案子中，帮助和教唆最终导致了一起蓄意谋杀的罪行。至于被告比格利先生，克莱顿先生的助手，他是一位中间人，现场唯一站在克莱顿先生一边的人。那么，当时双方共同的目的是什么？比格利先生是否帮助和教唆了这种目的达成呢？如果双方的共同目的是将兰伯瑞和克莱顿的生命分别置于危险之中，那么比格利就和考克斯先生一样，帮助和教唆了这种行为。博学的法官作出了结论，他对陪审团说，请仔细考虑这件案子。如果他们有足够的证据认为，克莱顿先生是在决斗中被兰伯瑞先生射死的，考克斯和比格利先生帮助和教唆了这件事，那么他们就必须或者至少应该作出有罪的判决。

陪审团在陪审席上认真讨论了几分钟，表示希望退席去商量。他们离开之前，一个陪审员说，他们希望知道能否只是作出一般的有罪判决，而不是谋杀罪的判决；还是必须判决被告是否犯有谋杀罪？贝利对他说，如果有任何证据能把罪行减轻至过失杀人，他会让陪审团考虑，但是他没有发现这种证据。提出问题的陪审员于是说，问题的关键是，他们想知道陪审团是否能作出一个过失杀人的判决。陪审团认真商议了三个半小时，回来提出了"无罪"的判决。

史密斯上尉和斯坦迪什·奥格雷迪先生的决斗　1830年3月17日

8月21日，在都柏林的宗教法庭上，第32步兵团的史密斯上尉和马克汉姆上尉因为在一次决斗中杀死了斯坦迪什·奥格雷迪先生而受到了审判。诺斯先生作为控方陈述了案情。奥格雷迪先生是一位大约二十八岁的年轻人，律师界的成员。3月17日他骑马出去准备进行晨练，走到与学院公园一墙之隔的拿骚街时，街的另一边有一辆马车把街道堵住了。一辆单马双轮轻便马车被挤向了奥格雷迪先生经过的靠墙这一边。奥格雷迪先生为了走过去，只好把马引上了旁边的小路。当奥格雷迪先生这样做的时候，马的步子乱了，

第二十五章 1820年至1840年间的决斗

奥格雷迪先生担心摔下马便向前探身以在马鞍上坐稳。他的手里有一支小马鞭，向前探身时，马鞭戳到了轻便马车，而奥格雷迪先生没有对马车里的绅士说什么。马的步子恢复后，奥格雷迪也在马鞍上坐稳了，然后缓步向前继续走了。轻便马车行进得很快，却突然停了下来，史密斯先生手里拿着马车用的鞭子跳了下来。他在莫里森旅馆前面一点的地方赶上奥格雷迪先生。他既没有称呼对方，也没有与对方争论，只是用鞭子抽打奥格雷迪先生的背，很用力，不是一次两次，而是很多次。奥格雷迪转过身，看见史密斯先生正在向他的轻便马车跑过去。他问对方是谁？史密斯上尉说：你很清楚。当奥格雷迪再次问他时，他才说："史密斯上尉，第32团。"奥格雷迪去了他父亲的住处，找了一位军界的朋友，第八轻骑兵团的麦克纳马拉少尉。少尉当天就与史密斯上尉和他的朋友麦克汉姆进行了会晤。决斗在早晨六点钟进行。双方同意，除了当事人和他们的助手，不应该有别人在场。麦克汉姆告诉奥格雷迪先生，决斗的信号是："预备——开枪！"一切安排好之后，当事人走进场地，站定了位置。手枪被交到了他们的手里，麦克汉姆上尉和麦克纳马拉少尉作为助手站在一旁。麦克汉姆发出了第一声信号，但是，不知出于什么原因，他没有用事前约定的话发令。他说的是："先生们，准备好了吗？"或者是："准备好了吗，先生们？"奥格雷迪先生认为口令应该是："预备——开枪！"所以以为这只是发令前的询问。史密斯先生却没有犯这个错误，他举起手枪，瞄准。奥格雷迪发现对手在做准备，也举起了手枪，但是在他瞄准之前，一直看着他的麦克汉姆先生发出了正确的口令。史密斯先生的枪先响了，奥格雷迪先生倒了下去。大约三个小时后，他就去世了。

法庭列举了证据证明上面的陈述。陪审团提出了两名被告过失杀人的判决，他们被判处在吉尔梅恩汉姆监狱[①]监禁十二个月。判决宣布时，法庭里响起了欢呼。在审判的后半段，史密斯先生表现得相当激动。判决宣布后，他用手拍着自己的额头痛苦地大喊："哦上帝呀！我的上帝！把我的生命拿去吧！事情不就是这样吗？"然后，他投进麦克汉姆上尉的怀抱，哭喊道："哦麦克汉姆！我亲爱的弗雷德里克，我把你拖进这件事了？哦！我希望上帝把我的生命拿去！羞耻和不名誉的事，还有其他所有的事情都在等着我呢！"不幸的绅士用手帕盖

---

① 吉尔梅恩汉姆监狱（Kilmainham Gaol），位于都柏林的吉尔梅恩汉姆。现在是一座博物馆。

着脸,失声痛哭起来。法官万德里尔补充说,在作出这样的判决时,他似乎应该说一句,就是被告在决斗场上的行为,并没有给被告的品行留下污点。

史密斯先生和杰弗里斯先生的决斗　1830 年 8 月

这一年的 8 月,在费城发生了下面这件最野蛮的"关于荣誉的事件"。史密斯先生向杰弗里斯先生发出了挑战,并且被接受了,双方进行了决斗。决斗的距离竟然只有八步。他们就在这样的近距离相互进行了射击,但是都没有受伤。他们的朋友做了一些努力试图让他们和解,但是毫无成效,因为杰弗里斯先生宣称,除非他死了或者杀死对手,否则他不会离开决斗场。于是手枪第二次交到了他们的手中,这一次史密斯先生的右臂被打断了,使决斗耽误了一会儿。他从创痛中恢复过来之后宣称,既然已经受伤了,他准备好死去了,所以要求助手继续。于是手枪被第三次交到他们手中,史密斯先生用左手使用手枪。这一次杰弗里斯先生的大腿受了伤,失血使他筋疲力尽,耽误了一会儿时间,但是无论如何他缓了过来,而且双方竟然希望再缩短一些决斗的距离。现在他们第四次站在了决斗场上,浑身是血,相距只有六英尺。他们应该在"一"到"五"的口令之间开枪,射击的结果对双方都是要命的。

他们都倒在了地上。史密斯先生倒下时就死了,子弹穿透了他的心脏。杰弗里斯被子弹射穿了胸膛,活了四个小时。他们决斗时都保持了完美的冷静态度。杰弗里斯看到对手倒下,于是问他是否已经死了。得到肯定的回答之后,他表示自己情愿这样死去了。咽气之前,他说他和史密斯先生是同学,而且十五年来是非常亲密的朋友。他愿意对史密斯先生作为一位科学家和绅士的人品,提供值得尊重的证明。

塞巴斯蒂尼将军[①]和拉马克将军[②]的决斗　1831 年 8 月 1 日

因为拉马克将军在众议院里的一次讲话,外交部长塞巴斯蒂尼将军和他

---

① 贺拉斯·弗朗索瓦·塞巴斯蒂尼(Horace François Bastien Sébastiani de La Porta (1771—1851),法国外交家,政治家。早年参加拿破仑的军队,是拿破仑的支持者。参加过半岛战争和入侵俄国以及百日复辟。波旁王朝复辟期间,他在国会里支持自由派,七月王朝时期担任过海军部长、外交部长。1840 年晋升为法国元帅。

② 让·马克西米连·拉马克(Jean Maximilien Lamarque, 1770—1832),拿破仑战争中的法国将领,后来成为国会议员。他坚决反对保皇主义和正统主义。1832 年他的去世,导致了当年 6 月的暴动。在雨果的《悲惨世界》中对此有详细描写。

在布洛涅公园（见上卷第十二章注释）进行了一次决斗。在那次讲话中，拉马克将军把比利时外交大臣勒博先生①描绘成了比利时的塞比斯蒂尼。雅各米诺特将军和德鲁米格尼先生作为助手到场。他们都是塞巴斯蒂尼将军挑选的，他的对手表示对这两位助手的到场感到满意，但拒绝指定其中任何一位代表自己。后来没有进行射击，经过一些安排，问题就解决了。与这次决斗相关的说明登载在一份叫《论坛报》的杂志上。文章透露，塞比斯蒂尼将军一方的助手们更关心不开枪就解决这件事情，而不是人们通常认为的一些原则，这些原则与当事人的荣誉是息息相关的。雅各米诺特将军和德鲁米格尼先生给《论坛报》的编辑写了一封信，信中反驳了文章中的一些内容，并做了一些解释。这些解释被拉马克将军认为对自己不利。于是，两人在布洛涅森林（法国巴黎公园名）又进行了一次决斗。德瑞格尼海军上将②担任塞比斯蒂尼将军的助手，哈瑞斯普将军③作拉马克将军的助手。双方进行了两轮手枪射击，但没有人受伤，助手进行了调停，事件友好地解决了。

贺拉斯·弗朗索瓦·塞巴斯蒂尼

莫尔少将和斯丹皮尔顿先生的决斗　1832年2月13日

今天在温布尔顿，巴思三等勋章获得者、洛伦佐·莫尔少将和迈尔斯·

---

① 约瑟夫·勒博（Jean Louis Joseph Lebeau，1794—1865），比利时自由主义政治家，副首相。1830年，受法国七月革命的鼓舞，比利时革命爆发。革命的主旨是反抗在1815年维也纳会议上强行合并荷兰及比利时两国的决定，争取比利时独立及成立自由主义政府的革命。为争取英国对革命的支持，勒博赞成英国提出的新比利时的国王人选，被人视为出卖了比利时的国家权力。

② 马利·亨利·丹尼尔·高蒂耶（Marie Henri Daniel Gauthier, comte de Rigny（1782—1835），德瑞格尼伯爵，法国将军，国会议员。他参加过拿破仑战争，是希腊独立战争纳瓦里诺战役中法国军队的统帅。

③ 让·伊西多尔·哈瑞斯普（Jean Isidore Harispe, 1st Comte Harispe, 1768—1855），法国大革命和拿破仑战争中杰出的将领，1851年晋升为法国元帅。他的名字被刻在了巴黎凯旋门西侧的墙上。

让·马克西米连·拉马克（1770—1832）

斯丹皮尔顿先生进行了一次决斗。当天晚间，少将被带到了联合大厅警察局，被指控打伤了斯丹皮尔顿先生。当时证人戴维·哈里斯陈述说，大约四点钟，他坐四轮驿马车穿过温布尔顿公园前往高达明①时，听到一声枪响。循声看去，他看到一位绅士倒下了。

他和瑟夫先生跳下马车，跑了过去。他们看见倒在地上的先生胸口衬衫上有血迹。他们向莫尔少将走过去，对他说他应该知道自己会被逮捕吧。当时将军手里有一支手枪，他没有做任何抵抗，立刻放下了武器。同时，助手们和其他一些人把受伤的绅士抬离了现场，放进了一辆马车往城里去了。

证人和瑟夫先生把将军押送到了金斯顿，交给了治安官，治安官把将军带进了城里，第二天提审了他。有人告诉他斯丹皮尔顿先生处境非常危险时，莫尔少将非常激动。莫尔一方愿意出任何数目的保释金，但是地方法官钱伯斯说，当受伤的人命悬一线时，他有义务继续羁押莫尔少将。22日，莫尔又被带到了钱伯斯法官面前，法官对他说，外科医生格斯里先生确认，斯丹皮尔顿先生的情况已经好多了，而且那位绅士和他的朋友都明确地希望这件诉讼就此终止，他们不会对莫尔将军提起进一步的诉讼了。在这种情况下，法官和他的同僚、默里先生同意他保释。他们决定，莫尔必须找到两名各具一千英镑以上资产的保证人，并且自己缴纳一笔两千英镑的保证金，保证自己会出现在下一次萨里郡巡回法庭上，或者，如果斯丹皮尔顿先生因伤情导致了死亡，他会出现在老贝利监狱接受审判。法庭要求的担保人马上找到了，于是莫尔被释放了。

---

① 高达明（Godalming），英格兰萨里郡（Surrey）威弗利区（Waverley）城镇。

雅各米诺特将军①和贝尔蒙特先生的决斗　1832 年 3 月 23

因为法国杂志《论坛报》的编辑对巴黎国民警卫队司令罗博元帅②的一些看法，元帅的四位幕僚对《论坛报》办公室进行了一次拜访，确切地说，他们带来了非常傲气凌人的信息。《论坛报》的主编措手不及，拒绝接见一大堆人，但是他表示愿意接受元帅本人的挑战。

事情走漏了风声，当天就有许多年轻人把名片送到《论坛报》，恳求《论坛报》允许他们以助理编辑的身份参与其事。于是 3 月 21 日的《论坛报》在自己的报纸上公开地向元帅的幕僚团暗示，六十七名编辑已经准备好与幕僚团的六十七名军官进行决斗。23 日星期六，进行了集体挑战的第一场决斗，双方是元帅幕僚团的雅各米诺特将军和《论坛报》的主编贝尔蒙特先生。前者的助手是古尔戈将军③和陶顿上校，后者的助手是众议院议员布里克维尔上校和《国民报》编辑卡特尔先生。进行了一轮射击之后，经助手调停，这桩奇事就这样和解了。

柯斯特先生和班诺特先生的决斗　1832 年 9 月

法国杂志《时间》上登载了一篇文章，内容涉及向警察的供应商订货的方式。因为这篇文章，在布洛涅公园发生了一次决斗。当事人是《时间》杂志的编辑柯斯特先生和警察的供应商班诺特先生。陪同班诺特先生的是警区民营办公室的书记长内先生和另一位供应商海默尼特先生。柯斯特先生的助手是帕斯奎医生和文艺界的一位绅士 V. 许勒先生。

---

① 让·弗朗索瓦·雅各米诺特（Jean François Jacqueminot, viscount of Ham，1787—1865），法国将军。参加过奥斯特里茨战役和滑铁卢战役。他反对波旁王朝复辟，但是支持了七月王朝的路易·菲利普。1848 年，他作为塞纳国民军的司令优柔寡断，一定程度上导致了 1848 年革命的爆发。

② 乔治斯·穆东（Georges Mouton, comte de Lobau, 1770—1838），罗博伯爵，法国元帅。入侵俄国时，他是拿破仑的侍从武官。后来参加过滑铁卢战役。波旁王朝复辟后，他作为民主派的人士在国会中竞选。后来他支持了七月革命，并晋封为元帅。

③ 加斯帕德（Gaspard, Baron Gourgaud, 1783—1852），古尔戈男爵，也称加斯帕德·古尔戈，拿破仑战争中著名法国将军。他在奥斯特里茨战役中受过伤，是第一个冲入克里姆林宫的法国将领。1814 年在布里埃纳（Brienne）战役中，他杀死冲向拿破仑帐篷的哥萨克骑兵救了拿破仑的命。波旁王朝复辟后，路易十八任命他为自己的侍从武官，他却支持拿破仑的百日复辟并参加了滑铁卢战役。他追随拿破仑前往圣赫勒拿岛流亡了一段时间，1840 年返回圣赫勒拿岛，将拿破仑的灵柩运回巴黎安葬。

决斗双方被安排在五十步的距离，然后向前走到彼此间隔二十步的距离。他们走到相距二十步时，班诺特先生希望柯斯特先生先开枪，但是后者拒绝了。助手们希望他们按照口令同时开枪，于是他们在一秒钟内同时开了枪：班诺特的子弹穿过了柯斯特先生大衣的领子，后者的子弹射进了对手的身体右侧，刺透身体之后从左侧高出三英寸的地方穿出。班诺特先生被立刻送往了皇家医院，很快死去了。

当时，巴黎人正在努力推动建立关于诽谤罪的一项初步的法律。根据这项法律，《时间》的编辑批评一位属于特殊阶层的公共官员应该受到最严格的审查，他因此触犯了这项法律。这在英国的杂志上引起了广泛的批评。其中有文章说："人们说真理是深藏在井底的。在巴黎，他们在子弹造成的伤口里找寻真理。神裁法似的决斗，在最近这次《时间》的事件中，无论如何，结果是对那位编辑有利的。那位警察的供应商，是一大堆为了同一事由而提出挑战的人中间的第一个，总算是一败涂地而且死掉了。如果编辑们必须因为这种情况更正自己的报道，他们一定会对自己打算刊登的东西战战兢兢，还会把他们过去的行事方法揉成一团扔掉。

为了说明一个问题就必须指出事实：记者和消息贩子出现在射击场上会和出现在众议院走廊里的次数一样频繁了。闲暇的日子里走进新闻机构会变得很危险，因为，缺少传闻的时候，新闻出版者会用各种报道自娱的。

编辑和副编辑们会因为他们还没有卖出的杂志变成射击的目标。人们认为批准这种报道触及了敏感的问题，违背了新闻界的社会责任。如果这样，编辑们出版杂志的时候会和在射击场上一样危险，他们的人品会被子弹一次又一次地考验。如果他到相关的政府机构去抱怨，也有可能被射穿胸膛。

这种敌意在海的这一边无论如何还没有出现。在它已经出现的海洋那一边，我们必须说，被痛击的杂志编辑们并没有表现出多少仇恨的态度。柯斯特先生和班诺特先生的事例说明，英国的新闻界享受着比在巴黎更多的自由。如果英国治安法官治下的一家英国报纸，沉湎于在警界给供应商提供订单的方式中自由地寻找弊端，这种批评会被认为是完全合法的。人们不仅不会为此进行决斗，甚至都不会回答对这种批评的责难，除非这种责难是有着相反利益的某家报纸提出的。这确实比若尔先生、罗林森和钱伯斯先生的做法要明智得多。他们冲进《纪事晨报》或者《审查员》杂志，诅咒出版人，辱骂办事员,向编辑提出致命决斗的挑战。若尔先生回避自己的官员,在一个露水弥漫的早晨躲进乔克农场,只是为了屠戮布兰克先生,因为他在一件与警察有关的事项中进行了辛辣的批评。如果是在我们这里,这种事情怎么可能发生?在这个问题上我们比法国制定了更好的规则。"

约翰·杰夫科特先生和亨尼斯医生的决斗　1833年5月10

这一天在埃塞克特附近的一个地方,约翰·杰夫科特先生和亨尼斯先生进行了一次致命决斗。争端的起因据说是医生发表了对塞拉利昂法官约翰先生的名誉具有诽谤性的言论。7月26日,埃塞克特巡回法庭对约翰·杰夫科特进行了审判,罪名是带着恶意的预谋非法地、严重地伤害了医学博士彼得·亨尼斯先生,用一颗铅质的子弹击伤并导致了后者死亡。查尔斯·梅尔福德、罗伯特·霍兰德和乔治·安东尼·霍尔斯特德因为协助约翰先生也同时受审。法庭当时没有抓到约翰·杰夫科特先生,因此当天出席受审的只有另外那几人。下面是当时提交法庭的重要证据。

约翰·科尼菲尔德·欧文说:"我在5月10日与亨尼斯医生进行了一次谈话,然后他写了一份声明。其后我去见了约翰·杰夫科特先生,我对他说我从亨尼斯医生那里来。他问我,我是否是作为医生的助手来的。他让我去见梅尔福德先生,对他宣读或者给他看医生的声明。

我对梅尔福德先生说,我相信这封信会让约翰先生相信,医生从来没有针对他说过的什么话,这会让约翰先生收回他今晨针对医生说的那些话。梅尔福德先生回答说,医生已经承认了那些针对约翰先生的说法,约翰先生对医生的评论是'诽谤他人的恶棍'。我告诉梅尔福德先生,我受医生的委托明确地否认他曾经针对约翰先生说过那些话。医生曾经询问过一个值得尊敬的家庭的一位成员,在埃塞克特流传的那个传闻是否是真实的。那位先生说那不是真的,约翰先生的行为非常体面。

梅尔福德回答说,亨尼斯医生的话不可能被霍兰德先生误解,他同时向我展示了约翰·杰夫科特先生就此事致亨尼斯医生的信。信是这样的:

克拉伦斯旅馆　5月10日

先生:昨晚,在与一位品行高尚值得尊敬而且迄今为止我相信完全值得信赖的绅士的谈话中,我惊讶地获悉,按照向我透露消息的人士的说法，您大约三个月前曾经说过，我与一个非常受人尊敬的家族的某件事务之所以终止，是因为我向这个家庭提出了虚假的理由。我没有必要在此多说这个家族的姓氏了。除了其他一些事情，您还说我当时声称自己在都柏林大学面临一次选举。按照您的说法，我和这件事情的关系没有涉及您。我想，您的意思是我根本没有参加什么选举，我那样说是不真实的，而且您认为我事实上是个投机者。

我实在无法想象，一个在社会上拥有如此地位，或者任何一位因为职业和教育而身为绅士的人能这样无缘无故地偏离行为规范，诽谤一个支持他的人，尤其那位先生还是您的同胞。即使不出于友谊，起码是出于热忱和善良的意愿，您曾经做过他的医生。此前他与您的交道只是曾经向您征求医疗方面的建议，后来在您拜访他的朋友时，在朋友的家中见过您一两次。

因此您应该出于您的品格，立刻对我这封信提到的事情有一个明确的说法，我会对此感到欣慰。您也应该向我表明，您是否曾经使用过据说是您使用的那些措辞。如果您没有那样说过，我相信，作为一位绅士，您会毫不犹豫地迅速和明确地否认那些话。另一方面，如果您准备坚持那些措辞，您应该明白将您的立场毫不拖延地通知我的重要性。我目前一个人在埃塞克特，有命令让我明天早晨在普利茅斯的火车站到国王陛下的船上去。

荣幸的 J. W. 杰夫科特

我读了这封信，告诉梅尔福德先生我此前不知道有这封信，所以我必须马上返回亨尼斯医生那里，看他会怎样行动。我就发生的事情与医生进行了交谈。当时霍尔斯特德上尉和他在一起。医生告诉我，他在见我之前和上尉进行了交谈。于是我请求把事情转手给上尉处理。

上尉承担了就这件事寻找友好的解决方法的任务，出于这个目的，他建议我和他一起去见梅尔福德。他说：'两个人去比一个人好。'我同意了。上尉向梅尔福德读了或者展示了亨尼斯医生的声明，并且说他确信约翰·杰夫科特先生了解了信的内容之后，会收回他此前令人不快的说法。

梅尔福德先生说，他对医生的话持与约翰先生相同的立场，而且今天早

第二十五章　1820年至1840年间的决斗

晨医生已经认可了那些话。他补充说，事情本来可以在那天早晨九点钟解决的，但是现在他觉得恐怕太晚了，因为约翰先生三点钟要出城去普利茅斯。梅尔福德本人对自己在这件事情中起的作用感到很满意。霍尔斯特德上尉说，任何时候对于处理好这样一件性质严重的事情都不算晚，他请求梅尔福德先生去见约翰先生，让他了解亨尼斯医生这封严厉声明的内容。后来霍尔斯特德先生告诉我，约翰先生既不接受解释，也不肯收回他说的话。我后来在这件事中没有再做什么。"

伊迪先生的仆人威廉·哈克斯福德作证说："我和伊迪先生坐着轻便双轮马车前往哈尔登。当我到达时，看见霍兰德先生在路边，四位绅士在赛马场上。我看到他们走到一起，然后又分为两边。我听到了手枪响了，当我走上前时，看到亨尼斯医生好像受伤很重。约翰·杰夫科特先生跪在地上，问亨尼斯先生是否原谅他。我听不到医生的回答，但是他们握了手。然后医生立刻倒在了地上。"

外科医生鲁斯康比说，他大约晚上六点钟见到了亨尼斯医生。"他的右肩胛骨下方被一颗子弹打伤了。我照料他一直到他18日去世。"

此后法官潘特森先生向陪审团陈述说，根据已经得到证明的事实，这个案件既可以是一桩严重的罪行，也可能完全不属于犯罪。被告被控的罪行是谋杀。到庭的被告们不是被控造成亨尼斯先生死亡，而是被控当另一个人造成亨尼斯先生死亡时出现在现场，协助了凶手。凶手目前不在国内，因而无法对他进行审判。

除非事情经过恶意预谋，否则不能构成谋杀罪。在这里，恶意预谋不是指被告个人针对受害人的恶意，而是指法律推定的、当人们准备有目的地施行一项违法行为时的恶意。法律是这样的，即使一个人离犯罪现场有一段距离，但是如果距离很近，足以为将要发生的事情提供帮助，而且他来到这里就是为了提供此类帮助，那么他就被认为是提供了协助。如果当事一方在蓄意进行的决斗中杀死了另一方，他就犯下了谋杀罪。

任何两个人如果因为一场争执而进行了决斗，并且其中一人被杀，那么法律就认为另一方犯有谋杀罪。他不能为自己开脱说是对方在争执中先动手打人，或者说自己只是为了维护自己的名誉。他卷入了严重违法的行为，必须承担后果。不仅是当事人，所有协助这一行为的人，或者明知故犯地出现在蓄意决斗的现场的人，都会受到谋杀的指控。

任何时候如果两个人携带致命武器，准备制造死亡事件，我们就必须认为他们肯定预见到了可能发生的死亡。这个案件中的两名当事人之间发生了冲突，但是其他被告之间没有。在这个过程中，相关信息在他们之间传来传去，他们做了很大的努力去阻止决斗。陪审团也许会认为，那些阻止决斗的努力和最后安排在哈尔登的会面，能不能导致陪审团相信后来发生的事情只是一时情绪失控的结果。法官表示，他很难想象陪审团怎么能产生这样的看法。怎么能说决斗是一时情绪失控的结果呢？如果陪审团认为不是这样，那么这就是一起蓄意的决斗；如果是这样，那么法律认为这是谋杀。对于我们是否应该容忍决斗，法官不想发表看法，因为决斗不为英格兰的法律接受。陈述了所有的证据之后，法官转而说明当事人高尚的个人品行。他说他们的品行与荣誉感是一致的，正是这种品行导致他们去帮助两位先生的蓄意决斗。问题被交给了陪审团，他们应该根据他们的良知做出决断。

陪审团商议了几分钟，回来作出了判决："无罪"。

拿破仑·波拿巴的私生子查尔斯·利昂先生①和德·海塞上尉的决斗 1833 年 8 月

这个月，一个案件在塞纳巡回法庭进行了审理。法庭指控前拿破仑皇帝的私生子查尔斯·利昂先生在一次决斗中犯了谋杀罪。1831 年 12 月 31 日，利昂先生和德·罗森博特先生一起吃饭时，遇见了另一位客人德·海塞上尉。

晚饭后，赌局开始了，利昂先生运气很糟，输了一万八千法郎。被要求付账时，利昂先生争辩说，德·海塞先生曾经保证自己会给对手捞回本钱的机会的，这是赌博中唯一与荣誉的法则相符的做法。之后发生了一场激烈的争吵。海塞先生把一些细节在刊物上发表了出来，据信这些内容会让人们认为里昂先生品行不端。

他们之间的纷争最后闹到了如此地步，一场决斗变得不可避免了。1832 年 2 月 24 日，决斗进行了。结果是，德·海塞先生受了致命伤，三天以后去

---

① 查尔斯，里昂伯爵（Charles, Count Léon, 1806—1881），拿破仑的私生子。

世了。在决斗现场，海塞先生承认对手的勇气和荣誉毫无瑕疵，但是，他的妻子决定提起诉讼。于是，法庭传唤了决斗的助手，他们中只有古尔戈将军和梅先生到了庭。古尔戈将军向法庭提供了这样的证词："我不能提供导致决斗事件的任何细节，因为我对此完全一无所知。我的朋友蒙尼沃受拿破仑皇帝的委托，监护利昂先生。当时他有所不便，所以请求我在这件非常严重的事情上代他处理。我带着遗憾接受了请托，因为我完全清楚利昂先生与皇帝陛下的关系，而且我清楚地记得皇帝陛下在圣赫勒拿岛与我就此事进行的交谈。出于对皇帝陛下的感激之情，对我来说，在这样一个时刻不背弃利昂先生是一项神圣的义务。"

经过简短的审议，陪审团判决利昂先生"无罪"，法庭释放了他。

圣约翰先生和卡特费亚纳伯爵的决斗　1835年4月25日

因为在一场舞会上发生的争执，4月20日，圣约翰先生和卡特费亚纳伯爵离开罗马前往那不勒斯。因为圣约翰先生认为伯爵在舞会上对自己的态度粗鲁，他在舞厅里当众拧了伯爵的鼻子，结果伯爵第二天早晨发出了正式的挑战。本来决斗安排在罗马进行，但是警察得到了消息，采取了一些措施阻止决斗。

决斗双方于是在24日离开罗马，第二天赶到了靠近莫拉蒂盖特的齐切伦别墅（意大利语）。双方各有两名助手。决斗时，他们在口令发出后，相对静立了五分钟，都等待对方向前走。后来圣约翰先生向前走了几步，以致命的准头开了枪。子弹打进了对手的胸口。伯爵受伤以后，把手放在胸口，向前走了九步，开枪，然后倒地死亡。伯爵的子弹打掉了圣约翰先生的部分耳朵，穿透了帽子。伯爵是一位颇有经验的决斗者，此前在决斗中打伤过数名对手。

怀特上尉和艾布拉姆·贝拉米上校的决斗　1835年11月21日

今天在华盛顿，国会议员怀特的兄弟埃弗里特·怀特和前国会立法委员会的主席贝拉米上校进行了一场疯狂的决斗。他们都是杰弗逊县的候选人，怀特上尉后来当选了。从决斗的方式来看，很明显他们是准备要造成致命结果的。他们站在相距六十码的距离，各有四只手枪，决斗开始后一边前进一边开枪。怀特上尉前进时接受了对手三次射击，没有被击中。然后他在十五步的距离上开了枪。他的第一枪射穿了贝拉米上校的手臂，第二枪射穿了对方的身体，但是他拿着剩下的两支枪继续向前走时，贝拉米的第四枪要了他的命。

陆军准将埃文斯和迪克逊上尉的决斗　1836年4月8日

今天在沃姆伍德灌木丛①，英国附属军团的陆军准将埃文斯和最近曾在该军团工作的迪克逊上尉进行了一次决斗。引起决斗的误会是在军团位于西班牙的司令部发生的。埃文斯准将曾经拒绝与迪克逊上尉决斗，因为他认为对方的行为使他失去了要求决斗的资格。最后下级军官联合俱乐部进行了调停，他们认定迪克逊上尉的品行没有污点（可以要求决斗——译者）。

于是经过一番协商，决斗得以进行。下文是埃文斯将军的助手所作的陈述，陈述的内容得到迪克逊上尉的朋友库克先生的证实：

"决斗开始了，双方被安排好了位置，埃文斯将军接受了迪克逊上尉的射击。几秒钟后，埃文斯将军放下枪并且退下了扳机，没有进行射击。我对库克先生说：'我现在可以说了，尽管我与下级军官联合俱乐部的委员会意见不同（指不赞成俱乐部认为迪克逊上尉品行良好的看法——译者），我还是让我的朋友来了这里。现在，我们已经服从了委员会那些先生们的要求，我觉得自己有义务让埃文斯将军离开这里了。'库克先生说，'我对此表示不满。'并且再次暗示要求道歉。我坚持要求让埃文斯将军离开决斗场，不作任何进一步的解释。在离开的路上，埃文斯将军才告诉我他受了伤。回到他住的旅馆后，斯蒂芬汉密克先生进行了治疗，取出了子弹。医生让病人处于条件许可的最舒适的状态中，然后离开了。"

阿曼德·卡雷尔先生和埃米尔·德·吉拉尔丹先生的决斗　1836年7月

巴黎杂志《国民报》的编辑阿曼德·卡雷尔先生和《新闻》杂志的编辑埃米尔·德·吉拉尔丹进行了一场致命的决斗。《新闻》杂志针对《良知》杂志提出了一场诉讼，《国民报》在关于这场诉讼的一则非常慎重的启示中表示，德·吉拉尔丹先生如果通过书面的讨论来解决与那位专栏副刊编辑的纷争而不是诉诸法律手段将会更好。《新闻》在答复这篇启示时，用一种非常不

---

① 沃姆伍德灌木丛（Wormwood Scrubs），位于伦敦西部汉莫斯密斯和富勒姆区（London Borough of Hammersmith and Fulham），是伦敦最大的公共绿地。

恰当的方式提到了卡雷尔先生的名字。卡雷尔先生尽管没有作为责任编辑在《国民报》的启示中签名，但是仍然觉得自己受到了挑战，并采取了后来导致悲剧性结果的行动。

决斗中，卡雷尔首先射击，打伤了对手的大腿。德·吉拉尔丹进行还击，子弹射进了卡雷尔先生身体下部。他立刻被送到了他的老朋友佩拉先生在曼德的家里，第二天在那里去世了。当人们抬着他离开决斗场经过对手身旁时，他问对方："德·吉拉尔丹先生，您伤得重吗？"后者回答说："我希望您伤得没有我严重。"

尊敬的伯克利阁下①与法学博士威廉·麦金的决斗　1836年8月4日

因为尊敬的下院议员格兰特利·菲茨哈丁格·伯克利阁下对杂志发行人弗雷泽的攻击，使得引起这场争端的那篇文章的作者威廉·麦金在伯克利的住所留下了自己的名片。于是尊敬的议员提出了挑战，双方同意在晚上七点钟进行决斗。格兰特利·伯克利先生由范考特少校陪同，麦金先生由休·弗雷泽陪同。双方在艾奇韦尔路②附近的一片场地会面，经过三轮无效的射击之后，休·弗雷泽让自己的当事人撤出了场地。没有人要求也没有人做出解释或者道歉。③

安德森先生和琼斯先生的决斗　1837年8月

这个月，在宾夕法尼亚的布朗维尔发生了一起血腥的决斗。过去的一段时间里，在委内瑞拉的玻利瓦尔人班纳·安德森先生和布朗维尔的商人琼斯先生之间有些很小的误会。这个周末安德森先生来到了布朗维尔，按照习惯，他在旅馆的登记簿上签了名。很快，他发现在自己的名字下面有人写了一段评论，攻击他的品行，签名是 R. H. 琼斯。于是他在上面写了一段答复，签上了自己的大名。第二周的星期一，琼斯先生来到旅馆看到了答复，勃然大怒，声称要求决斗。他到安德森刚刚进入的一家商店，大声叫对方出来。安

---

① 乔治·查尔斯·格兰特利·菲茨哈丁格·伯克利（George Charles Grantley Fitzhardinge Berkeley, 1800—1881），法国国会议员和作家。
② 艾奇韦尔路（Edgware Road），伦敦市中心西部一条主要街道。
③ 有的文献说伯克利出版的《伯克利城堡》一书受到麦金的批评，文章发表在弗雷泽的杂志上。伯克利盛怒之下用打猎用的鞭子狠狠揍了弗雷泽一顿，因此被法庭罚款100英镑；麦金也因为诽谤，被法庭判赔伯克利40英镑。随后伯克利在决斗中重伤了麦金。

德森听到叫喊走了出来。琼斯先生问那段答复是不是他写的,他做了肯定的答复。于是,两人立刻拿出手枪,站在相距四码的距离上同时开枪。琼斯的子弹竟然射进了对手的枪管里,而安德森的子弹则打进了琼斯的胸口,他三个小时之后咽了气。安德森立刻向民政当局投案,然后被释放了。调查证明,整件事情只是一个误会,如果双方就这件事进行一点点交谈,就不会有后来的恶果了。

希利先生和格雷夫斯先生[①]的决斗　1837 年 11 月

本月在华盛顿,两名众议院议员——缅因州的希利先生和肯塔基州的格雷夫斯先生进行了一次致命的决斗。希利先生说了一些对《纽约通讯员》报编辑韦伯上校[②]不敬的话,韦伯先生让格雷夫斯先生送去了他的挑战书。希利先生表示自己不屑与这个满口脏话的人决斗,但是准备接受格雷夫斯先生的挑战。

下面是希利先生的助手对决斗的描述:"希利先生建议可以在明天十二点钟双方同意的任何地点与格雷夫斯先生决斗。决斗的武器应该是来复枪,距离是八十码。双方向下持枪,并与身体保持一定距离,准备好扳机。口令是:'先生们,准备好了吗?'如果没有人回答说'没有',那么口令继续:'准备开火——一、二、三、四。'双方在'开火'到'四'之间开枪。由抽签确定的一方来决定双方站在八十码距离两端的那一边,另一方的助手则负责喊口令。决斗时双方的服装应该是普通的冬季服装,并应由双方当事人进行检查。在决斗场上,每方除助手外,可以有一名外科医生和另外两名朋友在场。为了履行助手的职责,他们可以每人携带两支手枪,其他人不得携带任何武器。来复枪应该在助手面前装填弹药。"决斗时前三轮射击都没有击中。第四轮时,希利先生被射中了心脏。有六百人坐着二百五十辆马车赶来参加他的葬礼。助手们后来发表了一份声明,称决斗是"按照高尚的和人道主义的原

[①] 乔纳森·希利(Jonathan Cilley, 1802—1838),美国第二十五届国会众议院议员。当时希利所属的民主党与辉格党尖锐对立。民主党认为詹姆斯·沃森·韦伯(James Watson Webb)对国会抱有成见。希利表达了他的同仁的愤慨,因此受到韦伯的政治伙伴肯塔基州众议员威廉·J. 格雷夫斯(William J. Graves)的挑战。由于决斗在华盛顿特区是非法的,他们特意前往马里兰州布雷登堡决斗场(Bladensburg dueling grounds)进行了决斗。

[②] 詹姆斯·沃森·韦伯(General James Watson Webb, 1802—1884),美国外交官,报刊发行人。

则确定的规则"①。

约翰·米勒·道尔先生和洛弗尔博士的决斗 1838年3月

在里斯本附近,陆军准将约翰·米勒·道尔先生和《纪事晨报》驻里斯本的通讯记者洛弗尔博士进行了一次决斗。前者由勃兰特先生和道尔上尉陪同,后者由多德维尔少校和卢克斯顿上尉陪同。事情的起因是3月10日的《纪事晨报》上有一篇里斯本通讯,文章涉及一项任命,其目的是调查一些外国军官对约翰·米勒·道尔属下的一些军官提出的要求。道尔将军认为这篇文章对自己不利,要求洛弗尔博士进行解释以证明其合理性。

决斗中,约翰先生的射击没有击中,而对手的手枪则没能打响,于是洛弗尔先生的助手进行了干预。助手表示他不再反对洛弗尔先生向道尔先生声明,鉴于被任命进行调查的官员已经发表了调查结论,他将不再就此事发表看法。事情就这样友好地解决了。

卡斯尔雷勋爵和杰拉德·德·麦尔西先生的决斗 1838年6月16日

卡斯尔雷勋爵对格瑞西夫人的关注惹起了她的丈夫杰拉德·德·麦尔西先生的注意,杰拉德先生采取措施,试图在两人"越界"时阻止他们。由于他的努力,一封署名为卡斯尔雷勋爵致格瑞西夫人的信在送到夫人手里之前,落到了他的手中。

麦尔西先生立刻前往勋爵的住所打算请求决斗,但是没有找到勋爵,第二天他带着同样的目的再次前往拜访。他在勋爵那里留了一封便笺,通知勋爵他的信被截获,而且要求勋爵给予他有能力提供的补偿(即决斗)。勋爵立即接受了挑战,并且指定本廷克负责与自己的荣誉有关的事务。麦尔西先生则向他的朋友德·科特瑞先生寻求帮助。科特瑞先生决定决斗的武器是手枪,距离应该是十二步。

决斗的事项安排好了,时间定在星期六早晨四点半。两位绅士也做好了准备。但是在这之前,助手们决定,双方不应该使用他们平时练习射击时惯用的枪支,而应该用从枪支作坊里随意取来的手枪。这拖延了决斗,直到十点钟,

---

① 希利和格雷夫斯的决斗促使哥伦比亚特区于1839年2月20日通过立法,禁止在哥伦比亚特区提出或接受决斗。

双方才准备好走进决斗场。当他们来到沃姆伍德灌木丛时，一名外科医生也在场，准备提供帮助。他们按照事前约定的距离站好，大家建议口令是："先生们，准备好了吗？开枪。"同时发令人扔一块手帕。在发令前，卡斯尔雷勋爵让自己的助手交给科特瑞先生一份自己签名的文件，声明格瑞西夫人没有以哪怕最轻微的方式鼓励过自己对她的关注，而且此前他从未与格瑞西夫人通过信。接着助手发出口令并扔下了手帕。他们同时开枪。麦尔西先生的子弹射穿了对方的手臂，勋爵向空中进行了射击。卡斯尔雷勋爵的助手本廷克先生查看了勋爵的伤势之后，向对方宣布，自己的朋友受了伤，这件事不能再继续下去了。

米尔芬先生和埃利奥特先生的决斗　1838年8月22日

因为在皮卡迪利街的沙龙里发生的一场争执，今天在温布尔顿公园，离磨坊大约两百码的一个峡谷里，住在托特纳姆球场路的前亚麻布商人米尔芬先生和埃利奥特先生进行了一场决斗。双方在十二步的距离上进行了射击。第一轮射击时，埃利奥特的子弹射穿了米尔芬先生的帽子。助手立即进行了干预，但是米尔芬拒绝调停，坚持进行下一轮射击。于是手枪重新装填子弹，双方再次射击，米尔芬先生倒下了。外科医生斯考特立刻进行了急救，但是他几乎是当即就死去了。死者的尸体被放进一辆出租马车，黄昏时送回了他城里的家中。在伦敦兰贝斯区①肯宁顿路布鲁克街的坦卡德酒店，验尸官卡特先生和那个区里最重要的十五名居民组成的陪审团，对尸体进行了四天的检查。下面就是提交给法庭的证据的主要内容。

温布尔顿公园磨坊主人托马斯·唐恩："那些人来到峡谷时，我看到的第一件东西是一个毯制的旅行袋，从里面取出了一个装着一些手枪的盒子。有五个人站在一起，另一个人在我左边，一个助手站在大约两百码以外的左侧山丘上。

给手枪装子弹时，我左边的那个人，也就是后来向死者射击的那个人走上来对我说：'早上好！'我说：'好像那些先生们有些分歧要解决。'他回答说：'噢！真他妈胡说八道，只是一个一百英镑的赌注而已。'我回答说：'我是不会那样做的。'我这样说的时候，他吹着口哨走过去了。一两分钟后他又经过我身边时，我说，真遗憾绅士们不能用一种更好的方式解决分歧。他说：

---

① 兰贝斯区（Lambeth），英格兰大伦敦南部的区。

第二十五章 1820年至1840年间的决斗

'哦！胡说八道，我一向如此，我是要战斗的人。'接着他们开始扔一个半便士或者一便士的硬币，我猜是为了选择手枪，或者是挑选位置。当那个后来打死对方的人向自己的位置走去时，人群中有个人走过去对他说：'你没问题，用不着害怕。'我看到他们双方举起了枪，我听到两声枪响。没过多久，我又听到枪响。枪声之后，跟我说过话的那位绅士马上向我走过来说、'我已经为……做了……'当时我看见死者倒下了。我走过去看见他的衣服被脱去了，身上有一处像是子弹造成的伤口。除了一个人在那里捂着伤口，其他人都离开了场地。我对那个捂着伤口的人说：'他恐怕已经死了。'除了一辆出租马车，其他的马车都走了。我离开现场时死者已经死了。"

乔治·克拉克——出租马车夫的证词："上个星期三下午大约五点一刻，我在大象和城堡①停车点。我当时看见两位绅士在一辆双轮轻便马车里，另一位绅士站在路上。我停下车，路上的先生上了车。他是罗金厄姆街的外科医生斯考特先生。当我们到达温布尔顿公园时，看见一辆马车在那里停下了。马车是用驿马拉的。那里还有一辆单人轻便马车。斯考特先生下了我的马车。几分钟之后我听见了枪响，我和我的马车上的另一位车夫跑向了现场。到那儿时，死者已经倒在地上了，除了斯考特先生和死者，其他人都离开了。一位绅士坐着双轮轻便马车赶过来，他跳出马车，跑下了山谷。很快他跑回来说：'他死了！'然后又跳上了轻便马车。我抓住马头对他说：'你不能这样离开他，你让我怎么办？'他说：'这是我的马和车。'我试图阻止他时，他抽打马强行离开了。斯考特先生叫我把出租马车赶来，我说我没办法把马车赶下山谷来。于是我们把尸体抬进了我的出租马车。斯考特先生也坐了进来。我说：'我应该去哪？'他说：'穿过公园，到一个朋友家里去。'我拒绝了，除非把尸体送到死者家里，否则我不走。于是他说去快乐宫。到那儿以后，尸体被送进了会客室。"

斯考特先生——外科医生的证词："第一轮射击之后，助手们进行了干预，希望达成和解。米尔芬先生说，他除了一份书面道歉什么也不接受，而埃利奥特先生拒绝提供这样的道歉。米尔芬先生于是坚持进行第二轮射击。他开枪之后，朝我走了大约六步，对我说：'我受伤了！'我说：'在哪儿？听

---

① 大象和城堡（The Elephant and Castle）是伦敦南部一个主要道路交叉点，位于萨瑟克区（Borough of Southwark）。通常也用来称呼周围地区。

到这样的消息我非常遗憾.'他举手向我指示了受伤的位置。我对他摇了摇头，说：'再见了。上帝保佑你！'他对我说：'再见，老伙计！'布劳顿先生跑过来问：'我能做什么？'我说：'尽快离开吧。'其他人也都离开了现场，他们没有提供任何帮助。他们走了五分钟之后，一位高个子的先生回来了，问米尔芬先生情况怎样？我回答说：'他要死了。'这个人开枪时在场。米尔芬先生中弹大约十分钟后去世了。我请求回来的那位先生等一下，我对他说，你的处境不会比我更糟的。他答应留下来，但是很快他就走或者跑到山上去了。我后来再也没见过他。"

所有的人都退出了房间。经过大约十五分钟的审议，陪审团主席对验尸官宣布，他们对主犯弗朗西斯·莱昂内尔·埃利奥特达成了"蓄意谋杀"的判决；对约翰·杨格、亨利·韦伯、爱德华·德尔维斯·布劳顿和另外两名不知道姓名的人，作为次要主犯也提出了"蓄意谋杀"的判决。于是立刻发出了对这些人的逮捕令。

9月21日，他们的案件在中央刑事法庭开始审理。埃利奥特和布劳顿没有到庭，杨格和韦伯来到了被告席。波德金先生说，由于布劳顿的律师克拉克森先生生病了，所以大家认为布劳顿先生最好不要出庭。被告们为自己进行了"无罪"辩护。钱伯斯先生提起控诉，开始了案件的进程，他传唤了各位目击者。案件的起诉阶段要结束时，阿道夫斯代表韦伯先生向陪审团致辞，菲利普斯则代表杨格先生向陪审团致辞。两人都坚持认为，没有一点点证据能够证明他们的当事人参与了后来发生的不幸的事情。几位证人为他们的品格作了证，说被告具有最强烈的人道主义精神。

接着法官沃恩先生对陪审团讲话。他说，以他个人的意见，这个案子没有任何疑难之处。陪审团要决定的问题是，被告们出城是否为了帮助和鼓励埃利奥特先生。如果陪审团对这一点有怀疑，他们应该让被告享受到这种怀疑带来的利益。他说，毫无疑问，在眼下这件案子里，有一些怪异之处，此前从未在他处理的决斗案件中出现过。奇怪的就是竟然有这么多人被卷进这件事情。从决斗的方式来看，似乎没有任何一方享受到了不公平的优势。相反，就法官对决斗这类事务的了解，人们安排这次决斗时，非常注意遵循在类似事情中通常的做法。

陪审团退下去大约二十分钟之后，带回来一份"有罪"的判决。陪审团发言人说，他的陪审团同事们希望他能向法庭表达他们对于斯考特先生的行为的憎恶,并且希望他对法庭说,按照陪审团成员的意见,斯考特先生应该和其他被告一起被送上被告席。沃恩法官表示,他对斯考特先生的态度与陪审团相当一致。钱伯斯先生说,死者的兄弟认为提起诉讼是他们的义务,但是他也指示钱伯斯先生,向法庭建议对被告宽大处理,因为他们都得到了证人对他们的品德无懈可击的证明。

沃恩法官说,这个建议会得到考虑,但是当前法庭应该命令对被告判处死刑,记录在案,不过这个判决的基础是一项谅解:即他们的生命会得到宽恕的。

死刑的判决后来被改判在吉尔福德①监狱监禁十二个月,最后一个月应该是单独监禁。埃利奥特和布劳顿已经逃亡海外。被告提出上诉称,对高尚的荣誉观施以这样严苛的法律,只能造就一个优柔寡断的上流社会。埃利奥特是陶顿一个旅馆老板的侄儿,近来在英国西班牙附属军团当军官;米尔芬是唐卡斯特一个布商的儿子,在托特纳姆球场路有一家亚麻布服装商店;杨格是靠近艾尔斯伯里②的哈登汉姆的一个砖头制造商的儿子。在温布尔顿的这次丑陋表演,据信使这种行为成为人们嘲笑和憎恶的对象了(因为决斗之后被告们抛弃死者逃走了,这很不体面——译者)。

伦敦德里侯爵(本卷前文有他与巴蒂尔先生在1824年5月6日决斗的记叙)与格拉坦先生的决斗　1839年1月13日

据报道,亨利·格拉坦先生(见本章开头注释)在都柏林的一次公开会议上发表了一次演讲。因为伦敦德里侯爵在上议院就这篇演讲发表了某些评论,格拉坦先生给侯爵写了一封信进行质问,以下是侯爵的答复:

　　伦敦德里宫③　6月12日
　　伦敦德里侯爵向亨利格拉坦先生致意。伦敦德里侯爵在上议院自己的议席上读到报纸上对于奥康纳尔先生的一篇演讲的报道摘要。据说演讲是在都柏林的一次公共集会上向女王发表的。演讲对托利党提出了指控,伦

---

① 吉尔福德(Guildford),英国东南部萨里郡(Surrey)首府。
② 艾尔斯伯里(Aylesbury),英格兰东南部白金汉郡的一座城市。
③ 伦敦德里宫(Londonderry House),位于伦敦梅菲尔区(Mayfair)公园路(Park Lane)的一幢贵族宅邸。直至1965年爵位被废除之前,这座建筑是爱尔兰伦敦德里侯爵斯图尔特家族的居所。

敦德里侯爵不仅属于这个党派,而且以此为荣。伦敦德里侯爵引述的演讲内容如下:"格拉坦先生说,如果托利党掌握政权,女王陛下的生命将不再处于安全之中。他(奥康纳尔先生)严肃地宣称,他相信如果发生那样的事情,女王的生命将不会延续超过六个月。"伦敦德里侯爵当即表示,如果这个报道是正确的,演讲实际上是在指控托利党打算谋害女王,他认为这些指控是卑鄙无耻的。伦敦德里侯爵这些表示轻蔑的措辞就是针对这种指控的。

在第二封信里,格拉坦先生请求说明,他不应该为奥康纳尔先生演讲中的任何意见和措辞负责。他不曾在任何演讲中以任何方式提及伦敦德里侯爵,他请求侯爵明确说明,关于"卑鄙无耻"的话是否是针对自己的?在回信中,伦敦德里侯爵说,对于报纸报道的那次集会中的言论谁应该负责,他不会妄下结论,但是如果任何个人准备认可那些言论,他就要坚持把自己已经发表的那些看法对准那个人。那些表示蔑视的措辞不是在谴责个人,而是在谴责据报道对一个政治团体公开提出的诽谤性的指控,而且鉴于亨利·格拉坦方面并没有否认那些报道中提到的情感和言论,伦敦德里侯爵很遗憾地表示不能收回他已经表达的意见。

最后的结果是安排了一次决斗,并于今天三点钟在温布尔顿公园进行了。按照口令,伦敦德里侯爵接受了格拉坦先生的射击,之后向空中开了枪。波德金先生代表格拉坦先生表示他完全满意了,事情就这样结束了。

鲍尔斯考特子爵[①]和罗巴克先生的决斗　1839年2月28日

今天在库姆森林,鲍尔斯考特子爵和罗巴克先生进行了一次决斗。前者由尊敬的 H. 菲茨罗伊担任助手,后者由特里洛尼先生[②]担任助手。在决斗现场,人们做了很大的努力,想阻止事情走向极端,但是没有成功。鲍尔斯考特子爵的助手坚持要求罗巴克先生收回他在巴思市的一次演讲中的某些言论,或者为此道歉。罗巴克先生接受了鲍尔斯考特子爵的射击,自己向空中开了枪,然后走到勋爵面前说:"现在,我的勋爵,您建议我对在巴思市的演讲进

---

① 理查德·温菲尔德(Richard Wingfield, 6th Viscount Powerscourt, 1815—1844),鲍尔斯考特子爵,英国保守派政治家。
② 爱德华·约翰·特里洛尼(Edward John Trelawny, 1792—1881),英国传记作家、小说家和冒险家。他是雪莱和拜伦的挚友。雪莱死后,他去确认遗体并办理了丧事。

行任何方式的道歉,我都准备同意。我的演讲绝对无意对您个人进行冒犯。"
对这个声明,各方都表示满意,事情就这样结束了。

乔治·洛夫托斯勋爵和哈利勋爵①的决斗　1839 年 12 月 10 日

今天在法国布伦附近,乔治·洛夫托斯勋爵和哈利勋爵进行了一次决斗。双方的射击都没有击中,当天晚上双方就返回了多佛。事情的起因是乔治勋爵对哈利勋爵讲的一些话。当时哈利勋爵向乔治勋爵引荐自己,声称自己与乔治勋爵认识,而乔治勋爵对此没有印象。哈利勋爵说是乔治勋爵的兄弟洛夫托斯勋爵提议把自己引荐给乔治勋爵的。因为相信这一声明,乔治勋爵的助手在决斗之后以乔治勋爵的名义宣布,收回他冒犯哈利勋爵的那些话。

威廉·佩吉特勋爵和费斯克先生的决斗　1839 年 12 月 20 日

今天,威廉·佩吉特勋爵和费斯克先生在温布尔顿公园进行了决斗。前者由枪骑兵贝利上尉陪同,后者由南丁格尔先生陪同。费斯克先生接受了佩吉特勋爵的射击,自己向空中开了枪,然后助手进行了干预。据《晨报》的报道,事情好像是威廉·佩吉特勋爵要求费斯克先生声明他从未借钱给自己,而费斯克先生认为这个请求是和一个威胁一起提出的,因而拒绝接受,但是在决斗之后,他当着贝利上尉和南丁格尔先生的面,毫不犹豫地声明,他从未借钱给勋爵。

斯罗伊特先生和保林·普鲁先生的决斗　1840 年 6 月

在新奥尔良附近发生了一场令人吃惊的决斗。下面这篇报道来自《路易斯安那信使报》:两个出生在法国而长期生活在新奥尔良的居民——希波吕忒·斯罗伊特先生和保林·普鲁先生刚刚进行了一场方式非常残忍的决斗,结果也非常令人悲伤。决斗起于一场充满仇怨的法律诉讼,并且是以下面这种方式进行的:当事人手握手枪,背对背站在相距五步的距离上,按照双方事前同意的一个口令,转身并开枪。第一次射击时两人同时开火,但是没有击中。普鲁先生于是去拿第二支手枪,但是因动作太猛,手枪走火射向了天空。看到自己完全暴露给对手,没有任何方式可以自卫,他干脆向对手敞开胸膛,说:"开枪吧!"当时大群的围观者里有人为这个已经解除了武装的人的命

---

① 阿尔弗雷德·哈利(Alfred Harley, 6th Earl of Oxford and Earl Mortimer, 1809—1853),牛津伯爵和莫蒂默伯爵。1828 至 1849 年继承父爵之前,他被称为哈利勋爵(Lord Harley)。

运担心，喊道："不要开枪！"然而助手却进行了干预，查问谁敢插手这桩事务，并请斯罗伊特先生向对手开枪。斯罗伊特根本不需要邀请，他让围观者和普鲁先生不得不忍受了相当长一段时间最难挨的等待：他一直用手枪瞄着普鲁先生，笑得露出了牙齿。最后他开了枪，子弹击中了普鲁先生，他立刻死掉了。

第二节　围绕卡迪根伯爵审判案的辩论

卡迪根伯爵[①]**和哈维·加内特·菲普斯·塔科特于1840年9月12日进行了决斗**

第11骑兵团的中校卡迪根伯爵认为最近在《纪事晨报》上发表的一些信件，对他作为一名军官和绅士的人品造成了损害，他认为信件的作者是前第11骑兵团的塔科特中尉，于是通过道格拉斯上尉向塔科特中尉发出了挑战。

塔科特中尉接受了挑战，并请半薪军官温莱特上尉为他安排决斗。伯爵当时要求道歉，塔科特的回答是，如果伯爵能表示自己在报纸上发表的信中谈到的那些事情都不真实，他就准备道歉。卡迪根伯爵表示信中有些内容是真实的，但是大部分内容属于污蔑。塔科特中尉因此拒绝道歉，结果就是一场决斗。

决斗9月12日星期六下午在温布尔顿公园里进行。第一次射击双方都没有击中。第二次射击时，塔科特先生被对手的子弹击中了靠下的肋骨，子弹射到了脊椎。卡迪根和他的朋友们离开决斗场时被逮捕了，但是他们向警察保证星期一会出现在旺兹沃思[②]的地方法官面前，于是被保释了。星期一，詹

[①] 陆军准将詹姆斯·托马斯·布鲁德纳尔（Lieutenant General James Thomas Brudenell, 7th Earl of Cardigan, 1797—1868），第七世卡迪根伯爵。他曾经在著名的哈罗公学学习，但是在和一个同学进行了一场拳斗之后被家人接回了家里，从此在家中接受教育。他是八个子女中唯一的男孩，这可能是他此后生活中傲慢和自以为是的根源。1818年他成为下院托利党议员，1829年在下院因为敬仰支持天主教解放法案的惠灵顿公爵，三次在针对一项限制《天主教解放法案》的提案的表决中弃权，被反对这一法案的托利党赶出了议会。次年他花重金购买了一个选区重新回到了议会，但是该选区在1832年被议会改革法案废除。他后来参加克里米亚战争时的表现备受争议，却被民众认为是一位战争英雄。1860年退役时被提升为准将。他在政治上一直较为保守，但是晚年转而支持英国议会第二次改革法案。

[②] 旺兹沃思（Wandsworth），伦敦南部的一个地区。

姆士·安德森先生作证说，塔科特先生被送回他的住处后，他对塔科特先生作了检查，发现一颗子弹射进了右侧髋骨的上部，碎裂以后，横着穿了进去，然后从脊椎骨的脊柱中穿出。他说星期天他又拜访了病人，当时没有发现有生命危险。

地方法官决定，鉴于这个案件的严重性质，他们不能满足于通常的保证金，因此命令卡迪根伯爵缴纳一笔一千英镑的保证金，道格拉斯上尉需缴纳五百英镑保证金，以保证他们在28日星期一再次出现在地方法官面前。

卡迪根伯爵就这件事发表了以下的陈述："有一封署名为'一位老战士'的信发表在1840年9月4日的《纪事晨报》上。卡迪根伯爵从可靠的消息来源获悉，

陆军准将詹姆斯·托马斯·布鲁德纳尔

当《纪事晨报》的编辑被问到这封信的作者姓名时，他说是哈维·塔科特。按照卡迪根伯爵的请求，道格拉斯上尉立刻在11日前往等候塔科特先生，要求决斗。

塔科特先生承认是这封信的作者，并请求一些时间去乡间与温莱特上尉商议，请他做自己的助手。12日星期六，道格拉斯上尉与温莱特上尉会面，后者要求卡迪根伯爵书面陈述请求与他的朋友塔科特先生决斗的理由。大约下午两点半，道格拉斯上尉向对方递交了下面这一声明：因为一封出现在4日《纪事晨报》上署名为'一位老战士'的信，卡迪根伯爵授权道格拉斯上尉向塔科特先生请求决斗。塔科特先生已经承认是这封信的作者。信中许多内容完全不是事实，整个信都是诽谤性的、侮辱性的和中伤性的。'

卡迪根　伦敦　9月12日"

9月28日，卡迪根伯爵、他的助手和塔科特中尉的助手被带到了旺兹沃思地方法官面前，他们都决定面对将要在中央刑事法庭进行的审判。对伯爵的指控是"用一支手枪射击哈维·塔科特中尉，企图谋杀或者对他造成伤

害。"对道格拉斯上尉和温莱特上尉的指控是，作为助手协助和教唆进行决斗。

卡迪根伯爵被允许缴纳二千英镑的保释金保释，他的两名担保人各缴纳一千英镑保证金。两名助手分别被要求缴纳五百英镑保证金，助手的两名保证人各二百五十英镑保证金。相关各方保证出席法庭此后对被告的审判。

10月14日，塔科特中尉的伤势已经完全恢复，可以到旺兹沃思地方法官的法庭上了，所以一次特别的庭审在今天进行，目的是开始对塔科特先生的审查，指控他射击并意图谋杀卡迪根伯爵。此前的那些证据被再次宣读，塔科特完全同意接受对他的重罪指控进行的审判。法庭要求他缴纳一千英镑保证金，他的两名担保人各缴纳五百英镑保证金。

10月21日，中央刑事法庭开庭时，代表卡迪根伯爵的阿道夫斯先生请求在对伯爵进行审讯之前，询问法官一个问题。他说，他发现，在当天要审讯的案情日程中，有针对第七名被告的内容，被告名字是卡迪根伯爵詹姆士·托马斯·布鲁德纳尔。现在，卡迪根伯爵作为这个王国的一名有上议院议员资格的贵族，不应该在这个法庭受到审判。

因此他主张，伯爵的名字应该从当天的审讯列表中移除。鲍桑葵法官①和厄斯金法官表示同意。根据一项复审令，指控将送交上议院特别刑事法庭，而且在审判卡迪根伯爵之前审判道格拉斯先生的案件非常不便（所以将停止审判）。最后决定，所有当事人的保证金将暂缓到下一次开庭处理。

2月16日，在上议院全体国会议员面前，对卡迪根伯爵进行审判

大约十一点钟之前一点，由于上议院大法官身染微恙，邓曼勋爵②身着礼服代替他走进上议院，作为上议院发言人坐上了设有羊毛坐垫的议长座位。皇家法庭的特权律师作为前导，黑杖侍卫（英国上院的引座官，引导下院议员进入上院入席，因手持乌木杖，故名）手持英国上议院特别刑事审判长的

---

① 约翰·伯纳德·鲍桑葵（John Bernard Bosanquet, 1773—1847），英国法官。
② 托马斯·邓曼（Thomas Denman, 1st Baron Denman, 1779—1854），邓曼男爵，英国律师、法官和政治家。1832至1850年为英国最高法院首席法官（Lord Chief Justice）。1820年前后担任国王乔治四世的王后卡罗琳的辩护律师，在上院为王后进行辩护，阻挠乔治四世与王后离婚的计划，并以此成名。

权杖,嘉德骑士①手握国王的权杖,走在邓曼前面。

祷告之后,从晚辈的男爵开始对议员进行点名。然后,参与诉讼的王室书记官向上议院发言人送交了委任书,发言人将它交给英国高等法院的副王室书记官宣读。他宣读时,其他人起立。

委任书授权上院对卡迪根伯爵詹姆士·托马斯的一项重罪指控进行审判,这项指控是根据一项复审令移送上院的。委任书同时决定邓曼勋爵为上议院特别刑事审判庭审判长。在宣读了复审令②和指控之后,法庭宣告由(引导上议院议员入席的)助理侍卫将卡迪根伯爵带到被告席上。到达被告席之后,卡迪根立刻三次敬礼,并跪地直到特别刑事审判庭审判长指示他起来。然后他又向审判长致敬,向两旁的上议院同僚分别致敬。之后他被领到靠近他的律师的被告席座位上。

审判长告知卡迪根,他被控用一支上了膛的手枪射击哈维·加内特·菲普斯·塔科特,意图杀死他;第二项指控是射击塔科特,试图使其残废;第三项指控是射击塔科特试图对他造成严重的身体伤害。副王室书记官接着对他提出指控,并询问他对指控的事项是否承认有罪,以及他将怎样接受审判。伯爵回答说:"由我的同僚进行审判。"总检察长瓦丁顿作为控方的律师来到法庭。威廉·福利特先生③、蓝汉姆律师和阿道夫斯先生作为辩方律师代表卡迪根伯爵。

总检察长瓦丁顿先生开始提起控诉,接着向上院议员发表了讲话:

---

① 最高嘉德勋章(The Most Noble Order of the Garter),最高级的骑士等级勋章,1348年创立,目前则是联合王国的一种荣誉制度。嘉德勋章的获得者仅限君主和威尔士亲王。在世的嘉德骑士不得超过二十四名。关于嘉德骑士起源,流传最广的一种说法是:1347年爱德华三世去加来参加一次宴会,在宴会上,爱德华三世邀请索尔兹伯里伯爵夫人跳舞。舞会上伯爵夫人的吊袜带掉了,众人窃笑。爱德华非常痛恨那些骑士和贵妇的反应,说"心怀邪念者蒙羞",然后把袜带捡起来戴在自己腿上。"我们成立一个'嘉德骑士团'",爱德华说道,"我只允许嘉德骑士团里有25个会员,当然还得加上我!"嘉德是Garter的音译,是女子吊袜带的意思,也是英国最高勋位,更是世界上最古老的国家骑士团,团长是国王,只有25名成员,男女均可。1906年明治天皇曾获颁嘉德勋章。

② 复审令(writ of certiorari),是根据申请人的请求,由上级法院向下级法院发出的一种命令。根据复审令,下级法院应将一个案件和相关文件呈交上级法院进行审理。一般情况下,复审令都是由一个国家的最高法院发出的。

③ 威廉·韦伯·福利特(Sir William Webb Follett, 1796—1845),英国律师和政治家,1844年担任总检察长。

"我荣幸地作为女王陛下的总检察长在这个场合站在阁下面前，向你们报告这个案件的情况，你们将被要求做出判决。除了根据案情的真实情形协助各位做出正确的结论，我将不怀任何抵触和希冀。大陪审团对这个国家的一位贵族提出了指控，指控他犯有重罪，对此罪行的惩罚将是流放和监禁。这一指控现在根据尊贵的被告的请求，被移送到各位面前。我必须说，这样做是非常恰当的，因为下级法院对被告是没有司法权的。

根据指控的文本，对被告的指控具有非常严重的性质，如果不进行任何调查就进行指控，将是不能令人满意的。负有提起控诉义务的警察同意了卡迪根伯爵具结保证出现在中央刑事法院面对指控以获得保释。先生们，在审判的过程中，围绕对国会的法令的解释，可能会出现一些重要的疑问。这些问题对国会、对王室和社会都意义非凡，需要仔细商讨。

参照我们能够找到的判例，当一位贵族在国会受到审判时，应当由王室的法律官员提起控诉。幸运的是，我们对这种案件的记忆已经很陈旧了。最后一次这类的事件已经是在六十四年前发生的了。我高兴地看到，在目前的案件中，对尊贵的被告提出的指控并不意味着被告在道德上有任何卑鄙之处。如果指控成立，对被告的判决也不会对被告所属的杰出的贵族阶层的声誉产生任何不良的影响。

但是同时，对我来说这是清楚的，即被告触犯了这个国家的成文法。这个法庭和所有其他的法庭都有义务尊重并捍卫这个法律。你们坐在这里不是作为一个荣誉法庭或者立法机构的分支的，而是作为一个受到法律约束的法庭坐在这里的，你们对法律的誓言是和对上帝的誓言一样神圣的。

先生们，对卡迪根伯爵的指控是根据现在的女王陛下登基的第一年国会通过的一项法律提出的。它指控尊贵的被告出于指控所述的目的射击哈维·塔科特上尉。我认为我应该履行自己的职责，向你们简单回顾一下有关这种案件的法律的历史。根据英格兰普通法，没有造成死亡的人身侵害，只是构成轻罪，而且，如果受到伤害的一方死亡但不是在一年零一天之内死亡的，也不构成重罪。规定没有发生死亡但构成重罪的第一项法令是亨利四世的第五项法令第五章。根据这项法律，某些没有导致死亡的人身伤害构成重罪，贵族初次犯此罪可免于判刑。接下来是查理二世的考文垂法案第二十二和二十三条。在该法案中，任何人进行决斗并使对方受伤或毁容都犯了重罪，贵

第二十五章 1820 年至 1840 年间的决斗

族初次犯此罪也不能免刑。在这两项法律中，除非造成伤害，否则都不构成犯罪。

直到乔治一世的通常被称为黑法令的第九项法律之前，没有造成伤害的企图都不构成重罪。而根据黑法令，任何人如果蓄意、恶意地在任何居所或其他地方向任何人开枪，即使没有造成伤害，都构成重罪，贵族初犯也不能免刑。但是出于对尊贵的被告公平起见，我有责任提醒各位，根据黑法令，除非案件中出现了死亡，否则不构成谋杀罪。这在金诉加斯提纽克斯的案件中是确定的，这个案件记载在《里奇王室案件集》第一卷第 417 页中。

在那个案件中法律是这样的：'对该项指控提出的罪行，法律是用非常简单清楚的措辞这样进行描述的，即——任何一人或者多人如果蓄意、恶意地在任何居所或其他地方向任何人开枪，他都将被判定犯有重罪，贵族初犯也不能免刑。''恶意'一词构成这种犯罪的最重要的本质。因而，根据这项法律，射击行为不构成应判死刑的罪行，除非射击行为导致了死亡，这样的话就构成谋杀罪。

由此可见，在应用于这类案件时，法律的以上观点清楚地、不可避免地是从对'恶意'这个词的阐释而来的。在所有的杀人案件中，只有谋杀罪才要求行为的恶意预谋为构成要件。结果就是无论出于意外的枪击还是因为情绪激动而进行的射击，由于它们是受某种刺激引起的，这种刺激因素使这些犯罪只构成过失或一般杀人罪，所以它们都不属于这项法律所提及的罪行，因为法律在这两种犯罪中都排除了恶意蓄谋的因素。

法律的这种立场直到乔治三世的第四十三项命令颁布的一项法案通过；这项法案通常被称为艾伦伯格法案，它没有推翻黑法令，但是极大地延伸了它的应用范围，这个法案中包括以下内容：

'如果任何一个人或者一些人故意、恶意并有预谋地非法射击任何国王陛下的臣民，或者故意、恶意和非法地举起任何种类装填了子弹的火器或用它指向或者瞄准任何国王陛下的臣民，试图扣动扳机或用其他任何方式对他或者他们施放这些火器，或者故意、恶意或非法地刺伤或者割伤国王陛下的臣民，试图用这样的方式谋杀或抢劫国王陛下的一个或一些臣民，或者使他们残废、毁容，或者企图给他们造成其他某种严重的身体伤害的，将构成重罪，贵族第一次犯罪亦不得免刑。'

但是在这项法案中包含以下的限制性条款：'假使在法庭上出现了这种情况，即指控任何个人或一些人故意、恶意和非法地射击任何国王陛下的臣民，即使这种行为导致了死亡也并不构成谋杀罪。那么当这种情况出现在法庭上时，所有这类案件中受到谋杀指控的人或者一些人都应该被认为并没犯有受到的指控重罪，并应无罪释放他们。'①

先生们，你们将看到，根据这项法令，因为企图谋杀或者使人残废、毁容或者造成严重的身体伤害而射击某人，被确定为应判死刑的罪行。但是法令规定的这种罪行只有在导致了死亡的情况下才能成立并构成谋杀。

接下来相关的法律是乔治四世时期的第九项法令第三十一章，通常被称为兰斯唐法案。兰斯唐勋爵在他担任内务部国务大臣时向国会提出了这项法案。这项法案被冠名为'加强和改善与个人侵害相关法律的一项法案'。它撤销了黑法令和艾伦伯格法案，但是包含与这些法案相似的一些条款。

兰斯唐法案第十一条规定：'如果任何人非法和恶意地射击任何人，企图使其残废、毁容或者丧失能力或者造成其他严重的身体伤害，他将犯有重罪，并被相应判决，将作为重罪犯面临死刑。'但是这个法案同样包含艾伦伯格法案里的限制条款：如果在对任何人的指控中，出现了这种情况，即，即使案件中发生了死亡，案件也不会构成谋杀罪，那么，应判决受到指控的人没有犯下该项重罪。此外法案仍然规定，出于谋杀或者使人残废或毁容，或造成身体伤害的目的射击别人的行为是应判死刑的重罪，即使其行为没有实际造成伤害。

---

① 这部分论述涉及非常复杂的法律问题。首先，读者必须弄清几个法律概念。重罪（felony）和谋杀罪（murder）是法律术语。重罪在普通法（common law）国家指严重罪行。这个概念起源于英国普通法，通常是涉及没收被定罪者的土地和财产的罪行。相对重罪而言的是轻罪（misdemeanors）。很多国家目前已经放弃了这种区分而代之以可公诉罪行（indictable offences）和即审即决轻罪（summary offences）这种区分。被判决犯有重罪的人称为重罪犯（felon）。重罪中包括谋杀但不止是谋杀，一般还包括强奸、严重攻击、抢劫、入室行窃、纵火、欺诈、绑架、伪证、叛国、严重盗窃和制造、买卖、持有非法药品等罪种。谋杀罪指非法杀害他人。构成谋杀一般需要有恶意预谋（malice aforethought）为构成要件，没有恶意预谋的杀人通常只构成过失杀人、一般杀人罪（manslaughter）。

艾伦伯格法案只规定了文中所述行为构成重罪（felony），会面临死刑，既没有规定何种情况才构成谋杀，也没有明确规定必须导致当事人死亡才构成谋杀，作者在这里认为"法令规定的这种罪行，只有在导致了死亡的情况下才能成立并构成谋杀"似乎不确切。明确了该问题的法律是下文所说的1837年维多利亚女王的第一项法律。

法律坚持以上立场，直到适用于本案的法律获得通过。适用于本案的法律1837年7月17日获得了国王的批准，是维多利亚女王的第一项法律。法律的名称为'对人身伤害的相关法律的一项修正法案'。法案的序言提到，对乔治四世关于任何非法和恶意地射击任何人，或者通过扣动扳机或者其他方式，试图施放任何已经装填的火器于任何人的行为的第九项法案，作出如下修正是适宜的。根据新法案的第三和第四部分，'无论何人如果刺伤、割伤或者伤害任何人，或者用任何其他方式对任何人造成危及生命的伤害，并且在上述的案件中怀有谋杀的动机，将构成重罪，并被相应判决，并将面临死刑。'根据这个法案，射击一个人并造成危及生命的伤害，仍然是可以判处死刑的重罪，但是如果没有造成伤害，这种射击就不再构成可判死刑的重罪了，但仍然构成重罪，量刑可以是流放或者监禁。① 第四部分规定：'无论何人出于使人残废，毁容，或者失去能力或者造成其他严重人身伤害的目的，非法和恶意地射击任何人，或者通过扣动扳机，试图施放任何种类的已经装填子弹的火器于任何人，都构成重罪，并应相应判决，可能被判处越洋流放等等。'新法案不再包含艾伦伯格法案和乔治四世第九项法案中的限制性条款。先生们在仔细研究对本案第二和第三部分的指控的判决时，应该认真考虑这一情况。

先生们，我很高兴地指出本案的指控没有提出可判死刑的指控。本案造成了伤害，但是起诉人非常恰当地把指控限制在有目的地进行射击，而没有确认造成了致命的伤害。第一项指控提出，卡迪根伯爵对塔科特上尉进行了射击，其目的，用法律的术语，就是实施谋杀。②

第二项指控是，卡迪根伯爵在同一行动中，企图使塔科特上尉残废、毁容或失去能力。第三项指控提出，卡迪根伯爵在同一行动中，试图对塔科特造成某种人身伤害。根据我将向各位展示的事实，以及法庭指示我展示给各位的证据将清楚地说明的情况，各位将判断能否认为各项指控已经得到了充分的证据支持。

---

① 维多利亚的第一项法律明确规定了要造成"危及生命的伤害"，才构成重罪，所以相反的推论就是没有造成致命伤害就不再构成"可判死刑的重罪"了。维多利亚第一项法案这个规定与前述的艾伦伯格法案等因此产生了质的不同。——译者
② 这句话的意思是，检方的指控中最严重的第一项页仅指控卡迪根伯爵进行了射击，没有指控他造成了"危及生命"的伤害，所以，即使指控成立，根据维多利亚第一项法案，这也不构成可以判处死刑的重罪。

本案证据的关键是，去年9月12日，卡迪根伯爵和塔科特上尉在温布尔顿公园用手枪进行了一次决斗，而且在第二轮射击时打伤了对方。证据显示，那天下午大约五点钟，有人看到两辆马车从相反方向到达温布尔顿公园，从马车里下来一群绅士。看到这一情况的人非常清楚，他们准备进行一次决斗。

　　那些人来到公园里通向斯宾塞勋爵公园和一个风车磨坊的道路那里。助手们进行了通常的准备工作：当事双方——卡迪根伯爵和塔科特上尉被安排在相距大约十二码的距离上。

　　他们进行了一轮射击但是没有击中。他们从助手那里拿到另一支手枪，再次进行了射击，塔科特上尉被卡迪根伯爵击伤了。磨坊主丹恩和他的儿子以及站在决斗场附近的外科医生詹姆斯·安德森立刻跑了过去。伤者接受了检查，他在大量出血。但是很幸运——而且我肯定没有人比本案尊贵的被告对这一情况更加高兴了——伤势被证明并不危及生命。磨坊主丹恩先生是一位治安官，他拘留了所有当事人。

　　后来对伤情进行了正式的检查。医生詹姆斯·安德森先生强调丹恩先生应该暂时释放自己，让自己能送塔科特上尉去他在伦敦的家。他的请求立刻被接受了，条件是塔科特上尉承诺在他恢复之后出现在地方法官面前。磨坊主丹恩先生扣留了卡迪根伯爵和他的助手道格拉斯上尉以及塔科特的助手温莱特上尉。磨坊主走到卡迪根伯爵面前时伯爵手里还握着一支手枪，地上有两只装手枪的箱子，其中一只里面有伯爵的帽子。伯爵声称那是他的个人财产。被拘留者被送往旺兹沃思的地方法官那里，在那里卡迪根伯爵陈述说：

　　我进行了一次决斗。我打伤了对手，我相信并不严重。然后，他指着道格拉斯上尉说：'这位绅士也是被捕者，他是我的助手。'当被问及他打伤的人是否雷诺兹上尉时，伯爵回答：'你认为我会屈尊与自己属下的一个军官决斗吗？'

　　地方法官命令伯爵保证被传唤时会到场，直到最后这个案件被送往中央刑事法庭时，伯爵都一再保证会出庭受审。我将传唤各位证人，包括磨坊主、他的妻子和儿子、驻守在车站的一名叫布塞恩的警察。我还会谈到卡迪根伯爵作出的声明。

　　对于引起决斗的争吵，我无法提供任何证据。道格拉斯上尉因为参与这件事也将受到审判。如阁下将看到的，他将和卡迪根伯爵一起受到连带的指控。对塔科特上尉和温莱特上尉也提出了一份起诉书，但是被大陪审团否决了。那些绅士仍然可能受到审判，所以把他们传唤到各位面前，要求他们提供本案的证据。而这些证据，在今后可能要进行的、事关他们的审判中可能会对他们自己不利，所以这样的安排恐怕是不合适的。我会传唤詹姆斯·安德森先生，他迄今为止一直为案情提供公允的证词。而且我想，他现在将不会反对向法庭陈述所有他看到的事情的。

根据这些事实，将由你们决定是否所有的指控都得到了充分的证明和支持。对于第一项指控，我们必须痛苦地引用法律的规定，但是将由你们来决定，从法律的角度看，被告席上尊贵的被告是否是出于上述的谋杀动机，向塔科特上尉进行射击的。

我可以完全排除卡迪根伯爵在这次决斗中有任何不公平的行为。有人提到伯爵的手枪有来复枪的枪管，而塔科特上尉的手枪没有这种枪管的问题。无论是否如此，我完全相信，卡迪根伯爵只是希望做到公平和体面。卡迪根伯爵很可能只想着，当他带着自己的手枪来到决斗场时，其中的一支将会指向自己的对手。我不认为卡迪根伯爵对对手有任何怨恨、任何个人仇恨或任何敌意。无论是伯爵提出的决斗，还是他接受了决斗的请求，我相信他唯一的目的是维护自己的名誉，维持自己作为一个军官和绅士的社会地位。

卡迪根伯爵在军队服役，他是第11轻骑兵团的中校。毫无疑问，他在这个场合只是做了他认为按照社会习俗应该做的事情，但是，如果这种行为导致了死亡，那将是非常不幸的事件。尽管一些声誉卓著的伦理学家谅解甚至为决斗这种行为进行辩护，但是你们必须考虑，在这方面，英格兰的法律是怎样的。根据英格兰的法律，毫无疑问，如果一群人经过深思熟虑，进行一场决斗，一旦发生了死亡，他们就犯有谋杀罪。我有义务向各位介绍有关这一问题的一些主要权威人士的看法。我会提到在英格兰法律方面最知名的一些权威——黑尔[①]、霍金斯、福斯特[②]和布兰克斯通。

黑尔在他的《王室诉讼》第一卷第453页中说：如果A和B两人突然发

[①] 马休·黑尔（Sir Matthew Hale, 1609—1676），著名律师，法学家和法官。
[②] 米歇尔·福斯特（Sir Michael Foster, 1689—1763），英国著名法官。

生争吵，当场决定进行决斗，取来武器，走到一片场地进行决斗，并且 A 杀死了 B，这不是谋杀，只是杀人罪。因为这种行为只是一场突然发生的争吵的继续，双方的情绪当时还没有冷静下来。但是如果经过了深思熟虑，当他们第二天——不，即使是当天，只要中间经过了足够的时间，以常识推断他们有时间进行深思熟虑，那么这就是谋杀。

在霍金斯的《王室诉讼集》第 31 章第 21 部分，关于决斗的法律是这样表述的：'似乎大家公认，任何时候，两个人情绪冷静地会面并就此前的争吵进行决斗，如果其中一个人被杀死，则另一个人犯有谋杀罪。他不能为自己辩护说是对方首先攻击了他，或者他一再拒绝过与对方决斗，并且最终是被对方说服的；或者目的只是维护自己的名誉，或者并不想杀死对方，只是想要解除对方的武装。因为，既然他深思熟虑之后，出于对法律的蔑视，卷入这样严重的违法行动，他就必须承担风险，接受相应的结果。

从这里我们可以得出结论，如果两个人在夜里发生争吵，并指定第二天进行决斗，或者在早晨发生争吵，而同意在下午进行决斗，或者经过相当长的一段时间进行决斗，那么我们可以正当而坚决地相信，双方的情绪已经冷静下来了，如果他们进行了决斗，一个人杀死了对方，那么就犯有谋杀罪。

而且任何时候，从所有情况来看，如果一个人在一场突然的争吵中杀死另一个人时，仍然能够控制自己的情绪，他也犯有谋杀罪。比如，经过一场争吵，他进行了一场谈话，并且表现平静；或者，如果他经过思考，说发生争吵的场所不便进行决斗；或者他说如果当场进行决斗，他的鞋子的厚度会给自己造成不利的条件（都说明他能够控制自己的情绪，因此在决斗中杀死对方就犯有谋杀罪）。'

最后提到的情形涉及莫尔雷勋爵的案子。在那个案件中，尽管是过失杀人，但是案件的情节给人强烈的印象即罪行具有更加严重的性质。

米歇尔·福斯特先生在论及杀人罪时说：'按照这一原则，蓄意进行的决斗，如果造成了死亡，在法律看来即是谋杀。因为决斗通常是以报复的情感为基础的。尽管一个人可能是出于不那么具有犯罪色彩的动机，而是拘泥于剑客所说的荣誉卷入决斗的，但是这不能成为托词。那些蓄意使对方流血的人，蔑视了所有人类和神的法度。

但是如果在一场突然的争吵中，他们当场进行了决斗，或者立刻去拿来武器，走到一片场地进行了决斗，而其中一人倒下了，那么这只是普通的杀人罪，因为可以合理推断当时双方的情绪都没有平静下来。相反，如果当事人指定第二天进行决斗，或者即使是当天进行决斗，但是经过了相当一段间隔，而这段时间可以使双方的情绪稳定下来，或者，如果从案件的某些情况来看，可以合理地推断他们的判断力在决斗之前已经控制了情绪（则决斗杀人应属谋杀）。

如果一场争吵之后，当事人转向了另一次谈话或其他娱乐，持续的时间对于使情绪冷静下来已经足够，那么上述的原则也同样有效。'

布兰克斯通在他所著书的第四卷定义谋杀罪时写道：'这里涉及蓄意进行的决斗。决斗双方会面时公开怀有谋杀的企图，他们认为这是他们作为绅士的义务，而且宣称挥霍自己和同类的生命是他们的权利。这种行为没有得到任何来自神或者人类权威的批准，却直接违背了上帝和人的法律，所以法律公正地把谋杀这一罪名和相应的惩罚施诸决斗当事人及其助手身上。'

先生们，这些是英格兰法律方面最重要的权威看法，英国的法官们一直遵循他们的观点。在过去的一些年里发生的这类性质的案件中最近的是约翰·杰夫科特先生的案例（见前文）。当事人对米尔芬先生的死亡负有责任。那个案件的审理，明确主张并严格遵守了我向各位陈述的原则。所以，这种关于谋杀的定义，是审理涉及死亡案件的法官一直坚持的，各位是否就应该认为，立法机构在使用"谋杀"一词时是同一个意思。当我们在艾伦伯格法案、乔治四世的第九项法案和目前的维多利亚女王第一项法案中看到这种表述——'有目的地施行谋杀'意味着带着这样的目的，如果实现了，在法律上将构成谋杀。各位是否应该这样认为？

我们必须认定，立法机构和作为其一部分的各位，充分了解法律对谋杀的定义，而且一定会在司法行动中以这种法律含义使用这一表述。先生们，无论这种考虑多么痛苦，我们是不是应该认为第一项指控得到了充分的支持？情况清楚地表明，卡迪根伯爵和塔科特上尉是按照约定见面的。决斗事先作好了安排，他们开了两次枪，伯爵进行了仔细的瞄准，开枪击伤了对手。我们必须认定伯爵做的就是他事前打算做的。

如果不幸发生了死亡，这是否构成一件谋杀案？唯一可能使这个案件性质减轻为一般杀人罪的因素就是，卡迪根伯爵和塔科特上尉是偶然在温布尔顿公园相遇的。他们突然发生了争吵，而且当他们情绪仍然很激动的时候，就进行了决斗，但是各位几乎是不可能将事实扭曲到如此地步，以至于说这是一次偶然的决斗。你们看到每位当事人都有一位助手陪同，有人给他们提供了一支手枪，而且这个事情都是按照一场经过事前预谋的决斗会遵循的形式和严肃性进行的。至于第二和第三项指控，我不知道还能怎样对其提出什么辩护，因为，即使这是一次偶然的决斗，即使发生了死亡，而导致死亡的情节可以使其只构成一般杀人罪，但是对于第二和第三项指控，却是没有什么可以辩解的。

在此我冒昧地指出，在一件呈送给英格兰十五名大法官的已经判决的案件中，有两名最博学的法官提出过质疑，但并没有反对当时的判决。这两位表示质疑的法官是现在领导各位审理当前这个案件的特别审判庭审判长大人和法官利托戴尔先生①。

我不会在审判长阁下面前评论大人的学识和能力，但是，出于对利托戴尔法官的尊敬，我要说，再没有比他更加博学和敏锐的法官了。我们在很不情愿和惋惜的心情中，见证了利托戴尔阁下最近从法官席上退休，因此我对来自他们的质疑将给予极大地重视，但是其他十三名法官当时对于判决是没有怀疑的，而且一起得出了结论，即，按照适用于目前这一案件的法律（维多利亚女王的第一项法案），造成死亡的决斗并不必然构成谋杀罪。我提到的案件可以在《穆迪王室案件集》第二卷第40页看到。该案于1838年在诺福克春季巡回法庭上审理，由帕克男爵②主持。

审判长：案件当事人名字是什么？

总检察长：案件是匿名的，没有提供被告的名字，但这是一个真实的案件，存在疑问的地方已向十五名法官明确提出了。我现在向各位大人宣读重要的部分。

'巴伦帕克先生和波兰男爵向法官征询就1838年诺福克春季巡回法庭上产生的两个问题的意见。'只有第一个问题具有实质意义。在案件中首先列举

---

① 约瑟夫·利托戴尔（Sir Joseph Littledale, 1767—1842），英国法官，枢密大臣。
② 詹姆斯·帕克（James Parke, 1st Baron Wensleydale, 1782—1868），温斯利代尔男爵，英国律师和上院大法官。

了乔治四世第九项法令的 11 和 12 部分，以及维多利亚女王第一项法令的前言和正文，指出后者没有包括艾伦伯格法令和兰斯唐法令中相同的限制性条款这一情况，然后提出以下问题征询法官的意见：

'现在针对一项指控提出的辩护说，出于使对方残废等等的目的击伤对方，假设导致死亡，也不构成谋杀，而是一般杀人罪，是否能够成立？'各位可以看到，出于使对方残废或者失去能力的目的而向对方射击，和出于同样目的击刺对方是同一类的行为，也应该适用同样的法律原则和指控。所以对于帕克男爵和波兰男爵先生提出的问题的回答，在此也应该具有同样的权威。他们的问题是：对于出于使对方失去能力的目的射击对方这样一项指控，即使导致了死亡的结果，该罪行也不构成谋杀罪，能否构成一种辩护意见（推翻这一指控）。

当时法官们的意见是这样的：'在 1838 年复活节开庭期间，除特别审判庭审判长邓曼勋爵和利托戴尔法官之外，其他人一致认为，对这样一项（谋杀）指控，提出即使导致死亡的后果，罪行也不构成谋杀罪而只是一般杀人罪来进行辩护不能成立。'（简单地讲，1837 年的维多利亚第一项法案已经删去了这一内容的限制性条款，所以从这个角度进行辩护不为法庭接受。辩方必须根据其他相关法律，直接针对"谋杀"指控进行辩护。——译者）我们看到，审判长和利托戴尔法官并未表示不同意，他们只是对该意见有所怀疑。而其他的十三名法官明确地主张，辩护理由不能成立。

我本人的理解是，法官们可能是以这样的方式推理的：立法机构的目的是使此前应判死刑的罪行，此后只处以流放和监禁，罪行的性质与以前不完全一样了。如果一个人使另一个人残废或者失去能力，或者对他造成严重的身体伤害，即使这是一次突发的争斗而没有预谋，根据这项法案，这只是一项可以处以十五年流放或者监禁一小时的罪行。这个法案把量刑的自由裁量权授予了审理这一案件的法庭。无疑，法官们考虑到这种自由裁量权，和新法案删除了限制性条款这一情况，看到针对这一罪行已经排除了死刑，所以得出结论：即使发生了死亡后果，该罪行也不构成谋杀罪，但是该行为仍属犯罪。鉴于这个结论的权威性，我不知道针对本案的第二和第三项指控，能够坚持什么辩护的意见。

我很高兴尊敬的被告现在拥有一项对他有利的权利。此前任何贵族如罗威特男爵①、拜伦勋爵、菲勒斯勋爵和金斯顿女公爵,都无法享有这样的权利。卡迪根伯爵可以拥有我最具能力、机智、热诚和博学的朋友威廉·福利特先生的帮助。福利特先生将代表他向各位陈述案件的事实和是非曲直。

这项权利受到各位几年前通过的最值得赞赏的法令的保证,它规定任何重罪案件中的被告,有权利通过其律师向决定他是否有罪的法庭作出陈述。

尽管我尊敬的朋友学识丰富,才能非凡而且充满热情,我仍然不知道他能怎样使各位被说服并使他尊贵的当事人免于本案中的任何一项指控。我博学的朋友不能请求各位大人忘记约束各位的法律,如果他这样请求了,那将是徒劳的。先生们,道格拉斯上尉在另一个法庭接受对他的审判,法官将推迟对他的审判,理由是清楚的,同一个案件应该首先由帝国最高刑事法庭审理。各位要确定所有下级法院必须遵循的法律。我恳请各位允许我就这个案件,宣读我的一位最杰出的前辈曾经说过的话。他在发表那些观点之后的很多年里,以极为庄重的举止担任上院议长的职务。我指的是特罗男爵②。当他担任总检察长时,在金斯顿女公爵的案件中对议会发表讲演时曾经说道:'我强烈希望向各位大人指出一个普遍的真理:偷偷潜入一个法官头脑的想法中,最危险的就是设想他比法律更加智慧。我不会把这个真理仅限于法官,我会把这条真理的适用范围扩及所有人,无论他们是什么教派或宗派。我会对一个英格兰法庭的法官席说,当我作为大家中的一员,坐在威斯敏斯特大厅里时,我确信大家是赞同这一真理的。

对其他法官这是难以接受的榜样。你们是否想过,为什么各位承担这种判断的责任而不是王座法庭?为什么不是庭审裁判庭的委员?如果他们能这样做,为什么不是每季度开审的法庭承担这一责任?

聪明人可能会把法律滥用到很严重的程度,而不是为了正确地改进它。我们的宪章的精神是,法官没有这种权利,也不应该擅自行使这种权利。先

---

① 托马斯·亚历山大·弗雷泽(Thomas Alexander Fraser, 12th Lord Lovat and 1st Baron Lovat, 1802—1875),罗威特男爵,苏格兰贵族。
② 爱德华·特罗(Edward Thurlow, 1st Baron Thurlow, 1731—1806),特罗男爵,英国律师和托利党政治家,1772 至 1792 年担任总检察长。

生们，我用尊敬的措辞出于我的确信得出结论，无论你们对这个案件的判断将会如何，你们将会遵守法律和公正的原则，你们在司法实践中，将会维护各位和你们的前辈一直享有的崇高的声誉。"

博学的总检察长先生向法官鞠躬之后准备退下，但是他又转身对法庭说："各位是否允许我提及，我博学的朋友、副检察长因为突然生病，失去了在各位面前出席今天庭审的荣幸，他本来是准备前来的。"

接着温布尔顿的磨坊主、托马斯·亨特·丹恩先生接受了总检察长瓦丁顿先生的询问，宣誓证明了总检察长陈述的各项事实。他说，他同意受伤的那位绅士回家，前提是他提供了一张写有当事人地址的卡片。总检察长于是提出把证人提到的卡片提交法庭作为证据。威廉·福利特先生反对作为证据宣读这张卡片。经过相当长时间的商讨，特别审判庭审判长建议推迟审议这一反对意见。

接着磨坊主的儿子和妻子接受了质询，然后詹姆士·安德森先生被要求宣誓。审判长对他说："经法庭允许，我认为自己有责任告知你，在我们听取了总检察长的开庭陈述之后，你没有义务回答任何可能证明你有罪的问题。"然后总检察长对詹姆士先生进行了质询。

"您的职业是什么？""我是个医生。""您住在哪里？""新柏林顿街。""您是否认识塔科特上尉？""我不得不拒绝回答这个问题。""9月12日您是否在温布尔顿公园？""我也必须拒绝回答这个问题。"（笑声）"那天您是否被找去照料某位受伤的绅士？""我必须再次拒绝回答这个问题。"（笑声）"您能告诉我塔科特上尉住在哪里吗？""我必须拒绝回答这个问题。""他在伦敦有住所吗？""我拒绝回答这个问题。"（笑声）"您是否拒绝回答任何与塔科特上尉有关的问题？""任何可能证明我有罪的问题。""那么您认为回答任何与塔科特上尉有关的问题都可能导致证明您有罪吗？""可能是的。""因此您拒绝回答？""是的。"

接着，总检察长询问了都市警察的一位巡官——约翰·布塞恩。他宣誓作证说，9月12日晚上，当卡迪根伯爵和道格拉斯上尉来到位于旺兹沃思的警察站时，自己正在执勤。"我向他们鞠躬致意，询问他们有什么事情。卡迪根伯爵说他相信自己被逮捕了。我说：'确实如此，是为什么事情呢？'大人回答说：'我刚刚和一个人进行了决斗，我打伤了他，但是我相信，并不严

重,很轻,只不过是擦伤了背部而已.'

然后他指着自己的身后并回头看,说:'这位先生也被捕了。他是我的助手,道格拉斯上尉。'他给了我一张名片,我看见上面写着'卡迪根伯爵,第11骑兵团'。于是我提起那次决斗,并说:'我希望,不是和雷诺兹上尉吧?'大人对与属下的一个军官决斗这种想法,轻蔑地予以了否认。"

法庭希望布塞恩警官重复卡迪根伯爵当时说的话,证人说:"我记得大人当时的回答是——当我说我希望他不是和雷诺兹上尉进行了决斗时,他站起来,似乎是以动作来进行反驳,并且用最轻蔑的态度说:'哦,不。你想我会和一个自己的军官进行决斗吗?'就我记忆所及,就是这些。"

一位住在珀尔崔 29 号的药剂师——查尔斯·威廉·沃尔休宣誓证明,塔科特上尉在他家里占用了几个房间,在那里从事他的业务有十五个月的时间了。塔科特上尉的住址是新路汉米尔顿街 13 号。当总检察长问他是否知道上尉的教名时,威廉·福利特先生提出反对。他说,先生们,请注意这个问题:他博学的朋友(总检察长)询问了塔科特上尉住在哪里,答复是新路汉米尔顿街道 13 号。他提问的目的是为了确认在珀尔崔的房子里从事业务的塔科特上尉就是那个住在新路汉米尔顿街道 13 号的塔科特。审判长同意目前没有证据证明住在珀尔崔的那个人就是住在新路汉米尔顿街道 13 号的人。询问没有再进行下去。最后被传唤的证人是爱德华·塞普蒂默斯·科德。他说他认识 11 骑兵团的塔科特上尉,他的教名是哈维·加内特·菲普斯·塔科特。

总检察长说,如果各位法官允许,他现在建议宣读那张名片。此前对于这个问题,法官们曾经表示他们会考虑是否允许这一请求。布劳汉姆男爵①问总检察长瓦丁顿,卡片的内容能否证明他的请求是合理的,总检察长表示希望先知道法庭会接受名片作为证据还是拒绝。威廉·福利特先生请求看看名片,看过之后,说不认为自己必须反对宣读它。于是名片被宣读了。在名片的一面印着"哈维·塔科特上尉,新路 汉米尔顿街 13 号";另一面有手写的"H. 温莱特上尉"字样。总检察长表示名片应该是控方的证据。

威廉·福利特说:"既然这张名片是控方的证据,我冒昧向各位大人提

---

① 亨利·彼得·布劳汉姆(Henry Peter Brougham, 1st Baron Brougham and Vaux, 1778—1868),布劳汉姆男爵,英国政治家、下院议员、上议院大法官。他反对奴隶贸易,主张自由贸易,推动了英国中央刑事法院的建立。

出,现在没有需要被告进行答辩的问题了。我认为各位大人会发现,控方律师在证明这个案件的一个关键部分时已经失败了。先生们,我的理解是,用不着引用任何权威就可以看出,控方有义务把受到指控的那个人的教名和他的姓氏联系起来。如果他不能证明那个人的教名或姓氏,他的案子就失败了。现在,没有证据显示受到射击的那个人是哈维·加内特·菲普斯·塔科特。如果像目前这个案件里允许进行推测,那么各位大人面前的证据甚至可以引向反方向的推测。

我的理解是,必须提供明确的证据证明决斗当事人的身份。证据是这样的——控方律师招来一个叫科德的军队代理商,从塔科特上尉那里领取半薪。塔科特上尉是第11骑兵团的正式军官,名字叫哈维·加内特·菲普斯·塔科特。在这个证据中有什么能证明这个塔科特上尉就是那个9月12日在温布尔顿公园的人呢?科德先生不知道塔科特上尉住在哪里;除了在福禄迪尔街的办公室和一个保险办公室里见过之外,他从未见过塔科特上尉。在这一点上其他的证据是什么呢?一个住在珀尔崔的人说一个叫哈维·塔科特的上尉租了他的房子做办公室,但他不知道塔科特上尉住在哪里。因此,没有哪怕一星半点的所谓证据能把塔科特上尉与那位据说卷入了那场决斗的人联系在一起。所以我提出我博学的朋友总检察长在证明指控的一个关键部分的真实性时已经失败了。我请求允许我提到《霍尔特报告集》第595页的金对罗宾逊的案件。在那个案件中确定了一个原则,即确定据称的犯罪行为对象的教名和姓氏本质上是必须的,在这个案件中,关于那位先生的教名没有证据存在。"

总检察长说:"先生们,现在的问题是,本案中目前是否存在证据能对那位受伤的塔科特上尉的教名提供证明。如果有丝毫证据,就不能根据我博学的朋友的意见终止这项指控。现在我们好像在陪审团面前,有人要求主持法庭的博学的法官释放被告,理由是对于他们关心的问题不存在证据。

我提请各位大人注意,有充分的证据证明受伤的当事人的名字是哈维·加内特·菲普斯·塔科特。这个论证如何能够成立?我博学的朋友收回了他对宣读这张名片的反对。好的,那么9月12日被卡迪根伯爵打伤的绅士是哈维·塔科特上尉。这样,我们得知了他的一个名字。关于其他的名字,这个论证如何能够成立呢?我是否有义务召来他接受洗礼的那个教区的神职人员,以证明他的受洗注册情况？我是否要召来他的父亲或者母亲，或者他的教父或教母，来证明他在洗礼盘前得到的名字是什么？我认为这些证据并不完全需要。我坚持认为，从已经得到证实的情况来看，有足够的证据可以证明受伤的当事人与哈维·塔科特是一个人。

我想我博学的朋友不会否认有充分的证据可以证明，受伤的塔科特上尉住在新路汉米尔顿街13号。证人中有一位三次去过那里，每次都是去找塔科特上尉，每一次他都被引见给一位叫这个名字的绅士。各位大人因此将不会怀疑，住在新路汉米尔顿街13号的塔科特上尉，就是和卡迪根伯爵在9月12日晚上，在温布尔顿进行决斗的那个人。现在，各位大人，我们将一步一步深入下去。

这位塔科特上尉就是在珀尔崔拥有办公室的塔科特上尉，这还有任何疑问吗？他在珀尔崔租用办公室时，提供了一份证明信，其中提到的地址是新路汉米尔顿街13号。因此各位应该认为毫无疑问，有证据表明在珀尔崔租用办公室进行业务的，就是住在汉米尔顿街的人。

下面还剩下唯一的一个步骤，就是要看看是否这个塔科特上尉就是科德先生谈到的塔科特上尉。科德先生证明那个人的名字是哈维·加内特·菲普斯·塔科特，是第11骑兵团的一个军官。而卡迪根伯爵是那个团的团长，而且现在仍然是。"

W. 福利特："这没有任何证据。"

总检察长："证人就是这样陈述的，而且证人并没有被反复盘问。好的，那么我的先生们，塔科特上尉，他的名字叫哈维·加内特·菲普斯·塔科特，被科德先生证明是卡迪根伯爵指挥的第11骑兵团的一个军官。他提供了他的名片，上面写着第11骑兵团。"

W. 福利特："不不，你完全弄错了。"

总检察长："好吧，他至少有一个与那个在温布尔顿进行决斗的塔科特上尉同样的名字。各位大人是否要我提供关于那位绅士的教名的确凿证据？如果有证据证明相关的推理能够从证据中合理地推导出来，那些证据还不足够吗？

那么，现在这里有一位塔科特上尉，他的名字被证明是哈维·加内特·菲普斯·塔科特，曾经在第11骑兵团服役，三年或者四年前从那里退役，他从科德先生的代理人那里每季度得到半薪。难道不能从这里合理地推论出这个塔科特就是在珀尔崔拥有办公室,并且进行了那次决斗的那个人吗?难道没有可以合理推论出他的身份的证据吗?难道可以说没有任何证据可以提供给陪审团,或者提供给各位法官大人,证明这个塔科特上尉,就是这个名字已经被证明是哈维·加内特·菲普斯·塔科特的人,就是那个9月12日在决斗中成为卡迪根伯爵的对手那个人,从而终止指控吗?

我相信没有任何合理的根据可以认为,一个在法庭之外的人,听到这些证据之后,会对这样的推论感到犹豫。如果必须作出的推断能够根据证据的原则合理地推导出来,我的理解就是,足以说服一个法庭之外的理智健全的人的推论,对于坐在法庭里的一个法官或者一群法官也应该是足够的。现在,根据证据的原则,任何一个法庭之外的人,能够哪怕只在一瞬间怀疑这个人就是9月12日进行决斗的同一个人吗?好吧,如果要在法庭之外作出推断,我们能说在法庭上没有一点证据能导致这样的推论吗?这种结论是这个法庭能够作出的最不能令人满意的结论。你们各位将充分地和谨慎地权衡这些证据,如果你们认为这些证据不足以支持对被告席上的被告作出判决,当然你们将宣判他无罪,还会说'以我的荣誉为证,无罪',但是你们不会以目前这样一种(站不住脚的)反对意见为据取消指控的。"

W. 福利特先生:"先生们,我不得不烦请大人们听我多说一些,作为对总检察长的陈述的回答。经过所有这些起诉过程中的辛劳之后,也许就此终止起诉,会是一个不能令人满意的结果,但是我认为在这个案子中,尊贵的被告不必求助于他的同侪的荣誉感和良知。这里的问题是,对于当事人的身份是否有足够的证据。我博学的朋友问到是否需要把教区的神职人员召来,或者把塔科特上尉的父亲或者母亲召来,以证明他的教名。我们的反对意见并不是针对这个问题的,而且总检察长完全明白这一点。我们提出的反对意见是,起诉方的律师找来了一个叫科德的人,他作证说他认识一个叫哈维·加内特·菲普斯·塔科特上尉的人,但是没有丝毫的证据能把这个塔科特上尉与在温布尔顿公园里进行决斗的那个绅士联系起来。

证据是怎样的呢?任何听我陈述的法官会感到,他说一个塔科特上尉曾经在某个特别的团里服役,就能成为证据证明本案当事人的身份吗?我博学的朋友说,如果一个法庭之外的人能合理地推导出一个推论,这个推论就可以在法庭之内恰当地推导出来。我可以问问各位大人，像本案这种性质的案件，可以遵循这样一种方式进行审判吗？各位大人如果在法庭之外，了解了所有法庭上说到和写到的东西之后，也许，各位大人会得出我博学的朋友希望你们得出的推论。但是，你们现在坐在法庭之内，应该好像从未听到过像本案的情况一样来审理本案的。

你们现在作为法官坐在举证的证据面前，你们必须说明，是否因为一个叫塔科特的上尉曾经服役于第 11 骑兵团，并且有同样的教名，就可以认定他就是在温布尔顿进行决斗的那个塔科特上尉。没有任何证据能够说明科德先生的证词中提到的那个哈维·塔科特就是决斗中提到的那个哈维·加内特·菲普斯·塔科特。科德先生不知道这两个塔科特是同一个人，他在珀尔崔或者汉米尔顿街都未见过他。他所有的证词就是，他认识一个哈维·加内特·菲普斯·塔科特上尉，这个上尉曾在第 11 骑兵团服役，这个上尉从他的手里领取半薪。也许有两个哈维·塔科特。既然我的博学的朋友总检察长向大人们提到法庭门外的事，那么我也提请各位大人注意，就在尊贵的被告指挥的那个团里，确实有两个军官有同样的姓氏，我认为他们还有同样的教名。我向各位大人提出，没有任何证据能证明科德先生的证词中提到的哈维·塔科特上尉与决斗中提到的哈维·加内特·菲普斯·塔科特是同一个人。不管对于担任起诉工作的人来说这是多么令人不满意的结果，来说我要向各位大人提出，他们在关于当事人身份的证据方面完全失败了。"

审判长："我声明，当被告方律师第一次提出反对时，我认为案件的非当事人应当退出法庭，我现在仍然持此意见，但是，博学的被告方律师并没有针对总检察长的论述提出反对，因此我认为打断他是不恰当的。

但是我想说，考虑到刑事司法体系通常的运作程序，当类似的反对意见在一个刑事法庭提出来的时候，起诉方的律师最多只是被要求陈述他认为证据中的哪些部分能充分支持他的指控。我想不起在什么案件中听到过在类似问题上的论辩。我提出这一点，因为这可能在今后的刑事法律的法庭实践中会具有某种意义。现在我提请各位大人命令非当事人退出法庭。"

于是律师和非当事人被命令退出了法庭，卡迪根伯爵退下并由助理侍卫羁押。坎特伯雷大主教代表他和其他主教递交了一份声明，希望离开法庭，以便在作出宣判时不在现场，请求被接受了。然后，法庭考虑了威廉·福利特先生的反对意见。接着审判长作为法庭的成员,提出了自己的意见。他声称他的判断是卡迪根伯爵有权被宣判为无罪。然后他动议,法庭现在应该给出意见,伯爵是否有罪。动议得到了肯定。非当事人被允许回到了法庭,法庭宣布保持安静,审判长起立,按照一份名单点每一位同事的名字,从晚辈的男爵开始,并且逐一问他们:"约翰·基恩勋爵,你怎样认为?对于受到的重罪指控,卡迪根伯爵詹姆士·托马斯有罪还是无罪?"

于是每位法官在他的名字被喊到时,起立脱帽,将右手放在胸口,回答说:"无罪,以我的荣誉为证。"唯一的例外是克利夫兰公爵,他说:"法律上无罪,以我的荣誉为证。"所有法官说出自己的判决之后,审判长起立脱帽,宣布了他个人的同样的意见。卡迪根伯爵这时被带回被告席,审判长说:"卡迪根伯爵詹姆斯·托马斯,你被指控犯有重罪,为此在你的同僚面前受到审判。我欣慰地通知您,各位法官一致判决,宣布你无罪。作出这一判决的法官人数,目前我不完全清楚,否则我会愉快地告诉你,但是法官们全都说了'无罪'。"卡迪根伯爵退下,特别法庭宣布解散。黑杖侍卫的引见官将白色的权杖交给审判长,审判长大人起立脱帽,用双手握住权杖,把它一折为二,并宣布特别审判终止。

上议院,1841年2月19日。

在上议院,针对将对卡迪根伯爵的审判过程印刷出版的动议,埃尔顿伯爵①说,有些与这一事件有关的情况不应该被忽视:尊贵的高级教士们在审判的后半部分请求允许退出法庭,并且这样做了。

在总检察长向法官们的讲话中,博学的总检察长使用了某些措辞——毫无疑问是出于对被告席上的卡迪根伯爵友善的尊重。在这些讲话里,他的感情似乎使他稍稍偏离了他本来想要做的事(指总检察长作为起诉人却发表了对被告卡迪根伯爵表示同情的言论——译者)。

他说的是:"他很高兴在这件事情中没有发生违反社会公德的事情。"埃尔顿伯爵想要毫不犹豫地说,在这个国家当前的社会状况下,很难想象社会能继续它目前的这种状态,除非能给一些被置于非常困难处境中、值得尊敬

---

① 约翰·斯科特(John Scott, 2nd Earl of Eldon, 1805—1854),埃尔顿伯爵,英国贵族,托利党政治家。

的个人某些情感需要的某种行为许可。处于那种境遇中的这些人的感情，可能与他们目前采取的行为方式（决斗）有本质上的不同。埃尔顿伯爵比任何人都愿意给予那种行为许可，但是即使如此，对埃尔顿伯爵来说，总检察长说出那样的话也是不应该的。现在，既然审判已经因为与这个问题不相干的因素结束了——因为法官们并未对决斗发表意见——他认为提请注意对决斗的看法是适当的，以免人们认为法官们赞成他提到的总检察长的那种情绪。埃尔顿伯爵相信法官大人们会和他意见一致地说，在任何驱使一位绅士诉诸决斗的情况下，决斗都是一种法律或者这个国家的伦理原则不允许的习俗。任何具体的情况都必须由个人、他的良知和上帝一起加以考察，但是无论一个特殊的情景能怎样减轻决斗违反法律的程度，一个人都不能设想任何人能采取决斗这种行为方式而不会触犯法律。

伦敦主教说，他希望这次审判不会让公众认为，如果高级教士们在作出判决时在场，教士们会认为自己比上院里其他成员更加同情总检察长的意见。如果他当时在场，他会听到那些意见，而人们在提到那些看法时是非常遗憾的。主教认为自己有责任说明，按照他的看法，在这起案件中，没有任何东西应该让王室的法律官员表达这样的看法（即这个案件中没有违反公德的情况）。这些王室的法律官员在这里担任公诉人，在主教看来，他们发表这种看法是超越了他们的职权。主教认为自己必须说，他完全赞成埃尔顿伯爵的看法，他要表达一个强烈的愿望，希望最近发生的这起不幸事件和过去一些年来发生的其他决斗，会使立法机构的主要组成人员、上院的法官们认真严肃地思考这个问题，看看是否能采取一些措施来结束这种耻辱和丑行。这是从野蛮时代遗留下来的一种陋俗——是骑士制度的遗迹。尽管在它盛行的那个时代它也许是有用的，但是与当今的利益和习俗完全格格不入。骑士制度早已不复存在了，但是它却不幸地留下了最糟糕的特点之一：野蛮、邪恶和非基督徒式的决斗。

蒙特卡希尔伯爵[①]认为，针对决斗应该做一些事了，否则在最近的这次审判之后，上院的法官大人们会使自己受到恶意的诽谤，说他们认同决斗这种

[①] 史蒂芬·莫尔（Stephen Moore, 3rd Earl Mount Cashell, 1792—1883），蒙特卡希尔伯爵，1826年当选上议院议员。

制度。他希望知道,女王陛下的政府制定维多利亚女王的第一项法令,是否是为了制止决斗?

如果是,那么刚刚发生的审判只能被认为是对司法的嘲弄。如果上院的大人们的确认为决斗应该被制止,那就必须采取一项比目前更加严厉的措施。昨天早晨之前,他又在公共出版物上看到,一个叫马斯登的先生和一个帕特森上校进行了一次决斗,其中一人受了重伤。因此他认为现在是应该重视这个问题的时候了。他和一些人一样认为,通过一些恰当的措施,决斗是可以被制止的,尤其是如果能够为那些经常引起决斗的各种冒犯提供恰当的救济措施的话。他认为应该采取某种方式为那些微不足道的冒犯提供合适的赔偿,对那些重大和严重的冒犯也应该如此。例如,一个人受到某种程度的侮辱,立刻要求挑衅者进行决斗。为什么他要这样做呢?——因为法律没有给他提供适当的补偿。没有法律能够阻止或者惩罚那些冒犯,而挑战者则认为自己受到了那些冒犯的侵害。在这方面法律非常不完善。

还有,如果一个人的女儿被人诱奸,他只能起诉那个引诱者要求赔偿他女儿的"服务"价值。这样一种对司法的嘲弄能使什么人感到满意呢?因此,只要这种法律的不完备状态存在着,决斗的制度就会继续盛行。在他谈到的这种状况下,人们的确不知道应该怎样行动。比方说,一个军队里的军官受到公开的侮辱,他的同侪希望他进行决斗,他应该怎么办呢?

一方面,如果他进行了决斗,他就受到维多利亚女王第一项法案的威胁;另一方面,如果他拒绝了,他就会讨厌地成为他的同侪蔑视的对象。这个不幸的人就必须在这两种不幸中进行选择。伯爵希望并且相信女王陛下的政府能够考虑这件事,不要由尊敬的司法行政官员对那个军官说,他必须自己采取行动。部长们对国家负有义务,就是呼求对这个问题采取某些措施。伯爵认为,责任完全在部长们身上,因此他呼吁他们采取措施应对决斗这一邪恶的事物。如果他们没有准备好,就应该指定一个委员会来调查这个问题。让这个委员会尽可能细致地研究这个问题,向上议院报告,但是不能让这个问题继续处于现在这种状态中了。如果继续像现在这样,这个国家就没有任何一个人是安全的,没有人能免于被置于一种可怕的危险境地的可能。结束的时候伯爵问,女王陛下的政府是否有意向国会提出任何措施以更加有效地阻止决斗?

墨尔本子爵①说，他充分认识到这个问题非凡的重要性，但是，作为对蒙特卡希尔伯爵的回答，他只能说，女王陛下的政府无意提出任何伯爵提到的那种措施。他认为尊贵的伯爵如果对这个问题考虑得再成熟些，会发现法律的实际效力并无不足之处，而且也几乎不可能使它比目前更加严厉了。

下面是蒙特卡希尔伯爵提到的晨报上的那段报道："昨天，在东印度服役的帕特森上校和公园酒店的罗伯特·马克·马斯登先生在摄政王公园进行了决斗。黎明时，双方在埃尔·阿姆士客栈的后面会面，相互射击但没有人被击中。助手于是进行了干预，极力促成绅士们的和解，但是没有成功，双方重新站在了决斗场上。第二次射击时，马斯登先生的手枪射中了勇敢的上校的身体右侧，伤情很严重；事情就此终止了。"

对维多利亚女王第一法案的最新的违犯和此事在上院议员中引起的注意，使《泰晤士》报的编辑发表了下面这篇强有力的评论：

"上议院的先生们仅从一个形式上的问题出发，却在'实际上确立'了一个原则，就是进行一场决斗并没有犯下重罪。我们的一些同辈从卡迪根伯爵的无罪释放中发现了这一'原则'。这似乎已经结出了它最新的成果。如果地方法官的辛苦工作只能得到嘲弄和王室法律官员的不合作，那么期待他们能在这种案子里履行职责只能是徒劳的。我们呼吁内政大臣作为警察当局的首长，毫不迟延地指示进行一次调查。调查这件可耻的对重罪行为的'广告'是否属实，是否这些叫帕特森和马斯登的人真的犯下了所说的罪行，让司法机构为了对他们进行判决和惩罚立刻行动起来。

展示在人民面前的景象里，没有什么比法律对社会的上等阶层中盛行的犯罪行为的容忍和法律的执行者向他们投降，更加不名誉和令社会道德败坏的了。让总检察长说他想说的话吧。一件罪行不会因为它频繁发生并不受惩罚而失去它固有的违背道德的性质；重罪也不应为它受到某些社会阶层的赞许甚至激励而变得不再是犯罪。那些看法的持有者构成了那个'他的世界'。

---

① 威廉·兰姆（William Lamb, 2nd Viscount Melbourne, 1779—1848），墨尔本子爵，英国辉格党政治家，内政大臣（1830—1834），首相（1834、1835—1841）。他因为对维多利亚女王有力而成功的指导而著名。历史学家认为他任内没有大事，所以并不出色，但是他"友善、诚实，而且不徇私利"。

每个社会阶层都内在地具有一种侵略性的自我中心的原则，渴望能够肆意妄为①，受到法律的约束时他们满怀懊恼。法律的目的恰恰是通过约束每个人的自我中心，迫使每个人服从公共利益，从而把这些不一致的利益结合在一起。

如果我们让人们认为，有一种罪行必需不受约束或者惩罚，或者不能约束或惩罚，因为贵族和'绅士'们认为犯这种罪是恰当的，而同时法律又宣布它是一种重罪，那么通常这对社会的影响肯定是——我们让社会上的那些人自己去进行判断，而他们是了解'榜样的力量'的，他们也清楚较低社会等级的人向更高社会等级的阶层学习那些糟糕的东西的倾向。

我们坚定地相信，宪章主义者甚至社会主义者发起讨论的原则中，再没有比决斗的支持者所持观点更加有害和具有无政府主义色彩了。我们的一位同时代人说：'严格的司法程序使卡迪根伯爵根据一项重罪指控走上了他在上院的同侪们面前的被告席；同样是严格的司法程序又给了他一项一致的，而且按我们的看法是值得尊敬的无罪释放的判决。'我们相信所有的罪犯都认为对他们进行司法审判的法律是'严格的司法程序'，我们也相信他们将高高兴兴地接受一种原则。这种原则会把'你不得谋杀他人'的法律变成仅仅是一种'程序'而已，因为这种法律为了支持一项指控，竟然要求一个人的三个教名必须得到证明。毫无疑问，在那些本来以为卡迪根伯爵的行为将被正直地判定为有罪的人眼中，也仅仅在他们的眼里，卡迪根伯爵的无罪释放是所谓'值得尊敬的'。

我们恳请我们的读者注意昨天晚间在上议院就这个问题发生的重要的谈话。我们相信，在为时已晚之前，为了对最近的审判造成的恶果进行补救，会做一些事情。"

2月23日，在上议院，沃恩克里夫男爵②表示，如果上院的法官中没有人打算提出一项议案，解决贵族在一项重罪的案件中以贵族的特权进行辩护

---

① 原文为"ride roughshod over"。"a roughshod horse"是"马蹄铁有防滑钉的马匹"。这些防滑钉是凸起的，在雪地上走不会轻易滑倒。骑马人如果不顾他人而策马乱跑，被马践踏的人难免受伤。所以，"ride roughshod over"（骑一匹马蹄铁有防滑钉的马）一般引伸为"对……为所欲为"、"肆意践踏"或"一意孤行"的意思。

② 约翰·斯图尔特·沃特利·麦肯齐（John Stuart - Wortley - Mackenzie, 2nd Baron Wharncliffe, 1801—1855），沃恩克里夫男爵，英国上院贵族议员。

的问题,他打算这样做。因为他偶然了解到,如果在最近的审判中作出了有罪的判决,这个问题就可能出现。

3月3日,对道格拉斯的审判。

今天,对最近发生的决斗中卡迪根伯爵的助手道格拉斯上尉的审判,在新法庭开庭了。审判由威廉法官和伦敦公共警官①主持。赛西格先生告知法庭,道格拉斯上尉愿意向法庭自首并接受审判。然后他由三位朋友陪同走上了被告席。法庭的书记员宣读了起诉书,道格拉斯要求做"无罪"辩护。威廉法官询问是否有人出庭担任起诉,书记员的回答是否定的。最初负责此案的霍布勒先生当时在庭上,但是他没有被授权指定起诉律师。他说他得到警方的指示,继续进行所有法律行动,所以他采取了措施确保所有的证人都会到庭。威廉法官指示继续进行审判。法庭对证人进行的质询,包括磨坊主丹恩、他的妻子和儿子,以及督查警官布塞恩。他们重复了在上院对卡迪根伯爵的审判中的陈述。给决斗者提供专业帮助的詹姆斯·安德森医生像此前一样,为了避免证明自己有罪,拒绝回答所有问题。

丹恩家的成员都不能明确指证道格拉斯上尉,丹恩先生甚至指证他是那个受伤的人。威廉法官对陪审团说,他对什么情况或者原因导致没有人出庭代表起诉方一无所知。

这种情况迫使他承担审讯证人这一有些艰难的职责,这使他感到遗憾。没有人出庭担任起诉工作,使他感到某种程度的焦虑。了解任何决斗相关情况的证人都被传唤了,没有人出庭担任起诉不可能是因为这个缘故。现在,留给他判断的问题就是某些案件是否应该交给这些人审理。他们不能对事实视而不见,在案件所称的时间里,有人在温布尔顿公园进行了一次决斗。被告被指控向哈维·加内特·菲普斯·塔科特开枪,而且据称可以证明一个叫这个名字的人遭到被告席上的人的射击,但是对此又没有任何证据,而且,看见决斗的人,没有一个与道格拉斯上尉说过话,因此,指控必然失败,被告应该被无罪释放。

陪审团立即做出了"无罪"判决。

---

① 伦敦公共警官(The Common Serjeant of London),英国旧时的一个法律官职,创建于1317年,是中央刑事法院位列第二的高级常任法官。伦敦公共警官通常由国王根据大法官(Lord Chancellor)的推荐任命。

第二十五章 1820年至1840年间的决斗

3月12日,蒙特卡希尔伯爵通知上议院,他打算在复活节假期之后不久,就提请上院的成员关注决斗的问题。他打算提议成立一个委员会调查决斗的原因,而且考虑是否采取某些措施来结束这种广受批评的行为。

在当前形势下,需要采取一些这样的措施了。如果上院议员拒绝采取这种步骤,他将动议废除维多利亚女王的第一项法案,因为让法律保持它目前所处的这种状态是相当荒谬的。尽管维多利亚女王的第一项法案宣布,任何人进行决斗都应当作为重罪犯受到审判,但是人们却并不清楚他们是否可以进行决斗。蒙特卡希尔伯爵说,他知道在这个问题上的困难,但这不是拒绝面对困难的理由。

在卡迪根案审理的过程中,许多与本书主题相关的有分量的文章出现在公开刊物上。在审判之前几天,2月11日的《泰晤士》报上,我抄录了以下的文章:

致上议院的法官和委员会
先生们:
这个国家中数以千计的人中之一,对庄严的大不列颠的贵族的集合(指上议院)满怀尊敬和爱戴,对已经指定由你们在16日进行司法审理的重要问题冒昧上陈,略表愚见。

我不会用直接反对此次审判来烦扰各位。每一颗英格兰的心都珍视的公平竞争的原则,对解除一个人的自卫能力是深表憎恶的。如果我们打算加强一项既存法律的严肃性,或者更确切地说试图对这项从未受到认真审视的法律进行解释,就应该首先使公众的注意力关注到这一点,但是在各位法官审理的这个案子里没有做到这一点。

因此,是公平和慈悲使司法的评判者得以坐在对卡迪根伯爵的审判席上。

但是在这次审判过程中,公开宣称的和据以行动的针对决斗的情感和原则将导致的结果,比审判本身要重要得多。事实上,一个机会正交给你们,在英格兰经你们的手获得许多利益之后,你们正有机会锦上添花。你们将有机会把自己过去的努力铭刻在真理、宗教和文明的事业上,在上面盖上诚挚与坚定的封印。不仅如此,在这个场合言辞仍然是强有力的。我不惮这样说，此刻你们站在一个责任重大的境地中，全国的眼睛都注视着你们，急切地期待着你们在社会与对法律的这种制度性的侵害之间施展你们的影响力。这种对法律的制度性侵害，长期而且令人不快地在我们当中盛行，因此，我现在要恭敬地请求各位大人注意决斗这个问题。

从长矛到手枪，从骑士时代的决斗展示出来的严肃崇高的宗教裁判——那时人们庄严地请求上帝作为正确与谬误的见证人和判断者——发展到从最琐碎到最严重的事情都诉诸当代的决斗制度，这是一种矫揉造作。所有人都会承认这种矫揉造作的荒谬。他们也会承认现代决斗制度只是当前时代堕落的背信弃义的醒目证明。古代的风俗是古时人们单纯的信仰和虔诚的证明，现代的决斗制度则是古代风俗的扭曲了的形象。

目前人们为决斗进行的辩护是简单明了而且是可以理解的。实用主义的原则可以立刻放弃，但是人们争辩说世界缺少了那些原则是无法运转的。人类的法律必须在某些地方止步，在那里不成文的法律必须取代成文的法律。除非由于害怕违反不成文的法律将给自己造成的严重后果，否则社会不会受到约束：决斗的制度提供了这种约束，因此，权宜起见，我们必须容忍决斗。

现在，假如社会这个大厦是建筑在人类的愚蠢和软弱这些流动不定的沙砾之上的，上述的推理就应当流行；但是如果如我们相信和知道的，社会的根基是深植于时代的浪潮和变迁之下的，是建筑在永恒不变的神的力量和智慧之上的，我们就有责任用神意的揭示来验证这些推理；而且如果我们发现这些理论是虚伪的（甚至它的支持者也承认看上去是这样的），那么，出于坚定地相信人类的智慧和意志应该服从神的智慧和意志，我们就有责任大胆地拒绝这些对教义的曲解，在决斗和所有其他问题上都应如此。这些曲解在原则上是罪孽的和懦弱的，在观点上是短视的，在实践中是破坏性的。《圣经》是是非的唯一判断标准，我们在其中读到："你们不应该做那些将带来好处的恶行。"因此，出于权宜之计为决斗辩护是站不住脚的，而除此之外对决斗也没有别的辩护。

社会真理不仅不需要决斗的支持，不应当向其献媚，而且应当憎恶并与这种攻击社会秩序的制度脱离关系。决斗只是公众意见的产物——

所谓的公众意见,更近一步说,并非整个国家的公众意见,而只是一个阶层的意见。各位大人表达的看法中最睿智的那些看法肯定会对那个阶层的情感和行为产生不可估量的影响。我们正是希望各位此刻能够施展这种影响。

决斗最本质的罪恶不是对怨恨或者报复的沉溺。许多人进行决斗时与这些情绪完全无涉。我相信,不会有多少人走上决斗的位置时是蓄意想要"杀死"或者使他们的对手"残废",或者对他们造成"严重的身体伤害",就像现在提交给各位的卡迪根伯爵的案子中指控的那样,情况远非如此。

如果不是因为拒绝决斗将会在当事人的品格上留下污名,不会有多少人接受挑战的。人们经常这样说,而且事情也确实如此,就是拒绝决斗比接受挑战更加需要勇气。要求某个人拒绝决斗确实很难。但是对一个父亲和丈夫来说,如果他不能拒绝决斗,随之而来的审判肯定会是非常痛苦的一件事。他的前途和生命将暗淡下去,他的妻儿将沦于赤贫和悲惨的境地。

我再重复一遍,决斗的邪恶之处不在于它的仇恨和报复欲,也无需我坚持,它是对"你不应该杀人"这一戒条的违背。没有人会怀疑,至少一个曾经目睹对手在决斗中倒下,并将记住良知在那极其痛苦的时刻在他心上重重一击的人不会怀疑,那一刻之后,在他静谧的心灵荒野之上,上帝的声音将年复一年、日复一日地在他耳边平静地低语:"你的兄弟亚伯在哪里呢?"① 他们不会怀疑,那个声音将极其清晰。决斗的邪恶在更深层的地方。决斗的邪恶之处在于它漠视那个最重要的原则,它在世界的源头上就是自然宗教的原则,基督教的精神更加强调它的重要性——每一个从事决斗的人,挑战者或是接受挑战的人,自觉或者不自

---

① 《圣经·创世纪》中记载,亚当的儿子该隐嫉妒上帝看中了他的弟弟亚伯的供物却看不中自己的供物,于是在田间杀死了亚伯。"耶和华对该隐说,你兄弟亚伯在哪里? 他说,我不知道,我岂是看守我兄弟的吗? 耶和华说,你作了什么事呢? 你兄弟的血,有声音从地里向我哀告。地开了口,从你手里接受你兄弟的血。现在你必从这地受咒诅。你种地,地不再给你效力。你必流离飘荡在地上。该隐对耶和华说,我的刑罚太重,过于我所能当的。你如今赶逐我离开这地,以致不见你面。我必流离飘荡在地上,凡遇见我的必杀我。耶和华对他说,凡杀该隐的,必遭报七倍。"

觉地都违背了这个原则——这个原则在《圣经》里用光辉的文字写成下面这些激荡人心的话语："你们不是自己的人。因为你们是重价买来的。所以要在你们的身子和精神上荣耀上帝（你们的身子和精神都是上帝的）。"①

生命不是自己所有的，人们不仅不应该用自杀来抛弃生命，更不应该任意置其于危险的境地。只要我们认同这个原则，那么它涉及的问题就不仅仅是决斗。如果我们毫不妥协地坚持这一原则，那么在任何情况下，我们都不能不作任何保留地仅仅依靠某个个人去证明他对君主的忠诚、对上帝的忠贞和对国家的忠实。

先生们，当前这个时代里，这个首要的原则正在重现。这是一个史无前例的时代。从前的枷锁正在被抖落，人类的理性正在崛起，但是人们不了解理性的力量，或许，因为对怎样控制和有效地利用这种力量一无所知，人类的理性可能会把自己的骨头、肌肉和韧带撕成碎片。这些东西既是禁锢它的牢狱，也是他的力量和行动必需的工具。换句话说，这种力量可能会冲破和摧毁社会的整个体系。

为了保存社会的体系，为了训练这种正在觉醒的力量，也为了使它致力于那些高尚和尊贵的目的，必须以教育为手段。那些崇高的目的从我们目前站立的高度已经可以看见，它们好像在远方向我们展现出来了，那是上帝深谋远虑的地图上尚未开启的事业。我们要诉诸的教育不是那种虚假的教育，那种教育的理论和实践都来自于它本身就加以蔑视的旧时代的遗物。那种教育的智慧是属于世间的，是俗世的智慧。上帝按照他自己，即造物主的形象创造我们人类，让我们能够直立行走，昂首向天，与那些灭亡了的禽兽截然不同。我们要诉诸的教育是上帝创造我们时希望我们获得的那种教育。如果社会要得以存在，它就必须基督教化。在教育事业中要努力坚持基督教的原则，各位大人已经承认了这个伟大的真理。英格兰为你们做的事感激你们，也为你们在这个伟大的事业中仍然在做的事情对你们表示感激。但是如果一手握持上帝的"十诫"，另一手却握着一张证书，让那些因为人类的恶习和愚蠢而产生的基督教义

---

① 见《圣经·格林多前书》第六章十九至二十节。

的伪后代合法化,这将是一种嘲讽。人类的恶习和愚蠢不仅直接违反"十诫"之一,它几乎违反了"十诫"的每一条戒律,事实上是废除了"十诫"。各位大人签署的这份证书——你们的不一致可能会使你们所做的好事化为乌有——如果从最深的程度来讲,是间接批准了受到争议的这种制度。

其他一些国家已经有反对决斗的法律,我们必须让国会两院的议员们凭借他们的智慧去判断颁布那样的法律会有什么好处。他们的决定也许是否定的,而且这种否定性的决定可能是恰当的,但是一个远为有效的补救方法就在你们手中。作为这个王国中光荣的最高法院,你们是英国贵族中最重要的一群人。太阳的光芒能够使其形状变得模糊,英国的贵族就反射着这样耀眼的光芒,但是同时,本文抨击的那种邪恶迄今也正在这个阶层里盛行。各位大人对这个阶层的所谓"公众意见"的影响是巨大的。只要你们宣布决斗是不名誉的,它就会变得如此。

因此,我们——我只是作为一个巨大群体的一分子发言,这个群体认为基督教教义和真正的保守主义是同义词——我们,在这些风暴和骚动的日子里,视你们各位为保全这个国家的最后依靠,我们尊敬你们的睿智,尊敬你们在证明真理和坚持职责上表现出来的男子气。我们坚信,而且明白无误地知道,是上帝的祝福,而且只有上帝的祝福能使你们迄今为止乃至今后继续坐在你们的位置上,发挥你们的作用。他将出于爱护,警惕地注视你们,以免你们在任何事情上因为一时的疏忽怠惰,背离了你们高贵和神圣的天职。

因此,我们以上帝和人类的名义,呼吁各位大人,在将要由你们主持的这个庄严的场合作出你们的判决时,也要表示你们一致的对决斗这种不虔诚制度的无畏的、毫无保留的憎恶,因为你们将与自己的内心保持一致,因为你们希望上帝的祝福将留驻在你们为这个国家的利益进行的辛苦劳作上。

荣幸的莱伊利乌斯①

---

① 莱伊利乌斯(Lælius),是罗马时代的一个人名,这里应是用为笔名。

下面这篇文章是对决斗非常形象的一篇描述,从它的起源到最近那位被告被释放为止:

关于决斗的法律

致《纪事晨报》的编辑

先生:您在星期五的报纸上发表了你们记者关于决斗的一篇通讯。他在文章中肯定采纳了当年《骑士季刊》杂志上的一篇文章主张的原则。那是一份大约二十年前出现和消失的杂志,但是在它短暂的存续时间里,它可以夸口有一些此后成就卓著的作者为它写稿。这些人中,独占鳌头的是托马斯·麦考利阁下[1],他当时在剑桥大学。我没有任何理由相信我要提到的那篇文章是他的作品(虽然据说如此)。因为这篇文章已经很少见了,所以我准备了一份,提供给您。

我是T云云。

假如一位勇敢但好脾气的年轻人受到了侮辱,也许他的第一冲动或者至少第二冲动就是让它过去,满足于对那个侮辱自己的人表示鄙视,但是,那个畜生却把对和平的爱好视为畏惧战斗,对有机会安全地压迫别人感到高兴,再次进行了侵害。经过的、在场的和将要来到的旁观者开始用他们的表情表示,他们从未设想过这样怯懦的处世哲学。对那个年轻人来说,这些人就代表了全人类。我们的男主角于是发出了挑战。一场"决斗发生了",那个畜生被打死了,而且没有人为他惋惜,甚至他的债权人也没有表示惋惜,因为这个人早就让他们失去了所有的希望。

但是同时,那个年轻人和他的助手会陷于什么样的处境呢?宗教和法律早就解决了这个问题——他们是谋杀犯。一张逮捕他们的命令签发了。他们的好朋友有空置的阁楼,逮捕令无法触及他们,但是他们的母亲、姐妹、未婚的姑妈将在报纸上读到,验尸调查后已经提出了"针对约翰·史密斯、查尔斯·琼斯和威廉·布朗的蓄意谋杀"的判决。他们将陷于绝望。黑色的帽子、锁链和绞架这些可怕的景象飞快地在他们眼前掠过。一句话,整个家庭

---

[1] 托马斯·巴宾顿·麦考利(Thomas Babington Macaulay, 1st Baron Macaulay, 1800—1859),英国诗人、历史学家和辉格党政治家,国防大臣(1839和1841年)。

被抛入真挚的剧烈的痛苦之中。

在这些痛苦之中巡回法庭开庭了,被告向法庭自首接受审判。"不幸的绅士们"(报纸的措辞)出现在被告席上,"穿着上流社会的丧服,深深地感受到自己可怕的处境"。

皇家大律师"根据上院大法官的授权"陈述了案情,提出应当引用的法律。他对陪审团作出结论说:"如果事实就像我向大家陈述的那样,看不出陪审团怎么能避免作出有罪的判决。但是我热切地希望能出现某些事情,使陪审团免于这种痛苦的职责。"检查证据时每个人都清楚,法官、双方的律师和证人都在尽心竭虑阻止对被告的有罪判决,而且每个人都同情他们的努力。大法官在向陪审团要求判决时,再次解释说,任何在决斗中被杀的人都是被谋杀的,但是同时他又表示证据存在某些技术上的漏洞。他向陪审团尤其强调这一点。陪审团"转身讨论了几分钟",然后作出了"无罪"判决。事实证明这个判决在听众中获得了相当的喝彩,这种情况遭到"法官显著的责难",他威胁要对在法庭上违规的人判刑。法庭被清空了,全世界都满意地看到可怜的史密斯被释放了。全世界都同意决斗是可怕的事情,同时盼望,因为决斗变得如此频繁,法官大人能让下一个进行决斗的人被绞死。

这样简单的勾勒,对任何从未听说过决斗这种行为的理性的人来说,可能显得有些过分,我们在其中力图"不要越过自然的适度"(《哈姆雷特》第三幕第二场中哈姆雷特的台词)。我们做得怎样,读者必须去判断。但是如果我们做错了,也无需表示歉意,因为根据其他人所做的事情来看,就决斗进行布道、立法或者写作,似乎都不可能不表现出某种荒谬性。

首先说说那些布道者。我们要问,把杀死一个向我开枪、同时也同意我向他开枪的人称作谋杀,是不是把我们所有的伦理观念都弄混乱了?这种行为和在深夜到一个人床边偷窃,并在睡梦中杀死他有任何相同之处吗?与一个谋杀者(即决斗者;如果一定要这样称呼他的话)握手和与其他谋杀犯握手,你是否觉得有某种不同?你愿意做其中哪种人,对此你会有片刻的怀疑吗?你愿意和谁有同样的情感?你愿意同情他们中的何人?

对立法者我们有更多的话要说。一方面,当我们想要用决斗为自己受到的不公正对待寻求补偿时,或者至少使这种侵害受到约束时,他们没有提供切实可行的救治方法。要是一个家伙从我口袋里偷走一条旧手帕，我会让这事过去，这没什么，但是如果我因此受到了朋友们的蔑视和嘲弄，假如那个家伙对他的把戏非常在行，假如他在人群中散播引起歧义的流言，而且用"目光中的凶残的语言"嘲弄我，从理论上讲，我没有任何寻求补偿的手段。不仅如此，如果他有足够的法律知识，知道法律在决斗的问题上所有的细微的不同规定，他还可能冒险走得更远。例如，他一定不会只污蔑我是个拦路抢劫犯，他可能会不受惩罚地肯定说我比一个拦路抢劫犯更糟。他可能会说我是"恶棍、流氓、坏蛋、无赖、持异端邪说者、骗子和蠢货"①。这些帽子，只要他愿意（他可以随心所欲），除非我能证明因为他的诽谤使我遭受了实际的金钱损失或者多少价值的物质损失。所以，如果我的人品广受称誉，而他的人品很差，没有人相信他，那么他这样做也不会受到惩罚。但是我们将设想，我的怒火高涨，难以被控制在这样宽宏大度的范围内——我会设想我在笔记本上精心记下了他骂我的那些话以后，前往拜访那些旁观者，向他们反复讲述事情经过，让他们在下一次巡回法庭开庭前，能保持深刻的印象。然后我去找我的律师，他开始对诽谤者采取行动。

到了一定的时候，我看到了自己的起诉状，发现在起诉状中，我维护了自己的高尚品格，把被告糟糕的行为归因于他对"我幸福的状态和生活条件"强烈的嫉妒。然后据我的律师说，流言蜚语开始传布开来，内容如此荒谬连我都感到相当的荒唐。最后我们来到了法庭上。我的律师表现得非常庄重，但是没有一个人会被他的庄重表情感染。

他对陪审团陈述了我的案子。被告的律师精明地对我的律师的发言中任何可能产生影响的部分报之以嘲笑。陪审团已经忘记，人们应该和律师认真地讨论案情，而不是只对他报以笑声。那些笑脸比律师的演说更能影响他们（也许是无意识的）。然后审问证人，这又是个机会，可以嘲弄整个事件了。现在轮到我的对手的律师发言了。他把这件事描绘成了一场愚蠢的争吵，而且是很久以前的事情了。他会表示奇怪，邻居们怎么会在法庭上试图把对方撕成碎片。

他会抓住那些诽谤中任何荒谬的东西，弄到观众们哄堂大笑，然后坐下。

---

① 见克里斯蒂安著《布兰克斯通》（*Christian's Blackstone*）第三卷125页。——原注

现在不管判决支持哪一方，挑衅者都获得了真正的胜利。公众的情感经常站在他那一边：在法庭上没有什么是自然和恰当的。整个诉讼中耽误的时间，各种政府机构花费的金钱以及各种手续，都让整个事情变得好像对英雄气概的模仿似的，很少能给受到伤害的一方带来什么满足。冒犯对情感造成了伤害，而赔偿只是放进口袋的某种东西。

这就清楚地证明，法律对一大批被严重伤害的人没有提供有效的补救措施，也许根本不能提供这种补救措施，但这还不是全部。受到伤害的一方经常愿意，仅就他个人的感情而言，放弃任何补偿，尽其可能地忍受侵害，但是社会一面创造法律把决斗者作为谋杀犯进行惩处，同时，又把进行决斗的需要强加给人们。

的确，后面一种法律并没有用黑花体字展现它的恐怖，也没有成卷的案例和注释性的文字加以支持，但是我们相当肯定，这项强迫人们进行决斗的社会的法则执行得迅速而且坚定，很好地弥补了前面所说的那些缺憾。用不着等待巡回法庭或者正式法庭的开庭，没有证据方面可能出现的瑕疵，用不着对陪审团甜言蜜语。任何藐视公众意见的人都在公众面前立刻由公众的信念受到惩罚。谁能说他自己没有受到过法律的折磨呢？这两个法律，一个命令进行决斗，另一个禁止决斗。谁否认它们都是社会的产物呢？受到这种专横压制的受害者，也是这些法律的制定者之一，他们称其中一种是不道德的、荒谬的，这难道没有一点意义吗？它可能是荒谬的，进行决斗的人可能感觉和认为它（决斗）是荒谬的，但是他打算接受拒绝决斗将要面临的惩罚吗？

如果一个人服从最能贯彻其意图的某项法律，他的行为不是很自然的吗？我们恐怕还要说，服从一种能更好地贯彻自己目的的力量是很自然的。他清楚地知道公众意见的法则给予的惩罚是确定的。他还知道这种惩罚是一个勇敢和感情敏锐的人会遇到的最恼人的惩罚。另一方面，他可以确信，甚至不言自明地推论出，两个相互矛盾的法律是不能同时以同样的威力并存的。但是他从日常生活的经验中发现了很好的证据证明，成文的法律如果触及公众的意见，几乎就是死的文字。立法者也经常忘记法律并不能支配他们自己。

如果能够制定一部可以自动执行的法律，公众意见也许可以暂时置而不论。或者如果某种精巧的机械能够制造一部蒸汽机，通过不同的运动履行法官和陪审团的功能，钢铁般的法律得到执行或许有些机会，但是如果需要人来履行，而且旧的设计仍然维持着——法官和陪审团，证人和律师都是人类，生活在社会之中——那么期望他们执行与他们的同情心完全抵触的法律就是徒劳。我不想让人们觉得我们对立法者非常苛刻，我们实际上并未如此，但是他们对A、B、C或者所有字母表里的字母严词呵责，威之以法律是容易的，而把这些威胁付诸一个有血有肉的真实的人，是另一回事。A、B、C没有眼睛，没有手、器官、感觉、情感和激情。它们不是以同样的食物养育的，不会被同样的武器伤害，不会感染任何疾病，不能用同样的疗法治愈，不会像人一样在冬天感到寒冷，在夏天感到炎热。

"如果你刺它们，它们不会流血；如果你咯吱它们，它们不会笑；如果你对它们下毒，它们不会死；如果你委屈它们，它们不会报复。"① 可怜的A、B、C，它们没有母亲、情人、姑妈和姐妹。它们不会"身着绅士的丧服出现在被告席上"，它们不是"不幸的绅士"。一句话，它们无法唤起同情，不可能产生任何理由使法律不能在邪恶、胆大妄为的罪犯身上以正常的程序发挥作用，只可惜法庭无法逮捕这些抽象的家伙。

对于社会中的另一个阶层——军官而言，这种荒唐和不公平的情况更加引人注目。对于他们，这个国家的法律实际上是自相矛盾的。根据《穆提尼法》②，国王有"无限制的权利确定罪名，并对它们确定任何刑罚，但是不得危及生命和身体"③。这样，如果我们发现国王曾经行使过这种权力对没有进行决斗的军官进行惩罚，我们的观点就将被充分地证明。④

对于这个世界以这样或者那样的方式在决斗这个问题上产生的矛盾，睿智的读者一定已经在某个时候感到震惊了。神学家和立法者大喊谋杀犯；法律注释家⑤颂扬那些无法实施的法律的公正；历史学家⑥从他们称之为荒谬的事情推论出称之为良善的作用；最后，整个世界对所有关于决斗的言论都表

---

① 这里模仿了莎士比亚著《威尼斯商人》第三幕第一场的台词："如果你刺我们，我们不会流血吗？如果你咯吱我们，我们不会笑吗？如果你对我们下毒，我们不会死吗？如果你委屈我们，我们不会报复吗？"
② 《穆提尼法》(*Mutiny Act*)，即《陆海军违纪惩治条例》。
③ 布兰克斯通（Blackstone）——原注
④ 见1818年军事法庭的判决及后来摄政王作出的决定。该案件指控海军陆战队的阿伯尼提（Abernethie）中校忽视了要求对一场争执进行"体面的处理"（指进行决斗）的指示。
⑤ 布兰克斯通（Blackstone）。——原注
⑥ 罗伯逊（Robertson）。——原注

示承认。有时他们要求残酷的惩罚，他们会畏畏缩缩地避免目睹惩罚的执行。有时他们同意说尽管决斗是可怕的事情，但是对社会的某个阶层是必需的。

当人们的头脑陷于这样一片混乱之中时，无论是法律还是流行的看法，发生迅速改善都几乎是没有希望的。不过这种改进也并不像我们第一眼看上去以为的那样无限遥远。

立法的重要原则是，惩罚的严厉程度不应该重到让大众感到震惊。这个原则正艰难地从理论家（就像人们称呼的那样）向注重实际的人迈进。经过好几个时代，后者可能也已经看到，对挑衅者和他的对手处以同样的惩罚，和关于公正健全的启蒙主义的普遍真理不一致。是那些挑衅者迫使他们的对手进行决斗的。更重要的是，他们可能会发现，这种法律是不可能被贯彻到实践中去的。在同样适当的时间人们还会发现，某些不能完全废除的东西，可以对之进行调节。假如一番决斗之后，法律屈尊同意对争吵的是非曲直进行调查，而且对挑起事端的人进行惩罚，害怕法律的惩处加上害怕被人开枪射击的危险，将会阻止某些导致决斗的挑衅，这难道不可能吗？即使最精通决斗的大师，能够用一颗手枪子弹打灭一团烛火，他也会在必然随决斗而来的严厉刑罚面前退缩。公众的意见不会成为障碍。一个卑鄙之人放纵地，或者可能是恶意地使他的同类必须要么遭受精神上的痛苦和社会地位的降低，要么使自己的生命面对极端危险的境地，这种家伙不值得同情，也不会得到同情。

同时，帮助这个人的助手也不能完全逃避惩罚。某种程度上，他也是公众不满的目标，因此应该分担其当事人的罪责。如果决斗双方都应该受到谴责，那就对双方都加以惩处，但是应该让惩罚符合人类的常识。在这样的决斗中，不可能把决斗的幸存者当做谋杀者看待，但是他并不能因此完全脱身。目前的法律状态好像约顿海姆里雷神托儿的大锤①。他的锤子可以击碎大石，但是他却用锤子击打影子，他真正的敌人则看着他的举动大笑。

无论决斗是否造成致命的结果，规定验尸官在每一次决斗之后都进行调查，将会大有好处。只要一支手枪发射了，结果是否伤了人是偶然的，所以

---

① 约顿海姆（Jötunheimr），挪威神话中巨人族的九个世界之一。巨人族从那里威胁尘世的人类和天国的神族。雷神托儿（Thor）是人类的保护者，他手舞一把大锤，巡行时伴随着闪电雷鸣和暴风雨。

射击者的罪行是一样的，无论子弹是否伤了人。根据目前的法律，当事双方都将被起诉，而且在艾伦伯格法案通过以后，他们还可能面临死刑，但是，确保法律得到贯彻执行，并没有被规定为任何公共官员的特定职责，结果什么也没有发生。既然刑罚的有效性大部分而且可能最主要的一部分都要以它能得到执行为基础，那么很明显，不能让人们寄希望于偶然性会导致有利的结果（即开枪但不伤人），让人们产生这种想法的任何因素都应该被消除。

在社会目前的状态下，彻底废除决斗就像经验充分证明的，不可能是有效的。首先应该发现并建立一种迅速、确定和受尊重的方法来惩戒侮辱他人的行为。社会目前对于那些侮辱采取的这种态度是很自然的。只有在法律的力量能比个人自身的力量更好第保护他的时候，个人之间的战争权利才会被放弃。同样，只有建立一个最高法院来充当国家间的仲裁者，国家间的战争手段才会被弃而不用，或者只是被用来作为惩罚国际社会这个大家庭里的桀骜不驯者的手段，就像警察可能被命令采取战争手段来对付要逮捕的罪犯一样。要求一个国家受到不公正待遇的时候安静地坐下来，等待任命一个国际法庭是荒谬的。同样要求一个人总是克制，不要使用自己的手段为那些法律没有提供救治方法的侵害寻求补偿，也是不合理的。

按照我们建议的计划，刑罚造成的痛苦的平衡，将对挑衅者非常不利，道德败坏的畜生、欺凌弱小的家伙会很快绝种。而目前他却与他的对手处于平等的地位，甚至，如果他对自己毫无价值的生命作出客观的判断，他就会明白这场赌局对他有利。还有，他的时间除了花在让自己变成使用武器的行家之外，没什么更好的用处。在英格兰，幸好这种东西越来越少了，但是在爱尔兰（尽管他们自吹已经不再有这种恶毒的动物了）、法国、美国和我们的殖民地，这个种群还在繁荣兴旺——同时给社会造成恐惧和耻辱。

图书在版编目（CIP）数据

西方决斗史 /（英）米林根著；荀峥译. —北京：中央编译出版社，2012.6

ISBN 978-7-5117-1409-1

Ⅰ. ①西… Ⅱ. ①米… ②荀… Ⅲ. ①风俗习惯史—研究—西方国家 Ⅳ. ①K891

中国版本图书馆 CIP 数据核字（2012）第 123766 号

西方决斗史

责任编辑	曲建文
责任印制	尹 珺
出版发行	中央编译出版社
地　　址	北京市西城区车公庄大街乙 5 号鸿儒大厦 B 座　邮编：100044
电　　话	（010）52612345（总编室）　（010）52612336（编辑室）
	（010）66161011（团购部）　（010）52612332（网络销售）
	（010）66130345（发行部）　（010）66509618（读者服务部）
网　　址	www.cctpbook.com
经　　销	全国新华书店
印　　刷	北京瑞哲印刷厂
开　　本	710×1000 毫米　1/16
字　　数	483 千字
印　　张	30.5
版　　次	2012 年 7 月第 1 版第 1 次印刷
定　　价	68.00 元

凡有印装质量问题，本社负责调换，电话：010 - 66509618